상상, 이미지의식, 기억

직관적 재현의 현상학

Phantasie, Bildbewusstsein, Erinnerung
Zur Phänomenologie der anschaulichen Vergegenwärtigungen

by Edmund Husserl

Published by Acanet, 2024

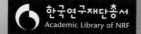
한국연구재단총서
Academic Library of NRF

학술명저번역 **658**

상상, 이미지의식, 기억
직관적 재현의 현상학

Phantasie, Bildbewusstsein, Erinnerung
Zur Phänomenologie der anschaulichen Vergegenwärtigungen

에드문트 후설 지음
김태희 · 김기복 옮김

아카넷

차례

세부 차례

일러두기

1. 이 책은 1980년에 출간한 후설 전집(Husserliana) 23권인 *Phantasie, Bildbewusstsein, Erinnerung*을 완역한 것으로, 1898년에서 1925년 사이에 이루어진 재현에 대한 후설의 연구를 담은 유고집이다. 단, 원서의 편집자인 에두아르트 마르바흐(Eduard Marbach)의 해설과 주석은 한국어판에 옮겨 싣지 않았다.
2. 원서에서 자간을 달리하여 강조한 내용은 볼드체로 표시했다.
3. 옮긴이가 독자의 이해를 돕기 위해 보충한 내용은 대괄호로 묶었다.

유고 1

상상과 이미지의식

(1904/1905년 겨울학기 강의 『현상학과 인식론의 주요 부분』 중 세 번째 주요 부분)

1장

지각표상과 대비되는 상상표상[1]에 대한 물음

이제까지 지각의 현상학을 다루었다.[2] 하지만 이러한 지각의 현상학은 지각과 가까운 다른 현상들을 고려할 때에야 완전히 충분하게 시도되고

∴

1 후설에게서 Phantasie는 환각(Halluzination), 환상(Illusion), 꿈(Traumerscheinung)이 아니라, '상상'을 뜻한다. 이 저서에서 Einbildung은 Phantasie와 같은 의미이지만, 번역어의 차별화를 위해 '심상(心象)' 혹은 '심상화'로 옮긴다. 한편, Imagination이나 Verbildlichung은 (늘 그렇지는 않지만) 대개 이러한 상상(심상화)뿐 아니라, 이미지의식(Bildbewusstsein: 물리적 이미지에 대한 의식)까지 포괄하는 더 넓은 의미로 쓰인다. Imagination은 '영상(映像)'혹은 '영상화'로, Verbildlichung은 '구상(具象)' 혹은 '구상화'로 옮긴다.(옮긴이)

2 1905년 1월 10일 강의.
후설은 괴팅겐 대학에서 1904/05년 겨울학기에 『현상학과 인식론의 주요 부분』이라는 제목으로 주당 네 시간짜리 세미나를 진행했다. 이 세미나는 「지각」, 「주의, 종적 의향 등」, 「상상과 이미지의식」, 「시간의 현상학」이라는 네 부분으로 이루어졌다. 이 중 첫 번째와 두 번째 부분은 후설 전집 38권 『지각과 주의』(2004)의 일부로, 네 번째 부분은 10권 『내적 시간의식의 현상학』(1966)의 일부로 출간되었으며, 세 번째 부분이 바로 이 책인 후설 전집 23권으로 출간되었다.(옮긴이)

완결될 수 있다. 이제까지 배워온 것은 장차 우리가 하려는 분석을 통하여 새롭게 조명되고 보완되며 풍부해질 것이다. 우리의 바로 다음 목표는 **상상**의 현상학이다.

1절 일상적 담화에서 상상 개념의 다의성
— 현상학적 본질 분석 및 개념 형성의 기초인 상상체험

우리는 상상, 상상현출,[3] 상상표상 같은 개념을 일상적 삶에서 가져온다. 일상적 삶에서 유래하는, 심리적 현상을 분류하는 다른 개념과 마찬가지로, 이런 개념도 대부분 막연하고 다의적이다. 사람들이 상상을 정신적 소질이나 타고난 능력으로 여기기도 하고, 소질로부터 나오거나 타고난 능력을 보여주는 현행적 체험, 활동, 활동 결과로 여기기도 함은 분명하다. 사람들은 때로는 상상과 구별되는 의미에서 상상 활동과 상상 산물이라는 표현을 쓰기도 하는데, 이는 지성, 지성 활동, 지성 산물을 구별하는 것과 같다. 따라서 이때 상상은 정신적 소질이나 **능력**을 의미하는 것이다. 어떤 사람이 상상력이 강하거나 약하다고 말하거나, 때로는 과장해서 상상력이 없다고 말할 때 그렇다. 다른 한편, 우리는 예술가의 상상이라고 말하면서, 예술가가 스스로 수행하는 심리적 체험이나, 작품을 통해 우리에게 일깨우는 심리적 체험을 염두에 둔다. 또한 보통 이러한 작품, 즉 눈

3 Erscheinung은 어떤 대상이 의식에 '나타남'(사건)이나 의식에 '나타난 것'(양상)을 뜻한다. 후자의 경우에는 대개 현상(Phänomen)과 무리 없이 바꾸어 쓸 수 있다. 문맥에 따라 Erscheinung은 '나타남'이나 '현출'로 옮기고, erscheinen은 '나타나다'나 '현출하다'로 옮긴다. 이때 가령 '집의 현출'과 같은 표현은 집이 의식에 나타나는 사건을 지칭할 수도 있지만 집이 의식에 나타나는 양상을 지칭할 수도 있음에 유념해야 한다. 물론 이때 집 자체는 '현출'이 아니라 '현출하는 것(das Erscheinende)'이다.(옮긴이)

에 보이는 작품을 상상이라고 부르지는 않지만, 이런 작품을 매개로 나타나는 형상은 상상이라고 부른다. 예를 들어 작가가 꾸며내는 인물이나 우화 캐릭터, 행동, 정열, 상황 등이 그렇다. 사람들은 이러한 형상을 (첫 번째 의미의) 상상이 낳은 산물이라고 부르기도 하지만, 흔히 이러한 산물 자체를 상상이라고도 부른다.[4]

능력으로서의 상상은 우리의 관심사가 아니다. 또 상상 활동을 객관적 영혼에서 일어나는 인과적 과정으로, 엄밀한 의미의 활동으로, 영혼의 행위로 이해한다면, 이러한 상상 활동도 우리의 관심에서 벗어난다. 그리고 이러한 행위의 결과, 즉 상상 산물 자체도 당연히 우리의 관심에서 벗어난다. 우리의 관심을 끄는 것은 앞으로 하려는 본질 분석의 기초가 되는 현상학적 자료들[5]이다. 특히 상상 활동이라는 중의적 이름으로 다루어지던 지향적 체험, 즉 소위 상상표상이라 불리거나 간단하게 표상이라 불리는 지향적 체험, 혹은 더 적절하게 말하면 객관화 체험[6]이다. 예를 들면, 예술가가 자신의 상상형상을 직관하는 체험, 다시 말해 켄타우로스, 영웅, 풍경 등에 대한 고유한 내적 직관 자체나 이들을 직관으로 가져옴이다. 이는 외적

∴
4 여기에서는 '상상' 개념의 용법을 능력, 활동, 체험, 산물 등으로 구별하고 있다. 현상학적 분석의 대상은 이 중에서 활동이나 체험이지만 이는 심리학적 의미가 아니라 현상학적 의미로 받아들여야 한다.(옮긴이)

5 '현상학적 자료들(phänomenologische Daten)'은 대상을 구성하는 토대가 되는 감각자료와 (이에 대한) 파악작용 등을 뜻한다. 한편 Datum과 Gegebenheit는 대개 서로 바꾸어 써도 무방한 개념이나, 각각 '자료'와 '소여(所與)'로 옮긴다. gegeben은 문맥에 따라 '주어지다' 또는 '소여하다'로 옮기며, geben은 문맥에 따라 '내어주다', '부여하다', '증여하다' 등으로 옮긴다.(옮긴이)

6 Objektivierung은 '대상화' 혹은 '객관화'로 옮기고, objektiv는 '대상적' 혹은 '객관적'으로 옮긴다. 그러나 어느 한쪽으로 옮기더라도, 이 용어가 양자의 의미를 모두 포함하고 있음에 유념해야 한다. 한편 대상화(객관화) 체험(objektivierendes Erlebnis)은 (감각자료를 파악하여) 대상(객관)을 구성하고 지향하는 지향적 체험을 뜻한다.(옮긴이)

직관, 즉 지각의 직관과는 다르다. 〔상상에서〕 내적 재현이나 '상상에 어른거림'은 〔지각에서〕 현전[7]으로서의 외적 나타남과 다른 것이다.[8] 타고난 소질이든 획득된 소질이든, 소질과 능력 및 이들의 복합체는 결코 현상학적인 것이 아니다. 현상학적 구역은 참된 소여의 구역, 충전적으로[9] 발견되는 것의 구역, 내실적[10] 구성부분의 구역이다. 〔이에 비해〕 소질은 〔이미〕 객관화된 것으로서, 참된 내재적 영역 바깥에 있는 개념이다. 이것은 심리학의 방법을 이루는 주요 개념이지만 우리의 탐구와는 아무 관계가 없다. 반대로 상상체험, 이른바 상상표상은 현상학적 자료이다. 이것은 객관화하는 체험의 구역 안에 분명 들어 있다. 객관성[11]은 상상함을 통해 나타나고 때로는 의향[12]되고 믿어진다. 이 객관성 자체, 예를 들어 나타나는 켄타우로스는 현상학적인 것이 아니다.[13] 이는 사물에 대한 지각에서 나타나는 대상이 현상학적인

••

7 Gegenwart는 문맥에 따라 '현재' 혹은 '현전'으로 옮긴다.(옮긴이)

8 Gegenwärtigung과 Präsentation은 '현전화'로 옮기고, Vergegenwärtigung과 Repräsentation은 '재현'으로 옮긴다.(옮긴이)

9 '충전적(adäquat)'이라는 표현은 어떤 대상의 모든 측면이 남김없이 지각되는 명증(Evidenz) 유형을 뜻하며, 대개 '체험'이 나타나는 방식을 지시한다. 이에 비해 외부 대상에 대한 지각은 늘 그 대상의 한 측면만 드러내므로 충전하지 않다.(옮긴이)

10 '내실적(reell)'은 대상을 구성하는 대상화(객관화) 체험의 '내부에' 들어 있는 현상학적 자료, 즉 감각자료 및 파악작용을 주로 지칭하며, 따라서 (시간과 공간에 존재함을 뜻하는) '실재적(real)'이라는 의미 및 (실재성과 비실재성을 포괄하는) '현실적(wirklich)'이라는 의미와 혼동해서는 안 된다.(옮긴이)

11 대개 '객관성(Objektivität)'은 '대상성(Gegenständlichkeit)'과 바꿔 쓸 수 있고, '객관(Objekt)'은 '대상(Gegenstand)'과 바꿔 쓸 수 있는 개념이다. 하지만 후설은 때로는 엄밀한 의미의 대상이 아니라, 엄밀한 의미의 대상으로 보기는 어렵지만 넓은 의미의 대상으로 간주할 수 있는 것을 '대상성'으로 칭하기도 한다.(옮긴이)

12 후설에게서 Meinung은 대개 지향(Intention)과 대동소이한 뜻이지만, 간혹 믿음이나 주의하는 지향을 의미하기도 한다. 영어에서는 주로 intend나 mean으로 번역한다. 한국어에서 '사념'으로 번역되는 경우도 있으나, 여기에서는 '의미'와 '지향'의 뜻을 담은 '의향(意向)'으로 번역한다.(옮긴이)

것이 아님과 같다. 그러나 이 객관성이 어떤 의미에서는 우리가 고찰하는 범위에 들어올 수도 있다. 객관화 체험, 즉 여기서는 상상체험이, 이러저러하게 나타나는 바로 이 대상을 나타나게 한다는, 여기 이것으로 나타나게 한다는 내재적 고유성을 갖는 한에서 그러하다. 바로 이러한 사실이 상상표상의 내재적 규정이다. 즉 명증적 분석을 통해 이러한 체험(상상표상)의 순수한 내적 계기로 발견되는 본질적 특성이다. 따라서 체험에 대한 현상학적 분석에는 체험 자체에 대한 분석이 속할 뿐 아니라, 체험이 대상에 관계한다는 상황, 체험이 이런 방식과 형식으로 대상에 관계하며 이에 의해 자체 안에서 대상성을 현시[14]한다는 상황에 대한 분석도 속한다.

그러나 상상에 대한 대중적 개념은 예시로 들었던 예술가의 상상이라는 분야에만 관계하는 것은 아니다. 물론 아주 통상적이고 **더 좁은** 상상 개념, 즉 심리학이 **생산적 상상**이라는 이름으로 받아들인 상상 개념은 [이 분야에 직접 속하지는 않는다고 해도] 적어도 이 분야와 가까운 관계를 맺는다. 생산적 상상은 마음대로 형상화하는 상상이다. 누구보다도 예술가는 이것을 연습해야 한다. 그러나 여기에서 [생산적 상상의] 넓은 개념과 좁은 개념도 구별해야 하는데, 이는 자의적으로 형상화함을 자유로운 **창작**(꾸며냄)으로 이해하거나 그렇게 이해하지 않는 데 따른 것이다. 역사가도 생산적 상상, 즉 자의적으로 형상화하는 상상을 사용하지만, 꾸며내지는 않는다.

• •

13 여기에서 '나타나는 대상'과 '대상의 나타남'을 구별해야 한다. 대상은 여러 방식으로 나타날 수 있으며, 이 경우 '대상의 나타남'은 다수이지만 여기에서 '나타나는 대상'은 동일성을 유지한다.(옮긴이)

14 여기에서 '현시(darstellen)'는 체험의 내실적 요소(특히 감각자료)가 (이를 토대로 구성되는) 지향적 대상을 드러냄을 뜻한다. 다시 말해 체험(특히 감각자료)은 대상을 현시하며, 대상은 체험에 의해 현시된다. 한편 darstellen이 이러한 전문용어로 사용되지 않은 경우에는 단순히 '묘사' 등으로 옮기기도 한다.(옮긴이)

역사가는 형상화하는 상상을 수단으로, 확보한 자료에 근거하여 인물, 운명, 시대에 대한 일관적 직관을 그려내고자 한다. 이는 현실에 대한 직관이지 심상에 대한 직관은 아니다.

일상적 표현에 따르면 상상 개념은 생산적 상상이라는 범위를 넘어 사용된다. 환각, 환상, 꿈도 종종 상상으로 불리는 것이다. 반면, 기억표상과 예상표상[15]은 상상으로 불리지 않는데, 이들은 현재 있지 않은 대상이지만, 예전에 있던 대상으로서, 혹은 앞으로 있을 것으로 확실히 예상되는 대상으로서 현실성을 지닌다고 평가되기 때문이다.[16] 희망에 대해 말해보자면, 희망은 상상의 나래를 펴게 하지만, 이때 상상이라고 하는 것은 규정적 예상이 아니라 한낱 심상에 불과하다.

일상적 의미의 상상에서 주된 역할을 하는 계기가 분명 하나 있다. 상상함은 지각함, 또는 과거의 것이나 미래의 것을 참인 것으로 직관적으로 정립함(회상함과 예상함), 한마디로 개체로서의 구체자를 존재하는 것으로 정립하는 모든 작용에 대비된다. 지각은 현재의 현실성이 현재의 것이자 현실적인 것으로 우리에게 나타나게 하며, 기억은 부재하는 현실성이 그 자체로 현재 있는 것은 아니지만 그래도 현실적인 것으로 우리에게 나타나게

..

15 Erwartung은 '기대'로 번역되기도 하지만, '기대'라는 표현이 지니는 긍정적 어감을 배제하기 위해 중립적 어감을 지닌 '예상'으로 번역한다.(옮긴이)
16 상상은 때로는 모든 재현을 포괄하는 뜻으로 쓰이기도 하지만, 여기에서는 재현 중에서도 대상의 현실적 존재를 정립(Setzung)하지 않는 재현, 즉 이른바 중립화 변양(Neutralitätsmodifikation)이라는 좁은 뜻으로 쓰이고 있다. 이와 달리 대상의 현실적 존재를 정립하는 재현들도 있는데, 과거의 존재를 정립하는 작용은 좁은 의미의 기억(Erinnerung), 즉 회상(Wiedererinnerung)이며, 현재의 존재를 정립하는 재현은 (지금 여기에는 없으나 다른 곳에 있음을 정립하는) 이른바 현재기억(Gegenwartserinnerung)이고, 미래의 존재를 정립하는 재현은 예상(Erwartung)이다. 한편, 지금 여기 있는 대상의 '현전'을 정립하는 작용은 재현이 아니라 현전화로서의 지각(Wahrnehmung)이다.(옮긴이)

한다. 이와 반대로 **상상**에는 상상되는 것에 관계하는 현실성 의식이 없다. 아니, 이뿐이 아니다. 상상이라는 말, 특히 이와 나란히 '심상'이라는 말은 공통적으로 **비-현실성**, 꾸며냄을 표현한다. 상상되는 것은 단순한 심상, 즉 단순한 가상이다. 물론 우리는 여기서 모든 가상이, 더 나아가 감성적으로 직관되는 모든 가상이 심상이나 상상적 가상으로 간주되지는 않음에 주목한다. 〔상상에서의〕 가상의 원천은 주체 안에 놓여 있음에 틀림없고, 이 가상은 주체, 그의 활동, 기능, 소질에 귀속됨이 분명하다. 사람들은 물리적 기초에서 나오는 가상을, 즉 물속에서 구부러져 보이는 막대나 경이롭게 떠오르는 달과 같이 외적 자연에 기초하는 가상을 상상에서의 나타남이라고 말하지는 않는다.

이러한 〔상상〕 개념의 〔일상적〕 용법은 많은 관심을 불러일으킬 수도 있지만, 현상학적으로는 의미가 없다. 현상학적으로는 내재적인 것만 중요하다. 순수하게 충전적으로 직관되는 체험의 내적 성격이 중요하고 그 본질적인 것이 중요하다. 즉, 본질로의 일반화를 위한 단초가 되고 이에 의거해 개념 형성을 위한 단초가 되는 것이 중요하다. 이러한 〔충전적 직관에 의해 형성된〕 개념은 충전적으로 실현될 수 있는데, 이는 명증적 일반화에 의거해 개념의 본질을 직접 직관할 수 있기 때문이다.[17]

---

17 개념 자체는 '공허(leer)'하지만, 이 개념이 올바른 본질직관(Wesensanschauung)에 의해 형성된 개념이라면, 이 개념의 내용에 대한 직관을 통해 '충족(Erfüllen)' 혹은 '실현(Realisieren)'될 수 있다.(옮긴이)

2절 상상파악으로서의 상상표상이라는, 그 본질에 있어 통일적인 개념을 획득하는 과제 ― 지각파악의 성격 규정

상상에서의 표상함이 예술적이든 예술적이지 않든, 의도적이든 의도적이지 않든, 꾸며내는 것이든 그렇지 않든 간에, 그것의 경험적이고 심리학적인 가변적 연관을 발견할 수도 있는데, 이것은 현재의 연구와 무관하다. 또한 거기에서 그 자체로 현상학적으로 주어지는 가변적 의식성격을 발견할 수도 있다. 하지만 이것 외에 이것 속에서 항상 어떤 공통적인 것을 발견한다.[18] 그리고 이 공통적인 것은 기억과 예상에도 있다. 즉, 여기[상상, 기억, 예상]에서 **표상**이라고 지칭되는 어떤 것, 그러나 지각표상과 대비되어 두드러지는, 닫힌 고유성을 지니는 어떤 것을 발견한다. 하지만 이 공통적인 것은 환각, 환상, 꿈에는 없다. 여기[환각, 환상, 꿈]에서 나타남이나 이 나타남의 토대인 파악은 분명 지각파악이기 때문이다.[19] 상상파악이 지각파악과 동일할 수 없음이 드러났으므로, 일상적 표현법과는 달리, 위에서 언급한 현상[환각, 환상, 꿈]은 [상상에서] 배제해야 한다.

∴

18 여기에서 두 차례의 환원(Reduktion) 절차를 활용한다. 경험적이고 심리학적인 가변적 연관으로부터 현상학적인 가변적 연관으로의 '현상학적 환원'이 첫 번째이다. 그러나 이 가변적 연관은 아직은 사실(Tatsache) 차원의 자료이므로, 본질직관을 통해 불변적이고 공통적인 것, 즉 본질(Wesen) 혹은 형상(eidos) 차원으로 들어가는 '형상적 환원(eidetische Reduktion)'이 이루어진다.(옮긴이)

19 환각, 환상, 꿈을 체험할 때 이것을 일단 "지금 여기 현재 있는 것"에 대한 의식으로, 즉 지각으로 체험한다. 다만 참된 지각과는 달리, 이것이 실은 현재 있지 않음을 (대개는 사후에) 확인할 뿐이다. 이와 달리 상상, 기억, 예상에서 나타나는 것은 애초부터 "지금 여기 현재 있지 않은 것"에 대한 체험이다. 특히 상상에서는 상상되는 것이 (기억이나 예상에서처럼) 과거나 미래에 존재하는 것으로 체험되는 것이 아니라 (존재정립 없이 중립적으로) 재현되는 것으로 체험된다.(옮긴이)

(단어의 일상적 의미에서) 지각에서 질이라는 성격과 의향까지 도외시한다면,[20] **지각파악**을 얻는다. 만약 본질적인 것에만 집중한다면, 이 〔지각파악이라는〕 개념의 외연은 **그 자체가 현전으로 나타남**이라는 탁월한 현상의 외연과 같아진다. 이 특성〔그 자체가 현전으로 나타남〕을 통해 지각파악이라는 개념은 본질적으로 통일적인 개념, 현상학적으로 실현된 개념이 된다. 이러한 지각파악에 믿음, 의심, 욕구 등과 같은 다양한 지향적 성격이 결합할 수 있는데, 그러면 복합적 현상이 생긴다. 하지만 이들은 '지각표상' 혹은 '지각파악'이라는 하나의 동일한 표상방식이 그 토대에 있음에 의해 서로 연결된다. 그러나 우리는 이른바 환각과 환상, 그리고 물리적이고 자연적인 가상에서도 이러한 지각표상을 발견한다.

〔지각표상에서와〕 마찬가지로 이제 우리에게 중요한 것은 오직 상상파악으로서의 상상표상이라는, 그 본질에 있어 통일적인 개념을 획득하는 것이다. 또한 여기에서 다음과 같은 사실을 알아채거나 통찰할 수 있다. 즉, 상상이라는 일상적 명칭으로 불리는 지향적 체험과, 기억과 예상 같은 명칭으로 불리는 지향적 체험은 가변적 의식성격들 외에 본질적 공통점을 토대로 지닌다. 앞서 이미 알아챘다시피, 이들은 당연히 객관화 작용인데, 객관화 작용으로서의 이들은 객관화 파악을 전제한다. 그리고 〔이 지향적 체험이〕 자유롭게 솟아오르는 상상이든, 생산적 상상이든, 아니면 직관적 예상표상이거나 직접 체험했던 예전 과거의 직관적 재현〔회상표상〕이든 간에, 이 〔객관화〕 파악은 그 종적(種的) 본질에 있어서 같은 것이다.

따라서 우리의 관심은 때로는 좁고 때로는 넓은 상상 개념이 포괄하는

----

[20] 여기에서 '질'은 믿음, 의식, 욕구와 같은 지각의 부가적 성격을 뜻하며, '의향'은 지각되는 대상에의 관계를 뜻한다. (옮긴이)

복합적 체험들 간의 차이로 향하는 것이 아니라, 이러한 **통일적인, 그것도 그 본질에 있어 통일적인 파악유형**으로 향하며, 이를 상상표상이라고 부르고자 한다. 이것이 실제로 본질적으로 고유한 표상유형을 가리키고, 그리하여 지각과 대비되는 새로운 표상유형을 가리키는지는 물론 이제부터 본격적으로 탐구해야 할 것이다.

3절 지각표상과 상상표상의 관계 문제에서 동시대 심리학 연구의 실패. 객관화 파악 개념의 결여

지각표상과 상상표상의 관계 문제는 수많은 진지한 연구의 대상이었다. 물론 연구 문헌 중에서 이 문제를 별도의 저술로 다룬 경우는 극히 드물고 이런 드문 경우에도 상당히 피상적으로만 다루었다. 그러나 중요한 연구자들이 다양한 맥락에서 이 문제에 접근했는데, 이들의 접근방식은 이들이 이 문제를 결코 쉬운 문제로 간주하지 않았음을 보여준다. 그러나 가끔 저술보다 강의에서 훨씬 심오한 것이 전해지는데, 나는 브렌타노(F. Brentano)의 강의에서 이 문제를 다룬 저 지극히 날카로운 방식을 염두에 두고 있다. 또한 슈툼프(C. Stumpf)가 심리학 강의에서 섬세하게 다룬 방식은 그의 저술이 제공하는 것을 훨씬 넘어선다.[21]

이 문제가 그토록 지극히 어렵게 보이는 이유는, 그리고 진정한 해결을 불가능하게 만드는 이유는, 내 생각에는 객관화 파악이라는 개념이 없고

21 후설이 들은 것으로 여기에서 언급되는 브렌타노의 강의는 1885/86년 겨울학기 빈 대학에서의 『심리학과 미학의 정선된 문제』이며, 슈툼프의 강의는 1886/87년 겨울학기 할레 대학에서의 『심리학 강의』이다. (옮긴이)

이와 관련하여 파악내용, 파악의미, 파악형식 사이의 구별이 없기 때문이다. 저 저명한 연구자들조차 지각의 감성적 내용과 지각의 대상을 늘 혼동한다. 형이상학적 선입견 때문에 지각의 대상은 비직관적 사물 자체로 가정되며, 현실적으로 직관되는 대상은 이론적 고찰에서 간과되어 감각내용과 동일한 것으로 간주된다.[22]

상상표상도 마찬가지이다. 사람들은 상상표상에 있어서 체험되며 〔상상대상의〕 대리자로 기능하는 감성적 내용을 상상의 대상과 혼동하여, 양자를 같은 것으로 간주한다. 그 결과 사람들은 객관화의 방식인 상상파악을 사실상 완전히 간과한다.[23] 지각에서도 이런 일이 일어나는데, 지각을 규정하는 특징인 현전 파악이 현상학적 성격으로 인식되지 못하는 것이다. 직관적 표상에서 작용과 내용의 차이를 둘러싼 논쟁도 이런 견지에서 이해될 수 있다. 상당수 연구자는 우리가 어떤 색이나 어떤 소리를 표상할 때, 즉 그것을 지각하거나 상상에서 표상할 때, 소리가 의식되기는 하지만 의식은 이 소리에 관련된 어떤 고유한 것은 아니라고 말한다. 모든 심리적 체험은 순수 자아와 정의하기 어려운 어떤 관계를 지니지만, 이 관계는 내용이라는 의미로 발견될 수 있는[24] 어떤 것이 아니다. 〔그리하여〕 많은 사람은 순수 자

<hr>

22 파악내용(Auffassungsinhalt)은 감성적 내용(sinnlicher Inhalt) 혹은 감각내용 (Empfindungsinhalt)을 뜻하며, 이는 (좁은 의미에서) '체험(erleben)'되는 것이다. 파악형식 (Auffassungsform) 혹은 파악작용(Auffassungsakt)은 이 파악내용에 파악의미(Auffassungssinn)를 부여하여 대상을 구성한다. 가령 파악의 한 유형인 지각의 경우, 지각파악이 감각자료에 의미를 부여하여 지각대상을 구성한다. 이때 감각자료는 지각대상을 현시(darstellen) 또는 대리(repräsentieren)하는 대리자(Repräsentant)이다. 따라서 지향성 분석에서는 파악내용, 파악작용, 이들에 의해 파악(구성)되는 대상이라는 세 가지 계기를 구별해야 한다.(옮긴이)

23 감성적 내용(상상자료)에 대한 객관화(상상파악)에 의해 객관(상상대상)이 구성되는데, 내용과 대상이 구별되지 않는다면 내용에 기초하여 대상을 구성하는 파악을 간과하게 된다.(옮긴이)

24 여기에서 '발견될 수 있는 것(Vorfindliches)'은 대상화 이전에 어떤 식으로든 주어져 있는

아까지 삭제해버리고, 발견될 수 있는 것은 내용뿐이라고 간단하게 말해버린다. 발견함은 내용에 덧붙여지는 또 다른 내용이 아니다. 우리가 지각할 때 바로 이 색(내용)이나 저 소리(내용)가 체험이다. 봄이나 들음 등으로서의 지각은 소리 내용이나 색 내용과 더불어 주어지는 또 다른 내용, 즉 색이나 소리와 나란히 있는 또 다른 체험이 아니다. 그러니까 가령 브렌타노처럼 이른바 심리적 작용을 체험으로 이해하고 색 현상이나 음 현상 같은 이른바 '물리적 현상'과 구별한다면, 이런 심리적 작용은 **허구**이다.

4절 브렌타노의 '표상함' 이론에 대한 약술과 비판

브렌타노 학파 및 이와 생각이 일치하는 사상가들은 그와 다른 입장이다. 브렌타노에게 '표상'은 '심리적 현상'의, 즉 지향적 체험의 첫 번째 근본 종류를 가리키는 이름이다. 그는 표상과 표상되는 것을 나눈다. 표상은 **작용**이고, 표상되는 것은 **내용**이다. 〔브렌타노처럼〕 아주 명민한 감각을 지닌 연구자가 표상되는 것과 내용이라는 서로 다른 개념을 구별하지 않았다는 것, 그리하여 이와 연관된 기술적(記述的) 분석을 전혀 수행하지 않았으며, 이 구별의 근본적 의미도 제대로 평가하지 못했다는 것은 매우 기이한 일이다.[25] 그에게 내용이란 보통은 지각에서 감각내용이다. 그는 지각의 의미를 순수하게 따를 때 지각대상이라고 부르는 것, 즉 우리에게 이른바 마주 있는 것, 이른바 그 자체로 직관되는 것을 이것〔감각내용〕과 명료

..
의식 내 소여(Gegebenheit)를 뜻한다.(옮긴이)
[25] 앞서 서술한 학자들의 입장과는 달리, 브렌타노는 파악(표상함)이라는 고유한 계기를 (파악내용 및 대상으로부터) '명민한 감각'으로 구별해낸다. 하지만 브렌타노는 대상과 내용을 구별하지 않는데, 후설은 이를 '기이한 일'이라고 평한다.(옮긴이)

하게 구별하지 않았다. 아니, 실은 전혀 구별하지 않았다. 때때로 브렌타노는 대상을 내용과 구별해서 말하기도 하지만, 이 대상은 그에게는 절대적이고 형이상학적인 의미에서 외적 대상이다. 그는 이 외적 대상을 지각에서 의향되는 대상과 혼동하였다. 이때 그는 명백히 다음의 사실을 간과하고 있다. 물론 현상적 대상을 한갓 나타나는 대상으로 간주하고, 이와 다른 나타나지 않는 대상을, 혹은 이러한 다른 대상들의 복합체를, [예컨대] 원자 복합체나 에테르 파동 복합체나 에너지 복합체 등을 이러한 현상적 대상에 연관시킬 수 있으나, 이런 일은 반성에서, 자연과학적 반성과 형이상학적 반성에서 비로소 일어난다. 어쨌든 이런 존재자는 지각파악의 테두리 안에 있는 것이 아니라, 단지 간접적이고 개념적으로 지각과 관계할 뿐인 과학적 이론에 속하는 것이다.[26]

브렌타노에게 표상함 자체라는 작용성격에는 결코 어떠한 차이도 없다.[27] 왜냐하면 그는 한편으로 (부분적으로는 내적 경험에 근거해서, 부분적으로는 이론적 근거에서) 표상함을 작용, 즉 지향적 의식으로 보는 입장을 확고히 견지하고자 하지만, 다른 한편으로 파악의 본질, 참된 의미에서 지각표상의 본질을 객관화하는 해석으로서 포착하지는 못했기 때문이다. [브렌타노에게] 유일한 차이는 '내용'에서 나온다. 표상은 그것이 향하는 [서로 다른] 내용이 있는 만큼만 서로 다르게 규정된다. 이러한 견해가 흡족하지 않음은, 그리고 이러한 표상함이 많은 사람에게 매우 기묘한 어떤 것으로,

∷

26 현실적 대상과 대비되는 지향적 대상 자체라는 그의 혼란스러운 표현은 이와 연관되어 있다. 그에게는 지향적 대상은 지각의 내용이고 현실적 대상은 사물 자체이다. 마치 지각에서 물리적 대상이 아니라 감각이 나타나고 의향되는 양.

27 '작용성격(Aktcharakter)'은 체험의 유형을 뜻하는데, 가령 특정 체험은 지각함, 기억함, 슬퍼함, 판단함 등의 작용성격을 지닌다.(옮긴이)

쓸모없는 형식으로 보임은 이해할 만하다. 또한 브렌타노의 서술이 반대 진영의 확신, 즉 표상함이란 한낱 공허한 허구이며, 내용만 존재하고 여기 더해서 기껏해야 주의라는 강조 기능만 존재한다는 확신을 강화할 뿐임도 이해할 만하다.[28]

당연히 브렌타노는 그의 현상학적 분석의 불완전성 때문에 지극히 커다란 어려움으로 휘말려 들어갔다. 〔그에 따르면〕 표상함은 차이를 지니지 않는 단일한 것이고 다만 내용에 따라 구별될 뿐이다. 그렇다면 지각표상, 상상표상, 상징표상의 차이란 무엇인가? 직관적 표상과 비직관적 표상의 차이, 범주적 표상과 감성적 표상의 차이 등은 무엇인가? 이것이 어떻게 단순한 내용의 차이로 환원되는가? 브렌타노는 이것〔내용의 차이로의 환원〕을 시도하여, 저 경이로운 명민함을 활용하여 표상함의 방식의 모든 본질적 차이를 없애는 방향으로 풀이했다. 하지만 그래도 그는 때때로 어떤 의미에서는 표상함의 〔서로 다른〕 양상을 상정해야 함을 결국 거의 인정하고 만다. 이 분석에 무언가 빠져 있음을 느끼는 것이다. 여기 빠져 있는 것은 바로 의향, 질, 파악성격, 파악형식의 차이이다. 한갓된 표상함은 한갓된 아른거림으로, 아무 결정도 없는 바라봄으로 간주되는데, 표상함을 이러한 한갓된 표상함으로 이해한다면, 이는 당연히 어떠한 추가적 차이도 없는 단일종으로서의 〔작용〕성격, 즉 작용이라는 유의 최하위종이다.

그러나 표상을 **파악**으로 이해하더라도, 〔이 파악에는〕 여러 차이가 있다.

⁘
28 후설은 브렌타노가 (파악을 내용 및 대상으로부터 구별했음에도 불구하고) 파악이 수행하는 (파악내용에 대한) '해석(Deutung)'이라는 능동적 역할을 간과했으며, 따라서 (해석 전의) 내용과 (해석 후의) 대상 사이의 차이를 발견하지 못했고, 나아가 표상함의 차이, 즉 다양한 해석으로서의 다양한 파악을 발견하지 못했음을 비판하고 있다. 이 경우에는 브렌타노가 정당하게 구별한 파악의 고유한 기능이 불명확해지고 따라서 '쓸모없는 형식'이나 '공허한 허구'에 불과한 것으로 오인되는 것이다. (옮긴이)

즉 표상을 믿음이든 믿지 않음이든, 의심이든 소망이든 상관없이, 지향적 작용에 있어서 (어떤 것을) 나타나게 하는 것으로 이해하더라도, 그러니까 지성에 의한 미결정이 결정으로, 긍정이 부정으로 이행함에도 (여전히) 동일한 것으로 이해하더라도 말이다. (따라서) 파악은 매우 중요한 분석을 허용한다. 이러한 분석은 브렌타노에게도 빠져 있고, (미미한 단초는 있지만 이를 제외하면) 다른 심리학자들에게도 빠져 있다. 그렇기 때문에 지각표상과 상상표상의 관계라는 논쟁적 문제를 방법적으로 올바로 다룰 가능성, 그리고 명백히 우리에게 놓여 있는 (이 문제의) 하위 문제들을 구별할 가능성도 사라진다.[29]

5절 지각표상과 상상표상의 차이 문제. 이에 상응하여 파악내용, 즉 감각과 상상자료의 차이라는 특수한 문제

지각에서의 나타남과 상상에서의 나타남은 서로 지극히 가깝다. 이들은 너무 비슷해서 원본과 이미지의 관계를 즉시 생각나게 할 정도이다. 둘 다 객관화 파악을 지닌다. 또한 동일한 대상이 둘 다에서 나타날 수 있다. 심지어 둘 다에서 (동일한 대상의) 동일한 면으로부터 완전히 동일한 규정이 나타날 수도 있다. 한마디로, 이 둘에서는 나타남도 '동일한 나타남'일 수 있는 것이다. 이때 다만 한 번은 지각을, 또 한 번은 상상을 갖는다. 도대체 이 차이는 어디에서 생기는가? 자, 분명히 두 가지에서 생긴다. 파악에

∴

29 지향적 체험으로서의 '표상'을 구별한 브렌타노를 넘어서, 이 표상이 객관화 파악(지각, 상상, 기억, 예상 등)과 비객관화 파악(감정, 욕구, 의지 등) 등의 다양한 '작용성격'으로 구분될 수 있고, 여기에 믿음, 믿지 않음, 의심, 소망, 미결정, 결정, 부정, 긍정 등 다양한 '질'이 부착될 수 있음을 주장하고 있다. (옮긴이)

사용되는 내용과 파악성격 자체가 그것이다. 파악성격의 차이를 현상학적 차이로 분간하지 못하는 사람은 이러한 가능한 해명의 기초를 가지지 못하기에 당혹과 혼동에 빠진다.

우선 파악내용으로 기능하는 내용과 관련해서, 이 내용이 어떤 종류의 내용인가, 지각과 상상에서 파악내용으로 기능하는 내용은 같은가, 아니면 다른가라는 물음이 당연히 제기된다.

지각의 기초에는 감각이 있다. 상상의 기초에는 감성적 상상자료가 있다.[30] 이제 이렇게 물을 수 있다. 물론 발생적이 아니라 기술적으로 말할 때, 감성적 상상자료는 감성적 감각과 동일한 유에 속하는가, 아니면 다른 유에 속하는가? 이로써 지각표상과 상상표상의 차이 문제와 통상적으로 분리될 수 있는 또 다른 문제(감각자료와 상상자료의 차이 문제)가 갈라져 나오는 것이다. 감각이 지각의 파악내용으로 기여하는지 여부는 지금은 중요하지 않다. 파악내용(감각) 자체는 아직 지각하는 해석이 아니며, 이러한 해석은 여기(파악내용)에 덧붙은 다음에야 비로소 등장하기 때문이다. 마찬가지로 어떤 켄타우로스나 어떤 집 등에 관한 상상인 파악을 모두 도외시한 상상자료는 하나의 감성적 내용이며, 이는 상상(상상파악)과는 **완전히** 다른 것이다.

각각의 감성적 감각내용에는, 예를 들어 감각되는 붉음에는, 하나의 감성적 상상자료가 대응한다. 즉, 어떤 붉음을 직관적으로 재현함에 의해 나에게 **현행적으로** 아른거리는 붉음(붉음이라는 상상자료)이 여기(붉음이라는

---

30 파악내용에 파악작용이 가해져 파악대상을 구성한다는 대상 구성의 '도식(Schema)'에 따르면, 감각(Empfindung) 혹은 감각자료(Empfindungsdatum)에 지각파악이 가해져 지각대상을 구성하는 것과 마찬가지로, 상상자료(Phantasma)에 상상파악이 가해져 상상대상을 구성한다.(옮긴이)

42

감각자료)에 대응한다.

이 두 붉음의 관계는 무엇인가? 둘 다 붉음의 체험이다.[31] 〔붉음의〕 유와 종은 동일할 수 있다. 이런 때에도 여전히 〔상상자료로서의 붉음과 감각자료로서의 붉음에는〕 어떤 본질의 차이가 있는가? 달리 말해, 〔두 붉음의 차이는 붉음의 유와 종과는 다른〕 새로운 차원의 차이인가? 그렇다면, 하나의 붉음이 감각일 수 있으면서, 이와 종류상 정확히 동일한 붉음이 상상자료일 수도 있을 것이다. 이때 감각과 상상자료라는 표현은 가령 (말초자극에서 생기는지, 중추자극에서 생기는지 하는) 발생적 차이를 소급해서 가리키거나, 동일 내용이 서로 다른 두 파악의 토대가 된다는 의미에서 파악기능〔의 차이〕을 소급해서 가리키는 것이 아니라, 내적 차이, 본질상의 차이를 가리킬 것이다.[32]

만일 그렇다면 이는 특수한 문제일 것이다. 지각에서의 파악함과 상상에서의 파악함은 서로 근본적으로 다른 두 종류의 파악내용〔감각자료와 상상자료〕을 〔각각〕 지닌다는 것인가? 그런데 이때 서로 다른 파악내용이 동일한 유와 종을 반복한다는 기묘한 관계를 원래부터 맺는다는 것인가? 아니면, 그렇지 않은가? 물론 지각**파악**과 상상**파악**의 해명이라는 문제는 이 〔감각과 상상자료의 관계 문제〕와는 본질적으로 구별되는 **다른 문제**이다. 두 파악은 **동일한** 파악이지만 〔그 차이가〕 감각과 상상자료라는 감성적 내용의 이른바 본질적 차이에 토대를 두는 것인가, **아니면** 두 파악은 서로 본질적

··
31 감각자료와 상상자료는 아직 파악이 가해져 지향적 대상을 구성(지향적 체험)하기 이전 단계의 이른바 비지향적 체험이다.(옮긴이)

32 여기에서는 동일한 붉음이 지각파악에 대해서는 감각자료로 기능하고 상상파악에 대해서는 상상자료로 기능한다(따라서 지각과 상상의 차이는 내용의 차이가 아니라 파악의 차이에 기인한다)는 설명보다는, 감각자료로서의 붉음과 상상자료로서의 붉음 자체가 (붉음의 유와 종에 있어서는 동일하더라도) 서로 다른 본질을 지닌다(따라서 지각과 상상의 차이는 내용의 차이에 기인한다)는 설명을 일단 제시하고 있다.(옮긴이)

으로 다른 **유형**의 파악인가? 만일 후자라면, 상상파악은 [지각파악과 다른] 어떠한 고유성을 지니며, 자신의 파악내용[상상자료]과 어떠한 관계를 맺으며, 어떠한 변양을 겪을 수 있는가? 파악내용의 변화에도 불구하고 어떠한 공통점을 여전히 유지할 수 있는가? 그리고 **상상표상이라는 현상 전체의 구성**은 독자적으로, 또한 그와 비슷한 [지각표상이라는] 현상과 비교하는 관점에서, **도대체 어떻게** 이해해야 하는가?

상당수 심리학자처럼 내용만 보고 객관화[파악]를 외면하는 사람, 체험되는 내용과 나타나는 대상의 차이를 외면하는 사람은 당연히 극도의 당혹감에 빠질 터이다. 이는 이제 와서 감각과 상상자료의 본질적 차이를 설정하든 하지 않든 마찬가지이다. (현상학적 분석에 기초해 참되게 헤아려서라기보다는 그저 당혹감을 모면하기를 희망해서) 많은 사람이 가정하는 바와 같이, [감각과 상상자료에] 본질적 차이가 있다면, 하나의 대상이 지각에서는 현전하고 한갓된 상상에서는 그렇지 않은 이유를 물을 수 없다. 현전과 비현전이 [파악내용의 본질이 서로 다른] 대상의 두 가지 유를 가리키는 **언어적** 표현에 불과하다고 주장할 수는 없기 때문이다. 또 [이 사람들은] 대상이 내용과 같은 것이라고 한다. 하지만 만일 [이와 달리] 감각과 상상자료의 차이가 단지 **정도**의 차이라고 한다면, 지각의 현전하는 대상과 상상의 재현되는 대상의 차이도 정도의 차이인가라는 물음이, 즉 여기[지각대상과 상상대상]에서 정도의 차등이란 부조리한 것이 아닌가라는 물음이 생긴다.[33]

∴

33 후설은 대상과 내용을 구별하지 않을 경우의 난점을 서술한다. 이 경우 감각자료와 상상자료의 차이를 1) 본질의 차이라고 하거나 2) 정도의 차이라고 하거나, 난점은 사라지지 않는다. 1)의 경우, 감각자료와 상상자료의 차이가 본질의 차이라면 (대상과 내용의 구별이 없으므로) 지각대상과 상상대상의 차이도 본질의 차이가 되므로, 지각대상은 현전이고 상상대상은 비현전(재현)이라는 명증한 사태를 설명할 수 없다. ("존재는 술어가 아니다"라는 칸트의 명제에 동의하는 후설이 보기에) 현전과 비현전은 본질(술어)의 차이가 아니기 때문

6절 심리학자들이 제시한 지각과 상상의 차이에 대한 비판적 논구

많은 심리학자와 심리학에 경도된 인식론자에게는 이런 문제가 모두 은폐되었다. 그 이유는 기술이 지닌 중요성과 어려움을 제대로 평가하지 못하고, 이러한 기술을 수행하기 전에 유독 발생적 설명에 일방적으로 관심을 기울였기 때문이다. 이들은 발생적 기원의 차이만 가리키면서 이 문제를 성급하게 마무리 지어버린다. 지각표상은 말초자극으로부터 생기고 상상표상은 그렇지 않다는 것이다. 기술적 차이를 묻는 경우도 있지만, 이 경우에는 (아리스토텔레스가 가장 먼저 그랬는데) 지각표상이 〔상상표상보다〕더 생생함을 지적한다. 흄은 이러한 차이에 만족했다. 최근 사람들은 또 다른 차이를 찾고자 노력했다. 알렉산더 베인[34]의 연구 이후에는 충만이라는 특성이 언급된다. 상상표상은 이에 대응하는 지각표상과 비교할 때, 그 차이와 규정과 성격에 있어 빈틈이 많고 빈약하다는 것이다.[35]

더 나아가 이들은 지속성이나 무상함[36]이라는 특징을 제시한다. 지각(감각)은 이것을 야기하는 자극이 지속된다면, 충만과 강도가 변하지 않으면서 지속된다. 자극이 무상하면 감각도 무상할 것이다. 그러나 보통은 그렇

∴

이다. 다시 말해 '현전과 비현전'이 서로 다른 본질을 지닌 '대상의 두 가지 유'를 가리키는 표현이 아니기 때문이다. 한편 2)의 경우, 감각자료와 상상자료의 차이가 정도의 차이라면 (대상과 내용의 구별이 없으므로) 지각대상과 상상대상의 차이도 정도의 차이가 되므로, 현전과 비현전이 정도의 차이에 불과하다는 부조리한 결론이 나온다.(옮긴이)

34 알렉산더 베인(Alexander Bain, 1818~1903)은 스코틀랜드의 경험주의 철학자이자 심리학자이다.(옮긴이)

35 충만(Fülle)은 일반적으로 어떤 표상(혹은 개념)을 그 내용이 '채움'을 뜻한다. 여기에서는 감각자료나 상상자료에 의한 지각표상이나 상상표상의 '채움'의 정도를 뜻한다.(옮긴이)

36 쉽게 생기고 쉽게 변화하며 쉽게 소멸하는 불안정성을 뜻하는 Flüchtigkeit는 '무상(無常)함'으로 옮긴다.(옮긴이)

지 않다. 자극은 보통 충분히 안정되어 있기 때문에 지각은 지속적이며 확고하다는 성격을 지닌다. 하지만 상상자료는 무상하게 아른거린다. 금방 떠올랐다가 금방 사라지며 안정적이지 않다. 또한 상상자료는 내용도 변화한다. 색깔이나 형태가 항상적으로 고정되지 않는다.

더 나아가 상상의 성격으로서 임의 변경이 언급되는데, 이는 특히 (지각에서처럼) 우리가 외부세계에 임의로 개입해서 생기는 변경이 아니다. 지각은 우리가 눈을 감거나 (대상에서) 멀어질 때만 사라진다. 그러나 그렇게 하지 않으면 지각은 그대로 머물러 있으며 우리 임의대로 변하지 않는 것이다.

이들은 이러한 차이를 가지고 임시변통하려고 했다. 게다가 (원인이라는) 발생적 차이 외에도 심리적 결과의 차이를 덧붙였는데, 이런 차이도 현상학적 차이가 아니라 인과적 차이이다.

이런 차이로는 사태의 **핵심**을 적중시킬 수 없음은 쉽게 알 수 있다! 그리고 이런 차이로는 감각과 상상자료의 차이(의 분석)라는 문제와 두 파악의 (차이의) 분석이라는 문제가 불명료하게 뒤죽박죽됨을 쉽게 알 수 있다. 강도와 생생함이라는 특징은 분명 파악이 아니라 **내용**에 속한다. 파악에서는 강도에 대해 말할 수 없는 것이다. 기껏해야 파악에 기초한 관심이 정도를 가질 수 있을 뿐이다. 객관화(파악)에 대해서는 강하다거나 약하다는 말이 의미가 없다. 반면 충만함과 무상함 같은 특징은 파악과 본질적 관계를 지닌다. 동일한 대상이 어떨 때는 파악내용으로 더 채워진 채, 어떨 때는 덜 채워진 채 표상된다. 또한 이 대상은 더 채워졌다가 덜 채워지는 무상한 변동을 겪으며 표상되기도 한다. 그러나 물론 이것이 (상상과 지각 간의) 어떤 본질적 차이를 낳는 기초는 아니다. 동일 대상의 여러 상상표상 간에도 적어도 상상표상과 지각표상의 이런 차이만큼 큰 차이가 있기 때문이다. 이 모든 점이 불명료한 이유는 충만함의 변동이 관계하는 준거점,

즉 **동일한 표상 대상**이 현상학적으로 도대체 무엇을 의미하는지가 먼저 현상학적으로 명료하게 해명되어야 하기 때문이다. 다른 한편 파악에 대해 살펴본다면, 지각과 상상에서 동일한 대상을 표상함이 무엇을 의미하며, 이러한 [대상의] 동일성이 차이를, 즉 지각과 상상의 진정한 차이인 객관화 유형의 차이를 허용하지 않는지 물어야 할 것이다. 이러한 차이는, [지각과 상상이라는] 두 가지 표상 유의 각각 내부에서도 일어나는 충만함과 무상함처럼 한낱 상대적 차이가 아니라 엄격한 차이인 것이다.

마지막에 언급한 임의 변경이라는 특성도 당연히 기술적 구별에는 전혀 도움이 되지 않는다. [지각에 있어서] '외부세계'에 임의로 개입함은 무엇을 말하는가? 주관적으로 보면, 이러한 개입은 지각이다. 우리에게 이러한 지각이 있고 이것이 상상표상과 혼동되지 않는다면, 지각으로 추정되는 어떤 것을 이런 지각에 견주어 [가상인지 현실인지] 평가할 수 있다. 그러나 [지금 우리의] 물음은 가상과 현실의 차이라는 물음이 아니라, 지각과 상상의 상이한 본질에 대한 물음이다. 그리고 여기에 본질적 차이가 도대체 있는가라는 물음이다.[37]

[지각과 상상의] 차이를 심리학적 성격을 지닌 차이로 여긴다면, 이러한 차이는 더는 현상학의 구역에 속하지 않는다. 서로 다른 두 개의 표상유형 [지각과 상상]은 실제로 있으며, 이들을 실천적으로 쉽게 구별할 수 있다. 이러한 표상 각각이 우리의 의지 등과 맺는 관계가 서로 어떻게 다른가를

[37] '(외부세계에의 임의 개입 없는) 임의 변경'이라는 특성은 물론 상상의 특성이기는 하지만, 지각과 상상의 본질을 구별하는 기준은 될 수 없고 기껏해야 현실(현실적 지각)과 가상(가상적 지각과 상상)을 구별하는 기준이 될 수 있을 뿐이다. 왜냐하면 (물론 현실적 지각에서 임의 변경은 외부세계에의 임의 개입에 의해서만 일어나지만) 상상뿐 아니라 가상적 지각에서도 (외부세계에의 임의 개입이 없는) 임의 변경이 일어날 수 있기 때문이다. 가령, 환각의 경우 (현실적 지각과 달리) 눈을 감거나 대상에서 멀어지지 않더라도 사라질 수 있다.(옮긴이)

알아보는 것은 심리학적으로 흥미롭다. 하지만 이는 이미 발생적이고 인과적인 문제이자 심리학의 문제이다.

그리하여 심리학의 통상적 서술에 의해 심리학적으로 가치 있는 자료를 아무리 많이 수집한다고 할지라도, 이러한 서술로는 시작하기 어렵다. 그러나 〔앞선 강의에서〕 지각에 대한 분석은 본질적 문제를 우리에게 분명하게 보여주었으며, 상상표상 구성이 지닌 대강의 차이를 이미 처음부터 드러나게 했다. 따라서 많은 자명한 것은 건너뛰거나 대강만 건드리면서, 곧바로 사태의 **핵심**으로 진입할 수 있을 것이다.

2장

상상표상을 물리적 이미지표상 같은
이미지표상(영상화)으로 해석함

7절 지각파악 내에서의 차이와 상상파악 내에서의 차이 간의 친연성

다음은 명증하다. 이념적 가능성의 의미에서 말한다면, 각각의 가능한 지각표상에는 하나의 가능한 상상표상이 대응하는데, 이 상상표상은 〔저 지각표상과〕 동일한 대상에 관계하며, 어떤 의미에서는 또한 정확히 같은 방식으로 관계한다.[38] 만약 어떤 풍경을 〔상상으로〕 재현한다면 이 풍경에는 지각되는 풍경이 상응한다. 또 상상되는 방에는 지각되는 방이 상응한다. 이때 분명한 것은, 지각에서 우리가 분별해낸 것은 거의 모두 상상에도 적용된다는 것이다. 〔한편으로〕 파악과 〔다른 한편으로〕 파악에 기초한 의향 및 질적 결정의 (〔지각과 상상〕 양자에서 분명 정확히 동일할 수 있는) 성격

:·
38 이 명증은 어디에서 나오는가? 이는 하나의 독자적 문제이다.

은 서로 다르지만, 이런 차이는 도외시하자. 그렇더라도 파악 내부의 차이가 [지각과 상상] 양자에서 서로 친연적이며 서로 상응한다. 그러니까 예를 들어 지각파악에서와 마찬가지로 상상파악에서도, 파악내용과 파악성격을 구별해야 한다는 것, 대상과 내용을 혼동하면 안 된다는 것, 대상의 현출은 경우에 따라 그때그때 대상의 한 면만 현출시킨다는 것 등을 곧바로 알 수 있다. 심지어 상상되는 대상은 그것이 지각될 때와 똑같은 현출에서 어른거릴 수도 있다. 이 대상은 [지각과 상상에서] '같은 입지로부터 보이는' 것으로, 같은 조명에서 같은 색채와 음영 등으로 보이는 것으로 현출하는 것이다. 이 대상은 이러한 모든 것에 있어서 때로는 지각되고 때로는 상상되는 것이다.

8절 구상화로서의 상상표상. 이미지표상에 대한 본질 규정의 시작

우리는 지각의 특성을 대상적인 것이 이를테면 친히, 즉 자체현전으로서 우리에게 현출함으로 규정하였다. 물론 상상에서도 대상 자체가 현출한다. 상상에서 현출하는 것은 바로 **이 대상**이기 때문이다. 그러나 상상에서는 대상이 현전하지 않는다. 대상은 재현될 뿐이다. 대상은 흡사 여기 있는 것 같지만, 흡사 그러할 뿐이다. 대상은 **이미지** 안에서 우리에게 현출한다. 라틴어에 밝은 사람은 이마기나티오(*imaginatio*)라고 부른다. 상상표상은 어떤 새로운 파악성격을 독자적으로 요청 내지는 전제하는 것처럼 보인다. 이것은 구상화이다.[39] 상상표상과 이에 상응하는 지각의 한갓 객

··
39 [상상이] 영상화라는 관점을, 그리고 **상상표상**이 **이미지표상**으로 해석될 수 있다는 견해를 최대한 밀고 나가보고자 한다. 물론 여기에는 의심스러운 점이 있으며, 이후에 이러한 의심

관적 닮음만으로는 (감성적 토대가 닮든, 아니면 현상에서의 여타의 것이 닮든 간에) 여기에서 중요한 문제를 규명하기에 불충분하다는 점은 더 논할 필요도 없다. 하나의 대상을 재현함, 이 대상을 내적 이미지에서 보여주고 어른거리게 함이 무엇을 뜻하는지 모두가 알고 있다. 심상화라는 표현을 쓸 때, 모두가 이 사태의 본질을 어느 정도 알고 있다. 하지만 아쉽게도 암묵적으로 알고 있을 뿐이다. 여기에서 중요한 문제는 다음을 명시적으로 의식하는 것이기 때문이다. 이미지는 어떤 고유한 의식에 의해서야 비로소 의미를 지닌다. 즉, 유사한 내용을 가진다고 곧 이미지를 파악하는 것이 아니라, 특유하고 전적으로 기초적인 이미지의식에 의해서야 비로소 닮은 것이 닮은 것의 이미지가 되는 것이다. 이 이미지의식은 지각의식이나 현전의식과 마찬가지로 어떤 기초적이고 궁극적인 의식이다. 물론 그렇다고 해도, 이 양쪽(지각의식과 이미지의식)에 있어서 이 (각각) 특유한 현상의 서로 다른 면을 부각하는 분석은 가능하고 또 필요하다.

그러니까 이미지표상 또는 이미지파악을 표상의 고유한 유로 규명하려면, 이미지에 의해 대상을 재현하는 파악이 실제로 있는 범위를 포괄하도록 이 권역을 확장해야 한다. 그러면 영상화라는 이 권역이 (상상표상이라는 표현이 보통 일컫는) **내적 이미지표상**, 곧 정신적 이미지만이 아니라, 일상적 의미에서의 이미지표상(물리적 이미지표상)까지 포괄함이 곧 분명해진다. 이러한 이채로운 표상(물리적 이미지표상)에서는 지각되는 어떤 대상이 유사성에 의거하여 다른 대상을 표상시키도록 규정되고 또 표상시킬 능력

:.

은 정당한 것으로 입증될 것이다.
후설은 1898년 연구원고(이 책 유고 1의 부록들)부터 1901년의 『논리 연구』에 이르기까지 상상과 기억을 이미지의식과 유비적으로 이해하고자 했으나, 1904/05년 강의원고인 여기에서는 이러한 자신의 견해에 대한 의심을 표명한다.(옮긴이)

이 있는데, 이는 물리적 이미지가 원본을 표상시키는 익숙한 방식으로 이루어진다. 내적 이미지의 영상화와 외적 이미지의 영상화가 어떻게 다른지도 당연히 탐구해야 한다.

일단 이 두 가지 영상화를 가능한 한 함께 묶어서 이미지표상의 공통점을 밝히고자 한다. 최대한 신중하게 차근차근 작업하고자 한다. 이 분석은 얼핏 쉬워 보여도 매우 어렵기 때문이다. 이런 어려움은 나중에 드러날 것이다. 따라서 이전에 가정한 것에 대한 수정, 이전에 단순하다고 간주한 것에 대한 새로운 구별이 한 걸음 한 걸음 필요할 것이다.

이것은 실로 현상학적 분석의 일반적 특성이다. 한 걸음 나아가면 새로운 관점이 주어진다. 이미 찾아낸 것이 이 관점에서 보면 새로운 빛 아래 나타난다. 그래서 본디 단순하고 차이 없는 것으로 간주된 것이 다중적이고 차이 있는 것으로 드러나는 일도 흔하다.

이제 묻는다. 그렇다면 저 이미지에서의 재현, 한마디로 이미지표상은 무엇을 뜻하는가?

우리는 모든 이러한 표상에서 **이미지**와 **사태**를 구별한다. 사태는 표상이 의향하는 대상이다. 나아가 이 대상은 여기 엮이는 질적 성격(지성적 성격이나 감정적 성격) 덕분에, 존재하는 대상(가령 기억 대상이나 예상 대상)으로 간주되거나, (허구임을 의식할 때처럼) 비현실적 대상으로 간주되거나, 의심 대상, 소망 대상, 의문 대상, 희망 대상, 공포 대상 등으로 간주된다. 여기서는 이러한 성격은 도외시하고 **의향**만 규명해야 한다. 상상이미지에서 베를린 궁전이 떠오른다면, 바로 베를린의 이 궁전이 의향되는 사태이자 표상되는 사태이다. 그러나 우리는 어른거리는 이미지는 이것(사태)과 다른 것으로 구별한다. 이 이미지는 물론 현실적 사물이 아니고 베를린에 있지도 않다. 이미지는 사태를 표상시키지만 사태 자체는 아니다. 이 이미지의 현출은 사태의 현출과 완전히 다른 의미에서의 현출이며, 따라서 상상에서 이 둘이 모두 표상된다고 말하면 〔'표상'이라는 말에〕 미심쩍은 중의성이 있음을 우리는 이미 여기에서 알아차린다.

9절 상상표상의 대응 사례인 물리적 영상화

하지만 더 면밀한 분석에 착수하기에 앞서, **물리적** 이미지라는 〔상상이미지의〕 대응사례를 살펴보자. 여기에서 상황은 좀 더 복합적이다. 여기에서 사태와 이미지를 구별하면, 이미지 개념이 이중적 개념임을 곧 깨닫는다. 그러니까 모사되는 사태에 대응하는 것〔이미지〕이 이중적이다. 1) 이 액자에 끼워진 채색된 캔버스나 이 인쇄된 종이 등으로서의 물리적 사물인 이미지. 이런 의미에서 **이미지**가 구겨졌다거나 찢어졌다거나 벽에 걸려 있다는 등의 이야기를 한다. 2) 특정 색과 형태에 의해 이러저러하게 현출하는 **이미지대상**(Bildobjekt)으로서의 이미지. 우리는 이것을 모사되는 대상으로, 곧 **이미지주제**(Bildsujet)로 해석하지 않고, 상상이미지와 꼭 닮은 것으로 해석한다. 즉, 이미지**주제**의 재현자로서 현출하는 대상으로 이해한다. 예를 들어 우리 앞에 어떤 아이를 현시하는 사진이 있다. 이 사진은 어떻게 이렇게 하는가? 일차적으로 하나의 이미지를 그려냄으로써 이렇게 한다. 이 이미지는 물론 아이와 대체로 닮았지만, 현출하는 크기와 색 등에 있어서는 아이와 뚜렷이 다르다. 언짢은 회보라색으로 여기 현출하는 이 미니어처 아이〔이미지대상〕는 물론 저 의향되고 묘사되는 아이〔이미지주제〕가 아니다. 그것은 아이 자체가 아니라 사진 **이미지**이다. 이미지에 대해 이런 식으로 말할 때, 그리고 이 이미지는 실패작이라거나, 이 이미지는 원본과 이러저러한 면에서 닮았다거나 원본과 완전히 닮았다고 품평할 때는, 물론 물리적 이미지를, 곧 여기 책상 위에 놓여 있거나 벽에 걸려 있는 사물을 뜻하는 것이 아니다. 사물로서의 사진은 현실적 대상이고, 지각에 의해 현실적 대상으로 받아들여진다. 그러나 저 이미지는 결코 존재한 적이 없고 결코 존재하지 않을, 우리가 당연히 한순간도 현실적인 것으로 받아들이지 않는, 현출하는 어떤 것이다. 그러니까 우리는 물리적 이미지와 [이미지주제를] 재현하는 이미지를 구별한다. 후자는 현출하는 대상으로서 모사 기능을 가지며, 이것을 통해 이미지주제가 모사된다.

세 대상이 있다. 1) 물리적 이미지, 곧 캔버스나 대리석 등으로 이루어진 사물, 2) [이미지주제를] 재현하는 혹은 모사하는 대상, 3) 재현되는 혹은 모사되는 대상. 마지막 대상은 그저 **이미지주제**라고 부르자. 첫 번째 대상은 물리적 이미지, 두 번째 대상은 재현하는 이미지 또는 이미지대상이라고 부를 것이다. 물론 이 재현하는 이미지는 가령 물리적 이미지사물의 한 부분도 아니고 한 면도 아니다. 캔버스에 퍼진 채색 물감이나 종이에 그려진 스케치의 선은 그렇게 여길 수도 있다. 그러나 이런 색이나 선 등은 재현하는 이미지가 아니다. 곧 영상화에서의 본래적 이미지가 아니며, 색 감각과 형태 감각 등에 의해 우리에게 현출하는 가상사물이 아니다. 판화에서는 어떤 삼차원 몸체가 이 몸체에 분포된 색을 지닌 채 우리에게 현출한다. 예컨대 말을 탄 막시밀리안 황제가 현출한다. 이는 삼차원적으로 현출하지만, 시각적으로는 회색 색조 및 경계선으로 이루어진 어떤 인물이다. 물론 이 인물은 회색 음영과 같지 않다. 곧 물리적 이미지 위에, 종잇장 위에 현실적으로 있으며 여기에 현실적으로 귀속되는 회색 음영과 같지 않다. 우리는 동일한 색 감각을 어떤 때는 종이나 캔버스 위의 대상적 색 분포로 해석하고, 어떤 때는 이미지 기사(騎士)나 이미지 아이 등으로 해석하는 것이다. 나아가 이 이미지대상은 모사되는 대상[이미지주제]과 구별해야 한다. 예를 들어 진짜 아이는 뺨이 발그레하고 금발이다. 하지만 사진에서 현출하는 아이에게는 이런 색이 하나도 없고 사진적 색만 있다. 이 현출에서 사진적 색을 지닌 것(이미지대상)은 이것과 전혀 다른 색을 지닌 어떤 것(이미지주제)을 현시한다. 그저 반성을 통해서 이것을 아는 것이 아니다. 다음과 같은 점이 애초부터 영상적 파악의 본질이기 때문이다. 이미지파악에서 이 회보라색의 대상(이미지대상)이 현출하기는 하지만, 영상파악은 이 대상을 의향하는 것이 아니라, 이 대상과 비슷할 뿐인 다른 대상(이미지주제)을 의향한다.

　재현하는 이미지와 이미지주제의 차이, 즉 본래적으로 현출하는 대상과 이를 통해 현시되고 의향되는 대상의 차이는 각 경우마다, 특히 모사 유형에 따라, 매우 다양하고 변화한다. 하지만 이런 차이는 언제나 있다. 현출하는 이미지와 의향되는 대상이 현상적으로 보아 절대적으로 동일하다면, 혹은 더 나은 표현으로는, 이미지현출과 대상 자체의 지각현출이 도무지 구별되지 않는다면, 이미지의식을 가지기 어려울 것이다. 확실한 것은 (이미지의식을 가지려면) (이미지대상과 이미지주제의) 차이에 대한 의식이 있어야 한다는 것이다. 주제가 본래적 의미에서 현출하지 않더라도 그렇다. 이 현출하는 대상(이미지대상)은 그것만 따로 받아들여지는 것이 아니라, 그것과 닮거나 비슷한 다른 것(이미지주제)의 재현자로 간주되는 것이다.

10절 물리적 영상화와 통상적 상상표상에서 '정신적 이미지'의 본질적 공통점

　물리적 영상화의 경우에는 통상적 상상표상의 경우보다 상황이 복합적이지만, 본질에 있어서 공통점이 있다. 물론 물리적 영상화에는 '정신적 이미지'를 일깨우는 기능을 하는 물리적 대상이 전제된다. 이에 비해 통상적 상상표상에서는 그러한 물리적 자극에 연결되지 않아도 정신적 이미지가 있다. 그렇지만 둘 다에서 정신적 이미지는 바로 이미지이며 어떤 주제를 재현한다.

통상적 상상표상이라는 〔물리적 이미지화보다〕 단순한 경우에는, 이미지와 사태라는 명칭으로 두 대상을 구별한다. 그런데 두 대상을 표상시키려면 두 종의 대상화 혹은 두 종의 파악이 필요하다. 달리 말해, 상상표상이라는 통일체에서는 현상학적으로 보아 파악의 두 방향 혹은 두 구성요소가 구별된다. 물론 소박한 해석은 훨씬 단순하게 본다. 이미지는 '정신'에 들어 있고, 여기 더해서 〔정신의〕 '바깥에는' 때때로 어떤 대상도 있다. 하지만 용의 상상처럼 한낱 허구의 경우라면 바로 정신적 이미지만 있으며 그 밖에 더 해명할 것도 없다. 물론 우리는 다음과 같은 간단한 반문을 할 것이다. 정신 안에 어떤 이미지 같은 것이 있다고 전제한다면, 이 정신은 어떻게 주제를, 곧 이미지 아닌 어떤 것을 표상하기 시작하는가? 이미지를 서랍에 넣으면 **이 서랍**이 어떤 것을 표상하는가? 소박한 견해의 오류는 무엇보다도 정신적 이미지를 정신에 내실적으로 내재하는 대상으로 생각한다는 데 있다. 이런 견해에서는 사물이 현실적인 것과 똑같이, 이미지가 정신 안에 들어 있다고 생각한다. 그러나 정신에는, 혹은 더 나은 표현으로는 의식에는, 현상학적으로 보아 어떠한 이미지사물도 없다. 이는 물리적 이미지에 의한 재현에서도 마찬가지이다. 여기〔물리적 이미지〕에서는 그려진 사자는 현출하나 존재하지 않는다. 그려진 사자는 기껏해야 어떤 현실적 사물, 현실의 특정 사자를 표상시키는 것이다. 이때 이 현실의 사자는 존재하지만 본래적 의미에서는 현출하지 않는다. 〔상상이미지와 물리적 이미지의〕 두 경우 모두에서 (현출하는 대상, 유비에 의해 재현하는 대상으로 이해되는) 이미지는 실은 어떤 무이다. 이를 대상이라고 부르는 것은 명백히 변양된 의미인데, 이 의미는 자체가 주어지는 실존과는 전혀 다른 실존을 지시하는 것이다. 이미지대상은 참되게 존재하지 않는다. 이 말은 이미지대상이 내 의식 외부에 실존하지 않을 뿐 아니라 내 의식 내부에도 실존하지 않음을 뜻한다. 이것은 도무지 실존하지 않는다. '회화'라는 물리적 사물, 그리고 채색 물감이 특정하게 퍼져 있는 캔버스 한 폭을 제외한다면, 현실적으로 존재하는 것은 (회화를 보는 감상자가 자기 안에서 체험하는) 어떤 감각 복합체와 (감상자가 이 감각 복합체에 토대를 두고 지니는) 파악과 의**향이다.** 그리하여 감상자에게 이미지에 대한 의식이 일어나는 것이다. 이와 마찬가지로 상상이미지도 실은 전혀 존재하지 않는다. 상상이미지는 가령 심리적으로 실존하지 않는다. 존재하는 것은 어떤 감각내용의 복합체, 혹은 상상자료의 복합체이다. 여기에 기초하는 어떤 파악하는 의식에 의해 비로소 이미지의식이 완성된다. 〔물리적 이미지라는〕한 경우에는, 구체적 복합체를 이루는 색 감각과 여타 시각적 내용만으로는 아직 이미지 자체가 아니다. 이것에게는 아직 가령 완전한 삼차원적 몸체성이 전혀 들어 있지 않은데, 이는 현출하는 이미지에 고유한 것이다. 이와 마찬가지로 상상이라는 다른 경우에도, 상상자료 혹은 상상자료의 복합체만으로는 아직 상상이미지가 아니다. 〔물리적 이미지와 상상이미지〕양자에 있어서, 그저 새로운 감성적 내용이 더해지지 않아서 그런 것은 당연히 아니다. 감성적 내용이 더해진다고 해서 객관적 대상성에 대한 의식이라는 것이 생기지는 않는다. 감각에 감각이 누적되고 감성적 내용에 감성적 내용이 누적되어도, 체험되는 감성적 내용의 새로운 복합체는 주어지지만 현출하는 대상이 생기지는 않는다. 양자에 있어서 〔현출하는 대상이 생기기 위해〕더해지는 것은 물론 대상화 의식이다. 즉 이런 내용을 해석하여 대상 관계를 부여하는 파악이 더해지는 것이다. 내용의 눈먼 현존에서 이런 대상 관계가 생기게 하는 것은, 이 내용을 이러저러한 대상으로 파악함, 이 내용을 가지고 어떤 것을 표상함, 이 내용을 의향하는 것이 아니라 이 내용을 매개로 어떤 것을 의향함이다. 이러한 파악을 체험함과 표상에서 대상을 가짐은 같은 것이다. 이러한 파악을 토대로 의향함과 이런 의향에서 대상에 관계함도 같은 것이다. 이때 현상학적으로 존재하는 것, 그리고 경험적 사례에서라면 심리적 실재로 존재하는 것은 파악내용, 이에 대응하는 파악양상, 이에 기초하는 의향이다. 여기에 경우에 따라 이러저러한 상위의 지향적 성격, 곧 지성적 성격이나 정서적 성격도 연결된다. 여기에서 **기술적으로** 적시하고 분석으로 발견할 수 있는 것은 이것이 전부이다. 그 외에 심리적으로 또 있는 것, 이에 대응하는 **성향**은 당연히 기술적이고 현상학적으로 발견할 수 있는 **사실**이 아니다. 그러니 재현하는 이미지대상의 이른바 내재적 실존에 있어서 남는 것은 이것이 전부이다.

11절 상상표상에서 이미지주제에의 관계, 혹은 층첩하는 두 파악
― 이와 유사한 것의 참조: 단어현출이 기호라는 두 번째 파악을 담지함

하지만 이제 더 상세한 규정과 구획이 필요하다. 체험되는 감성적 내용 (물리적 이미지의 경우에는 감각, 상상이미지의 경우에는 상상자료)에 대한 파악에 의해, 현출하는 이미지, 곧 현출하며 재현하는 이미지대상이 생긴다. 그러나 이런 현출이 구성되더라도 이미지**주제**에의 관계는 아직 구성되지 않는다. 다시 말해 단순한 파악만으로는 본래적 의미에서의 이미지는 아직 없고, 기껏해야 (나중에 이미지로 기능할) 대상이 있을 뿐이다. 이렇게 〔이미지로〕 기능함은 어떻게 일어나는가? 이미지대상이 우리에게 현출할 때 우리가 여기 만족하지 않고 이것을 매개로 다른 대상(이미지주제)을 의향하는 일은 어떻게 이해할 수 있는가? 우리는 **초상화**를 이미지로 간주한다. 다시 말해, 우리가 의향하는 것은 회화작품에서 처음에 회색 색조에서, 또는 이미 색을 가지고 현출하는 이미지대상이 아니라는 말이다. 이 이미지대상을 바로 이러저러한 인물의 이미지로 간주하기 때문이다. 그러나 한갓된 의향함으로는 이런 일이 일어나지 않는다. 파악함이라는 의미의 어떤 표상함이, 곧 새로운 대상을 지향적으로 구성하는 대상화라는 의미의 어떤 표상함이 토대에 있어야 하기 때문이다. 의향함은 의향되는 것을 전제한다. 표상이 없다면, 대상화하는 파악이 없다면, 의향함은 어떠한 대상도 겨냥하지 못한다. (물론 여기에서도 나는 의향함과 파악함을 구별한다. 의향함이란 파악되는 다수 대상 중에서 하나의 대상을 뽑아내서 바로 이 대상을 특별히 의향하는 강조 기능이라고 생각하기 때문이다.) 따라서 상상표상이, 무엇보다 상상파악이 지각표상보다 복합적인 현상임을 알게 된다. 지각표상에 있어서는 파악되는 대상이 **하나이고**, 이 대상이 바로 완전한 지각에서 의향되는 대상이다. 하지만 상상표상에서는 두 개의 파악이 층첩하며 두 대상을 구성한다.[40] 그 하나는 현출하는 상상대상이다. 다른 하나는 이미지에 의해 묘사되는 대상, 곧 바로 이미지에 의해 묘사되는 이미지주제이다. 또한 완전한 상상표상에는 의향이 있으며, 이 의향은 **이미지주제**를 향한다. 나는 베를린 궁전을 표상한다. 다시 말해 나는 이미지에서 베를린 궁전을 표상한다. 이미지가 내 앞에 어른거린다. 그러나 내가 의향하는 것은 이미지가 아니다. 이 이미지파악에 토대를 두고 두 번째 파악이 일어나는데, 이 파악

40 후설은 상상 및 기억을 이미지의식과 비슷하게 보는 자신의 이전 견해에 대해 이 시점에서 의심하면서도 이 견해를 끝까지 밀고 나가보고 있다.(옮긴이)

은 이미지파악에 어떤 새로운 성격을 각인하고 어떤 새로운 대상 관계를 준다. 이미지는 그 자체로 궁전은 아니지만 나는 이 이미지에서 궁전을 직관한다. 이미지는 내게 궁전을 재현하고 시늉한다. 그리고 의향함은 이제 이미지대상을 따로 향하는 것이 아니라, 이를 통해 재현되는 것, 유비되는 것을 향하는 것이다.

따라서 **상상표상에는 표상함의 어떤 매개성**이 있는데 이것은 지각표상에는 없는 것이다. 지각은 대상을 직접 표상한다. 다시 말해, 하나의 대상이 현출하며, 의향되고 현실적이라고 간주되는 것은 바로 이 대상이다. 상상표상에서도 하나의 대상이 현출하지만, 일차적이고 본래적인 의미에서 현출하는 이 대상이 곧 표상되는 대상인 것은 아니다. 상상이 하나의 대상을 표상하는 것은 다음에 의해서이다. 상상은 먼저 이 대상과 유사한 다른 대상(상상이미지)을 현출시키고 이 대상을 본래적으로 의향되는 대상의 대리자로, 혹은 더 나은 표현으로는 (여기에 적합한 유일한 단어는 역시 이미지이므로) 이미지로 취한다. 상상은 이미지를 응시하지만, 이미지 안에서 사태를 직관한다. 혹은 이미지를 가로질러 사태를 파악한다. 그런데 이것은 새로운 파악, 곧 새로운 의식성격으로서, 이것 없이는 새로운 대상이 의향될 수 없을 것이다. 이와 유사한 것에 대해서 이제 이야기할 것이다.[41] 예컨대 인테그랄(Integral)이라는 단어를 읽을 때 이 단어는 보이지만 의향되지 않음도 마찬가지이다. 단어현출과 나란히, 그리고 이 단어현출에 토대를 두고, (현출이 아닌) 두 번째 파악이 있다. 즉, 단어는 기호로 간주되고, 다름 아닌 $\int$을 **의미**한다. 우리는 단어를 통상적으로 사용할 때 보는 그것, 우리의 감성에 현출하는 그것을 의향하는 것이 아니라, 그것을 통해서

..
41 상징화.

60

상징화되는 것을 의향한다. 이 단어는 임의의 여타 소리나 무의미한 문자 구성체나 음 구성체와는 완전히 다르게 느껴진다. 이런 것은 새로운 파악의 담지자가 아니므로 의향될 수는 있어도 자신을 넘어 지시하는 어떤 의향의 담지자일 수는 없다.

이미지도 마찬가지이다. 현출하는 대상은 현출하지만, 독자적으로 유효하지 않다. 다른 대상을 위해 유효하고, 그리하여 유비적 재현자로, 이미지로 유효하다.

12절 이제까지의 모든 고찰의 전제: 상상표상과 물리적 이미지파악에서 이중의 대상성

이러한 모든 고찰의 전제는 당연히 다음과 같다. 상상표상에서는 정말로, 그리고 정당하게, 이중의 대상성이 있는데, 이는 말하자면 내재적인 이중의 대상성이다. 그리고 이러한 〔대상성의〕 차이는 가령 한낱 개념적 차이, 간접적으로 들여오는 차이, 즉 상상체험을 현실과 연결하는 반성이 들여오는 차이가 아니다. 이는 지각에서 자주 구별되는 종류의 차이, 바꾸어 말하면 현출하는 사물, 곧 통상적이고 경험적인 의미의 사물과 사물 자체의 차이가 아니다. 〔지각이라는〕 이 경우에 체험 자체에는, 이 체험의 파악의미와 의향에는, 이러한 두 가지 사물, 즉 경험적 사물과 사물 자체가 속하는 것이 아니라, 오로지 하나의 사물, 즉 첫 번째 사물만 속한다. 〔반성이전의〕 소박한 의식은 지각할 뿐, 사물 자체에 대해서는 아무것도 모른다. 이 사물 자체에의 관계는 지각이 아니라 형이상학적 반성에 있는 것이다. 상상표상의 두 대상은 이와 전혀 다르다. 상상하는 사람은 누구나 이미지체험을 가진다. 하나의 대상성이 그에게 현출한다. 그러나 아무도 이 현출을 대상의 자체현출로 여기지 않는다. 이때의 [이미지의] 현출은 동요하고 유동적이며, 금방 생겼다가 금방 사라지고, 내용이 다채롭게 변화한다. 이처럼 흐릿한 현출을 대상의 현출이라고, 가령 궁전 자체의 현출이라고 여기는 사람은 없다. 아마도 궁전 자체의 '표상'이라고, 재현이나 구상화라고 여길 것이다. 유념할 점은, 이때 이 현출을 현실적으로 주어지는 그대로 의향하지 않는다는 것이다. 즉, 가령 이것이 존재하고 현출하는 그대로 직관하는 것이 아니라, 이미지라고 자신에게 말한다. 우리는 오히려 전적으로 현출에 근거를 둔 새로운 파악함에 침잠한다.[42] **이미지 안에서 사태**를 바라본다. 이미지의식은 일차적 대상을 넘어 가리키는 의미를 이 의식에 부여하는, 곧 유사성에 의거하는 재현 성격을 이 의식에 부여하는 [비유하자면] 어떤 색이 묻어 있다.

물리적 이미지파악도 마찬가지이다. 이들을 비교하면 곧바로 알게 된다. 물론 지각표상의 토대에는 감성적 감각이 있는 반면 상상표상의 토대에는 상상자료가 있지만, 단지 이러한 상황으로 둘[지각표상과 이미지표상]의 차이를 충분히 해명할 수는 없다. 회화를 감상할 때 일어나는 것과 같은 영상적 표상의 파악내용도 [상상자료가 아니라] 감각이기 때문이다. 그렇지만 [지각과는 달리 물리적 이미지의식에서는] [파악내용은 지각에서와 마찬가지로 감각이지만] 이러한 파악이 지각으로 귀결되지는 않는다. 내가 사진 안에서 직관하는 라파엘로의 작품 〈성모〉는 당연히 사진적으로 현출하는 작은 이미지가 아니다. 그러니까 나는 한낱 지각하는 것이 아니다. 여기에서는 [사진에 대한] 지각현출이 지각되지 않는 어떤 대상을 구상화하기 때문

42 문맥에 따라 '침잠하다'로도 번역하는 leben은 "그 안에 살며 그것을 체험함"이라는 뜻을 지닌다.(옮긴이)

이다. 그리고 이것은 또한 개념적 지식이 아니다. 다시 말해, 내가 현출하는 대상을 사고되는 대상과 〔개념적으로〕 연결하면서 어떤 구분과 연결을 수행하는 것이 아니라, 이미지가 직접적으로 이미지로 느껴지는 것이다. 여기에서 파악은 〔지각처럼〕 감성적 감각에 토대를 두지만 한갓된 지각파악이 아니다. 이 파악의 성격은 변화해서 유사성에 의한 재현 혹은 이미지에서 직관함이라는 성격이 된다.

13절 영상적 표상 구성에 본질적인 두 파악

우리는 영상적 표상을 구성하는 데에는 두 파악이 본질적이라고 말했다. 그렇지만 이러한 두 파악체험이 같은 단계에서 서로 분리되어 있으면서 다만 어떤 끈으로 묶여 있다는 뜻으로 말한 것은 물론 아니다.[43] 만일 모사되는 대상이 하나의 작용에 의해 독자적으로 구성되고, 이미지는 이와 분리되는 두 번째 작용에 의해 구성된다면, 이미지도 없고 〔이미지를 매개로〕 모사되는 것도 없을 것이다. 그렇다면 여기에서 하나의 대상을 표상하고 저기에서 또 다른 대상을 표상할 것이며, 기껏해야 〔두 대상을〕 비교하여 어떤 관계의식만, 다시 말해 두 대상이 서로 비슷하다는 의식만 가질 것이기 때문이다. 하지만 사태는 그렇지 않다. 서로 분리되는 두 표상이, 특히 서로 분리되는 두 현출이 있는 것이 아니다.[44] 예컨대 궁전을 〔영상적으로〕

⋮

43 앞에서는 구상(상상과 이미지의식)에서 두 가지 대상, 즉 이미지(이미지대상)와 이 이미지를 통해 의식되는 사태(이미지주제)가 함께 구성됨을 서술하고 있다. 이때 두 대상 파악은 같은 단계에 병렬되어 있는 것이 아니라, 하나가 다른 하나를 토대로 충첩되어 있다. 또한 두 대상 파악이 서로 분리되어 어느 하나가 먼저 일어나고 다른 하나는 그다음에 일어나는 것도 아니다.(옮긴이)
44 이 새로운 파악이 새로운 현전화는 아니다. 〔만일 이 파악이 현전화이려면〕 이 새로운 파악

표상할 때는, 이미지 두 개를 나란히 늘어놓거나 상상표상을 차례로 두 번 수행하는 것처럼 궁전이 두 번 나타나지 않는다. 오히려 여기에서는 두 파악이 서로 엮여 있다. 〔이미지대상을 구성하는〕 일차적 파악이 있는데, 여기에서는 〔이미지대상인〕 하나의 궁전이 우리에게 나타난다.[45] 하지만 우리는 이러한 궁전의 현출로써 베를린 궁전 자체를 이미지적으로 표상한다. 즉 〔이미지로서의〕 궁전을 유사성에 의한 〔궁전 자체의〕 재현자로 파악한다. 지각에서 감각은 체험될 뿐 아니라 (독자적으로 있는 감각을 〔이후에〕 비로소 내용으로 취하는 것이 아닌) 지각적 해석의 토대이다. 〔이미지대상 구성이라는 단계에서는〕 하나의 온전한 파악의식이 이처럼 수행된다. 그러나 이 대상성은 독자적 대상으로 유효하지는 않다. 이 토대 위에서 유사성 재현이라는 새로운 파악방식이 성립하는데, 이것에 의해 이미지주제와의 관계가 주어진다.

그러니까 하나의 대상〔이미지대상〕이 〔다른〕 하나의 대상〔이미지주제〕을 구성하는 작용에 관련된다. 이미지대상을 구성하는 파악은 이와 동시에 이 이미지대상을 매개로 다른 대상〔이미지주제〕을 구성하는 표상의 토대이다. 보통의 상상표상과 이미지표상은 이 〔이미지주제를 구성하는〕 표상을 겨냥하며, 의향은 오로지 이 표상을 향한다. 두 번째 대상은 아주 특별한 방식으로 지향된다. 이 대상에 대응하는 현출은 없다. 이 대상은 분리되어 독

∴

도 파악내용을 얻어야 할 텐데, 어디에서 얻을 수 있단 말인가? 기존의 감성적 내용은 이미 이미지대상 구성에 모조리 소진되어버린 것이다.

45 이미지의식에서는 세 가지 계기, 곧 물리적 이미지, 이미지대상, 이미지주제가 구별된다. 물리적 이미지는 그 자체만으로는 여타의 물리적 대상과 구별되지 않지만, 여기에 파악이 가해지면서 이미지대상이 구성된다. 다시 말해 어떤 것이 이미지로 파악되는 것이다. 따라서 이미지대상은 물리적 이미지를 볼 때 지각되는 대상인데, 이 이미지대상은 유사성에 의해 이미지주제를 떠올리게 한다. 이미지의식의 핵심은 이미지대상에 의해 이미지주제가 재현된다는 점이며, 만일 이 이미지대상이 수행하는 재현 기능이 없다면, 물리적 대상에 대한 통상적 지각과 다를 바 없다.(옮긴이)

자적으로 직관되지 않는다. 이 대상은 이미지와 나란히 두 번째 이미지로 나타나는 것이 아니다. 이것은 바로 이미지에 의한 재현이 일어남에 의해, 이미지 안에서, 이미지와 더불어 나타난다. 말하자면 이미지가 사태를 재현하지만, 이 사태가 어떤 새로운 표상에서 직관되는 것은 아니다. 이 사태가 직관되는 것은 어떤 성격[46]에 의한 것인데, 이 성격에 의해 비로소 우리 의식과 마음은 이미지로 기능하는 이 대상의 나타남을 이미지재현으로 느끼는 것이다.

어쨌든 우리가 숙고해야 할 것은 다만 다음과 같이 말해야 하지 않는가이다.[47] 여기에서 두 가지 상황이 본질적으로 연관되어 서로 관계한다. 다시 말해, [그중] 하나의 파악에서는 이미지대상이 우리에게 나타나고, 어떤 것의 재현자라는 성격이 이 대상에 들러붙어 나타난다. 이때 의향과 주의는 이미지대상으로 나아가고 이에 덧붙여 여기에 토대를 둔 재현되는 대상으로 나아간다. 그리고 언제나 가능하며 본질적으로 가능한 변이에 의해, 이 파악과는 다른 유형의 파악이 일어난다. 이때는 이미지대상이 전혀 대상이 되지 않는다. 오히려 동일한 내용에 대한 변양된 파악이 새로운 단순한 파악을, 곧 이미지적 재현함을 낳는다.

그러나 내가 보기에 이 차이는 본질적으로 단지 의향이 다르게 기능하기 때문이며, 언제나 파악의 이중성이 있는 것 같다.[48]

· ·
46 여기에서 성격은 작용성격(Aktcharakter)을 뜻한다. (옮긴이)
47 [앞선] 강의에서 여기에 대해 다소 자세히 이야기했다.
48 여기까지는 1905년 1월 12일 강의이다.

14절 요약 및 새로운 서술: 이미지의식을 구성하는 두 파악의 엮임, 그리고 두 파악대상의 유사성 합치 내지는 상호분리. 나타나지 않는 것을 나타나는 것 안에서 재현하는 의식에 의해, 이미지주제에의 의식적 관계가 주어짐

지난 강의에서는 **구상**이라는 통일적 관점하에서 상상표상과 물리적 이미지표상을 함께 포착하고자 했다. 그리고 이 관점 아래 모이는 모든 표상의 독특성을, 곧 이미지표상 **일반**의 독특성을, 이제까지 살펴본 지각표상과 대비하여 명료하게 분석하고자 했다. 이미지표상의 구성은 단적인 지각표상의 구성보다 복합적임이 드러났다. 복수의 대상성에 대응하여, 서로 본질적으로 다른 복수의 파악이 서로 충첩되어, 혹은 교직되어 형성됨이 드러났다. 이때 복수의 대상성은 서로 섞이며, 그때그때 주의 변경에 따라 (어느 대상성을) 선호하는 의향에 등장한다. 물리적 이미지에서는 **세 가지** 대상성(물리적 이미지사물, 정신적 이미지, 이미지주제)이 서로 엮히고,[49] 상상에서는 **두 가지** 대상성(정신적 이미지, 이미지주제)이 서로 엮힌다. 둘(물리적 이미지와 상상)의 공통점은, 각 경우에 나타나는 하나의 대상성이 독자적으로 유효하지 않고, 나타나는 것이 아니라 이미지에 의해 재현되는 다른 대상성을 위해 유효하다는 것이다. 물리적 이미지(사물)는 정신적 이미지를 깨우고, 정신적 이미지는 다시 다른 것을, 즉 주제를 드러낸다. 정신적 이

---

49 후설의 물리적 이미지의식에 대한 관점은 상상에 대한 관점에 비해 비교적 일의적이고 변화하지 않는다. 즉, 이미지의식의 토대는 한편으로는 현출하는 이미지대상과 모사되는 이미지주제 사이의 '유사성'이고, 다른 한편으로는 여러 유형의 '충돌'이다. 이러한 충돌은 1) 물리적 이미지사물과 이미지대상 사이에, 2) 이미지대상과 이미지주제 사이에, 그리고 3) 지각 주변 혹은 유사지각 주변과 관련하여 일어난다.(옮긴이)

미지는 나타나는 대상성이다. 가령 사진적 색으로 나타나는 인물이나 풍경, 혹은 조각에서 나타나는 하얀 형태 등이다. 그러나 주제는 풍경 자체이다. 이 주제는 이처럼 작은 크기로, 사진의 풍경처럼 회보라색으로 의향되는 것이 아니라, 현실적인 색과 크기 등으로 의향된다. 그러나 이 풍경이 이미지의 풍경과 나란히 두 번째 풍경으로 나타나는 것은 아니다. 감성적 감각재료가 있으므로 이 감각재료가 어떤 식으로든 파악내용으로 기능할 수 있겠지만, 이러한 감각재료는 이미 〔이미지대상 구성에〕 완전히 소진되었기 때문에 〔이미지주제에 있어서는〕 새로운 현출이 구성될 수 없다. 이러한 새로운 현출을 위해 가용될 파악내용이 남아 있지 않는 것이다. 우리는 상상도 마찬가지라고 추정했다. 상상의 현출에서 우리는 사물 그 자체를 있는 그대로 체험하지 않는다. 우리가 가지는 현출은 때로는 현실로부터 현격하게 벗어나는 현출이다. 이때 이러한 현출은 대개 그 내적 규정성에 있어 상당히 유동적이고 변화한다. 여기에서 우리에게 나타나는 것은 어떤 대상성이지만, 우리는 이 대상성을 현실적으로 나타나는 바 그대로 상상되는 대상으로 간주하지 않는다. 우리는 상상할 때 현출하는 대상〔정신적 이미지〕이 아닌 다른 대상〔상상대상〕을 의향한다. 이 〔의향되는〕 대상과는 뚜렷하게 구별되는 현출하는 대상은 이 대상을 이미지에 의해 재현한다. 여기에서도 **주제**, 즉 의향되는 것은 〔이미지대상의 현출이 아닌〕 두 번째 현출에서 현전하는 것이 아니다. 현출은 **오직 하나**, 즉 **이미지대상**의 현출뿐이다. 그러나 파악은 이 이미지대상을 구성하는 파악(또는 객관화) 외에도 더 있다. 그렇지 않다면 이 대상만 의향될 것이다. 이미지대상에서 우리는 이미지대상과 비슷하기는 하지만 어느 정도는 다른 사태를 구상화한다. 즉, 객관화하는 두 번째 성격이, 혹은 새로운 파악의미를 지닌 새로운 파악이 있다. 이 새로운 파악의미는 이미지대상 파악에 토대를 두고 있다. 이 새로운 파악의미에 의해 "우리는 나타나는 이미지를 가지고 사태를 의향한다"는 말이 뜻하는 것이 의식에 드러난다. 그러나 이 새로운 파악은 이미지현출에 그저 외적으로 들러붙는 것, 이미지현출에 그저 외부로부터 결합하는 것은 아니다. 새로운 파악은 이전 파악에 섞여들며 이전 파악을 포섭했다. 나타나는 이미지사물이 새로운 표상을 깨우는 것이 아니다. 만일 그렇다면 이 새로운 표상은 나타나는 이미지사물과 아무런 [내적] 관계가 없을 것이다. (유비적 상징도 포함해) 단순한 상징의 방식이나 자의적 기호의 방식에서는, [상징이나 기호가] 자신을 넘어 다른 것을 지시하는데, 이 다른 것은 기호 자체와 내적으로 통일되어 의식되지 않거나 심지어 기호와 내적 관계가 전혀 없는 것이다. 그러나 이미지는 이렇게 하는 것이 아니다. 오히려 이미지대상은 그것과 비록 동일하지는 않아도 어느 정도 내용이 같거나 비슷한 것이 직관되게 한다. 지향되는 대상의 의식에는 [이미지와] 유사한 특징이 어느 정도 살아 있다. 우리는 이미지를 들여다보면서 의향되는 대상을 본다. 혹은 의향되는 대상이 이미지에서 나와 우리에게 보인다. 그러나 현상학적으로 보면 이는 이미지대상이 나타날 뿐 아니라 이 이미지대상이 새로운 파악성격을 적재한다는 것이다.[50] 이 [이미지주제를 구성하는] 새로운 파악성격은 [이미지를 구성하는] 원래의 파악성격에 어떤 식으로든 섞이고 녹아 들어간다. 말하자면 원래의 파악성격은 나타나는 것[이미지]의 내용으로부터 그저 몸을 돌려 [의향되는 대상을] 지시하는 것이 아니라, **이 내용으로 들어가** [의향되는 대상을] 지시한다. 혹은 이 내용을 가로질러 본래적으로 의향되는 대상을 지시한다. 이미지대상의 내용 중에서도 [의향되

50 내용에 파악이 가해질 때, 이 내용이 파악을 '적재한다/담지한다(tragen)'거나 '겪는다/입는다(erfahren)'고 표현한다.(옮긴이)

68

는 대상을) 대리하는 기능을 하는 내용은 독특한 방식으로 두드러진다. 그것은 **현시**하고 **재현**하며 구상화하고 **직관화**한다. 주제는 마치 **이러한** (이미지대상의 두드러지는) 특징을 가로질러 우리를 바라본다. 이 (두드러지는) 특징은 하나하나 살펴보아야 비로소 눈에 띄고 이미지대상의 다른 (두드러지지 않는) 특징, 계기, 부분, 규정으로부터 분리된다. 이때 이 다른 특징은 이에 상응하는 의향 주제의 규정성과 충돌하는 대립적 성격이 뚜렷할 수도 있지만, 아무 성격도 들러붙지 않을 수도 있다. 이처럼 성격이 없는 특징은 아무것도 구상화하지 않는다. (따라서) 현실적 대상이 여기(이미지대상의 성격 없는 특징)에서 어떻게 현시되는지도 규정되지 않는다. 현실적 대상은 이렇게 의향되므로 (성격 없는 특징에 대응하는) 해당 규정은 열려 있다. 의향이나 이와 관련된 파악은 이런 견지에서 미규정성을 포함한다. 다른 한편, 주제에서 벗어나며 불일치하는 이미지 계기의 의식은 (주제와) 일치하며 (주제를) 직관화하는 (이미지) 계기의 의식을 본질적으로 전제한다. 일치하며 직관화하는 계기가 비로소 이미지의식을 산출하기 때문이다. 모사되는 것에 대한 의식적 관계가 (일치하는 계기에 의해) 이미지와 더불어 주어지지 않는다면 우리에게 이미지는 없는 것이다. 이 의식적 관계는 저 독특한 의식, 즉 나타나지 않는 것을 나타나는 것 안에서 재현하는 의식을 통해 주어진다. 이에 의거하여, 나타나는 것은 어떤 (일치하는) 직관적 고유성 덕분에, 마치 그것이 다른 것(나타나지 않는 것)인 양 주어진다. 물론 이때 (일치하지 않는) 다른 계기에서 주제와의 충돌이 드러날 수도 있다. 달리 말해 (주제와의) 유사성에서 거리가 있는 모든 계기에서는 주제와의 차이가 드러날 수도 있다. 만일 대상화하는 두 파악이 서로 얽혀 있지 않다면, 이런 일이 어떻게 가능한가에 대해서 기적이라거나 허튼소리라고 할 수밖에 없을 것이다. 이미지만 나타날 뿐 주제는 전혀 나타나지 않기 때문이다.

이미지에서의 직관화는 이미지의 나타남 **안에서** 이미지**주제**에 대한 의식을 가지는 것인데, 이러한 직관화는 이미지에 들러붙는 임의적 성격이 아니다. 이미지대상의 직관이 바로 새로운 의식을, 새로운 대상에 대한 표상〔이미지주제의 직관화〕을 깨우는 것이다.[51] 이 새로운 대상은 전체적으로, 그리고 이런저런 점에서 개별적으로, 이미지대상과 내적인 친연성 및 유사성을 가진다. 새로운 표상은 이러저러한 규정을 지닌 새로운 대상〔이미지주제〕에 관계한다. 따라서 당연히 새로운 표상이 내포하는 여러 면과 요소는 이 표상 자신의 파악의미를 통하여 이 대상의 다양한 면에 대응한다. 그러나 이 새로운 표상은 새로운 직관은 아니다. 즉, 이 모든 것을 직접적이고 본래적인 현출의 방식으로, 다시 말해 자체현출의 방식으로 포함하는 직관은 아니다. 하지만 이제 이 새로운 표상은 이미지대상 표상과 **나란히** 있는 것이 아니라, 그것과 합치하고 뒤섞이며 이러한 뒤섞임에 의해 그것에 이미지대상의 성격을 부여한다. 합치는 서로 유사한 계기에 관계한다. 우리는 이미지대상 **안을** 들여다본다. 여기에서 〔이미지주제와〕 유사한 계기를 바라보는데, 이미지대상은 바로 **이것에 의해** 비로소 이미지대상이 되는 것이다. **이 계기 안에서** 주제가 우리에게 현시되며, 우리는 이 계기를 통해서 주제를 들여다본다. 주제에 대한 의식은, 이미지대상에 대한 의식을 가로질러, 유비화 계기[52]에 의거하여 펼쳐진다. 이런 계기가 충분하면 〔이미지대상과 주제의〕 동일성 의식이 주어진다. 그러면 우리는 실로 이 계기에서 주제를 본다. 모든 면에서 서로 같다면 모든 면에서 합치가 일어난다. 그러

••

51 여기에서 '직관(Anschauung)'은 나타남의 의식을, '직관화(Veranschaulichen)'는 재현하는 의식을 지칭한다.(옮긴이)

52 '유비화 계기들(analogisierende Momente)'은 유비를 가능하게 하는 (주제와) 유사한 (이미지의) 계기를 뜻한다.(옮긴이)

면 우리는 모사되는 대상을 완전히 재현했다고 의식한다. 이렇게 의식하면 마치 대상 자체가, 완전한 대상이 거기 있는 듯 느낀다. 물론 이미지의식과 주제의식으로 의식을 이중화하는 계기가 충분하지 않으면 이러한 '마치'에 이를 수 없을 것이다. [이미지의 계기와 주제의 계기의] 완전한 내적 합치가 일어나더라도 이런 [이중화의] 계기가 반드시 없는 것은 아니다. 그러면 당연히 외부적 계기를 참조하는 것이다.[53] 인물의 (모든 특징에 있어서) 모든 계기를 완벽하게 묘사하는 완벽한 초상이라면, 아니 매우 불충분하게라도 그렇게 하는 초상이라면, 인물 자신이 여기 있다는 느낌을 받는다. 하지만 이 인물 자신은 이미지대상이 속한 연관과는 다른 연관에 속한다.[54] 진짜 인물은 움직이고 말하지만, 이미지의 인물은 굳어 있고 말하지 못하는 형상이다. 여기 덧붙여 이미지는 [그 이미지를 둘러싼] 물리적 현실과 충돌하는데, 이로 인해 이미지대상에는 감성적 가상이라는 특징이 주어진다. **상상**도 마찬가지이다. 의식이 명징하고 특히 그러기 쉬운 성향이라면, 완벽하고 생생한 상상이나 선명한 기억이 종종 떠오른다. 이런 경우라면 이것은 이미지에 불과하다는 의식은 좀처럼 일어나지 않는다. 우리는 마치 대상과 함께 현실에 있는 듯, 대상이 현실적으로 우리 앞에 있는 듯, 대상을 가깝게 느낀다. 물론 그렇다. 대상은 진정으로 재현되고 우리는 그것 '자체'를 본다. 이미지의식에 침잠하면서 이에 대응하는 지각을 하는 듯 정말로 느낀다. 그러나 자세히 보면, "정말로 느낀다"는 것은 유비적 표현이거나 아주 일시적인 착각이다. 그것은 여전히 재현일 뿐 현전은 아니다. 상상이미지는 흩어

53 이미지가 주제와 완전히 합치하면, 이미지 자체가 현실적 주제처럼 느껴져서 이미지와 주제의 이중화가 일어나기 어렵다. 그러나 이 경우에도 이미지 외부의 환경과 같은 '외부적 계기'를 참조하여 이미지와 주제의 이중화가 일어날 수도 있다.(옮긴이)

54 이후 강의들에서 이에 대해 더 자세히 이야기할 것이다.

진다. 오래 생생하지 않다. (아마도 선명한) 다른 상상이미지가 불현듯 끼어들어 직접적 대상의식을 중단시킨다. 이것은 직접적 대상의식을 계속 이어나가지 않으며, 상상대상을 거기 편입시킬 수 있는, 대상의 현전이라는 통일체를 구성하지 않는다. 이러한 불연속성에 대해서는 나중에 더 이야기할 것이다. 여기에서는 일단 다음을 지적하는 것으로 충분하겠다. 지각의 현실성은 확고한 통일성을 지니고, 지각의 시선장에 있는 대상들은 서로 확고한 연관을 지닌다. 이에 비해 상상, 그리고 기억까지도 무의미한 혼돈 안에서 뒤섞여 흘러가며, 따라서 한낱 이미지라는 의식이 주어진다. 물론 그렇다. 선명한 상상에서는 사태를 보고 사태가 마치 그것 자체인 듯 **완전히 그러하게** 느낀다. 그래도 '**마치 완전히 그러하게**' 느낄 뿐이다. 다시 말해 현출에 들어 있는 어떤 성격 때문에, 이 현출을 가장 본래적인 의미에서의 자체현출로 받아들이지 못한다. 최소한 이것이 편입되는 지향적 연관이 다르므로 의식은 분열된다. 그리고 〔지각에서처럼〕 단적이고 단순한 대상 지향을 구성하지 못하고, 고작 이중성의 합치만 구성한다. 〔이미지와 주제 사이에〕 차이 없이 똑같이 감각되는 계기에서, 곧 정확한 이미지의 계기에서, 최선의 경우에는 모든 내적 계기에서 합치가 일어나더라도, 서로 얽힌 지향적 성격은 분리된다. 이 〔서로 다른〕 지향적 성격은 나타나는 것과 의향되는 것을 보충하여 서로 다른 유효성을 지닌 대상성이 되도록 한다.[55] 그리하여 〔모든 내적 계기가 합치하는 경우에〕 나타나는 것은 어떤 의미에서는 그것 자체에 대한 이미지대상, 다시 말해 그것이 여기 나타나는 바와 동일한 것〔이미지주제〕에 대한 이미지대상이 된다. 다만 그것〔이미지주제〕은 다른 데 속하며, 따라서 엄밀한 동일성의 의미에서 동일한 것일 수 없으며 다만 똑같은

••
55 리만 평면.

것일 수 있을 뿐이다.[56]

또한 이미 알려져 있듯이, 이미지의 완벽성 정도는 매우 다양하고, 따라서 이미지의식의 정도와 단계는 매우 다양하다. 물론 이미지대상에 대한 직접적 대상파악과 주제에 대한 간접적 파악 사이의 합치가 충분해서 이미지대상에서 이미지주제를 완벽하게 보고 이미지대상의 모든 내적 규정성을 주제에 귀속시킬 수도 있다. 그러나 이는 어떤 한계사례일 뿐이다. 보통의 경우에 두 대상은 서로 떨어져 등장한다. 가령 입체의 모양 같은 **몇몇** 계기에서는 동일화가 일어나지만, 색과 크기 등 다른 계기에서는 서로 구별된다. 후자의 〔서로 구별되는〕 관계에서는 이미지대상에 있는 규정은 주제에 유효하지 않다. 이것은 이미지에 있기는 하지만 모사 기능은 가지지 않는다.

56 여기에서 동일성(Identität)은 바로 그 하나의 대상임을 뜻하는 '수적 동일성'을 뜻하고, 똑같음(Gleichheit)은 두 대상의 모든 속성이 같음을 뜻하는 '질적 동일성'을 뜻한다.(옮긴이)

3장

이미지의식의 내재적 기능과 상징적 기능
― 미적인 이미지 감상― 상상의식 및 이미지의식을
정초하는 파악과 지각파악의 관계라는 문제

15절 이미지적 파악과 상징적 파악의 공통점과 차이점

바로 앞의 고찰을 통해 이미지의 파악의식을 구성하는 두 파악이 서로 엮임을 어느 정도 이해할 수 있다. 그리고 지각파악과의 차이뿐 아니라 **상징적 파악**과의 차이도 명료해진다. 특히 후자에 대해 말하자면, 이미지적 파악과 상징적 파악은 〔지각파악과는 달리〕 순일한 파악이 아니라는 공통점을 지닌다. **양자 모두** 어떤 의미로는 자기를 넘어 지시한다. 그러나 상징적 파악, 그리고 기호적 파악은 자기를 넘어 지시할 뿐 아니라, 〔이미지적 파악과는 달리〕 이 나타남에 내적으로 낯선 대상을 지시하는 것이다. 상징적 파악은 분명 바깥을 지시한다. 이미지적 파악도 다른 대상을 지시하지만, 언제나 이미지에서 현시되는, 동종의 유비적 대상을 지시한다. 무엇보다도 이미지적 파악은 **자신을 가로질러** 대상을 지시한다. 의향하는 시선은 상징적 표상에서는 상징을 떠나 [다른 대상으로] 가리켜지지만, 이미지적 표상에서는 이미지를 향해 가리켜진다. [이미지적 표상에서는] 대상을 표상하기 위해서 이미지 **안**을 들여다보아야 한다. 이미지 안에서 이미지 기능을 담지하는 것[주제와 유사한 계기]에서 대상 현시를 찾아야 한다. 이것을 생생하게 포착할수록, 주제는 이미지 안에서 더욱 생생해지고 더 많이 직관화되고 재현된다.

16절 내적(내재적) 이미지와 외적(상징적) 이미지라는 구별의 도입

이런 서술로 **유비에 의한 재현**[이미지 재현]에서도 두 경우를 구별할 수 있음도 명료해진다. 이미지는 내재적 이미지라는 방식으로 **내적 재현**으로 기능할 수 있다. 또는 상징적 재현의 의식과 본질적으로 비슷한 방식으로 **외적 재현**으로 기능할 수도 있다. 예를 들어 라파엘로의 성모 그림을 본뜬 목판화는 드레스덴 미술관에서 보았던 원본[57]이 기억나게 한다. 이런 이미지[목판화]는 유비적 기억 기호로 기능할 수 있다. 이미지는 상당히 자주 이런 일을 한다. 최근 슈투트가르트 출판사는 뒤러, 라파엘로 등의 작품이 아주 작은 복제품으로 빠짐없이 담긴 책들을 출간했다. 이런 책의 주요 목적은 내적 이미지를 일깨움으로써 미적 즐거움을 주려는 것이 아니다. 이것은 이미지로 이루어진, 저 위대한 예술가들의 작품 목록이다. 기억 일람표이다. 말하자면 **화보로 된 색인**이자 기억의 보조물이다. 물론 이들은 여전히 이미지로 작용하지만, 여기에 더하여 기억으로도 작용한다. **연상**으로 기능하여 기억에서 더 완벽한 이미지표상을 재생하는 것이다. 이미지를 순

57 드레스덴 국립미술관이 소장한 라파엘로의 〈시스티나의 마돈나〉를 뜻한다. (옮긴이)

수하게 들여다보는 사람은 이미지에 침잠한다. 이미지 자체에서 대상의 재현을 가진다. [이에 비해] 이미지를 기억으로 활용하는 사람은 대상의 또 다른 재현을 얻고자 하고 때로는 찾아내는데, 이 다른 재현은 어쩌면 같은 대상을 더 풍부하게 재현하게 해줄 것이다.

그러므로 [이미지표상의 두 가지 유형에 상응하여] 상징 표상에서도 **두 가지 유형**을 구별할 수 있을 것이다.[58] 오랜 근원적 의미에서 상징적인 것은 이미지, 상징, 상형문자에 의한 외적 표상이다. 언어와 문자는 원래 상징 성격 혹은 상형문자 성격이다.[59] 이것이 정련되어야, 나아가 전문어와 대수학 기호가 형성되어야 비로소 기호 표상이 생긴다. 이는 사태와 완벽하게 무관하고 내적 관련이 전혀 없는 **기호**를 통한 표상이다.

대부분의 학문적 이미지도 첫 번째 유형에 속한다. 물론 여기에는 다른 것도 함께 고려된다. 상징화하는 계기로 주의를 돌리는 것, 그리고 거기 주의를 기울이기 위해 이미지에서 이것만 두드러지게 하여 (바로 상징으로만 기능하는 이미지 요소의 형태로) 절연시키는 것이 그것이다.[60]

∴
58 사실 이것은 의문이다. 이는 이미지 기능과 상징 기능의 혼합이 아닌가?

59 여기에도 내적 이미지가 있지만, **여기 더해서** (이미 있는 이미지와 나란히) **또 다른** 지향이 있다. 이는 바로 상징적 지향이다. 이는 의향되는 것의 [내적 이미지에 의한] 본래적 재현과 더불어 두 번째 것을, 새로운 나타남을 향한다. 내재적 이미지 기능은 이미지 안에서 대상을 보는 것이다. [이에 비해] 초재적이고 상징적인 기능에서는 이미 내적 이미지의식이 있고 여기 더해 새로운 나타남을 향한 새로운 지향도 있다.

60 특징적 윤곽 그림 등. 도식적 그림.

17절 통상적 상상표상과 기억표상에서는 이미지주제에만 관심을 기울이는 반면, 미적인 이미지 감상에서는 이미지대상의 구상화 '방식'에 관심을 기울임

상징으로 기능하는 **이미지**로부터, 그리고 이미지의 상징적 기능을 수행하는 이미지의식으로부터, 직관적 이미지의식, 곧 내재적 이미지에 대한 의식을 구별해야 한다. **미적인 이미지 감상**에서는 후자만 어떤 역할을 한다. 이때 우리는 이미지를 들여다본다. 관심이 이미지로 향한다. 이미지 안에서 주제를 본다. 이 이미지는 가령 그 자신에게 외적인 대상 표상을 깨우는 기능, 즉 새로운 직관을 깨우거나 심지어 그저 개념적 표상을 깨우는 한갓된 기능만 하는 것이 아니다. 하지만 그렇다고 마치 오직 주제를 직관적으로 표상하기만 한다는 듯이, 미적 이미지의 관심과 의향이 주제만 향한다는 뜻은 아니다. 물론 이미지가 미적으로 작용할 때는, 새로운 표상이 주제나 주제의 어느 부분을 더 완전히 직관하게 하기도 한다. 예컨대 더 적실한 색을 지니도록 한다. 전체적으로 보아, 상상의 놀이가 시작되면, 주제의 세계로 들어가 침잠한다. 가령 파올로 베로네세[61] 같은 사람의 그림을 볼 때 16세기 베네치아 귀족의 호화롭고 화려한 삶과 활동으로 옮겨지는 듯 느낀다. 뒤러[62]의 정취 있는 목판화에서 당대 독일의 풍경과 인물이 아름답게 그려져 있음을 본다. 그러나 상상이 이러한 새로운 표상을 따르지 않을 수도 있다. 즉, 관심이 이미지대상으로 되풀이하여 돌아오고 내적으로 이미지대상에 들러붙어 그것의 구상화 **방식**을 즐길 수도 있다. 이

61 파올로 베로네세(Paolo Veronese, 1528~1588)는 이탈리아의 화가이다.(옮긴이)
62 알브레히트 뒤러(Albrecht Dürer, 1471~1528)는 독일의 화가이다.(옮긴이)

는 관심에 있어서 이미지대상이 본질적으로 차지하는 몫을 보여준다.

이러한 이미지대상을 향하는 태도와 아주 본질적으로 구별되는 것이 **통상적 상상표상과 기억표상**의 태도이다. 여기에서는 관심과 의향이 오로지 이미지**주제**로 나아간다. 〔물론〕 상상에서도 이미지의식은 순수하게 내적인 의식이다. 적어도 완전히 생생한 상상, 진정한 상상직관에서는 그렇다. 이미지대상은 아무것도 의미하지 않는다. 그러니까 어떤 것을 상징의 방식으로 의미하지 않는다. 자기에게서 멀어지면서, 자기에게서 나오면서 〔어떤 것을〕 지시하지 않는다. 이미 이미지로 나타난 것에 마주하여 주어질 수 있을 어떤 것도, 설령 그것이 〔이미지와〕 비슷하더라도, 지시하지 않는다. 마치 이미지에의 지향과 모사되는 것에의 지향이 나란히 놓여서 하나가 다른 것을 지시하는 것처럼, 자기에게서 나오면서 어떤 것을 지시하지 않는 것이다. 오히려 이미지대상은 자기 안으로 지시한다. 예외적이기는 하지만, 상상도 미적으로 즐길 수 있고 이런 방식으로 감상할 수 있다. 이 경우에는 한갓 이미지의식에 의해 주제를 보는 것이 아니다. 주제가 **어떻게** 묘사되는가, 이미지를 통해 어떤 방식으로 나타나는가, 그리고 이 방식은 얼마나 미적으로 만족스러운가가 관심을 끌 것이다. 그렇게 예술가는 자기의 상상을 엿듣고 기다려서 그로부터 미적으로 가장 아름다운 모습을 보고 배울 것이다.[63] 달리 말해, 예술가는 바로 상상에서 실험한다. 주제를 다양

∴

63 이 서술은 정확하지 않다. 이미지대상의 나타남과 주제의 나타남을 혼동한 것이다. 여기에서는 지금 문제되는 의미에서의 이미지를 다루는 것이 아니라, 상상**주제**의 '현출'을 다루는 것이다. 어느 '면'이 미적으로 최상의 결과를 낳는지를 다루는 것이다. 나는 이미 **지각대상**에서도 어느 면에서 이 대상이 가장 미적으로 작용하는지 물을 수 있는가? 이와 마찬가지로, 나는 상상에서 대상의 다양한 면을 표상하고, **주제**의식에 침잠하면서 그것이 어떻게 가장 미적으로 작용하는지 묻는다. 물리적 이미지에서도 그렇다. 본질적인 것은 대상의 어느 면이 현시되는가이다. 여기 덧붙여 대상의 사태가 아닌 것과 관련된 방식(Wie)도 있는

하게 표상하고, 상상에서 나타나는 방식 중에서(이러저러한 형태로 이러저러하게 나타나는 이미지대상에 의한 묘사 방식 중에서) 미적으로 가장 아름다운 방식을 고르고자 한다. 물론 통상적인 경우는 아니다. 우리는 상상을 할 때 상상되는 사건으로 침잠한다. 내적 이미지의 현시 **방식**[64]은 자연스러운 관심 구역에서 떨어져 있다.

18절 의향하는 지향의 방향 전환 가능성과 이에 상응하는 대상의 전환. 예컨대 심리학적 관심에서의 이미지대상의 현출방식에 관한 기술

우리는 동일한 파악토대 위에서도 서로 다른 표상작용이 구축될 수 있음을 안다. 이미지주제를 의향함, 이미지대상을 의향함, 그리고 이미지대상을 주제의 이미지로 의향함은 표상의 습관적 방식이 서로 다른 것이다. 표상의 대상이라는 표현은 보통 표상하는 의향이 관계하는 대상을 가리키므로, 여기에서 의향하는 지향의 방향이 전환되면 대상도 전환된다.[65] 자유로운 상상이나 기억에 침잠한다면, 의향, 곧 표상하는 지향은 이미지**주제**로 나아간다. 그러나 이미지대상에 주의할 수도 있고, 이미지대상이 나타나는 방식에 주의할 수도 있으며, 현출을 구성하는 부분이나 감성적 상

.∙.

데, 예컨대 대리석, 붓질, 색의 작용방식 등이 그렇다. 상상에서의 현출에 주의를 기울이는 것은 예술가가 아니라 심리학자일 뿐이다.

64 '방식(Wie)'은 대상 자체가 아니라, 대상이 그때그때 우리에게 어떠하게 나타나는 방식을 의미한다.(옮긴이)

65 지향은 대상으로 나아갈 때 필연적으로 어떤 '현출'(면)에서의 대상으로 나아간다. 그래서 다음을 구별해야 한다. 1) 일차적 현출(이미지대상의 현출)이라는 현상, 2) 주제를 향하는 의식, 특히 종합되어 있는 주제 현출 중 하나에서 주제를 향하는 의식. 현출의 개념을 구별하여 서로 다른 이름을 붙이는 것은 응당 필요할 것이다.

상자료 등에 주의할 수도 있다. 상상의 이미지대상을 **기술**할 수도 있다. 가령 "식물원이 여름에 어땠는지 지금 회상하고 있다. 나무가 온통 바스락거리고 꽃이 만발하고 비탈에는 그늘이 졌었다"고 말한다. 하지만 색은 떠오르지 않는다. 그보다 입체 형태가 떠오른다. 색은 떠오르지 않고 쉼 없이 변하는 회색만 떠오른다. 이때 우리는 현출 자체에 주의하면서 그 내용을 지향되는 주제와 비교한다. 그러니까 통상적 상상표상의 현상과 상상대상, 일반적으로 말하면 이미지대상을 향하는 표상의 현상은 분명 다르다.[66] 또 다른 예를 든다면, 여행기를 읽을 때 낯선 나라에 대한 직관적 재현의 의식인 상상의식에 침잠하는 것과 가령 심리학적이고 기술적인 관심에 이끌려 관심과 의향을 상상이미지 자체로 향하는 것은 분명 다르다. 이때도 둘의 파악토대는 정확히 같을 수 있다. 나타나는 이미지대상이 동일하고 이 이미지대상이 정초하는 먼 나라와의 관계는 동일하다. 그러나 어떨 때는 이미지대상이, 어떨 때는 먼 나라가 의향되고 관심을 끄는 것이다.

19절 서로 섞이는 두 파악의 자립성과 비자립성. 물리적 이미지가 매개하는 영상화의 경우, 정초하는 파악과 지각파악의 관계에 관한 물음. 밀랍인형 전시나 파노라마 등의 미혹에서, 그리고 미적 가상에서 이미지의식의 탈락

상상이미지의 의식에서, 그리고 내재적 이미지의식 일반에서 서로 섞이는 두 파악 중에서 분명 하나(주제파악)는 **비자립적**이고 하나(이미지파악)는

••
66 일반적 상상표상의 대상은 상상대상 혹은 이미지대상이 아니라 상상되는 주제이기 때문이다.(옮긴이)

자립적이다. 이미지대상을 우리 눈앞에 세우는 나타남은 〔이미지주제를 향하는〕 영상화 기능이 없더라도 이미지의식에서 등장하는 그대로 체험될 수 있다. 이에 반해 이미지를 비로소 이미지로 만드는 〔이미지주제를 향하는〕 변양하는 파악은 어떤 정초하는 나타남〔이미지대상의 나타남〕에 제약됨이 명증하다. 〔이미지대상의〕 나타남이 없다면, 어떤 다른 것을 재현하는 데에 이미지로 쓰일 것도 전혀 없다. 어떤 대상이 우리 눈앞에 있어야 이 대상 안에서 다른 대상을 표상할 수 있다.

그러면 이 정초하는 파악〔이미지파악〕은 지각파악과 어떤 관계인가? 이 사태를 연구하기 위해, 일차적 현출을 토대로 구성되는 이미지의식이 탈락하는 사례를 들 수 있다.

우선 이런 사례는 물리적 이미지파악에서 등장한다. 물리적 이미지가 지각에서 주어졌다고 전제하자. 이때 이미지파악은 쉽게 도외시할 수 있다. 이처럼 쉽게 도외시할 수 있는 이미지파악이 있다는 사실에서 이미 분명한 것은 〔이미지주제 의식을〕 정초하는 이미지대상의 현출은 그 자체로 보면 지각현출의 성격, 통상적 현전의 성격을 지닌다는 점이다. 물론 정상적이고 완전한 지각은 아니다. 예컨대 유화에서 이미지의 인물과 같이 어떤 현출하는 것은 현실적 현전으로 간주되지 않기 때문이다. 이미지의 인물은 현전하는 것으로 나타나기는 하지만, 현실적으로 현전하는 것으로 간주되지 않는다. 믿음 의식이 있을 수도 있지만, 이 의식은 지각파악의 대상이 아니라 이미지에 의해 보이는 〔이미지주제로서의〕 대상에 관계한다. 〔믿음 의식은〕 어떤 현전하지 않으나 〔이미지대상의〕 현전함에 의해 이미지로 표상되는 인물에, 바로 단지 재현되는 인물에 관계하는 것이다. 영상화 기능의 탈락으로 인해 이미지현상이 변화하면 통상적 지각파악이 생기며, 때로는 통상적 믿음을 지닌 완전한 지각까지 생긴다. 이를 보여주는 것이 이미 자주 이야기한 밀랍인형이나 파노라마[67] 등에서의 미혹이다. 여기(밀랍인형)에서는 처음에는 인형을 사람으로 볼 수도 있다. 나중에 착오로 드러나더라도 이때는 통상적 지각이다. 미혹이었음을 홀연 깨달으면 이미지의식이 등장한다. 하지만 이 경우 이미지의식은 오래 지속되지 않을 것이다. 밀랍상은 그 (진짜) 인물의 진짜 옷이나 머리칼 등과 똑같고, 기계장치에 의해 인공적으로 흉내 내는 동작까지 원래 사람과 아주 똑같아서, 잠깐씩 지각의식이 계속 다시 일어난다. 영상화적 파악은 탈락한다. 물론 가상임을 '알지만' 어쩔 수 없다. 사람을 보는 것이다. 이것은 한낱 이미지라는 개념적 판단이 수반되지만, 이 판단은 지각의 가상 앞에서 무력하다. 이 가상을 현실로 간주하려는 경향이 너무 강해서, 잠깐 이를 믿을 수도 있다. 우리가 빠져든 분열의 효과는 물론 조악하고 전혀 미적이지 않다. 진짜 옷을 걸치고 진짜 머리칼을 달고 있는 등 현실을 극히 정확하게 모방하는 밀랍상에서는 사람에 대한 지각현출이 주어지는데, 이 사람은 (밀랍상이) 모사하는 사람과 완벽하게 합치한다. 그래서 (둘 사이의) 차이 나는 계기가 순수하고 명료한 차이의식을, 즉 확고한 이미지의식을 산출할 수 없다. 그런데 이미지의식은 조형예술에서 미적 감성을 가능하게 하는 본질적 토대이다. 이미지 없이는 조형예술도 없다. 그리고 이미지는 명료하게 현실과 분리되어야 한다. 다시 말해, 간접적 사고의 조력이 전혀 없이도 순수하게 직관적으로 현실과 분리되어야 한다. 우리는 경험적 현실로부터 들어 올려져 역시 직관적 이미지의 세계로 올라가야 한다. 미적 가상은 감성적 미혹에 빠지는 것도 아니고 졸렬한 속임수를 즐기는 것도 아니며 현실과 가상의 조

..

67 여기에서 파노라마는 건물의 둥근 내벽 가득 풍경화를 그려 마치 현실적 풍경을 보는 듯한 느낌을 주는 장치를 말한다.(옮긴이)

야한 충돌을 즐기는 것도 아니다. 이런 것은 때로는 가상이 현실인 척하고 때로는 현실이 가상인 척하면서 둘이 숨바꼭질하는 것과 같다. 이는 미적 흡족과는 정반대이다. 미적 흡족은 평온하고 명료한 이미지의식에 토대를 두기 때문이다. 미적 효과는 야바위 효과가 아니다.

20절 통상적 의미의 상상과 기억에서, 정초하는 파악은 지각파악의 성격을 지니는가. 환영과 환각에서 이미지의식의 탈락. 백일몽과 상상형상이 가상이라는 의식

이제 물리적 이미지가 매개하지 않는 영상화에서는, 즉 기억의 현상을 포함하여 통상적 의미의 상상에서는 어떠한가? 여기에서도 [물리적 이미지의식에서처럼] 정초하는 파악이 지각파악의 성격을 지닌다고 해야 하는가? 적어도 상상되는 대상성에 대해 명료하고 내용이 풍부한 직관이 있는 경우에는 그렇다고 해야 하는가? 모든 본래적 현출은 하나의 동일한 현출이고 어디에서나 동일한 성격, 즉 현전의 성격을 지니는가? 여기[통상적 의미의 상상]에서도 이미지의식이 탈락할 수 있다. 이런 일이 일어나면, 물론 [이미지의식이 탈락하고 남은] 나머지는 지각의 성격만 있다고 가정해야 할 것이다. 지금 나는 상상이 **환영**으로 넘어가는 것을 환기하고 있다. 그러면 상상형상은 더는 이미지로 내면의 눈앞에 어른거리지 않는다. 경험적 지각, 그리고 환영을 보는 사람의 몸이 사는 현실은 작동이 중지되고 이 현실과 상상이미지의 대조도 작동이 중지된다. 상상이미지의 이미지기능이 사라지고 환영을 보는 사람은 이제 몽환 상태에 든다. 이제 상상의 세계가 그의 현실 세계이다. 그 자신에게는 이것이 현실적인 것으로 유효하다. 곧 그의 직관은 지각이고 믿음 성격까지 지닌다.

꿈도 그러리라고 추정한다. 잠을 자면서 꾸는 꿈뿐 아니라 백일몽도 그렇다. 때때로 우리는 상상의 전개에 너무 빠져들어서 바로 **마치** 상상현출이 지각인 **양** 이 현출에 반응하여 행동하기 시작한다. 주먹을 불끈 쥐고 상상 속 인물과 큰 소리로 대화를 나누기도 한다. 물론 이런 일을 하자마자 바로 꿈은 끝나곤 하고 진짜 지각이 이 심상을 몰아낸다. 그러나 이보다 더 자주 일어나는 것은 이런 일이다. 상상을 좇을 때 시선 앞의 현실적 세계는 **거의** 지워지지만, 우리는 여전히 이 세계의 현존을 조금 느끼고 따라서 이 상상형상이 가상이라는 흐릿한 의식이 이것을 계속 물들인다.[68]

그러니까 이런 경험이 보여주는 것은 아마 다음과 같을 것이다. 이미지의식이 있다는 점을 제외한다면, 상상의 현출은 원칙적으로 지각현출과 다르지 않다. 그러면 다음과 같이 물어야 한다. 이는 (환영, 꿈 등의) 한계사례에만 맞는 것이 아닌가? 상상현출의 이미지파악과 지각현출(의 파악)은 그 자체로 본질적으로 구별되는데, 이런 한계사례에서는 상상현출이 바로 환각으로, 지각현출로 **뒤집히는 것**이 아닐까? 특히 이미지대상을 구성하는 파악방식과 지각대상을 구성하는 파악방식에도 아무 차이가 없다고 추정할 수밖에 없다면, (이미지의식과 지각의) 본질적 차이가 (파악방식이 아니라) 파악내용에 있음을 인정해야 하지 않는지 묻게 된다.

⋮

68 니체(Nietzsche).

4장

통상적 이미지표상과 상상표상의 차이

21절 물리적 이미지표상의 토대인 파악.
파악내용의 동일성과 차이에 대한 물음

이런 물음, 특히 감각과 상상자료의 관계에 관한 물음을 다루기에 앞서 몇 가지 흥미롭고 중요한 분석을 마치고자 한다.[69] 이제까지는 대체로 지각에 의거한 영상화(물리적 이미지의식)와 상상의 영상화의 **공통점**을 논구했다. 이제 **차이**를 탐구하고 이 차이의 분석적 본질로 좀 더 깊이 파고들고자 한다.

먼저 이들의 토대인 파악에 있어서 큰 차이가 있는 듯하다. 이러한 파악은 상상표상보다 물리적 이미지표상에서 더 복합적인 것 같다. 상상표상에서는 통일적 체험에 속하는 감성적 내용의 복합체 전체가 단 하나의 현

⠆
69 상상과 직각적 영상화(perzeptive Imagination)의 탐구.

출 내부에, 곧 상상이미지의 현출 내부에 배열된다. 물리적 이미지표상은 다르다. 여기에서는 현상적으로 대상이 둘 있는데, 물리적 이미지가 현출하고 다시 정신적 이미지가, 곧 〔주제를〕 현시하는 이미지대상이 현출한다. 나는 이 두 대상 각각에 주의할 수 있고 각각을 표상하면서 의향할 수도 있다. 그리고 각 대상은 직접적 현출의 형태로 있는 것이지, 한갓된 상징화의 형태나 정초되는 이미지주제 의식의 형태로 있는 것도 아니다. 각 대상은 바로 완전하고 본래적인 의미에서 현출하는 것이다. 가령 내 책상 위에 걸린 라파엘로의 〈신학〉[70]의 그림을 응시할 때, 이 그림은 내게 물리적 사물로서, 벽에 걸린 사물로서 현출하고 나는 그것에 주의한다. 나는 응시 방향을 바꾸어 이미지대상에 주의한다. 그러면 흑백 외에는 무채색이며 높이는 약 1.5슈파네[71]인 조그만 여성과 그 주위를 날고 있는 훨씬 작으며 색깔은 같은 두 천사 모습 등이 나에게 현출한다. 통상적 이미지 감상의 경우 나는 이미지의식에 침잠한다. 이때는 완전히 다른 것〔이미지주제〕에 주의하게 된다. 초인적으로 위대한 숭고한 여성의 모습을 보고 건강하고 큰두 어린 천사 등을 본다. 나는 이것도 '현출한다'고 말하지만, 분명 본래적 의미에서 현출하는 것은 아니다. 나는 이미지대상 안의 주제를 들여다보는데, 직접적이고 본래적으로 현출하는 것은 〔이미지주제가 아니라〕 이 이미지대상이다. 이미지대상의 현출하는 입체성과 현출하는 명도 계조(階調)는 입체적 형태, 그리고 이미지에서 표현이 덜 된 진짜 색을 지닌 주제를 내게 구상화한다.

.•.

70 바티칸 궁전의 서명의 방(Stanza della Segnatura)에 있는 라파엘로의 그림 〈성체 논의〉를 뜻한다. 이 방의 네 벽에는 철학(〈아테네 학당〉), 신학(〈성체 논의〉), 법학(〈기본적인 신학적 덕목과 법〉), 예술(〈파르메니데스〉)이 각각 형상화되어 있다.(옮긴이)

71 한 뼘을 뜻하는 1슈파네는 약 20cm이다.(옮긴이)

이제 이미지파악의 토대가 되는 이러한 현출, 이 직접적 대상화는 어떤가? 이러한 현출의 토대는 물리적 이미지대상의 현출인가? 그러니까 이미지의식이 일어나는 것은 기층에서 감성적 감각이 지각파악을 겪음으로써 물리적 이미지가 구성되기 때문인가? 그리고 둘째 층위의 새로운 지각파악이 이 첫 번째 지각파악에 토대를 둠으로써, 이 안에서 이미지대상이 현출하고 그다음에 마침내 여기에 재현적 의식, 즉 이미지의식이 토대를 두는 것인가? 그런 것 같다. 주제를 영상화할 때, 공간에 현전하는 사물인 이미지(물리적 이미지)와 허구물인 이미지, 즉 영상화의 담지자인 이미지(이미지대상)가 우리 눈앞에 사실로 있다. 그렇지만 이 두 현출의 파악내용이 무엇인지 묻는다면 의혹에 빠진다. 이미지대상의 파악내용과 물리적 이미지의 파악내용은 서로 떨어지고 다른 것이 아니라 동일한 것이다. 동일한 시각적 감각이 (물리적 이미지에서) 종이의 점과 선으로도 해석되고 또한 (이미지대상에서) 현출하는 입체적 형상으로도 해석된다. 동일한 감각이 **석고로 된 사물**로도 해석되고 **사람의 하얀 형상**으로도 해석된다. 이처럼 감각이라는 토대가 동일하다면 이 두 파악이 한꺼번에 있을 수는 없다. 이 파악들이 동시에 **두 현출**을 두드러지게 할 수는 없다. 교대로, 즉 서로 분리되어 그럴 수는 있어도 한꺼번에 그럴 수는 없다.

22절 이미지대상의 현출, 그리고 이미지대상의 비현실적이라는 성격 및 현전을 구성하는 지각의 시선장과 충돌한다는 성격

이 사태를 면밀히 탐구해보자. 판화는 어떤 소묘를 보여준다. 화가나 판화가의 의도에 충실하게, 우리는 이 소묘를 종이 표면의 선과 명암의 체계로 파악하지 않는다. (종이에서) 소묘가 이르는 데까지는 종이가 아니라 입체적 형상을 본다. 이 형상 안에서, 혹은 이 형상을 가로질러, 주제와의 관계가 형성된다. 판화에서 〔소묘가 없는〕 종이 가장자리는 하얗다. 여기에서는 〔소묘가 아니라〕 종이를 본다. 그림에는 액자가 있고, 종이가 들어 있는 이 액자는 그것이 걸린 벽으로부터 두드러진다. 벽은 방에 있는데, 이 방의 여러 부분도 시각장에 들어온다. 모든 것이 아무 의미가 없는 것이 아니다. 주제의 영상화에 침잠하더라도, 지각의 시선장이 사라지는 것은 아니다. 아니, 일차적 의향함의 방식은 아니더라도, 주변을 지각한다. 그리고 이 주변은 이미지의 주변이다. 아니, 어떤 의미로는 심지어 주제의 주변이다. 우선 이미지에 대해 말한다면, 소묘가 거기에 미치지 않는다면 이 이미지는 〔주변과〕 함께 통일적 지각파악에 속한다. **반면** 소묘 자체에서는 정상적 지각파악이 없다. 적어도 종이를 본다고 쉽사리 말할 수는 없는 것이다. 〔이미지파악과 종이 파악의〕 파악내용이 서로 합치한다면, 이미지파악이 종이 파악을 몰아낸다. 더 낫게 표현하면 이미지대상이 현출하면서 주제의식을 담지한다. 파악내용은 이 현출에 소진된다. 두 번째 파악인 종이 파악도 어떤 식으로든 여기 있다. 이 종이 파악은 연속적이고 통일적인 **시선장의 파악**과 연관되어 있고, 이것에 의해 야기되는 것이다. 그러나 〔종이를 제외한〕 나머지 시선장은 현출인 반면, 그것〔종이 파악〕은 현출이 아니다. 파악내용을 〔이미지파악에게〕 **빼앗겼기** 때문이다. 그것의 파악내용은 지금은 이미지대상의 파악내용으로 기능한다. 그렇지만 그것〔종이 파악〕은 이 〔이미지대상의〕 파악내용에 **상응한다.** 한마디로 말해서, **충돌**이 일어난다. 이 충돌은 고유한 방식으로 일어난다. 이미지대상이 현출하므로 승리를 거두는 것이다. 파악내용은 이미지대상의 파악에 스며든다. 파악내용은 통일적 현출에 녹아든다. 그러나 다른 파악〔종이 파악〕은 여전히 있으며 정상적이고 견고하게 주변현출과 연관된다. 지각은 **현실적** 현전이라는 성격을 부여한다. 주변은 현실적 주변이다. 종이도 현실적 현전이다. 이에 비해 이미지는 현출하지만 현실적 현전과 충돌한다. 그러니까 이미지는 '이미지'일 따름이다. 아무리 현출하더라도 어떤 **무**이다.

특히 유념할 점은 이런 고찰은 물리적 이미지의식의 매우 명백한 성격을 간접적인 개념적 진술로 에둘러 표현하고 있다는 것이다. 이미지의 주변이 **사실로서** 의식된다는 데에 특히 주목하기 바란다. 그리고 이미지대상이 지각대상의 방식으로 사실로서 현출하며 이와 더불어 주제도 그 안에서 해석되어 흡사 현출한다는 데에도 특히 주목하기 바란다. 그러므로 우리에게는 서로 통일을 이루며 경험되는 지각파악만 있을 따름이다. 시각의 감각장 안에서 연속적인 감성적 내용에 조응하여, 현출하는 대상성 전체가, 즉 이미지적 대상성과 이미지주변이라는 대상성이, 단일한 대상적 연관에 **시각적으로** 배치된다. 이것은 하나의 대상적 연관이지만, 실재성의 값을 따지면 **두 개의 연관으로 분열된다**. 현시하고 현시되는 인물과 풍경 등을 아우르는 이미지에서 시작해보자. 이러한 이념적 세계는 독자적 세계이다. 왜 그런가? 현상학적으로 이 세계는 왜 이런 성격을 지니는가? 자, 우리의 시각장은 이미지장 너머까지 펼쳐져 있다. 그리고 시각장에 등장하는 것은 이미지와도 관계를 맺는다. 여기 **액자**가 있다. 액자는 풍경이나 신화적 정경 등을 에워싼다. 말하자면 창문을 통해 보듯이 액자를 통해 이미지의 공간을, 이미지의 현실을 들여다본다. 분명 이런 말은 이 현상에서 무언가를 표현하고 있다. 보이는 대상과, 유사적으로 보이는 대상, 즉 이미지대상은 서로 관계를 맺는다. 그러나 왜 이들은 참으로 하나의 대상적 연관을, 더 정확히 말한다면 하나의 지각연관을 산출하지 않는가? 왜 연관되는 단일한 **현전**을 산출하지 않는가? 물론 이미지의 경계 바깥에서는, 바로 소묘와 이미지파악이 시작되는 지점 바깥에서는 주변이 지각된다. 이미지의식이 전혀 없는 지각파악이다. 그런데 이미지대상은 영상화 성격에 의해 변양되는 지각파악에서 주어진다. 그러나 아직 충분하지 않다. 이미지대상의 현출은 한 가지 지점에서 정상적 지각현출과 구별된다. 이러한 본질적 지점 때문에 이미지대상 현출을 정상적 지각으로 볼 수 없는 것이다. 즉, 이미지대상 현출은 자체 안에 **비현실성**이라는 성격을, **현행적 현전과의 충돌**이라는 성격을 품는다. 〔이미지대상의〕 주변지각, 즉 현행적 현전이 구성되는 이 지각은 액자를 가로질러 계속되며, 거기〔액자 안〕에서는 '인쇄된 종이'나 '색칠된 캔버스'라고 불린다. 물론 이것을 **본래적** 의미에서 볼 수는 없다. 이미지대상 파악이 현출하기 위해 전유한 저 감각재료가 다시 한번 본래적 방식으로 현출의 핵이 될 수는 없는 노릇이다. 이것이 불가능함은 명증하다. 그러나 종이 지각은 비본래적 방식으로, '비본래적 현전'의 방식으로 주변지각의 어떤 부속물이 된다. 그리하여 시각장 전체를, 지각의 시선장 전체를 가득 채우는 통일적 지각을 가진다. 이것은 '현전'을, 현행적으로 현전하는 현실성을 구성하는 지각이다. 그리고 어떤 부분〔종이 부분〕에서는 두 번째 지각 혹은 단지 두 번째 지각파악이 이것〔현전을 구성하는 지각〕과 합치한다. 이것〔두 번째 지각 혹은 지각파악〕은 지금-지각 중 해당 부분의 본래성을 지우며, 따라서 저 지각 중에서 비본래적 현출만 주는 부분과 합치한다. 그리하여 여기에는 현출, 감성적 직관, 대상화가 있으나, 이것들은 체험되는 현전과 **충돌하면서** 있다. **지금에서** 어떤 비-지금이 현출한다. '**지금에서**'라는 것은 이 이미지대상이 지각의 현실성 한가운데에서 현출하므로, 그 안에 객관적 현실성이 있음을 이를테면 주장하기 때문이다. 또한 '지금에서'라는 것은 이미지파악이 시간적으로 지금 일어나기 때문이기도 하다. 다른 한편 '**비-지금**'이라는 것은 이미지대상이 충돌 때문에 어떤 **무실(無實)한 것**이 되기 때문이다. 이것은 현출하지만 무로서, 단지 어떤 존재자를 **현시하는 데** 기여할 뿐이다. 하지만 이 현시되는 것이 자기와 길항하는 지금을 현시할 수 없음은 명증하다. 그러니까 그것은 오직 어떤 다른 지금, 어떤 비현전을 현시할 수 있을 따름이다. 물론 이것은 경우에 따라 시선장 안에 놓일 수도 있지만 이미지 구역의 바깥에 놓일 따름이다.

23절 감성적 가상의 경우에 두 지각파악이 충돌할 때, 현실적으로 현전하는 것과 한낱 허구물 간의 관계

어떤 지각파악이 두 번째 지각파악과 (이들이 전체적으로나 부분적으로 동일한 감각토대를 공유한다는 전제에서) 충돌할 때는, 〔이 파악들 중에서〕현행적 지각 전체의 통일체와 결합하여 하나의 포괄적 전체지각을 이루고 상호정초하는 믿음지향들의 힘에 참여하는 파악이 언제나 현실적 현전을 규정한다. 그러나 다른 파악이 감성적 내용을 차지하고, 즉 하나 혹은 여러 감각장에서 어떤 단편을 차지하고 어떤 현출을 산출한다면, 이 파악은 한낱 **허구물, 가상대상,** (이미지재현이 없어도 이렇게 말하곤 하듯이) 한갓 **'이미지'**를 구성한다.

모든 **'감성적 가상'**[72]에서 그렇다. 물속에서 구부러지는 막대기는 허구이자 가상 이미지이다. 이런 시각적 파악은 비본래적 지각에 있어서 어떤 촉각적 파악으로 보충되는 것이다.[73] 그러나 현실적으로 더듬고 잡는다면

..

72 물에 비치는 이미지.

73 이 경우 막대기를 눈으로 보는 것은 본래적 지각이지만 이와 함께 어떤 촉각적 규정이 마치 눈으로 보이는 듯한데, 후설은 이런 것을 '덧보다(ansehen)'라는 의미에서 비본래적 현출 혹은 비본래적 지각이라고 표현한다. (옮긴이)

'곧은' 막대기가 드러나는데, 이 막대기는 보통은 어떤 다른 시각적 현출을 요구하는 것이다. 아니면 인형의 예를 들어보자. 인형에서 사람을 본다면 지각현출이다. 속임수를 알아차리더라도 여전히 이런 현출을 가질 수 있다. 즉, 이 감성적 내용이 여전히 사람으로 나타나게 할 수도 있다. 그러나 그러면 현실과 충돌한다. 이때 현행적 **현전**은 주변에 의해, 그리고 이 주변과 대상적 통일성을 공유하는 (**밀랍인형**으로 보이기는 하지만) 보이는 형상에 의해 규정된다. 나는 다르게 해석하면서 바로 이 '**다르게**'를 느끼고 충돌을 느끼며 어떤 **무**의 현출을 가진다. 이 사람은 **무**이다. 그러나 이 형상이 유사성에 힘입어 어떤 유명한 사람을 현시한다면, 사태는 다시 달라진다. 가상적으로, 즉 한편으로는 현출하고 다른 한편으로는 충돌하며 배열되는 지금의 인물, 현재의 인물은 **무**이지만, 그래도 이제 이와 비슷하지만 여기에 현전하지 않는 어떤 존재자를 표상한다.

24절 상상의 상황에 대한 예비 고찰: 상상장과 지각장의 완전한 분리

(기억을 포함하여) **상상**의 경우에는 상황이 방금 살펴본 것(감성적 가상)과는 완전히 다르다. 상상의 파악내용은 본래적 지각파악의 담지자인 동시에 비본래적 지각파악의 담지자인 것은 분명히 아니다. 상상이미지는 현재의 현실과, 즉 현행적 지각이나 현행적 시선장에서 구성되는 현실과 객관적 연관을 맺으며 현출하지 않는다. 지금 상상에서 어른거리는 켄타우로스는 분명 내가 현실적으로 보는 뵈클린[74] 그림의 켄타우로스처럼 내 시선

74 아르놀트 뵈클린(Arnold Böcklin, 1827~1901)은 스위스의 화가이다.(옮긴이)

장의 한 단편을 덮지는 않는다. 지각의 현실적 공간에는 이러저러하게 둘러싸인 채 나의 상상을 위해 자신 중에서 허구적 공간을 비워주는 어떤 부분이 없다. 상상장은 지각장과 완전하게 분리되어 있다. 그러나 만일 그렇다면 왜 지각과 상상이라는 명칭으로 이 둘을 구별하는가? 혹시 이미지파악 때문인가? 하지만 상상파악이 어떠한 이미지도 없이 기능하는 것은 불가능한가? 만일 그렇다면 상상파악은 지각이 아닐까? 그러면 우리가 가령 두 개의 지각장을 가지되, 이들이 다만 서로 분리된 지각장, 그러니까 여러 시각장이나 여러 촉각장 등일 수 있는가? 그리고 언젠가 상상장이 지각장으로, 지각장이 상상장으로 전변할 수는 없는가?

> 25절 요약: 유사성에 의한 재현의 두 가지 유형.
> 1) 본래적 영상 의식으로서의 내적 이미지.
> 내적 재현 의식의 담지자인 이미지대상 현출에서 직관화하는
> 계기와 여타 계기. 이미지대상 현출의 이중적 충돌 성격,
> 2) 상징적 의식의 방식으로서 외적 이미지[75]

지난 강의에서 다양한 형태의 영상화를 연구했다. 먼저 물리적 이미지라는 현상과 (기억 현상을 포함하여) 상상 현상을 동일한 관점으로 다루고자 시도했다. 여기서 매우 이채로운 일련의 구별이 드러났다. 물리적 이미지 중에서 극히 중요한 내재적 이미지의 의식이 드러났는데, 이는 초재적 이미지의 의식과 다르다. 우리는 후자를 상징적 재현이라는 보다 포괄적인 개념에 포섭했다. 따라서 이미지재현은 서로 본질이 다른 두 가지 방식으

••
75 1905년 1월 24일.

로 일어날 수 있다. 1) 내적 재현이라는 성격을 가질 수 있다. 우리는 이미지 자체 내에서 주제를 직관한다. 이미지 내에서 주제를 들여다본다. 이미지(더 정확히는 이미지대상)는 자체 내에서 주제를 직관적으로 표상시킨다. 이때 그 〔표상의〕 정도는 크거나 작을 수 있으며 구상화하는 계기는 많거나 적을 수 있다. 그러니까 이미지현출을 이루는 다양한 계기에는 특이한 차이가 있다. 이 중 어떤 계기는 내적 재현 의식의 본래적 담지자이고, 어떤 계기는 이러한 기능이 없다. 이미지대상은 〔전자에 속하는〕 어떤 계기에서 주제를 현시한다. 이런 계기를 응시하면서, 의식에서 이를테면 이를 강조하면서, 하지만 이를 추상[76]하는 것은 아닌 방식으로,[77] 주제를 직관한다. 이들 안에서 주제는 본래적 의미로 재현된다. 이러한 탁월성 덕에 이런 계기에는 특수한 효력, 바로 직관화하는 계기로서의 효력이 있다. 가령 강판화나 석고 흉상에서 이미지대상의 입체적 형태는 이런 계기이지만, 흑백 색조는 이런 계기가 아니다. 이미지현출을 구성하는 계기〔입체적 형태 등〕를 보충하는 이런 계기〔흑백 색조 등〕에는 앞서 말한 탁월성이나 효력이 없다. 이것은 이미지에 있기는 하지만 유효하지 않다. 우리는 이것 안에서 주제를 직관하는 것이 아니다. 이것은 상징적 기능조차 없다. 이것은 기호로서(이에 상응하지만 이와 달리 규정되는) 주제의 계기를 지시하지 않기 때문이다. 이것은 이 주제의 계기와 어떠한 관계도 맺지 않는다. 이에 비해 직관화하는 계기는 연상 덕분에 이 주제의 계기와 충분히 지향적 연관을 가진

$\vdots$

76 Abstraktion은 문맥에 따라 '추상(抽象)'으로 옮기기도 하고, '사상(捨象)'이나 '도외시'로 옮기기도 한다. 이 말은 (긍정적으로 본다면) 여러 사물이나 개념에서 공통되는 특성을 '추출'하여 파악함(추상)이고, (부정적으로 본다면) 이러한 공통되는 특성을 제외한 나머지 특성을 '버리고' '도외시함'을 뜻하기 때문이다.(옮긴이)
77 유념할 것!

다. 이 계기에 특별히 관심을 기울이면, 충돌 의식, 즉 의향되는 대상의 '다름'의 의식이 등장한다. 그러나 이러한 관심이 없더라도, 여기 속하는 이미지 계기에는 충돌 성격이 붙어 있다. 이른바 논리적으로 전개되고 종합되는 충돌 의식이 아니라, 어떤 현상학적 성격, 이른바 불화나 무실 등의 성격이다. 우리가 이미지대상 전체를 취하여 전체로서 주의한다면, 이 전체 이미지대상은 통일성 때문에 이러한 충돌 성격을 지닌다. 그것은 일반적으로 이중적 의미에서 충돌을 내포한다. a) 한편으로 현행적 지각 현전과 충돌한다. 이것은 이미지대상 현출인 이미지와 물리적 이미지사물인 이미지 간의 충돌이다. b) 다른 한편으로 이미지대상 현출은 이와 뒤섞이거나 중첩되는 주제의 표상과 충돌한다. 이미지대상과 이미지주제가 일치하는 범위가 넓을수록, 특히 (당연한 일이지만) 바로 내재적 이미지의식 안에서 드러나는 저 의식되는 일치의 범위가 넓을수록, **주제**는 이미지에서 더 완전하게 직관화된다. 우리는 이미지를 들여다보면서 대상이 재현되었다는 느낌을 더 많이 받는다. 그럴수록 빈틈을 채우는 충전재로 기능하는 나머지 계기는 주제의 의향과 덜 불화한다. 그러나 〔이미지와 주제의〕 차이가 크더라도 이미지대상을 넘어서는 지향, 혹은 보충을 겨냥하고 더 풍부한 직관을 겨냥하는 지향이 뒤로 물러날 수도 있다. 미적 감상의 경우처럼, 파악토대는 동일한데 의향이 주제만 향하지 않고, 관심이, 특히 미적 감정의 관심이 **이미지대상**에 고착될 때, 그것도 유사하지 않은 계기에 있어서도 이 이미지대상에 고착될 때 그렇다. 이전에 이에 대해 말하지 않았기에, 재생수단과 재생재료의 미적 기능에 주의를 환기하고자 한다. 가령 대가의 대담한 붓질이나 대리석의 미적 효과 등이 그렇다. 물론 이때에도 이미지주제 의식은 존재하고 결코 비본질적이지 않다. 그것이 없다면 미적 이미지는 존재하지 않기 때문이다. 그러나 여기에서의 의향 방식, 의향하는 지향과 감정적 지향의 배분은 가령 내가 미적으로 바라보지 않고 친구나 위인 등의 이미지로 바라보는 사진에서와는 전혀 다르다. 여기에서는 매체로서의 **이미지**를 통해서 인물을 볼 수 있을 따름이다.

본래적 영상 의식이 드러나는 내적 이미지에 대해서는 이 정도만 이야기하자. 그러나 다음으로 이것으로부터 외적이고 초재적인 이미지를 구별한다. 이는 유사성을 통한 재현의 다른 방식이며, 기호를 통한 재현과 동일한 계열이다. 혹은 적어도 영상 의식을 기호적 의식과 연결한다. 사진은, 특히 이 사진이 아주 양호할 때에는, 어떤 인물을 재현한다. 우리는 사진에 빠져 들여다본다. 그러나 기표가 기의를 기억시키는 것처럼, 사진은 인물을 **기억**시킬 수도 있다. 그런 사진에서 이미지의 현상학적 성격은 기억시킴이다. 하지만 이 인물 자체는 이미지가 기억시키는 것으로 현출한다고 하겠는데, 가령 상상표상에서 (그러나 때로는 한갓 공허한 지향에서도) 〔이미지에〕 연결되기는 하지만 별도의 두 번째 표상으로 지향된다. 그렇지만 이미지는 상징과 마찬가지로 관습적으로, 혹은 자의적이고 사적인 결정에 따라 이런 식으로 '기억의 동인'이라는 기능으로 규정되는 **경우에 한해**, 완전히 상징처럼 기능할 수도 있다. 이 경우 이미지는 상징처럼 고유한 현상학적 성격을 지니니, 곧 어떤 **그래야 함**이 덧붙는다. 이미지는 자신이 의미하는 대상의 표상을 그저 동반하는 것이 아니라, 이것을 의향되어야 하는 것으로 가리키는 것이다. 이미지는 자기로부터 관심을 떼어내며 흡사 떼어내기를 고집하는 것 같다. (본래적으로 의향되는 것이자 지시되는 것인) 미술품의 전시 도록(圖錄)[78]이나 상형문자가 그 예이다.

..

78 이 경우 물리적 이미지〔도록〕가 물리적 이미지〔미술품〕를 지시한다. 허구물이 다른 허구물을 이미지로 지시하고 이미지파악이 다른 이미지파악을 지시하는 것이다.

물론 이미지를 응시하면 어떤 일차적 영상화, 어떤 내적 이미지의식이 따라온다. 하지만 이런 의식은 보통 불완전하고, 여기 연결되어 바깥으로 향하는 상징의식의 발판일 따름이다. 닮은 것이 다른 〔그와 닮은〕 것을 가리키는데, 후자는 전자 내에서 내적으로 직관되는 것이 아니라, 새로운 표상에서 표상될 수 있다. **모사이미지**는 직관화가 아니거나 단지 직관화만은 아니다. 즉 모사는 본질적으로 원(原)이미지의 기호이자 상징이거나, 〔직관화이면서〕 **동시에** 원이미지의 기호이자 상징이다. '동시에'라는 말은 물론 '시간적으로 동시에'라는 뜻일 수 없다. 이 두 기능〔직관화와 기호화 혹은 상징화〕은 **차례로** 층첩하기 때문이다. 이들은 〔동시에〕 공존한다면 서로 방해할 것이다. 그것을 들여다보는 사람은 그것 너머를 보지 않는다. **이미지 내부에서** 주제를 찾고 보는 사람은 그러는 동안에는 이와 더불어 바깥에서 주제를 찾고 볼 수는 없다.[79] 그러나 〔이미지를〕 들여다보는 데 만족하지 못하는 사람은 당연히 이보다 나은 다른 이미지를, 혹은 직관적인 다른 표상을 얻고자 애쓸 수 있다. 또한 내적인 주제현시는 흘끗 일별하면서 이미지는 외면하고 외적으로 연결된 상징적 지향에서 상징되는 것을 향해, 때로는 직관적으로 재현되는 것을 향해 몸을 돌릴 수도 있다.

우리는 이 모든 것의 주요 특징을 이미 알고 있었으나 기꺼이 되풀이했다. 방금 이러한 서술을 통해 이 사태를 보다 명료하고 엄밀하게 서술할 수 있었다. 어쨌든 이러한 서술을 완전히 우리 것으로 만들어야 이 토대 위에 더 쌓아 올릴 수 있다.

••
79 하지만 단지 주의의 문제이다.

5장

상상현출을 물리적 이미지현출 및 지각현출과 대조함

26절 허구물, 그리고 '상상이미지' 현출방식에 관한 물음

지난 강의 말미에 상상표상과 통상적 이미지표상을 구별하고자 했다. 이미지표상은 우리에게 완전히 명확해졌다. 하지만 상상표상은 아직도 심각한 어려움과 어두움을 보여주고 있다. 그것(상상표상)을 영상화라는 일반적 표제 아래에서 고찰하는 것은 그것을 이미지표상으로, 그것도 내재적 이미지표상으로 고찰하도록 요구하는 것 같았다. 하지만 어떤 불만이 사라지지 않았다. 우리는 상상표상의 경우에 사정이 물리적 이미지표상과는 확실히 다르다고 느꼈다.

한 가지는 처음부터 명약관화하다. 물리적 사례에서 '이미지', 즉 이미지대상은 **허구물**, 즉 지각대상이되 가상대상이다. 그것은 현실적인 물리적 사물과 같은 방식으로 나타나지만, 충돌 없는 지각에서 현행적으로 산출되는 현전과 충돌하며 나타난다. 이러한 허구물, 혹은 이러한 허구의식은 재현의 의식과 섞인다. 여기에서 영상적 의식이 생긴다. 그리고 이 의식은 **허구물** 〔이미지대상〕과 **영상물**〔이미지주제〕의 충돌이라는 새로운 충돌에서 생긴다.

다른 한편 상상을 보면, **여기에는 허구물이 없다.** 이러한 의미에서 '상상 이미지'는 현행적 현전이라는 현실성 사이에 굳게 자리 잡은 이미지가 아니다. 그것은 지각파악의 형식으로 나타나지 않으며, 시선장 안의 현상적 현실성들 사이에서 유사현실적인 것으로 구성되지 않는다. 그것은 그 자체로 반박 불가능한 현전적 현실성과 충돌하는 허구물로 드러나지 않는다. 그렇다면 어떻게 나타나는가? 그것은 정말로 이미지의 방식으로 나타나는가? 상상 속에서 정말로 이미지대상이 구성되고, 그것을 관통하여 이미지주제가 직관되는 것인가? 나는 이 점에 있어 항상 심각한 의심에 사로잡혀 있었음을 인정해야 하겠다. 어려움의 일부는 외적 이미지와 내적 이미지를 구별하고 난 후 사라졌다. 보통은 상상현출이 확실히 외적 이미지의 방식으로 기능하지 않는다. 그것은 외부를 향해 재현하지 않는다. 아니면 꼭 그럴 필요는 없지만 그럴 수 있기는 하다고 해야 하겠다. 다음과 같은 경우가 그렇다. 여행기를 읽으면서 여행지에 대한 이미지를 형성하되, 이 이미지가 〔이미지가 재현하는 것으로부터〕 더 멀리나 덜 멀리 떨어진 유사물에 불과하다는 완전한 의식을 가지고 있는 경우이다. 혹은 테마를 통해 어떤 음악작품이나 한 단락의 선율을 표상하되, 이 표상되는 것에 그것의 내적 이미지 외에 외부를 가리키는 지향도 부착되는 경우 등이 그러하다. 그러나 일반적으로 내적 이미지가 첫 번째이며, (다른 표상 속에서 직관되는) 다른 것을 향한 지시는 거기에 연결되는 것이다. 따라서 외적 지향은 어차피 자신이 결합해야 하는 내적 지향을 먼저 전제하므로 **외적** 지향은 제쳐 둔다면, 이러한 내적 지향과 관련해서 다음과 같이 묻게 된다. 그것은 어떻게 이해될 수 있는가? 그리고 그것은 정말로 이미지지향으로 이해될 수도 있는가? 만약 그렇다면, 이미지의식이 어쨌든 〔물리적 이미지에서와는〕 다른 기초 위에서 구성되는 것이다. 〔물리적 이미지와 달리 상상에는〕 현행적 현전과 그 현전 안에 끼어드는 허구물 간의 충돌이 없다면, 그 대신에 다른 충돌이 가정되어야 하는가? 현출을 반박하는 것이 아무것도 없다면, 그것은 지각으로 간주해야 하지 않을까? 단적이고 직접적인 파악이 현출을 형성하는 것이 아닌가? 그리하여 일차적이고 참된 의미의 현출은 언제나 동일한 파악방식을 의미하는 것이 아닐까? 어떤 현출은 〔지각에서의〕 현전의 현출이고 다른 현출은 〔상상에서의〕 비현전의 현출이라는 성격을 부여하는 것은 무엇인가? 우리는 다음과 같은 사실을 이해할 수 있다. 허구물 안에서 어떤 비현전이 나타나고, 그다음에 그것〔비현전〕은 이미지에 의해 현시될 수 있다. 허구물은 모든 다른 현전현출과 성격이 다르다. 그것에는 무실의 낙인이 찍힌다. 그것은 대상성의 표상이지만, 충돌은 이 대상성을 비현전으로 그려낸다. 충돌이 없다면 현출이 어떻게 현전 외의 어떤 것을 표상할 수 있겠는가?

27절 상상현출: 물리적 이미지와 상상에서
표상이 그 대상에 적실한 정도와 단계

따라서 상상현출을 더 들여다보자. 거기에서 표상이 그 대상에 적실함에 있어서 다양한 정도와 단계를 구별해야 한다. 물리적 이미지의 영역에서도 이미지대상을 통한 이미지주제의 현시가 지닌 적실성에는 다양한 단계가 있다. 구상화하는 계기의 **외연** 내지는 범위와 관련해서는, 이미지현출의 계기가 구상화로 때로는 더 많이 들어갈 수도 있고 때로는 더 적게 들어갈 수도 있다. 동판화나 수채화보다 유화나 유화식 석판화에 있어서 〔구상화하는 계기의〕 범위가 더 넓다. 하지만 적실성이 다른 방식으로 크거나 작을 수도 있는데, 소위 이미지의 **강도**라는 견지에서, 즉 문제가 되는 기본적 유사성의 단계적 정도라는 견지에서 그러하다. 윤곽만 그리는 소묘는 이 윤곽을 완전히 유사하게 그릴 수 있고, 따라서 이러한 **하나의** 계기〔윤곽〕라는 견지에서는 완전한 내적 이미지의식을 보장한다. 석고상은 좋거나 나쁠 수 있다. 물론 객관적으로가 아니라, 현상학적으로 말해서 그렇다. 즉, 입체적 형상은 우리에게 대상의 완전한 이미지를 줄 수도 있다. 석고상에서 아주 작은 충돌의식이나 차이의식도 없이, 현시되는 대상의 입체적 형상을 볼 수도 있다. 가령 미켈란젤로의 모세상이 그렇다. 그리고 반대의 경우도 가능하다. 차이를 느낀다. 원색인쇄가 형상은 완전하게 재현하면서도 색은 불완전하게 재현할 수도 있다. 여기에서 색은 이미지의 담지자로서 취해지지만, 그 유비화는 우리가 의식하기에 불완전하다. 그러면 현시는 확연하게 부적실하다.

그러나 물리적 이미지의 경우에는 이러한 정도 차이가 있더라도 허구물이 완전하게 힘 있고 충만한 지각에서 우리에게 나타난다는 점은 변함없다. 원색인쇄, 판화, 소묘가 아무리 열악하다 하더라도, 오직 참된 지각에서와 같은 감성적 힘과 충만함으로 이미지대상을 현출하게 한다. 타당성과 부당성, 적실성과 부적실성, 재현적 의미 등을 체험하는 부수적 작용성격을 도외시한다면, 그려진 사물과 현실적 사물 사이에는, 혹은 (더 나은 표현으로는) 두 경우의 사물현출 사이에는 원리적으로 어떠한 차이도 더는 없다.

이제 **상상**과 관련해서는 상황이 어떠한가? 확실히 상상에서도 지각이나 물리적 이미지에서와 같은 의미의 현출을, 최소한 이와 매우 가깝게 친연적인 의미의 현출을 가진다. 그리고 상상에서는 종종 지각 및 모사에서와 동일한 대상이 우리 앞에 있다. 다음이 명증함을 선험적으로 주장할 수 있다. 〔지각, 물리적 이미지, 상상 등 중에서〕어떤 하나의 형식에서 나타날 수 있는 모든 대상은 이 모든 형식에서 본래적 현전과 비본래적 현전, 나타나는 면과 나타나지 않는 면 등의 차이를 똑같이 가지고 나타난다. 그러나 다른 한편 일반적으로 커다란 차이가 존재한다는 사실은 확실하다. 무엇보다도 마지막에 언급된 점과 관련해서 그러하다. 나타나는 상상대상은 일반적으로 (물리적 이미지대상에서와 같이) 작용성격의 차이를 도외시하면 지각현출과 원리적으로 아무 차이가 없는 방식으로 나타날 수는 없다. 상상사물은 지각의 시선장 안에서 나타나지 않을 뿐만 아니라, 소위 현실적 현전의 세계와 완전히 분리된 완전히 다른 세계 안에서 나타난다. 오히려 보통은 그 자체로도 하나의 차이가 존재한다. 물론 상상사물도 형태를 지닌 것, 색채를 지닌 것 등으로 나타난다. 그래도 지각사물의 한가운데서 정확히 그러한 것을 발견하리라 기대할 수 없다. 물리적 이미지의 이미지대상에서는 무실성과 이미지성이라는 성격을 빼놓고 생각한다면, 여느 지각대상과 똑같은 지각대상을 갖는다. 그러나 상상사물에서는 그렇게 하더라도 이런 것〔지각대상〕이 없다. 상상사물은, 그것을 상상에서 나타나는 바로 그대로 받아들일 때, 어떠한 지각에서도 찾을 수 없다.

28절 변화무쌍한 상상현출: 충만함과 힘과 생생함의 변화, 그리고 이와 결부된 재현의 적실성의 변화

그러나 나는 앞서 상당히 신중하게 다음과 같이 말했다. 사태가 **일반적으로** 그러하다고. 이러한 일반성은 어떠한 종류의 제한을 의미하는가? 우리는 모두 생생하고 명료하고 확고한 상상과 창백하고 불명료하고 파악하기 어렵게 잘 사라지고 부박하고 그림자 같은 상상을 구별한다.

때때로 (대부분의 사람에게서는 극히 예외적으로만) 상상현출이 지각현출의 방식에 가까운 방식으로, 다시 말해 현상학적으로 거의 똑같아 보이는 것처럼 등장한다. 그것이 현실적으로 똑같은지, 그리고 똑같아질 수 있는지는 판단하기 어렵다. 〔그러나〕 어떤 유의 사람이나 사례에 있어서는 이러한 〔상상현출과 지각현출의〕 차이가 여전히 남아 있는지 꽤 의심스러울 수 있다는 것만으로 충분하다. 하지만 이러한 한계사례에서는 환각이나 환각에 기초한 물리적 이미지파악이 본래적 상상파악을 대체하지 않는가라는 의심도 나타난다. 환각이 지각장에 밀고 들어와서 그 안에서 참된 지각현출처럼 주장하는 사례는 당연히 배제해야 한다. 그것은 도대체 더는 상상이라고 할 수 없기 때문이다.

상상의 본질은 **비현전성** 의식이다. 우리는 현전 안에 살며 지각의 시선장을 가진다. 하지만 그 외에도 이러한 시각장의 완전한 바깥에서 비현전을 표상하는 현출을 가진다.

(여기에서 더 자세히 논의하지 않겠지만) 지각현출과의 원리적 동류성이라는 한계로 접근하는 상황이야 어떠하든지 간에, 상상현출이 야무진 형상으로 주어지는 사례, 뚜렷하게 그려지고 입체적이고 색이 진한 대상으로 직관되는 사례가 종종 있다. 하지만 대다수의 무수한 경우에는 이와 다르다. 상상대상은 텅 비어 있는 도식[80]처럼 나타난다. 그것은 투명하게 희미하고, 완전히 진하지 않은 색, 흠 있는 입체성, 종종 그저 막연하고 유동적

---

80 여기에서 도식(Schema)은 『이념들 1』에서 사물도식(Dingschema)이라고 부르는 것으로서 실체성과 인과성 없이 이해되는, 단순히 감성적 질로 충족되는 공간형태(Raumgestalt)를 뜻한다.(옮긴이)

인 윤곽선을 가지고 나타나는 것이다. 그 윤곽선은 뭐라 형용할 수 없는 것으로 채워진다. 아니면, 사실 어떤 것으로도, 즉 어떤 현출하는 것에, 경계가 있고 이러저러한 색이 있는 표면으로서 속한다고 해석할 만한 어떤 것으로도 채워져 있지 않다. 현출은 변화무쌍하게 바뀐다. 거기에서 색과 입체적 형태 같은 것은 빛나는가 하더니 이내 다시 사라진다. 그리고 색이 빛나더라도 이 색은 독특하게 비어 있고 채워져 있지 않고 힘이 없다. 이와 마찬가지로 형태도 아주 막연하고 그림자 같아서, 이와 같은 것을 현행적 지각과 이미지의 구역에 넣는다는 엄두도 내지 못할 것이다. 이러한 차이는 물론 지각의 구역에서 연원하는 표현으로 기술되지만, 지각의 구역에서는 발견되지 않는 차이이다. 이것은 새로운 차이이다.[81] 지각에서는 진하지 않은 색은 회색에 가까워지는 색이다. 하지만 회색은 다른 여느 색과 마찬가지로 아주 명료하고 확고하고 현실적인 색일 수 있다. 하지만 상상에서 등장하는 붉은색은 아무리 그러고자 하더라도 그냥 회색에 가까워지지는 않는다. 왜냐하면 〔상상에서 붉은색이 회색에 가까워지는〕 이런 일이 일어나더라도, 상상의 회색 자체가 형언하기 어려울 만큼 비어 있기 때문이다. 이것은 지각되는 회색의 충만함과 대조를 이룬다. 지각의 구역에서 이와 유사한 것이 전혀 없지는 않다. 나는 새벽에, 특히 안개 속이나 어스름한 어둠 속에서의 현출을 기억한다. 조명의 밝기 변화에 상응하는 현출의 충만함 차이. 그렇지만 그것은 다시 〔상상에서와는〕 다르게 나타난다.

따라서 물리적 이미지에서는 일차적 현출, 즉 이미지대상의 현출이 지각

81 정확히 관찰해보면, 그것은 두 개의 차이이다. 우선은 1) 강력함과 무력함의 차이, 생생함 및 충만함과 공허함 및 죽어 있음의 차이이다. 이러한 첫 번째 차이는 현시의 원초적 계기와 관련된다. 이와 같은 계기는 더 강력하거나 덜 강력할 수도 있다.

의 충만함과 힘을 완전하게 가지고 있지만, 여기 상상이미지라는 일차적 상상현출에서는 (명백히 파악내용, 즉 상상자료에서의 이에 상응하는 차이에 토대를 두는) 현출의 충만함 및 생생함에 있어 차이와 점진적 계조의 영역이 열린다. 이러한 충만함 및 생생함의 차이에는 상상에서 재현의 적실성 변화가 분명 관련된다. 물론 일반적으로 말해서, 이미지표상과 마찬가지로 상상표상에서도 완전한 현시와 불완전한 현시의 차이가 있음은 확실하다. 하지만 적실성에서의 정도 차이는 상상표상에는 있지만 물리적 이미지에는 없다. 그리고 **이와 더불어** 다음에 주목하게 된다. 후자(물리적 이미지)에서는 그때그때의 이미지는 확고한 이미지인 경향이 있으며, 그래서 적실성 단계를 한번 가지면 영구히 가진다. 하지만 여기(상상)에서 이미지는 떠다니고 유동적이고 변화하는 것이며, 어떤 때는 충만함과 힘에서 증가하기도 하고 감소하기도 하며, 따라서 완전성의 단계에서 이를 통해 지속적이고 내재적으로 변화하는 것이다. 하지만 이것은 벌써 두 번째 논점에 속한다.

29절 지각현출, 물리적 이미지현출, 상상현출에서 연속성과 불연속성

그러니까 보통의 (물리적) 이미지에는 없는 두 번째 차이는 자기동일성을 유지하는 같은 표상지향에 토대를 둔 현출계열의 **불연속성**에 있다. 이러한 불연속성은 단지 생생함의 계기에만 해당하는 것이 아니다. 이 (상상에서의) 불연속성은 물리적 이미지현출의 경우에서의 연속성과 대비되는데, 물리적 이미지현출은 이 점에서는 정확히 지각과 같은 것이다.

한마디로 말하면, 상상은 **변화무쌍**하다.

통일적 지각에서는 현출토대(감각자료)가 변화하면서 공속(共屬)하는 것이 〔다른〕 공속하는 것으로 변화할 뿐이다. 지각연관 내지는 파악토대의 연관에서의 종합적 통일은 확고한 질서를 가진다. 각각의 특정 연관 속에 있는 모든 구성부분이 이러한 질서에 속한다.

이는 물리적 이미지표상에서 재현적 이미지의 통일도 마찬가지이다. 우리의 시선이 이미지를 미끄러져 넘어갈 때 생기는 모든 변화는 공속하며, 이들 안에서 대상의 상응하는 '면'이 구성된다. 그리고 만약 스트로보스코프나 키네마토그라프[82]처럼 이미지가 움직일지라도, (그 안에서 전개되는 대상의 통일성이 조응하는) 현전적 연관 및 이에 조응하는 재현적 연관의 통일성은 보존된다.

현출의 지속성과 항상성은 이 점에 놓여 있다. 아무리 파악토대〔감각〕가 유동적이어서 현출이 변화하더라도, 이러한 변화는 **현전적** 연관의 종합적 통일이 이런 변화에게 지시하는 한계 안에서 움직인다. 모든 변화에서도 하나의 동일한 이미지대상이 나타나며, 이것을 통해 하나의 동일한 모사되는 대상〔이미지주제〕이 표상된다. 따라서 여기에서 재현적 관계는 동일하다. 이 모든 변화에서도 모든 재현적 계기는 재현 기능을 지닌다. 즉, 이들은 이미지대상의 동일한 통일에 속하며, 단지 이것〔이미지대상〕은 변화하는 현출 속에서 이 방향이나 저 방향으로 전개될 따름인 것이다.

상상현출의 변화무쌍함은 이와 다르다. 이것은 상상표상의 **통일성**에서는 재현적 이미지의 통일이 보존되고 머물지 않는다는 데에서 연원한다. 이미지적 표상의 통일성 안에서도, 변하지 않는 같은 대상을 향하는 지향의 동일한 통일성 안에서도, 이미지로 나타나는 대상은 변하지 않는 것이 아니

82 스트로보스코프와 키네마토그라프는 이미지가 움직이는 것처럼 보여주는 초기 장치이다.(옮긴이)

라 끊임없이 변한다. 그리고 이와 더불어 재현적 계기의 풍요와 빈곤이 변화한다. 이미지는 지금은 대상의 충실한 재현자이다가 그다음에는 다시 덜 충실한 재현자가 된다. 지금 바로 어떤 대상이 나타났는데, 이 대상은 앞선 대상으로부터 전개되어 나왔을 수도 있지만, 더는 (앞선 대상과) 같은 것이 아니라, 재현적 계기가 덜 풍부한 다른 대상이다. 일반적으로 보아 다음과 같은 상황이다. 처음 주어지는 재현적 이미지는 **변화하며**, 종종 하나의 상 상표상 안에서도 서로의 관계에 있어서 (더 이상 단순히) 변한 것으로 간주할 수 없는 상이한 재현적 대상이 등장하기도 한다. 예를 들어 내가 비스마르크를 표상한다고, 그것도 흉갑 제복을 입은 유명한 이미지를 통해서 표상한다고 해보자. 그다음 갑자기 사복을 입은 다른 이미지 등이 등장한다. 그럼에도 불구하고, 표상하는 의식의 통일성은 유지된 채 머물 수 있으며, 따라서 불연속적 재현을 지닌 하나의 상상표상이라고 할 수 있다.

이러한 의미의 불연속성을 도외시하더라도, 다른 불연속성이 관찰된다. 이미지의 **간헐성**이 그것이다. 그것(이미지)의 무상함, 사라짐과 돌아옴이 그것이다. 나아가, 사라지지도 않지만 계속 불변하지도 않는 개별 이미지의 가변성과 관련해서, 다음에 유의해야 한다. 너무 잠깐 지속하는 것이 아닌 상상표상이 일어나는 동안에 보통 확인되는 **이미지 변화**를 현출연관의 종합 내부에서 움직이는 현출 변화와 혼동해서는 결코 안 된다. 후자의 경우에는 모사하는 대상이 변화하지 않지만, 전자의 경우에는 모사하는 대상이 변화한다. 만약 사랑하는 친구가 우선은 색이 풍부하고 생생하게 나에게 나타나고, 그다음에 형태는 유지하면서 색이 공허한 회색으로 희미해져간다면, 혹은 (친구의) 전체 현출이 새벽이나 어둠이 내릴 때 지각현출과 아주 유사하면서도 완전히 달리 흘러간다면, 그것은 모사하는 대상의 동일성을 폐기하는 변화이다. 이와 반대로 상상이 특히 (일단 지각에 전혀 밀리지 않는 완전한 생생함이라고 가정하는) 생생함을 유지한다면, 그리고 표상 속에서 친구가 말하고 다양하게 움직이면서 나타난다면, 이것은 〔여전히〕 재현적 대상의 자기동일적 통일에 속하는 변화이다. 상상표상에서는 이러한 두 변화(대상 동일성이 유지되는 변화와 폐기되는 변화)가 조합된다. 따라서 재현적 의식의 통일은 모사하는 대상의 동일성에 속하는 현출변화를 가로질러 정립될 뿐 아니라, 현출하는 대상이 변화무쌍하게 바뀌는 또 다른 현출변화를 가로질러서도 정립된다.

6장

상상표상을 이미지표상으로 해석할 수 있다는 견해 요약[83]

30절 통상적 영상화와 상상 영상화의 평행성

지난 강의에서 다루기 시작한 문제를 다음과 같이 정식화할 수 있다.

상상은 통상적인 영상적 기능과 어떤 관계에 있는가? 상상도 정말로 영상화인가? 만약 그러하다면 상상의 본질은 어떻게 우리가 해명한 보통의 영상화의 본질과 비교하여 이해할 수 있는가?

물리적 영상화에서 구상화를 담지하는 일차적 현출을 이것(구상화) 자체와 구별해야 한다. 일차적 현출에서 이미지대상이 나타나고, 우리는 구상화에서 이미지주제와 관계한다. 이미지를 통한 주제 현시의 가능한 적실성에는 다양한 정도가 있다. 그 범위에 있어서든, 개별 계기에서 구상화의 내

---

83 이 강의는 하지 않았다.

적 증가에 있어서든 말이다. 상상에도 이와 평행하는 차이가 있다. 이 차이는 일차적이고 직접적인 현출과 상상되는 대상에의 의식적 관계 사이의 차이이다. 여기에서도 현출과 사태는 서로 다른데, 여기[상상표상]에서나 통상적 영상화의 사례에서의 이런 [현출과 사태의] 차이를 지각에서의 현출과 사태의 차이와 혼동해서는 안 된다. 지각에서 이러한 차이는 사태가 그것의 다양한 면을 통해 표상된다는 데에 관련된다면, 통상적 영상화에서의 이러한 차이는 단 하나의 면에서도 이미 일어난다.

더 나아가, 여기에서도 상상되는 대상은 일차적 현출을 매개로 현시되는데, 이 현출의 완전성은 (그 범위에 있어서든, 유사화의 기본적 계기에서의 정도에 있어서든) 다양하다.

따라서 이런 면에서 통상적 영상화와 우리가 연구하는 상상 영상화 사이에 평행성이 존재한다. 그리고 상상에서 영상화가 일어난다고 하려면, 당연히 이러한 평행성이 존재해야 한다.

31절 통상적 영상화와 상상의 현저하고 유동적인 차이

이 두 사례 간의 다음과 같은 차이를 찾아내었다.

1) 상상현출은 지각의 시선장 내부에서 나타나지 않으며, 그렇기 때문에 지각의 허구물이 아니다.

2) (내가 항상 일차적 현출로 이야기하고 있는) 상상현출은 일반적으로 절대로 시선장에 집어넣을 수 없고 그 안에 받아들여질 수 없다. 그것은 모든 지각현출(따라서 모든 통상적 이미지대상 현출)과 뚜렷하게 다른 성격이기 때문이다.

일반적으로 다음이 드러난다.

a) **현시하는 내용에서의** 내적 차이, 이와 평행하여, 일차적으로 현출하는 대상에 있어서 이 현출에 포함되는 계기에서의 내적 차이. 그것은 강력함, 생생함, 충만함의 차이이다.

b) 상상에 있어서, 현시하는 내용의 확고함 결핍, 무상함, 지속적 변이. 이는 현시하는 내용의 충만함뿐 아니라, 이들의 질, 내용적 특성 일반에 있어서 그러하다.[84]

c) 대상적 현출은 현시하는 내용이 변화무쌍하게 바뀌는 데에 평행하게 바뀌기도 하고, 그 자체로 자연히 바뀌기도 한다. 그리고 그것은 대개의 경우 그저 바뀌는 것이 아니라, **돌연히** 교체된다. 특히 강조할 것은 이러한 변화와 교체에 의해, 하나의 대상에 속하는 이념적이고 통일적인 종합 내부에서 지속적으로 상호연관되는 현출이 서로에게 넘어가는 것이 아니라는 점이다. 물론 대상의 직각적[85] 본질이 완전하고 전면적으로 전개되는 지각연관의 종합에는 상상과 기억의 어떤 가능한 직관적 연관의 종합이 상응하기도 한다. 그러나 일반적으로 상상 속에서는 현출이 이러한 질서 속에서 서로 잇따르는 것이 아니다. 대상은 한 번은 앞면에서 현시되고

⠶

84 게다가 현시하는 계기의 충만함 결핍. 이는 베인이 말하는 충만함이다.
베인이 말하는 충만함은 6절을 참조하라.(옮긴이)

85 후설에게서 Wahrnehmung과 Perzeption은 대개 동일한 의미, 즉 '지각'의 의미로 사용되지만, 경우에 따라서는 구별된다. 후설은 『사물과 공간(*Ding und Raum*)』에서 양자의 차이를 다음과 같이 서술한다. "지각(Wahrnehmung)의 개념은 종종 제한되어서, 원래 이렇게 불러야 할 ('현실적으로 참으로 간주함das wirkliche Wahr-Nehmen'은 물론이고) '참으로 간주함(Für-wahr-Nehmen)'을 배제한다. 즉 믿음 성격을, 믿음직한 방식으로 여기 있음이라는 성격을 배제한다. 〔…〕 이를 직각(直覺, Perzeption)이라고 부를 것"이다. 나아가 이 저술 『상상, 이미지의식, 기억』에서는 종종 Perzeption을 이미지 경험에서의 지각에 한정하여 사용하기도 한다(가령 유고 16의 "순수한 정립 없는 직각"이라는 표현). 따라서 Wahrnehmung은 '지각', Perzeption은 '직각'으로 구별하여 옮기고자 한다.(옮긴이)

그다음에는 갑자기 뒷면에서 현시된다. 한 번은 특정한 시간에 나타나는 것처럼 현시되다가 그다음에는 다시 그로부터 멀리 떨어진 전혀 다른 시간에 나타나는 것처럼 현시된다. 그러나 정확히 보면, 이것은 일차적 현출을 **통한** 상상되는 대상의 현시와 관련해서 들어맞는다. 지향은 동일한 대상을 향하지만, 정연한 종합의 지향적 연관 질서라는 척도에 따라 그러는 것은 아니다. 게다가 현시하는 질료, 일차적 현출 자체, 마지막으로는 현출 안에서 일차적으로 나타나는 대상이 변전한다. 기본적으로, 이처럼 변화무쌍하게 바뀌는 중에는 (물리적 이미지에서 유일하고 확고한 이미지대상과 같은 의미에서의) 유일한 **일차적** 대상은 전혀 지속적으로 구성되지 않는다. (물리적 이미지대상인) **강판화** 속의 이미지대상은 때로는 전체 면적이 회색이다가 때로는 개개의 표면 부분이 붉은색이다가 녹색이다가 하는 식으로 나타나지 않는다. 그것은 끊임없이 형태를 변경시키지 않으며, 때로는 전체적으로 나타나다가 때로는 한 부분만 나타나거나 하지 않는다.

하지만 상상에서는 그러하다. 대상적 지향이 유지됨에도 불구하고, 일차적으로 나타나는 대상은 변화한다. 따라서 (상상에서의) 변화는 두 가지이다. (하나는) 동일한 경험적 대상을 향하는 와중에 (이 대상에의) 지향이 돌연 변전하고 종합 내부의 연관이 사라지는 것이다. 그리고 (다른 하나는) 어느 구간에서 이런 돌연한 (대상 지향의) 변전은 일어나지 않지만, 일차적 현출이 변화하고 따라서 일차적 대상(이미지대상)이 변화하고 연관을 잃는 것이다.

이것은 상상에서 이미지대상 현출이 구성되고 진행되는 방식, 그리고 그것을 매개로 상상되는 대상과의 관계가 생기는 방식이 대개의 통상적 영상화에서 이와 평행한 것이 생기는 방식과 분명 현저하게 다른 점이다.

하지만 다른 한편 이러한 차이는 **유동적**이다. 명료하고 확고한 상상, 특히 기억도 있다. 이들은 현출 및 현출하는 것의 경험적 연속성을 긴 구간

동안 유지한다. 그리고 현시하는 내용의 강력함, 감성적 신선함, 충만함
에서 지각에 매우 가깝기도 해서, 사람들은 도대체 여전히 〔상상이나 기억
과 지각 사이에〕 차이라는 것이 존재하는지 최소한 의심할 수 있고 또 의심
했다. 여기에서 현출의 성격 때문에 지각파악과 상상파악 사이에서 정말
로 동요하여, 동일한 현출을 토대로 이것이 현실적으로 들리고 보이는 것
인가, 아니면 단지 상상인가를 묻게 되는 경우도 생각할 수밖에 없다. 이
것은 특수한 논의를 요구하는 드문 사례일 것이다. 어쨌든 일반적으로는
가장 생생한 상상의 경우에도 이러한 의심은 일어나지 않는다. 왜 그러한
가? 물어야 한다. 왜 명료하고 확고한 기억이나 심상의 모든 경우에 우리
는 그것의 일차적 현출을 지각으로 간주하지 않는가? 그것은 존재의식을,
더 나아가 현재 있음의 의식을 동반하지 않는다. 반대로 그것이 있는 방식
대로, 그것은 **존재하지 않는 것으로** 여겨진다. 그 이유를 말할 수 있는가?

32절 상상장(혹은 기억장)과 지각장의 충돌관계,
그리고 명료한 상상의 경우에서 상상의 허구물

그와 같은 종류의 명료하고 확고한 기억현출이 지각의 시선장 가운데로
옮겨지고 이 시선장의 경험적 요구와 충돌한다면, 이것은 무실함 의식을
설명할 수 있을 것이다. 그때 우리는 모든 일상적 이미지에서와 같은 종류
의 허구물을 가질 것이기 때문이다. 하지만 명료하고 확고한 상상현출은
지각의 시선장으로 옮겨지지 **않는다**. 그것은 자신의 고유의 장, 지각으로
부터 완전히 분리된 장을 가지고 있다. 이러한 경우에서 현시하는 내용이
지각의 현시하는 내용과 동일하고 따라서 명료한 상상자료와 통상적 감각
사이에 원리적 차이가 없다는 관점을 취한다면, 그래도 상상현출(일차적 상

상현출)과 지각현출을 분리하는 어떤 것이 남아 있을 것인가? 지각되는 것과 상상되는 것은 오직 차례차례, 연쇄 형식 속에서 통일적 현출이 될 수 있다.[86] 그리고 일반적으로 한쪽에서 다른 쪽으로의 이행은 불연속성을 야기한다. 신선한 기억이라는 경우를 배제한다면, 즉 지각이 연속적으로 기억으로 변경되고, 지각장에서 일련의 기억장으로 연속적으로 넘어가는 경우를 배제한다면, 지금 막 수행되는 상상표상이 지각표상으로 이행하는 것은 도약이고 현저한 격차이다. 이때 지각과의 **대비** 속에서, 그리고 지각과의 일종의 **충돌** 속에서 상상현출은 단순한 **허구**로 입증된다. 또한 여기에서의 충돌 관계는 시선장 한가운데에서 일어나는 것과 전혀 다른 종류이다. 여기에서는 전체 상상장이 전체 지각장과 충돌하며, 어떠한 상호 침투도 없다. 상상 속에 완전히 침잠한다면, 지각대상은 거기 주의하지 않더라도 계속해서 나타나고 거기 있으면서 그에 대응하는 상상장과 긴장을 이룬다. 긴장은 서로 대응하는 지각의 감성장과 상상의 감성장 사이에서, 그리고 이 장들의 서로 대응하는 부분 사이에서 일어난다. 따라서 내가 올바르게 보고 있다면, 여기에서도 일종의 충돌이 상상의 **허구물**을 규정한다. 상상이미지는 지각의 시선장에 얼마 동안 맞서는 현출로 구성되지만, 이러한 대비를 통해 현상학적 성격을 얻는다. 이 성격은 우리가 지각으로 돌아왔다가 그로부터 다시 이미지로 돌아갈 때 잘 드러난다. 충돌 없는 지각, 내부든 외부든 (경험지향을 통해) 부정되지 않는 지각은 현행적 현전의 현출을 구성한다. 이것과 충돌하는 것은 현전하지 않으며, 상상대상은 현전하는 것과 공존하는 통일성을 이룰 수 없다. 객관적으로 그럴 수 없을

86 그러나 내가 흰 종이 위에 어떤 것을 상상해놓는다면? 나는 그때 비록 덧없는 것이긴 해도 종이 '위의' 이미지를 가진다.

뿐 아니라, 현상학적으로도 그것[현전하는 것과 공존하는 통일성]과 모순된다는 성격을 지닌다. 따라서 상상적으로 나타나는 것은 비현전이다. 정확히 말하면 상상의 일차적 대상은 **허구물**이며, 따라서 이러한 대상을 매개로 상상**되는** 대상이 의식되는 재현의 방식을 통상적 영상화로 파악하지 못할 이유는 없다.

허구물은 구상화를 통한 통상적 이미지와 똑같이, 자신과 유사한 것을 재현할 수도 있다. 물론 아마도 더 이상 어떤 것도 전혀 재현하지 않고, 자기 밖의 어떤 것도 현시하지 않으면서, 그저 그것이 존재하는 대로 취해지는 가능성도 고려해야 할 것이다. 두 경우[자기 외의 것을 재현하는 경우와 그렇지 않은 경우] 모두에서 감성적 내용과 파악은 동일하기 때문에, 내적 차이는 전혀 남아 있지 않다. 하지만 현상학적 연관을 통해 규정되는 외적 차이는 실로 여전히 존재할 수 있다. 이런 차이 때문에 서로 다른 지향적 성격의 결합이 가능해지고 나아가 필연적이 된다. 이는 물리적 이미지현출과 지각현출 사이에 그 자체로 보면 어떠한 차이도 없음에도, 주어진 시선장과의 충돌을 통해 [두 현출의] 성격 차이가 등장하는 것과 같다. 이미지대상은 허구물이 되는 것이다.[87]

그렇다면 그러한 차이가 발견될 수 있는가? 우리가 확인한 바에 따르면, 지각장과 상상장의 분리 때문에 이런 차이는 보통의 이미지대상에서와 같은 차이일 수 없다. 하지만 종류는 다르더라도 비슷하게 기능하는 차이는 없는가?

나는 있다고 생각한다. 상상장과 지각장의 관계를 관찰해보자. 지각의

87　그때 시선장은 이미 현전장이라는 탁월성을 가지며 유지한다는 사실이 전제된다.

시선장[88]은 다수의 분리된 감성장이 연합에 의해 서로 얽힌 것이다. 가령 시각장은 촉각장 등과 분리된다. 그러나 그것들은 공존하면서 가령 양립할 수도 있다. 아니, 이들은 통일적으로 나타나는 지각대상의 형식 속에서 지속적으로 서로 얽힌다. 시각장의 계기만 주의할 때는 촉각장에 주의를 기울이지 않지만, 그렇다고 촉각장이 사라지는 것은 아니다. 그리고 이 둘을 함께 주의할 수 있는데, 예를 들어 손을 보는 동시에 손이 그 아래의 것을 누르는 데 주의하는 경우가 그것이다. 마찬가지로 우리는 들으면서 보며, 이 둘의 감각내용이 공존하는 통일이 생기도록 하나의 통각(統覺)으로 결합할 수도 있다. 여기에서 서로 다른 장으로의 분리는 본질적 내용 유의 분리에 상응한다. 유적이고 종적으로 서로 유사한 것은 한데 녹아서 통일성을 이룬다. 그러면 대상적 통각의 통일성이 이러한 내용적 통일성과 이들의 [서로 다른 감성장으로의] 분리를 덮는다. 그것은 (내용을 장으로부터 가령 적출해내는 것은 아니지만) 다양한 장으로부터 내용을 취하고 이것으로부터 공존의 통일성을 형성한다.

그러나 지각장과 상상장의 경우에도 이런 일이 가능한가?

상상장과 지각장 간의 관계는 가령 시각장과 청각장 간의 관계, 혹은 이미 대상화된 시선장의 한 부분과 다른 부분 간의 관계와 같지 않다는 것은 분명하다. 우리는 상상이 다양한 측면에서 지각을 보완하지만, 지금 문제가 된 의미에서는 그럴 수 없다고 말한다. 지각장과 상상장은 결코 동시에 응시할 수 없다. 지각대상에 주의하는 즉시 상상장은 사라진다. 예컨대 한 손의 촉각장이 나머지 촉각장에 들러붙는 것처럼, 가령 현행적 현전의 장

88 여기에서 지각의 시선장(Blickfeld)은 시각장(Gesichtsfeld)뿐 아니라 촉각장, 청각장 등의 다른 감성장까지 포괄하는 개념이다.(옮긴이)

에 그렇게 들러붙을 수 있는 [상상장이라는] 새로운 조각을 덧붙여 [현행적 현전의 장을] 확장할 수는 없다. 지각의 시선장의 통일에 속하는 것은 **동시에** 있으며, 현재 있다. 그리고 **그 안의 모든 것**도 동시에 있다. 기억장의 통일에 속하는 것, 그리고 모든 종류의 상상장의 통일에 속하는 것도 동시에 있지만, 이러한 '동시에'도 직관적으로 주어져야 함에 유념한다면 '**동시에**'라는 말은 지각장과 상상장에 한꺼번에 적용되지 못한다.

33절 불명료한 상상의 경우, 그리고 대체 여기에서 이미지대상과 이미지주제가 구별되는가라는 물음. 지각 영역에서 이와 유사한 현출의 참조, 즉 사시(斜視)로 볼 때의 이중 이미지, 그리고 시각장들의 경쟁

이제까지 명료한 상상을 다루었다. 이제 불명료한 경우를 고찰해보자. 여기에서 무엇 때문에 지각의식이 생기지 않는 것인가? 여기에서 현행적 현전과의 충돌은 무엇인가? 이런 충돌 때문에, 직접적으로 나타나는 대상은 그 자체로 존재하지 않는 것으로 규정되고 따라서 다른 것을 위한 이미지로 사용될 수 있는 것이다. 통상적 상상현출에 대한 우리의 기술로부터 이미 다음과 같은 사실이 드러난다. [상상이] 파악재료나 파악성격과 관련해서는 원칙적으로 정상적 지각과 차이가 없더라도, 정상적 지각현출과의 차이는 남아 있고 따라서 지각의 범위 안에 있는 정상적 허구와의 차이도 남아 있다. 나는 이미 현행적 현전 내부의 허구물은 현실적 사물과 같이 견실한 것이고 분명한 경계를 지닌 것임을 언급했다. 하지만 상상에서 막연한 것, 유동적인 것은 그 내용과 전체 성격에 있어서 일상적 지각현출과 너무 다르기 때문에, 그와 같은 일이 그 범위 안에서는 일어날 수가 없었다. 그러나 여기에서 의구심이 생긴다. 도대체 〔상상에서〕 이미지대상과 이미지주제를 구별해도 되는 것인가? 이러한 아주 막연한 현출 속에서 우선 하나의 대상이 나타나고, 이것을 매개로 비로소 하나의 주제가 의식되는 것인가? 하지만 여기에서 시선장의 영역에서 이와 유사한 현출을 참조하는 것이 도움이 된다. 나는 사시로 볼 때의 이중 이미지와 시각장들 간의 경쟁을 떠올린다. 투명한 현출. 막연하고 유동적인 현출. 그때 이것들은 가상으로 간주되는 동시에, 특정 지각을 유비적이고 상징적으로 지시한다고 간주된다. 여기에서 이미지대상은 정상적 이미지대상과는 다르다. 그것은 그림자 같은 가상으로 나타나며, 존재를 어떤 식으로든 지시한다. 이른바 붙잡을 수 있는 현실성을 지닌 확고한 대상이 나타나지는 않지만, 여기에는 대상화가 없는 것은 아니어서 이 대상화는 구상화와 상징화를 위한 발판으로 기여한다.

막연한 상상에서도 상황은 유사하다. 여기에서도 사람들은 우선 이러한 공허한 도식이 대상으로 간주될 수 있는지, 또 이것을 이미지대상이라고 할 수 있는지 등에 관해 의심할 것이다. 그러나 정확하게 바라본다면 항상 어떤 것이 나타나는데, 가령 대상의 윤곽, 최소한 그것의 한 조각이 소묘와 비슷한 방식으로 통각되어 나타난다. 더 나은 표현으로는, 지각의 이중 이미지 중 경쟁에서 완벽하게 승리하지 못한 하나의 이미지의 막연하고 깨어진 윤곽과 비슷한 방식으로 통각되어 나타난다. 해석은 감각되는 것과 직관적인 것을 넘어서 나아간다. 비록 완전하지는 않지만 어떤 대상화가 일어난다. 그리고 나서야 비로소 그것 위에 주제파악이 구축된다. 여기에서 물론 매우 열악하게 직관화되는 상상되는 것과의 관계가 구축되는 것이다.

따라서 보다 정확하게 관찰해보면, 여기서도 이중적 대상을 발견하게 될 것이고, 통상적 이미지에서와 본질적으로 같은 종류의 기능도 발견하게 될 것이다.

이미지의 무실성은 여기에서 다양한 이유로 생긴다. 부분적으로는 지각 장과의 저 충돌 때문에, 그다음에는 (내가 여전히 보충하여 상술해야 하는 물리적 이미지에서와 유비적으로) 경험과의 충돌 때문에 생기는 것이다.[89]

7장

상상표상과 이미지표상의 본질적 차이를 확립하려는 시도

34절 지각의식의 시선장의 연관,
그리고 이 연관의 토대인 감각장에서 감각의 연관

토대를 이루는 지각파악이 본질적으로 변하지 않으면서도, 지각은 허구와 물리적 이미지로 넘어갈 수 있다. 다른 한편, 지각은 명료한 방식의 상상적 심상으로 종종 넘어갈 수도 있다. 여기에서 자연스러운 출발점은 바로 앞에서 공언한 주장이다. 즉, 상상파악의 토대는 허구물이 아니다. 더 정확하게 말한다면, 상상파악에서는 물리적 이미지파악에서와 같은 의미에서, 존재하지 않는 일차적 이미지대상이 구성되지 않는다. 즉, 지각의 시선장의 연관 안에서 현출하는 이미지대상이 구성되지 않는다.

이러한 주장은 분석할 필요가 있다. 이 주장에는 시선장의 연관이라는 표현이 들어 있다. 어떤 시간적 순간의 시선장에 국한해서 말해보자. 현상학적으로 말한다면, 대상이 차례로가 아니라 동시에 현출하는 시선장에 국한해서 말해보자. 여기에는 이 대상에 대한 다양한 지각 혹은 지각현출이 상응한다. 이들도 차례로 등장하는 것이 아니라 동시에 등장한다. 실로 시선장은 그 개념상 '동시에'의 형식에서 공존하는 모든 현출을 포괄하며, 이 현출 모두가 단 하나의 연관을 구성한다. 다시 말해, 이런 현출에서 하나의 대상적 연관이 현출한다. 이러한 공존은 지각의식의 한 〔시간적〕 단면에 속한다. 실은 이 연관은 연속적으로 서로 연쇄하여 나아간다. 곧, 지각되는 대상은 시간을 가로질러, 다시 말해 차례로 잇따름을 통해서 뻗어 나가며, 그것도 끊임없이 뻗어 나가는데, 이때 그것〔지각되는 대상〕은 동시에 있는 공존이라는 각 단면마다 이미 하나의 통일적 연관을 이루는 것이다. 이 대상이 잇따름에 있어서 연관을 이룰 수 있는 것은 오로지 〔지각되는 대상이〕 공존의 매 〔시간〕 점마다 〔이미〕 연관을 이루기 때문이다.

이 연관은 지각들 사이에서 주재하면서 통각의 통일체로서 하나의 통일적 대상을 현출시키는데, 이러한 연관의 토대는 파악내용이 이루는, 즉 감각장들에서 감각이 이루는 본질적 연관이다. 시각장에서 감각은 고립되어 있는 것이 아니라, 연속적이고 통일적으로 연관을 이루면서 서로 융합되어 있다. 촉각장에서 촉각내용도 그렇다. 나머지 감성장에서도 아마 그럴 것인데, 물론 〔시각장이나 촉각장에서와는 달리〕 이들에서는 연결 형식이 공간 형식이 아니다. 물론 통각적 연관이 비로소 〔서로 다른〕 감성장 사이에 통일성을 현시한다. 보이는 동시에 만져지는, 감성적으로 현출하는 대상에서는 시각내용과 촉각내용이 감지 가능한 통일성을 지니는데, 이 통일성은 대상적 공속성이라는 통일성이고, 서로를 지시하는 요소들의 지향적 합치라는 통일성이다.

현상적 대상의 직관적이고 통일적인 연관은, 그리고 직관적이고 현행적인 현전의 통일성은, 동시적인 지각이 미치는 데까지 미친다. (앞으로 이야기하겠지만, 이때 현전이라는 표현은 동시성 개념의 엄밀한 사용을 따르기도 하고, 느슨한 사용을 따르기도 한다.)

감성적 가상도 이 영역에 속한다. 대상으로 파악되는 것도, 특히 감성적 감각장의 한 단편에 대한 파악에 의해 대상으로 파악되는 것도 이 연관 안에 자신의 위치를 지닌다. 비−사물 역시 현출하지만, 다만 이것은 다른 지각이 지닌 어떤 대상적 요구와 충돌한다. 〔그럼에도 불구하고〕 비−사물이 이들 사이에서 직각적으로 현출함에는 변함이 없다. 이것은 지각적으로 현출하는 대상으로서, 저 감성적 대상들 사이에서 공간적 위치를 지닌다. 그러나 공간적 연관은 이러한 연관의 직관적 형식이다. 직각적으로 현출하는 모든 것은 공간적으로 현출하는 것이다. 하지만 물론 이 공간은 무한한 공간으로 생각해서는 안 된다. 직각적 공간으로서의 이 공간은 직각적 대상이 미치는 데까지 미치는 것이다.

35절 상상자료와 상상현출이 지각장의 연관과 맺는 관계

이제 상상자료와 상상현출은 어떠한가? 이것은 이 〔지각장의〕 연관과 어떻게 관계 맺는가? 왜 상상자료는 감각과 구분되고, 왜 상상현출은 지각현출과 구분되며, 그중에서도 지각허구와도 구분되는가? 상상자료도 감성적 내용이고, 감각에서 발견되는 감성적 내용과 동일한 유와 종에 속하는 감성적 내용이다. 음 감각과 음 상상자료, 색 감각과 색 상상자료는 그 내용에 있어서 어떻든 동일한 종에 속하는 것이지, 가령 자의적 기표와 기의처럼 간접적으로만 서로 연관되는 것이 아니다. 나아가 의심할 바 없이, 우리는 감각과 상상자료를 동시에 체험할 수 있다. 예를 들어 악보를 읽으면서 음 상상자료를 동반할 수도 있고, 시각적 지각을 따라가면서도 어떤 선율을 상상할 수 있다. 그렇다면 이 두 가지 감성적 내용은 서로 어떻게 관계를 맺는가? 동시에 존재하는 감성적 내용 중에서 어떤 것이 두드러지지 않음에도, 지각통각이 이들 중 하나를 뽑아내는 것인가? 우리는 감각이 감성장들 안에서 어떤 감성적 통일성을, 어떤 현상학적 통일성을 가진다고 말한 바 있다. 가령 이러한 통일성이 〔상상까지〕 더 멀리 미쳐서, 동일한 유 일반에 속하는 모든 감성적 내용을 포괄하는 것인가? 가령 모든 시각적 내용을 하나의 통일체로 체험하되, 지각은 이 통일체 중 한 부분을 잘라내는 것인가? 이 모든 내용이 단 하나의 시각장을 이루고, 이 시각장 중 어떤 단편은 지각에 의해, 다른 단편은 상상에 의해 파악되는가? 물론 이에 대한 대답은 부정적이다. 이른바 시각적 감각의 상상자료도 시각장에서 현출하지만, 일반적으로 말해 이것은 지각의 시각장과 통일을 이루지 않는다. 그리고 이를 통해 이미 다음을 말할 수 있다. 이들에게는 본질적 통일성이 없어서, 하나는 다른 것으로 섞이지 않으며, 그것도 본질적으로 결코 섞이지 않는다. 방금 론스 언덕[90]이 생각났다. 나는 론스 언덕이 나의 창문에 지각적으로 나타났던 것과 같이, 그것의 상상현출을 가진다. 이 상상현출에는 시각적 내용의 통일적 펼쳐짐이, 즉 상상의 감성적 장이 대응한다. 그러나 이러한 감성적 내용과 이러한 장은 현상학적으로 지금 내가 지닌 지각적 감성장과 아무 연관을 맺지 않는다. 그리고 이에 상응하여, 〔한편으로〕 감각을 토대로 구축되는 현출 및 현상적 대상과 〔다른 한편으로〕 상상자료를 토대로 구축되는 현출 및 현상적 대상 사이의 연관도 통일적 연관이 아니다. 상상에 의해 현출하는 대상과 지각에 의해 현출하는 대상은 별개의 것이다. 양자는 지향적 끈에 의해 연결될 수는 있지만, 직관의

90   론스(Roons)는 독일 괴팅겐시에 있는 언덕이다. (옮긴이)

통일 및 통일적으로 직관적인 대상을 구성하는 지향적 공속이라는 끈에 의해 연결되지는 않는다. 상상과 지각은 각각 독자적으로 이를 구성하는 것이다.

36절 지각장과 상상장의 공존과 충돌이라는 물음에 관한, 개별 감성장을 사례로 하는 심층적 논의

하지만 이제 이 두 장은 어떠한가?[91] 서로 다른 지각적 장이, 가령 시각장과 촉각장이 그런 것처럼, 이들[지각장과 상상장]은 서로 양립 가능한 공존인가? 그러니까 동일한 유에 속하는 감성적 내용과 동일한 종에 속하는 위칫값 감각을 가진다는 점에서, 본질적으로 동일한 종에 속하는 여러 시각장이 [지각과 상상에] 동시에 있는 것인가? 하나에서는 이른바 직각적 파악이, 다른 하나에서는 이와 다른 색조를 띤 이른바 상상파악이 구축된다는 점에 있어서만, 이들은 구별되는 것인가? 그렇다면 양자[지각장과 상상장]를 토대로 모두 영상적 파악이 구축되거나 양자[지각장과 상상장]를 토대로 모두 직각적 파악이 구축되는 것은 왜 불가능하다는 말인가?

여기에서 또 다른 차이를 알아차린다. 직각적 시각장과 직각적 촉각장 혹은 청각장은 공존한다. 이들의 감각군은 서로 분리되지만, 함께 직관되고 직관적 통각의 통일체로 함께 융합된다. 이때 현출하는 대상은 이에 귀속하는 [서로 다른 지각장의] 감각을 (해석을 거치기만 하면) 통합하여 포괄할

..

91 감각의 감성장과 상상의 감성장. 감각의 감성장은 의식 삶의 진행 중에 끊임없이 충족되며 법칙적으로 변화하지만, 이는 상상의 감성장에는 해당하지 않는다. 이것은 생겼다가 사라진다. 동일한 의미에 관계하는 서로 다른 상상의 장은 시간이 경과하는 가운데 연속적 통일체를 이루지 않는다.

수 있다. 하지만 지각의 시각장과 상상의 시각장은 사정이 다르다. 이들은 결코 함께 직관되지 않는다. 하나를 응시하면 다른 것은 말하자면 억압되고, 그 반대도 마찬가지이다. 이는 여러 시각장 간의 경쟁에서와 비슷하고, 그 이유도 비슷하다. 직각적 시각장을 보면서 그것의 감각내용이나 지각대상에 주의를 기울인다면, [상상에서] 론스 언덕의 직관은 가질 수 없다. 그러나 이러한 [상상의] 직관이 번개처럼 뚫고 나온다면, 그것도 현실적 직관으로서 뚫고 나오고 이것이 한낱 공허지향이 아니라면, 그 순간 직각적 시각장은 경작되지 않는다.[92] 이는 바로 입체경에서 [좌우] 시각장이 경쟁할 때, 오른쪽 시각장의 한 부분이 뚫고 나오면 왼쪽 시각장에서 이에 상응하는 부분이 사라지는 경우나, 그 반대 경우와 마찬가지이다. 물론 [지각장 대 상상장의 경쟁과 왼쪽 시각장 대 오른쪽 시각장의 경쟁 간의] 차이도 간과할 수 없다. 후자의 경쟁에서는 언제나 하나의 통일적인 직각적 시각장이 튀어나오며, 경우에 따라서는 거기에서 서로 다투는 두 장의 부분이 섞인다. 그러나 여기에서는 [지각장 대 상상장의 경쟁에서는] 그렇지 않으니, 때로는 상상의 이미지가 지각의 시각장으로 섞이는 것처럼 보일지라도 그렇지 않은 것이다. 들어와 섞이는 [상상의] 이미지는 결코 직각적 현출로, 지각장의 부분으로 주어지지 않는 것이다. 내 말은, 가령 추가적 파악 같은 것을 도외시하면, 현출에 있어서 그렇다는 것이다. 이러한 경쟁은 상상의 촉각장과 지각의 촉각장 사이에도 일어나며, 두 장의 서로 조응하는 부분 사이에도 일어난다. 이에 반해서 청각적 감성의 상상장과 촉각적 감성의 지각장은 서로를 전혀 방해하지 않는데, [청각과 촉각처럼] 서로 다른 감성 지

---

92 시각장에서 장(Feld)이 본래 '밭'의 의미를 지니므로, 여기에서는 "경작되지 않는다"고 비유적으로 말하고 있다.(옮긴이)

역에서는 일반적으로 그렇다. 청각적 감성 내부에서도 이러한 경쟁은 없는 것 같다. 이러한 경쟁은 분명 객관적이고 현상적인 공간 질서의 토대인 위치성에만 해당한다. 직각적 시각장과 영상적 시각장은 동일한 질섯값을 가지고 동일한 현상학적 장소질서를 가진다. 그런데 위칫값이 되풀이되는 두 직관은 하나의 직관으로 통일될 수 없다.

마치 진정으로 하나의 혼합이 튀어나올 수 있다는 듯이, 지각으로 들어가 상상함은 참된 의미에서는 물론 존재하지 않는다. 내가 하얀 분필을 빨간 분필로 상상한다면, 이 순간 내게는 '빨간 분필'의 상상이 승리하지만, 곧바로 '하얀 분필'의 직각으로 교체된다. 양자에서는 충돌의 종합이 이루어진다. 이 종합은 장들 사이에서 서로 조응하는 부분을 종합적 통일체로, 즉 일치의 통일체나 충돌의 통일체로 만든다. 그러나 이 통일체는 지성적 이행의식에 의거해 일어나는 것이지, 현출의 통일체, 즉 직각적 직관의 통일체이거나 영상적 직관의 통일체는 아니다.

37절 감각만 현전의 실재성을 정초할 수 있기 때문에
지각이 근원적 선차성(先次性)을 가지지 않는가. 현전하는 감성적 내용으로서의
비실재적 상상자료와 관련한 난점. 이에 대한 답변의 시도:
상상자료에 대한 영상적 파악이 재현의식을 무매개적으로 구성함.
상상현출과 [이를] 정초하는 상상자료가 사후에
현전에 배열될 가능성

하지만 이제 또 다른 물음이 떠오른다. 서로 조응하는 지각의 공간장과 상상의 공간장은 교대로 등장할 뿐, 하나의 현출에서 통일될 가능성은 없다. 지금 내게는 이 집이라는 [지각의] 시각장이 있고, 이제는 하인베르크와 론스 언덕이라는 〔상상의〕 시각장이 있다. 하지만 왜 하나는 집의 지각이고 다른 것은 론스 언덕의 상상표상인가? 이 서로 다른 파악의 기반은 어디 있는가? 파악도 교체되지 않는 이유는 무엇인가? 달리 말해, 〔지각파악에 의해〕 때로는 이것〔론스 언덕〕이, 때로는 저것〔집〕이 현행적 현전으로 취해지지 않는 이유는 무엇인가? 〔이를 설명하는 데에〕 한낱 이차적 특징으로 충분한가? 먼저 〔집의〕 지각이 두드러졌다고 해보자. 그다음에 〔론스 언덕의〕 상상이 지각을 돌파한다. 지각에서 상상으로의 이러한 이행에서, 우리는 대상이 불연속적임을 체험한다. 그러나 왜 〔상상의〕 불연속성보다 〔지각의〕 연속성이 효력이 있어야 하는가? 이 돌파하는 것을 〔지각이 아니라〕 상상으로 간주해야 하는 이유는 무엇인가? 이것을 현전이 아닌 것으로, 그리고 경우에 따라 다만 어떤 지각연관에 의해서만 현행 지각과 결합할 수 있는 것으로 간주해야 하는 이유는 무엇인가?

어쨌든 모든 대상성이 그리로 소급해 관계 맺도록 하는 근원적 선차성은 지각에 있는 것이 아닌가? 둘 사이의 현상학적 차이는 실로 감성적 내용〔감각과 상상자료〕에 이미 있는 것 같다. 감각만 진정한 실재성을, 그것도 현전의 실재성을 가지며, 감각만 지향적 연관에 있어서 진정한 실재성을 정초한다. 이에 비하면, 상상자료는 무실한 것과 같다. 이것은 비실재적이고, 그 자체로는 아무 효력이 없고, 단지 (그것이 주어진다면 바로 감각일) 어떤 다른 것을 현시하는 것으로 효력이 있을 따름이다.

그러나 여기에서 커다란 난점이 생긴다. 사유작용의 명증에 의거하면, 상상은 현실적 체험이며, 따라서 상상자료도 현실적 체험임을 알 수 있기 때문이다. 상상자료는 실로 현전하는 것, 현전하는 감성적 내용이고, 실재의 부분으로 그 자체가 실재적이다.

이에 대해 다음과 같이 대답할 수도 있을 것이다. 감각에는 본질적으로 지각파악이 관계한다. 일차적으로 이것〔감각〕은 자체현전으로 포착된다. 그리고 이것에 토대를 두고, 이를 확장하는 경험적 파악이, 혹은 초재적으로 지각되는 것을 구성하는 변양하는 파악이 구축된다. 이에 비해 **상상자료**에는 영상적 파악이 관계한다. 이 영상적 파악은 직각 유형에 속하는 직접적 파악에 토대를 두지 않는다. 즉, 이 직접적 파악이 처음에 감성적 내용을 현전으로 정립하고, 그다음에 다른 것의 이미지로 취하는 것이 아니다. 오히려 이 이미지파악은 (가깝거나 먼 유사성 덕분에) 내재적 재현의식을, 즉 체험되는 것 안에서 의향되는 것을 들여다보는 변양된 의식을 무매개적으로 정초하는 것이다. 이때 감성적으로 체험되는 것이 먼저 어떤 독자적인 것으로, 어떤 현전하는 것으로 간주되는 것은 아니다. 그러나 사후에 영상화의 이러한 성격을 사상(捨象)할 수 있다. 〔이러한 사상에 의해〕 구체적 상상현출이 지각의 소여와 동시에 있다고 포착함으로써, 이것을 어떤 지금으로 정립할 수 있는 것이다. 예컨대 어떤 시각적 〔상상〕 현출을 지금으로, 즉 우리가 듣는 어떤 외침과 동시적인 것으로 포착하고, 그다음에 상상현출의 복합체에 대한 분석을 통해 (이제 그 자체가 〔상상현출이라는〕 전체의 부분으로서, 어떤 현전하는 것인) 상상자료를 분리할 수 있다. 이러한 매개적 과정을 통해서야 비로소 상상자료는 현전에 배열된다. 그렇다면 이미 이 현전은 무매개적으로 감각되는 현전이 아니라, 〔이미〕 매개를 통해 대상화되는 현전이다.

하지만 무매개적인 것에 국한하여 논의한다면, 모든 상상자료는 그 자체로 영상적 파악을 겪으며, 이것이 더욱 전개되면 어떤 초재적이고 영상적인 파악을 겪는다.

38절 상상파악이 직각적 영상 파악과 다른 점을
현전 의식의 결여로 특징지음.
이 현전 의식이 비로소 이미지의식의 담지자로 기능할 수 있음

여기에서 상상파악이 직각적이고 영상적인 파악과 다른 점을 이해할 수 있을 것이다. 후자에서는, 다시 말해 통상적 이미지파악에서는, 지각의 방식으로 현출하는 어떤 것이, 즉 (가상의 대상이라는 성격을 지니기는 하지만) 현상적으로 현전하는 어떤 것이 다른 것의 재현자 역할을 한다. 물론 이때 내재적 영상화의 의식에서 활동하면서 현출하는 것 안에서 현전하지 않는 것을 들여다보지만, 이 현출하는 것은 현전의 방식으로 현출하는 어떤 것이고, 직각적으로 현출하는 것이다.

〔이와는 달리〕상상에는 어떤 '현전하는 것'이 없으며, 이런 의미에서 이미지대상도 없다. **명료한 상상**에는 상상자료와 〔이를 토대로〕재현하는 파악이 있다. 그러나 이들은 현전하는 어떤 것을 구성하지 않는다. 그런데 이러한 현전하는 것이 비로소 이미지의식의 담지자로 기능할 수 있는 것이다. 이 〔상상〕현출 자체에는 현전에의 관계가 전혀 없다. 의향되는 것을 직관함은 현출하는 것 안에서 〔이미지대상의 매개 없이〕무매개적으로 일어난다. 물론 사후에 다음과 같은 파악을 수행할 수 있다. "지금 내게 이것이 현출하고, 지금 나는 이 시청(市廳)의 현출 등을 가지며, 이 현출을 통해서 시청 '자체'와 관계 맺는다." 그러나 단적인 상상체험에서는 '현재의 시청 현출'을 파악함, 현재 현전하는 이미지대상을 파악함은 수행되지 않는다.

〔이에 비해〕**불명료한** 상상은 어떤 매개를 요구하는 것처럼 보인다. 왜냐하면 동요하는 불명료한 현출이 어떤 가능한 명료한 현출을 지시한다고 할 수 있을 텐데, 이 명료한 현출에 의해 불명료한 현출에게는 대상적 의식의

상승이, 일종의 충족이 일어날 것이기 때문이다. 그러나 참된 충족을 주는 것은 〔명료한 상상이 아니라〕 이에 상응하는 지각이다. 다른 한편, 단적으로 취해지는, 즉 반성이 사후적으로 수행하는 대상화가 없는 체험 자체에서는 상상자료를 토대로 하여 영상적 **지향**이 수행되며, 따라서 이 영상적 지향은 서로 유사한 것에 있어서 유사하다는 의식을 가진다. 그리고 이 지향에서 어떤 유사화가 없는 부분은 지향의 이른바 **공허한** 부분이다. 여기에서도 (바로 그러한 바대로의) 이 현상을 〔사후적 반성에 의해〕 현재 현출하는 (주제와는 전혀 다른) 어떤 이미지대상의 현상화로 포착할 가능성은 있다. 그러나 어떤 현전하는 것의 의식은 전혀 없으며, 따라서 매개도 없다. 〔이 지향 중에서〕 구상화하는 계기는 영상화를 담지한다. 나머지 계기는 규정적인 계기나 규정적으로 간주되는 계기가 아니라, '무규정성들'이다. 이 나머지 계기가 항상 지향과 길항하는 것은 아니고, 따라서 두드러지는 이미지대상의 의식을 내어주지 않는다. 아니면, 어떤 이미지대상이 정말 의식되지만 현전으로 현출하지는 않고 그 자체가 이미 이미지로 현출한다. 여기에서 영상적 이미지대상은, 지각에서 직각적 이미지대상이 기능하는 것과 똑같이 기능한다.

39절 앞서 시도한 해석의 귀결: 지각의 권역 내부에는 직접적인 영상적 의식이 없으며, 감각과 상상자료 간에는 근원적인 현상학적 차이가 있음이 확립됨. 믿음성격을 참고하고, 상상표상을 한갓된 표상과 기억으로 구분함

방금 시도한 이런 해석의 귀결은 다음과 같다. 지각의 권역 내부에는 (방금 상상에서 기술했던 것과 같은 유형의) **직접적인** 영상적 의식이 없다. 감각의 토대 위에서 영상적 의식이 도대체 수행된다면, 이는 (어떤 현전을, 현재 있는 어떤 이미지대상을 구성하는) 직각적 파악의 매개에 의해서이다. 왜 그런지 묻는다면, 다음과 같이 답변할 수 있을 것이다. 감각은 말하자면 어떤 것의 한갓된 이미지로 간주되는 부당한 요구를 거부한다. 감각은 그 자체가 실재성의 인장(印章)이다. 모든 실재성은 감각에 견주어 평가된다. 감각은 일차적이고 현행적인 현전이다. 그러나 감각은 어떤 현전을 현출하게 하면서, 이와 동시에 어떤 유사한 것으로 의식을 돌릴 수 있고, 의식이 현재 없는 다른 것을 여기에서 들여다볼 수 있도록 한다. 이에 비해 상상의 감성적 내용인 **상상자료**는 현재 있지 않은 것으로 주어진다. 그것은 현전으로 간주되는 부당한 요구를 거부한다. 상상자료는 애초부터 비실재성이라는 성격을 수반한다. 그것의 일차적 기능은 다른 어떤 것으로 간주되는 것이다. 간접적 반성에 의해서야 비로소 어떤 획득되는 현전이 이것에 부여된다.

그리하여 감각과 상상자료(혹은 인상과 관념) 간의 어떤 근원적인 현상학적 차이를 확립할 수 있을 것이다. 그리고 거기(감각과 상상자료)에 토대를 두고, 근원적으로 지각이 구축되기도 하고 근원적으로 상상표상이 구축되기도 한다. 감각에는 본질적으로 지각이 관계한다. 모든 초재적 지각 형성의 공통점은 지각을 가능하게 하는 감각이라는 핵을 전제한다는 것이다. 이때 지각은 현행적 현전, 즉 일차적이고 직관되는 현전을 증여한다. 가장 좁은 의미에서 직관되는 현전은 충전적 지각과 관련된다. 반박 불가능한 지각은 믿음이며, 나아가 근원적으로 직관적인 믿음, 즉 현실적으로 현재 있는 것 자체를 현상적으로 구성하는 믿음이다. 반박되는 현전은 어떤 현전 현출이 어떤 반박 불가능한 현전 현출과 충돌하는 것인데, 이는 직관적 가상을, 우리에게 허위로 현전적으로 현출하는 비사물을 증여한다.

믿음이 가령 지각만의 특질이 아님은 말할 필요도 없다. 상상표상은 한갓된 표상과 기억으로 구분되는데, 기억도 믿음이라는 특질을 지니는 것이다.

기억에서는 어떤 대상성이 직관적으로 현출하지만, 그로부터 일차적 의미에서 주어지는 것은 아무것도 없다. [기억에서] 대상성은 한 면에서 현출하는데, 이는 이와 같은 대상성이 지각에서 한 면에서만 현출하는 것과 마찬가지이다. 그러나 여기[지각]에서는 현출하는 면이 대상에 있어서 현행적으로 현전하는 것이라면, 기억에서 현출하는 면은 단지 현행적으로 기억되는 것, 일차적 의미에서 기억되는 것이다. 대상의 나머지[현출하지 않는 면들]는 양자[지각과 기억] 모두에서 이[현출하는 면]에 덧붙여져 통각되는 것이다.

8장
연구 결과 및 시간의식 분석의 예비 논의

40절 본래적 의미의 영상화(직각적 영상화)와
상상으로서의 영상화의 본질적 차이를 규정함[93]

지난번 연구들의 결과를 다음과 같이 요약할 수 있다. 본래적 의미의 영
상화(가령 물리적 이미지)와 단적인 상상이라는 의미의 영상화에는 본질적
차이가 있다.

1) 본래적 의미의 영상화, 곧 어떤 **이미지**를 매개로 하는 표상은, 어떤
현출하는 대상(이미지대상)이 그것과 같거나 유사한 다른 대상(이미지주제)
의 모사이미지로 간주된다는 데 있다. 이러한 물리적 이미지의 경우에는
현출하는 대상은 지각에서 구성된다. 그러니까 현전으로 현출하는 대상

----

93   1905년 11월 7일 요약.

은 현전하지 않는 대상, 정확히 말하면, 이러한 〔영상화〕 작용에서 현전하지 않는 다른 대상을 위한 이미지 재현으로 기능한다. 여기에서는 파악이 여러 겹으로 상호 침투하는데, 이는 기호화 혹은 상징화의 기능의 경우와 꼭 닮았다. 상징은 독자적으로 현출하지만, 그 안에서 어떤 다른 기의에의 관계를 담지한다. 이와 마찬가지로, 본래적 이미지 기능에서 '이미지'도 어떤 고유한 대상적 파악에서 구성되지만, 모사되는 것에의 관계를 담지한다. 이때 물론 상징화의 기능과 이미지에서 현시하는 기능 사이에는 중요한 차이가 드러난다. 상징화의 기능이 외적으로 표상하는 기능이라면, 이미지 기능은 내적으로 현시하는 기능이고 이미지 안에서 사태〔이미지주제〕를 들여다보는 기능이다. 각 이미지 재현에서 우리는 구상화 의식을 담지하는 계기와 이 의식 외부의 계기를 구분한다. 어떠한 정황에서도 **사물적인** 구상화의 담지자에는 모름지기 **입체적** 형태가 있어야 하지만, 질적 규정이 있어야 하는 것은 아니다. 순수한 구상화 의식에서 이미지 안에서 **주제**를 들여다보는 것은 이 의식을 담지하는 **핵**과 관련해서이고, 주제는 이 핵과 순수하게 동일화된다. 그러나 이런 합치의 의식은 순수하지 않을 수도 있다. 즉, 주제지향과 이미지대상 현출 사이에서 간격이 감지되는데, 특히 구상화 계기에서도 그렇다. 이는 **상징적으로** 기능하는 이미지의식으로 이행하는 현상이다. 그러면 이미지는 **스스로에게서 빠져나와** 그것과 분별되는 다른 것을 지시한다. 이 이미지는 유사성에 힘입어 이 다른 것을 기억시키고, 유사성 재현자로서 이 다른 것을 모사하는 것이다. 이처럼 외적으로 모사하는 기능은 '충실한' 이미지에도 붙어 있는데, 이미지대상에 있어서 현시의 견지에서 어떤 결손을 현시하는, 즉 전혀 현시하지 않는 계기에 주의한다면 그렇다. 이러한 계기는 언제나 있다. 이미지 자체는 원본이 아니기 때문이다. 본래적 의미의 영상화, 그중에서도 먼저 물리적 영상화 형태의 영상화에 대해서는 여기까지만 논의한다.

2) **상상으로서의 영상화.** 내재적 이미지의식이 우세한지, 초재적 이미지의식이 우세한지 막론하고, 이런 영상화는 본래적 이미지 기능과 분명하게 구별된다. 그 이유는 이것에는 독자적으로 구성되는 **이미지**대상이 없기 때문이다. 하물며 현전으로 현출하는 이미지대상은 더더욱 없다. 그러니까 여기에서는 물리적 이미지와는 달리, 현전으로 현출하는 이미지대상 안에서, 즉 시선장의 대상의 한 부분인 척하는 어떤 대상 안에서 주제를 들여다보거나 이러한 대상을 매개로 주제를 외적으로 모사하지 않으며, 어렴풋한 유사성에 의해 상징화하지도 않는다. 상상표상에서는 물론 어떤 대상이 현출하기는 하지만, (현전하지 않는 것이 이를 매개로 현출할 수 있는) 현전하는 것은 현출하지 않는다. 단적인 상상표상에서는 어떠한 다른 의미에서도 이미지대상이 없음을 곧 논의할 것이다.

41절 단적인 상상표상과 이미지로 매개되는 상상표상의 차이. 상상에서 진정한 영상적 기능의 전제인 단적인 상상표상

하지만 명료성을 위하여 이제 두 경우를 구별해야 한다. 1) **단적인 상상표상**, 2) **이미지로 매개되는 상상표상.** 후자에서 표상은 매개적으로, 즉 어떤 이미지대상을 매개로 대상에 관계한다. 그래서 여기에서는 물리적 이미지 기능에서와 유비적으로, 어떤 이미지의식이 구성된다. 단적인 상상표상에서는 그렇지 않다. [이미지를 매개로 하는] 이미지적 상상표상에서는 두 개의 표상기능이 (하나가 다른 하나 위에 토대를 두고) 구축되면서, 이미지의 관계를 매개로 서로 관계를 맺고 있다. 이 중에서 토대가 되는 표상기능은 어떤 상상표상이다. 이것은 어떤 대상을 상상적으로 구성하는데, 그다음에 이 대상에는 어떤 영상화 기능도 장착된다. 예컨대 지질학자가 화석에 의해 주어지는 몇 가지 특질을 토대로 선사시대의 어떤 동물 종을 직관적으로 표상할 때 그렇다.[94]

상상이미지가 바로 (이미지에서 그 자체가 직관된다고 간주되지 않는) 어떤 다른 것을 위한 한갓된 이미지로 기능할 때면, 일반적으로 이렇다.[95] 여기에서도 그때그때 사정에 따라, 들여다봄이 우세할 수도 있고 상징화와 유비화가 우세할 수도 있다. 이런 진정하고 본래적인 이미지 기능은 **상상**과 **지각적 이미지**에서 서로 명확한 차이를 가진다. 이미지대상은 후자의 경우에는 현전으로 현출하는 대상이고, 상상의 경우에는 상상적으로 현출하는 대상, 즉 현전으로 현출하지 않는 대상이다. 그러나 다른 한편 [상상과 지각에서의 이미지 기능의] 공통점으로 두드러지는 것은 진정한 이미지의 의식이다. 더 나아가 분명한 것은, 상상에서의 진정한 영상적 기능은 (그 자체는 영상적이지 않은, 적어도 같은 의미에서 영상적이지는 않은) 어떤 상상표상을 전제한다는 것이다. 그래서 이는 단적인 상상표상에 의존하는 것이다. 지각의 이미지가 지각에 토대를 두는 것과 마찬가지로, 상상의 이미지는 (그것 자체는 이미지가 아닌) 상상에 토대를 둔다.

94 여기에는 어떤 믿음, 어떤 추정이 들어 있다. 그래서 이 표상은 [믿음이나 추정이 모두 배제되는] '한갓된' 표상이 아니다.

95 [이 다른 것이] 이미 기지의 것이거나 미지의 것이거나 막론하고 그러하다.

42절 단적인 상상표상의 개념을 순수한 재현의식의 수행으로 획정함. 상상의식으로서의 내재적 이미지의식. 지각 대 상상, 혹은 현전화 대 재현의 대조를 표현하는 용어를 확립함

이제 단적인 상상표상은 어떻게 이해해야 하는가? 상상의 유희에 있어서 천사와 악마를, 난쟁이와 물의 요정을 떠올린다면, 기억에 의해서 (직관적 형상을 지니고 우리 정신 앞을 지나가는) 과거로 침잠한다면, 이처럼 현출하는 대상은 다른 대상을 위한 이미지대상, 한갓된 재현자, 유비, 이미지로 간주되지 않는다. (물리적인) 진짜 이미지에서는 (이미지대상 안에서 이미지주제를) 들여다봄이, (이미지대상이) 다른 것(이미지주제)을 지시함이 일어날 수 있고 또 일어나지만, 이런 일은 정확히 말해서 여기(상상)에서는 아무런 의미가 없다. (지각에서 '지각이미지'라는 말에서처럼) 여기에서 '영상화'나 상상이미지라는 말 등에 현혹되면 안 된다. 이런 말은 반성으로부터 나오는 것인데, 이런 반성은 상상의 현출을 (이와 동일한 대상성에 대한 가능한) 지각에 대립시키며, 지각을 (지각에 주어지지 않는) '사물 자체'와 대립시키는 것이다.

상상현출, 즉 (그 위에 구축되는 이미지로 무거워지지 않은) 단적인 상상현출은 지각과 마찬가지로 **홑겹으로** 대상에 관계한다. 그러나 여기에서 다시 한번, 명료하고 완전하게 적실한 상상과 불명료한 상상, 최종적으로는 심지어 완전히 어두워진 상상을 구별해야 한다. 불명료한 상상은 일단 염두에 두지 말고, **명료한 상상**을, 예컨대 명료한 기억을 고찰하면서 앞서 언급한 것을 모두 탐구해보자. 이제 명료한 상상에서는 상상자료를 토대로, 그리고 상상자료를 대상화하는 파악을 토대로, 순수한 대상화 의식이 수행된다고 해야 한다. 이때 상상자료를 대상화한다고 해서, 어른거리는 어떤 이미지대상이, 심지어 현전으로 현출하는 어떤 이미지대상이 앞서 **구**

성되는 것은 아니다. 여기에서 무매개적으로 현출하는 것은 비현전인 것이다. 상상되는 대상을 향하는 대상적 지향은 체험되는 상상자료에서 충족된다. 바로 지각의 대상적 지향이 감각에서 충족되는 것과 마찬가지이다. 그렇다고 해서 다음과 같은 말이 틀린 것은 아니다. 상상은 어떤 방식으로든 지각과 본질적으로 관계 맺는다. 즉, 상상이 이에 상응하는 지각과 〔그 대상에 있어서〕 동일화될 경우, 이 상상은 강화되고 더 풍부하고 깊이 충족되며[96] 나아가 다음과 같은 의식이 생긴다. 그것은 "상상되는 이것은 (지각에서 그 자체가 현실적으로 주어지는) 어떤 것의 한낱 재현이며, 따라서 상상은 어떤 의미에서는 지각대상의, 즉 대상 자체의 어떤 한갓된 이미지를 증여한다"는 의식이다. 그러나 상상표상 자체에 여러 겹의 지향이 들어 있는 것은 아니다. **재현은** (지각표상, 즉 현전화와 마찬가지로) **직관적 표상의 궁극적 양상 중 하나이기 때문이다.**

우리를 잠시 방해하고 혼란스럽게 했던 것은, 내재적이고 내향적인 이미지의식과 상상의식 사이에 분명히 내적 친연성이 있다는 것이었다. 실로 양자에 있어 의식은 본질에 있어 같다. 즉, 이렇게 말하는 것은 분명히 정당하다. 이 내재적 이미지의식은 **상상**의식이다. 다시 말해, 이 의식은 그 자체로 본다면 이에 상응하는 상상의식과 전혀 구별되지 않는다. 그러나 여기에서 이 의식〔내재적 이미지의식〕은 어떤 현전적 의식과 섞인다. 즉, 동일한 감성적 내용, 동일한 감각이 이미지대상으로 파악되는 동시에, (상상자료와 똑같이) 어떤 상상의식의 담지자로, 혹은 적어도 그 핵에 있어서 어떤 상상의식의 담지자로 기여한다. 지각을 토대로 상상의식이 구축되지만, 이는 오직 앞서 말한 충돌 덕분에 가능하다. 이 충돌이 감각의 현전화 기능을 폐기

⁘

96 강화는 믿음 작용이나 추정 작용에서만 일어난다!

하는 것이다. 충돌이 없다면, 감각은 언제나 현전으로 대상화되고 현전으로 성격 지어지며, 따라서 상상의 '비현전'을 명증하게 배제할 것이다. 상상에서의 이미지라는 말을 적절한 의미에서 할 수도 있고 (방금 알아차린 것처럼) 상상은 통상적 이미지에서도 가장 본질적인 계기이지만, (모사되는 어떤 것을 재현하는 대상으로 기능하는) 어떤 이미지가 정말로 현출할 때에만 '이미지'나 '이미지적 파악'이라는 표현을 사용하는 것이 가장 적절할 것 같다. 그러니까 이런 일이 일어나지 않는 단적인 상상의 경우에는 (여기에서 사태가 동일하다고 추정할 유혹이 아무리 크더라도) 다른 용어를 사용하는 편이 좋다. 여기에서 이런 사실의 토대까지 이미 깊이 들어가야만 다음과 같은 점을 인식할 수 있다. 물론 어떤 의미에서는, 현전하는 의식이 비현전인 것을 재현한다고, 즉 현전하는 상상자료와 파악이 (본래적으로 지향되지만 현전하지는 않는) 어떤 것을 재현한다고 당연히 말할 수 있지만, 이처럼 유사하거나 동일한 표현의 현상학적 의미는 여기에서 완전히 다르다. 그러나 이 정도까지 분명히 한다면, 다른 용어가 필요하다. 우리는 '상상'이라는 낱말 자체를 사용하거나 '재현'이라는 낱말을 사용한다. 그러니까 지각에는 상상이 대비되고 현전화에는 재현이 대비된다. 〔상상이〕 이미지표상이나 기호표상과 혼동될 수 있는 경우에는, 이미지적 재현, 상징적 재현, 기호적 재현, 비본래적 재현과 대비하여 〔상상을〕 본래적 재현이나 단적인 재현이라고 정확히 말해야 한다.

43절 불명료한 상상에서의 상황:
어떤 경우에든 단적인 상상표상이 전제됨.
이 분석에서 등장한 표상양상에 대한 최종적 개관

그러나 이제까지는 '명료한 상상'에 대해서만 이야기했다. 고백하건대,

바로 **불명료한 상상**도 그에 못지않게 나를 거북하게 만들었다. 여기에서는 '이미지'가 동요하고 유동적일 뿐 아니라, 그 내용도 상당히 부적실하며 상상되는 대상에서 상당히 벗어나는 것이다. 그러나 이제 나는 이 현상을 본래적 이미지로 해석함은 전혀 도움이 안 됨을 마침내 확신하게 되었다. **만일** 불명료한 상상이 어떤 이미지를 토대로 구성된다면, 〔불명료한 상상의 토대인〕이 일차적 이미지대상은 이미 어떤 상상대상일 것이다. 그렇다면 어떤 경우에든 순수하고 단적인 상상 기능은 전제될 것이다. 따라서 우리의 분석은 어떤 원리적으로 새로운 것을 얻을 수 있는 것은 아니다. 이는 한낱 사실의 문제에 불과하기 때문이다.

물론 견실하지 않은 이런 현상에 대한 여러 관찰을 바탕으로, 이제 나는 다음과 같이 생각한다. (발생적 근거에서라도 이해하기 어렵겠지만) 표상은 보통은 매개적 표상이 아니다. 상상이 적어도 상대적으로나 부분적으로 명료하다면, 〔이 상상에서〕 대상에의 지향은 (매개적 이미지의식에서 구상화하는 특징에 상응하는) 재현하는 특징을 발판으로 삼으며 이런 특징에 의해 충족된다. 그 외의 특징은 유효하지 않으며 어떤 무이다. 〔한편으로〕 의향되는 지향 대상과 〔다른 한편으로〕 상상자료에서 주어지면서 대상화를 겪는 대상 간의 차이로 인한 두 대상의 충돌 의식이나 〔어느 한 대상의〕 두드러짐은 〔물리적 이미지의식에서와는 달리〕 일어나지 않는다. 〔이에 비해〕 **물리적** 이미지대상에서는 어디에서나 **감각**이 섞인다. 감각이 있고 완결된 대상화가 있으므로, 이미지대상이 뚜렷하고 견고하게 구성된다. 그러나 여기〔상상〕에서는 〔상상 유형에 따른〕 차이는 있지만, 대개 이미지대상은 구성되지 않는다. 그렇다면 대상의 본래적 직관도 당연히 없다. 물론 이는 한낱 공허한 지향은 아니지만, 그렇다고 완전한 직관도 아니다. 이는 직관의 단초이자 직관의 그림자이지 직관 자체는 아니다. 매우 흐릿한 상상에서는 재현은 극히 궁핍한 찌꺼기로 축소된다. 그리고 상상자료가 끊기는 경우처럼 이 찌꺼기마저 모조리 사라지면, 대상에 대한 규정적이지만 **공허한** 지향만 남는다. 이 궁핍한 찌꺼기가 다시 등장하면 이 지향은 강화되고 이러저러한 계기에 있어서 충족된다. 하지만 내용이 풍부한 어떤 이미지가 주어져야 비로소 이것은 현실적으로 직관되는 것이다. 〔불명료한〕 상상의 시각장 등에서는 빈틈이나 녹아버리는 색은 빛의 먼지 속으로 가라앉아버린다. 우리가 원해야, 즉 이를 현실적 대상성에 유비적으로 해석하기를 원해야 비로소 이러한 빈틈이나 색은 대상화된다. 그렇지 않다면 이런 것은 그냥 대상적 해석 없이 남으며, 그래서 길항하지 않으며 이중적 대상성을 증여하지 않는다. 그러나 명료하고 견고한 상상의 이미지가 등장하는 즉시 이러한 이중적 대상성이 생긴다. 이 이미지는 상상지향과 부분적으로 합치하지만, 어떤 지점에서는 이 상상지향으로부터 분명하게 이탈하는 것이다. 때로는 기억이 사후적으로 지향을 변양하고 충돌을 야기할 수 있다. 예를 들어 친구 X에의 지향이 명료한 기억이미지에 의해 직관성을 얻는다. 그러나 이 이미지가 처음에는 검은 수염을 가져오고 그것도 아주 명료하게 가져오지만, 이 지향은 기억의 흐름에 의해 변양되어 갈색 수염을 요구한다. 하지만 그렇다면 보통의 경우 이 이미지는 견실하게 버티지 못하고, 이에 상응하여 직관적으로 변양된다.

우리의 분석에 따르면, 원초적 표상양상은 다음과 같다. 1) 본래적 표상의 단적인 두 양상은 지각과 재현이다. 2) 비본래적 표상의 단적인 한 양상은 공허한 지향이다. 3) 단적인 직관적 지향〔지각과 재현〕이나 단적인 공허한 지향을 토대로 구축되는 정초된 표상양상이 있다. 여기에서 여러 원초적 정초 형식을 더 연구해야 할 것이다. 여기에서 이미 다음을 구별한다. 이미지적 표상, 유사성을 통한 상징적 표상, (유비화하는 관계가 없는) 한갓된 기호화를 통한 상징적 표상이 그것이다. 더 정확히 분석하면, 이미지적 표상에서는 지각과 상상 혹은 상상과 상상이 서로 섞이면서 어떤 모사하는 지향을 정초한다.

44절 지각과 상상의 차이인 현전화와 재현의 의식성격을 고려하여 현출의 새로운 개념을 분리함. 지각의식과 상상의식의 차이를 더 정확히 분별하기 위해 시간의식 분석으로 넘어감을 고지함

그래서 분명한 성과를 얻었다고 보람을 느껴도 좋을 것이다. 이제 연구를 더 진전시켜야 할 텐데, 그러면 곧 지각의식과 상상의식의 다양한 차이에 대한 더 정확한 분별이라는 구역으로 들어설 것이다. 이 구역은 특히 시간의식의 형식이다.

우선 한 가지를 언급해야 하겠다. 어떤 대상이나 과정, 한마디로 어떤 대상성 일반을 상상으로 재현한다면, 이 대상성은 어떤 특정 현출에서 현시되는데 이 현출은 어떤 가능한 지각의 특정 현출에 정확히 상응한다. [지각과 상상에서] 같은 대상의 통일성과 관련하여, 가능한 지각연관의 종합은 가능한 상상연관의 종합에 정확히 상응한다. 같은 대상이 같은 면에 있어서, 그리고 같은 (색, 명도 계조, 관점적 음영 등의) 현상적 규정성을 지닌 채, 한마디로 '**같은 현출**'을 지닌 채, 현전의 방식으로도 현시되고 재현의 방식으로도 현시된다. 이러한 같은 현출은 당연히 여러 체험에서의 어떤 동일자를 뜻한다. 이와 마찬가지로, 이러한 동일자가 상응하는 지향적 의식은 양자[지각과 상상]에서 같은 **대상**을 향한다. 하지만 이 동일자가 이 모두에서 같은 것은 아니다. 대상에의 관계는 파악의미가 하는 일이다. 그러나 여기에서 '현출'이라는 명칭 아래 동일하다고 간주되는 것은 한갓된 파악

의미에 대한 것이 아니다. 양자에 있어서 대상적 종합을 이루는 부분이 서로 정확히 조응하지 않더라도, 이 파악의미는 같을 수 있다. 그러나 지금 논의하는 의미의 현출은 이전 강의나 『논리 연구』 554쪽[97]에서 지각과 관련하여 순수 지각내용이라고 불렸던 것과 완전히 같은 것도 아니고, 어떤 다른 의미에서 현출이라고 불렸던 것과 완전히 같은 것도 아니다. 여기에서 드러나는 지각표상과 상상표상의 동일성에서야 비로소 **현출의 새로운 개념**이 분리된다. 현출은 지각에서 믿음 계기를 사상한 것, 즉 지각표상이 아니다. 현출은 〔지각에서〕 상징적 요소(그리고 때로는 부착된 영상적 요소)를 사상하고 남는 순수한 지각표상도 아니다. 왜냐하면 현출은 지각표상과 상상표상 모두에서 등장하는 것이며, 이 둘에 있어서 동일한 어떤 것, 또는 동일할 수 있는 어떤 것이기 때문이다. 여기에서 〔지각과 상상에서 동일한 현출을 발견하기 위해서〕 무엇을 사상할 수 있고 무엇을 사상해야 하는지는 분명하다. 〔지각이라는〕 한 경우에는 파악에 있어서 이 현출에게 바로 현전화라는 성격을 주는 것을, 〔상상이라는〕 또 다른 경우에는 이 현출에게 재현이라는 성격을 주는 것을 사상할 수 있고 사상해야 하는 것이다.

따라서 단적이고 본래적인 표상의 구성에 대해 다음과 같이 생각해야 할 것 같다. 감성적 내용이 파악을 겪는 일은 (그것에게 그때그때의 대상에의 관계를 증여하는) 하나의 파악의미에서 일어난다. 이때 같은 파악의미에서도 다양한 가능성이 있다. 파악의미는 어떤 추상자로서, 하나의 현출의 형식에서 특수화되는 것이다. 현출에서 대상은 단지 이러저러하게 규정되는 대상으로 직관되지만, 이런 일은 오로지 대상의 이 면이나 저 면이 현출함에 의해서, 다시 말해 대상이 이 면이나 저 면으로부터 현출함에 의해서 일

---

97 『논리 연구』 제6연구 23절을 말하며, 쪽수는 1901년 초판의 것이다.(옮긴이)

어나는 것이고 일어날 수 있는 것이다. 여기에서 현출은 (파악내용과 통일을 이루는) 파악의미가 규정적으로 특수화되는 것을 뜻한다. 마지막으로 현출은 어떤 또 다른 의식성격을 담지하는데, 이 성격이 비로소 지각과 상상의 차이를 가져온다. 즉, 현출은 현전화하는 현출이거나 재현하는 현출인 것이다. 다시 말해, 현출이 얻는 이러한 또 다른 성격으로 말미암아 이 현출은 이 중 어느 하나로 두드러진다.

또 여기에서 사태는 다음처럼 보인다고 말할 수 있다. 단적이고 직관적인 작용에서 수행되는 대상화는 처음에는 현전이나 비현전(상상되는 것, 과거의 것, 미래의 것 등)으로서의 성격화를 포함하지 않는다. 이러한 성격화는 이에 더해서 등장하는 것이다. 물론 이 최초의 대상화는 [현전이나 비현전과 결부되지 않고] 따로 떨어져 있을 수는 없다. 현출하는 것은 현상적으로 현전이거나 현전이 아님은 명증하기 때문이다.

물론 현전화와 재현의 관계에 관한 물음, 그리고 이들이 서로 동등한 성격인가, 말하자면 단지 종적으로 구별되는 두 가지 한갓된 색조인가라는 물음은 제법 기이한 또 다른 난점을 가져온다. 이에 관해서도 논의할 것이다. 그러나 어쨌든 우리의 구별을 통하여 처음으로 잠정적으로 받아들일 만하도록 진실을 표현하는 최초의 접근이 이루어졌다. 여기에서는 이 난점을 드러내기만 하는데, 이것을 해소하는 것이 시간의식 분석의 주요 부분이 되어야 한다.[98]

:.

98 후설은 1904/05년 겨울학기 강의 중에서 이 부분(「상상과 이미지의식」)을 강의한 후에 시간의식에 대한 강의를 진행한다. 시간의식 강의 내용은 후설 전집 10권으로 따로 출판되어 있다.(옮긴이)

9장

감각과 상상자료의 현상학적 차이에 대한 물음과
지각과 상상의 관계에 대한 물음

45절 파악내용인 감각과 상상자료 간에 본질적 차이가 없다는
브렌타노의 입장을 실마리로 삼음

그러나 이를 검토하기 전에, 이전에 다룬 문제의 권역에 긴밀하게 속하는 것을 덧붙여야겠다. 우리의 서술에는 여전히 빈틈이 있다. 감각과 상상자료의 현상학적 차이라는 물음을 철저하게 다루지 않은 것이다. 여기에서 여러 학자의 연구는 늘 이 물음을 지각과 상상의 관계라는 물음과 뒤섞었다. 하지만 두 물음이 내밀하게 연관되기는 해도, 이를 명료하게 나누는 것이 이를 성공적으로 다루는 전제조건이다. 전자의 물음을 매우 상세하게 논구했으며, 내가 아는 한 가장 상세하게 논구한 것은 브렌타노의 강의[99]였다. 그리고 이 논구의 결론은 감각과 상상자료의 본질적 차이를 거부하는 것이었다. 양자는 본질적으로 같은 감성적 내용이다. 이들은 심연에 의해 분리되지 않으며, 근원적이고 본질적으로 서로 다른 유에 속하는 어떤 계기에 의해 나뉘지도 않는다. 여기에서 등장하는 모든 차이는 오히려 연속적으로 이어지는 차이이다. 이는 기본적으로 강도의 차이이다. 즉, 통상적 감각과 비교할 때 상상자료는 강도가 극히 낮은 감성적 내용이다. 강도 외에도 또 다른 상대적 차이가 고려되는데, 특히 [상상자료가 지닌] 무상함과 자의적 변화 가능성 등이다. 이런 차이가 복합체를 이루고 연결되는 방식은 파악이 [지각과 상상으로] 서로 다르게 시작되도록 하는 충분한 경험적 근거를 주며, 따라서 우리는 마음 내키는 대로 지각파악과 상상파악을 바꾸지 못한다. 브렌타노에 따르면, 이런 파악 자체의 차이는 지각은 본래적 표상이지만, 상상표상은 비본래적 표상, 즉 (브렌타노가 보기에는) 관계 및 개념으로 매개되는 간접적 표상이라는 데에 있다. 물론 양자의 통각 방식이 다르다는 생각만으로도 중요한 진보이기는 했지만, 브렌타노는 이 두 파악에 대한 보다 심층적인 현상학을 전개하지는 않았다.[100] (특이한 점은 브렌타노가 여기에서 표상 방식의 차이는 전적으로 부정한다는 것이다.) 그의 입장의 주요 근거는 상상자료는 생생함이 증가하면 감각으로 변하면서 지각적 착각으로 이끌어간다는 것이다. 또 거꾸로 감각이 약해지면, 여전히 감각하는 것인지, 아니면 그저 상상하는 것인지에 관해 동요할 수도 있다. 예를 들어, 늦은 저녁 시간에 긴장된 기대감에 휩싸여 시계탑의 종소리에 귀를 기울이다가 성급한 기대로 인한 착각으로 종소리를 들었다고 믿었지만, 실은 회중시계가 재깍거리는 걸 들은 것은 아닌지 다시 의심한다.

여기에서 **방법적으로** 어쨌든 이런 정도는 주장할 수 있다. 즉, 감각과

99 1885/1886년 겨울학기 빈 대학의 강의 『심리학과 미학의 정선된 문제』를 뜻한다.(옮긴이)
100 1905년 11월 9일.

상상자료의 근본적이고 본질적인 차이를 주장하지 않아도 그럭저럭 꾸려나갈 수 있다면 그런 주장에 거리를 두어야 한다. 양자의 직접적 비교는 비록 매 순간 우리에게 열려 있더라도 실패하기 때문이다. 상상자료가 무상하고 변화 가능하기에, 그리고 이러한 상상자료와 감각에 의미를 부여하는 통각을 배제하는 것이 어렵기에, 〔이러한 직접적 비교로부터〕 어떠한 확고한 결과도 얻지 못한다. 적어도 아무도 제대로 그렇게 할 수 없을 것이고, 하물며 관찰자 사이의 합의는 더더욱 없는 것이다.

46절 감각과 상상자료의 차이가 파악방식에 있다고 봄.
이 이론의 불충분함을 둘러싼 브렌타노와 다른 학자들의 토론:
흄의 생생함을 강도로 해석함

이제 우리는 실로 〔감각과 상상자료의〕 구별을 위한 수단을 갖고 있다. 그것은 서로 다른 통각방식에, 즉 우리가 탐구한 (감성적 내용에 토대를 두는) 현상학적 성격에 있다. 이에 따르면 본래적 구별은 파악내용이 아니라 파악방식에 있다. 따라서 같은 내용이 그때그때 상황에 따라, 때로는 감각이라고 불리고 때로는 상상자료라고 불린다. 즉, 그때그때 파악의 어떤 특정 양상이 등장하고 그와 대비되는 양상은 왜 불가능한가라는 물음에 대해, 경험 심리학적 근거로 답변할 수도 있을 것이다. 어쨌든 다음은 인정할 수 있을 것이다. 감성적 내용은 대체로 보아 두 집단으로 분류되는데, 하나는 상대적으로 매우 생생하고 매우 강하지만 다른 하나는 강도에 있어 이에 크게 미치지 못하며, 하나는 대부분 자의에 맡겨지지 않지만 다른 것은 자의에 맡겨져 있다는 등이다. 강도나 무상함 등에 있어서 〔이 둘을〕 연결해주는 내용도 물론 있지만, 이런 경우라도 대개는 이와 엮인 〔다른〕 계기 덕분에

〔지각과 상상 중에서〕하나의 특정한 통각양상으로 고정될 수 있다. 그래서 실제로는 의심이나 파악 전환이 가능한 사례의 범위는 매우 좁을 뿐이다.

나 자신도 바로 이런 쪽으로 생각을 정하기를 선호했고, 직관의 현상학을 체계적으로 연구하면서도 이 점에 있어 흔들리지 않을 수 있었다. 최근 나는 종종 흔들리기도 했지만, 이는 아마 이런 파악의 실행방식에 있어 여전히 난점이 있고, 여하튼 이 이론의 전모를 충분히 사유하지 않았기 때문일 뿐이다. 브렌타노와 최근의 다른 연구자들이 흄의 생생함을 **강도**로 해석하는 것은 내 마음에 들지 않았다. 물론 지극히 나지막하고 미약한 감각이 시끄럽고 강한 감각을 대리하는 일은 아주 자주 일어난다. 어떤 특정 선율이 사실상 아주 나지막한 음에 토대를 두더라도, 이 선율이 어떤 시끄러운 선율을 이미지에 의해 표상할 수도 있다. 〔그렇다고 해서〕동일성 의식을 가지지 못하는 것은 아니다. 만일 음의 관계 및 강도의 관계가 엮은 직물, 즉 선율의 통일체가 사실상 동일하다면 말이다. 내게 의심스러운 것은 어느 선율을 **상상함** 역시 이런 도식에 따라 이해해야 하는가이다. 특히 명료하면서도 동시에 완전히 생생한 상상을 가지는 경우가 그렇다. 이제 나는 이전처럼 아주 확실하게 브렌타노의 입장을 취할 수 없다. 브렌타노는 그럴 수밖에 없었지만, 나는 어쨌든 간접적으로 대리하는 사고에게 그런 역할을 맡기길 원치 않는다. 그리고 색이라는 지대부터 이미 시작하여 수많은 감성의 지대마다 각각 고유한 강도 이론을 세워야 할 것이다. 도대체 색이라는 지대에서 강도란 무엇인가? 분명 명도는 아니다. 여기에서 바로 상상자료의 독특하게 변화하는 힘과 생생함을 강도라고 정의해야 할 것이다.

(또 미각의 지대에서 강도란 무엇인가? 얼얼한 미각은 여전히 얼얼하다면 물론 지극히 강할 것이다. 〔상상에서〕내가 이 얼얼함을 전적으로 직관적으로 표상하지 않는다면, 그리고 강한 얼얼함으로 정확하게 표상하지 않는다면, 이때는 이로부터

떨어져 있는, 더는 얼얼함이 아닌 어떤 유비물이 이를 대리한다는 말인가? 그것도 〔상상에서〕 어떤 생생한 표상이 운 좋게 이루어지는 덧없는 순간에 그렇게 한다는 말인가?)

더구나 **심리적 현상에 대한 상상표상**은 어떤가? 우리는 물리적 사물을 때로는 지각하고 때로는 상상하는데, 이와 마찬가지로 심리적 상태, 지향, 판단, 의심의 동요, 의문, 의지 등도 때로는 내적으로 지각하며 현실적으로 체험할 수 있고, 때로는 단지 상상할 수 있다. 여기에서 〔심리적 현상에 대한 지각과 상상의〕 차이는 어디에서 나오는가? 여기에서도 파악내용과 파악작용을 구별해야 한다. 그리고 동일한 내적 현출이 때로는 현전하는 것으로 현시되고, 때로는 현전하지 않는 것, 심상화되는 것, 과거의 것 등으로 현시된다. 여기에서 분명한 것은, 〔지각과 상상의〕 일반적 차이는 양자〔물리적 사물과 심리적 현상〕에 있어 같다는 것이다. 즉, 실제로 내려지는 판단〔지각되는 판단〕은 한낱 심상화되는 판단보다 '더 생생하게' 느껴진다. 실제로 감각되는 좋아함은 한낱 표상되는 좋아함보다 더 강하게 느껴진다. 이런 수많은 현상에서는 감각에서와 같은 의미의 강도는 전혀 말할 수 없다. 예를 들어 판단이 그렇다. 더 강한 판단이란 무엇인가? 그것은 더 생생한 확신이 아닌가? 그렇다면 상상되는 판단은 덜 생생한 확신일 것이다. 하지만 내가 전혀 동의하지 않는 어떤 판단을 표상한다면, 나는 이 판단에 대해 덜한 정도로나마 확신하는 것인가? 확신의 정도는 분명 현행적 체험과 한갓된 상상의 차이와 무관하다. 물론 브렌타노는 나만큼이나 이를 잘 알고 있었다. 그러나 다른 한편 나는 한낱 표상함의 비본래성을 가지고 이것을 해결하는 데에 만족할 수 없다. 우리는 어떤 판단을 완전히 직관적으로 표상하면서도 우리 자신은 이렇게 판단하지 않을 수 있다. 예를 들어 이 판단을 틀렸다고 간주할 때 그렇다. 마찬가지로 다음과 같이 물을 수 있다. 전혀 현행적으로 의지하지 않으면서도, 어떤 의지를 표상할 수는 없는가? 그것도 빨강과 파랑을 직관적으로 표상할 때와 같은 의미에서, 〔어떤 의지를〕 직관적으로 표상할 수는 없는가? 조금도 의심하지 않으면서, 의심함을 영상화하는 것은 어떤가? 여기에서의 작용이나 지향적 내용에서와는 달리, 감성적 내용에서는 〔이러한 답변을〕 결정하는 데 어떤 원리적 문제가 들러붙지 않는다. 〔그 답변은〕 감성적 내용에서는 그것이 감각의 상이한 지대에서 등장하는 강도로는 〔상상자료와 감각을 구별하는 데에〕 충분하지 않다는 것이다. 상상자료가 감각으로 연속적으로 이행함을 인정해야 한다면, 아마 강도의 유비물인 어떤 다른 차이를 고려할 수 있다. 이런 차이도 강도라고 부를 수도 있겠지만, 그렇다면 이 모든 유비에도 불구하고 강도의 종이나 차원이 서로 다를 것이다.

47절 심리적 작용의 상상과 이 작용의 현행적 수행 간의 차이가 어떻게 가능한지를 이해하는 난점. 믿음의 계기, 그리고 표상함의 비본래성

우리는 줄곧 감각과 상상자료를 심연처럼 가르는 차이를 찾고자 했다. 왜냐하면 지각과 상상의 확연한 차이를 보여주어야 하며, 이런 차이로 먼저 물망에 오르는 것은 파악내용〔감각과 상상자료〕 간의 확연한 차이라는 느낌이 있기 때문이다. 그리고 이렇게 해서 어떻게든 지향적 현상에서 드러나는 커다란 난점에서 빠져나가고 싶기 때문이다. 그러나 실은 파악내용의 어떤 차이를 선언한다고 해서 이 난점에서 빠져나가지는 못한다. 〔감각과 상상자료를〕 점진적 단계로 간주하든, 이들 사이에 심연을 설정하든, 이런 난점은 마찬가지이다.

하지만 여러분은 대체 어떤 종류의 난점인지 물을 것인가? 내가 어떤 색을 상상한다면, 그것도 명료하게 상상한다면, 색의 상상자료와 체험되는 색을 비교할 때 동종성이 드러난다. 둘 다 색인 것이다. 그 밖에 어떤 차이가 있을지라도, 유사한 것은 유사한 것에 의해서, 그것도 같은 유에 속하는 것은 같은 유에 속하는 것에 의해서 재현된다.

이제 심리적 작용을 살펴보자. 나는 어떤 판단이나 의지를 표상한다. 직관적으로 표상할 수 있다면, 내게는 판단 상상자료나 의지 상상자료가 있다. 이런 것은 어쨌든 판단 감각이나 의지 감각(곧, 현행적으로 수행되는 판단함이나 의지함)에 상응한다. 즉, 같은 유에 속하는 것끼리 상응하는 것이다.[101] 그러니까 나는 판단의 상상자료에서, 판단의 심상에서, (판단에게 판단이라는 성격을 부여하는) 질을 발견하고 (내실적으로 체험되는) 전체 판단내용을 발견한다. 그렇다면 어떤 판단을 표상할 때 우리는 실제로 판단하는가? 어떤 의지함을 단지 영상화할 때, 실제로 의지하는가? 판단함이란 (바로 판단 개념이 아우르는 이러저러한 규정성으로 이루어진) 이러저러한 유에 속하는 어떤 심리적 체험을 의식에 가진다는 의미가 아닌가? 그리고 우리는 이것을 가지지 않는가? 그것은 상상의식의 연관 안에 내실적으로 있지 않은가?

따라서 어떤 판단의 상상과 이 판단의 현행적 수행 간의 차이가 어떻게 **가능한가**는 커다란 난점을 낳는다. 그렇지만 이 차이 자체는 뚜렷하고 명증해서, 아무도 그것이 있음을 의심할 수 없는 것이다.

그런데 이 명증은 절대적으로 명료하게 우리에게 말한다. 판단을 수행함, 현행적으로 의지함, 실제로 희망함, 실제로 분노함 등은 분노함, 희망

⁝

101 예컨대, 지금 내가 〔의지나〕 판단 등을 하지는 않으면서, 과거의 의지나 판단 등을 직관적으로 기억하는 것이다.

함, 의지함, 판단함을 표상하는 것과는 다르다. 그리고 후자의 체험은 가령 전자를 포함하는 어떤 복합체가 아니다. 어떤 판단을 표상함은, 판단함이 있고 그것에 어떤 것이 덧붙여진 것이 아니다. 어떤 의지를 표상함은 의지함이 있고 그것에 어떤 것이 덧붙여진 것이 아니다. 하지만 (바로 상상의 색도 결국 색인 것과 같이) 표상이 이를테면 이전 상태의 내용 전체를 재현하는 어떤 **이미지**라면, 그리고 (모든 내적 규정성에 있어) 이것(이전 상태의 내용 전체)과 일치하는 어떤 **이미지**라면, 이런 일은 또 어떻게 가능하단 말인가?

여기에서 점진적 차이도 도움이 안 되고 깊은 심연도 도움이 안 됨은 분명하다. 오래전에 정정한 오류를 상상에서 재현한다고 해서, 지금 (아주 미약한 정도라도) 오류를 범하는 것은 아니다. 누군가 이것이 오류의 크기가 아니라, (강도에 유비적인) 현상학적 단계, 강력함과 생생함의 정도라고 말한다면, 우리는 당연히 이렇게 대답한다. 판단은 생생하건 덜 생생하건, 풍부하게 채워지건 빈약하게 채워지건, 판단이다. 그렇다면 상상에서 어떤 오류를 표상할 때마다, 믿는 것이고 따라서 실제로 오류를 **범하는 것이다.** 그러나 실은 이전의 오류를 기억할 때 오류를 범하는 것은 해당 사태연관을 기억만 하는 것이 아니라 지금까지도 믿을 때뿐이다. 하지만 우리는 그동안 (이 오류보다) 더 나은 의견을 가지게 되었기 때문에, (과거의 오류에 대한) 재현과 기억을 수행하기는 하지만 더는 (이 오류에 대한) 믿음은 수행하지 않는 것이다. 이 사례에서는 차이가 특히 명료하게 드러난다. 이전의 믿음을 직관적으로 재현함으로써 이 믿음을 기억하는 것이 이 믿음 자체를 포함한다고 간주한다면, (믿음 감각과 내용적으로 동종인) 믿음의 상상 자료를 현행적 믿음과 동등하다고 간주해야 할 것이다. 그렇게 되면 저 두드러지는 차이, 즉 어떤 믿음을 기억하며 현행적으로 믿는 것과 어떤 믿음을 기억하지만 공유하지 않는 것 사이의 차이는 무의미해질 것이다.

하지만 지각의 파악내용과 상상의 파악내용 사이에 〔점진적 차이가 아니라〕 이른바 심연처럼 깊은 차이가 있다고 간주하더라도, 이 현존하는 난점은 사라지지 않는다. 이런 〔심연과 같은〕 차이는 한쪽에서의 체험의 어떤 계기가 다른 쪽에서는 완전하게 다른 계기로 **전도됨**을, 혹은 어떤 계기가 한쪽에는 있지만 다른 쪽에는 없음을 뜻할 수 있을 뿐인데, 이와 달리 상상이미지라는 표현을 사용하는 토대가 되는 〔지각과 상상 사이의〕 내용적 친연성이 그래도 틀림없이 있기 때문이다. 판단은 (모든 본질적 구성요소에 있어서, 특히 믿음 계기 및 그것이 해당 사태연관과 맺는 관계에 있어서) 상상이미지에서 틀림없이 반복된다. 그렇지 않으면 이미지는 이 판단의 이미지가 아닐 것이다. 외적 지각 및 외적 상상과 대비할 때, 여기〔심리적 작용에 대한 내적 지각 및 내적 상상〕에서는 다음과 같은 차이만 있다. 즉, 외적 지각 및 외적 상상에서는 파악내용과 파악되는 대상이 서로 다르지만, **작용**에 대한 지각과 상상에서는 파악내용과 파악되는 대상이 합치한다. 나는 〔실제로〕 내려지는 판단을 내적으로 지각하면서 그저 응시한다. 그리고 상상에서는 이 판단이 내 앞에 어른거리며, 나는 어떤 초재적 해석도 하지 않으면서 그것을 단순히 재현으로 간주한다. 여기에서 〔작용에 대한 지각에 있어〕 감각과 지각되는 대상은 하나이며, 그것은 **현행적** 판단이다. 그리고 〔작용에 대한 상상에 있어〕 상상자료와 상상되는 대상은 분명 서로 다르지만, 그래도 이들은 모든 본질적인 것에 있어서 서로 일치한다. 어떤 판단이 명료한 재현에 의해 내 앞에 어른거린다면, 이때 〔이 판단에서의〕 믿음 계기는 〔재현에서〕 어떤 믿음 계기에 의해 모사되지 않는가? 그렇지 않다면 이 믿음 계기는 무엇에 의해 모사될 수 있겠는가? 바로 이 〔믿음이라는〕 계기의 견지에서 〔상상함이라는〕 표상함은 **비본래적**이라고 선언한다면, 난점을 우회하는 것이다. 그렇다면 재현은 명료하고 실제로 직관적인 재현이 아닐 것이다.

그러면 어떤 판단이[102] 완전하고 전체적으로 재현될 수 있음을 부정해야 할 것이다. 즉, 어떤 사물이나 사물의 색이, 어떤 소리나 어떤 선율이 (기껏해야 유 내부에서 변동하는 점진적 계조를 제외하면) 그 유에 있어 모든 계기에 있어서 실제로 재현될 수 있다는 의미에서 판단도 재현될 수 있음을 부정해야 할 것이다.

그렇다고 해서 여기에서 비본래성이 큰 역할을 한다는 것을 부정하면 당연히 안 된다. 비본래성은 지각에서부터 이미 큰 역할을 한다. 나는 조금도 분노하지 않으면서도 어떤 분노를 지각할 수 있다. 즉, 타자의 분노를 지각할 수 있다. 나는 그의 얼굴에서 분노를 덧보고, 그의 말이나 행동에서 분노를 덧본다. 이 분노하는 자를 보는 것, 또 명랑한 자나 우울한 자 등을 보는 것 자체는 마땅히 비본래적으로 보는 것이다. 그것은 일반적으로 해당 인물의 〔나에게〕 현출하지 않는 다른 규정성에 있어서 일어나는 것과 같은 종류의 봄이다. 본래적으로 보이는 것은 (현출이라는 말을 가장 좁은 의미에서 취할 때) 물리적 현출의 계기이다. 모든 심리적 계기는, 〔타자의〕 인격성 자체에 속하는 모든 것은 〔타자를 보는 나에 의해〕 간접적으로 삽입되는데, 대개는 지각의 통일체에 용해되는 공허한 지향에 의해 삽입된다. 그렇다고 우리는 〔타자의 인격성 자체에 속하는〕 작용이 〔나의〕 공허한 지향에 의해서 재현될 수 있을 뿐, 이에 대한 적실한 재현의 형태로서의 본래적 직관은 없다고 하지는 않을 것이다.

∶
102 또한 마찬가지로 어떤 욕망이나 어떤 의심 등이.

48절 난점의 해소: 지각파악과 상상파악의 차이를 정초하기 위해 '현전함' 내지 '재현됨'이라는 의식성격화를 추가함

우리의 분석에 따르면, 이런 난점에서 벗어나는 출구, 도대체 유일하게 생각할 수 있는 출구는 다음밖에 없다. 즉, 지각파악과 상상파악의 차이는 단지 두 가지 유 혹은 부류의 내용 간의 차이가 아니며 그럴 수도 없다. 모든 유와 (최후의 차이까지) 모든 차별화하는 것은 지각의 방식과 상상의 방식에 있을 수 있기 때문이다. 그것(지각의 방식과 상상의 방식의 차이)은 의식의 차이이다. 그러나 이 차이는 대상의 '현출'을 수행하는 대상화 여부에 있는 것이 아니다. 이런 대상화는 양자(지각과 상상)에 공통적이기 때문이다. 이 차이는 현전과 재현됨의 차이를 구성하는 저 **성격화**에 있다. 이제 두 가지 경우를 생각해볼 수 있다. [첫 번째 가능성에서는] 성격화된 파악에서의 차이는 내용 자체와 본질적 관계를 맺지 않는다. 그러니까 **원리적으로** 말하자면, 정확히 같은 체험내용이 이런 파악을 겪을 수도 있고 저런 파악을 겪을 수도 있을 것이다. 그리고 [체험내용이] 사실적으로 어떤 파악을 겪을지는 현상학적 특징에 의해서가 아니라, 단지 심리적 근거에 의해 규정될 것이다. 그렇다고 해서 마음 내키는 대로 파악을 교체할 수 있다고 주장하는 것은 아니다.

아니면, 두 번째 가능성은 이렇다. 어떤 체험의 성격이 현전하는 것으로서의 파악 혹은 현전하는 것의 현전자(Präsentant)로서의 파악인지, 아니면 현전하지 않는 것으로서의 파악 혹은 현전하지 않는 것의 현전자로서의 파악인지는 그 체험의 현상학적 본질에 이미 밑그림 그려져 있다.

첫 번째 경우를 전제하면, 이렇게 말해야 할 것이다. 내적으로 지각하는 현행적 판단과 기억하거나 단지 심상화하는 이와 동일한 판단은 성격화에 의해 구별된다. 일반적으로 그 외에 다른 차이가 있더라도, 그런 차이가 꼭 있을 필요는 없다. 그리고 실제로 완전하고 명료한 재현이라는 한계사례에서는, 그런 [성격화 이외의] 차이, 적어도 [지각과 상상의 차이에] **유관한** [성격화 이외의] 차이는 존재하지 않는다. 그렇지만 상상의 경우에는 실제로 판단했다고 하지 않는다. (우리가 판단의 특유한 본질에 포함시키는 이러저러한 규정성을 지닌) 어떤 체험의 한갓된 현존만으로는, 우리가 현행적 판단함이라고 부르는 것을 아직 완전하게 이루지 못한다. 어떤 것이 현전한다고, 현행적으로 현존한다고 하려면, 해당 대상성(여기에서는 해당 심리적 내용)이 상상의식에서 이를테면 구상화되는 것이 아니라, 현전의식에서 체험되어야 한다. 어떤 의식[현전의식]은 이 내용에 현행적 내용이라는 신용을 부여하지만, 다른 의식[상상의식]은 이런 신용을 탈락시키고 **현행적** 내용이 아니라 단지 재현되는 내용이라는 성격을 준다. 이것은 모든 종류의 내용과 현출에 해당하므로, 우리는 보통은 이것을 특별히 강조하지 않는다. 이런 성격화를 어떤 대상의 개념적 본질에 포함하지 않는다. 그러니까 어떤 판단의 개념적 본질에도 저 성격화는 포함되지 않는다. 개념적 본질이 포괄하는 것은 판단이라는 종류에 속하는 대상성에 일반적으로 **특유한** 모든 것이기 때문이다. 그런데 이러한 대상성은 현출에 있어서의 성격화와는 독립적으로 구성되는 것이다. **이러한** 본질적인 것은 지각과 명료한 상상이 공유하는 것이다. 하지만 이제 중요한 것은, 가령 이러한 본질적인 것의 모든 계기를 내포하는 체험이라고 해서 모두 곧 판단은 아님에 유념하는 것이다. 단적으로 말하면 판단은 **현행적** 판단을, 즉 해당 의식에서 수행되는 현전적 판단을 뜻하기 때문이다. 그러니까 [판단이기 위해서는] '현전이 아님'이라는 변양된 성격이 있어서는 안 되며, (저 본질적 계기를 구체화함에 있어서) 그것의 현행성이라는 신용을 탈락시켜서는 안 되는 것이다. 이는 다음을 뜻한다. 실재성을 증여하는 어떤 의식을 완전히 구체화하려면, 개념적 본질 이상이 있어야 한다. 여기에는 실재적 현전임을 산출하는 의식의 성격화도 필요하다. 달리 말해, 비현전으로 변양하는 성격화가 있다면, 현출하는 것은 비실재적이다.

49절 현행적으로 현전하는 작용과 관련한 새로운 난점, 그리고 내적으로 지각됨이라는 문제 혹은 신용을 탈락시키는 상상재현의 변양이라는 문제와 관련한 새로운 난점

사태는 일단 이렇게 서술되는 듯하다. 하지만 이제 어떤 고약한 난점에 직면한다. 성격화는 현전하는 것으로서 그 자체가 하나의 의식계기이고, 이를 통해 산출되는 구체자 자체도 다시 어떤 현전하는 것이 아니겠는가? 그러니까 [성격화를 현전으로 성격화하는] 두 번째 단계의 성격화에 이르고 그러면 당연히 무한 소급에 이르지 않는가?

이와 긴밀하게 연관된 것이 다음과 같은 난점이다. 우리는 현행적 판단함과 판단의 상상함을 대비시켰다. 마찬가지로 현행적 지각함과, 지각함을 상상에서 표상함 등을 대비시켰다. 그러나 [이를 다루지는 않고] 그 대신 판단의 **지각**과 판단의 상상함의 차이를 다루었다. 그러니까 암묵적으로 우리는 현행적으로 현전하는 심리적 작용을 내적으로 지각되는 작용으로 포착한 것으로 보인다. 지각을 '현전함'이 본질적으로 속하는 의식으로 간주하는 것이다. 하지만 지각 자체가 작용이자 현전하는 작용이다. 이것은 또다시 가령 두 번째 단계의 어떤 지각에 기초해서만 현전하는가? 그러면 무한 소급에 빠진다. 고약한 궁지에 빠지는 것이다.

우리가 다음과 같이 말하기로 결심하면 이런 난점은 사라질 것이다. 현전은 지각함에서 일차적이고 현행적으로 주어지는 현전으로서 직관적으로 구성된다. 그러나 지각파악의 이념적 가능성은 현실적 지각파악을 훨씬 넘어서, 의식이 미치는 만큼 미친다. 모든 구체적 체험은 그 자체로 현전한다. 다시 말해 이념적 가능성에 있어서, 모든 구체적 체험은 지각될 수 있다. 하지만 이념적 가능성에 있어서, 모든 구체적 체험은 어떤 변양을 겪을 수도 있으니,[103] 그 체험을 재현으로서 포착하는 어떤 파악함에서 그런 것이다. 이에 의해 그것은 이를테면 신용을 탈락시키고, 이제는 그 자체로 현전으로 간주되지 않고 다른 것의 재현으로 간주된다. 그런데 이때 재현 자체도 현전하는 어떤 것이다. 즉, 그 안에서 어떤 내용이 재현이라는 변양하는 성격을 얻게 되는 이 체험 자체가 [이러한 현전이 아니라] 자신과 관계하는 [재현] 변양의 성격을 지니게 되는 것은 그것이 한갓 표상되는 것으로 간주될 때이다.

　판단할 때, 판단의식은 어떤 사태연관과 관계한다. 이 판단의식에 대한 내적 지각을 가지는 것은 이와 관계하는 어떤 활동에 의해서가 아니다. 그렇지만 그러한 것[어떤 활동]을 가질 수도 있는데, 이는 예외적으로 일어나

∵

103 **모든 체험이 그런가?** 그리고 단지 경험적이고 심리적인 이유만이 그것을 배제하거나, 어떤 것이 그런지[변양을 겪을 수 있는지]를 규정하는가?! 그렇지 않다. (직각적 이미지의 방식이 아니라면) 완전하고 현실적인 체험은 결코 변양되어 파악될 수 없으며, 현실적 표상과 현실적 판단 등은 변양되지 않을 뿐 아니라 변양될 수도 없다. 그러니까 어떤 근원적 차이가 **있어야 한다.** 그래서 나는 다만 이렇게 말할 수 있다. 이념적 가능성에 있어서, 모든 구체적 체험에는 어떤 변양이 조응한다. 이것은 [변양된다면] '본질에 있어서는' 동일한 것이지만, 재현[a]이라는 '성격'을 가진다. 그러나 우리는 A라는 '내용'을 가지고 거기 덧붙여서 어떤 새로운 체험인 '재현의 성격'을 가지는 것이 아니라, 'A의 재현'을 가진다. 이것은 그 '본질'에 있어서는 A의 현전화와 일치한다. A의 재현이라는 체험은 그 자체가 A의 재현의 현전화라는 성격을 지닌다.

　[a] 그러나 이것은 반성에서 체험은 단지 어떤 것의 상상으로서, 재현으로서 파악될 수 있다는 것 외에 무슨 뜻이겠는가?

는 '반성'에서 이루어진다. 저 단적인 믿음의식만 일어난다면, 실제로 판단하는 것이다. 이 의식을 지각하면서 응시할 때에도 여전히 판단한다. 즉, 〔이 의식을〕지각함이 〔이 의식을〕변양하지는 않는다. 오히려 이 지각함 안에서 현행적 '현존'이 직관적으로 구성된다. 그러나 상상하는 태도를 취하면, 따라서 〔상상되는〕판단의식을 〔지각되는〕동일한 판단의식의 재현자로 간주하면, 다시 말해 단적으로 판단을 수행하거나 단적으로 그것을 응시하는 것이 아니라, 단적인 상상의식이라는 방식에서 판단의식으로 다른 것을 표상하면, 이 판단은 이제는 '현행적' 판단이 아니라 판단의 재현자이다.

다른 한편, 우리가 지금 어떤 판단을 상상함을 수행할 때, 이 상상함 자체가 다시 어떤 현전하는 것이고, 그것도 판단의식을 상상자료로 포함하는 현전하는 것이다. 재현자인 이 상상자료 자체도 다시 어떤 현전하는 것이지만, 신용의 탈락이라는 성격과 연결된 현전하는 것이다. 그것은 이러한 의식과 연합하여 현전한다.

물론 이런 일은 모든 상상함에 해당하고, 감각과 상상자료의 모든 관계에 해당한다. 감각되는 빨강과 상상의 빨강 간의 차이는 무엇인가? 감각되는 빨강은 단적으로 체험되는 빨강이거나, 아니면 체험되는 동시에 지각되는 빨강이다. 아니면 마지막으로는, 외적 지각에서, 예를 들어 어떤 빨간 집의 지각에서 현전화하는 내용으로 등장하는 빨강이다. 이 모든 복합성에도 불구하고, 빨강은 이를테면 훼손되지 않기 때문이다. 그러나 빨강이 상상 성격화를 겪으면, 즉 이 빨강을 가지고 어떤 재현하는 빨강의 의식이 구성되면, 그것은 더 이상 그것 자체로 간주되지 않는다. 그것은 이제 변양되고 신용이 탈락된다. 하지만 이때 전제되는 것은 상상의 재현의식이다![104] 본래적 이미지에서, 그것도 직각적 이미지에서 빨강이 어떤 다른 것을 현시한다면, 이것은 신용이 탈락되지 않는다. 그것은 이와 동시에, 자신의 힘을 오롯이 유지하는 어떤 지각파악에 속하기 때문이다.

발생적 관점에서 이러한 신용의 탈락은 매우 중요하다. 상상에서의 의지, (현전하는 의지와는 달리) 상상에서 신용이 탈락된 의지는 어떠한 행위도 야기하지 않는다. 상상에서의 판단은 어떠한 의지도 야기하지 않는다. 이러한 차이에는 부분적으로는 여기에서 상술할 수 없는 본질적 연관이 관계한다.

50절 기억되는 심리적 작용과 현행적인 심리적 작용이 동일한 표상 토대에 관계하는 경우

과거의 기쁨을 기억하는 동시에 (과거에 기뻐한) 바로 그것에 대해 현행적으로도 기뻐하는 경우, 과거의 판단을 기억하면서 지금도 여전히 그렇게 확신하는 경우, 과거의 의지함을 기억하는 동시에 지금도 같은 것을 원하는 경우((과거의) 의지적 결정을 수용하는 경우)는 사정이 어떠한가 묻는다면, 가령 이렇게 말할 수 있을 것이다. 이들은 서로 합치하는 이중현상이며 이러한 이중적 현상으로 이해할 수밖에 없다. 이와 반대되는 경우를 생각해 보자. 과거에 어떤 정당의 승리에 대해 기뻐했음을 기억하는데, **지금은** 오히려 이를 아쉬워한다. 과거의 확신을 기억하는데, 지금은 더 이상 이러한 확신을 지니지 않는다. 그러면 기쁨의 변양된 의식에 어떤 기쁘지 않음이라는 현행적 의식이 연결되고, 믿음의 변양된 의식에 현행적 불신이 연결

----

104 그러나 이 경우에는 어떤 '다른 것'이 상상에서 현시된다. 다만, 상상이 바로 이렇게 간주되는 사태, 혹은 이렇게 믿음에서 정립되는 사태에의 지향을 여전히 유지하면서 내가 상상에서 어떤 사태를 표상시키기를 원하는 경우에는 그렇지 않다. 단적인 상상에서 직관되는 것은 다른 것을 표상하는 것이 아니라 자신을 (다만 변양된 채로) 표상한다.

된다. 이때 토대가 되는 표상은 같다. 이것이 순수하게 변양되지 않은 체험이라면 (아마 본질적 법칙에 근거하여) 이러한 결합은 산출될 수 없을 것이다.[105] 같은 대상에 대해 같은 관점에서, A에 대한 기쁨과 A에 대한 기쁘지 않음은 양립 불가능하고, A라는 확신과 A가 아니라는 확신, 이런 두 확신은 하나의 동일한 작용에 달라붙는다면 양립 불가능한 것이다.

이에 반해, 어떤 변양되지 않는 작용을 현행적으로 수행하는 와중에 그와 반대되는 작용의 변양이 일어나는 일은 전혀 어렵지 않다. 둘은 말하자면 서로 다른 차원에 있는 것이다.

마찬가지로 하나의 동일한 사태연관이 하나의 작용에서 이중적으로 믿어지거나 이중적으로 원해지거나 이중적으로 [판단이] 내려질 수 있다는 것 등은 생각할 수 없다. 이것이 불가능함은 명증하다. 시선장의 각 위치는 오직 한 번만 현출할 수 있음을 기억할 것이다. 따라서 두 눈의 시각장에서 그 동일한 부분은 전체적으로 합치한다. 이 두 시각장에서 서로 조응하는 위치에는 변양되지 않은 같은 체험이 상응하며, 따라서 이들은 바로 두 체험이 아니라 한 체험을 이룬다. 그러나 변양하는 상상이 활동하기 시작하면, 이 상상은 이미 새로운 차원을 창출한다. 개념적으로 동일한 현상은 직관적으로 상호외재하거나 상호병립하지 않지만, [본래적 현출과 비본래적 현출이라는] 파악의 차이가 있다면 합치하는 중첩에서는 이중성이 주어진다. [이와 마찬가지로] 좋은 쪽의 승리에 대한 현행적 기쁨은 개념적 본질에 있어서, 이전에 감각되었던 기쁨에의 기억과 합치한다. 그래도 이중성은 유지된다. [한편으로] 승리에의 기쁨을 기억하고 [다른 한편으로] 아직도 그것을 기뻐하는 것이다. 판단에서도 마찬가지이다. [한편으로] 어떤 X를 믿

105 이 점은 숙고해야 한다.

었음을 기억하고, [다른 한편으로] 그것을 여전히 믿는다.

51절 지각과 상상을 대비하는 전체적 해석의 해명:
재현을 변양하는 성격으로 해석하고,
현전화는 이에 상응하는 변양되지 않은 것으로 해석하거나[106]

이로 인해 상상에 대비되는 지각에 대한 전체적 해석이 바뀌는 것은 전혀 없다. 우리는 각각(지각이나 상상)에 잠정적으로 [현전화나 재현이라는] 하나의 성격을 귀속시켰다. 현전화와 재현이 근본적 차이라고 말한 것이다. 그러나 이 차이가 의식의 성격화에 토대를 두는 한, 이 차이의 본성에 대한 논의는 끝나지 않았다. 오히려 앞서 우리는 아직 문제가 남아 있다고 종종 지적했다. 이제 우리가 시도한 해석에 있어서 여전히 이렇게 말할 수 있다. 현전화와 재현의 차이는 어떤 궁극적이고 뚜렷한 차이이다. 그러나 이제 이 차이를, 재현에서는 변양하는 성격을 보고, 현전화에는 이에 상응하는 변양되지 않은 것을 보는 것이라고 해명한다. 지각은 현출하는 것을 자체 존재로 간주한다. 즉, 바로 지각은 변양하지 않고 아무것도 영상화하지 않으며 그것(현출하는 것)을 바로 그 자체로 취한다. 그런데 동일한 현출이 어떤 재현의식의 토대가 될 수도 있는데 이것이 변양이다. 그러나 마치 현출하는 것이 처음에는 변양되지 않은 것으로 주어지고, 그다음에야 비로소 (현재 주어지는 것을 주어지지 않는 어떤 것으로 이미지적으로 재해석하는) 변양이 등장하는 것처럼 이해하면 안 된다. 그렇게는 안 될 것이다. 상상에 대

∴

106 51절 제목은 "해석하거나"로 끝나고 52절 제목은 "또는"으로 시작한다. 따라서 51절과 52절은 서로 다른 두 가지 가능성에 관한 사유 실험이다.(옮긴이)

한 우리의 분석은 이를 배제했다. 상상자료는 어떤 체험이지만, 먼저 현전으로 그 자체로 간주되고 그다음에야 다른 어떤 것을 위한 것으로 간주되는 것이 아니다. 우리는 상상자료를 어떤 현전하는 것으로 간주하는데, 그이유는 오직 그것이 상상표상의 구성부분인데 이 상상표상도 어떤 현전하는 것이기 때문이다. 여기에서는 상상에서 상상자료의 기능을 하지 않는 것은 모두 변양되지 않았다는 것을 의미한다.[107]

52절 또는 현전화와 재현을 동등한 권리를 지닌 두 가지 파악으로 해석하고, 이에 상응하여 감각과 상상자료를 그 자체로 구별되는 두 가지 파악내용으로 해석함

여기에서 이 관계를 제대로 설명하는 다른 방식은 현전화와 재현이 동등한 권리를 지닌 두 파악 혹은 두 성격화 방식이라고 선언하고, 나아가 이들에 각각 상응하여, 유적으로 같은 내용이 의식에서 실현될 수 있는 두 가지 방식이 있음을 선포하는 것이다. 감각과 이에 상응하는 상상자료는 내용적으로 공통점이 있더라도, (파악방식의 상이함을 도외시하더라도) 그 자체로 이미 상이하게 성격화된다. 그러면 상상자료의 본질은 오로지 재현적으로만 기능할 수 있다는 데 있다.[108]

•
•

107 그렇다면 비록 (현상학적으로) 내재적 대상화에서이기는 하지만, 상상자료는 실은 어떤 현전하는 것이고, 상상자료인 빨강은 실은 현전하는 빨강이며, 상상자료인 음은 실은 현전하는 음일 것이다. 상상자료인 희망, 믿음 등은 내실적으로 있을 것이지만, 다만 거기 수반되는 (신용을 탈락시키는 변양이라 불리는) 새로운 성격을 지닌 채 그럴 것이다. 그러나 믿음이나 희망은 그렇게 [신용이 탈락된다고] 부를 수 있더라도, 그래도 내실적으로 주어질 것이다. 이 모든 것은 분명 오류이다.

108 감각의 본질은 무매개적이고 무조건적으로 현전적으로 파악되어야 한다는 것(그리고 매

판단을 내릴 때, 일반적으로 이 판단함은 지각되지 않는다. 그러나 그것은 감각된다. 〔이에 비해〕 판단을 심상화할 때, 이 판단체험은 감각이 아니라 상상자료이다. 판단 감각과 판단 상상자료는 감각과 상상자료를 일반적으로 가르는 것과 같은 본질적 계기에 있어서 구별된다. 이와 마찬가지로 우리는 지각할 때 지각함을 다시 지각하지는 않는다. 그러나 지각함은 하나의 체험이고 그것도 감각체험이다. 그러나 상상에서 어떤 지각함을 표상하면, 그에 대한 현전하는 '이미지'는 어떤 지각함의 상상자료이지, 어떤 지각함의 감각체험이 아니다.

이런 관점을 끝까지 관철할 수 있을까?

어떤 상상체험 자체를 현전하는 것으로 간주한다면 어떨까? 〔그러면〕 상상은 감각으로 성격 지어져야 할 것이고, 따라서 상상함은 어떤 가능한 지각의 대상이 될 것이다. 여기〔상상함에 대한 지각〕에서 그것〔상상함〕은 현전하는 것으로 현출할 것이다. 그러나 그 안에서 등장하는 상상자료도 (이 상상현출의 연관에서이기는 하지만) 지각될 수 있고 현전으로서 현출할 수 있지 않은가?[109]

(그러나 이와 다른 〔지각은 변양되지 않은 것이고 상상은 변양된 것으로 해석하

⋰

개적으로만, 즉 이미지라는 방식으로만 재현적으로 파악될 수 있다는 것)이다. 다른 한편, 상상자료의 본질은 무매개적으로 오직 재현적으로만 파악될 수 있다는, 즉 변양된 파악에서, 예를 들어 빨강의 재현이나 빨간 집의 재현 등으로서만 파악될 수 있다는 것이다. 그러나 어떤 파악의 상상자료의 성격을 지니는 변양된 파악 자체는 감각성격을 지닌다.

[109] 그러나 이것은 지금의 이 이론과 모순된다. 〔지각과 상상을 동등한 파악으로 해석하는〕 이 이론은 하나의 상상자료가 어떤 지각의 현전자(Präsentant)로도 작용할 수 있음을 배제하기 때문이다. 아니면, 이런 일이 오로지 매개적으로 일어난다고 해야 하는가? 무매개적으로 어떤 지각의 현전자로 기능할 수 있는 것은 감각뿐이고, 이에 비해 상상자료는 〔매개적으로는 지각의 현전자로 작용할 수도 있지만〕 무매개적으로는 오로지 상상의 현전자로만 기능할 수 있다고 해야 하는가?

는) 이론의 의미에서는 이 모두가 해명된다. 즉, 상상자료는 어떤 상상파악의 담지자로서는 변양된 것으로 현출한다. (구체자로서의 전체인) 상상파악으로부터 추상하여 상상자료를 상상파악이라는 전체의 부분이라고 고찰한다면, 이 상상자료는 현전하는 것이다. 그러나 그것이 여전히 상상자료로 분류되는 것은, 우리가 상상파악으로부터 추상하기는 하지만, 그것을 마음 내키는 대로 제거할 수는 없기 때문이다. 그리고 이것은 감성적 내용에 대한 초재적 해석에 의해 생기는 현출에는 더욱 타당하다. 우리는 현출하는 것을 마음 내키는 대로 현전으로 간주할 수 없다. 즉, 일단 여기 있는 상상파악 대신에, 이에 상응하는 변양되지 않은 파악을 자유롭고 임의적으로 놓을 수 없다.)

부록 1

상상과 이미지적 표상 — 지각표상과 상상표상의 관계에 대하여

(1898년 9월 3~4일부터 10월 3일까지 집필)

1절 일상적 이미지표상 같은 이미지적 표상으로서의 상상표상.
'이미지 안에서의 재현'에는 무엇이 있는가?

상상표상이 지각표상과 다른 점을 규정하기 위해 우선 표면에 놓여 있는 것, 그리고 이미지적 표상이라는 이름을 통해 표현되는 것이 무엇인지를 드러내야 한다. 지각표상은 자신의 대상을 그 자체로 자신에게 현전하는 것으로 표상한다. 이와 반대로 일상적 이미지표상이 물리적 이미지 안에서 그리하듯이, 상상표상은 상상이미지 안에서 대상을 자신에게 재현한다.

이러한 '이미지 안에서의 재현', 한마디로 이미지적 표상함에는 무엇이 놓여 있는가?

모든 이러한 표상함에서 우리는 이미지와 사태를 구별한다. 이러한 표상이 가령 기억함이나 예상함, 또한 의심함, 물음, 희망함, 두려워함 등과 같은 '존재함으로 간주함'의 토대에 있다면, 사태는 해당 표상에 의해 본래적 의미에서 의향되는 대상으로서, 이와 동시에 그것 자체로서 존재하는 것으로 간주되는 대상, 특히 가령 기억하거나 예상하거나 또한 의심하거나 묻거나 바라거나 두려워하는 대상이다. 만약 나에게 베를린 궁전이 '상상이미지에서 어른거린다면', 궁전 자체가 표상되는 대상이다. 그러나 이것(표상되는 대상)으로부터 두 번째 대상으로서 눈앞에 아른거리는 이미지를 구별한다. 오해될 수 있는 애매함이 있지만, 우리는 이것도 상상표상 속에서 표상된다고 말한다. 물리적 이미지의 경우에 사태는 약간 복잡한 형태를 취한다. 쉽게 간과되듯이 여기에서 이미지라는 말에는 두 가지 의미가 있다. 모사되는 사태에는 두 가지가 마주 있다. 1) 물리적 사물로서의, 액자에 끼워진 채색된 캔버스나 인쇄된 종이로서의 이미지. 이러한 의미에서 이미지[그림]가 비뚤어져 걸려 있다, 찢겨 있다고 말한다. 2) 특정한 색 부여 및 형태 부여를 통해 이러저러하게 **현출하는** 이미지대상, 따라서 모사되는 대상 혹은 이미지주제가 아니라 상상이미지와 유사한 것. 용어를 명료하게 쓰기 위해, 재현하거나 모사하는 이미지대상과 재현되거나 모사되는 이미지대상을 구별해야 한다. 이 두 개로부터 다시 물리적 이미지가 구별된다. 물리적 이미지 외에 재현하는 이미지대상도 이미지라고 불리는 한에서, 이미지라는 단순한 말은 양의적이다. 하나의 사례가 이것을 분명하게 해줄 것이다. 예를 들어 이 사진은 나의 아이를 표상한다. 우선 그것은 아이와 전체적으로 같은 이미지를 그리고 있지만, 나타나는 크기와 색 등을 고려해보면 아이로부터 크게 벗어나 있다. 내가 이 이미지 '안에서' 나의 아이를 표상하는 경우에, 나는 언짢은 회보라색으로 여기 현출하는 이 미니어처 아이를 의향하는 것이 아니다. 이것[미니어처 아이]은 아이 자체가 아니라 아이의 **이미지**에 불과한 것이다. 그리고 나는 이미지에 대해 그렇게 말하는 경우, 혹은 이 이미지는 실패작이라거나 원본과 다르다고 말하는 경우, 당연히 물리적 이미지, 거기 벽에 걸려 있는 사물을 뜻하는 것이 아니다. 후자[물리적 이미지]는 현실적 사물이지만, 전자는 결코 존재하지 않았으며 앞으로도 존재하지 않을 것, 단순히 나타나는 것일 따름이다. 따라서 두 번째 의미에서의 이미지, 즉 재현하는 이미지대상은 당연히 종이 위에 이러저러하게 분포된 색과 같이 물리적 이미지의 부분이나 면이 아니다. 가상사물은 물체적 색 분포를 지닌 삼차원 물체이다. 그것은 종이 표면 및 그 표면의 색 음영과 동일하지 않다. 우리는 동일한 색 감각을 때로는 종이 위의 객관적 색 분포[물리적 이미지]로 해석하고, 때로는 이미지 아이[이미지대상]로 해석한다. 물론 [후자의 경우에도] 현실적인 아이 [이미지주제]로 해석하는 것은 아닌데, 현실적인 아이에는 완전히 다른 색을, 즉 이미지에서는 우리에게 전혀 나타나지 않는 색을 귀속시키는 것이다. 모든 이미지에는 이미지와 이미지 종류에 따라 달라지는 이와 같은 차이가 존재한다. 그렇지 않다면 이미지표상은 아마도 애당초 생길 수 없을 것이다.

이제 잠시 상상표상이라는 [물리적 이미지의 경우보다] 더 단순한 경우를 선택해보자. 거기에서 만약 이미지와 사태가 두 개의 대상으로 구별된다면, 두 개의 객관화하는 작용 혹은 최소한 두 개의 대상화 파악 방향 혹은 요소도 존재해야 한다. 물론 소박하게 생각하면, 이러한 상황을 더 단순하게 파악한다. '정신' 안에 이미지가 박혀 있고, 아마 '외부에' 대상이 존재한다고 말이다. 그리고 만약 용을 상상할 때와 같이, 이것[외부 대상]이 실존하지 않는다면, 오직 정신적 이미지만 존재한다고 말이다. 그리고 더는 설명할 것이 없다고 본다. [소박하게 생각한다면] 정신이 자신 안의 이미지를 가지고 어떻게 이미지와 분리된 대상을 표상하기 시작하는지는 사소한 일일 뿐이다. 내가 서랍 속에 이미지[그림]를 넣어두면, 서랍은 대상을 표상하는가? 소박한 해석의 오류는 무엇보다도 현실에 사물이 존재하는 것과 같이, 정신에, 혹은 순화해서 말한다면, 의식에 이미지가 존재한다고 보는 것이다. 만약 내가 상상 속에서 사자를 '그린다'면, 이 이미지는 현실적인 사자와 비슷하다. 마치 가령 물리적으로 그려진 사자나 사진 속의 사자가 현실적인 사자와 유사하듯이. [상상과 물리적 이미지라는] 이 두 경우에 이미지대상은 기실 어떤 무이며, 여기에서 이 [이미지대상이라는] 표현은 이것이 자처하는 것과는 완전히 다른 실존을 가리키는 변양된 의미를 가진다. (사진 찍힌 대상이 아니라) 사진 속의 이미지대상은 참으로 존재하지 않는다.

여기에서 "참으로 존재하지 않는다"는 것은 나의 의식 **밖에** 존재하지 않는다는 뜻이 아니라, 전혀 존재하지 않는다는 것, 나의 의식 **안에도** 존재하지 않는다는 뜻이다. 현실적으로 존재하는 것은 종이 위의 특정한 색의 분포이고, 마찬가지로 사진을 관찰하는 내가 체험하는, 거기에 상응하는 감각 복합체이다. 마찬가지로 상상이미지는 참으로 전혀 존재하지 않지만, 상상표상의 체험 안에 그것에 상응하는 감성적 상상내용의 복합체가 존재한다. 앞의 것〔이미지표상〕에서 색 감각은 그것의 구체적인 복합체에서 그 자체로 이미지인 것이 아니라(한 가지만 예를 들자면, 사람들은 객관적이고 충만한 삼차원 물체를 감각의 복합체에 속한다고 보지는 않을 것이다) 오히려 파악하고 해석하는 작용을 통해 비로소 이미지 성격을 획득하는데, 여기〔상상표상〕에서 상상내용의 복합체도 마찬가지다. 마치 〔감성적〕 내용이 늘어나면 표상하는 자에 대해 대상이 존재하기 위해 꼭 필요한 어떤 것이 생긴다는 듯이, 파악하는 작용이 새로운 감성적 내용을 추가하는 것은 아니다. 그것은 내용을 해석하며, 내용에게 대상적 관계를 부가하는 '의식방식', 내용의 맹목적 현존으로부터 이것〔내용〕을 가지고 어떤 것을 표상함을 생기게 하는 '의식방식', 이것〔내용〕을 의향하는 것이 아니라, 이것〔내용〕을 통해 어떤 것을 의향함을 생기게 하는 '의식방식'을 추가한다. 이러한 의향을 체험하는 것과 대상을 표상하는 것은 동일한 것이다. 그리고 의식 안에 실재적으로 존재하는 것은 내용, 그것도 파악과 의향에 의해 물든 내용밖에 없다.

여기에서 발생적이고 심리학적으로 중요한 역할을 하는 성향은 이것에 더해 존재하는 것이지만 지금 우리와는 상관이 없다. 성향은 의식자료가 아니며, 기술적으로 내보일 수 있을 법한 체험이 아니다. 따라서 체험 안에는 사실상, 그리고 본래적으로 말해서 (사진 찍힌 대상이나 사물로서의 사진과 구별되는) 사진 속의 이미지도 존재하지 않고 상상이미지도 존재하지 않는다.

2절 통상적 이미지표상을 실마리로 해서
상상표상의 대상화의 두 방향을 밝혀냄

이제까지 고찰한 대상화는 모사하는 이미지는 산출하지만, 모사되는 사태는 산출하지 않는다. 더 정확히 보면, 그것은 이미지를 산출하는 것이 아니라, 나중에야 비로소 이미지로 기능할 대상을 산출하는 것이다. (표상 안에 표상되는 대상이 존재하는 양 다루는 표현 방식은 사실 틀리지만 편리하므로 사용해도 좋을 것이다.) 이러한 점은 표상되는 사태를 제공하는 표상함에 주의하는 즉시 드러날 것이다. 이것(표상되는 사태를 제공하는 표상함)은 이미지대상이 생기는 표상함과 분리되어야 한다. 그 대상이 서로 다르기 때문이다. 물론 상상표상에서 이미지는 어떤 방식으로든 표상되는 대상이지만, 그 안에서 정작 의향되는 것은 다른 것, 그것(이미지)과 구별되는 사태이다. 베를린 궁전은 베를린 궁전에 대한 나의 상상이미지가 아니다. 표상 속에서 후자의 대상(상상이미지)을 가진다고 해서 곧 그것을 통해 모사되는 다른 대상을 의향한다는 뜻은 아니다. 다음을 분명하게 유념하는 것은 매우 중요하다. 즉, 그러한 바대로 체험으로서의 상상표상 자체에 있어 이중적 대상성이 관찰된다는 것이다. 또한 이 차이가 단지 체험과 현실 간의 관계를 반성할 때에야 사후적으로 생기는 개념적 차이는 아니라는 것이다. 그것은 지각에서, 현출하는 사물(통상적으로 경험적인 의미에서의 사물)과 사물 자체 간의 차이와 같은 종류의 차이가 아니다. 지각에서는 현출에서 두 사물, 즉 경험적 사물과 그 자체로 존재하는 사물이 나타나는 것이 아니라, 단지 하나만, 즉 첫 번째 사물만 나타난다. (이에 비해) 외적 대상(예를 들어 베를린 궁전)을 표상하는 상상내용의 대상화 파악은 지각이나 지각표상의 근거로 놓여 있는 것 같은 한갓된 현전화가 아니다. 현전화에서는 대상 '자체'가 나타나지만, 상상이미지는 대상 '자체'와는 다르게 느껴진다. 그것은 바로 대상이 아니라, 단지 이미지로서 대상을 표상한다. 그리고 이러한 말은 명백히 체험 자체 안에 놓여 있는 차이를 표현한다. 지각표상은 감각을 대상화하지만 상상표상은 상상자료를 대상화한다는 상황만으로 [이 차이를 설명하는 데에] 전적으로 충분하다고 생각해서는 안 된다. 이러한 관점에서 지금까지 아주 소홀히 취급되어온 통상적 이미지표상에 대한 연구는 많은 것을 가르쳐준다. 이미지는 여기에서 감각내용의 '대상화'이지만, 그래도 이 대상화는 지각표상이 아니기 때문이다. 재현하는 대상, 즉 '정신적' 이미지가 의향되는 것이 아니라, 모사되는 대상, 즉 이미지주제가 의향된다. 이 작은 것, 사진의 색을 통해 나타나는 작은 형체가 의향되는 것이 아니라 '현실적' 아이가 의향된다. 따라서 우리는 유동적이고 무상한, 등장했다가 이내 사라지는, 내용적으로 다양하게 변화하는 상상이미지도 의향하지 않는다. 상상에서 하나의 대상을 재현하는 경우, 우리가 심리학자로서 이 이미지를 겨냥할 때에만 이 이미지를 의향하는 것이다. 지각표상에는 파악되는 대상이 **하나**이며 이것은 또한 의향되는 것이다. [이에 비해] 상상표상에는 파악되는 대상이 두 개인데, 상상이미지와 이것을 관통하여 표상되는 이미지주제가 그것이다. 그러나 오직 후자만 의향되고 본래적 의미에서 표상된다. 지각표상은 자신의 대상을 직접적으로 표상하지만 상상표상은 간접적으로 표상한다. 즉, 상상표상은 자신의 대상을 표상하지만, 이는 상상표상이 일단 이 대상과 유사한 다른 대상을 현출시키고 이것을 **관통하여** 대상을 파악하고 의향하는 방식으로 그렇게 한다.

따라서 위에서 대상화의 두 가지 작용 혹은 방향에 대해 말한 것은 성급한 것이 아니었다. 체험되는 상상내용을 현출하는 이미지로 대상화하는 파악은, 모사되는 사태를 (통일적 상상표상 속에서 유일하게 의향되는 것으로서) 표상하는 것과 다른 것이다. 이는 당연히 구체적으로 구별되는 두 작용, 즉 동시에 존재하는 것으로 생각될 수 있는 두 작용이 아니다. 만약 모사되는 대상이 하나의 독립적 작용을 통해 구성되고, 이미지가 이와 분리되는 두 번째 작용을 통해 구성된다면, 이미지도 없고 모사되는 대상도 없을 것이다. 하나의 대상은 다른 대상을 유사성을 통해 재현한다는 사실을 통해 이미지가 되며, 따라서 후자의 대상도 비로소 모사되는 대상이 된다. 그러나 이러한 사실은 하나의 대상이 동시에 다른 대상의 작용(다른 대상을 구성하는 작용)에 속한다는 것, 하나의 대상을 구성하는 파악이 다른 표상의 토대가 되며, 이 다른 표상은 저 토대를 매개로 자신의 대상을 구성한다는 사실을 전제한다. 나는 여기에서 심사숙고하지 않고 이런 표현을 구별한 것이 아니다. 나는 한 경우에는 파악이라고 말했고 다른 경우에는 표상이라고 말했다. 두 경우 모두에서 표상이라는 단어는 (이 단어가 빈번히 의도하는 것과 같이) 대상을 겨냥하고 의향하는 작용을 의미하므로, 여기에서는 실은 서로 엮인 두 개의 표상이 있을 수 없다. 상상표상에서 이미지대상이 **나타난다**. 하지만 그것은 결코 의향되는 것이 아니며, 오직 모사되는 대상만 의향된다. 어쨌든 여기에는 확고하게 통일된 구체적 작용이 놓여 있으며, 그 안에서 대상화의 두 작용계기 내지 두 방향을 단지 추상적으로 (그러나 엄격히 기술적으로) 구별할 뿐이다.

3절 상상표상과 통상적 이미지표상에서
이미지적 재현 의식의 기초로서 이미지의 현전화 작용

더 중요한 점을 보다 명료하게 드러내기 위해 다른 것보다 상상표상을 관찰하는 데 계속 머물 것이다. 우리는 두 개의 대상과 그에 상응하는 두 개의 파악작용을 구별한다. 우리에게 이미지를 제공하는 첫 번째 것〔첫 번째 대상 및 첫 번째 파악작용〕을 좀 더 면밀히 관찰해보자. 그것의 모사하는 기능을 도외시한다면, 이미지는 지각 속의 여느 대상과 마찬가지로 어떤 현출하는 대상이다. 그리고 우리에게 대상을 선사하는 작용은 그것의 작용성격에 있어 확실히 어떤 현전화의 작용과 다르지 않다. 이전에 현전화와 관련해서 구별했던 차이는 모두 여기에서도 발견한다. 직접적 현전화와 간접적 현전화, 일차적 현전화와 이차적 현전화, 단순한 현전화와 복합적 현전화, 개별 현전화와 (대상 혹은 대상 연관이 점진적으로 다양한 면에서 보이고 내용적으로 전개되는) 종합적 현전화계열의 차이도 여기에서 빠질 수 없다. 물론 여기〔상상〕에서는 현전화가 〔지각과는〕 완전히 다른 체험연관 속에 있으며, 상상표상의 보다 포괄적인 전체 작용 속에서, 지각(그리고 이와 동등한 작용들)에서와는 본질적으로 다른 기능을 충족시키기 때문에, 현전화의 성격은 현저하게 변양되어 나타난다. 여기에서는 그것〔현전화〕이 대상을 전체 작용 안에서 지향하는, 의향하는 향함의 '토대'가 더 이상 아니라는 것을 이미 강조했다. 우리는 또한 그것〔현전화〕 위에 정초된 향함이 물론 가능하지만, 이것은 오직 고유한 관심이 이미지를 향하는 경우에만 가능하다고 언급했다. 하지만 이를 통해 **이미지 응시**라는 새로운 체험이 생기는데, **이미지 응시**는 통상적 상상표상과 분명 구별된다. 후자에서 표상성격을 완성하는 의향하는 향함은 이미지 현전화에 내적으로 결합하기는 하지만 완전히 다른 대상을, 이미지 대신 이미지주제를 〔대상으로〕 가진다. 그러나 물론 이를 위해서는 표상의 주제가 어떤 식으로든 주어져야 한다. 즉 그것〔주제〕을 구성하는 파악이 그의〔표상의〕 토대에 놓여 있어야 한다. 이제까지 분석한 경우와 같이, 대상을 제공하는 파악과 이러한 파악되는 대상을 의향하는 향함을 구별해야 한다. 이 〔주제를 구성하는〕 새로운 파악은 새

로운 현전화가 아니다. 이 새로운 파악이 어디에서 현전적인 내용을 구한
단 말인가? (상상의 체험되는 감성적 내용을 줄여 부르는) 상상자료는 모조리
이미지의 현전화를 위해 완벽하게 소진된 것이다. 상상표상 체험 안에서
는 이것(상상자료)과 작용성격의 복합체를 제외하면 다른 어떤 것도 발견되
지 않는다. 따라서 새로운 파악은 새로운 감성적 내용을 대상화하는 것이
아니라, 단지 첫 번째 파악을 새로운 대상화의 기초로 삼을 따름이다. 여
기에 본질적으로 다른 종류의 파악이 있는데, 그것을 그것의 일반적 성격
에 있어서는 **재현**이라고 부를 것이며, 여기에서 이 파악을 규정하는 특수
한 성격에 있어서는 **이미지적 재현**이라고 부를 것이다. 재현은 필연적으로
현전화를 전제한다. 현전된 대상은 재현되는 대상을 위한 재현자이다. 현
전화 안에서 해석하는 파악 아래에 놓이는 것은 체험되는 내용이다. 그리
고 그것은 그것의 본질에 있어 물론 체험되지만, 우리에게 대상적으로 존
재하지는 않는다. 예를 들어 심리학적 관심 속에서 그것을 '반성하는' 경우
에, 즉 '내적 지각'이 그것을 전유하는 경우에, 비로소 그것은 우리에게 대
상이 된다. 하지만 여기에서 전체 체험은 다른 체험인 것이고, 원래의 현
전화는 (그 전체 체험 안에서) 하나의 새로운 자리를 얻는다. 이와 반대로 재
현자(파악의 재현 안에서 해석되는 것)는 언제나 이미 우리에게 대상이다. 상
상이미지는 '나타나며', 대상으로서 우리 안에 있다. 재현하는 대상은 우리
에게 재현자로 봉사한다. 이 말은 그것(재현자)이 나타나는 현전화는 고유
한 방식으로, 재현적 기능을 가지는 새로운 대상을 구성하는 새로운 심리
적 작용을 위한 토대라고 말하는 것과 다르지 않다. 이러한 새로운 작용성
격이 추가로 등장함으로써 (우리의 체험에 대해) A에 대한 단적인 파악과 A
를 B의 재현자로 만드는 복합적 파악 간의 차이가 생긴다. 따라서 또한 상
상표상에서 현전하는 대상은 이미지적 재현의 '의식'을 통해 이미지성격을

얻는다. 당연히 이것은 상상대상에서 나타나는 속성으로, 상상대상의 규정내용이 확장되어 나타나는 속성으로 오해돼서는 안 된다. 이미지, 기호, 나아가 어떤 것을 (어떤 것으로 간주되는, 어떤 것을 현시하고 재현하고 모사하고 지칭하고 의미하는 등의) '재현하는' 대상 일반과 이처럼 재현하지 않는 대상을 구별 짓는 것은 내용의 풍부함이 아니다. 타당함을 부여하는 어떤 작용 없이는, 무엇으로 간주함, 무엇을 현시함, 무엇을 재현함 등은 어떤 의미도 가지지 않는다. 다른 한편, 어떤 대상에게 (그것이 지니곤 하는 재현 기능을 반성하면서) 이미지성격이나 기호성격을 그것의 속성으로 부여하지 못하는 것은 물론 아니다. 이로부터 이러한 외적 속성〔이미지성격이나 기호성격〕을 내적 속성과 혼동하고 그 결과로 하나의 대상이 그 자체로 이미지나 기호라고 여기려는 유혹이 생긴다.

4절 재현의 구체적 작용 내부에서 현전화와 재현의 대립 및 지각표상의 간접적 현전화의 구체적 작용 내부에서 현전화와 재현의 대립 간의 유사성과 차이

재현의 기능은 명백히 앞에서 기술한 간접적 현전화와 유사점을 가진다.[110] 직접적 현전화와 간접적 현전화[111]의 대립은, 〔간접적 현전화에서는〕현전하는 대상의 어떤 규정이 가장 좁은 의미에서 현출하면서도 이것과 연관된 작용성격을 통하여 그 이상의 기능〔간접적 현전화의 기능〕을 넘겨받는

..

110 지각에서의 간접적 현전화는 가령 어떤 사물에서 앞면만 직접적으로 현전함에도 불구하고 이를 매개로 다른 면들까지 현전함을 의미한다.(옮긴이)

111 본래적 현전화와 비본래적 현전화.

데 있었다. 이때 이 기능은 가장 좁은 의미에서의 현출 바깥에 머무는 나머지 규정을 현전화하는 전체파악의 영역으로 끌고 들어온다. 구체적 작용으로서의 재현 내부에서 일어나는 현전화와 재현의 대립도 상황은 비슷하다. 재현하는 대상(이미지대상)은 현전의 의미에서, 따라서 (외적으로 지각되는 대상에 대해, 그것이 나타난다고 말하는) 통상적 의미에서 나타난다. 이러한 의미를 확고히 견지한다면, 재현되는 대상은 더 이상 나타나는 대상이라고 지칭해서는 안 된다. 내가 베를린 궁전을 상상에서 표상한다면, 상상이미지는 참된 현출이다. 그러나 내가 만약 눈앞에 이 이미지를 두면서도 이 이미지가 아니라 궁전 자체를 표상하면서 의향한다면, 두 번째 대상(궁전 자체)은 복합적 작용 속에서 물론 지향적으로 주어지지만 두 번째 현출의 형식으로 주어지는 것은 아니다. 더 나아가 위에서 본 것처럼 (간접적 현전화에서) 현출 속에 등장하지 않는 규정도 (가장 좁은 현출의 방식 속에서 파악되는 규정에 의해) 간접적으로 파악되는 것과 마찬가지로, 여기(재현)에서도 궁극적으로 지향되지만 나타나지 않는 대상은 간접적으로 파악된다. 즉, 먼저 파악되고 나타나는 대상을 매개로 간접적으로 파악된다.

지금 문제로 삼고 있는 복합적 작용을 구성하는 최후의 기초 작용으로 소급해 내려간다면, 이 양쪽(간접적 현전화와 재현)에서의 (현전화와 재현의) 대립의 토대가 동종적임은 의심할 여지가 없다. 하지만 좀 더 자세히 살펴보면, 차이도 꽤 명백하다. 이미지는 원본을 재현한다. 이미지재현이 충족되는 예를 떠올려본다면, 이 재현방식에서 재현자와 재현되는 대상은 반드시 (이미지적인) 유사성의 관계를 맺음은 분명하다. 하지만 구체적 작용의 통일로서의 현전화에서 규정이 간접적으로 현전되는 경우는 상황이 전혀 다르다. 물론 (현전화에서도) 직접적으로 현전되는 규정과 간접적으로 현전되는 규정의 관계를 재현자와 재현되는 대상의 관계로 해석함은 지극히 정당하다. 하지만 이러한 〔구체적 작용의 통일체로서의 현전화에서〕 재현은 명백히 이미지적 재현이 아니다.[112] 지각표상에서 이 〔간접적 현전화에서의〕 재현은 재현되는 규정을 이미지적으로 재현하는 것이 아니라, 나타나는 규정과 나란히 통일적 대상에 속하면서 이것과 더불어 이 통일적 대상을 구성하는 〔나타나지 않는〕 규정을 통일적으로 파악하는 것이다. 여기에서 재현자는 사태적으로 자신과 나란히 그것〔대상〕에 속하는 것을 그것〔대상〕 그 자체로 파악하며, 따라서 재현자는 그렇게 재현되는 것과 더불어, 의향하는 의식에 등장한다. 즉, 이 두 가지〔재현자와 재현되는 것〕는 통일되어 하나의 의향되는 대상을 구성한다. 재현자는 자신의 상대자〔재현되는 것〕를, 의향하는 작용이 비추는 영역 아래로 데려오기 위해 〔이미지적 재현에서처럼〕 자신을 희생하지 않는다. 그것은 다른 것〔재현되는 것〕이 타당성을 갖도록 도우면서도 자신의 타당성을 보존하고자 한다.[113] 따라서 의향하는 현전화라는 구체적 작용(**외적** 지각에 상응하는 유형임에 주의할 것)은 복합적 형성물로서, 그 안에서 〔구체적 현전화 안의 한 요소로서의〕 현전화는 결코 단순한 재현자로 떨어지지 않으면서도 재현적으로 기능한다. 특히 그것은 현전화를 통해 직접적으로 주어지는 규정을 (사태적으로 거기에 함께 속한) 〔직접 주어지지 않는〕 규정성에 의해 보충하고 풍부하게 하는 파악의 방식으로 재현적으로 기능한다. 지각표상에서는 부분작용의 이런 융합을 통해 겉보기에 단순한 의식이 생긴다. 이 의식에서는 대상 자체가 마치 단번에 나타나는 것 같다. 그러나 조금만 생각해보면 알 수 있듯이, '본래적으로는' 대상의

..

112 유념할 것.

113 이것은 (지각에서 인접성에 기초한) 상징적 재현에서는 타당하다. 〔그러나〕 유비적 재현에 대해서도 타당한가?

'한 면'만 직관적으로 현출하는 것이다.

5절 상상표상이나 상상대상이라는 용어의 다의성.
물리적 이미지표상에서 이와 비슷한 차이

지난 절의 논의에서 등장한 중요한 차이를 이제 몇몇 유사한 차이와 함께 좀 더 면밀히 숙고해야 한다. 우리는 응시하는 전향이 (통상적 상상표상에서 일어나는 것과 같이) 모사되는 대상을 향할 가능성이 아니라, 일차적으로 나타나는 상상이미지를 향할 가능성을 언급했다. 애매하게도 이 둘〔상상이미지와 모사되는 대상〕은 모두 상상되는 대상이라고 불린다. 또한 하나〔모사되는 대상〕로 향하는 표상을 상상표상이라고 부르는 것과 마찬가지로, 다른 하나〔상상이미지〕로 향하는 표상도 상상표상이라고 부른다. 아니, 더욱 혼란스럽게도 후자〔상상이미지로 향하는 상상표상〕의 용어는 나아가 서로 본질적으로 구별되는 세 개념을 포함한다. 우선, 특히 모든 의향하는 향함에 앞서거나 그것을 도외시한 상태에서, 상상대상이 나타나는 **현전적** 파악이 있다. 그다음으로, 이와 마찬가지 방식으로 〔의향하는〕 향함에서 분리되어야 할 것으로서, 모사되는 대상을 증여하는 상상의 **재현적** 파악이 있다. 마지막으로 **상상자료**, 즉 현전화하는 감성적 내용이 있는데, 이것을 해석하는 파악을 통해 이미지가 나타나는 것이다. 이런 구별에 있어 〔상상이미지로 향하는 상상표상의〕 앞의 두 의미〔현전적 파악과 재현적 파악〕에서 작용은 의향하면서 파악하는 작용인데, 이것을 더 자세히 들여다본다면 〔상상이미지로 향하는 상상표상의〕 또 다른 의미〔상상자료〕를 덧붙일 수 있다. 우리는 상상대상을 상상 속에서 나타나고 통상적으로 이미지로 기능하는 대상으로 이해하고, 다음을 구분한다.

1) 거기에서 상상대상이 이미지재현자로 기능하는, 이미지적으로 재현하는 동시에 의향하는 파악의 작용으로서의 **상상표상.**[114] 나는 곧 다음을 언급해둔다. 즉, '의향하는 파악'이라는 느슨하지만 편리한 표현은 이제까지의 분석의 의미에서 언제나 복합적 작용을 지칭한다. 이 복합적 작용 안에서는 (그때그때 연관으로부터 그 종이 식별될 수 있는) 어떤 의향하는 작용이 자신의 토대인 파악의 대상에 관계한다.

2) 상상대상에 관한 현전적이면서 의향하는 파악의 작용으로서의 **상상대상에 대한 표상.**[115] [116]

3) 방금 규정된 작용과 마찬가지의 작용으로서의 **상상이미지에 대한 표상.** 다만 (2번과의) 차이는, 여기에서는 상상대상을 명시적으로 이미지라고 부른다는 점, 즉 거기에 재현적 기능이 부착된 것으로 생각한다는 점이다.

첫 번째 표상 방식과 그다음 두 가지 표상 방식 사이의 차이는 간과될 수 없으며, 이전에 논의되었던 것을 따라 새로운 분석이 필요치 않다. 예를 들어 (가령 여행기를 읽을 때) (1번 의미의 상상표상에 있어서) 상상이미지 속에서 먼 지역을 재현하는 것과 관심이 (2번이나 3번 의미의 상상표상에 있어서) (심리학적 관심에서) 상상이미지 자체를 향하는 것은 서로 확연히 다른 체험이다. 파악의 구조는 양측 모두에서 같을 수 있지만, 의향하는 표상이 한 경우에는 모사되는 대상을 향하되 이미지를 향하지 않으며, 다른 경우에는 이미지를 향하되 모사되는 대상을 향하지 않는다.

그러나 뒤의 두 표상(2번과 3번 의미의 상상표상) 사이의 보다 미세한 차

••
114 통상적 의미에서.
115 변양된 의미에서의 상상표상.
116 1)과 2) 넓은 의미에서의 상상표상.

이도 드러날 수 있는데, 이는 상상 속에서 나타나는 대상이 이미지로 기능하는지 그렇지 않은지에 따라, 이들은 명백히 다른 체험이기 때문이다. 〔3번에서처럼〕 상상대상과 그것의 이미지적 성격에 주의하는 것이 아니라, 〔2번에서처럼〕 오로지 일차적으로 나타나는 대상에만 몰두하는 경우를 포함하여, 모든 상상대상이 당연히 이미지적 성격을 가지고 등장하는지는 의심스러워 보일 수 있다. 우리가 낯선 나라에 관한 상상표상으로부터 그것을 재현하는 이미지로 이행한다면, 두 경우가 가능하다. 한편으로는 〔3번에서처럼〕 이미지가 가지는 이미지적 성격이 그 자체로 우리의 관심의 범위에 속할 수 있다. 예를 들어 이미지와 모사되는 대상 간의 관계에 대해, 거기에 결부될 수 있는 개념적 숙고를 하려는 경우에 그러하다. 여기에서 직관적 표상의 복합적 체험이 개념적 사고에 선행하며 개념적 사고의 토대가 되는데, 이 개념적 사고에서 이미지는 단지 이미지로만 기능하는 것이 아니라, 동시에 이미지 성격을 담지하는 것으로 파악되고 의향된다(이것은 재현 기능에 대한 반성을 전제한다). 다른 한편, 〔2번에서처럼〕 이미지적 성격이 완전히 관심이 움직이는 범위 밖에 있는 경우가 있다. 이미지는 어떤 것에 관한 이미지가 아니라, 그 자체로서 그러그러하게 나타나는 이미지대상으로 우리의 관심을 끈다. 그러나 그렇다고 해서 이미지가 체험 속에서 계속 이미지로 존재할 수 없게 되는 것은 아니다. 다시 말해, 이미지가 재현적 파악의 담지자로 계속 기능할 수 없게 되는 것은 아니다. 다만 재현적 파악이나 재현적 파악의 대상이 특별한 주의를 받지 못할 뿐이다. 이러한 표상은 이제 더 이상 재현적 표상이라고 부를 수 없다. 그것의 보다 포괄적인 파악 구조 안에 있는 재현적 요소가 그것을 특별히 정초하는 역할을 하지 않기 때문이다. 표상이라는 성격은 오직 파악통일체의 한 부분〔재현적 요소〕을 통해서만 규정될 수 있으며, 이 부분의 대상이 표상을 의향하는 의식으로 고양한다. 문제는 과연 사태가 언제나 이러한 경우와 같은가이다. 어쨌든 재현적 기능이 전혀 작동하지 않을 수 있는 다른 경우도 있음은 생각 가능하다. 실제로 이러한 의미로 매우 적절하게 해석할 수 있는 경우가 있다. 생생하게 유발된 상상의 자극에 완전히 몰두하고 상상되는 세계에 완전히 적응하여, 이 상상이 의미 있는 연관에 있어서나, 예외적 생생함과 개별화된 충만함에 있어서나, 항상성과 독립성에 있어서나 통상적 지각의 현출에 결코 뒤지지 않는 경우이다. 거기에서는 현출의 재현적 기능이나 거기 부착된 이미지성격은 전혀 인지될 수 없다. 그것〔이미지성격〕은 주위의 현실적인 것이 관심을 자신에게 돌리게 할 때 비로소 등장한다. 이때 우리는 그것이 단지 심상일 뿐이라고 말한다.

(이에 대해 더 상세히 논의할 필요는 없겠지만) 이와 유사한 구별이 다른 집단의 이미지표상, 즉 감성적 감각에 기초를 두는 이미지표상에도 타당하다. 물리적 이미지표상은 주제를 향해 나아간다. 이에 비해, 나타나는 이미지 재현자로서의 이미지 자체에 대한 표상은 완전히 다른 체험이다. 여기에서도 아마 이미지성격에 대한 의식은 완전히 탈각될 수 있는데, 하지만 그러면 통상적 지각표상이 될 것이다. 밀랍인형 박물관 등에서처럼 현실을 가장하는 가상으로서의 이미지가 하는 일은 순수한 직관적 태도에서 이런 〔이미지성격의〕 의식의 발생을 애초부터 봉쇄하는 것이다. 비록 우리가 이러한 경우에서 현출은 단지 이미지적인 것이라고 개념적으로 알고 있긴 하지만, 직관적 체험 자체에는 다른 경우라면 〔현출과〕 결합할 재현적 계기가 없다. 그런데 이런 계기는 직관적 이미지표상에게 결정적이다. 앞서의 〔밀랍인형 같은〕 사례에서 참된 지각표상을 가지지만, 여기에는 그것〔참된 지각표상〕의 대상이 단지 이미지라는 생각이 수반된다. 하지만 현출 자체는 현전하는 대상의 현출로 주어지는 것이지 이미지로 주어지는 것은 아니다.

소박하게 바라보면, 그것은 직관적 지각판단을 강요한다. 그 점에서 그것은 속인다. 실로 그것은 아마도 다른 (나타나지 않는) 대상을 증여하며, 그것과 나타나는 것의 관계는 원본과 이미지의 관계이다. 우리는 이 모든 것을 알고 있다. 그래도 가상이 계속 존재한다. 이 현출은 완전히 정상적인 지각표상의 성격을 지니고 있어서, 한갓된 재현자로의 강등을 수용하지 않기 때문이다. 〔현출에〕 "이것은 한갓된 이미지이다"라는 판단이 수반되더라도 현출 자체에 이미지 성격을 각인하지는 못한다.

6절 상상이미지를 통한 표상과 물리적으로 매개되는 이미지를 통한 표상 간의 이종성(異種性): 후자에서 파악토대가 더 복합적임. 응시방향의 전환에 있어서 물리적 이미지, 이미지대상, 이미지주제. 파악토대에의 참여

우리의 특별한 관심은 이제까지 두 종류의 이미지표상의 공통적 속성에 있었다. 그래서 어느 부분에서는 그중 어느 하나에 대한 논의에 치중했더라도, 거기서 얻어진 결과는 곧장 다른 하나에도 적용되었다. 이제 양자의 차이도 탐구할 때가 되었다. 상상이미지를 통한 표상과 물리적으로 매개되는 이미지를 통한 표상은 분명히 다른 종류이며, 결코 혼동될 수 있는 체험이 아니다. 이러한 차이가 개념적으로 명료해져야 한다.

두드러진 차이는 우선은 〔상상이나 물리적 이미지의식의〕 토대에 놓인 파악에서 생기는 것처럼 보인다. 이것〔파악 토대〕은 상상표상보다 물리적 이미지표상에서 더 복합적인 것처럼 보인다. 상상표상에서는 그것의 체험통일체에 속하는 감성적 내용의 복합체 전체가 (상상이미지를 구성하는) 하나의 **현전화** 안에 정렬되지만, 물리적 이미지표상에서는 **그렇지 않다**. 여기에서는 두 개가 아니라 세 개의 대상을 구별해야 한다. 이 대상들은 응시방식이 잇달아 전환될 때 서로 분리되어 따로따로 의향되는 것으로 등장한다. 즉, 물리적 이미지, 현시되는 정신적 이미지(나타나고 재현하는 이미지대상), 마지막으로 이미지주제(재현되는 이미지대상)가 그것이다. 예를 들어 나는 방금 벽에 걸려 있는, 라파엘로의 그림 〈신학〉을 그린 판화를 응시했다. 우선은 물리적 사물로 응시한 것이다. 이제 나는 응시방식을 전환한다. 나는 벽에 걸린 물건이 아니라, 이미지의 주제에 주의한다. 구름 위의 왕좌에 앉은 채, 그 주위를 나는 건강하고 어린 두 천사와 함께 있는 숭고한 여인의 형상이다. 나는 다시 응시방식을 바꾸어서, 표상되는 이미지대상으로부터 (그것을 표상적으로 만드는) 재현하는 이미지대상이라는 의미의 이미지대상으로 향한다. 그것은 상당히 작은 여성 인형으로서, 훨씬 더 작은 두 천사 인형과 함께 있으며, 객관적으로는 단지 회색 색조로 칠해져 있다.

처음의 두 응시방식〔물리적 이미지나 주제의 응시〕은 통상적 삶에서 지배적이고, 세 번째 응시방식〔재현하는 이미지대상의 응시〕은 예술가와 심리학자에게 특수한 관심사이다. 하나에서 다른 하나로 이행함으로써 의향하는 관계에서 변화가 일어난다. 이를 통해 파악 통일체는 늘 같은데 그로부터 계속 다른 대상이 등장하는 것처럼 보인다. 두 번째의 〔이미지주제를 향하는〕 응시방식은 정상적인 이미지 응시이며, 여기에서 물리적 이미지표상이라고 지칭하는 것이다. 그것의 파악토대에는 모든 세 대상이 공동으로 이바지한다. 이미지에 대한 응시에 침잠하면, 즉 주제의 이미지적 재현으로 향하면, 눈앞에는 모사하는 대상이 놓인다. 그것은 그렇게 나타나야만 '그 자체로는' 나타나지 않는 주제를 재현할 수 있다. 다른 한편, 그것〔모사하는 대상〕은 의향되는 것, 본래적인 의미에서 여기에서 표상되는 것이 아니다. 오로지 위에서 세 번째 응시로 배치된 어떤 고유한 응시에서야 비로소 이 모사하는 대상은 의향되고 본래적 의미에서 여기에서 표상된다. 물리적 이미지의 경우 (위에서 상상이미지와 평행하게 놓았던) 이런 재현하는 이미지와 상황이 비슷해 보인다. 어떤 한 측면에서 그것은 이미지표상에서 표상되지 않으며, 하물며 (올바른 의미에서) 지각되지 않는다. 만약 그것(이미지표상)을 수행한다면, 따라서 주제를 향한다면, 나는 오직 이것(주제)만 의향하지, 물리적 이미지, 액자에 끼워지고 인쇄된 종이는 전혀 의향하지 않는다. 이를 위해서는 위에서 첫 번째로 언급했던 응시방식인 고유한 표상 작용 혹은 지각이 필요하다. 다른 측면에서, 비록 완전한 지각은 아닐지라도 대상을 제공하는 파악이 또한 지금의 체험에 기초로 놓여 있다고 해야 할 것이다. 주제에 주의하고 그의 이미지적 표상에 몰두하는 동안에도, 물리적 이미지, 벽의 액자에 넣어진 것은 눈앞에 있으며, 그것도 이러한 사물로 있다. 하지만 정확히 보면 이러한 생각은 완전히 옳지는 않다. 심리적 경험은 표상방향이 자주 전환한다는 것을 보여주는데, 이때 (물리적 이미지에 대한) 지각도 타당성을 얻고, 이와 함께 이 물리적 이미지를 물리적 이미지로 파악함도 타당성을 얻음은 확실하다. 그러나 주제를 향하는 정상적 이미지응시에서 물리적 이미지도 정말로 파악토대에 속하는지 의심할 수 있다. 사실 그렇지 않다(속하지 않는다). 그것(물리적 이미지)은 단지 한 부분에 있어서만 파악에서 등장한다. 즉 다음에 주목해야 한다. 그림의 색과 형식뿐 아니라 액자와 그 바깥의 공간적 주변도 모사되는 대상의 파악에 끼어드는데, 이것은 떼어내기 어렵다. 우리는 그림이 액자로부터 솟아오른다거나 우리가 액자를 마치 창문과 같이 관통하여 그림의 대상의 공간을 들여다본다고 말한다.[117] 따라서 통일적 파악 속에서, 모사되는 대상은 에워싸고 있는 대상(액자)과 더불어, 하나의 동일한 대상적 연관 속에서 파악되며, 모사되는 것은 특수한 주의의 방식 속에서 두드러지고, 그것을 에워싸는 것은 '부차적으로 주의되는 것'이라는 방식으로 물러나 있다.

정확히 말하면, 우리는 상황에 따라 각각 다른 것을 향한다. 종종 액자에는 아예 주의하지 않고 오직 주제에만 주의한다. 그때 액자는 파악되긴 하지만, 엄격한 의미에서 지각되거나 표상되지는 않는다. 다른 경우에는 의향하는 향함의 영역이 파악되는 전체 연관으로 확장된다. 예를 들어 (위에서 끌어들인 방식으로 표현하자면) 표상되는 주제를 액자와의 명시적인 관계로 들여오고, 따라서 그것을 이러한 관계 속에서도 의향하는 경우이다. 보통 하나는 다른 하나와 교체된다. 가령, 관심은 여전히 주제에 집중되는 동안에, 액자가 (진지하게 관심의 주요 방향을 그리로 돌리지 않더라도) 순간적으로 인지된다. 이 모든 경우에 물론 물리적 이미지는 (그로부터 이런 표상 혹은 저런 표상이 나오는) 대상적 파악의 보다 포괄적인 통일성에 이바지한다. 하지만 우리는 전체 이미지가 아니라, 단지 그것의 어떤 구성 부분(액자)만 그 모사되는 대상의 통일된 주변으로 엮여 들어가 그것과 더불어 대상적 파악을 이룬다는 것을 알게 된다. 만약 이미지적으로 표상되는 대상을 액자로부터 나오는 것으로 파악한다면, 혹은 액자가 그것을 통해 그것 (대상)의 공간(그려진 풍경 등)을 들여다보게 하는 창문으로 우리에게 나타난다면, 현실성과 이미지 간의 이러한 통일적 연관 내부에는 물리적 이미지사물을 위한 자리는 없고 그것의 액자를 위한 자리만 있을 뿐이다. 이미지에 없는 부분은 그것의 현전화하는 내용이 이미지사물이 요구하는 파악 (재현하는 대상성과 재현되는 대상성이 그 안에서 주어지는 파악)과는 전혀 다른 종류의 파악을 겪는 저 부분이다.

∴

117 아돌프 폰 힐데브란트(Adolf von Hildebrand). 독일의 미학자이자 조각가(1847~1921). (옮긴이)

여기에서 여전히 주목할 만한 가치가 있는 것은 의향하는 의식이 파악되는 대상에게 얼마나 넓게 혹은 좁게 뻗어 있든 간에, 이미지 재현은 전혀 저 액자 파악에 토대를 두지 않는다는 것이다. 액자는 어떠한 재현하는 기능도 행하지 않는다. 가장 자연스럽게 이미지적 표상이라는 말을 재현되는 대상을 의향하는 향함의 작용에 제한한다면, 방금 기술한, 물리적 이미지사물이 이미지표상에 부분적으로 관여함은 전혀 고려되지 않는다.[118] 거기[이미지표상]에는 단지 재현적으로 기능하는 것, 혹은 재현하는 것에 대해 구성적인 [기능을 수행하는] 것만 속한다. 의향하는 관계가 지각되는 이미지 주변까지 확장되면, 우리는 지각과 이미지표상이 조합된 체험을 가지며, 이것은 다양한 유형의 체험의 혼합이 아주 다양하게 일어나는 것과 같다.[119]

118 도대체 의향하는 작용에서 **좁은 의미의 파악토대**와 **넓은 의미**의 파악토대를 구별해야 한다. 전자는 오직 의향되는 대상만 구성하는 파악이고, 후자는 매우 넓게 미치는 전체적인 파악 복합체로서, 여기에서 다양한 대상이 구성되지만, 작은 부분만 의향하는 의식에 등장한다. 바로 그때마다 의향하는 태도를 위한 하나의 전체 시선장이 존재한다. 많은 대상이 이미 파악되고 우리의 처분에 맡겨지지만, 우리는 오직 이런저런 대상에만 시선을 두고 그것을 어떤 의향하는 작용의 대상으로 삼을 뿐이다.

119 게다가 상상에서도 의향하는(그 자체로 주의하는) 표상의 범위는 토대에 놓여 있는 파악의 범위보다 좁다. 상상되는 사물은 이와 마찬가지로 상상되는 자신의 배경을 가지며, 자신의 대상적 연관을 가진다. 이것은 거기 존재하지만 전체적인 면에서 주의되지 않는다. 상상의 시선장.

7절 이미지적 재현의 작용성격의 내적 동종성, 그래도 존재하는 두 표상방식에서의 외적 차이. 감성적 내용, 즉 감각과 상상자료의 내적 차이에 대한 해명의 필요성

지금 철저히 탐구한 방향에서는 상상표상과 물리적 이미지표상 사이의 현저한 내적 차이가 드러나지 않았다. 후자의 경우에 모사되는 대상 이외에 여전히 두 개의 대상[이미지대상과 물리적 이미지]이 구별될 수 있다고 해서, 이 이중의 대상이 (아마도 여전히 완전히 고유한 방식에서) 표상의 재현적 토대에 속한다는 것은 전혀 아니었다. 물리적 이미지표상에서도 재현적 기능은 오직 **하나의** 대상, 재현하는 이미지에만 결합하여 있다. 그래도 거기에는 차이가 하나 있는데, 그것은 그로부터 재현자가 두드러지는 파악토대가 양자에서 서로 다른 구조를 지닌다는 점이다. **상상**이미지는 '현실'과의 모든 연관 밖에, 즉 가능한 지각의 시선장과의 모든 연관 밖에 있다. 반대로 물리적으로 현시되는 이미지는 어떤 방식으로든 현실연관에 관련된다. 비록 그 안에서 그것 자체가 현실적인 것으로 인정되지는 않더라도 말이다. 더 나아가 물리적 이미지의 표상에서는 지각의 시선장에 속하는 현실적 대상, 즉 물리적 이미지가 이미지파악의 **자극물**로 기능하며, 그것을 지각함이 이미지표상의 전개를 위한 출발점이고 통과점이다. [그 반면] 상상표상에서는 지각의 시선장의 특정 현출과 고유한 방식에서 결합하지 않는다. 그것은 어떠한 자극물도 가지지 않는다. [이에 비해] 물리적 이미지의 표상으로부터 이러한 자극물(외적 사물로서의 물리적 이미지)의 응시로의 이행은 언제든 가능하므로, 이미 여기에 두 가지 표상 방식의 외적 차이가 강력하게 등장한다.

그러나 내적 차이, 곧 추가적 파악연관이나 파악가능성에 연관되는 차이가 아니라, 이미지적 재현의 가장 좁은 작용과 연관되는 차이도 드러난다. 상상이미지와 물리적으로 현시되는 이미지는 작용성격과 관련해서 내적으로 동일한 종류이다.[120] 양측 모두에서 이들은 바로 이미지적 재현이다. 그러나 이들은 현전화하는 감성적 내용에서 차이가 있다. 그것은 한쪽에서는 상상자료이고, 다른 쪽에서는 감각이다.

여기에서 **감각과 상상자료의 차이**라는 기술하기 까다로운 물음에 직면한다. 그러나 이 물음에 대한 대답은 이전에 논의된 차이에 대한 최종적 인식과 관련될 뿐 아니라, 아래에서 논할 다른 차이와도 본질적으로 관련된다.[121]

8절 동일한 대상을 향하는 상상표상 및 물리적 이미지표상과는 다른, 재현과 대비되는 현전화로서의 지각표상. 물음: 어떤 대상의 지각표상을 어떻게 (상상표상이 재현적으로 기능하지 않는다고 가정한다면) 그와 '동일한' 대상인 상상대상의 표상과 구별할 것인가?

이제까지 다양한 파악유형 및 표상유형을 구별했다. 지각표상의 현전화, 상상표상의 현전화, 물리적 이미지표상의 현전화가 그것인데, 뒤의 두 가지는 이미지적 재현이라는 성격이 결부된다. 그다음에는 이와 연관된 표상 자체를 구별했는데, 여기에 더해서 상상대상의 표상 및 상상이미지의 표상을 구별하고, 최종적으로 물리적으로 매개되는 이미지의 표상을 구별했다.

..

120 양측에서 대상적 관계도 동일하다고 생각한다면, 즉 양측에서 동일한 대상이 표상된다고 생각하고, 이 대상이 심지어 동일한 면으로부터, 현출 속에 등장하는 동일한 규정을 통해 표상된다고 생각한다면, 오직 하나의 차이만 남는다. 아래 8절의 세 번째 문단 참조.

121 우리가 해명한 차이 외에 우리의 사례에서 또한 상상의 현출과 가능한 지각의 현출 사이에서 설정된 모든 차이도 고려된다. 물리적으로 매개되는 현출과 지각현출이 완전히 동일한 종류임을 곧 알게 될 것이기 때문이다.

우리는 이러한 다양한 체험의 구성을 특히 거기에 관여되는 작용성격과 관련하여 연구했다. 그러나 그와 같은 것들 사이의 차이를 최종적으로 명료하게 하려면 여전히 몇 가지가 남아 있다. 그것들은 매우 내적으로 연관되어 있기에, 이미 이미지표상의 두 방식 간의 차이에 할애한 것과 같은 상세한 논의가 모두 필요하지는 않다. 예를 들어 우리는 다음과 같은 물음을 제기한다. **어떻게 지각표상은 이와 동일한 대상을 향하는 상상표상과 구별되는가?** 또한 동일한 대상을 향하는, **물리적 이미지를 통한 표상**과 구별되는가? 여기에서는 다음과 같은 숙고 이상은 불필요하다. (좁은 의미에서의) 지각표상의 토대에 놓인 파악은 현전화라는 성격을 가지지만, 이 파악의 반대편에서는 이미지 재현이라는 성격을 가진다. 더 나아가 〔이 이미지 재현이〕 상상이미지냐 물리적 이미지냐에 따라 재현이 어떤 차이를 지니는가에 관해서는, 감각과 상상자료의 차이를 제외하면 앞서 완전히 논의했다.

이와 달리 어떤 대상의 지각표상이 이와 '동일한' 대상을 상상대상으로서 향하는 표상과 어떻게 구별되는가라는 물음은 보다 포괄적인 고찰을 요구한다. 후자의 표상은 (위에서 상술한 정상적 의미에서의) 대상의 상상표상이 아닐 것이다. 물론 이 후자의 표상은 이것〔통상적 의미에서의 대상의 상상표상〕으로부터 생겨날 수도 있을 텐데, 가령 나타나는 바대로의 이미지대상으로 다시 관심이 향하면 그렇다. 그러면 이미지성격은 주의되지 않거나 전적으로 사라질 수도 있다.

우리는 지각대상과 상상대상을 '동일한 대상'이라고 부른다. 그것을 구성하는 규정이 양쪽에서 '동일한 규정'이기 때문이다. 그러나 그렇다고 해서 그들 중에서 일차적으로 현전화되는 규정이 양쪽에서 동일한 규정일 필요는 없다. 상상사물은 보이는 사물과는 다른 면에서 나타날 수도 있는 것이다. 〔그러나〕 만약 이러한 〔대상에서 나타나는 면이라는〕 관점에서도 〔어떤 지각표상과 어떤 상상표상이〕 완전히 같다고 생각해보면, 어디에 두 표상의 차이가 아직 있는 것인지 물을 수 있다. 둘은 동일한 대상의 표상이다. 그것은 의향하는 성격과 관련해서 같다. 또한 토대로 있는 파악과 관련해서도 같다. 그것은 현전화이고, 게다가 동일한 대상에 대한 현전화이다. 따라서 단지 파악의 유만이 아니라, 그 아래 차이에서도 같다. 게다가 대상은 이 둘에서 동일한 면에서 자신을 현시하며, 따라서 내적 차이의 가장 미세한 분지에 이르기까지 똑같으며, 상호적이고 일의적으로 상응하며 똑같을 것이다. 상상대상이 비록 이미지로 의향되지 않는다고 해도, 거기에 재현적 기능이 부착되면 그 안에 이미 차이가 놓여 있다. 이 차이에 기초하여 그때그때 이미지성격을 의향하는 의식으로 끌어올릴 수 있는 것이다. 그리고 이것으로 이미 보이는 사물과 상상되는 사물(또는 최소한 이미지적 사물)의 차이를 판단하는 데 충분할 것이다. **하지만 상상대상이 결코 재현적으로 기능하지 않는다면 어떠한가? 그러면 이것은 지각대상인가?** 달리 말해, 그것에 대한 파악은 지각파악인가? 사람들은 당연히 다음과 같이 대답할 것이다. 〔지각대상과는 달리〕 모든 상상대상에서는 파악을 재현으로 전환하는 것이 성향적 관계 때문에 가능하다는 점을 제외하더라도, 여전히 현전화하는 내용에 놓인 또다른 차이가 존재한다. 그것〔현전화하는 내용〕의 유와 종에 따른 내적 차이가 여전히 서로 아주 정확하게 상응한다고 하더라도, 그것은 한쪽에서는 감각되는 내용이고, 다른 쪽에서는 상상되는 내용(상상자료)이다.

9절 현전화의 일반적 성격은 어떤 대상을 현출시키는 것임. 상상현출과 지각현출의 차이에 대한 물음에 대해 현전화하는 내용으로 소급하여 답변함

그리하여 언제나 동일한 차이에 직면하는데, 그 이유는 이해하기 쉽다. 위에서 열거한 작용체험은 복합적이다. 이들의 공통점은 이들에서 어떤 대상이 나타난다는 상황, 바꾸어 말하면, (바로 이것이 현출이라는 단어의 엄밀한 의미이므로) 이들 모두의 토대에 어떤 현전화가 있다는 상황이다. 현전화의 일반적 성격은 대상을 현출시킨다는 것이다. 대상에 따라 현전화의 특수한 성격이 규정되며, 또한 어떤 다른 방향에 있어서는 이 성격은 [대상의] 나타나는 면에 따라, 즉 그때그때 직접적으로 현출하는 규정에 따라 상세히 규정된다. 저 모든 다양한 작용에서, 원리적으로 말해 동일한 대상이 동일한 면에서 나타날 수 있다. 하지만 사정이 이러하다 할지라도, 여전히 차이가 남는 것 같으며, 이 차이를 상상현출과 지각현출을 대조하여 고찰하고자 한다. 당연히 우리는 상상현출을 (일반적 방식이든 변양된 방식이든 간에) 상상표상의 토대에 놓인 현출이라고 이해한다. 그리고 지각현출은 지각의 토대에 놓인, 혹은 지각표상 및 이와 동등한 모든 체험의 토대에 놓인 현출이라고 이해한다. 이리하여 **상상현출과 지각현출**을 구별하는 것은 무엇인가라는 물음이 생긴다. 우리에게는 오직 다음과 같은 대답만 존재한다. 도대체 차이가 존재한다면 그것은 오직 현전화하는 내용에 있을 수밖에 없다. 도대체 만약 위에서 되풀이했던 것처럼, 작용의 규정성이 양측에서 완전히 동일하다(동일한 대상이 동일한 면에서 나타난다)고 생각하더라도, 다음의 사실만은 여전히 남아 있을 수 있다. 즉, 작용성격에 어떠한 영향도 주지 않는 내용의 차이가 존재한다. 이 내용은 오직 내용과 내용계기의 종이나 유를 통해서만 규정되는데, 여기에서 예외는 바로 감각과 상상자료의 차이를 이루는 유일한 종이나 유이다.

*

직전의 고찰을 통해, 감각과 상상자료의 차이가 지각현출과 상상현출의 차이를 규정함을 드러냈다. 그러나 여기에서 이처럼 구별하는 우리의 의도가 어떤 의미를 지니는지 주목해야 한다. 그것은 오로지 해당 현출의 내적 차이를 밝히려는 것이다. 그것이 단지 현전화로 주어지는 것인지, 혹은 이와 동시에 재현적 기능에서도 주어지는 것인지 묻지 않는다. 이러한 파악에 기초하고 있는 의향하는 작용에 관해 묻지 않는다. 그리고 마지막으로 〔여기에서〕 비교되는 현출이나 이 현출에 기초한 상위 작용이 속하는 체험과 성향의 포괄적 연관에 관해 묻지 않는다. 우리는 현출을 순수하게 그 자체로 취하여, 이 현출을 이렇게 사고 속에서 서로 분리할 때 이들을 구별하는 것이 무엇인지 묻는 것이다.

10절 지각과 상상에서 현출의 내적 차이와 외적 차이, 종류 차이와 서로 쌍을 이루어 상응하는 현출의 차이

그러나 다음을 숙고한다면, 지각과 상상의 현출의 차이에 대한 물음은 계속해서 더 분화된다.

A) **내적 차이**

I) 종류 차이.

1) 내용의 그 자체 확연하고 본질적인 유적 차이. 따라서 현출의 **본질적**

인 종류 차이.

만약 내적 차이가 현전화하는 내용의 차이, 따라서 감각과 상상자료의 차이라면, 양쪽에서의 현출의 내적 차이는 확연한 차이일 것이다. 여기에도 다양한 가능성이 있다. 감각과 상상자료의 차이가 근본적이고 본질적인 차이일 수 있을 것이다. 가령 질과 강도 간의 차이처럼, 가장 엄격한 의미에서 유의 차이에 기인할 수도 있는 것이다. 그렇다면 이에 상응해서 지각현출과 상상현출은 **본질적으로** 다른 두 종류로 분류될 것이다.

2) 확연하지만 본질적이지 않은 차이.

감각과 상상자료의 차이는 여전히 확연하지만 엄격한 유적 차이에 기인하지는 않을 수 있다. 하나의 유에서 차이가 구분되어 한쪽의 내용〔감각〕은 단지 지각현출의 현전화하는 내용으로, 다른 한쪽의 내용〔상상자료〕은 단지 상상현출의 현전화하는 내용으로 등장할 수 있다면 그러할 것이다. 예를 들어 차이가 강도의 계기나 그에 유비적인 계기에 기인한다면, 특정 값보다 약한 강도는 오직 상상에, 특정 값보다 강한 강도는 오직 지각에 각각 자리 잡을 수 있다. 확연한 차이의 전제는 (전혀 실현되지 않더라도) 가능한 강도에 있어 〔감각과 상상자료를 엄밀하게 구분하는〕 한계점이 아니라 〔이들이 겹치는〕 중간영역이 존재하는 것만으로도 충분할 것이다. 따라서 지각에서 상상으로 이행할 때 강도의 단절이 일어날 것이다.

3) 유동적 차이.

두 번째 가능성〔확연하지만 본질적이지 않은 차이일 가능성〕은 곧바로 이리로 이어진다. 이행이 연속적이고 따라서 유동적일 가능성, 그것은 높은 음과 낮은 음을 구별하거나 강한 음과 약한 음을 구별하는 것과 같은 의미에서이다.

이에 따르면 현출 사이에는 여전히 하나의 종류 차이가 존재할 것인데,

이것은 물론 [2와 같은] 하나의 경우에는 확연한 차이이고 [3와 같은] 다른 경우에는 유동적 차이일 것이다.

II) 종류 차이가 아니라, 단지 **상응하는** 현출의 차이.

[I과 같이 종류가 다를] 이러한 가능성이 실현되지 않을 경우, 더 이상 내용과 현출의 종류 차이는 말할 수 없을 것이다. 하지만 그래도 다음과 같은 가능성이 여전히 남을 것이다. 즉, 어떤 지각현출이 상응하는 상상현출로 이행하면서 항상 어떤 내용의 변양을 겪는다면, 모든 지각현출과 거기에 상응하는 상상현출 사이에 어떤 내용의 차이가 존재할 수 있다. 그러나 다른 한편 이런 내용 변양은 **상이한** 대상에 대한 지각현출들 사이에서도 똑같이 등장할 수 있다. 예를 들어 지각이 상상으로 이행하면 모든 강도가 지속적으로 감소하지만, 다른 한편 다른 대상의 지각에서도 이처럼 강도가 감소할 수 없는 것은 아니다. 그다음에 이 후자의 지각[다른 대상의 지각]이 다시 자신에 상응하는 상상현출로 이행하면, 같은 양이나 같은 종류의 내용 변양을 겪을 것이다.

이러한 경우에 지각현출이나 상상현출은 [어떤 외적 차이를 고려하지 않고] 그 자체로 보면 지각현출이나 상상현출이라는 성격을 지니지 않을 것이 분명하다. 그러니까 상응하는 현출이 함께 주어지는 것으로는 [지각현출이나 상상현출이라는 성격을 지니기에] 충분하지 않을 것이며, 오히려 **외적** 계기의 차이가 지각과 상상의 차이를 표시해야 할 것이다. 그래도 이 경우에도 지각과 상상의 **상응하는** 체험 사이에 내적 차이가 있다고 해야 할 것이다. 단지 그것은 [지각과 상상의] 구별을 위해 충분하지 않을 따름이다.

B) **외적 차이**

[지각현출과 상상현출에] 내적인 차이가 없다고 하더라도, 지각과 상상에서 현출이 차이를 지닐 가능성이 폐기되는 것은 아니다. 차이는 외적 차이,

즉 작용성격이나 보다 포괄적인 연관에서 충분한 발판을 가질 수 있을 것이다.

이 모든 것을 종합하면 다양한 물음이 제기된다. 현전화하는 내용을 그 자체로 보면, 감각과 상상자료를 도대체 서로 다른 종류에 속하는 내용으로 간주할 수 있는가, 아니면 그럴 수 없는가라는 물음이 대두된다. 〔다른 종류의 내용으로 간주할 수 있다는〕 첫 번째 경우 이 종류는 아리스토텔레스적인 유의 차이에 근거해서 본질적으로 다를 수도 있다(예를 들어 구체적 내용통일체에 있어, 이 통일체에서 떼어낼 수 없는 어떤 계기가 〔감각과 상상자료라는〕 두 경우에 있어서 더 포괄적인 하나의 유 아래 포섭되면서도 〔이 유 아래에서 서로 구별되는〕 서로 다른 유에 속한다면 그러하다). 더 나아가, 그 차이가 단지 연속적 차이화에 근거하더라도, 연속성이 단절되는지 아닌지에 따라 각각 확연한 종류로 구별하거나 유동적 종류로 구별할 이유가 될 수 있다.

그러나 현출과 관련하여 지각과 상상 사이에 외적 차이만 있는가, 아니면 내적 차이도 있는가라는 물음이 제기된다. 후자의 경우에, 이 차이가 (그때그때 본질적 차이이거나 비본질적 차이, 확연한 차이이거나 유동적 차이인) 종류 차이인가, 아니면 이 차이는 단지 서로 상응하는 현출의 쌍에만 해당하는가 등의 물음이 제기된다.

11절 동일한 대상에서 지각현출과 상상현출의 차이에 대한 체계적 답변: 본질적이고 내적인 차이가 전혀 없더라도 기능의 외적 차이를 통해 구별할 수 있을 가능성

명료한 탐구를 위해서 이러한 다양한 물음과 가능성을 구별하는 일이 반드시 필요하다. '지각표상과 상상표상의 차이', 혹은 한마디로 '지각과 상상의 차이'라는 다의적 제목 아래 이 문제를 다루는 통상적 방식에서는 이러한 구별은 이루어지지 못했고 이루어질 수도 없었다. 이런 분석에는 결점이 있어서, 감각, 지각현출, 지각, 지각표상, 나아가 상상자료, 상상현출, 상상표상, 상상대상 표상이라는 개념이 뒤죽박죽되기 때문이다. 따라서 통상적 서술은 불명료하게 뒤죽박죽이다. 어떤 경우에는 내용으로서의 감각과 상상자료를 구별하고, 어떤 경우에는 다시 이들이 토대를 이루는 지각현출과 상상현출을 구별한다. 여기에서는 내적 차이와 외적 차이, 종류 차이와 서로 쌍을 이루어 상응하는 현출의 차이를 구별하지 않는다. 사람들은 보통 이 두 종류의 현출을 어디에서 구별할 수 있는가라는 물음을 겨냥한다. 이 물음은 분명 [앞서] 제기된 모든 물음을 포괄하며 첫 질문으로 퍽 유용하다. 이에 대한 체계적 답변은 가령 다음과 같이 진행될 수 있을 것이다.[122]

∴

122 내용—내적 차이
기능—외적 차이
a) 외적 차이에 대한 논의. 충만함이나 강도 등 통상적 특징.
b) 내적 차이에 대한 논의. 우리의 탐구로부터 다음과 같은 사실이 드러난다. 내적 차이가 전혀 없어도 외적 차이가 체험의 다른 성격을 설명하는 데 충분할 것이다.
그래도 내적 차이가 가정되어야만 하는가? 내적 차이는 어쨌든 확연하지 않다. 내적 차이가 확연하다면 혼동은 가능하지 않을 것이다. 그러나 다른 한편 이것은 강도가 유용한 특징인가라는 물음이다. 도대체 모든 내용은 강도를 가지는가? 혹은 모든 구체적 내용복합체는 강도의 계기를 가지는가? 심리적 작용에 관한 상상표상에서는 어떠한가?

196

우선 동일한 대상에서 양측(지각과 상상)의 현출을 구별하는 판단을 내릴 준거점을 묻는다면, 두 가지만 고려될 수 있다. 현출의 (현전화하는) 내용과 그것의 기능.[123] 첫 번째 것과 관련하여, 가능한 지각의 현출의 내용은 감각이라고 불리고, 상상표상의 현출의 (정상적이거나 변양된 의미에서) 내용은 상상자료라고 불린다. 따라서 여기에서 물음은 감각과 상상자료 사이의 기술적 차이로 향한다. 잠정적으로 이것은 미뤄둔다. 다른 한편, **기능**[124]에 대해 말한다면, 그것은 판단을 통한 구별을 위한 다양한 준거점을 제공한다. '지각표상과 상상표상' 간의 차이를 이루는, 통상적으로 거론되는 모든 특징은 다소간 분명하고 직접적으로 이것(기능)과 관련이 있다.

소소한 부수적 해법을 따라가보자. 하나의 지각현출과 하나의 상상현출을 비교해보자. 두 현출은 현출로서는 어쨌든 똑같다. 현전적 기능을 지시한다는 점에서 그렇다. 이들이 현전화하는 내용에 있어서도 완전히 같다고 한번 가정해보자. 그러니까 두 경우 모두에서 감각과 상상자료 간에 전혀 내적 차이가 없다고 가정해보자. 그래도 여전히 차이가 존재할 수 있을 것이며, 양쪽(지각현출과 상상현출)에 있어서 동일한 내용을 통해 파악되는 대상이 서로 다를 수 있을 것이다. 즉, 파악하는 작용은 물론 둘 다 현전화이지만, 현전화하는 내용이 같음에도 불구하고 성격이 서로 다를 것이다. (이것들은 당연히 성향적 방향에 있어서도 서로 다른 현전화 연관에 속하는데, 따라서 서로 다른 대상에 상응하고 서로 다른 대상을 현행화하여 '모든 면'에서 현출시킬 것이다.) 만약 이제 이러한 관점에서도 완전히 같다고 생각한다면, 전체 현출은 철저히 같을 것이다. 하지만 그래도 구별 불가능하지는 않다.

∴

123 하나(내용)는 내적 차이를 낳고, 다른 것(기능)은 외적 차이를 낳는다.

124 외적 차이.

보다 포괄적인 작용형성체에의 결합 방식이 서로 다르고 따라서 서로 다른 종류의 성향적 연관을 활용할 수 있으므로, (비록 외적 특징이더라도) 둘을 구별할 특징을 제공할 가능성이 여전히 풍부하다. 엄격한 기술적 분석, 특히 해당 현상에 대한 엄격한 기술적 분석이 없기 때문에 이제까지의 심리학이 이러한 관계에 있어서 명료함에 도달하지 못했음은 이해할 만하다.

12절 다양한 현출에 관한 보다 정확한 해명을 위해
이미지와 원본의 차이를 지닌 물리적 이미지 표상을 끌어들임

물리적 이미지 표상에 관한 보다 정확한 연구는 여기에서 다음의 사실을 확실하게 알려줄 것이다. 그 자체로 고찰하면 완전히 동일한 종류의 현출이 여기에 결합하는 작용을 통해 어떻게 성격이 변하는지, 그리고 여기에 결합하는 구조를 통해 어떻게 완전히 다른 현출질서(이른바 세계) 안에 정렬되어 나타날 수 있는지 말이다. 물리적 이미지를 통해 일어나는 이미지적 현출(사물로서의 물리적 이미지의 현출이 아니라 재현적으로 기능하는 현출)은 그 자체로 고찰하면 (현실적이거나 가능적인) 지각의 현출과 완전히 같은 종류의 현출이다. (모사되는 사람이 아니라) 사진에 나타나는 사람은 크기와 색 등의 관점에서 그것을 통해 현시될 수 있는 '현실적' 사람과 다르더라도 그 자체로는 어떤 지각대상처럼 나타나며, 그래서 이 사진이 현시하는 것과 '완전히 같은' '현실적' 사물이 있을 것이라는 생각이 원리적으로 가능할 것이다.[125] 하지만 사진의 이미지대상은 한갓된 이미지라는 성격을 지니고, 이미지재현자로 기능하며, 따라서 '현실적 대상' 내지는 지각대상과 완전히 다

••
125 충돌 성격!

르다는 느낌이 든다. 게다가 그다음에는 위에서 언급된 성향적 연관이 오게 되는데, 이를 통해 이미지대상은 '현실적 세계'의 연관에 현실적 사물로 들어가 낄 수 없으며, 단지 이미지사물을 통해 자연스레 자극되어 생긴 가상의 자격으로만 '현실적 세계'의 연관에 들어갈 수 있다. 정상적인 경우 이런 차이는 분명히 이미지와 원본 사이에서 없을 수 없는데, 이는 〔이미지와 원본을〕 구별하는 작용성격 및 성향을 생성하고 유발하며, 따라서 판단하는 구별함을 가능하게 한다. 우리는 이 차이가 현출의 본질적인 **종류** 차이의 토대가 되는 것은 아님(혹은 꼭 그럴 필요는 없음)에 주목한다. 사진에 나타나는 사람은 어떠한 현실에도(즉, 가능한 경험의 권역에도) 없다는 것만으로도 충분히 그것은 다른 작용성격과 결합할 필요가 있다. 파노라마 이미지, 키네마토그라프 등에서 착각이나 감각적 가상이 생기는 것은 여기에서 현출하는 대상이, 그것이 나타나는 습관적 방식 전체에 있어서 통상적 지각의 현출하는 대상과 거의 구별되지 않거나 그러한 구별이 있더라도 알아차릴 수 없기 때문이다. 여기〔착각이나 감각적 가상〕에서는 그것이 한갓된 이미지대상임을 알더라도 그것을 생생하게 감각할 수는 없다. (현존이라는 성격을 지니는 대상과 관련된) 지각의 성격이 한갓된 이미지의 성격과 충돌하는데, 후자는 (작용에서) 모사되는 것의 비현존을 전제하고 현존하는 이미지와 사태의 차이를 전제한다. 〔착각이나 감각적 가상에 비해〕 사진에서는 〔이미지와 사태의〕 실질적 차이가 현저하며, 따라서 (쉽게 이해할 수 있는 발생적이고 심리학적인 이유에서) 재현의 성격과 현실적이고 직관적이며 통일적으로 결합한다.

〔지각인지, 가상인지에 대한〕 판단과 관련해서 여기에서 다음과 같은 점이 특히 고려된다. 현출은 다른 것과 절연되어 등장하는 것이 아니라, 항상 현실적 지각 및 가능적 지각과의 연관에서 등장한다는 것이다. 잠시 착각이 일어나더라도, 주변에서 아주 미미한 변화라도 일어날 때 이에 따라 현

출이 현출하는 주변과의 관계라는 척도에 따라 변해야 하는 방식대로 통상적으로 변하지 않는다면, 이 착각은 곧 다시 교정된다. 그러면 지각은 심상이 되고, 현실적 사물은 한갓 그려진 사물, 심상화되는 사물이 된다. 이것은 단지 한갓된 가상이나 허깨비 등이다.

13절 물리적 이미지의 표상에서 논의한 지각현출과의 구별 가능성이나 착각 가능성을 상상이미지에 적용함

이것은 이제 모두 **상상이미지**에도 적용된다. 〔상상이미지의〕 현전화하는 내용이 이에 상응하는 지각의 현전화하는 내용과 절대적으로 구별 불가능하다고 가정하면, 상상이미지가 지각현출과 맺는 관계는 (회화나 입체경을 보는 등의 보조수단으로) 착각을 일으킬 정도로 지각현출에 근접한 이미지가 지각현출과 맺는 관계와 똑같을 것이다. 이때에도 구별 가능성은 있으나 착각 가능성도 상당히 클 것이다. 하지만 통상적 상상현출에서는 알다시피 상황이 아주 다르다. 〔지각현출과 상상현출의〕 내용적 차이는 간과할 수 없으며, 혼동 가능성은 (재차 말하건대, 통상적인 경우에는) 배제된다. 따라서 위와 같은 〔상상의 내용이 지각의 내용과 절대적으로 구별 불가능하다는〕 허구를 포기하고, 이제 내용의 차이를 허용한다면, 우선 이런 차이가 (단어의 통상적 의미에서) 정상적 이미지〔물리적 이미지〕와 정상적 지각현출의 내용적 차이와 똑같다고 전제할 수 있을 것이다.[126] 통상적 이미지(회화나 사진

..
126 그렇다. 그러나 거기〔정상적 이미지〕에서 물리적 이미지와 이미지대상이 **충돌**한다. 지각의 시선장으로 들어와 정립되는 환영에서는 현행적 촉각장과 지각파악에서 추가 통각되는 촉각장이 충돌한다. 아니면, 환영은 현출하는 대상의 내용에 따라서 통상적 대상에서 이탈하고 경험을 통해 폐기된다. "반인(半人)은 존재하지 않는다." 여기에서 현출하는 것

등)는 그것의 현전화하는 내용이 지각의 현전화하는 내용과 유적으로 구별되지 않아서 이에 상응하는 현출이 어떠한 본질적 차이를 보이지 않는다고 할지라도, 착각을 일으키지 않는다. 따라서 상상이미지는 회화 이미지에서와 같은 의미로 지각의 현출에서 이탈한다. 그러므로 심리적 연관의 차이는 있지만 두 이미지를 이처럼 혼동하는 것은 염려할 일이 아닐 것이다.

사실 사진 이미지와 지각현출의 차이는 이보다 훨씬 광범위하다. 하지만 여기는 통상적으로 거론되는 특징적 차이를 몇 마디 언급할 자리이다. 이때 우리는 계속해서 한갓된 외적 차이를 가지고 어디까지 도달할 수 있는지를 살피는 입장을 고수할 것이다. 따라서 여전히 감각과 상상자료를 완전히 같은 종류의 내용으로, 다만 기능을 통해서만 차이를 파악할 수 있는 같은 종류의 내용으로 파악하고자 할 것이다.

14절 통상적으로 거론되는 상상이미지와 지각현출의 특징적 차이인 항속성 및 간헐적 무상성

여기는 항속성과 간헐적 무상성이라는 특징적 차이를 언급할 자리이다. 지각의 외적 현출은 항속적이며 작용을 연속적으로 충족시킨다. 상상현출은 방금 존재하다가 이내 다시 사라지고 돌연 다시 등장하는데, 자유로운 유희처럼 그리한다. 그런데 매우 기묘하게도, 간헐적인 내용에도 불구하

이 (보충이나 계기로서) 요구하는 것과 그것이 실제로 현출의 방식으로 제공하는 것이 충돌한다. 더 나아가, 죽은 사람이 나타난다. 〔또는〕 여기 없는 사람, 오스트레일리아에 사는 사람이 거기 나타난다. 그것은 불가능하다. 현출은 주어진 지각연관과 충돌하는, 보충하는 지각연관을 요구한다. 예전의 진술에서 나는 단지 후자의 종류의 계기만 고려했다. 물리적 이미지 자체 **안에** 들어 있는 충돌은 고려하지 않은 것이다.

고 그 틈을 관통하여 통일적 작용 지향성이 계속되는 것처럼 보인다. 통상적으로 상상이미지의 커다란 변이성도 이러한 간헐적 무상성과 결합한다. 그러나 이것은 모두 현출의 단순한 속성이지, 표상되는 대상의 속성이 아니다. 표상은 이러한 변화에서 나오는 것을 거기[표상되는 대상]에 귀속시키지 않는다. 이미지는 포착하기 힘들 만큼 무상하게 변하면서도 계속 변하지 않는 사태를 의향한다. 이와 비슷한 관계가 때로는 지각의 영역에도 있다. 불변하는 동일 대상을 비추는 조명이 간헐적이고 변화한다면, 그 작용지향은 이런 중단을 모두 가로질러 항속적이고 통일적으로 보이더라도 이 대상의 현출은 이와 마찬가지로 간헐적이고 변화한다. 그리고 이 [작용지향] 안에서 그것[대상]은 계속 변함없이 지각(판단)된다. 이러한 [이미지와 지각에서의] 유사성은 나아가 [항속성과 간헐적 무상성의] 차이가 지각현출과 상상현출의 종류 차이로 드러날 수 없음을 보여준다. 이러한 [항속성과 간헐적 무상성의] 차이는 **다만 상관적인** [지각과 상상의] 현출을 경험적으로 구별할 뿐이다. [간헐적 무상성이 상상현출을] 재현적 작용성격 및 이와 결합한 성향에 특별히 연결하기 때문이다. 간헐적 무상성, 고유한 종류의 유동성, 내용의 빈약함은 개별적으로, 그리고 구성요소에 따라 고찰할 경우 지각현출에서도 있는 특징이다. 하지만 이런 것은 상상이미지에서 등장할 경우, 상상이미지와 가능한 지각의 **상응하는** 대상의 실질적 차이가 충분히 크도록 만든다. 이러한 차이는 본성상 이차적이지만, [상상현출을 작용의] 재현적 성격에 습관적으로 연결하고 그것을 [지각현출이 아니라 상상현출이라고] 본질적으로 다르게 판정할 가능성을 보장하기에 충분하다.

15절 충만함이라는 특징. 내적 차이 논의로 이행하기 위한, 강도 차이에 관한 물음. 심리적 작용의 상상이미지에서도 강도를 말할 수 있는가

충만함이라는 특징에 대해서도 이와 유비적으로 〔탐구를〕 수행할 수 있다. 이전에 제외한 원고들을 참조하라. 모호함. **강도** 차이도 이와 같은 의미에서 기능할 수 있다.

그러나 강도는 절대적 특징으로도 물을 수 있는 것 같다.

이것은 **내적** 차이에 관한 논의로 이끈다.

실상은 이미 선행 논의 전체에서 우리가 다룬 것이 내적이지만 본질 외적인 차이가 아닌가 물어야 한다. 똑같은 현출이 때로는 상상현출로, 때로는 지각현출로 기능할 수 있는가? 한계사례에서는 가능하지만 일반적으로는 그렇지 않다고 해야 할 것이다.

어쨌든 내적 차이는 전혀 없더라도, 최소한 본질적 차이는 전혀 없더라도, 구별 가능성이 배제되지는 않음이 드러났다.

이제 물어야 할 것은 **내용** 자체에 확연한 차이 혹은 강한 차이를 설정할 수 있는가이다. 강도: 모든 구체적 내용에는 어떤 강도가 있는가?

심리적 작용에서는 이것〔강도〕은 부정된다. 하지만 심리적 작용의 상상이미지도 있다.

16절 직접적 직관성 및 정립과 간접적(이미지적) 직관성 및 정립이라는 견지에서 표상의 기술적 분류

이러한 고찰에 따라 다음과 같이 순수하게 기술적인 표상 분류를 얻었다. 직관적 표상과 개념적 표상(혹은 직관적 표상과 관념적 표상)의 (나중에야 연구할 수 있는) 차이를 이미 주어진 것으로 수용한다면, 직관적 표상에서도 두 종류를 구별할 수 있다. 지각표상과 이미지표상이 그것이다. 두 표상의 공통점은 현전화하는 내용이 대상적으로 파악된다는 점, 혹은 (이렇게 말할 수도 있겠지만) 내용이 체험되는 동안에 이것을 관통하여 대상이 나타난다는 점이다. 하지만 대상적 파악과 결합하는 표상함의 방식, 즉 어떤 것을 주의함, 어떤 것에 몰두함, 어떤 것을 겨냥함, (판단하는 의향으로 이해되는 것은 아닌) 어떤 것을 의향함이라는 의미에서 표상함의 방식은 두 표상에서 서로 다르다. 지각표상에서는 나타나는 대상 자체를 의향한다. 따라서 그것은 자신의 대상을 그에게 주어지는 것, '그 자체로' 파악되는 것으로 표상한다. 반대로 이미지표상에서는 나타나는 대상이 아닌 다른 것을 의향하며, 나타나는 대상은 이 다른 것과 유사한 그것의 재현자로 기능한다. 따라서 이미지표상이 자신의 대상과 관계하는 방식은 간접적이다. 그 안에서 직접적으로 생생하게 나타나는 것은 이미지이다. 나타나지만 엄밀한 의미에서 표상되지는 않는 이 이미지는 표상되지만 '그 자체'는 나타나지 않는 대상을 직관화한다. 여기에서 **직접적으로 직관적인** 표상과 **간접적으로 직관적인** 표상을 구별하면서, 혹은 직관적 표상과 직관화하는 표상을 구별하면서 이렇게 말할 수 있다. 지각은 대상을 직관한다고 자처하며, 이미지적 표상은 한갓 이미지에서 대상을 직관화한다.[127]

이런 모든 표상에는 이제 진술이 아닌 방식의 '참으로 간주함'이 결합할 수 있다. 지각이라는 표현을 확장해도 좋다면, 이 표현은 이런 종류 전체

----

127 현전화하는 표상과 재현하는 표상.

에 적합하게 적용될 것이다.[128] 하지만 그러지 않아도 충분히 다의적인 ('지각'이라는) 표현에, 일반적으로 수용되기 어려운 새로운 개념을 더 얹지는 않는 것이 낫다. 그보다는 **직관적 정립(확립)**[129]이라는 표현을 쓰고자 한다. 여기에서 정립은 모든 종류의 비술어적 존재포착으로, 즉 실존을 술어화하지 않은 채 어떤 표상에 토대를 두고 어떤 대상(사건 등)의 존재를 받아들이는 모든 종류의 존재포착으로 이해된다. 그러면 **직관적** 정립은 직관적 표상이 그 토대를 이루는 종류의 정립이다. 그것은 직관적 표상의 분류에 따라, 직접적인 직관적 정립(즉, 지각)과 간접적인 혹은 이미지적인 직관적 정립으로 분류된다. 후자에는 개념적으로 매개되지 않는 한에서 기억과 예상이 속한다. 또 물리적 이미지에서 표상되는 대상을 정립하는 모든 파악도 속한다. 그러한 것(물리적 이미지에서의 대상 정립)이 존재한다는 것은 의심의 여지가 없다. 예컨대 나는 지인의 사진을 주시한다. 지인은 그 이미지에서 나와 마주하고 있을 뿐 아니라, 이와 동시에 현실적으로 존재한다고 의식된다. (자연스러운 언어에서는 이러한 경우에 '기억'이라고도 말한다. 이미지는 그 사람을 기억시키며, 이를 통해 물론 다른 의미에서 쉽게 여기에 연결되는 기억을 자극하는 것도 생각할 수 있다.)

••

128 '지각'을 뜻하는 Wahrnehmen이 참으로(wahr) 간주함(nehmen)이라는 함의를 담고 있으므로, '참으로 간주함(Fürwahrhaltung)'의 종류 전체에, 즉 직접적으로 직관적인 표상(좁은 의미의 지각)과 간접적으로 직관적인 표상(이미지적 표상) 모두에 적용할 수도 있다는 의미이다.(옮긴이)

129 정립(Setzung)과 확립(Position)은 같은 의미이지만, 독일어 표현이 서로 다르다는 점을 감안해 때때로 서로 다르게 옮긴다.(옮긴이)

이미지사물로의 의향하는 전향에도 불구하고
재현하는 이미지의 자극된 현출은 여전히 함께 인지된다

(1898년 집필 추정)

우리가 이미지로 기능하는 대상으로 **전향**한다고 해서, 그것이 더 이상 이미지가 아닌 것은 아니다. 하지만 우리는 아마도 그것의 재현작용에는 주목하지 않을 것이다. 파악은 의향보다 멀리까지 이른다. **물리적** 이미지 (재현하는 이미지의 자극자)로 전향하는 경우도 마찬가지이다.

벽에 걸려 있는 이 그림을 응시하되, 이미지로서가 아니라 벽에 걸려 있는 사물로서 응시한다고 해도, 현시되는 이미지는 **현출하여** 어떤 주제를 표상한다. 그러나 나는 그것에 특별히 주의하지 않는다.

그러나 물론 자극되는 현출을 전혀 인지하지 못할 수는 없다. 나는 물리적 이미지를 볼 때, 자극되는 현출도 본다. 그러나 자극되는 이미지에 특별히 주의함, 주제의 표상에 특별히 몰두함, 물리적 이미지에 특별히 주의함은 모두 서로 다르다. 물리적 이미지에는 예를 들어 이 동판화의 거친 종이 표면(중국 종이)이 속한다. 이 규정은 표면에 나타나는 여성 형상과 길항한다. 현시되는 이미지는 하나의 공간성에 정렬되지만, 이 공간성은 물리적 이미지에서 현출하는 공간성과 양립할 수 없다. 그리고 그 밖의 차이도 있다.

부록 3(14절에 대하여)

이미지—이미지대상—사태. 모사의 토대로서의 유사성

(1904/05년경 집필 추정)

이미지와 사태는 어떤 관계인가?

이미지대상과 사태는 어떤 관계인가?

1) 모든 '이미지'는 **감성적 가상**의 담지자이어야 한다. 그것은 자신과 같은 현전화의 토대 위에 구축되면서도 자신과 다르고 따라서 자신과 부분적으로 충돌하는 '이미지대상'을 직관시켜야 한다.[130]

2) 이미지대상은 '사태'와 완전히 같을 수 있는가? 그것은 또한 사태의 한 '면'과만이라도 완전히 같을 수 있는가? 모사는 당연히 유사성을, 아니 심지어 같음을 전제한다. 이것이 출발점이어야 한다.

그러나 a) 같음은 직관적인 것, **사태**의 현출과 관계해야지, 비직관적 규정과만 관계해서는 안 된다. b) 이미지대상의 현출은 사태의 현출과 동일할 수 있는가? 그것과 **완전히** 같을 수 있는가? 어떻게 받아들이냐에 따라서, 그럴 수 없을 수도 있고 그럴 수도 있다.

만약 이미지대상 현출이 순간적 현출만이 아니라, 시간적으로 연속적인 현출로서도 사태와 정말 완전히 같다면, 이것은 정상적 지각일 것이며, 어떠한 충돌의식이나 이미지대상 현출도 없을 것이다. 그러나 이미지현출이 종합적 현출의 한 부분과는 완전히 같고 다른 부분과 충돌할 수도 있다.

••

130 이것이 시각 이미지와 촉각 이미지만 존재할 수 있는 이유이다. 이에 비해 다른 감성은 그 자체로 이미지를 가질 수 없다. 하지만 극장에서 교회 종이 울리는 것 등등.

하지만 한 부분만 같다면 다른 충돌이 일어난다. 즉, 이미지의식과 지각의 식이 서로를 방해한다. 그렇다고 해도 여기에서도 이미지의식은 이론적으로 가능하다. 완전한 같음이 아니라 유사성이 (사태에 대한 지각의식으로의 복귀로 인해 방해받지 않는, 순수하게 분리될 수 있는) 이미지의식에 속한다.

3) **어떤 종류의 유사성인가?** 그려진 입체와 지각되는 입체의 유사성은 어디에 있는가? 삼차원적인 것은 여기[그려진 입체]에서는 감각되지 않고 저 기[지각되는 입체]에서는 감각된다는 것인가? 장소기호의 한 부분이 빠져 있어서 다른 장소기호들과 충돌한다. 소묘는 평평하고 입체는 삼차원이다.

색도 다르다. 나는 이미지(사진)를 회색이라고 **보지만**, 주제가 어떤 색 이 있는 것으로 나타나지는 않는다. 색의 관점에서 주제가 어떤지는 이미 지의식에 들어오지 않는다. 이와 달리 나는 이미지에서 **입체**를 '본다'. 무엇 이 [색과 입체의] 차이를 만드는가? 나는 명도 차이를 지닌 회색 색조를 본 다. 마찬가지로 '평면'에서의 거리를 본다. 나는 회색과 평면을 감각하고 그 안에 입체적 현출을 해석해 넣는다. 그러나 그것은 단지 상징적인 것은 아니다. (또한 나는 먼 풍경에서 깊이 차이를 보지 않으면서도 먼 풍경도 입체적 으로 파악한다.) 아마 이는 (상징적이기는 하지만 생생하게 [어떤 것에] 속하는) 어떤 것의 뒷면 등에서와 유사하다. 이를 증강된 방식으로 행하면 때로는 심지어 환영이 생기는데, 다시 말해 감각적 지각의 연관으로 편입되는 감 성적 재생이 생기는 것이다. 하지만 이것은 어쨌든 지속적이지는 않을 것 이며, 감각소여와 충돌할 것이다. 당연히 색은 [입체와는 달리] 공간 형식과 이러한 내적 연관을 가지지 않으며, 그래서 아주 '직관적으로' 해석되어 [공 간 형식 안에] 넣어지지 않는다. 마지막으로, 대개의 지각에서 깊이 감각은 얼마나 적은가. 따라서 입체는 주어지긴 하지만, (보통은 존재하면서 입체 의 식에 더 많은 충만함과 '힘과 생생함'을 주는) 여타 유용한 감각 일부가 없어서 이와 충돌하는 감각으로 대체되는 방식으로 주어진다. 사태의 색은 주어지지 않지만, 입체는 적어도 대체로는 주어진다.

깊이가 실제로 근원적인 경우, 즉 길이 및 너비와 동등한 경우와 깊이가 단지 어떤 깊이기호와의 관계를 통해 매개되는 경우는 사태가 다르다. 따라서 이런 식으로 많은 것이 동일한 경향으로 작용하고 동일한 의미로 깊이의 '직관'을 증여한다. 여기에서 다만 더 상세히 논의해야 할 몇 가지가 빠져 있다.

부록 4(15절 이하에 대하여)
본래적 표상— 비본래적 표상
(1904/1905년 집필 추정)

1) **본래적** 표상(파악), 무매개적 직관.

I. **현전화**(본래적이고 현전적인 표상).

지금 속의 지금. 표상의 대상도 지금이고, 작용 역시 지금으로서, 둘 다 '현전한다'.

II. **재현**(본래적이고 재–현전적인 표상).

상상표상과 기억표상. 더 낮게 말하면, 더 넓은 의미에서의 기억표상.

작용은 현전하지만, 대상은 현전하지 않음. 비지금이 지금 재현됨.

2) **비본래적** 표상.

I. **이미지적** 표상(참된 의미의 이미지적 표상, 엄밀한 의미에서의 이마기나티오).

1) 현전적 이미지를 통해: 지각을 근거로.

2) 재현적 이미지를 통해: 상상표상을 근거로. 기억하지 못하는 것의 이미지를 상상에서 만듦.

II. **상징적** 파악.

표제 2)를 보다 넓은 의미의 상징적 표상이라고 지칭할 수도 있다.

이러한 구별이 어떻게 직접적 표상과 간접적 표상의 구별과 연관되는가?

간접적 표상은 대상을 다른 표상의 대상**으로서** 표상하거나, 그렇게 표상되는 대상과 관계 맺는 것으로 표상한다. 『논리 연구』 543쪽.[131]

이미지적 표상: 대상을 이미지표상을 통해 표상되는 대상의 **유사물**로 표상함.

상징적 표상: 대상을 지시되는 것으로, 기호가 지시하는 것으로 표상함. 하지만 『논리 연구』 543쪽의 의미에서는 아니다. 충족은 매개적 충족이 아니고, 표상은 그 대상으로 표상을 포함하지 않는다. 이미지표상은 대상을 이미지대상의 유사물로 표상한다. 이 이미지대상은 현출의 방식으로 있고, 그것의 표상은 우리와 무관하며, 이 대상은 유사성의 재현자라는 성격을 지닌다. 상징의 성격과 유사한 성격이지만, 다만 상징의 내용은 우리와 무관하고, 우리에게는 유사성 재현자의 내용이 중요할 뿐이다. (이미지대상의 내용 전체가 재현적 내용의 성격을 가질 필요는 없는데) 재현적으로 기능하는 내용은 의향되는 것을 유사화한다고 간주된다. 어떤 성격을 지닌 어떤 것, 이러저러한 성격을 지니는 x가 의향되거나, 아니면 그와 유사한 어떤 것, 현시되는 것이 의향된다. 물론 이는 그런 사고를 매개해서 일어나는 일이 아니다. 즉, 이런 범주적 형식의 어느 것을 매개해서 일어나는 일이 아니다. 상징에서도 마찬가지이다. 우리는 π를 통해 지시되는 것을 표상하는 것이 아니라, π를 이해한다. 그것은 우리에게 이러저러한 것을 의미한다. 즉, 우리에게 공허한 지향의 방식에서 '의식'된다. 이처럼 이미지를

∵

131 『논리 연구』 제6연구 18절을 말하며, 쪽수는 1901년 초판의 것이다.(옮긴이)

이해하고 그것을 들여다보고 고유한 방식으로 이미지대상 의식을 넘어서면서도 그 〔이미지대상 의식〕 안에 침잠한다. 그리고 모사되는 것에 대한 생생하고 풍부한 상상표상이 등장하면, 그것과 더불어 주제가 지향을 충족시키면서 눈앞에 있다. 이때 이미지대상에 있어서 유사화하는 것〔이미지대상에서 재현적으로 기능하는 내용〕은 이미지주제와의 '합치'에, 통일적인 같음의식에 도달한다. 이미지 내용이 여기에서의 충족에 본질적으로 관여한다. 그리고 동시에 '개념적' 요소, '상위 단계의' 지성적 기능의 모든 부수적인 것이 여기에 전혀 존재하지 않음을 보게 된다. 이들은 충족 속에서 현시되어야만 할 것이기 때문이다. 범주적인 것도 충족이 필요한 것이다.

부록 5(15절 이하, 25절과 27절에 대하여)
이미지표상(이미지적 표상 — 상징적 표상),
이미지의식으로부터 유비적 재현의 의식(상징의식)으로의 이행.
경험적 연관을 이루는 명료한 상상표상
(1905년경 집필 추정)

물리적 이미지대상. 나는 쌍둥이 중 한 사람을 다른 한 사람의 이미지로 간주할 수 있는가? 나는 한 사람을 다른 한 사람의 이미지-상징으로 여길 수 있다. 나는 예를 들어 사소한 차이를 제외하면 그 사람과 같고 그 사람과 같이 나타나는 어떤 다른 사람을 표상한다. 내가 모르는 누군가를 그린 유화. "이 이미지를 통해 누군가가 묘사된다."

a) 유비적 계기들에 있어 이미지에서 내적으로 재현됨.

b) 유비적이지 않은 계기들을 통해 이미지를 넘어 가리킴.

이미지대상을 그것이 나타내는 그대로 취한다면, 나는 이미지대상을 가지지 못할 것이다. 나는 이미지대상을 어떤 감성적 가상으로 볼 것이다. 충돌의 성격을 지니고 나타나는 어떤 대상처럼 볼 것이다.

하얀 흉상: 하얀 머리(거기에 속한 심리적인 현상 등). 그러나 반대 방향으로 더 가면, 하얗지 않음. 자연스러운 안색. 작은 머리 — 큰 머리.

다양한 파악이 서로 스밈. 포착의 연관. 이미지에서 사태를 재현함이란 무슨 뜻인가? 유사성의식에 침잠한다는 것, 〔이미지 중에서 사태와〕 비슷한 계기가 이처럼 유비적이지는 않아도 함께 지향되는 인접 계기와 융합한다는 것이다. 나아가, 이 〔이미지〕 전체와 지향되는 것은 유비적이다(〔이미지의〕 크기가 변하고, 크기와 관점의 조응으로 보완된다). 따라서 **모든** 이미지는 외적 관계를 필연적으로 자신 안에 가지지 않는가?

통상적 기호에서와 같이 단순한 인접을 통해 이미지대상에 외적 지향이 붙는 것이 아니라, 이미지대상이 유비화하는 특징을 통해 스스로 주제를 재현한다. 하지만 이런 특징은 (이미지대상에 속하며 현출하는 지향과 충돌하는) 다른 주제 지향과 엮인다. 이러한 한에서 주제의식은 이미지대상의식을 관통해 나가고 그것을 넘어 나가며, 나타나는 현출과 다른 것이 의향된다. 그래도 이 다른 것은 (유사한 특징과 관련하여) 나타나는 현출에서 재현되는 것이다. 주제지향은 원본을 통해 충족된다. 직관적으로 완전한 상상표상을 통해서는 잠정적 충족이 일어난다. 즉 거기에서는 어떤 것이 획득되지만 또한 어떤 것이 상실된다. 이미지대상에서의 유사한 특징은 상상이미지에서 이에 상응하는 특징보다 많은 것을 주기 때문이다. 다만 상상은 단번에, 통일적으로, 혹은 모든 현출 계기에 있어서, 그 자체로 충돌 없이 준다.

따라서 여기에서 주제 지향과 이미지 지향은 유비화하는 것의 견지에서 **합치한다.** 순수한 합치(같음 의식, 아니 동일성 의식에서 주제를 보며, 주제는 그 안에서 그것이 실제 그러한 대로 나타난다) 대신에 불순하고 불완전한 합치도 가능하다. 합치를 향한 경향, 어떠한 현실적인 합치도 생기지 않는 합치 관계. 그것은 더 완전하거나 덜 완전한 유사성의 경우다.

유사한 것은 유사한 것을 기억나게 할 뿐만 아니라, 유사한 것과 중첩하고 합치하려는 경향이 있다. 예를 들어 입체적 형태는 대상 자체의 형태로 간주될 수 있고, 대상은 실제로 그러하다〔고 간주된다〕. 거기〔입체적 형태〕에서 대상이 어떠한지를 본다. 재현. 그러나 그것은 또한 단순한 유사성으로 간주될 수도 있다. 조악한 재생. 다양한 정도를 갖는 합치와 거리 의식. '대략적인' 성모의 윤곽. 그러나 다르다. 모든 점에서 그렇다. 여기에서 우리는 유사한 것 안에서 유사한 것을 보지 않는다. 우리는 대상의 유사한 것으로 전향하는 동안, 유사한 것과 혼란스럽게 합치되는 주제의식을 가진다. 그러나 〔이 주제의식은〕 다르다는 의식이다. 이 둘이 가령 옆에 나란히 있는 것도 아니다. 그들은 나누어지지 않으며 두 개의 현출을 형성하지도 않는다. 현출은 하나뿐이며 이미지대상의 현출이다(따라서 색의 '다름'도 현출하는 것이 아니라 느껴진다). 당연히 현출이 승리한다. 하지만 주제와의 연관도 존재하고 부분적으로 합치 지향 속에 있지만 어떤 거리를 지닌다. 나머지 계기에서는 상황이 전혀 다르다. 거기에서는 유사성이 비유사성과 섞이지 않으며, 순수한 충돌이 있지 유사성의식은 전혀 없다.

이 경우도 이미지대상에서 여전히 주제가 현시한다. 하지만 이것은 불순한 현시이다. 그것은 〔현시되는 것과〕 **같은** 특징에서의 자체재현이 아니라, 불순한 현시, (융합을 향한 경향과 더불어) 유사한 것의 기만적 구별, 한갓된 유사화이다. 이는 주제의 의식을 생생하게 만들지만, 현출하는 것에서 이 주제를 재현한다고 볼 수는 없다. 현시가 불순할수록, 이미지의식은 현출하는 것이 그것과 이러저러하게 유사한 다른 것을 '기억'시킨다는 의식으로 더 이행한다. **이미지의식은** (좁은 의미의) **상징의식으로 이행한**

다. 혹은 더 나은 표현으로는, **유비적 재현**의 의식으로 이행한다. 따라서 이미지의식과 상징의식은 같음이나 유사함과 마찬가지로 서로 연속적으로 이어진다. 동일성의식과 차이의식은 거리의 의식을 함축하는 유사성의 식이다.

그러나 다른 한편 더 명확한 단절이 있다. **참된** 이미지의식은 바로 같은 것에서 그와 같은 것을 정말로 보기 때문이다. 그것은 순수한 재현의 의식이라는 성격을 지닌다. 그리고 이것은 완전히 현상학적인 성격화이다. 오직 '불순한' 의식에만 정도가 있다. 그래도 우리가 현출하는 대상에서 어떤 이미지대상을 가지는 한, 그것(불순한 의식)도 여전히 **이미지**의식이다. 이이미지대상 안에는 최소한 어떤 계기(공간적인 것이 이런 계기이고 색은 충분하지 않다. 왜 그런가?)에 있어서 주제가 재현된다.[132] 불순함을 느끼면, 더이상 대상에서 주제를 마치 그것 자체가 있다는 듯이 볼 수 없다. 따라서 그때 이것은 이제는 같음의 관점에서의 재현의 본래적 의식이 아니다. 이것은 오직 유사한 계기에 있어서 유사성을 통한 현시이고, 이미 '기억' 의식이라는 성격을 받아들인다(**용어!**). 혹은 재현과 '기억'이 서로 다툰다. 대상은 우리 앞에 있으나 다시 우리 앞에 없다. 유사화하는 것 자체에서 충돌이 일어난다. 이 거리가 너무 크면, 합치하는 동일화의 경향이 더 이상 수행되지 않고, 이는 단순한 상형문자, 단순한 유사성 기호가 된다. 여기에서 우리는 기호의 내용 안에서 유사한 것에 대한 의향을 발견하며, 혹은 기호의 내용을 들여다봄을 통해 주제에 흡사 가깝다고 느낀다. 하지만 이때에도 두 개가 서로에게 흘러들지는 않을 것이며, 같음의 선(線)으로부터의 이탈로 방해받아 재현의 의식은 생기지 않을 것이다.

••

132 왜 입체가 이미지의식의 기초이어야 **하는가?**

만약 우리의 관심이 여기에서 현시되는 것에 집중된다면, 거친 윤곽도 이미지로서 감각될 수 있으며 그것도 온전히 순수하게 감각될 수 있다. 우리의 관심이 더 나아가면 이미 '기억'이 압도한다. 그러나 이 윤곽이 어린이가 그린 사람 그림처럼 아주 멀리 벗어난다면, 그것은 어떤 사람을 **의향한다**. 우리는 이 점을 인식하게 되고, 사람을 생각하게 되며, 이 윤곽이 어떤 사람을 현시해야 하는 것임을 알게 된다. 그러나 그것을 더 들여다보지는 않는다. 아니면, 그래도 어쩌면 조금 들여다보기도 한다. 사람은 합치하며 이 둘은 서로 중첩되지만 〔둘 사이에〕 주어지는 차이는 멀리 벌어진다. 이 차이는 너무나 커서 더 이상 기만하는 의식이 동일화 경향을 방해한다는 느낌이 없다. 동일화 경향 자체가 없는 것이다. 그리고 거리가 먼 경우 현시가 우습다고 느낀다. 인디언의 그림, 상형 기호.

따라서 때로는 순수 동일화, 즉 차이 없는 합치 혹은 정합이 있고, 때로는 (동일한 것이 의향된다는 의식을 동반하는) 두 지향의 중첩이 있다. 〔후자의 경우〕 두 의식은 관계 지어지고 종합적으로 통일된다. 두 의식은 어떤 합치 의식을 주지만 정합은 주지 않는다. 이런 의식이 주는 것은 오히려 a) 같음에 접근하는 유사성으로서, 거기에서는 하나(하나의 지향)가 다른 하나(다른 하나의 지향)로 흘러 들어가지만 그래도 다시 서로 다른 것으로 느껴진다. 혹은 b) 어떠한 흘러 들어감도 배제하는 조야한 유사성, 혹은 일반적 유사성(일치)과 지향적 동일성의 종합 내에서의 강한 충돌이다.

이때 하나는 다른 것을 기억하게 하면서, 이 다른 것을 현시**해야 하고 현시하려 한다(상징 성격).** 그것은 상호 관계를 이루는데, 즉 기억함과 유사성을 통한 기억함을 이룬다. 하나 안에서 다른 하나의 반향이나 유비물을 발견하는 것이다. 그리고 상징의 경우 α는 A를 의향하고, 하나에서 다른 것이 현시되어야 한다. 하지만 그것은 현시되지 않고, 그것은 한갓된 지시이자 한갓된 의향이다.

자연이나 풍경은 왜 '이미지'로 작용하는가?
— 미학: 현출에 대한 관심. 사물현출은 예술적 감상을 위해
항상 내부로부터 어떤 것을 표현한다

(1906년 집필 추정)

역사적 이미지〔역사적 사건에 대한 그림이나 사진〕는 제목에 의해 역사적 이미지로 지칭된다. 〔여기에서는〕 먼저 주제가 지칭된 다음에 이미지에 의해 주제가 현시된다. 음악은 제목에 의해 〔주제를〕 현시하는 음악으로 지칭된다. 전원 교향곡.

왜 자연이나 풍경은 '**이미지**'로 작용하는가? 먼 마을. 집. '조그만 집'. 이 조그만 집은 a) 우리가 일상적으로 보는 집과 크기가 다르다. b) 덜 입체적이고 색 등도 다르다. 그것은 장난감 집과 비슷하게 이미지로 파악된다. 마찬가지로 인간도 인형처럼 파악된다.

우리는 그림을 볼 때 이런 것을 현전하지 않는 것으로 포착한다. 이미지로 포착하는 것이다. 이에 비해 우리의 가까운 주변, 우리가 '그것이 존재하는 대로 보는' 것은 현전하는 것으로 파악한다. 마을의 현출, 조그만 인간 등의 현출을, 현전하지 않는 가능한 현전의 이미지로, 만약 이러저러하다면 가질 현출의 이미지로 취한다.

미학

우리는 (사태에 대한 직관이지만 실로 '직관'인 것에서의) 현출에 대한 관심과 사태에 대한 관심을 구별한다.

미학적으로는 현출이 문제가 된다. [그렇다면] 현출에 대한 관심은 모두 미학적인가? 전혀 그렇지 않다. [현출에 대한] 심리학적 관심은 그렇지 않다. 순수하게 '감성적인' 관심은 어떤가? 존재하는 대로의 현출에 대한 관심, 그리고 이론적 목적, 인식론적 목적, 심리학적 목적 등을 위한 것이 아닌 관심. '지각에의 기쁨', 아니 오히려 현출에의 기쁨. 같은 대상의 서로 다른 현출은 이러한 감정의 방향에 있어 등가가 아니다. 거실에서 꽃병이나 재떨이 등의 배치. "어느 위치가 가장 아름다운가?"[133]

따라서 이미 이것은 미학적 문제이다. 거기에서 최적의 현출이 선택된다. a) 그것은 감성적 계기를 최대한 포함하고 호감을 일깨우는 조합을 포함하는 현출이다. b) 그것은 대상의식을 명료하게 일깨우는 현출인데, 이는 관심이 대상적 속성과 관계 등을 따라 현실적 세계의 구성요소로서의 대상을 향하는 것이 아니라 단지 현출을 향함에도 그렇다. 그렇지만 일단 대상적 파악이 있고 당연히 이를 피할 수는 없으므로, 그리고 대상의 기능

:

133 한 가지 주요한 것이 여기에서 논의되지 않았다. 심리학적 태도에서는 현출이 **대상**이다. [이에 비해] 미학적 태도에서는 나는 현출을 관찰하거나 이론적 대상으로 삼지 않는다. 나는 지각하면서 대상을 감상하거나, 이미지를 감상하면서 이미지를 매개로 모사되는 것을 감상한다. 하지만 나는 '존재'(참된 존재)를 향하면서 가령 그것을 규정하는 이론적 태도인 것이 아니다. 혹은 그것을 변형하거나 전유하거나 욕구하거나 현실적인 것으로서의 그것에 기뻐하는 실천적 태도인 것도 아니다. 그것은 실존을 배제하고 본질적으로 현출방식에 의해 규정되는 호감이다. 그것이 사용대상이라면, 사용대상으로서의 실존을 묻는 것이 아니라, 사용대상이 그 자체로 어떻게 현시되는지 등을 묻는다. 그렇게 많은 점에서 다르다. — 본문과 **칸트**의 교설을 보라.

이나 목적 등도 함께 자극되므로, 이들은 분명해야 한다. 대상 자체가 자신의 목적에 적합해야 하는데, 그렇지 않으면 대상의 형식과 기능의 충돌, 즉 비호감이 끼어든다. 형식은 이와 동시에 명료하게 기능을 각인하고 표현하고 어떤 식으로든 모사하고 최대한 유비적(최대한 직관적)이어야 한다.

사람의 현시에서도 그러하다. 집단(의 현시). 이것은 (누구에게 속하는지도 잘 알 수 없는) 인체 부분의 덩어리가 아니다. 이 다리와 이 팔 등은 어느 머리에 속하는가? 팔은 무엇을 하고 있고 다리는 어디에 있는가? 특징적 자세. 순간을 찍은 사진, 즉 실제로 일어나는 무수한 개별 자세 가운데 어느 것이 '보이는' 자세이고, 이 보이는 자세 중에서 어느 것이 '최선의' 자세인가. 행동에 조율되는 각 신경과 각 근육. 이는 아무래도 좋은 것이나 우연적인 것 등이 아니다. 가능한 한 많은 표현, 즉 최대한 강력하고 현출적이며 직관적인 대상 의식의 자극, 그것도 사물로서의 인간이 아니라, (현시의 대상이어야 하는) 기능, 활동(레슬링 선수), 행함과 당함 속의 인간(에 대한 의식)을 자극하는 것. 그리고 최대한의 통일성. 레슬링 선수는 배에 통증을 느끼기도 하고 이 통증이 얼굴에 표현될 수도 있다. 그러나 이것은 아름답고 미적인 대상일 것이다. 배에 통증도 느끼는 레슬링 선수나 원반던지기 선수.[134]

..

134 '사물', 즉 사물현출은 항상 어떤 것을 표현하고 의미하고 현시하는데, 말하자면 예술 감상을 위해 그렇게 한다. 미학적 현출은 바로 어떤 것을 표현하고 현시하는 현출일 뿐인데, 이는 공허한 기호의 방식으로 이루어지지 않는다. 그것은 항상 안으로부터 표현하고, 그것의 계기, 유사물의 계기를 통해 표현한다. 그다음에 비로소 '더 아름다움'과 '덜 아름다움', '아름다움'과 '추함'이라는 미학적 차이가 고려된다. 아무것도 표현하지 않는 것은 미학적으로 아디아포론(중요하지 않은 것)이다.

부록 7(22절, 24~26절, 32절에 대하여)

이미지표상의 토대로서의 충돌. 현출하는 것과 경험적으로 요구되는 것의 충돌: 단지 감성적 가상이 아닌, 논리적으로 매개되는 가상. 모순 없이 현출하는 것은 '존재하고' 타당하다

(1906년 9월경 집필 추정)

나의 예전 서술을 살펴보면, 강의에서 경험적 충돌 동기 중에서 특별한 한 종류만, 그것도 바로 이전에는 간과했던 한 종류만 고려했음이 눈에 띈다.

물리적 이미지에서 이미지대상이 가상대상이라는 성격을 지니는 방식, 즉 현출하는 이미지대상과 물리적 대상의 경험적 충돌이 유일한 경험적 충돌은 아니다. 우선은 물리적 이미지 자체에 또 다른 방식의 충돌이 있다. 회색으로 나타나는 인간, 이런 것은 존재하지 않는다. 인간 현출은 이런저런 색, 이런저런 크기, 이런저런 움직임, [관찰자의] 시선 운동에 따른 이런저런 변화를 요구한다.

더 나아가보자. 이러한 종류의 이미지대상이 물론 유일한 가상대상은 아니다. 예를 들어 시각장 한가운데의 환영. 니콜라이의 반인(半人) 등. 거기에도 경험적 충돌이 일어나지만, 이는 물리적 이미지나 주변과의 충돌이 아니다. 여기에서는 현출의 계기가 경험적으로 여기에 없는 어떤 다른 계기를, 어떤 보충을 요구한다. 따라서 이것은 **현출하는 것과 경험적으로 요구되는 것**의 충돌이다. 경험적 요구는 대상의 내용, 따라서 하나의 대상에 속하고 속할 '수 있는' 가능한 현출의 내적 연관과 관련된 것일 수 있다. 그러나 그것은 또한 현실('자연')의 통일성에서 대상이 다른 대상들과 맺는 외적 연관과 관련된 것일 수도 있다. 그러나 [후자의 경우] 거기에서 주변과의 직접적이고 직관적인 연관(직관적 현전)만 관찰되는 것이 아니고, 기억의 범위, 경험에 대한 '사고 작업', 타자의 전언을 통한 자기 경험의 보충 등도 등장한다.

대상은 A로 나타나면서도 우리의 지식, 즉 우리의 일반적 지식 및 경험 법칙과 충돌하는 속성을 보인다. 〔따라서〕 우리의 지식이 규정하는 예상은 충족되지 않고 우리의 지식이 요구하는 속성은 발견되지 않는다. 판단이 확고하다면, A는 존재할 수 없거나 그렇게는 존재할 수 없다. 따라서 그것은 **논리적으로(지성적으로) 매개되는 가상이지, 단순한 감성적 가상이 아니다.**

모순 없이 직접적으로 현출하는 것, 또한 어떠한 외적 지향을 통해서도 부정되지 않는 것(따라서 이미지적이거나 상징적이라고 할 수 없는 것)은 **'존재하고' 타당하다.** 모순 없이 현출하는 것(주어지는 것)과 길항하는 것은 존재하지 않는다.

(현전하는 것과의 모순을 드러내지 않는 한) 기억에서 이미지적으로 나타나는 것, 따라서 부정되지 않는 기억은 바로 존재했던 것으로 타당하다. 〔이에 비해〕 예상되는 것은 '존재할 것'이다. 상상되는 것은 전혀 타당하지 않다. 그것은 기억장의 연관에 들어가 배치될 수 있다면 존재했던 것이 되고, 예상장에 들어가 배치될 수 있다면 존재하게 될 것이 된다. 그러나 길항한다면, 존재하지 않는다.

그것〔상상되는 것〕은 a) 현출하면서 어디에도, 시간적 존재의 어떠한 장에도 편입되지 않을 수는 없는가? 〔아니면〕 그것은 b) 현출하지만 시간적 존재의 어떤 장과도 충돌하지 않을 수는 없는가? b)는 부조리하다. 하나의 장 안에 정립된다면, 그것은 그와 어울리거나 그와 충돌한다. 둘 중 하나이다. 따라서 a)와 b)는 같은 것이다. 상상 가능한 모든 것은 하나의 장에 속하거나 속하지 않는다. 첫 번째 경우에는 그것은 (시간 속에) 존재하고, 다른 〔두 번째〕 경우에는 존재하지 않는다(지금 존재하지 않고 존재하지 않았고 존재하지 않을 것이다). 물론 여기에서 주관적 시간과 객관적 시간은 구별하지 않는다. 그러나 이제 모든 시간적 장은 하나의 연관, 시간의 연속적 연관 등을 형성한다.

그러나 어떤 의미에서는 b)는 부조리하지 않다. 상상이미지는 상상장 안에서 나타날 수 있고, 그래서 어떤 기억장과도 충돌하지 않는다. 그러면 기억성격이나 믿음성격이 없다. 왜 그것이 그저 상상이라고, 현실적인 것은 아니라고 말하는가? 그것은 현실적으로, 현재 있는 것으로, 지나간 것으로, 앞으로 올 것으로 **현출**하지 않는 것이다. 그렇다고 해서 곧장 **비현실적인 것으로** 현출하는 것도 아니다. 현실성에 배치될 가능성이 존재하기 때문이다. (물론 현실적인 것은 현재적인 것, 과거적인 것, 미래적인 것이다.) a) 어떤 것이 지각, 기억, 예상에 주어지지 않으면서도 이와 같은 근원 현실성과 '결합'함으로써 (지각되지는 않지만) 현전하는 것으로, (기억되지는 않지만) 과거의 것으로, (예상되지는 않지만) 미래의 것으로 타당하고 타당해야 하며, 나아가 이 모든 경우에서 '객관적으로 타당함'을 요구한다. b) 처음부터 그러한 가능성을 배제하는 것, 한갓된 허구의 특징인 것. 사람들은 켄타우로스를 발견하지 못했다. 그것을 상정할 어떠한 경험적 근거도 없다. 그것은 공허하고 '근거 없는' 심상인 것이다.

부록 8(22절, 24~26절, 32절에 대하여)

상상의 허구물과 기억의 허구물에서 충돌 방식에 대한 물음— 경험의 저항
(1906년 집필 추정)[135]

물리적 이미지에서 허구물이 생기는 이유는 두 가지이다.

••
135 이것은 사본이다. 원본은 보존되지 않았다.

1) '현실' 주변에 〔이미지를〕 추가 정립함으로써 생기는 충돌.

2) **경험적 충돌**(사진 속의 〔이미지의〕 색과 동일한 색을 지닌 인간은 존재하지 않는다).

상상의 허구물도 마찬가지인가? 상상의 허구물은 자신에게 부착되는 경험적 요구를 통해 부정되기 때문에 현실적인 것으로 타당하지 않은가? 이러한 사실은 상상 허구물의 무상성, 변이, 간헐성에 대해서도 유효한가? 이러한 것들 때문에 경험적 요구는 늘 계속 침해된다. 다른 한편, 그것〔상상 허구물〕은 거기에서 그것이 현출하는 대로 의향되는 것이 아니라, 대상이 그 안에서 유비화된다. 따라서 그것은 실로 이미지이다.

확고한 이미지대상이 사태를 재현하는 것이 아니라, 무상하고 다양한 현출이 변화하고 흔들리는 이미지대상을 만들면서 이미지의식을 담지한다.

게다가 또 다른 충돌도 있다. 지각과의 충돌. 하지만 이 충돌은 물리적 허구물에서의 충돌과는 완전히 다른 것이다.

명료하고 확고한 기억과 상상에서도 다르지 않다. 사태가 그 자체로 거기에 있지만 그래도 다시 거기에 없다. 〔기억과 상상 속에 있을 때는〕 지각 안에 살지 않지만, 지각은 어떤 저항의 힘을 지니므로 이러한 〔기억과 상상의〕 사태에 거역한다. 그러나 그뿐 아니라 **경험**도 저항을 수행한다. 우리는 충족이 적실하지 않음을 분명하게 알아채지 못하더라도, 물리적 허구물과 비슷한 것을 발견한다. 그려진 색은 현실적 색과 완전히 같지는 않다. 차이가 지각**될 수 있다.** 어쨌든 현행적 충돌의식이 없어도 함께 작용하는 어떤 의식성격이 있다.

부록 9(17절, 25절, 그리고 6장에 대하여)

상상표상은 이미지적 표상인가?— 여러 겹의 이미지: 미학적 이미지표상에서 의향되는 것의 본래적 표상(이미지 지향의 충족)과 다소간 완전한 모사이미지를 통한 비본래적 표상의 대조. 이미지대상에서 대상의 자기현시를 향하는 관심— 주의: 예술적 이미지에서는 현시되는 것이 비본래적이라는 느낌이 없음. 이미지의식, 상징의식, 기호의식에서의 유사성 단계: 지시의 의무적 성격— 페히너의 이미지에 대한 응시— 조형 예술과 음악에서의 이미지의 다중성: 적실한 이미지에 대한 물음, 묘사를 이상과 비교함, 미적 통각의 다의성[136]

(1905년 집필 추정)

이제 상상표상을 **이미지표상**으로 해석하는 것은 정말 올바른가?

여기에서 밀려드는 의심은 이미지를 제공하지만 아직은 그것을 이미지로 제공하지 않는 이른바 최초의 파악과 관련된다. 회화, 흉상 등에서 사태는 분명하다. 여기에서 나는 우선 아주 작은 하얀 형태 등을 본다. 이것은 〈천상의 사랑〉[137]이다. 나는 '배경', 회색 풍경, 멀리 떨어진 교회 종탑, 양 떼 등을 본다. 당연히 나는 그것을 '현실적인 것'으로 간주하지 않는다. 그것은 존재하지 않는다. 그것은 주변의 현실적인 것과 충돌하기 때문이다. 그러나 그것은 대상적으로 나타난다. 그러나 이제 그것은 어떤 것을 표상한다.

⋮

136 이 원고들은 (상상표상이 이미지표상인가에 대한) 일반적 논의 외에도, 이미지표상, 특히 한편으로는 이미지적 상징표상과, 다른 한편으로는 (이미지대상에서 주제를 내재적으로 포착하는) 미적 이미지표상에 관한 매우 중요한 상술을 포함하고 있다.

137 아래 언급하는 르네상스 시대의 이탈리아 화가 티치아노의 회화 〈천상의 사랑과 세속적 사랑〉을 뜻한다. 여기에서는 이 원본 그림의 모사본(사진)을 보는 경험을 말하고 있다.(옮긴이)

여기에서 나는 그것이 **티치아노의 그림**을 표상한다고 말할 수 있을 것이다. 무엇이 거기에 함축되어 있는가? 그것은 유사한 재현자로서 회화를 지시하는데, 이 회화에서는 같은 대상이 '다른 차원에서', 그리고 무엇보다도 색을 지니고 나타난다. 아마도 상상이 나에게 데려올 것은 이미지가 현시하는 것일 텐데, 여기 있는 것은 그 이미지의 사진적 재생이다. 따라서 여기에 분명 이미지 재현의 본질이 있다. 우리는 유비에 기초해서 의미의식을 갖는다. 이미지는 자기 자신을 넘어서서 다른 것을 지시하는데, 이미지가 지시하는 이 다른 것 자체는 다른 작용에서 나타나며, 이것(다른 작용)에 의해 동일화가 산출되어야 하고 산출될 수 있다. 이 작용은 충족을 제공한다. 이제 상상이미지 자체도 **이런 의미에서** 이미지인가? 그것은 자신을 넘어서 지시하는가?

흰색 형태가 거기에 있고, 어떤 다른 것으로 간주된다. 이것과 비슷한 것은 단어 이미지(연관 내에서의 시각적 단어 이미지와 청각적 단어 이미지)가 거기 있고, 의미의식이 여기에 어떤 다른 것에 관련된 의미를 주는 경우이다. 이 다른 것은 현전할(혹은 재현될) 수도 있고 그렇지 않을 수도 있다. (그렇다. 여기에서 이미지는 다른 이미지를 위한 모사로 기능하기 때문이다.)

상상에서는 어떠한가? 여기에서도 자신을 넘어 지시하는 일이 일어나는가? (흔들리고 떠다니는 현출이더라도) 현출 안에 있지만 그것 자신으로 간주되는 것이 아니라 어떤 다른 것으로 간주되는 일이 일어나는가?

이미지에 관해 말한 것을, 현출과 '현실'의 차이에 관한 앎을 근거로 하여 상상으로 끌고 들어온 것은 아닌가? 상상에 침잠한다면, 예를 들어 내가 기억 속에서 [과거로] 돌아간다면, 볼프강 호수[138]를 다시 생각한다면,

138 볼프강 호수는 오스트리아의 호수이다.(옮긴이)

거기에서 수영하고 배를 탄 것을 생각하고, 겔로,[139] 대장장이와 그의 망치를 다시 생각한다면 어떤가. 이를테면 내가 **상상에 침잠한다면**, 나는 재현적 의식을 전혀 알아채지 못할 것이다. 나는 내 앞에서 현출을 보지 못하며 그것을 어떤 다른 것을 위한 재현자로 보지 못할 것이다. 나는 사태나 사건 등을 보는 것이다.

그리고 나는 **꿈을 꾼다**. 잠잘 때의 꿈이나 백일몽으로서의 상상은 어떤 재현 의식이 아니다. 때때로, '가상'이라는 의식이 희미하게 관통해서 빛난다. 나는 다시 깨어난다. 즉, 나는 지각 현전과의 충돌을, 혹은 지각 현전으로부터의 거리를 체험한다. 나는 지금 아님, 여기 아님을 체험한다. 이것은 물론 진지하게 탐구되어야 할 것이다. 이것은 충돌인가? 전혀 그렇다고 할 수 없다. 비지금에서 지금으로의 이행, 그림자 세계로부터 현실적 세계로의 혹은 현행적 지각으로의 이행. 나의 지각의 시선장이 현실적으로 충족시키는 것과 상상의 시선장이 제공하는 것의 경쟁.[140] 왜 지각되는 것

..

139 겔로(Gellow)의 의미는 미상이다.(옮긴이)

140 우리가 하나로 전향하면 다른 것은 달아난다. 이는 시각장 간의 경쟁과 비슷하다. 그러나 그것은 충돌인가? 충돌은 **지향들**에 있고 직관적 작용들에 있다. 하지만 내가 상상이미지를 지각의 시선장에 해석해 들여놓으려 하지 않는다면 이것들은 서로 충돌하지 않는다. 나는 이 종이에 하나의 선을 상상해 넣는다면, 경험적 충돌을 체험한다. 선은 그 안에 없고 종이에는 아무것도 쓰이지 않았다. 그러나 내가 아이 방을 표상한다면 이 표상은 지각과 충돌하지 않는다. 물론 이 둘(상상과 지각)을 동시에 현실적이고 직관적인 생생함으로 유지하지는 못하지만 말이다. 그래도 이로부터 이미 이것이 진지한 충돌은 아님이 드러난다. 나는 그래도 내적 발화에 있어서 청각적 상상이미지들을 지속적으로 가지며 이들은 현행적으로 들리는 것에 의해 방해받지 않기 때문이다. 마지막으로, 내가 어떤 그림 등을 표상하는 동안에도 시각장의 지각은 사라지지 않는다. 그러나 나는 두 개에 동시에 침잠할 수 없으며, 같은 직관 속에서 두 개를 유지할 수 없다. 어쨌든 나는 비교할 때처럼 하는 것과 같이, 두 개를 향한 지향을 방해받지 않고 유지할 수 있다. 이와 반대로 (물속에서) 구부러진 막대를 향한 지향은 현실의 지각파악과 양립할 수 없다. 종이 위의 선을 향한 (상상의) 지향은 종이 지각과 양립 불가능하다. 비현전은 현전한다고 주장하더라도 현

이 현실로 간주되는가? 따라서 어떤 분명한 차이가 있음이 틀림없다. 상상 '이미지'는 내가 지각되는 현실을 의식하자마자 사라진다.[141] 나는 어느 '정도'는 이것(지각되는 현실)을 항상 계속해서 의식하고, 그래서 더 명료하거나 덜 명료한 가상의식은 (이 지각되는 현실을) 뚫고 들어오는 것이다. 나는 볼프강 호숫가의 브렌타노 선생님[142] 댁에서 보낸 여름에 관한 기억에 침잠한다. 그리고 이제 현전의 현실이 한순간 뚫고 들어온다. 내가 지금 글을 쓰고 있는 종이, 덜컹거리는 마차. 다시 상상이미지가 떠다니고 안개 속으로 사라지거나 완전히 사라진다. 그다음 생생하게 되돌아온다. 그러면 나는 다시 그 안에 살며 그것은 더욱 분명해진다. 그것은 한동안 거의 현실적인 삶과 같다가 그다음에 갑작스러운 단절이 일어나고, 다른 상상이미지, 그다음에 다시 다른 상상이미지 등이 떠오른다. '관념 연합의 무연관성'은 상상에서의 무연관성과 전혀 다르지 않다. 연관(당연히 사태적 연관이지만, 이것은 무엇인가?)이란 무엇이고, 무연관성이란 무엇인가? 이것을 물어야 할 것이다. 그러나 그 전에는 여전히 우리의 물음을 유지한다. 여기에서 우리는 **이미지의식**을 갖는가? 통상적 이미지의식과 같은 의미에서, 비현실적 의식 및 충돌의식을 갖는가? '이미지'가 하나의 자리를 요구한다면, 그 자리는 현실 속에 있는가? 이미지 공간은 '현실적' 지각 공간으로 들어오지만, 이 공간에 들어맞지 않는다. 충돌하면서?

이미지는 비현실적이지만 사태를 재현한다. 현전하지 않는 사태를 재현하는 것이다. 사태는 현전하지 않지만, 물리적 이미지는 현전하는 것으로

∶∶
전과 양립할 수 없다.
141 그러나 단지 대개 그럴 뿐이다.
142 후설의 스승인 프란츠 브렌타노를 뜻한다. (옮긴이)

나타난다. 물론 충돌하면서 나타난다. 청동으로 만든 작은 형상이 인간의 형상으로 가정되고 (아이가 인형을 파악하는 것과 비슷하게) 그렇게 파악되며 거기 있는 것으로 나타난다. 하지만 그것은 현실에서는 단지 청동으로 만든 사물이며, 이미지대상이 의미하는 것은 어떤 다른 것이다.

(실로 이미지의식에는 도대체 이미지대상 파악이 본질적으로 속하는가? 여기에서는 감각재료가 직접적으로 사태를 재현하는 것으로 파악된다고 할 수는 없는가? 아니다. 그렇게 되지 않는다.)

따라서 이미지대상의 '현전하지 않음'은 그것이 현전하는 것으로 나타나지만 가상이며, 현실적으로 현전하는 것과 양립할 수 없음을 의미한다. 이것[이미지대상의 현전하지 않음]은 그것[현실적으로 현전하는 것]과 뒤섞이며, 그것은 모순(충돌)으로 가득하다.

이에 비해 '상상이미지'에서는 현출하는 현전이 없으며, 따라서 현행적 현전과의 모순도 없다. 상상은 현실과 섞이지 않으며 독자적인 영역, 그림자의 영역을 세운다. 나는 주어진 사실의 땅을 떠나 공중의 영역으로 날아오르며 '상상의 세계', 기억의 세계, 심상의 세계로 들어간다. 물리적 이미지에서는 두 개의 지각파악이 서로 영향을 미치고 서로 충돌하며 뒤섞인다. 상상이미지에서는 그렇지 않다. 여기에는 뒤섞임이 없고, 동일한 감각재료가 중층의 파악을 겪지도 않으며,[143] 견실한 현재 세계로 들어와 나타나는 일도 일어나지 않는다. (물리적 이미지대상은 가상사물인데, [물속의] 구부러진 막대 등과 같은 감성적 가상과 완전히 같은 종류의 가상사물이다. 거울이

∴

143 동일한 감각재료가 다양한 파악을 겪는다면, 서로 뒤섞이는 지각들은 **필연적으로** 충돌을 일으킨다. 다만 [서로 뒤섞이는 지각들에서] 상응하는 대상들이 전체와 부분의 관계를 맺는 경우, 그리고 일반적으로 부분적 관계(중첩)를 맺는 경우는 예외이다. [이에 비해] 두 지각의 감각재료가 합치한다면, 그것도 완전히 합치한다면, 필연적으로 충돌이 일어난다.

미지도 그렇다. 후자[구부러진 막대와 거울이미지]에서 충돌의식이 있다면, 그것도 감성적이고 **현행적인** 충돌의식이 있다면 말이다.) 감각 현실, 지각 현실, 현행적 현전과 상상 세계는 다른 것이다. 내가 어느 하나로 전향하자마자, 다른 하나는 (공허한 지향이나 희미하게 어른거리는 그림자 이미지를 제외하고는) 사라지고 휘발된다. 하지만 확실한 점은, 여기에는 참된 의미의 충돌이 없다는 것이다. 되풀이 말하자면, 지각되는 대상을 지각하거나 주의하는 동시에 [다른 것을] 상상하는 일은 어려운데, 이런 어려움은 특히 시각장에서는 발견되지만 청각장에서는 그렇지 않다. 나는 [상상으로] 왈츠를 표상하는 동시에 [지각으로] 시계의 재깍재깍하는 소리나 옆방의 목소리 등을 듣는다.

또한 촉각에서도 현저한 어려움은 발견되지 않는다. 그러나 사례를 정확히 확인해야 할 것이다. 게다가 통상적 외적 지각에서 나는 종종 보이는 것을 보충하는데, 대상의 보이지 않는 면에 대한 [시각적] 상상을 통해 그렇게 하며 촉각적 상상을 통해서도 그렇게 한다. 물론 더 면밀히 살펴보면, 정확하게 상응하는 촉각장이 감각장으로서 채워지는 동시에 상상장으로서 채워질 수는 없다고 생각한다. 물론 [감각장으로서 채워짐과 상상장으로서 채워짐이] 순차적으로 일어나는 것으로 의식될 수는 있겠지만. 시각장도 마찬가지이다.[144] 내가 명료하게 보이는 하나의 위치에 주의하는 동시에 이러한 위치와 관련된 상상을 확고히 붙잡는다면, 나는 경쟁하고 중첩되는 상상이미지밖에 발견할 수 없다. 따라서 이러한 사실을 유념해야 한다.

• •

[144] 아마도 청각장도 비슷할 것이다. 하나의 선율이 부분장을 형성한다. 거기에서 나는 서로 충돌하는 것을 동시에 표상할 수는 없다. 하지만 부차적으로 소음을 표상할 수는 있다는 것 등등.

감성장들에서 상응하는 부분을 취한다면, 여기에서 현전과 비현전은 순차성의 형식으로만 결합할 수 있다.

추가적 탐구는 다음으로 미룬다고 해도 다음은 확실하다. 물리적 이미지는 지각대상이고 다른 지각대상들과 대오를 이루고 있으며 지각의 시선장에 속한다. 그것이 이미지가 되는 것은 충돌을 통해서, 즉 동일한 감각토대에 대한 이중적 지각파악을 통해서이다. 이때 하나의 파악은 전체 시선장의 지각파악의 통일에 포함되고 다른 파악은 그것과 길항한다. 물리적 이미지는 더 나아가 재현한다. 물리적 이미지는 (그 자체는) 현재 나타나는 것이지만, 어떤 지금 아닌 것을 재현하고 종종 자극하기도 한다. 그것 (지금 아닌 것)은 표상되는데, 바로 비지금, 비현행의 성격을 대상에 부여하는 다른 종류의 표상을 통해 표상된다. 그러나 (이러한 물리적 이미지와는 달리) '상상이미지'는 (현실적 세계와는) 다른 세계에 속한다.

주목할 것은 **상상**에도 진정한 이미지표상이 있다는 점이다. 예를 들어 나는 (상상에서) 카이사르에 관한 (물리적) 이미지를 만든다. 그것은 카이사르에 관한 어떠한 본래적 표상도 아니고, 비현전으로서의 카이사르에 관한 직접적 대상의식도 아니다. 그에 관한 어떠한 '기억'도 아니다.[145] 그것은 상상표상(비현전의 표상)으로서, 어떤 (현전하지 않는) 대상을 표상시키며, 이 (현전하지 않는) 대상이 카이사르를 '표상'하고 카이사르의 **이미지**를 그린다. 이것은 **진정한** 이미지표상이다. 나는 그것이 카이사르가 아니라 (카이사르와) 어느 정도 유사한 것으로서 카이사르를 내게 표상할 뿐임을 '안다'. 물론 그것이 대상과 어떤 점에서 어느 정도까지 같은가가 완

<hr />

145 달리 말해, 예술가는 상상에서 카이사르의 이미지를 미리 그려본다. 그는 카이사르의 죽음을 표상한다.

전히 비규정적이지는 않다([이러한 규정성은] 가령 내가 과거에 보았던 이미지에 의거한다. 그러면 이 [과거의] 물리적 이미지 계기는 나를 거드는 이미지 계기이다).[146]

＊

여기 있는 이미지는 여러 겹으로 이루어진다.[147]

1) 내가 〈천상의 사랑〉(내 앞에 놓인, 『걸작선』을 광고하는 예쁘고 작은 이미지)을 『걸작선』에 들어 있는 큰 복제품의 이미지로 받아들인다고 해보자. 이 이미지(『걸작선』에 들어 있는 큰 복제품) 자체는 티치아노 그림(〈천상의 사랑〉)의 복제품이다. 나에게 『걸작선』에 실린 탁월한 복제품에 대한 '표상'이 주어지는 셈이다. 여기에서 이미지[광고 이미지]는 다른 이미지[『걸작선』의 이미지]에 대한 이미지이므로 독자적 이미지가 아니며, 이 물리적 이미지가 재현하는 다른 물리적 이미지[『걸작선』의 이미지]도 독자적 이미지가 아니다. 여기에서 우리는 확실히 이미지를 갖는다. 일반적으로 이러저러한 성질을 지니고 이러저러한 이미지대상 의식과 이미지주제 의식을 제공하는 물리적 이미지가 일반적으로 어떤 다른 이미지대상과 이미지의식을 지니는 어떤 물리적 이미지를 내게 재현하는 것이다. 이 경우에 후자는 주제이다. 이와 마찬가지로, 티치아노의 그림에 대한 이미지가 (직접적으로) 있다

∴

146 우리의 성모[의 그림에 대한] 사진에 대한 기억, 그리고 드레스덴의 성모 [그림] 자체에 대한 기억.

147 이 이미지는 부록 9의 앞부분에 언급한 티치아노의 그림과 관련된다. 여기에서는 "광고의 이미지 → 『걸작선』의 이미지 → 티치아노 그림 원본 → 원본 그림의 이미지주제"라는 중첩적 재현이 작용한다.(옮긴이)

면, 티치아노의 그림이 대상이다.

2) 내가 천상의 사랑을 들여다보고, 티치아노의 그림(원본)을 전혀 '생각'하지 않는다고 해보자. 그 대신 마치 티치아노의 그림 자체가 거기에 있는 것처럼 태도를 취한다. 이때 주제는 바로 천상의 사랑, 그리고 이 천상적이고 찬란한 여성 형상 등이다. 여기에서 의식은 앞의 1)과는 완전히 다르다.

1)에서는 내적 재현에 덧붙여 외적 재현도 있다. 여기에서는 실은 (주어진 이미지 직관과의 유비에 따라) 어떤 현전하지 않는 것을 표상하는 것이 요구된다. 우리는 다른 표상, 다른 직관으로 향하도록 지시되는데 이것은 본래 의향되는 것이다. 우리는 '축약된' 모사, 색깔 있는 모사 '대신' 색깔 없는 모사, 회화 혹은 대리석 조형물 등 대신 사진을 가진다. 우리는 이러한 지시에 따라 상상이미지를 그린다면 이것을 사태에 관한 더 본래적인 표상으로 포착할 것이다. 우리는 여기에서 예를 들어 특이한 부싯돌 도끼의 모사나 어떤 도시의 모사와 같은 종류의 이미지를 가진다. 인물 사진도 모두 여기 속한다.

그것은 비본래적 표상이지만 이미지에 기초하는 표상이다. 이미지의식은 대상에 관련된 지향과 결합하지만, 이 대상은 이미지대상에서 현출하는 것과 다르며 그것과 이러저러한 특징적 관계를 맺는다. 이 관계는 더 직접적이고 더 본래적인 다른 표상을 매개하는 데에 이바지할 수 있다. 이것은 다소간 불완전한 모사이미지나 모사를 통한 **모사**나 표상이라고 말하는 편이 가장 낫겠다. (따라서 이는 이미지의 모사이미지도 포함한다.)

2)의 경우에는 어떠한가? 티치아노의 작품은 모사적 존재이어서 모사를 통해 [어떤 주제를] 표상적으로 만드는 것인가? 우리는 이미지와 주제를 구별한다. 그러나 [여기에서] '주제'는 모사이미지로서의 이미지에 의해 재현

되는 대상이고, 이 모사이미지로서의 이미지는 대상과 연관된 비본래적 표상의 기초로 이바지하는 것인가? 미적 이미지의식에 있어 의향되는 것에 관한 더 본래적인 표상을 주는 것은 어떤 다른 직관인가? 내가 대상을 대상으로서 전면적으로, 그리고 그 자체로 표상한다면 나는 더 본래적인 표상을 갖는가? **대상**에 대해서는 그러하다. 하지만 그렇다면 그것은 이미지지향을 충족하는 것은 아닐 것이다. 여기에서 관심은 전혀 대상을 향하지 않고, 대상을 표상함을 향하지 않는다. 대신 **이미지대상에서 대상의 자기현시**를 향한다. 〔이미지대상이〕 주제를 직관으로 가져온다면, 그렇게 가져오는 만큼, 그리고 그렇게 가져오는 방식에 따라 〔관심은〕 이미지대상을 향한다. 이미지대상에서 나는 이미지대상의 유비화하는 특성에 침잠하여 주제를 본다. 나는 직관을 가지며, 대상의 유비적 의식을 가진다. 그리고 내가 거기 그것〔대상〕을 가지는 그대로, 정확히 거기 그것이 '현출하고' 현시되는 그대로, 그것은 나의 관심을 끈다. 대상이 아니라, 대상의 현시가 나의 관심이다. 모든 모사는 이미지의식, 즉 내가 대상에 관한 유비적 의식을 가지는 현시를 포함하지만, 이 현시는 간접적 표상의 기초로 이바지한다.

*

메모

티치아노의 그림은 나에게 천상의 사랑과 세속적 사랑을 표상시킨다. 하나의 특정한 입지로부터. 이 입지에 대해서는, 현시되는 것이 비본래적이라는 느낌이 전혀 일어나지 않는 그러한 표상이 존재한다. 이때 나의 관심을 끄는 것은 간접적으로 표상되는 것이 아니라, 거기 있다.

이미지는 어떤 '다른 것'을 표상적으로 만드는 기능을 갖지 않는다. 이 말은 무엇을 의미하는가? 그것은 '다른 것을 기억나게 하지 않으며', 유사성이나 여타 관계를 통하여 다른 것을 간접적으로 표상적으로 만들지 않는다. 이러한 사실도 아직 명료해지지 않았다!

어쨌든 이미지에서는 일치의 의식과 충돌의 의식이 섞인다. 유사한 것〔이미지의 계기〕에서 유사한 것〔모사되는 것의 계기〕이 재현되면 그것〔재현되는 것〕은 〔재현하는 것과〕 동일한 것이다. 유사하지 않은 것에 있어서는 그것은 다른 것이다. 유사성이 너무 약해서 유사한 것을 기억나게는 하지만 거기에서 유사한 것을 볼 수는 없다면, 이미지는 전적으로 상징으로 작용한다. 의향은 다른 것을 향한다. 다른 것을 기억나게 한다. 그리고 그것〔상징으로서의 이미지〕이 기억나게 하는 것은 의향되는 것이다. 이름 역시 조악하고 충실하지 않은 윤곽과 마찬가지로 사람을 기억나게 한다. 그리고 후자〔윤곽〕도 상징(상형문자)으로 이바지할 수 있다. 때로는 합의에 의해서나 자의적 확정에 의해 그렇게 할 수 있다(나는 그것을 상형 기호로, 유사성의 표시 기호로, 유사성을 통한 기억 기호로 사용하고자 한다). 이때는 기호에는 지시하는 성격이 부착되고, 기표〔기호〕가 아니라 기의가 의향**되어야 한다.** 단지 의향이 기의를 향하는 것이 아니라, 기표도 의향을 자신으로부터 떨쳐내고 기의로 밀어주는 분명한 경향을 지닌다. 따라서 현상학적으로 기호에는 또한 어떤 것이 달라붙는다. 이 점에 주목한다면, 그것이 기호로 기능함을 알게 된다. 그것은 지향의 담지자, 다른 것을 주목하는 의향함의 담지자로 기능**해야 한다.** 그것은 독자적으로 타당하지 않아야 한다.

유사성 상징도 이러한 속성이 있다. 현출하는 것이 아니라 다른 것이 의향되고 또 이것〔다른 것〕이 의향되어야 한다. 이때 '이미지'는 분명히 기호의 성격을 지닌다. 유사성을 통하여, 그리고 이와 엮이는 여타 관계를 통하여 그것은 그것 자체에서 현출하는 것(이미지대상)이 아닌 다른 것이 표상되도록 만든다. 의향은 다른 것을 향하고, 자극된 유사성의식은 다른 것을 가리켜야 한다. 유사한 것은 기호로서, 유사한 것을 지시한다. 나는 프라 바르톨로메오의 〈피에타〉를 광고하는 이 작은 복제품을 주시한다. 나는 이미지를 한눈에 포착한다. 일치 의식이 나를 채우지 않으며, 나는 이미지에 침잠하는 것이 아니라 외부를 향하는 경향성을 느낀다. 나는 이미지를 내가 이전에 본 원본에 대한 기호로 체험한다. 의향은 이미지에 있지 않고 이미지의식에 기초하는 두 번째 의향 의식에 있다. 이 의향 의식은 상징 및 그것을 넘어서는 지향과 같은 방식으로 이미지의식과 결합한다. 이때 유사성의식은 완전히 종속적일 수 있다. 예를 들어 거칠게 지시하는 윤곽, 그림 출판사(노니)의 카탈로그와 같이. 유사성은 여기에서 단지 상징적으로, 지시적으로 작동한다. 의성어 낱말도 마찬가지이다. 유사성이 여전히 느껴진다면 말이다.

만약 일치가 깊어지고 일치의 의식이 지배하면 상황이 달라진다.[148] 이미지(이미지대상)를 더 많이 들여다볼수록, 그리고 일치의 계기, 유사한 계기에 더 많이 주의할수록, 대상과의 관계는 외적 관계가 되어 이미지대상을 떠나 지시하는 일이 줄어든다. 상징적 관계는 상징 대상으로부터 상징되는 것을 향해 지시한다. 여기에는 새로운 지향이 있는데, 이 지향은 자주 공허한 지향이지만, 마찬가지로 자주 충족된 지향이 되기도 한다. 그러면 우리는 상징 표상 옆에 두 번째 표상, 상징되는 것의 표상을 가진다. 이는 상징 대상이 현출에서 이제 주어지는 상징되는 것을 지시한다는 연관에 속한다. 상징적으로 기능하는 이미지에서도 그러하다. 〔이에 비해〕 내재

148 〔이 서술은〕 강의에서보다 낫다.

적 의식, 즉 이미지가 상징, 즉 대상의 외적(초재적) 표상이 **아니라**, 대상의 내재적 표상으로 기능하는 내재적 의식은 다음과 같은 성격을 지닌다. 주제의 표상은 이미지의식의 표상 옆에 있는 두 번째 표상이 아니며, 이미지의식 표상과 상징적 결합을 통해 결합하지 않는다. 그것은 이미지대상 표상과 서로 관통하며, 그것과 부분적으로 일치하는 표상이다. 주제가 이미지대상과 내적으로 합치하지 **않는** 곳에서는 다르다는 의식이 등장하지만, 이런 의식은 관심이 일치하는 계기에 침잠하면 사라진다. 우리는 이 일치하는 계기에서 주제를 직관하며, 거기에서 주제의 '표상', 주제의 직관적 현시를 가진다. 다른 계기는 대상에서 아무것도 현시하지 않고 아무것도 지시하지 않는다. 유사한 것은 그것이 현시하는 동안, 그것과 결합하지만 현시되지는 않는 것을 향하는 외적 방식의 지향을 포함할 수 있고 또 그런 지향을 포함하게 된다. 바로 이것이 이미지대상에서 직관적으로 현출하는 것과 길항한다. 하지만 바로 이와 더불어 지시 등은 배제된다.

우리는 왜 자주 충돌을 느끼지 못하는가? 보통 그것은 등장하지도 않는다.

동판화 이미지에서는 이중적인 충돌이 일어난다. 물리적 현전과의 충돌과 주제와의 충돌. 둘 다 우리가 해당 파악들을 우리 자신의 지향과 결합할 때 등장할 수 있다. 그렇지 않다면, 충돌은 '다름'으로 감지되지 않을 것이다. 우리의 관심이 특히 색을 향한다면, 혹은 [다른 것과] 더불어 색을 향한다면, 판화의 무채색을 결여로 느낀다. 이미지는 감성적 현전의 현출을 제공하므로 우리는 색을 이미지에 들일 수 없다. 단지 상상에서 새로운 현출을 형성하고 주제의 재생을 만들 수 있을 뿐이다. 그래서 우리는 **외부로** 나가고 이미지를 떠나야 한다. 우리는 내재적 이미지의식에 침잠하는 한, 이미지대상의 직관에 침잠한다. 그러나 이는 마치 그것이 그밖에 아무것도 의미하지 않는 방식이 아니라, 유사화하는 특징을 그러한 특징으로, 현시하는 특징으로 체험하고 그 안에서 주제를 직관하는 방식이다. 반면에 이미지(이미지대상)의 나머지 계기는 물론 현출하지만 이미지주제에 대해서 **유효**하지는 않다.

이미지 기능이 모사하는 기능과 결합하고 외적이고 간접적으로 표상하는 기능과 결합하면, 의식은 바로 내부를 향하고 그다음에는 다시 외부를 향한다. 이미지는 대상을 직관화하고 재현하고 그다음에는 다시 대상을, 다른 식으로 표상될 수 있는 것을 지시한다.

*

페히너의 이미지에 대한 응시

나는 이 이미지를 들여다보면서 그 안에서 (묘사된 상반신에 있어) 페히너[149]를 본다. 나는 사진의 색조를 본다. 나는 〔사진의〕 조형적 형태에서는 페히너의 형상에 따라 그 자신을 보지만 사진의 색조에서는 페히너를 보지 않는다. 나는 항상 인물, 묘사되는 인물을 향한다. 〔사진 속의〕 흰색은 내게 그의 머리칼의 흰색으로 여겨지나, 〔사진 속의〕 얼굴의 색은 그렇게 여겨지지 않는다. 〔사진 속의〕 안경알은 내게 안경알로 여겨진다. 나는 감각되는 것에서 다른 어떤 것을 들여다본다. 그렇다, 실은 나는 물론 그런 일을 할 수 없다. 상상은 일어나지 않는다. 그러나 그것은 의향되며, 틀린 색과 충돌하면서 충돌 지향으로서, 여기 이것을 유비적 현시로 유효하지

:
149 페히너(Gustav Theodor Fechner, 1801~1887)는 독일의 물리학자, 심리학자, 철학자이다.(옮긴이)

못하게 하는 지향으로서 밀고 들어온다. 반면에 '조형적 형태'는 직접적으로 '유효하다'. 따라서 여기에는 외적 재현에 대비되는 **내적 재현**이 있다. 외적 재현은 외부를 향해 몰아대며, 다른 현시, 다른 현출을 향한다. 그것은 조악한 이미지에서, 혹은 상징으로 규정되고 상징으로 기능하는 이미지에서 보통 일어나는 일이다. 이미지는 외적으로 유사한 것을 **기억나게** 할 수 있다. 때로는 현시되는 부분에 있어서의 대상을, 때로는 전체 대상을, 대상이 속해 있는 전체 상황을 기억나게 할 수 있다. 이미지는 습관적 혹은 관습적으로 이것을 수행하는 기능을 가질 수 있다(그러면 그런 기능을 가진다고 우리에게 느껴질 수 있다). 그것은 우연히 그렇게 기능할 수도 있는데 그런 경우에도 현상학적으로 이미지는 기억나게 하는 것으로 현출한다. 그러나 이것은 초재적인 것과 엮일 수 있지만 꼭 그래야 하는 것은 아닌 내재적 재현이 아니다. 또한 아무리 조악한 이미지라도 어떤 내재적 재현이 어느 정도는 있다. 외부를 향한 지향, 초재적 재현, 상징적이지만 유비적인 재현이 붙어 있는 때에도 그렇다.

모든 내재적 이미지응시에 대해 다음과 같은 사실이 타당하다. 어떤 상상이미지가 생겨서 설명에 기여하며 '바로 이것이다'라거나 '바로 그렇다'라는 의식을 산출할 수 있지만, 그래도 응시는 늘 다시 이미지로 돌아간다.

지향은 페히너를 향한다. 따라서 그에 관한 어떤 것(색, 목소리, 움직임, 전체 형태)이 완전한 직관에서 나타나면 곧 충족의식이 주어진다. 그러나 이미지가 그를 현실적으로 적합하게(혹은 내가 감각하기에 적합하게) 현시하면, 나는 이미지 안에서 그를 본다. 그렇지 않으면, 이미지가 그러기에 충분하지 않으면, 나는 이미지에서 현출하는 것을 넘어서 지시된다. 그러나 이때 지향은 이미지의 나머지 계기들은 그대로 유지하면서도 어떤 이미지 계기들의 대체, 보충, 혹은 향상과 이에 상응하는 변양을 향한다. 계기들에서는 그렇다. 이미지의 초재적 기능에서 (이미지 계기들이 아니라) 이미지 전체는 다른 것, '상상이미지', 더 충만한 상상직관, 기억을 내게 지시하며, 이제 나는 그 안에서 대상에 대한 보다 적합한 직관적 의식을 가질 수 있다.

*

다중적 이미지

1) 원본의 이미지로서의 판화. 원본은 드레스덴에 있는 (라파엘로의 그림) 〈성모〉이다.

2) 이미지로서의 판화. 나는 그것을 들여다보며 성모의 이미지를 가진다. 이때 원본은 성모이다.

1) 이와 마찬가지로, 바이올린 연주자의 소나타 재생과 소나타 자체. 원본은 베토벤이 의향한 대로의 소나타. 아니면 오히려 이런 이미지의식을 수행하는 사람(바이올린 연주자)이 베토벤이 의향한 소나타로 파악하는 대로의 소나타.

2) 이런저런 감정과 기분의 표현으로서의 소나타(표현으로서의 음악).

모든 사람에게는 그 자신의 이상적 베토벤이 있다. 모든 예술가는 그를 달리 해석한다. 어떤 사람은 다른 사람의 해석을 들으면서 그것을 자신의 베토벤, 자기 자신의 해석에 관한 좋은 이미지나 나쁜 이미지, 적합한 이미지나 부적합한 이미지로 포착한다. 때로는 그 자신의 현시(연주)는 그 자신의 해석보다 못할 것이다. 그는 이런저런 부분에서 그가 지향한 대로 연주하지 못한다.

충전적 이미지, 즉 이미지의 이미지에서는 원본 이미지의 완전한 사본인 이미지. 이 경우 이미지파악은 더 이상 이중성을 전혀 느끼지 못하며, 따라서 더 이상 일어날 수 없다.

그러나 이제 현시가 원본과 충돌하는 경험을 통해, 혹은 작품 배후에 그 이상이 숨겨져 있다는 (연구에서 얻은) 인식을 통해, 모든 현시를 다음과 같은 기준으로 평가하게 될 것이다. 우리는 그러한 각 현시를 통해 자극되는 지향을 가지며, 따라서 모든 지향을 원본적인 것에 대한 지향으로 포착한다. 이러한 지향은 현시를 통해 완전히 충족되어 원본에 대한 **지각**이 될 수도 있고, 그렇지 않을 수도 있다. 한갓된 이미지 지향, 한갓된 현시, 이 경우에는 열악한 현시 등. 여기에는 소망과 예상, 따라서 실망과 충돌이 놓여 있다.

회화의 경우: 회화의 이미지는 단지 가령 조형적 형태에 대해서만 이미지이고자 한다면 충전적일 수 있다. 이러한 관점에서는 이것은 지각이며 지향의 충족이다. 달리 말해, 입체와 관련하여, 충족되지 않은 채 남는 지향이 없다. 그래도 이것은 이미지일 뿐이다. 회색은 물론 이미지이고자 하지 않지만(유비화 기능이 없지만), 다른 한편 그래도 원본에의 지향을 가지기 때문이다. 즉 거기에는 색, '특정' 색이 속한다. 따라서 우리는 이미지에서 원본을 하나의 면에 있어 보는데, 이는 하나의 봄이자 충족된 지향을 가짐이지만 지각은 아니다. 이것은 충족이라는 은혜를 입지 못한 다른 계기들과 얽힌 계기들이기 때문이다.

현시를 이상('베토벤이 생각한 대로의 소나타' 혹은 연주'되어야 하는' 대로의 소나타)과 비교함.

이상: 나는 소나타를 연구한다. 미적 전체의 부분들이 서로에 대해 요구하는 것. 이것은 아마도 작품의 주제에 대한 인식에 상응할 것이며 이러한 음 형태에서의 그 주제의 미적 현시의 인식에 상응할 것이다. 모든 예술

작품에서와 마찬가지로, 그것에 적합한 통각을 산출하기 위해서는 '몰입'이 필요하다. 예술가는 무엇을 현시하고자 했는가? 어떻게 현시하고자 했는가? 어떤 감정을 일으키고자 했는가? 하지만 이것은 추상적 반성이 아니다. 모든 미적 통각은 그 자체로 다의적이다. 어떤 해석이 적합한 해석인가? 이미지에 대한 어떤 태도, 어떤 정조 등이 적합한가? 이런 것이 이미지의 이해를 낳는다.

다른 측면에서 이미지의 재연, 즉 어느 정도 충실하거나 그렇지 못한 서로 다른 재연이라는 또 다른 다양성. 음악에서 재연은 다시 연주하고 다시 연주하는 것이다. 그리고 이해에 상응하는 올바른 연주가 있다. 그다음에 다양한 종류의 재연, 더 적합하거나 덜 적합한 (이미지의 다양한 재생 방식에 상응하는) 재연. 이념과의 비교. '소나타 x'라는 이름이 불리거나, 심지어 첫 번째 악절이 들리면, 이념(내가 연구에서 얻은 이해 내용의 견지에서의 소나타에 대한 지향)이 일깨워지고 이것과 재생이 비교된다. 목판화가 이미지 자체의 이념과 비교되듯이. 합치와 충돌.

부록 10(42절 이하에 대하여)

물리적 이미지와 구별되는, 명료하거나 불명료한 상상

(1905년경 집필 추정)

하지만 이것은 통상적 이미지 응시와 전혀 다르다. 이미지 응시에서는 우리는 이미지대상을 응시한다. 그리고 이미지대상은 우선 현시하는 것, 즉 어떤 다른 것에 대한 이미지로 간주된다.[150] 이 다른 것은 성향적으로

••
150 이것은 모사적이고 상징적인 기능에만 타당하다.

자극되고, 만일 우리가 그것을 알고 있다면 종종 상상표상의 형태로도 밀려드는데, 때로는 단지 어떤 계기에서 그렇게 한다. 이 머리카락은 금발이다(현출하는 회색이 금발을 대리한다 등).

그러나 상상에서는 현출하는 것이 어떤 다른 것으로 간주되지 않는다. 어떤 것이 먼저 현출하고 그다음에 그에 기초해 〔어떤 다른 것으로〕 간주되는 것이 아니다.

상상에서 우리는 이미지대상을 구성하지 않았다. 지향적 체험에 있어서 의향되는 것과 구별되어 이 의향되는 것을 현시하는 이미지대상을 구성하지 않았다.[151] 〔이에 비해〕 통상적 이미지에서는 우리는 이미지를 응시한다. 이것은 하나의 완전한 현상적 대상으로서, 비록 최종 목표로서 의향되는 것은 아니지만 그래도 의향되는 것이다. 그것은 현시하는 한에서 의향된다. 그것은 바로 모사이미지로 간주되어야 하는 한에서 의향된다.

그러나 상상에서는 상황이 다르다. 여기에는 다양한 경우가 있다.

1) 상상현출이 명료하고 완전히 완성된 상상현출인 경우. 예를 들어 나는 시청 지하식당이나 우리 시청의 주랑을 생각한다. "나는 그것을 내 앞에 본다." 그리고 나는 그것을 주시한다. 여기에서 나는 '이미지'를 응시하면서 그것이 내게 다른 어떤 것에 대한 이미지로 간주된다는 종류의 의식을 가지지 않는다. 오히려 그것은 사태이다. 현출은 나에게 사태 자체를 의식에 가져온다. 다만 이 사태는 현전하는 사태가 아닐 뿐이다.[152]

2) 상상현출이 불완전하고 그 윤곽에 틈이 있어 "무엇인지 모르겠다"

••

151 만약 상상표상이 **완전하다면** 그렇다! 하지만 그렇지 않으면 우리는 이미지의식을 가지며, 이것은 의향되는 대상과 대비되는 자신의 차이를 의식하거나 혹은 의식할 수 있다.

152 그 외에 지향의 합치(적합한 합치)라는 의식이 있는데, 이미지는 명료하면서도 이러한 〔합치의〕 의식이 아닐 수 있다.

는 말로 그 틈을 때우는 경우. 덧없으며, 색이 등장했다가 다시 사라지는 경우. 혹은 우리가 어떤 색인지 제대로 알지 못하고, 단지 몇몇 부분에서만 색을 아는 경우 등. 그래도 지향은 어떤 직접적인 방식으로 대상을 향한다. 사람들은 이미지를 독립적으로 구성되는 대상으로서 응시하지 않는다. 즉 [독립적으로 구성되는] 대상을 그렇게 존재하는 것으로 취하고 그다음 이미지로서 간주하는 식으로 응시하지 않는다. 지향은 오히려 이렇게 변덕스러운 덧없음을 관통해서 사태로 향한다. 그것은 해 질 무렵의 불명료한 지각을 그 자체로 취해 이미지로 만들지 않고, 거기에서 대상을 파악하는 것과 비슷하다. 우리는 현출에 주의할 수 있고, 이미지대상을 구성하여 "이 사물이 지금은 이렇게 현출하고 또 지금은 다르게 현출한다"고 말할 수 있다. 그리고 이 현출이 나에게 사태를 표상한다고 말할 수 있다. 그래서 상상이미지라고 말한다. (덧붙이자면, 지각이미지라고도 말하는데, 현출하는 면과 개별 현출을 자기동일적 사태에 관련시킬 때 그렇게 말하는 것이다. 하지만 그것은 간접적이고 유비적인 표현일 뿐이다.) 그러나 체험 자체에서 우리는 이중적인 두 대상을 구성하는 것이 아니며, 의향이 다른 의향 위에 구축되거나, 파악이 다른 파악 위에 구축되는 것이 아니다.[153] 물리적 이미지에서는 회색 사물이 현출하며, 그것이 색깔 있는 사물을 현시한다.[154] 나는 회색 사물을 직관하며, 나는 회색 사물을 흡사 본다. 이미지대상은 회색이며 회색으로 구성되었다.[155]

..
153 (재현하는 파악함, 재현자, 모사이미지, 상징의 경우).

154 (만약 내가 언제라도 수행할 **수 있는** 모사이미지 파악을 수행한다면 그러하다. 하지만 내가 이미지의식을 단지 들여다보며 거기 침잠한다면, 다시 말해, 내가 본래적 영상에 침잠할 뿐, 그것(본래적 영상)에 토대를 두고 때때로 새로운 영상으로 이끌어가는 재현에 침잠하는 것이 아니라면, 사태는 이와 다르다.)

155 (그리고 이제 모사이미지로서 재현한다).

상상에 회색이 있을 수는 있다.[156] 하지만 회색 사물이 현출하지는 않는다. 회색은 (윤곽이 포착할 수 없을 만큼 덧없지 않다면) 윤곽 내부에 펼쳐져 있다. 하지만 이 회색은 우리가 응시하게 될 회색 사물로 객관화되지 않는다.[157] 그것은 불명료한 배경으로서, 윤곽은 이 배경을 뚫고 드러나지만 이 배경은 객관화되지 않는다.[158] 상상 의향은 사태로 향한다. 그리고 덧없이 사라지는 것이 이것을 위한 발판, 즉 유사성의 발판이고, 유사한 것 속에서 유사한 것이 포착된다. 이것을 진술하기는 어렵다. 나는 우리 응접실을 생각한다. 브렌타노가 그린 그림,[159] 그리고 복제화들이 진열되어 있다. 나는 그것을 눈앞에 가진다. 이미지 재현의 방식이든 현시의 방식이든 간에 〔그것을 통해서야〕 비로소 그것〔브렌타노가 그린 그림과 복제화들〕과 **의미관계**를 가지는 다른 사태를 눈앞에 가지는 것이 아니다.

그렇다, 그것은 여전히 확실한 차이이다. 물리적 이미지 응시에서는 지각의 시선장에서 충돌이 일어난다. 거기에서는 두 가지 지향이 겹친다. 상상에서는 〔한편〕 충만한 직관이 있을 수 있는데, 그러면 여기에는 본래적 의미의 이미지의식이 아니라 직접적 대상의식, 현전하지 않는 것에 관한 직접적 대상의식이 있다. 아니면 〔다른 한편〕 대상과 저 '그림자들'을 향한 지향을 가질 수 있는데, 이 그림자들은 가령 모사적 이미지의식을 산출하거나 충돌과 섞인 직관적 이미지의식을 산출할 **확고한** 이미지대상을 만들

---

156 또한 물리적 이미지를 들여다볼 때의 순수한 영상적 의식에서도 이미 그러하다.

157 나는 순수하게 대상을 향한 지향에 침잠한다. 하지만 미적 이미지 감상에서 관심은 바로 이미지대상이 이미지주제를 현시하는 대로 이미지대상 자체를 향한다.

158 어떠한 표상하는 의향함도 현출하는 대로 현출하는 것을 향하지 않으며, 단지 의향하는 주제를 향한다.

159 브렌타노 부부가 1886년 그린 후설의 초상화를 뜻한다.(옮긴이)

지 않는다. 이런 〔이미지대상을 만드는〕 경우는 오직 완전한 상상현출이 있으면서도 〔이 상상 속의〕 사람이 금발인지 아닌지 모르는 상황, 즉 지향이 무규정적인 상황뿐이다.

이제 저 '그림자들'은 어떻게 기능하는가? 그것은 '불명료하게' 변경될 수 있고 덧없으며 다양하게 변화하는 현출이다. 그것은 다양하게 무규정적이며 색 등에 있어 무규정적이다. 거기에서 대상이 현출하지만, 다만 그림자처럼, '불완전하게', '무규정적으로' 현출한다. 베일, 안개, 여명을 통과하는 것처럼. 물리적 이미지에서는 유비화하지 않는 어떤 것이 확고하고 명료하게 있다. 그래서 이미지대상이 통일적으로, 적어도 쉽게 밀려온다. 이미지대상이 본래적으로 구성되는 것은 단지 관심이 그리로 향할 때뿐이다. 〔그에 비해〕 여기〔상상〕에서는 어떠한 확고한 통일체도 형성되지 않는다. 유비적 계기를 관통해서 대상지향이 흘러간다. 이미지대상은 명료하고 확고한 통일체로 구성되지 않는다.

부록 11(45절에 대하여)

상상인지 지각인지 흔들림

(1905년경 집필 추정)

지각의 시선장은 하나의 연관이다. 그것에는 감각의 시선장의 연관, 즉 감성적 감각의 장의 연관이 상응한다. 지각 시선장의 이러한 연관 속에 있는 것은 그것의 파악내용에 있어서는 감각인데, 이 감각이 파악되면 지각이 된다. 그러나 **지각인지 상상인지 흔들리는 일**은 드물지 않다. 특히 감각이 약할 때 그렇다. 여기에서는 간헐적으로 중단이 일어난다. 시선장은 그것의 내용에 있어 흔들린다. 나는 교회 종소리를 들은 것인지, 구상한 것인지 흔들린다. 따라서 교회 종소리가 현실적인 것인지, 구상된 것인지 흔들린다. 환상과 마찬가지로 여기에서도 파악내용은 감각장이다. 우리가 가지는 것은 상상자료, 즉 감각의 연관과 분리된(상상자료로서 필연적으로 분리된) 어떤 것이 아니다.

그렇지만 다음과 같이 말할 수 있다. 매우 미약한 감각에서는 감각이 ([감각장에] 확고하게 정렬되지 않으므로) 감각장에서 풀려나 상상에 귀속될 수 있다. 반대로 어떤 상상자료는 감각장에 정렬되는 것이 가능하다. 통상적으로 [상상자료와 감각은] 분리되지만, 어떤 한계사례에서는 부분적으로 일치한다. 음이 울린다. 나는 그것(째깍거리는 시계 소리)을 여전히 듣는가? 상상에도 이와 유사한 사태가 있다. '이미지'의 간헐적 중단과 내가 여전히 상상이미지를 가지는지에 대한 의심. 대상을 향한 지향은 계속된다. 이미지는 흔들리며 떠오르고 가라앉는다. 지금 우리는 여전히 그것을 가진다고 믿는다. 하지만 완전히 확신하지는 못한다. "나는 여전히 상상이미지를 가진다고 단지 구상하는 것인가?" 하지만 **이러한** 구상함은 당연히 상상함이 아니다. 이 점에 특히 주목해야 한다.

울리고 있는 음의 사례로 돌아가보자. 나는 그것을 여전히 듣는가? 여기서 우리가 감각이든 상상자료이든 어떤 것을 여전히 가지는지 의심스럽다. 감각의 간헐적 중단에서도 지향은 계속 남는다. 하지만 만약 감각이 떨어져 나갈 때 그 자리에 상상자료가 등장했다고는 전혀 말할 수 없다.

시계 소리를 듣는다고 **믿는다면**, 우리는 감각과 지각을 가진다. 이것을 돌연 의심하더라도, 충분히 감각을, 동일한 감성적 내용을 계속 가질 수 있다. 그러나 우리는 그것이 객관적으로는 아무것에도 상응하지 않는 주관적 현출(환상)은 아닌지 의심한다.

부록 12(37절과 51절 이하에 대하여)

감각과 상상자료, 그리고 그들에 본질적인 '파악들'[160]

(1904/1905년 집필 추정)

우리는 상상자료를 **현전하는 것**으로 파악할 수 있고 상상표상도 그렇게 파악할 수 있다. 지금 내게 론스 언덕이 떠오르고 나는 상상표상을 지각한다. 상상내용도 현전하지만 상상되는 [대상의] 내용은 당연히 현전하지 않는다.

상상의 판단은 현전한다. 다만 현행적 판단이 아닐 뿐이다. 나는 '실제로 믿지 않는다'. 나는 하나의 믿음을 표상한다.

감각과 상상자료의 근원적 차이를 상정한다면, 파악이 비로소 어떤 것을 현전하지 않는 것으로 변양하는 것이 아니라, 내용 자체가 이미 '변양된 것'이다. 통상적인 외적 이미지에서는 [상상적으로] 변양되지 않은 내용이 상상 기능을 위해 이용된다. 그때 이 내용은 물론 이중적으로 받아들여진다. 한 번은 그 내용 안에서 어떤 현전하는 것이 현출하는 지각 기능에 있어서 받아들여지고, 한 번은 현전하지 않는 어떤 것이 재현되는, 즉 외적 이미지에서 직관화되는 상상 기능에 있어서 받아들여진다. [이에 비해] 상상자료에 기초한 상상이미지에서는, 즉 본래적 상상에서는 상상자료가 지각 기능을 위해 이용되지 않는다. 하지만 그렇게 이용될 수도 있는데, 그것은 **상상자료가 현전하는 것으로서 간주될 수 있을 경우에 한한다.**[161] 하지만 여기에서는 필연적으로 상상자료가 현전하지 않는 것으로 파악되는

⁝

160 단지 아포리아적 서술을 위한 것이다.
161 여기에 난점이 있다.

동시에 그것의 상상 기능이 있고 상상이 현전한다. 그것은 지각, 현행적 판단, 그리고 모든 현행적인 심리적 체험과 같은 의미로 현전한다. 상상표상 자체는 상상자료가 아니다. 그러나 상상자료는 표상의 부분이다. 그것은 독립적 부분인가? 상상표상의 기초가 아닌 상상자료도 있을 수 있는가? 이와 마찬가지로 지각파악의 기초가 아닌 감각도 있을 수 있는지 물을 수도 있을 것이다.

어떤 감각이 파악되는 경우, 그것은 필연적으로 지각파악의 형식에서 파악되며, 그다음에 기껏해야 추가로 간접적 이미지(침투하는 이미지)의 형식에서 상상파악을 얻을 수 있다. 어떤 상상자료가 파악되는 경우, 그것은 필연적으로 상상파악의 형식에서 파악되며, 그다음에 기껏해야 추가로 지각파악을 얻을 수 있다. 즉, 상상자료가 상상의식에 현전하는 것으로서 지각파악될 수 있다. 앞에서는 지각의식이 상상의식의 기초로 기여하고, 뒤에서는 상상의식이 지각의식의 기초로 기여한다. 두 경우에 모두 매개성이 있다. 구체적 지각의식 내지는 지각파악이 이미지로 기여하는 지각대상을 구성한다. 하지만 이런 일은 감성적 감각이 본질적으로는 지각 기능을 가지는 동시에 비본질적으로 상상 기능을 가지는 것이다. 하지만 이것은 지각파악이 이미 수행되었음을 전제한다. 다른 한편, 본질적으로는 상상 기능을 가지는 동일한 감성적 내용(상상내용)이 이와 동시에 비본질적으로 지각 기능을 가진다. 그것은 상상파악이 이미 수행되었음을, 상상파악이 그 전체로서 현전하는 것으로 간주되었음을 전제한다.

혹은 감성적 감각이 변양될 수도 있다. 즉, 상상적으로 포착될 수도 있다. 그러나 그것은 오직 그것을 먼저 감각으로, 즉 '지각의 재현자'로 포착하는 전체 의식에서만 '상상의 재현자'로 포착될 수 있다. 그것(감성적 감각)을 현전하지 않는 것으로 간주함은 현전하는 것으로 간주함을 전제한다.

하지만 **상상자료**를 현전하는 것으로 간주함은 〔그것을〕 비현전하는 것으로 간주함을 전제한다.

따라서 이것은 감각과 상상자료의 본질적 차이이다. 감각이 겪는 유일한 종류의 **직접적** 파악 및 성격화는 현전하는 것으로서의 파악 및 성격화이다. 상상자료가 겪는 유일한 종류의 직접적 파악 및 성격화는 현전하지 않는 것으로서의 파악 및 성격화이다. '현실적인 것'(감각)의 본질은 우선은 그 자체로 간주되고 그 자체로 존재하며 기껏해야 그다음에야 비로소 다른 것을 현시한다는 소명이다.

〔이에 비해〕 상상적 내용의 본질은 우선은 다른 것으로 간주되지만 그다음에는 현시 기능을 가진 것으로서 간주된다는 소명이다.

상상자료가 상상파악의 내용으로 기능할 가능성을 지닐 뿐 아니라, 필연적으로 이러한 기능을 항상 지니는지 숙고해야 할 것 같다. 그 반면 지각에서는 이와 유사한 상황이 일어나지 않는다(아마도 감성적 감각에서는 일어날 수도 있겠다).

혹은 모든 내용이 의식된다고, 모든 것이 '의식내용'이라고 해야 하는가. 하지만 거기에는 **의향함**, 일차적 의향함, 배경의 의향함 등 의미의 의식은 속하지 않는다. 그렇게 되면 모든 파악과 의향이 '의식'될 것이지만 그것은 그것 자체가 의향된다는 말은 아니다. 내용에 대한 단적인 의식은 의향하는 파악함이 아닐 것이다. 하지만 모든 내용이 그것 자체로나 다른 것으로 파악되고, 거기에 의향함이 따른다고 해야 하는가?

'의식됨'은 무엇인가? 그것이 하나의 성격이라면, 이러한 성격 자체가 다시 의식되는지, 그러니까 재차 '의식'성격을 얻는지 묻게 되고 이것은 무한히 계속될 것이다.

감각과 상상자료의 본질적 구별이라는 견해, 이와 마찬가지로 현전화와 재현이라는 두 가지 의식방식의 구별이라는 견해. [이 견해에 따르면] 감각은 단지 한 가지 파악만, 상상자료는 단지 또 다른 한 가지 파악만 겪을 수 있다.

지난번에는 내게 떠오르지 않은 논변이 이러한 사실을 **지지한다**. 무엇이 감각으로 기능하고, 무엇이 상상자료로 기능하는지, 즉 무엇이 현전화의 기능에 놓이고, 무엇이 재현의 기능에 놓이는지가 우연적인 심리적 근거에 기반한다면, 그리하여 두 가지 파악 가운데 어느 파악을 위한 발판이 될 것인지가 **본질적으로** [현전화 혹은 재현에서] 기능하는 내용에 있는 것이 **아니라면**, 우리의 의식 통일성을 형성하는 **현행적** 체험이 현전하는 것이며 **따라서** 실재성이라는 것은 단지 **우연**, 가령 우리 '심리의 조직화'에 따른 우연에 불과할 것이다.

의식의 모든 내용이 일반적으로 상상자료로서 파악되는 것도 생각할 수 있을 것이다. 즉, 지각하지 않고 상상만 하는 의식도 생각할 수 있을 것이다. 아니면, 여기에는 어떤 좋지 않은 것이 있지 않은가?

하지만 그렇다면 소위 '상상자료', 변양된 체험, 감성적 상상자료, 판단의 변양, 감정의 변양 등은 어떠한가? 이것들도 의식 통일체에 속하지 않는가? 물론 속한다, 변양된 채로.

지각대상으로서, 그리고 지각(혹은 이미지표상, 상상표상, 기억표상)의 파악내용으로서 상상자료와 감각[162][163]

(1905년 몇몇 주의할 것의 사본과 이에 대한 부연 설명)

물음: 상상자료는 현전하는 것으로 현출하는 내용인가? 특이한 물음이다. 그것은 현전하는 것으로 **현출할 수 있는가?** 상상되는 것이 현전하는 것으로 현출하지 않는다면, 상상자료도 마찬가지로 현전하지 않는 것으로 현출하지 않는가?[164]

이러한 관점에서 지각의 경우는 어떠한가? 감각은 지금으로 현출한다. 지각대상도 그렇다. 더 나아가 이미지표상은 어떠한가? 예를 들어 지금 아님이 현시되는, 이전의 상황이 현시되는 사진 이미지의 경우는 어떠한가? 여기에서는 감각이 다시 파악내용이어서 이미지대상을 구성하며 이 이미지대상은 현전하는 것으로 현출한다. 그리고 이 이미지대상은 현전하지 않는 것을, 이 경우에는 지나간 것을 현시한다. 이것(이미지대상)은 '그것(현전하지 않는 것)을 기억나게 한다'. (이에 비해) 상상에서는 현전하는 이미지대상이 구성되지 않는다. 상상에서는 현전하지 않는 것을 '기억나게 하는' 어떠한 것도 현전하지 않는다. 기억표상을 포함하는 상상의 더 넓은 의미에서도 이것은 당연히 타당하다. 기억표상에서는 현전하지 않는 것을 '기

• •

162 이미지표상과 상상표상도 다룬다.

163 예전의 해석에 대한 좋은 서술. 예전의 해석은 상상자료를 그 자체는 존재하지 않는 어떤 것을 향한 통각을 겪는, 어떤 체험되는 것으로 보았다. 사태에 입각하여 볼 때, 분명 견지될 수 없는 해석이다.

164 명백히 그렇다.

억나게 하는' 어떤 현전하는 것이 눈앞에 있는가(현출하는가)?

하지만 여기에서는 더 정확하게 상술해야 한다.

나는 (항상 물리적 이미지라는 본래적 의미에서) **이미지**를 파악할 경우 어떤 〔주제와〕 유사한 특징들을 들여다본다. 나는 대상의식에 침잠하는데, 이때 이미지대상은 내게 본래적 의미에서 대상(주제)을 '기억나게' 하지 않고, 따라서 유사성 재현자 내지는 유사성 기호로 기능하지 않는다. 그러므로 나는 말하자면 내재적으로 응시한다. 이미지대상과 이미지주제는 이에 대한 반성과 초재적 응시에서야 비로소 마주 세워진다. 그리고 전자가 후자를 '기억나게 한다'. 혹은 (그 대상이 낯설 때처럼) 기억이라고 할 수 없다면, 전자는 유사성 재현자로서 후자를 현시한다. 특히 차이가 사소한 경우, 나는 이미지대상 안에서, 외적 관련을 배제하고 그것 자체에서 현출적으로 그것이 제공하는 것을 따라 주제를 본다. 이미지를 가로질러 사태를 본다. 다른 한편, 나는 이미지의식에서 영상적으로 본다. 이런 이미지의식은 차이에 의해, 적어도 현전하는 대상적 연관 전체에서의 차이에 의해 가능하다.

다음과 같이 말할 수도 있다. 우리는 때로는 비명시적 상징의식(의미의식)에 침잠한다. 이때 유사성 재현자는 유사성 재현자이지만, 이것이 재현하는 **그것은** 〔명시적으로〕 재현되지 않는다. 그리고 의향되고 상상표상에서 재현되는 대상과 관계 맺는 명시적 작용은 존재하지 않는다. 그것〔재현되는 대상〕은 초재적 응시에서 존재한다.[165] 이미지표상에서 이미지대상은 현전하는 것으로 현출하는 어떤 것이고, 그래서 이미지주제는 그 안에서 재현된다.

하지만 **상상표상**은 어떠한가? 여기에는 현전하지 않는 것을 재현하는,

----

[165] 따라서 (명시적이거나 명시적이지 않은) 기호적 표상에서와 똑같다.

어떤 현전하는 것이 존재하지 않는다. 여기에는 (이미지대상으로 기능하며) 현전하는 것으로 현출하는 것, '그것 자체로' 현출하는 것이 전혀 없다. (최소한, 어떤 좋고 완전한 상상이미지를 취할 경우) 여기에는 해명할 것이 없다. 이러한 해명 역시 상상이미지와 관계해야 하기 때문이다.

그리고 이것은 감각과 상상자료의 근원적 차이를 지시하지 않는가?

상상자료는 '재생'이라는 근원적 성격, 혹은 (감각과 비교하여) '비근원성', '거기 있지 않음'이라는 성격을 지닌다.

감각과 상상자료. 상상자료의 현전

하지만 상상표상, 즉 내적 지각의 대상인 전체로서의 상상표상은 현전하는 것, 현전하는 것으로 현출하는 것이 아닌가? 그리고 그 안에서 상상자료도 어떤 지금, 어떤 현전하는 것이 아닌가?[166] 감각(근원성이라는 성격, 즉 감각이라는 성격을 지니는 현상학적 내용)이 대상적이고 사물적으로 통각된다면, '외적 현출'로 통각된다면, 현전하는 것으로 현출하는 어떤 대상, 즉 어떤 지각대상 혹은 현전하는 대상, (때로는 부인되지만) 어떤 자체 존재가 구성된다. [이에 비해] 상상자료가 통각되면, 그것도 사물로 통각되면, 그것은 필연적으로 현전하지 않는 사물로 통각된다. 즉, '그것인 바의' 모든 면에 있어서 거기 없음이고, 몸소 있는 것이 아니라 '표상'되는 것이다.[167]

하지만 현상학적 통각이 일어나면, 상상자료는 감각과 마찬가지로 어

:

166 여기에 오류가 있다.
167 근본적 오류는 '상상자료'를 (단지 재현자로 '성격 규정'되는) 어떤 현전하는 것으로 간주하는 것이다. 그러나 이전 쪽의 상술은 이미 여기 반대된다.

떤 '이것'이고 '의식'의 어떤 계기이다.[168] (상징적 계기나 초재적 계기에 대비되는) 내실적 계기이다. 그리고 심리학적 통각이 일어나면 지각, 표상, '이것' 파악 등은 나에게, 경험적 자아에게 속한다. 모든 내실적 '이것'은 심리학적으로 현전하며 개체적 의식에 정렬되고 이를 통해 객관적 시간에 정렬된다. 감각과 상상자료는 객관적 시간에 존재한다. 즉 하나의 개체적 의식 내지는 자아에 있어서, 객관적 시간에서 이때나 저때 존재하는 것이다. 하지만 감각이나 상상자료는 **사물적**(물리적) 자연 안에서 위치하지 않는다. 그 안에서 현실적으로든 추정적으로든, 현실적 현출에 있어 '현존'하지 않는다.

아마도 다음을 덧붙여야 할 것이다. 상상자료는 비독립적인 것이고 필연적으로 비근원적인 것의 통각 성격을 지닌다.[169] 감각은 비독립적인 것이고 필연적으로 근원적인 것, 현전하는 것의 통각 성격을 지닌다. 즉 (우선은 인접성을 통한 초재에 관해서는 말하지 않더라도) 모든 일차적 내용은 근원적 필연성에 있어 사물적으로 통각된다. 하지만 이러한 통각이 속하는 의식은 (의식의 본질에 속하는 일이지만) 새로운 의식의 대상이 되자마자 새로운 통각, '내적' 통각을 겪으며, 이러한 의식은 인상이라는 성격을 지닌다.

첫 번째 통각(파악내용이나 '외적 대상'을 향하는 표상)의 파악내용으로서의 상상자료는 지금 있지 않고 그 자체가 있지 않다는 성격을 지닌다. 상상자료에 이런 성격을 주는 것은 이 통각이다.[170] 그리고 이 통각이 '구성하는' 세계에서는 그것은 필연적으로 이러한 성격을 지닌다.

∴

168 물론 여기에 커다란 유혹이 있다고 말하는 것은 당연하다. 하지만 그것은 견지될 수 없다. '이것'은 어떤 '이것'의 재현이다.
169 그것이 '지닌다'고 할 수 있는가?
170 어떻게 통각이, 체험되는 것에게 그 자체가 있지 않음이라는 성격을 나누어줄 수 있는가?

하지만 전체 지각과 표상과 기억 등과 마찬가지로, 이러한 통각의 구성 요소인 상상자료도 새로운 내적 통각에서는 '내적 현전', '내적 지금 있음과 그 자체가 있음'이라는 성격을 지닌다. 그리고 이 두 통각을 논리적으로 서로 연관시키고 논리적으로 처리함으로써 하나의 유일한 세계, 물리적 세계 및 그와 통일된 정신적 세계, 신체, 영혼 등이 생긴다. 그리고 이제 이것 안에서는 감각과 상상자료 모두 물리적 대상으로서의 위치를 지니지 않는다. 오히려 그것을 통해 구성되는 물리적 사물이 그런 위치를 지닌다. 이와 반대로 감각과 상상자료는 [물리적 세계에 대한] 정신적 보충에서, 다시 말해 심리적 세계에서 위치를 지니는데, 즉 통각, 나아가 지각함, 표상함 등의 구성요소나 기초로서 위치를 지닌다.

유고 2

상상과 기억의 재현이론으로부터
재생이론 내지는 이중재현이론 도입으로

(1904년경부터 1909년경까지, 경우에 따라 1912년 집필)

a) 아포리아. 동일한 현출의 이중적 파악:

현행적 자아와 관련하여 지각현출의 상상으로 파악하거나,

상상 자아와 관련하여 지각현출로 파악함. 현출을 재현의식에서

현시함은 모든 상상표상 및 기억표상의 본질이 아닌지.

상상-표상함을 향한 반성

(1904년 집필 추정)

나는 상상에서 헤레로의 땅[1] 안으로 나를 옮긴다. 나는 건조한 사막 등에 대해 공상에 잠긴다. 이것은 상상이고, 내게는 이 땅에 관한 적절한 서술이 없고 기껏해야 불완전한 서술만 있을 뿐이다. 이것이 나의 구상을 인

··

1 아프리카 남서부의 현 나미비아 지역으로 당시 독일의 식민지였다.(옮긴이)

도한다.

나는 지금 상상현출을 가진다. 즉, 나는 구상의 작용을 가진다. 그러나 동시에 '나는 그 안으로 나를 옮기고', 헤레로의 땅 안으로 나를 옮긴다. 나는 덤불을 '본다'. 나는 건조한 사막을 본다…. 나는 '본다'. [그러나] 대상이나 사건은 현실적 의미에서 지금 여기 있는 것으로 현출하지 않는다. 나는 지금 어떠한 지각도 없다. 나는 표상을 가진다. 그러면 **지각의 표상**도 가지는 것은 아닌가? 사건은 지금 있지 않은 것으로 현출한다. 현출이 지각체험의 내용으로 포착되지만, 지금 내가 가지는 것이 아니라 내가 나를 옮겨서 들어가는 지각체험의 내용으로 포착되기 때문이다. 내가 지각함을 내가 표상하는 것은 당연히 '표상'의 본질이 아니다. 다시 말해 내가 A를 지각함의 표상은 A의 표상의 본질이 아니다. 그렇게 되면 무한 소급이 일어날 테니 말이다.[2]

내가 A를 지각할 때, 예를 들어 시청 지하식당에 앉아서 내 친구 슈바르츠를 볼 때, 나는 내가 그를 지각하고 있다는 것까지 지각할 필요는 없다. 나는 물론 모든 외부 대상과 마찬가지로 내 친구도 나와의 관계 속에서 통각할 것이다. 즉 나는 그를 나와 마주 앉아 있고 나와 대화하고 있는 사람 등으로 지각할 것이다. 대상의 파악에는 적어도 각 외부 대상이 나, 나의 몸, 나의 머리와 관련해 어떤 공간적 위치에 있는지가 함께 속한다. 하지만 그렇다고 내가 지각하는 자, 즉 지각을 수행하는 자로서의 나를 반드시 파악하고 있는 것은 아니다. 나는 언제라도 그렇게 할 수 있고, 나는 내가 눈을 뜨고 있다는 사실을 '안다'. 나는 내가 친구 슈바르츠를 보고 있다

••
2 'A'를 표상함이 'A를 지각함'을 표상함을 본질적으로 포함한다면, 이는 나아가 'A를 지각함을 지각함'을 표상함을 포함하고, 이렇게 무한히 계속되므로 무한 소급이 일어난다. (옮긴이)

고 말할 수 있다. 내가 그를 보지 않더라도 그는 나와 마주 앉아 있을 수 있다. 내가 눈을 감거나 주위가 어두워질 때 그렇다. 나는 그를 보고 내 맞은편에 앉은 친구를 지각하며 이 지각함을 체험하고 지각에 의한 그의 현출함을 체험한다. 그는 그 자체가 내 앞에 있고, 이러한 지금 그 자체가 있음은 하나의 체험함이다. 이러한 체험은 존재하고 그것은 나의 체험함이다. 그것은 나의 체험, 나의 정신적 자아에 귀속되는 어떤 것이다. 물론 이 모든 일은 새로운 지각 및 이 〔새로운〕 지각에서 수행되는 〔반성의〕 관계에서 일어난다. 내가 지각한다면 나는 대상으로, 내 몸과 마주한 친구로 전향해 있다. 그리고 이런 체험이 있다면 저 반성과 〔반성의〕 관계의 가능성도 있음은 명증하다.

나는 이제 표상을 가진다면, 상상에서의 현출을 가지거나 직관적 기억 (재현)을 가진다면, 가령 내 친구가 나와 마주 앉아 내게 말하는 것도 어떤 의미에서는 본다. 표상에서는 지각과 다르지 않다. 외부 대상의 현출은 나의 몸의 현출과 관계 맺는데, 그래서 모든 외적 상상에서 나의 몸은 어떤 식으로든 더 분명하거나 덜 분명하게 〔외부 대상과〕 함께 표상된다. (특히 봄에 있어서 주로 보는 눈이 그러한데, 이것이 우리가 그 자체를 보는 대상으로 표상되는 것이 아니라, 뜬 눈의 근육 감각, 안구조절 감각 등을 통해 재현되는 것으로 표상된다. 시각장으로 튀어나온 코의 안면 이미지 등.) 나는 나의 손도 보는데, 손은 내 머리, 즉 신체의 봄의 중심과 어떤 관계 속에 놓인다.

하지만 물리적 봄의 관계의 이 중심 자체는 다시 이런 방식으로 표상되지 않는다. 물론 내가 거기에 주의를 기울이면, 나는 나의 머리를, 그리고 아마도 나 자신을 완전히 표상한다. 가령 내가 거울을 통해 '나를' 아는 모습대로 말이다. 그러면 〔이처럼 보이는〕 봄의 중심은 다시 〔그것을 보는〕 또 다른 봄의 중심과 기이한 관계를 맺는다.

이제 충분하다. 내가 이제 시청 지하식당에서 슈바르츠와 보냈던 생기 있었던 시간을 다시 떠올리면, 그리고 특히 특정 계기와 특정 상황에서 내가 그의 맞은편에 어떻게 앉아 있었는지 다시 생각하면, 나는 전체 상황에 관한 '상상'표상, 특히 '나'에 관한 상상표상을 가진다. 그리고 나는 내가 보는 어떤 책상을 내가 상상현출에서 기억하는 책상과 (그 위치와 외관은 달라졌을 수 있지만) 동일화할 수 있는 것과 마찬가지로, 자아에 대한 기억을 지금 감각되거나 지각되는 자아와 동일화할 수 있다. 따라서 상상에서 대상은 **나의 자아**(어떤 상상되는 상황과 위치에 있는 나의 자아)에 마주하여 있다. 당연히 그 경우 지각함은 상상되지 않지만, 그래도 다시 나는 대상이 자아에게 현출한다고 말할 수 있는데, 그것도 자아가 대상을 지각하고, 자아가 눈을 뜨고 대상을 이러저러하게 주시한다는 등의 방식으로 그렇게 할 수 있다.

이제 상상함의 작용을 반성한다면, 나는 현재에 있다. 이 작용은 나의 현행적 자아에 귀속된다. 즉, 그것은 지각된다. 이러저러한 나타남, 이미지의 떠오름 등은 현행적으로 지각되는 어떤 것이고, '영혼'의 영역에 속한다. 이제 나에게 시청 지하식당에서의 상황이나 오이겐 슈바르츠의 '이미지' 등이 떠오른다. 그러나 나는 현출을 상상되는 자아에도 연관시킬 수 있는데, 신체적 자아뿐 아니라 정신적 자아에도 연관시킬 수 있다. 나는 상상에 침잠한다면 이미지의식에 침잠하는데, 이 이미지의식은 저 상상의 자아, 저 상상대상, 저 상상상황을 지향적으로 포괄한다. 상상의 자아에는 영혼의 체험을 지닌 상상의식도 속하는데, 이런 체험에는 그것[상상의 자아]과 마주하는 대상의 현출함, [이 대상의] 상상의 자아와 마주함, [이 대상의] 상상의 자아 자체에 대해 현존함도 속한다.

내가 '나의 친구 슈바르츠'라는 상상현출을 나의 **지각되는 자아**와 연결시키면, 나는 바로 **상상현출**을 가지며, 이 지각되는 자아에게 친구가 떠오른다. 그것〔지각되는 자아〕은 친구의 직관을 체험하지만, 이 직관은 "친구가 그 자체로 현실적으로 현존함"이거나 "지금 그 자체로 마주 있음"이거나 그의 그 자체로 현전함이거나 그의 지각되는 존재임인 것은 아니다. 하지만 내가 현출을 나의 **상상되는 자아**와 연결시키면, 이 현출은 이 자아의 심리적 체험이다. 즉, 이 자아는 이 현출을 가지는 자로 파악될 수 있다. 물론 이 상상되는 자아는 지금의 현출을, 그것과 **자기동일적으로 같은 현출**을 가질 수는 없다. "상상되는 자아는 현출을 가진다." 즉, 저 상황을 상상함에는 여기 포함되는 어떤 가능성, 즉 "그러면 상상되는 정신적 자아에는 현출을 가짐이 속해야 한다"는 것이 상상에 있어 (암묵적 전제로서) 타당할 가능성이 속한다. 하지만 상상의 자아는 현행적 자아가 아니다.[3] 물론 전자가 후자와 동일화되기는 하지만, 그의 상상체험이 지금 현행적 체험일 수 있다는 의미에서 그런 것은 아니다. 나는 상상에서 '내가 거기 있는 것처럼' 무어인의 땅으로 들어갈 수 있다. 하지만 **완전히** 내가 거기 있는 것처럼 그렇게 하지는 않는다. 즉 나는 나의 지각 주변을 견지할 수 없다. 이것은 상상 주변과 충돌하기 때문이다. 나의 지금의 시각장은 상상되는 시각장과 불일치한다는 것 등등. 이는 바로 상상적으로 상정될 뿐 지금 현존하지는 않는, 의식내용의 모든 부분에도 해당한다. 물론 재현의 의식은 오직 이것을 통해 가능하다.

⁑

3   따라서 상상적으로 현출하는 자아는 비-지금이 된다. 내가 지금 그〔상상적으로 현출하는 자아〕에 귀속된다고 해석하는 저것은 저 〔상상적으로 현출하는〕 자아가 가진 그것의 이미지가 된다. 충돌은 말하자면 현행적 자아와 상상되는 자아를 분리한다. 따라서 지금 체험되는 현출도 재현자가 된다. 즉, 상상되는 자아에게 속한다고 생각되는 '현출'의 이미지가 된다.

구상되는 자아도 내가 지금 상상현출이라고 부르는 현출, 그리고 나의 지금의 자아가 이러한 방식으로 가지고 있는 현출을 상상현출의 방식으로 가지는가? 내가 친구 슈바르츠와 마주 앉아 있었음을 표상한다면, 여기에는 내가 마주 앉아 있는 친구의 지각현출을 가졌으리라 표상함이 '암묵적으로' 포함된다. 친구의 자체현출, 마주 앉음 **자체**는 상상의 자아에게 귀속된다. 〔이에 비해〕지각현출로 간주되지 않고 재현으로 이해되는 현출은 현행적인 지금 자아에게 귀속된다. 동일한 현출이 이중으로 파악된다. 그것은 상상의 자아와의 관계에서는 지각현출이다. 나는 "이러저러한 상황에 있는 내가 이러저러한 것을 지각한다"고 상상한다. 즉, 상상에서 현출은 상상의 자아에게 지각으로서 귀속된다. 〔이에 비해〕그 현출은 지금 자아와의 관계에서는 지각현출의 상상이다. 하지만 그 현출은 저 상황에 있는 자아의 상상과 더불어, 현전하는 자아에 상상으로서 현행적으로 귀속된다.

모든 상상표상의 본질은 재현의 의식 안에서 어떤 현출을 현시함이 아닌가? 이러한 의식에 침잠함, 즉 대상인 친구 슈바르츠를 '상상에서 보여줌'. 이러한 의식을 반성함은 그것을 주시한다는 것, 이 표상 혹은 이 상상이 있음을 지각한다는 것을 의미한다. 여기서 현출하는 **대상**이 재현의식 덕분에 상상되는 대상(재현되는 대상)인 것과 같이, 그리고 거기에서 체험되는 일차적 내용, 즉 색 등이 이와 같지만 체험되지 않는 내용의 재현자인 것과 같이, **현출**도 필연적으로 어떤 지각현출의 재현으로서 포착될 수 있다. '친구 슈바르츠'를 표상함은 친구 슈바르츠의 지각을 표상한다는 것이 아니다. 그러나 나는 친구 슈바르츠를 표상한다면, 표상, 즉 내가 지금 가지고 있는 현출을 그에 상응하는, 동일한 것〔친구 슈바르츠〕의 지각현출의 이미지로 파악할 수 있다.

X를 표상함 = 대상 X를 표상함 ≅ X가 거기 현전함을 표상함 ≅ X가 지

각됨을, X가 지각의 방식으로 현출함을 표상함 ≡ 지금의 현출에서 동일한 대상의 지각현출이 재현됨을 표상함.

다음과 같이 말할 수도 있다. A(시청, 친구 슈바르츠)를 상상함은 이 대상을 떠오르게 함, 즉 그것을 그 자체로 현존하는 것으로 현출하게 함을 의미한다(그를 현출하게 함, 떠오르게 함, 그리고 그 자체로 현존하는 것으로 현출하게 함은 같은 것이다). 물론 지금 현존하는 것으로, 지금 나의 주변에 현존하는 것으로는 아니다! 그것은 또 다른 어떤 것이다. 나는 (현재, 지금의 시간 경과에 존재하는) 지금의 시간점에서, 그리고 이 방에서 지금의 주변 등에서, 존재하지 않는 것 혹은 지금 존재하지 않는 것도 표상할 수도 있다. 여기에서 나는 현행적 지금과 현행적 주변을 체험하면서 〔상상되는 것을〕 그것 안으로 넣어서 상상하는데, 이때는 현행적으로 체험되는 이러저러한 것과의 **충돌을 의식한다.** 〔이에 비해〕 이러한 방식으로 〔현행적 지금과 주변에〕 넣어서 상상되지 않는 A의 상상표상에 침잠할 때는, 나는 어떤 지금과 어떤 주변 등을 현행적으로 체험되는 지금 및 주변과 뒤섞지 않으면서 표상한다. 어떤 대상, 자체현출하는 어떤 것이 표상된다. 나는 재현의 의식에 침잠하는데, 이것은 현행적 지금의 의식, 현실적인 자체 소여됨의 의식, 자기 현출의 의식과 다르다. 대상은 **흡사** 그 자체로 현존한다. 대상은 이러저러한 현출과 측면 등에서 그렇다. 이 현출은 지각현출이 아니라, 지각현출의 재현자이다. 상상의 의식은 지각이 아니라, 흡사 지각이다.[4] 전체 의식이 재현되고 전체 의식이 재현자이다.

<hr />

4   대상은 현출한다. 대상 자체가 현출하지만 지금 현전하지 않는 것으로서, 현전과 충돌하면서 현출한다. 이 대상의 현출함은 현전에 들어오지만, 이 대상 자체의 성격은 현전하지 않음, 즉 현전과 길항하는 '존재 규정'을 지님이다. 그것은 현행적 지금에 있지 않으며, 그의 '현전'은 어떤 **다른** 현전, 다른 시간 규정이다. 그리고 시간은 개체성을 부여한다.

나는 (상상에서는) 지각에서처럼, 감각, 즉 동일한 대상을 현시하는 것으로 파악되고 같은 현출로 형태화되는 감각만 가지는 것이 아니다. 그리고 (지각과 상상의) 차이는 단지 하나에는 '지각'의 형언할 수 없는 성격이 있고, 다른 경우에는 이에 상관적으로 '상상'이라는 성격이 있다는 것이 아니다.[5] 나는 한쪽(지각)에서는 자체현출이라는 성격을 가지며, 이 자체현출을 반성함으로써 그것이 거기 있고 직접 포착됨을 발견한다. 하지만 이제 상상은 어떤 변양을 가져온다. 그것은 '현실적으로' 있지 않고, 지금 현전하지 않으며, 현행적으로 지금 있거나 현전하지 않는다. 그것은 한갓 '재현'이다. 시청은 단지 현전하는 것으로 현출한다. 그것은 나에게 단지 떠오른다. 나는 시청 자체가 나와 마주한다는 의식을 가진다. 그러나 그것은 그래도 현행적으로 현전하지 않으며, 지각대상과 다르게 현출한다. 그것은 재현의 방식에서 현출한다. 자체라는 의식은 이제 다만 닮은꼴이고 재현자이다. 나는 거기에 주의한다면 그것을 알아차린다. "나는 내가 시청을 지각함을 상상에서 표상한다." 따라서 나는 시청의 지각함을 표상한다. 이것은 통상적으로 내가 시청을 표상하고 내가 그것과 마주하는 방식을 표상한다는 뜻일 뿐이다. 그러나 그다음에 나는 지각함을 반성하면서 그것을 재현자로서 간주하거나 발견할 수 있다. 엄밀한 의미에서 지각함을 표상한다는 것은 "나는 내가 지각한다는 것을 표상한다"는 뜻이다. 그때 지각함을 지각함도 의식될 수 있다. 나는 나의 시청을 지각함을 표상한다. 나는 나를 시청에 대한 지각함 안으로 옮기고, 내가 그것을 반성함을, 즉

5   이것은 오해를 일으킬 수 있다. 기껏해야 다음과 같다. 이 성격은 형언할 수 없는 것이 아니다. 그것은 한 번은(지각에서는) 현행적 현전, 현행적으로 주어지는 '현실성'이고, 다른 때는(상상에서는) 비-현전이자 비-지금이다.

나의 지각함을 지각한다는 것을 표상한다. 하지만 이 모든 것은 단지 재현적이다. 이 모든 것은 지금이 아니고 현행적으로 현전하지 않는다는 성격을 지닌 채 현출한다.

나는 모든 반성을 도외시해본다. 나는 "시청이 내 앞에 있고 나는 그것을 본다"고 표상한다(하지만 내가 이렇게 한다는 것을 생각하지는 않는다). 이 따옴표는 변양된 의식을 암시한다. '지각함', '봄', '내 앞에 있음'은 반성될 수 있으며, 그러면 나는 '상상에서' 지각함, 내 앞에 있음 등을 포착한다. 하지만 그것은 다시 변양된다. 그것은 단지 재현자로 간주된다. 그러면 나는 재현의 의식에서 이 모든 것을 어떤 현전하는 것으로 의식에 가져올 수 있다. 즉, 나는 지금 내 앞에 있는 것의 현출을 가진다. 나에게 시청이 마주 있었다는 표상을, 내가 상상에서 그것을 직관했다는 표상을 가질 수 있는 것이다. 이 허깨비 전체는 재현이자 변양으로서, 지금의 현행적 지각의식 및 거기에 작용으로서 내실적으로 편입되는 것과 관계 맺을 수 있다.

그것은 지각의 표상인가? 아니다. 그것은 대상의 표상이다. 그러나 이제 내가 지각을, 즉 대상의 자체현전의 의식을 표상하고자 한다면? 대상에 대한 (상상에서의) 표상을 의미하는 재현의 의식은 대상의 자체현존의 의식에 관한 표상이 아니라, 〔대상의〕 자체현존에 관한 표상이다. 내가 재현의 의식을, 상상의 표상함을 반성한다면, 그것은 현행적으로 지각되는 어떤 것, 어떤 지금이다.

내가 시청의 상상현출에 주의한다면, 이 현출은 어떤 지금이다. 그러나 나는 또한 이 현출을 이전에 가졌던 어떤 현출의 현출, 혹은 내가 지금 가지고 있지 않으나 그리로 들어가 상상하는 어떤 현출의 현출로 파악할 수 있다. 즉 대상의 현행적 자체현출의 재현자로 파악할 수 있다.

지각을 표상함 = 상상에 있는 대상 현출을 (다시 한번 표상되지는 않는 지각현출의) 재현자로 간주함이자 이와 마찬가지로 상상 정립(변양된 정립)을 현실적 정립의 재현자로 간주함.[6]

지각의 본질은 반성될 수 있다는 것이다. 나는 대상에 주의하지 않고, 대상을 지각함, 대상의 자체현출함, 대상이 현존하는 것으로 간주되고 믿어짐에 주의할 수 있다. [이와 마찬가지로] 상상의 본질은 대상에 주의하지 않고, 그것의 현출함, 그것이 현존하는 것으로 상상되고 '상상에서 믿어짐'에 주의할 수 있다는 것이다. 나는 상상(최소한 완전히 직관적이고 매우 '명료한' 상상)에서 지각에서와 (본질에 있어서는 충분히) 마찬가지로 현출을 가진다. 하지만 이들의 '방식'은 서로 다르며, 의식은 변양된다.

나에게 시청이 떠오르면, 나는 '지각'을 갖는다. 시청이 거기 있다. 그리고 시청은 이러저러한 면과 이러저러한 현출에 있어서 거기 있다. 하지만 '지각'은 현실적으로 지각이 아니며, "그것은 지각을 표상한다." 현실적 지각에서와 거의 같은 이 의식 전체는 현실적 지각의 의식을 재현한다.[7]

이 모든 것이 기억에도 적용된다. 나는 여기에서 직접적 기억, 일차적 기억[파지]이 아니라, **회상**, 즉 재현적 기억을 염두에 두고 있다.

상상이라는 말을 가장 넓은 의미로 받아들이면, 거기에서 회상도 발견한다. [이에 비해] 좁은 의미의 상상에는 믿음 성격이 없는데, 전체적으로 없을 수도 있고 상상되는 전체에 대해서 없을 수도 있다. **시간의식은 언제나 포함되어 있다.** 나는 갑옷을 입은 기사가 용과 싸우는 것을 상상하거나

••

6 어떤 지각의 표상, 어떤 구상의 표상, 어떤 이전 기억의 표상 등. 그리고 이와 마찬가지로 이러한 표상되는 기억은 다시 어떤 지각에 대한 기억, 어떤 표상에 대한 기억 등일 수 있다.
7 이것은 '기억'과의 관계 속에 있는 '지각'이다. 나는 내가 시청 지하식당에 앉아 있었고 이런저런 '상상과 기억'을 떠올렸고 그다음에 다시 '지각되는' 주변에 주의를 기울였다는 것 등을 지금 표상한다.

해변에서 벌어지는 전차 전투를 상상하더라도 시간 표상을 가진다. 나는 사건을 과거에 있었다고 표상하거나 주변의 현전으로 넣어 상상되는 것으로 표상하지 않아도, 지속과 경과를 표상하며, 이 사물에 대한 '지각으로 나를 옮기고', 내가 그것에 주의하지 않더라도 그것의 지금, 시간적 현전을 상상한다. 이 사물이 '객관적 시간'에서, 즉 현실적 사물이나 사건의 시간에서 등장하지는 않는다. 그것은 도대체 그렇게 간주되지 않기 때문이다. 그것은 허구이며 그것의 시간도 허구이다.

기억에 있어서는 나는 상상되는 것을 [과거에 존재했다고] 믿으면서 과거 안에 정립한다. 회상에서는 (모든 상상에 있는) 지금-아님이 어떤 과거의 것을 재현한다.

물론 여기에서 다음과 같이 물을 수 있다. 과거의 재현은 어떻게 일어나는가? 나는 연속을 지각할 때 과거를 체험하고, **연속**을 회상할 때 과거를 직관적으로 표상된 것으로 가진다. 하지만 어떤 상황, 예를 들어 내가 뮌헨의 피나코테크 미술관을 방문한 일을 '돌이켜 생각한다면', 즉 개별 상황이나 특정 그림을 본 일을 '돌이켜 생각한다면', 거기에서 어떠한 과거임도 직관하지 않는다. 여기에서 연상을 가지고 설명한다면 다음과 같이 말해야 한다. A는 B-C로 넘어간다. 이때 A는 변하고 과거로의 '뒤로 밀림'을 겪으면서 과거의 것이라는 성격을 얻는다. 그러나 A가 다시 떠오르면, 이것은 자신이 속한 연속 계열[A-B-C]을 [연상적으로] 자극하며 특히 과거를 자극한다.

이러한 설명은 만족스럽지 않다. 사건 전체는 내가 그것을 뒤쫓는 한에서 과거 성격을 가지는데, 거기에서 등장하는 직관적 과거도 마찬가지이다. 물론 과거도 현행적 체험에서 과거가 되며, 과거 성격을 포함해 모든 성격은 뒤로 밀린다. 이것이 [위의 설명이 만족스럽지 않은] 그 이유이다.

b) 무엇에 '관한' 현행적 표상,
그리고 구상이나 기억(영상적 대응물)에서의 표상.
상상에서의 반성
(1905년경 집필)

다음을 구별해야 한다.

1) 어떤 판단에 **관한 표상**, 어떤 의지에 **관한 표상**, 어떤 감정에 **관한 표상**, 또 어떤 표상에 관한 표상, 표상에 관한 표상에 관한 표상 등, 무언가의 지각, 무언가의 직관적 표상, 지각에 관한 상징적 표상 및 그와 같은 것 등, 직관적 표상에 관한 직관적 표상 등.

2) **영상적 대응물**, 어떤 판단, 어떤 감정, 어떤 의지의 변양. 판단 등에 침잠함. 우리는 소설이나 극의 인물에게 침잠한다. 우리는 그의 판단함 등을 표상함, 지각함, 구상함 등의 대상으로 삼았는지는 도외시하더라도, 그와 더불어 판단하고 느끼고 원한다.[8] 나는 과거의 상황에 침잠한다. 예를 들어 할레에서 피팅과 나눈 대화 등에 침잠한다. 과거의 판단이나 소원 등에 침잠한다. 나는 그저 침잠한다면 현실적으로 소망하지 않고 현실적으로 판단하지 않는다. 나는 기억나는 사실에 대해 지금 현실적으로 판단할 수도 있고 지금 현실적으로 화가 날 수도 있지만, 그 당시에는 그렇게 판단하지 않았고 그렇게 화가 나지 않았다는 것 등등. 더 나은 표현으로는, 이 〔현실적〕 판단이나 감정은 (내가 거기 침잠하는) 기억의 영역에 속하지 않는다. 나는 기억에서 판단에 침잠하면서 이와 동시에 지금 〔그때와〕 마찬가지

⁞

8 하지만 (상상을 토대로 동기화되는) 내적으로 공감함 혹은 작용을 수행함은 동기 없이 한갓 상상함과 구별해야 하지 않는가? 그렇다. 하지만 상상 동기 없는 상상작용이 있는가?

로 판단하고 마찬가지로 느낄 수도 있다는 것 등등.[9]

어쨌든 판단을 대상화하는, 어떤 판단에 관한 표상이나 의지를 대상화하는, 어떤 의지에 관한 표상이 영상적 판단이나 영상적 의지 등과 다르다는 것은 분명하다. **아니면, 그렇지 않은가?**

어떤 판단의 표상과 판단, 즉 현실적 판단이나 감정이입되는 판단은 차이가 있지 않은가? 기쁨의 표상과 기뻐함, 그리고 기쁨에 침잠해 감정이입하는 것은 차이가 있지 않은가? 분명한 사례!

나는 내가 최근에 격분했음을 표상한다. 여기에서는 나는 분노와 〔분노의〕 전체적 경과를 표상한다. 여기에는 '침잠함'과 차이가 있는가? 상상에서는 모든 것이 대상화되지 않는가? 사례가 너무 복잡하다.

기쁨의 현행적 체험에서 나는 기쁨을 주는 것에 향하지만 기쁨을 '감지한다'. 판단의 현행적 체험에서 나는 사태로 향한다. S!는 P이다. 이 잉크는 푸르스름하다. 현행적 소원에서 나는 이 난점들을 해결하기를 원한다! 혹은 현행적 의지(나의 의도는 나를 지금 지배하고 있는 문제들의 해결을 겨냥한다)에서 나는 사태로 향한다. 나는 의지하는 것이지 의지에 주의하거나 그것을 대상화하는 것이 아니다. 지각과 지각의 지각, 판단과 판단의 지각, 소원과 소원의 지각은 차이가 있는가? 따라서 나는 묻는다. 나는 거기에서 사태를 향하지 않는가? 혹은 물음을 향하지 않는가? 내가 우울하고 아무것도 해결하지 못한다면, 나는 사태를 향하는 것이 아니라 불쾌함을 향하는가?

기억과 '상상'에서도 마찬가지이다. 나는 표상한다. 내가 묻는다고, 진전

..

9   재생함과 (내가 〔타인의〕 동기를 다시 수행한다는 의미에서) 공감이나 감정이입〔을 통한 재생함〕은 구별해야 한다.

이 없어 불쾌하다고, 내가 판단하고 의지하고 지각하고 기억한다고 표상한다.

어쨌든 이와 마찬가지 의미에서 차이가 존재한다. 현행적 물음과 구상화에서의 물음, 현행적 판단과 구상에서의 판단, 현행적 소원과 구상화에서의 소원. 구상화 대신에 기억을 넣어도 마찬가지이다.

두 경우(현행적 작용 및 구상화에서의 작용) 모두에서 나는 '작용'을 대상으로 삼을 수 있다. 그래도 두 경우는 확실히 차이가 있다. 그리고 (나는 작용을) 어떤 이것, 어떤 언급되는 것으로 삼을 수 있는데, 이것은 이것에 관해 무언가가 타당한 것이며 그다음에는 이것에 어떤 물음이나 소원함이 관계하는 대상이다. 어쨌든 나는 다음을 견지한다. 내가 소원할 때 그 대상은 소원이 아니며, 내가 판단할 때 그 대상은 판단이 아니다.[10]

도대체 나는 어떻게 **지각을 영상적으로 표상**할 수 있고 대상으로 삼을 수 있는가?

1) A의 지각   2) 대응물: A의 영상화

1′) A의 지각의 지각

　　　　　α) A의 영상화의 지각

　　　　　β) A의 지각의 영상화

　　　　　γ) A의 영상화의 영상화

이것은 네 가지 가능성 전체이다(1 + 3)[11]

　α) A의 영상화는 당연히 대상화될 수 있는데, 가령 내가 바로 지금 침잠

‥

10　이 행에는 원래의 글의 연관으로부터 보면 원고 한 장이 빠져 있다.(옮긴이)

11　다음과 같이 정렬된다. 1)의 지각, 1)의 상상표상, 2)의 지각, 2)의 상상표상. **무언가의 상상**을 **변양**과 혼동하면 안 된다.

하여 영상화하는 켄타우로스의 도약이 그렇다. (켄타우로스가 상상에 있도록) 켄타우로스의 구상화를 실행함과 이 구상화를 지각의 대상으로 삼음은 서로 다른 두 가지이다.

β) A의 **지각의 영상화**란 무엇을 뜻하는가?

당연히 A의 지각의 영상적 대응물을 뜻하는 것이 아니다. 그런 것이라면 A의 영상적 의식일 뿐이다. 모든 곳에서 그런 것처럼, 여기에서도 염두에 두는 것은 '의'이다. (대상적으로 만드는) 무엇의 지각, 무엇의 영상화. 따라서 나는 A의 지각을 영상화하고 대상화한다. **내가 A 지각을 가진다면**, 나는 그것을 영상화의 대상으로 삼을 수는 없으며, 지각이나 여타 인상적 〔현전하는〕 작용의 대상으로만 삼을 수 있는가? 나는 이것을 지각하지 않는다고 구상할 수 없는가? 그렇지 않다. 나는 내가 여타 모든 것은 지각하지만 이것은 지각하지 않는다고 구상할 수 있다. 나는 또한 내가 이 지각(내가 지금 현행적으로 가지는 지각)을 가진다고 구상할 수도 있다. 이런 구상으로는 당연히 이 지각이 현행적으로 들어갈 수는 없고, 나는 가령 눈을 감고 이제 내가 (방금 지각한) 이것을 지각한다고 구상한다. 나는 내가 이 모든 것을 상상한다고 생각할 수도 있지만, 지각을 견지한다면 나는 그것〔지각〕의 내용의 현행적 구상화를 수행할 수는 없다. **인상과 관념은 현행성에서 서로를 배제한다.** 하지만 내가 거기에서 구상한 지각을 현행적으로 수행한 경우는 여기에서 도외시하자. 어떤 지각의 구상화는 어떠한가?

나는 내가 A를 지각한다고 구상한다.

나는 지각함으로 들어가 상상한다. 이제 그렇게 되면 그야말로 상상에서 이 대상이 있는 것이다. 대상 A의 지각함에 침잠함 = 상상함, 즉 대상 A를 상상함. 하지만 여기에서는 〔A의〕 지각이 아니라 A가 대상이다.

내가 이러한 구상을 대상으로 삼는다면, 나는 A의 상상을 지각한다. 이제 A를 상상함을 지각하는 것은 (A를 지각함의 상상표상을 갖는 것, 혹은 더 나은 표현으로는) A 지각의 상상표상을 가지는 것과 같은가? 하지만 전자는 지각이고, 후자는 상상이다! 한 번 더 숙고해보자. 한 경우에는 나는 A의 상상현출을 지각한다. 다른 경우에는 나는 A 지각을 상상한다. 이것이 차이일 것이다. 하지만 A 지각의 상상함은 A를 상상함을 뜻하는 것이 아니라, A의 지각을 상상함을 뜻한다. A의 지각은 A 지각의 지각에게는 그 대상이다. 이에 상응하는 대응물은 A 지각의 상상이다.

나는 A의 상상 = A의 유사지각을 수행한다. 그러나 그다음 나는 이 유사지각에 대한 현행적 반성을 수행하지 않는다. 만일 그렇다면 이것은 A의 유사지각 혹은 구상의 지각이 될 것이다. 그 대신 나는 '상상에서' 반성을 수행한다. 즉, 나는 A를 구상할 뿐만 아니라, 내가 A의 의식을 대상화함도 구상하는 것이다. 나는 A의 지각(A를 증여하는 의식)이라는 대상을 구상하는 것이다. 나는 어떤 집을 상상한다. 나는 이 집의 상상함을 대상으로 삼는다. 이것은 내가 바로 집의 상상함이라고 부르는 대상이다. 그러나 나는 내가 집의 변양된 의식을 수행하는 동안에 **변양된 방식으로 반성**할 수도 있다. 나는 모든 작용 일반을 변양하는 행위에 있어서 수행할 수 있다. 정초 작용, 관계 작용, 비교 작용, 구별 작용, 반성 작용 등을 그렇게 수행할 수 있다. 그러면 이것들은 철저히 그리고 모든 점에서 변양된 작용이다. 따라서 현행적 '반성'에는 변양된 반성이 상응하는데, 이것은 'A의 지각의 상상'이라는 의식이다. 그리고 만약 내가 다시 그것을 현행적으로 반성한다면 이 상상을 지각하는데, 이것을 개념적으로 표현하면 A의 지각의 상상이라고 부를 수 있다.

γ) **A의 영상화를 향하는 영상화.** 거칠게 표현하자면 나는 내가 A를 구상함을 구상한다.

나는 내가 A를 구상함을 지각할 수 있다(A의 구상의 지각). 나는 모든 지각과 마찬가지로 이 지각도 변양할 수 있다.

나는 A의 구상은 변양할 수 없다. 하지만 이 구상의 지각은 변양할 수 있다. 나는 켄타우로스의 구상에 침잠한다. 나는 내가 이러한 구상을 수행함을 구상한다. 예를 들어 나는 어떤 상황에 들어가 상상한다. 나는 아프리카를 여행한다. 나는 행군하다가 휴식을 취하면서 나의 상상에 몰두한다. 나는 그리스 신계의 켄타우로스와 요정을 생각한다는 것 등등. 이러한 상상은 지금의 것으로 간주되지 않고, 그 자체가 상상되는 상상으로 간주된다. 상상에서 다시 현실과 꿈(상상)이 구별된다.

지금까지 모든 것이 잘된 듯하다. 하지만 이 상황을 숙고한다면, 그것은 상상의 상상(두 번째 변양)은 가능하지 않다는 이제까지의 가정과 모순되지 않는가? 꿈꾸는 나를 꿈꾸는 상황, 더 분명하게 말한다면, 내가 꿈꾸는 것을 꿈꾸는 상황으로 내가 들어가 꿈을 꾼다면, 이 꾸어진 꿈은 대상이 되어야 하는가? 그렇지 않은 것 같다. (이는 이미지의 이미지에 있어서 이미지가 그 이미지 기능에 있어 그렇지 않은 것과 같다.) 이것은 여전히 더 숙고해야 한다.

*

A의 영상화의 영상화를 A의 영상화의 변양과 혼동해서는 안 된다.

전자는 상상표상이 A의 상상표상을 대상으로 삼는 것이고, 후자는 A의 상상표상의 변양인데, 후자가 전자와 맺는 관계는 A의 단적인 상상이 A의 단적인 지각과 맺는 관계와 같다.

c) 반성, 그리고 상상에서의 현상학적 환원

(1905년 집필 추정)

우선 상상의 보다 일반적인 영역을 둘러보자. 내가 만약 상상에서 (당연히 지금 보고 있지 않은) 집이 나와 마주한다고 재현한다면, 나는 '흡사' 그것을 보고 나의 시선은 이리저리 오간다. 나는 '상상에서' 집 주위를 둘러보고 그것의 모든 면을 본다. 하지만 봄은 봄이 아니라 '마치' 보는 듯한 것이다. 집은 현실적으로 현전하거나 '현실적으로' 그것으로 현출하는 것이 아니라 '흡사 현전'한다. 흡사 현전함은 변양된 현전함이고 재현됨이다. 아주 자유로운 상상에서도 그러하다.[12]

나는 유사지각, 유사지각판단함, 다시 말해 집의 상상표상을 수행함에서 산다. 나는 이것을 진술하면서, 상상하고 상상함을 반성하고 그것을 지각함, 즉 참되고 본래적인 지각함과 비교했다. 하지만 이제 나는 지금 여기에서 맞은편에 집을 표상한다는 데 주목해야 한다. 재현이라는 이러한 생생한 작용을 나는 반성하고 분석할 수 있다. 그리고 나는 그 안에서 내가 '상상에서' 시선을 이리저리 옮긴다는 것, '상상에서' 집의 이 부분이나 저 부분, 이 특징이나 저 특징을 본다는 것을 발견한다. 그러나 거기에는 아직 기술되지 않은 [보이는 부분] 그 이상이 있다. 현전하지 않는 집[집의 보이지 않는 부분]은 재현되는 것이자 상상되는 것으로 구성된다. 지각 및 현전의 재현으로 주어지는 작용과 파악에서. 집은 거기에 흡사 있고 상상의 성격에서 떠오른다. 하지만 내가 구성하는 작용에 시선을 둔다면 나는 이 봄의 떠오름, 집의 이런저런 지각함의 떠오름도 발견하며, 이것은 반

12 이것은 질의 문제가 아니다.

성에서 나에게 대상화된다.[13]

나는 '상상에서' 반성할 수 있다! 이 말은 다음과 같은 의미가 아니다. 즉, 현행적으로 현전하는 상상함을 현실적으로 반성하면, 그것의 작용계기와 파악과 의향 자체가 다시 (이에 상응하는 지각의 현행적 계기와 파악의) 재현이라는 성격을 지님을 발견한다는 의미가 아니다. 나는 상상에서 반성할 수 있는데, 보통은 늘 현행적인 **지금의** 상상함은 전혀 생각하지 않으면서, 즉 그것을 현행적 반성의 대상으로 삼지 않으면서 그렇게 한다.

그러나 이러한 것, 즉 상상에서의 반성함이라는 것은 어떻게 이해해야 하는가? 거기에 무한 소급의 위험이 있지 않은가?[14] 집의 재현, 즉 **집의** 상상표상. 집은 상상의 방식에서 대상적으로 있다. 이제 상상함의 **작용계기**가 **이러한 의미에서** 재현이라면, 그것은 상상의 작용이 집의 표상함일 뿐아니라 이와 동시에 집의 지각함의 표상함이라는 의미일 것이다. 이때 [상상의 작용이 표상함이라는 것은] 두 경우에서 동일한 의미이다. 그리고 [이 상상의 작용에서] 봄, 즉 집의 지각함 일반도 대상일 것이다. 그리고 집의 표상함은 오직 집의 지각함의 표상함을 통해서만 가능하고 바로 그것으로 이루어질 것이다. 그러나 이러한 해석이 무한 소급으로 몰고 갈 뿐 아니라 사실에 상응하지도 않음은 명백하다. 상상함에서 나의 대상은 **집**이지 집의 봄이 아니다. 그러나 상상함은 어떤 파악함으로 수행되는데, 이 파악함은 **현전화**(그리고 이런 의미에서 지각함)의 변양, 그것도 집의 지각함(그것

---

13 여기에서 더 보완해야 한다. 봄은 다음을 포괄한다. 1) 집 주위를 둘러봄, 시선을 이리저리 돌림 등. 이것은 물리적 영역에 속하는데, 이와 마찬가지로 재현되는 것으로 있는 집의 대상적 배경도 여기(물리적 영역)에 속한다. 2) 현전화, 작용, (배경을 주목하지 않는 가운데) 의향하는 주의함, 하지만 '상상에서' 그렇게 함.

14 상상에서 반성함.

도 집의 현행적 소여에 상관적인 지각함)의 재현을 그 안에서 들여다볼 명증한 권리가 있는 변양이다. 하지만 그것은 현실적으로 그러하지 않은가? 그러나 내가 집을 상상할 때 대상적으로 표상하는 것은 바로 집이지, 집에 대한 나의 봄이 아니다. 나는 집을 표상하지 내가 집을 보고 있음을 표상하지 않는다.[15] 그래도 집의 상상함이 구성되는 파악은 지각의 어떤 변양, 즉 내가 이것으로 곧바로 지각을 표상할 수 있는 그러한 변양이다. 나는 만일 [이 변양된 작용에] 정확히 평행하는 변양되지 않은 작용으로 이 집을 지각한다면 가질 지각, 그리고 만일 변양되지 않은 내적 지각으로 이 작용을 반성하면 내면의 눈앞에 현행적으로 가질 지각을 이 변양으로 표상할 수 있는 것이다.

기억과 관련해서도 마찬가지이다. 나는 하나의 사건을 기억한다. 그것은 '상상'되는 동시에, 있었던 것이라고 기억되고 믿어진다. 하지만 그것만이 아니다. 내가 그것을 이전에 지각했음은 명증하다. 현전하는 기억은 사건의 재현이지만, 이 재현을 이루는 작용은 반성에 있어서 이전 지각의 재현이라는 성격을 지닌다. 나는 사건을 기억할 때 그것이 나에게 주어졌던 지각을 기억하는 것이 아니다. 하지만 대상이 주어졌다면 그 대상은 지각에서 주어졌던 것이다. 그리고 내가 지금 가지는 변양은 이러한 지각과의 표상 관계를 획득하고 그것을 현시한다. 비록 사건이 기억되는 것과 같은 의미의 기억은 아니라 할지라도.

..

15 내가 봄의 **의식**을, 어떤 집을 현전적으로 가지고 있다는 의식을 (당연히 상상하면서) 대상적으로 표상한다면, 물론 이러한 상상되는 대상(봄의 의식)을 구성하는 작용은 다시 어떤 지각의 재현으로, 즉 '내적' 지각의 '재현'으로 파악될 수 있다. 그것은 또한 (내가 지각을 주시하고 있음에, 즉 내적 지각에 관한 '표상'을 가지고 있음에 자신을 이입함으로써) 지각(내가 지각했음, 즉 현전의식을 가졌음)을 기억할 때와 같다.

나는 '상상에서 반성할 수' 있는 것처럼 상상에서 현상학적으로 환원을 할 수도 있다. 나는 상상현출의 '내용'으로 시선을 향할 수 있고, 그 안에서 유사소여되는 색 내용 등을 발견한다. 그리고 이 유사소여되는 색 내용은 〔상상에〕 상응하는 지각이라면 현전적으로 기능할 색 내용의 '재현'으로 나에게 현출한다. 따라서 상상의 재현적[16] 내용은 이제 상응하는 지각의 현전적 내용의 재현으로 소여된다. 이때 상응하는 지각의 현전적 내용은 전체로서 현전하는 상상표상에서 전체로서 '재현'된다.

그리고 현전적 내용을 재현적 내용에서 이처럼 재현하는 것, 그리고 전체 지각을 전체 상상에서 이처럼 재현하는 것은 현전하는 상상에서 현실적으로 지각, 파악, 현전하는 내용, 전체 지각 현상이 대상적으로 표상되고 집이 재현되는 방식으로 재현된다는 의미는 아니다.

d) 두 가지 지각 — 두 가지 상상
(1907/1908년 집필 추정)

면밀하게 살펴보면, 여기에 **두 가지 상상**이 있음을 알게 된다.[17] 즉, 나

∙∙
16 상상에서의 재현자. 그러나 이것은 (상상체험에 있어서 현실적 파악을 겪는) 상상체험의 내실적 내용이 아니라 (바로 상상적 파악을 '겪는') 상상되는 내용이다.
17 **한 번은 집**을 상상에서 응시할 때 집 현출을 보여주는 변양된 의식. 이러한 집의 상상 응시, 즉 "나는 상상에서 집을 표상한다"는 것은 **집 현출**(대상이 아닌 현출)의 '재현'(흡사 현전)을 함축한다. 즉, 내가 지각하면 현행적으로 현출이고 그러면 지각에 포함될 집 **현출**의 재현을 함축한다.
2) 저 상상에서의 반성 혹은 저 내적 상상은 이러한 '재현'의 의미에서의 상상변양과 다르다. 이것〔상상에서의 반성 혹은 내적 상상〕은 어떤 다른 의미에서의 **지각현출**의 상상이다. 이러한 내적 상상은 집의 현출을 '흡사 지각'한다. 그것은 내적 지각이 이 현출을 현행적으로 지각하는 것과 같다. 현출을 현행적으로 지각하면 현출은 대상이고 현행적 지각은 현출

에게 '지각'이 두 가지 있는 것처럼 '상상'도 두 가지 있음을 알게 된다.

1) 나는 두 가지 지각이라고 말했다. 즉, a) 나는 어떤 집을 지각한다면 이 지각에 포함된, 집의 '현행적' 현출[18]을 가진다. 이 현출은 '**지각**', 즉 집의 **지각**현출이다(이것이 〔지각의〕a)의 의미이다). b) 다른 한편 현행적 현출이자 현실적 체험이고 어떤 다른 체험의 '변양'이 아닌 원본적 체험이다. 이것은 인상 혹은 '지각'인데, 이는 집 현출이 (어떤 다른 것에 대한 '사본'이 아닌)[19] 원본적인 것으로 의식되는 것과 같은 방식이다. 다른 한편 이는 집이 지각된다는 의미 또는 내재적 지각에서 집 현출이 지각된다는 의미에서의 지각이다.

2) 상상도 마찬가지이다.

a′) 한 번은 집의 상상의식인 상상을 가진다.

b′) 하지만 이러한 상상의식 속에 집의 어떤 상상현출이 내실적으로 포함됨을 발견한다. 이러한 상상현출은 집의 **현출**에 관한 의식이지만 다른 한편, 내가 '내적 상상' 속에서 집의 현출(재현되는 지각현출)을 응시할 경우 가질 그러한 현출은 아니다. 이러한 내적 상상은 내적 지각의 변양이며 따라서 현출을 향하는 변양된 작용이다. 그러나 내가 집의 모든 상상에서 그것을 수행할 때와 같이, 한갓된 상상현출은 물론 지각현출의 변양이긴 하지만 지각현출의 내재적 지각의 변양은 당연히 아니다.

한마디로 '집의 상상현출'(집의 지각현출의 '관념')과, 집의 현출을 대상으로 삼는 내적 상상(집의 지각현출에 관한 내재적 지각의 관념)을 구별한다.

∴

을 향하는 작용이다. 마찬가지로 현출을 내적으로 상상하면 현출은 대상, 그것도 어떤 고유한 상상작용, 어떤 표상하는 작용의 대상이다.

18 인상으로서의 현출.

19 그러나 어떠한 사본이 아니라는 것은 여기에서 긍정적인 것인가?

다른 한편 변양되지 않는 의식이 있다. 즉, 집의 (원본적 체험인) 지각현출이 있다. 그리고 다른 한편 (대상으로서의) 지각현출을 향하는 (역시 원본적 작용인) 내재적 지각이 있다.

주의함은 변양되지 않거나 변양된 작용, 더 상세히 말하면 객관화하는 작용을 전제한다. 주의함은 내가 한갓되게 체험하는 집의 상상현출(상상의식)을 관통해서 집으로 향한다. 주의함은 더 나아가 내적 상상을 관통해 나갈 수 있다.

다른 한편 나는 지각을 체험하면서 집에 주의할 수 있다. 그리고 다시 나는 지각하면서 지각현출과 관계할 수 있고, 이러한 지각함 속에서 그것에 주의할 수 있다.

e) 이중적 재현: '어떤 것의 상상',
즉 상상표상과 대비되는 '어떤 것의 재생'
(1908년 집필 추정)

서술이 매우 어렵다. **이중적 재현**을 구별해야 하기 때문이다.

가령 다음과 같다. 우리는 **인상**과 대비되는 의식을 **재생**이라고 부른다. 그리고 1) 내가 지각한다면, 가령 어떤 집을 지각한다면, 전체로서의 지각이나 그것의 모든 내실적 부분을 '인상'이라고 부른다. 예를 들어 색깔이나 여타 지각의 감성적 내용이 '의식되는' 감각이 그러한데, 그러면 우리는 이 위에서 충전적 지각 정립과 의향을 수행할 수 있다. 더 나아가 집의 대상적 계기가 현시되는 파악이나 파악의 통일 형식 등을 '인상'이라고 부른다.

따라서 이것은 인상으로 지어진 구조물이다. 그리고 파악되는 대상인 집을 향한 지향함이 '그 안에서 산다'.[20] 인상은 **의식되고**, 집은 (믿음이나 믿지 않음 등의 믿음 양상에서) 알려지고 의향되고 지향된다. 인상의 구조물은 그것이나 그것의 부분을 '파악하는' 새로운 인상을 통해 증축될 수 있다. 따라서 새로운 인상은 새로운 파악이고 이제 어떤 **지향**의 '담지자'일 수 있는데, 이 지향에서는 그 아래 놓인 인상이 의향되는 인상이다. 이것은 이제 '대상의 자리'에 있다. 그러나 대상의 자리에 놓음은 새로운 인상이 이룬 성과인데, 이 새로운 인상도 다시 '의식된다'.

이제 다시 단적인 지각을 취한다면 여기에는 단적인 상상이 상응한다.

2) 우리는 재생을 인상의 변양이라고 부른다. 모든 재생은 인상'의' 재생이다. 그러나 전체 상상은 재생, 즉 전체 인상의 재생이다. 여기에서는 대상인 집을 향함을 이루는 것, 바로 전체파악의 통일성과 형식도 필연적으로 재생된다. 그리고 가령 통상적인 정립하는 지각과 대비되는 지향적 양상은 변양, 즉 정립의 재생이다. 이와 마찬가지로 (전체파악뿐 아니라) 역시 나름의 정립 성격을 지닐 모든 부분파악도 그렇다고 해야 할 것이다. 이제 집은 유사 알려지는 것이다. 그것은 전체에 있어서 의향되는 것, 즉 유사 의향되는 것이다. 그러나 이와 동시에 주의함은 현행적이고 변양되지 않은 채 그 상상되는 집을 향한다. 따라서 1) 집이 상상된다(재현된다)는 의미와 2) 집 파악이 상상된다(재현된다)는 의미는 서로 다르다.

집의 지각의 경우에 모든 인상은 '의식된다'. 상상과 상상표상의 경우에는 이러한 인상의 '유사의식'이 있다. 그리고 이 유사의식은 재생이라는 의미에

..
20 하지만 이것은 다음과 같은 의미 이상이 아니다. 인상은 어떤 인상적인 전체 통일성, 즉 집의 파악을 이룬다. 그리고 이것은 어떤 지향적 성격(믿음 양상)과 (특별히 의향되거나 부차적으로 의향되는) 어떤 주의 양상을 지닌다.

서 재현의식이다. **하지만 대상은 재생되지 않고 상상된다.** 재현되는 대상.

나는 단적으로 상상할 수 있다. 나는 이에 상응하는 지각과 그것의 모든 인상적 부분이 재생된다는 의미에서 재현을 가진다. 그리고 나는 대상을 '의향한다'. 대상은 유사지각되는 것, 즉 재생되는 지각이 향하는 것이다(이 향함 자체가 재생된다). 그리고 이러한 향함의 재생에서 '나는 산다'. 즉 주의함은 대상을 향한다.

하지만 나는 나의 주의함을 재생되는 인상으로 향할 수도 있다. 이것은 집을 지각하면서 나의 주의함을 지각함의 계기로 향하게 할 수 있는 것이나 마찬가지인데, 이를 위해서는 지각의 지각(새로운 파악)이 필요하다. 따라서 나는 두 번째 단계의 이런 지각을 재생할 수 있다. 나는 재생되는 지각을 주시할 수 있고, 재생되는 인상을 대상으로 삼을 수 있다. 하지만 반드시 그것은 상상되는 대상이다. 내가 수행하는 반성은 현실적 반성이 아니라 지각의 지각의 재생(즉 반성의 재생)이고 이것은 **'상상에서 반성함'**이기 때문이다. 그러면 나는 다시 이러한 재생을 반성할 수 있고, 다시 새로운 단계의 상상에서 반성할 수 있고, 반성의 지각의 변양(혹은 세 번째 단계의 지각) 등을 가질 수 있다.

f) 상상에 관한 지각(반성)과 상상에 관한 상상
(이르면 1909년, 경우에 따라 1912년 집필 추정)

나는 어떤 '어릿광대'의 상상 속에 산다. 나는 이 상상을 지각한다. 이 상상은 지각에 '포함'되는데, 이는 내가 반성하는 모든 체험이 이 반성에 포함되는 것과 같다. 나는 내가 어릿광대가 앞에 있다고 상상하고 있음을 구상할 수도 있다. 나는 이 상상을 지각하지 않고 구상한다. 따라서 나는 내가 어릿광대를 상상함을 상상한다(어릿광대가 나에게 떠오름을 구상한다).
이것은 상상의 상상이다. 이제 어릿광대 상상의 이러한 **상상**에는 어릿광대
상상이 어떻게 포함되는가?

내가 〔과거에〕 가졌던 상상에 관한 기억을 취해보자. 이 기억은 지금 있
다. 그리고 나는 〔과거에〕 **가졌던** 상상이 그 안에 포함되는지 묻는다. 그렇
지 않다. 그 안에는 〔과거에〕 가졌던 상상을 다시 재현하는 상상과 동일한
내용의 상상이 포함되는가? 따라서 우리는 이미지의식을 가지는가? 그러
나 도대체 이 기억은 모든 다른 기억과 다른 종류인가? 그리고 어제의 외
적인 사건에 대한 기억 속에 그것과 동일한 내용의 지금의 사건이 내실적
으로 현존한다고, 따라서 이미지로 현존한다고 할 수 있는가? 그러나 그것
은 부조리하다. 나는 사건의 변양을 가진다. 그것은 상상 변양이다. 따라서
확실하게 다른 경우도 그렇다고 말해야 할 것이다. 상상은 그것에 관한 기
억에서 재재현의 대상이다. 그리고 재재현하는 현상은 상상의 상상이다.

상상의 지각이 〔상상의 상상으로〕 변양되려면, 지각이 상상으로 변하고
감각되는 상상이 상상되는 상상으로 변양되어야 하는 것 같다. 이는 감각
되는 색의 지각이 〔그 색의 상상으로〕 변양되려면, 이 변양에서 지각이 상상
으로 변하고 이때 감각(체험)되는 색이 상상자료 색(재생)으로 변해야 하는
것과 유비적이다. 그렇다면 두 번째 단계의 상상이 존재해야 하지 않는가?

g) '지각현출—상상현출—상상에서의 상상현출' 등의 변양의 연속은 반복되는 변양의 계열인가

(이르면 1909년, 경우에 따라 1912년 집필 추정)

물음: 지각현출, 상상현출, 상상**에서의** 상상현출 등의 **변양의 연속**을 정

말로 **반복되는 변양의 계열**로 기술할 수 있는가?

이러한 연속에 있어서 상상에서의 상상현출은 상상현출의 상상변양이라는 값을 가진다. 하지만 상상에서 상상함이라는 현상은 그래도 상상현출을 내실적으로 **포함하는데**, 이 상상현출은 여기에서 변양을 겪는다. 소위 상상적으로 변양된 상상은 단적인 상상과 정확히 동일한 내적 내용과 성격을 지니는 것으로 보인다. 다만 하나의 성격이 여기 **추가**될 따름이다.

내가 지각으로부터 그것의 변양으로 나아간다면, 지각의 이러한 변양에는 다시 어떤 지각이 (다만 성격이 추가되어) 있는 것이 아니다.

따라서 이러한 사실은 〔앞서 언급한 변양의 연속이〕 반복되는 변양 계열이라는 것을 **반박한다**. 또 감각의 변양을 주의하면, 감각 — 상상자료 — 그 다음에는 두 번째 단계의 상상자료가 있어야 한다는 것 등등.

부록 14

a) 기억과 지각했음
(1898년경 집필)

문제[21]

나는 **지금** 기억 현상을 가진다. 이전의 과거가 등장하고, '기억됨'이라는 독특한 성격으로 지금 나에게 나타난다. 예를 들어 베를린 동물원의 이미지나 브란덴부르크 문이 기억의 성격으로 등장한다. 나는 기억에서 그것을 관찰하고, 기억되는 주변에서 지나간 모든 것을 관찰한다. 그 모든 것이

21 시간.

특정한 방식으로 규정된다. 그러나 일차적 주의는 지나간 사건에 머문다.

만약 '이미지'만 현전한다면, 그리고 이 이미지가 고유한 방식으로 기억 이미지의 성격을 지닌다면, 이 현출하는 것을 내가 체험했다고 어떤 권리로 말하는가? 내 기억의 내용을 서술하면서 내가 거기 있었고 당시 그것을 지각했다고 말해도 된다는 것이 어떻게 명증하다고 주장할 수 있는가?

아래에서 더 자세하게 이야기하겠지만, 이에 대한 답변은 다음과 같다. 기억파악은 기억되는 사건 이상까지 미친다.[22] 거기에는 필연적으로 이전의 지각함도 속하고, 내가 나의 자아에 포함하는 그 밖의 많은 것도 속한다. 그리고 이 모든 것은 기억이라는 성격을 지니고 '이미지적으로' 나의 눈앞에 있다.

지금의 기억과 연관해서 **이미지**에 대해 여러 방식으로 이야기된다. 현출하는 것은 대상의 이미지이고 현출(기억현출)은 지각현출의 이미지이다. 그리고 이것은 기억에서 재현되는 모든 대상과 그것의 현출 형식에 대해 타당하다.

그러나 이런 대답은 다음에 근거한다. 나는 나의 과거의 자아를 그 핵심에 있어서 다만 기억되는(과거의 것으로 직관적으로 의식되는) 작용들 및 그것의 내실적 내용들로 이해할 뿐이다. 그러면 나의 기억이 진실하다는 가정 아래에서 내가 그 당시 실존했어야 함은 명증하다. 기억되는 그 작용들이 바로 확실하게 자아의 영역에 속했기 때문이다. 나아가 이때 [이 대답에

---

22 '기억'되는 것은 기억되는 사건뿐이다. 그러나 이 사건이 기억되는 것은 오직 이전의 지각의식이 '재현'되고 '재생'됨을 통해서이다. 하지만 '기억에서' 이것[이전의 지각의식]을 반성할 수 있는데, 그러면 이 의식도 과거의 것으로 있되, '현전적으로 과거의 것으로' 있지는 않다. 지금 나는 기억에서 반성한다. 그 당시 나는 반성하지 않았고 의식을 의향되는 대상으로 삼지 않았다.

는] 재생되면서(기억되면서) 의향되는 것과 재생되면서 의향되지 않는 것의 구별이 활용되었다.

상술

여기에서 기억이 제기하는 문제는 한마디로 다음과 같다. "나는 A를 기억한다"는 진술과 ("나는 이전에 A를 보았음을 기억한다"는 의미에서) "나는 전에 A를 지각했다"는 진술이 등가라는 **명증은 어떻게 설명할 수 있는가?**

해결. 우선은 다음을 주목해야 한다. 우리가 이런 진술에서 판단하면서 끌어들이고 있는 자아는 기억에서나 이전의 지각에서나 주의(의향)될 필요가 없다. 지각에서는 대상이 나와 마주한다. 이때 나는 경험적 자아, 즉 내가 모든 대상을 거기에 관계시키며 그 자체도 대상인 경험적 자아이다. 하지만 통상적으로 나는 단지 지각되는 대상에 주의한다. 나의 주변이 (직각적 파악의 방식으로) 대상적으로 파악되는 것처럼, 이러한 주변의 대응점인 **자아도** 그렇게 파악된다. 하지만 나는 오직 지각되는 A만 **의향한다.**

기억도 마찬가지이다. 지나간 자아와 지나간 주변은 기억되는 A와 동시에 파악된다.[23] 하지만 나는 A를 '기억한다면' 바로 A를 **의향한다.** 어쨌든 자신의 주변 및 자아와 더불어 있는 A가 그보다 뒤에 놓인 자아와의 관계에서 기억될 수 있는 것은 아니다. 만일 그렇다면 무한 소급으로 이끌 것이기 때문이다.

우리는 방금 언급한 명증이 어떻게 가능하고 이러한 명증이 어디에 정초하는지 물었다.

..

23 파악된다 = 현출한다.

A를 기억한다면 A의 '상상'현출, 즉 나의 서술에 의하면 '이미지적' 현출
이 있다. 따라서 이 현출은 지각현출과 아무리 비슷하더라도 '이미지'[24]라
는 성격 때문에 지각현출과는 구별된다. A와 그것의 주변은 모두 이런 성
격을 지닌다.[25] 하지만 여기에서 파악의 방식은 상상표상이라는 한갓된 파
악이 아니다.

이미지로 현출하는 것이 과거의 것으로 파악되는데, 그것도 (나에게) 현
전하는 있었던 것으로 파악된다. 내용의 이미지적 파악은 현출하는 대상
혹은 오히려 대상의 이미지적 현출을 가져온다. 하지만 이러한 현출은 시
간파악의 기초이며, [현출에 대한] 시간파악을 통하여 대상은 있었던 것이
라는 성격, 그것도 이러한 현출에서 '현전적으로 있었음'이라는 성격을 얻
는다. 하지만 이러한 시간파악의 기초에 놓인 것은 단지 내가 시선을 향하
는 A만이 아니다. 의식통일 전체, 그리고 특히 재생되는 자아 및 재생되는
A의 지각도 여기 놓여 있다. 의향되는 A의 현출은 포괄적 현출의 일부이
며, 이 포괄적 현출에서 지나간 지각과 그의 자아가 현출한다. 따라서 나
는 이와 동시에 이전의 지각에 관한 '이미지적' 재현을 가진다. 그리고 그
에 따라 지나간 대상의 이미지만 가지는 것이 아니라, 이 대상의 이전 지각
의 이미지도 가진다. 이를 통해, 여기에서 대상만 구상화되어 거기 있는 것
이 아니라, 그것의 현출도 이전 지각현출의 이미지임이 주어진다. 현출 및
이 현출과 더불어 재생되는 지각성격은 이미지적으로 파악하는 의식의 대
상이다. 그리고 이 전체는 시간 성격을 지닌다. 나는 의향하면서 단지 대
상 A와 그의 시간 규정만 주시한다. 마찬가지로 나는 지각을 반성하고 그

••
24 물론 본래적 의미에서의 이미지는 아니다. 따라서 이 표현은 잘못되었다.
25 A의 현출 혹은 자신의 주변 안에 있는 A의 현출.

것의 자기동일적 시간 성격에 주의할 수 있다. 동시에 다음과 같은 필연적 연관이 있다. 어떤 대상이 기억됨은 오직 이 대상의 이전 지각이 이미지적으로 현전함을 통해서, 따라서 〔이전 대상과〕 마찬가지로 암묵적으로 기억됨을 통해서만 가능하다면, 〔대상의 기억과 대상 지각의 기억의〕 차이는 통상적으로 기억의 개념에는 기억되는 것을 향하는 의향하는 주시가 함께 속한다는 데 있을 따름이다. 더 정확하게 표현하면 다음과 같다.

다음을 구별해야 한다. 지나간 것의 직관적 재현이라는 의미에서의 기억과 그렇게 재현되는 것을 의향하고 나아가 정립하는 작용이라는 의미에서의 기억. 전자의 직관적 재현은 완전하거나 불완전하다. 완전한 재현(기억)에서 자신의 대상 주변을 동반하는 어떤 대상은 어떤 기억되는 자아의 대상이고 바로 그러한 것으로 재현된다.

과거의 것으로 직관적으로 재현되는 모든 것은 필연적으로 자아의 대상이다. 따라서 우리가 재현되는 것이라고 말하는 것은 무엇이든 대상 혹은 그것의 자아를 동반하는 대상이다. 따라서 불완전한 재현은 어떤 전체 재현의 일부일 따름이다.

기억은 어떤 의향하는 관계로서, 이 관계는 완전한 재현의 한 부분을 향하거나 전체를 향한다. 하지만 모든 기억에서는 필연적으로 전체 재현을 반성할 가능성이 있다. 따라서 "나는 대상(사건 등) A를 기억한다"는 명제는 "나는 내가 A를 지각했음을 기억한다"는 명제와 등가이고, 그것도 명증적으로 등가이다. 한편 후자의 명제는 이러한 변형을 더 이상 허락하지 않는다.

따라서 분명 올바른 이 해석에 따르면, 기억의 경우에 기억되는 대상이나 기억되는 사건만 과거의 것으로서 현출하는 것이 아니다. 우리가 이것을 특별히 의식하든 그러지 않든 간에, 이전의 지각현출도 마찬가지인데

〔과거의 것으로 현출하는데〕, 현재의 기억현출은 이러한 이전의 지각현출의 이미지, 그것도 **재**재현이다. 그리고 저 사건의 주변에 있는 재재현되는 대상과 이에 대한 이전의 지각도 마찬가지이고, 끝으로 다소간 명료하게 재재현되는 여타 의식 전체도 마찬가지이다. 이전의 자아(그릇된 해석이 수반될 수도 있으므로, 추정적인 이전의 자아)는 신체를 배제한다면, 이 안에 현상적으로 있을 뿐이다. '현재의 자아'는 (현상적으로) 현재의 작용들 및 현재 성격을 지닌 작용들과 그 내실적 구성요소들의 통일체인데, 이와 마찬가지로 '나의 지나간 자아'(즉, 객관적이고 논리적으로 확고하게 규정되지 않더라도 어떤 식으로든 규정된 시간점이나 시간 부분에서의 자아)라는 현상에는 기억되는(재현되고 해당 시간 규정에서 파악되는) 작용들(그리고 그 작용들의 내실적 내용들) 일체가 배속된다. 이때 이런 기억되는 작용들은 현재의 기억작용, 따라서 현재의 자아에 속하는 작용에서 현출한다.

현재의 자아에 속하는 매우 많은 것은 특별히 지각되지 않는다. 이와 마찬가지로 과거의 자아에 속하는 많은 것도 특별히 기억되지 않는다. 그래도 모든 것은 나름의 시간 성격을 지니며, 이 시간 성격은 명시적으로 의식되든 그러지 않든, 이 모든 것을 관통한다.

지나간 자아는 이전의 현전하는 자아이며, 기억되는 자아는 이전에 현전하는 것으로서 지각된 자아로 소여된다.

A에 관한 기억이 적절하면 A가 지각되었고 우리에게 현전했음도 확실하다는 것은 명증하다. 나는 나의 '지나간 자아'를 (구체적으로 취해지는) 기억되는 작용들 일체가 속하는 자아로 이해한다(그리고 그것으로 직관한다). 그리고 내가 아무리 이 점에 있어서 속을 수 있다 할지라도, 나는 기억되는 작용의 작은 영역이라도 정립한다면 이와 더불어 당연히 나의 과거의 자아를 정립하는 것이다.

b) 기억에는 이전 지각의 기억이 함축된다
—지각하는 주체 없는 지각은 없다

(1898년경 집필)

다음은 명증적 명제이다. A의 모든 기억은 동시에 A의 이전 지각의 기억이다.

나는 어떤 사건을 기억한다. 이 기억에는 내가 그것을 체험했고 지각했음이 들어 있다고 모두가 말할 것이다. 나는 선율을 기억한다(나는 예전에 그것을 들었다). 나는 횃불 행렬을 기억한다(나는 예전에 그것을 보았다). 나는 어떤 정리(定理)를 기억한다(나는 예전에 그것을 배웠다)는 것 등등.

이 양쪽 명제의 의미가 같은 것은 아니다. 그것은 동일한 객관적 사태의 표현으로서 등가가 아니다. 나는 어떤 사건을 체험했지만 기억하지 않을 수도 있다. 그것은 화자의 입에서도 의미가 같지 않다. 나는 그 사건이 일어났을 때 함께 체험했음을 확신할 수 있지만 그렇다고 꼭 그것을 기억해야 하는 것은 아니다. 하지만 내가 사건을 기억한다는 것은 내가 그 사건을 지각했음을 확신한다는 것을 명증적으로 '함축'함은 확실하다. 사건의 기억은 이 사건의 이전 지각의 기억을 명증적으로 함축한다.

이런 함축은 어떻게 이해해야 하는가?

어떤 사건이 기억된다. 그것은 사건의 직관적 표상으로서 체험이며, 그것도 기억표상이다. 이제 이 표상은 이전 지각의 '모사이미지'이다. 더 정확히 말하면 기억에서 사건의 현출은 이전 지각에 있는 동일 사건의 현출의 '이미지'이다.

하지만 사건의 기억이 이와 동일한 의미에서 사건의 지각의 기억일 수는 없다. 그렇게 되면 지각의 기억은 다시 지각의 지각의 기억이고 이렇게 계속 이어질 것이기 때문이다.

A를 지각함은 A를 그 자체가 현전하는 것으로 파악함을 뜻한다. A를 기억함은 A를 현전적으로 있던 것으로 파악함을 뜻한다. A의 '현전함'은 A의 지각이 현전함을 명증적으로 '함축한다'. 즉 A가 나(지각하는 자)에게 현전한다면, 나에게는 지각도 암묵적으로 현전한다. 즉 나에게는 A의 지각을 지각할 가능성이 존재한다.

다시 말하면, 내가 A를 기억한다면, 그리고 A가 현전적으로 있던 것으로 나와 마주한다면, 이와 더불어 A에 대한 과거의 지각도 암묵적으로 재현된다. 즉 A의 과거 지각을 '기억'할 가능성이 명증적으로 존재한다. A의 지각은 **현행적으로는** 지각의 지각이 아니다. A의 기억은 현행적으로는 이전 지각의 기억이 아니다.

A의 기억에서 나는 A의 현출을 가진다. 이 현출은 이전 지각현출을 재재현한다. 전체로서, 구체적 전체 작용으로서의 기억은 이전 전체 지각의 재재현이다. 하지만 재재현이라는 성격에서 두 가지 관계를 구별해야 한다.

1) 재재현하는 체험(기억)이 (1) 재현되는 체험(지각)과 맺는 관계.

2) 동일한 체험이 (1) 예전에 지각되었고 지금은 기억되고 언급되는 지향적 대상과 맺는 관계.

후자의 관계가 기억이 관계적이라고 말할 때의 본래적 의미이다. 나는 (이전에 지각한) 횃불 행렬을 본래적 의미에서 기억한다. 하지만 기억함 자체는 이전 지각함을 '재재현함'이고 비본래적 의미에서는 이러한 지각함의 기억도 의미한다.

나는 기억을 갖는다면 이것은 어떤 현출이다. 이 현출은 어떤 대상을 표상한다. 현출은 기억 성격을 지닌다. 그리고 여기(기억 성격)에서는 대상이 현출하는데, 그것도 그것이 여기에서 (이 면 등에 있어) 현출하는 대로, 현전했던 것으로 현출한다. "대상은 나에게 현전했던 것으로 현출한다"는 진술과 "나는 이 대상을 이러한 방식으로 이전에 지각했음을 직관적으로 확신한다"는 진술은 등가이다. 하지만 지각은 대상과 같은 의미에서 '기억되는' 것은 아니다. 지각은 지각되는 것과 객관적으로 보아 동시적이었더라도, 현전했던 것으로 현출하지 않는다.

"지각하는 주체 없는 지각은 없다"[26]

기억과 관련한 나의 숙고는 지각과 관련해서 상응하는 보충이 필요하다.

지각은 하나의 작용인데, 이 작용은 포괄적 의식 전체 안에 있는 어떤 개별적인 것이다. 그리고 어떠한 전체 의식도 한갓된 지각작용 하나만 있고 그밖에는 아무것도 없는 것이 아니다. 또한 우리가 주체와 연관 없는 어떠한 지각도 수행하지 않는다는 것도 사실이다. 나는 본다, 나는 듣는다 등이라고 말할 때처럼, 표현을 통해 이러한 (자아와의) 관계를 함께 표현해야 한다는 것은 아니다. 물론 이러한 형식의 표현은 자아 및 자아와의 관계를 주시함으로써 A뿐 아니라 A와 관계하는 자아도 지각한다는 것을 전제한다. 하지만 모든 지각이 현실적으로 자아를 지각하며 반성함을 전제하지는 않음은 확실하다. 대상의 응시에 몰두할 때는 자아를 주의하지 않는다. 다른 한편, 대상에 깊이 몰두하더라도 대상의 공간적 주변이 파악하는 의식에게서 사라지지 않는 것과 마찬가지로, 자아와의 관계도 사라지지 않음도 확실하다. 주의 깊게 응시하고 특별히 의향하는 것보다 더 많은

∴

26 모든 심리적 작용도 마찬가지이다. 이 고찰은 자아와의 관계 속에서 심리적 작용 일반에 모두 타당하다.

것이 대상적으로 파악된다. 많은 것이 부차적으로 주의되거나, 본래적으로는 아예 주의되지 않더라도 우리에 대해 거기 있다. 그러므로 지각하는 주체 없는 지각은 없다는 것은 확실하다.

그러나 다음과 같은 물음이 제기된다. 지각은 (지각과 같은 것이 아닌) 자아 없이는 가능하지 않음은 **통찰적 필연성**으로서 선험적으로 **타당한가**? 여기에서는 이러한 보편적 관계에서 자아는 **경험적 자아**, 인간적 인격을 의미한다는 데에 주목해야 한다. 경험적 자아에는 모든 것이 그 자아의 귀속물로서 결합하는데, 이때 이 자아의 중심적인 핵은 신체이다. 모든 '영혼적이고' '내적인' 체험은 신체에 국지화되어 현출한다. 소원은 가슴에 현출하고, 고통은 다양한 사지와 기관 등에 현출한다. 철학자들은 아주 뒤늦게야 비로소 신체를 단지 외적이고 물리적인 대상으로 간주하고 이를 통해 **순수한 의식 통일체라는 개념과 순수한 정신적 자아라는 개념**을 형성하게 된다. (대중적 표상도 꿈, 죽음, 불멸을 염두에 두고, 반성적으로 '신체'를 '영혼'과 구별하곤 한다. 하지만 그때 영혼은 새로운 신체라는 신체의 그림자 이미지를 장착한다. 이 새로운 신체는 심리적 체험과의 관계에서 현실적이고 물리적인 신체와 같은 역할을 한다.) 나는 이러한 순수하게 정신적인 자아가 직관적 표상에서 아주 하찮은 역할이라도 현실적으로 수행한다는 것을 단호하게 부정해야 한다. 또한 이 자아가 어떤 지각에 대한 현상적 관계점이라는 것을 단호하게 부정해야 한다. 이와 마찬가지로 나는 순수 자아라는 철학적 허구와 싸워야만 한다. 이 허구는 오직 '의식'이라는 말의 분석에서 생겼을 뿐이다.

그렇지만 늘 그렇듯이 우리는 자아라는 개념을 순수한 의식 통일체라는 개념으로, 즉 지각되거나 가정되는 다양한 외적 대상과 대비되는, 어떤 개체의 체험 통일체라는 개념으로 고정한다. 그렇다면 "지각하는 자아 없는 지각은 없다"는 주장은 다음과 같은 의미일 것이다. 어떠한 지각도 (우리가 의식 통일체라고 부르는 의미에서의 자아와 동시적인) 그보다 포괄적인 심리적 체험의 통일체 없이는 생각 불가능하다(물론 지각과 자아가 같은 것이 아님은 자명하게 전제된다). 하지만 나는 그러한 명증을 발견할 수 없다. 그것은 반성에 의한 한갓되고 일반적인 사실이다.[27] 사람들이 지각을 다시 지각할 수 있음은 명증하고 그것이 감정 등의 가능한 토대를 형성함도 명증하다고 지적한다면, 나는 이러한 명증을 부정하지 않는다. 하지만 이러한 가능성은 실제적 가능성이 아니라 이념적 가능성이며, 따라서 포괄적인 종류의 (실존하는) 현실적 의식이 아니라 가능적 의식만 전제할 따름이다. 모든 실재적 존재는 가능한 지각하는 자에 의해 현전하는 것으로 지각될 수 있음은 명증하다. A가 지금 있다면 A를 지금 존재하는 것으로서 정립하는 지각이 가능해야 한다. 이념적으로 이런 가능성이 존재하지 않는다면, 대상도 이 시간점에 실존하지 않을 것이다.

부록 15
이미지통각과 구별되는 기억표상과 상상표상의 직접성
(1904년 집필 추정)

리드[28]는 기억표상이 직접적 표상이라고 생각한다. 참된 이미지(현실적 이미지통각) 같은 것에 의한 의식적인 이미지표상과 **상상이미지나 기억이미**

----

27 나는 여기에 동의할 수 없다. 그래도 나에게는 그 말의 완전한 의미에 있어서 모든 지각은 끌어내어 포착하는 작용이며 그 자체가 의식 연관을 선험적으로 전제하는 것으로 보인다.
28 토머스 리드(Thomas Reid, 1710~1796)는 18세기 스코틀랜드의 철학자로서 로크, 버클리, 흄에서 영향을 받았다. 그는 심리철학, 미학, 윤리학 등에서 여러 업적을 남겼다. 특히 심리철학에서 소위 '직접적 실재론'을 주창하였는데, 지각이나 기억은 관념(ideas)과 같은 매개의 도움 없이 현재나 과거의 외부 대상을 직접 지각하거나 기억한다고 보았다.(옮긴이)

지에 의한 표상 간에는 실로 거대한 차이가 있지 않은가?

이런 점에서는 상상표상이 기억표상과 서로 다르지 않음은 확실하다. 상상표상과 지각표상은 의식 방식이 서로 다름이 확실하다. 지각에서의 〔대상이〕 그 자체로 있음, 직접적이고 그 자체로 파악됨을 우리는 지각의 성격이라고 부른다. 기억에서도 대상 자체가 나에게 존재하는가? 지향은 대상 자체를 향한다. 이것은 확실하다. 예를 들어 나는 이전에 식사했던 식당을 '재현한다'. 나는 친구인 슈미트가 어떻게 들어왔는지, 어떻게 인사했는지 등을 재현한다. 나는 페르시아 융단이 깔린 소파를 재현한다. 거기에 놓여 있는 식기 찬장과 유리 찬장, 벽에 걸린 레이스, 붉은 벽지, 커튼과 유겐트슈틸 무늬를 지닌 유리창을 재현한다. 벽에 걸린 비스마르크 초상. 나는 〔기억에서〕 눈으로 벽을 따라 훑어본다.

나는 '신선함'과 '생생함'이 다양하고 '충만함'과 '빈틈'이 다양한 여러 가지 것들을 〔기억에서〕 '본다'. 대개는 일종의 불명료한 안개를 통해 보는 것과 유사하다. 그것은 간혹 지각의 시선장을 통해 보는 것과 같다(이때 안구 조절이 풀려서 두 눈이 나란히 바라보기 때문에 불명료한 이중 이미지가 나타난다). 그러나 상상되는 것이 보이는 것 배후에 놓이는 것은 아니다. 때때로 상상이미지는 희미하게 채색된 윤곽으로서 지각의 시선장에, 심지어 '융단이나 벽에' 현출한다.

이전 지각현출의 재현으로서 감성적 내용이라는 성분을 포함하는 기억현출
— 잘못된 재현 이론에 의해 생기는 혼란
(1904년 집필)

현재의 어떤 붉음이 과거의 어떤 붉음에 대한 기호인가? 그렇지 않다. 현재의 붉음이란 지각되는 것일 것이다. 그러나 이 붉음은 지각되지도 않고 현전의 성격도 없다. 하지만 내가 '붉음을 표상함', '이 붉음의 상상현출을 가짐', 그것도 〔이 붉음의 상상현출을〕 **지금** 가짐이라고 부르는 의식 상태는 어떤 붉은 계기를 현실적으로 포함하지 않는가? 상상이라는 상태는 **지금** 존재한다. 나는 그것을 주시하고 그것을 발견한다. 이러한 '**내적 지각함**'은 그것에 지금이라는 규정성을 부여한다. 이것〔지금이라는 규정성〕은 그 안에 내실적으로 포함된 모든 계기와 모든 부분에 속하는가? 다시 말해, 지금 나에게 붉음이 떠오르고 그 안에 어떤 붉음이 현존한다. 따라서 나는 어떤 붉음을 지각한다. 즉, '**붉음의 기억**'이라는 **연관**에서 지각한다.

이제 사태를 한번 단순하게 보고자 한다. 나는 지금 군사 기동 훈련장을 생생하게 기억한다. 나는 하늘의 색깔, 수풀과 나무의 음영진 녹색, 하르덴베르크[29] 성 폐허의 회색, 지붕의 붉은색을 기억에서 생생하게 갖는다. 혹은 새 융단의 친근한 녹색, 오래된 융단의 붉은색, 소파의 갈색 등에 대한 기억. 이런 색깔은 있던 색깔이고 대상의 색깔이다. 나는 그 대상을 기억하지만, 그 대상이나 그것의 모든 규정성은 지금 현전하는 것으로 있

29 하르덴베르크와 아래 언급된 뇌르텐은 모두 후설이 이 글을 집필하던 무렵 살던 괴팅겐의 근처에 있는 마을이다. (옮긴이)

지 않다. (내가 지금 기억하고 있다면) 기억 현상에서는 다른 색깔이 있는 것인가? 그렇지 않다. 여기에서 체험되는 것은 과거의 것에 귀속된다. 나는 기억에서 뇌르텐 마을의 지붕과 그것의 붉음을 본다. 현행적으로 체험되는 감성적 내용은 기억되는 것과 관계하는 것으로 보인다. 이것은 지각에서 현행적으로 체험되는 감각이 대상의 속성과 맺는 관계와 같은 방식이다. 현행적 지각에서 감각되는 색깔은 지각되는 것과 시간 위치가 같다고 간주된다. 기억에서도 이와 유비적이다. 기억현출 및 (이것 자체도 현출하는) 감성적 내용이라는 그 성분은 이전 지각**현출**의 재현으로 간주된다.[30] 따라서 감각되는 색은 기억되는 색과 마찬가지로 존재했던 것으로 간주된다. 현출은 이전 자아의 '그때' 지각현출로서 이 자아와 관계를 맺는다. 이것[이전 자아의 지각현출]은 여기 현출하는, 아니 그때 현출했던 대상과 시간적으로 일치한다.

하지만 내가 **지금** 기억하는 동안에 현출은 지금 존재한다. 내가 기억에 침잠한다면 내게는 '이전 현출'이 현출하고 그것을 통해 기억되는 대상이 현출한다. 혹은 그것이 '다시 생기를 얻고' 이전 지각이 '재생된다'. 그리고 대상은 거기 침잠한 나와 마주하여 있다. 나는 그것을 흡사 '다시' 지각하고, 흡사 직관하며, '기억에서' 직관한다. 나는 '과거로 옮겨 간다'.

나는 내가 기억한다고 말한다면, 이것이나 저것을 지각하는 지금과 관계한다. 이와 동시에, 따라서 지금, 기억은 구체적 현상으로 존재한다. 그것의 내용은 '재생되는' 이전 현출이다. 하지만 이때는 이러한 현출이 '재재

⋮

30 잘못되었다. 나는 도대체 어떤 현출을 가지고 이 현출을 어떤 것으로 간주하는 것인가? 그렇지만 현출은 통상적 이미지와 같은 이미지현출이 아니다. 통상적 이미지에서라면 나는 현실적으로 현출(즉, 지각현출)을 가지고 이 현출을 구상화한다.

현'의 성격에서 주어진다. 그것은 대개는 계속 머물지 않는다. 그것은 사라지고 퇴색하고 현재 지각현출에 의해 (경쟁을 통해) 내쫓긴다. 그것이 다시 생기를 얻으면 나는 유지되는 기억 지향의 안에서 두 번째 기억을 갖는다. 때로는 서로 다른 시간점인 지금들에서 여러 기억을 잇달아 가지지만 연속적 동일성 의식에서 계속해 가진다.

나는 다양한 현출을 반성하면서 비교한다. 즉, 기억 자체를 기억한다. 지금 이 문제는 옆으로 제쳐두자.

따라서 나는 지금 현출을 가지지만 그것은 어떤 다른 성격을 지닌다. 나는 그것을 '이미 거기 있던 것', 이전에 현출한 것이라는 성격 등으로 부른다. 이러한 성격이 없는 지각현출과 대비하여 그렇게 부르는 것이다. 나는 유사한 두 사물, 아니 동일한 사물을 가졌거나, 심지어 완전히 같은 지각을 가졌을 수 있다. 대상도 다른 의미에서 이미 현출한 것, 이미 보인 것이라는 성격을 지닌다. 하지만 우리는 여기에서 재인(再認)이라는 성격이 아니라 이와 다른 성격, 즉 '재현'의 성격을 염두에 두고 있다. 이것은 '자체로 존재함'과는 다르다. 따라서 지각이 지금의 자아에 속하듯, 재현되는 현출은 과거의 자아에 속한다.

부록 17
기억: 지각이 지각된 것의 재현으로 변양된다는 것으로는 충분하지 않다. 지각에 이 지각의 현실적 기억이나 가능적 기억이 상응해야 한다
(1904년 집필)

기억: 나는 앞서 시청의 지하식당에 있었다. 나는 공간이 새로 개축된 것을 발견했다. 흥겨운 사교 모임의 구성원은 슈바르츠, 모르스바흐, 콘,

안드레스였다. 나는 돌아오는 길에 시청사를 뒤돌아보았고, 즐거운 마음으로 오래된 주랑 및 거위 치는 소녀 리젤을 재현하는 우아한 현대식 분수를 바라보았다.

여기서는 이런저런 것들을 지각하고 체험하고 느낀 자아에 관해 말한다. 따라서 기억의 의미에 상응하여 다음과 같이 말해야 한다. 그 당시 이런저런 체험이 있었다. 이 체험에서는 이런저런 내용이 표상되고 판단되고 평가되었다. 그리고 이 체험은 그 자체로서 나의 '자아'와 관계되었다. 이 자아 자체는 다시 어떤 체험에서 현출했다. 물론 일반적으로 이 후자의 체험은 '자아'와 관련되지 않았다. 나는 즐겁게 분수를 응시하는 동안 응시를 자아와 관련시켰지만, 자아에 대한 체험을 다시 자아와 관련시킨 것은 아니다.

나는 '분수를 응시했다'. 나는 그것을 '보았다'. 나는 다음과 같이 묻는다. 이 응시, 지각, 체험은 바로 〔자아의〕 통각함을 의미하는가? 마치 내가 대상이 아니라 그것의 현출, 그리고 작용형식에 주의했다는 듯이 말이다. 이것이 문제일 것이다. 여기에서는 우선 그것이 무엇을 의미하는지 분석해야 할 것이다. 나는 여기에서 어떤 등불이나 어떤 사람 등을 본다. 여기에서 물론 대상과 자아 둘 다 몸체를 지닌 대상으로서 서로 공간적 관계를 맺는 것으로 표상된다는 등의 견해를 지지할 수도 있다. 하지만 이런 표현방식에 따르면, 등불 등이 그 자체로 현재 현출함은 의향되지만, 한갓 몸체를 지닌 자아까지 의향되는 것은 아니다.

하지만 모든 지각되는 것은 자아와 본질적이고 필연적인 관계를 맺는가? 이러한 의미에서 근원적인 관계를 맺는가? 어느 것도 나와, 자아와 마주하지 않고서는 〔그것의〕 **대상**으로 마주할 수 없다고 할 수 있을지도 모른다. 필연적 상관성! 하지만 통증이나 불편함이나 즐거움에 주의할 때도 외부 사물에서와 마찬가지로 이러한 상관성이 필요한가?

따라서 지각은 자아와의 필연적 관계를 전제하지 않는다고 가정해보자. 그런(지각이 자아와 관계 맺는) 일이 일어난다면, 즉 지각함 자체가 반성되고 따라서 지각함 자체가 지각된다면, 기억함도 사건의 기억함이고 사건의 지각의 기억함일 것이다. 그러나 그런(지각이 자아와 관계 맺는) 일이 일어나지 않는다면, 이런 일도 일어나지 않는다. 하지만 그렇다면 내가 지금 기억하는 것을 그 당시의 지금에 지각했다고 어떻게 주장할 수 있는가? 과거의 것이 **현전했다고** 어떻게 주장할 수 있는가? 과거임 = 지금 있었음 혹은 현전적으로 있었음. 지각이 어떤 식으로든 지각된 것의 재현으로 변양되는 것으로는 충분하지 않다. 지각된 사건이나 대상이 기억의식에서 과거의 동일한 대상이 되는 것과 마찬가지로, 사건의 지각에 이 지각의 (현실적이거나 가능적인) 기억이 상응하기도 해야 한다.

부록 18
복합적인 이미지적 표상
(1898년 집필 추정)

1) **높은 단계**의 물리적 이미지(이미지의 이미지). 이미지 A가 이미지 B를 현시함. (B라는) 이미지에서 가령 다시 이미지 C(가 현시됨). 두 번째와 세 번째 단계의 이미지. 예를 들어 어느 방을 그린 회화가 있는데, 이 (그림 속의) 방의 벽에 그림이 걸려 있다. 이 그림은 가령 어떤 미술관을 묘사하는데, 그 안에서 다시 그림이 나타난다.

1) 물리적 이미지 A,

2) 그것을 통해서 현시되는 이미지,

3) 2)를 통해 표상되는 대상.

이 대상에는 지금 이미지적으로 표상되는 어떤 물리적 이미지가 관계한다. 그러나 이는 다음을 함축한다.

1) 물리적 이미지의 이미지적 표상,

2) 현시되는 이미지의 이미지적 표상,

3) 그것(현시되는 이미지)의 주제의 이미지적 표상.

이때 2), 3)은 모두 두 번째 단계이다.

즉, 어떤 재현하는 이미지가 나에게 실제로 현출한다. 단순한 예를 들면, 말을 탄 사람. 하지만 이러한 재현하는 이미지는 지각할 수 있는 물리적 대상에 속하는 것이 아니라 이미지에서 표상되는 대상에 관계한다. 그리고 이러한 사실은 소위 재현하는 이미지의 값에도 영향을 준다. 여기서 현출하는 것은 저 그려진 그림에 속하는 재현하는 이미지가 아니라 다만 그것에 관한 이미지다. 내가 지금 가지는 것은 그 그림 자체를 본다면 가질 현출, 즉 그 그림에서 현출할 것이 아니라, 다만 그것에 관한 이미지뿐이다. 그리고 우리는 이러한 이미지를 의식하기도 한다.

이와 마찬가지로 회화 그림에서 표상되는 것(더 분명히 말하면, 회화를 통해 현출되는 다른 회화)은 첫 번째 단계의 회화의 대상처럼 표상되는 것이 아니다. 그것은 이미지적 표상에 관한 이미지적 표상을 통해 표상되었고, 따라서 두 번째 단계의 대상이다.

첫 번째, 두 번째, 세 번째 단계의 직관적 표상에 관해 말할 수 있을 것이다(거울 이미지의 거울 이미지와 유사하다).

2) 물리적 이미지에 관한 상상이미지. 예를 들어, 나는 상상에서 회화 〈신학〉을 표상한다. 이것은 앞의 것과 똑같은 복합성을 지닌다. 다만 상상

이미지 자체는 [물리적 이미지와는 달리] 자극자를 지니지 않을 뿐이다.

3) 상상이미지에 관한 물리적 이미지도 존재하는가? 예를 들어 꿈 이미지를 그린 회화. 그러나 그러한 종류의 현시는 순수하게 직관적인 현시로 간주되지 않을 것이다. 개념적이고 사고적인 매개[가 개입하기 때문이다]. 그릴파르처(Grillparzer)의 희곡 〈꿈과 인생〉.

부록 19
상상에서의 상상
(1905년경 집필)

1) 한갓된 상상에서의 기억
2) 기억에서의 상상
3) 기억에서의 기억
4) 상상에서의 상상

나는 기차 여행을 하면서 꿈(상상)에 몰두하는 것을 상상한다. [이 상상에서] 나는 꿈꾸며 어린 시절의 기억에 머문다. 어린 시절의 집이 떠오른다. 어린 내가 오래전부터 친숙하고 소중한 공간에서 논다는 것 등등. 여기에는 상상되는 기억, 변양된 기억이 있다. 더 명확하게는 **상상에서의 기억**이라고 해야 할 것이다. 물론 나는 이 고안된 사례를 지금 체험한 것은 아니고, 여기에서 진술한 것을 간접적 표상함에서 수행했을 뿐이다. 나는 기차 여행(가령, 기억)을 직관적으로 표상한다. 그때 나는 상징적으로 표상되는 꿈에 어린 시절에 대한 다른 기억을 상징적으로 연관시킨다. 하지만 이것은 본래적 형식으로 가능하지 않은가?

기억에서의 상상과 **상상에서의**(혹은 대개의 상상에서와 같이 상상과 기억의 혼합 속에서의) **상상**을 형성하는 것은 더 쉽다. 당연히 또한 네 번째 가능한 경우가 등장한다. **기억에서의 기억.**

우리가 읽는 소설에서 주인공이 상상하고 꿈꾸고 기억하는 경우. 소설 속의 이야기. 하지만 그것은 현행적 이야기가 아니고, 단지 그런 이야기를 표상할 뿐이다. 그것은 이미지의식이다. 한편 여기에서 직관성이 존재한다면 상상은 상상에서의 상상이 아닌가? (하지만 내가 단지 상징적으로 이해한다면 어떠한가?) 여기에서 꿈은 대상화되고, '판단'(상상의 토대에 기초한 판단)을 통해 꿈꾸는 자인 상상되는 주인공에게 속한다. 그러나 이 판단에 어떤 '결과가 있다면' 주인공의 꿈에 관한 직관적 의식으로 귀결된다. '상상력이 풍부한' 독자는 아마 그렇게 할 수 있을 것이다.

어떻게 작가는 우리가 상상에서 실제로 기억을 수행하도록 인도하는가? 주인공과 더불어 어떤 사건을 직관적으로 체험하고, 주인공이 작품의 이후 부분에서 이 사건을 기억하는 방식으로 그렇게 한다. 그때 우리는 그와 더불어 기억하는 것이다. 하지만 이 사례는 더 자세하게 분석해야 한다.

부록 20

내재적 영상화

(이르면 1909년, 경우에 따라 1912년 집필 추정)

초재적 이미지표상뿐 아니라 내재적 이미지표상도 있다.[31]

∴

31 그때 티치아노의 그림의 배경은 무슨 색이던가? 이제 나는 그것을 지금 [상상에서] 그리려고 한다. 이때 그려진 현전하는 색은 그래도 부재하는 색의 '이미지'이다. 그러나 물론 이 그려진 색에서 부재하는 색을 볼 수는 없다. 이것은 대상의 색이며, 대상 없이는 볼 수 없는 것이기 때문이다. 여기에 그려진 것은 필연적으로 동시에 바로 다른 대상(얼룩 등)이다.

그것은 특히 감정이입에서 소용된다. 예컨대 나는 나 자신의 지각을 매개로 다른 사람의 지각을 구상화할 수 있다. 마찬가지로 나 자신의 상상표상을 매개로 다른 사람의 상상표상을 '표상', 즉 구상화할 수 있다.

물음: '상상에서의 상상'을 구상화로 해석할 수 있는가?

위에서 본 바와 같이, 나는 당연히 상상을 이미지로 사용할 수 있다. 그러나 A를, 예를 들어 어릿광대를 어제 상상했음을 (지금 현실적으로) 기억한다면, 지금의 어릿광대 표상을 이미지로 사용한다고 말할 수 있는가?

때로는 우리 자신이 이전에 기억한 무언가의 유비적 표상(바로 이미지표상)을 형성하는 것은 확실히 가능하다. 하지만 어제 어릿광대를 표상했음을 단순히 기억할 때 우리는 단순히 과거에 침잠하고 과거의 상상함에 침잠한다. 이것은 그 밖의 경우에 과거에 침잠하는 것과 정확히 같다. 다만 우리는 지나간 상상을, 상상의 기억변양을 현재의 상상으로 만드는 간단한 변양을 언제라도 수행할 수 있다.

부록 21
상상에서의 반성은 그 자체가 상상이다
(1909년 가을 집필 추정)

상상에서의 반성(현출 상상자료의 '주시', 그리고 '대상을 지각함'의 주시)이 가능하기 위해서는 변양되지 않은 체험, 즉 '인상적' 체험이 이미 의식의 내용, 즉 인상적 의식의 내용이라는 가정이 필요한가? 다시 말해 그것의 변양은 상상자료 의식으로서의 상상자료인 어떤 **내적 의식**이 필요한가? 그러나 그렇게 되면 **모든** 체험에 대해 어떤 내적 의식을 상정하고 모든 체험은 의식된다고 해야 할 것이다. 이는 무한 소급으로 들어갈 것이다. 그렇게 되어서는 안 된다. 물론 심리학적으로 보면 모든 체험은 '흔적'을 남기고 그 체험이 회상되고 상상되는 변양을 겪는다고 할 수도 있다. 하지만 변양은 변양되었다는 것이 이전에 이미 있었으되, 다만 변양되지 않은 채 있었다는 뜻은 아니다.

나는 상상자료라는 대상(= 재생의 대상)의 주시가 가능하다는 데에서 어려움을 발견한다. 나는 상상자료를 체험한다면 그것의 대상을 주시할 수 있다. 이 주시는 재생적으로 변양된 주시로 드러난다. 즉, 주시–상상자료로 드러난다. 하나의 기억이 등장한다면 나는 기억되는 것을 주시할 수 있다. 그리고 주시 자체가 항상 기억 변양이라고 말할 수는 없을지라도, 이 주시 자체는 어떤 변양된 것, 즉 '상상자료'이다. 내가 기억에서 현상학적으로 환원할 때 그렇다. 나는 기억에서 '현출 색깔', 현출 형식 등에 주의한다. 이것들은 '기억에서' 구성된 통일체인 기억되는 현출에 속했다. 아마 나는 이 구성된 통일체를 의향되는 대상으로 삼지는 않았다. 하지만 나는 지금 기억하면서 지금 그것을 주시한다. 하지만 상상현출(현출 상상자료)에의 전념인 이 주시함은 그 자체가 주어지지 않은 것에의 전념이다. 그것은 '상상에서의' 전념이다. 그것은 그 자체로 상상자료의 성격을 지닌다. 지금 내가 기억대상 혹은 상상대상, 그리고 그것의 현출에의 전념이라고 부르는 것은 실은 상상의식이며, 이 상상의식은 기억되는 것에의 전념의 상상이라는 성격을 지닌다. 현전하는 현출이 아니라 과거의 현출인 재생적 현출에 본래적 의미로 전념할 수는 없다.

대상화 작용인 '무언가의 상상표상'과 대비되는 '무언가의 재생'

(1909년 집필 추정)

그 자체가 다시 현시는 아닌 원본이 있고 현시가 있다.

따라서 재생은 **무언가의** 재생(무언가의 상상)이다. 따라서 소원 재생은 소원의 재생이다.

여기에서는 '**무언가의**'가 무슨 의미인가? 이것은 내게 무언가의 상상**표상**이 있다거나 **대상화** 작용이 있다고 할 때와 같은 의미가 아니다. 집의 상상표상이나 소원의 상상표상 등은 집이나 소원이 그 **대상**인 작용이다. 하지만 한갓된 재생은 대상화 작용이 아니며 무언가의 표상이 아니다. 예를 들어 내게 집의 상상표상이 있다면 집이 대상이다. 하지만 여기에서는 상상자료가 '재현하는 내용'으로 등장한다. 여기에서 이것(상상자료)은 무언가의 표상이 아니다. (사태를 이렇게 보는 것은 적어도 매우 의심스럽다. 감성적 내용은 상상**표상**의 대상이라고 해야 하는가?)

이것은 **지각**에서 감각내용을 대상의 위치에 놓으려면 우선 반성해야 하는 것이나 마찬가지이다. 달리 말해, 감각이 내적 지각으로 전환하는 것은 이념적으로 가능하지만 그러려면 우선 내적 지각을 실행해야 하는 것이나 마찬가지이다. 나는 '상상에서 반성'해야 한다. 따라서 소원 상상자료에서는 상상표상이 주어지지 않으며, 이때 소원은 어떤 표상의 대상이 아니다. 그리고 마찬가지로 현행적 소원에는 소원 지각이 없다. 가령 나는 소원할 때 나의 소원을 지각대상으로 삼지는 않는다. 이와 마찬가지로 소원 재생이 자극되고 체험될 때 대상화라는 의미의 표상이 있는 것은 아니다. 항상 이렇다.

하지만 모든 인상은 어떤 지각의 가능성을 정초한다. 그리고 모든 재생과 상상자료에는 이념적 가능성에 있어 상상표상이 상응한다. 특히 예를 들어 판단 ― 판단의 지각, 〔판단의〕 명제적 표상 ― 판단의 상상표상.

하지만 한 걸음 더 나아가야만 하는 듯하다. 모든 인상에 재생(상상)이 상응하는 것처럼, 더 나아가면 공허한 의식도 상응한다.[32]

감각 ― 상상자료 ― 공허하고 어두운 의식.

그리고 다시 모든 공허한 의식에는 대상화 작용의 형성이 상응한다.

모든 공허한 의식에는 (대상화 작용으로서) 무언가의 **공허한 표상**이 상응한다.

부록 23

원본적 체험과 비원본적 체험의 차이는 무엇인가?
두 가지 반성의 가능성

(1910년 집필)

원본적이지 않음에는 '흡사'가 속한다. 그것은 아마 매우 일반적인 성격이다(하지만 '흡사'에는 두 가지 의미가 있다. 비현행성도 '흡사'라고 할 수 있기 때문이다). 어쨌든 비원본적 체험은 **두 가지 반성**, 즉 원본적 반성과 비원본적 반성을 허용한다.

예컨대 분노의 재현은 1) 의향하는 시선이 재현되는 분노 체험을 향하는 반성을 허용하고, 2) 분노가 비현전적으로 있다는 현행적 의식을 향하는 반성을 허용한다. 따라서 여기에서는 명백히 1)을 향한다.[33] (물론 여기

∶
32 혹은 재생이 완전하거나 공허하다고 해야 하는가?
33 그러나 저 아래의 집 상상의 사례와 비교하라.

에서는 시선이 혼란스럽게 나타나는 사고, 감정 등을 가로질러 지향적 대상으로 향하기 이전에, 내적 시선이 그것들로 향할 수 있다고 할 수도 있다.)

어쨌든 일반적으로 모든 체험은 (물론 이념적 가능성에 있어 말한다면) 자신이 그 내재적 대상이 되는 지각으로의 변환을 허용한다고 할 수 있다. 하지만 모든 **비원본적 체험**은 그 체험에서 내재적으로 재현되는 것(내재적 포착이 내재적으로 재현하는 것)의 (지각 아닌) 내재적 포착을 허용하고, **나아가** 내재적 지각으로의 변환을 허용한다. 이 내재적 지각은 그것[비원본적 체험] 자체를 재현으로 포착한다.

예를 들어 나는 어떤 집을 상상한다면 이 체험을 내재적 상상의향으로 변환하고, 집이 아니라 집의 현현[34]으로, '상상에서의 현출'로 향할 수 있다. 하지만 다른 한편 나는 집의 상상에 관한 내재적 지각을 형성할 수 있다.

34 Apparenz라는 표현은 종종 상상이나 기억 등에 기초를 둔 현출을 가리키는데, Erscheinung('현출' 혹은 '나타남')과 구별하여 '현현(顯現)'으로 옮긴다.(옮긴이)

유고 3

상상과 재현(기억),
통각과 믿음질의 관계라는 문제

(1905/1906년 사본 추정, 1909년 집필로 추정되는 보충 포함)

도식적으로 고찰하면 다음과 같다.

특정 내용인 '감각', 이것을 론스 언덕으로 파악함, 지각통각, 믿음질.

이와 다른 내용인 '그와 같은 유(감각)의 변양', [즉] '상상자료', 론스 언덕으로 파악함, 상상통각(기억, 재현), 믿음질.

론스 언덕을 **지각**하는 경우. 이 대상의 [나로부터] 돌아앉은 면이 상상에서 직관적으로 재현된다고 해보자. 여기에는 당연히 믿음성격이 있다. 이 상상은 앞면의 지각 혹은 '앞에서 보이는' 론스 언덕의 지각과 그저 **나란히** 있는 것이 아니다. 이 상상은 지각과 합일되는데, 그것도 두 면에 대한 초재적 지향(뒷면의 상상 및 앞면의 지각)의 동일화 및 합일에 의해 그리된다. 다른 한편 상상표상 혹은 상상정립은 이에 **상응하는** 지각(즉 이 언덕을 상상표상에서 '보는' 것과 동일한 입지에서 보는 론스 언덕의 지각)에의 '지향'도 지닌다. 다음을 구별해야 한다.

a) 대상의 돌아앉은 면의 '재현', 현출하는 면이 돌아앉은 면을 향하는 '지향'.[1]

지각에서는 이러한 재현이 일어난다. 이 재현에 의해서 **전체** 대상이 있다고 추정된다. 이 재현은 상상에서도 [지각에서] 못지않게 일어나지만, 변양되어 일어난다. 상상에서도 (바로 상상의 방식으로) 전체 대상이 눈앞에 있다. 물론 이 [뒷면의] 재현 자체가 또 상상인 것은 아니다.[2] 여기에서 때로는 현출하는 뒷면에 대한 상상의 연속적 다양체가 뒤따르면서 지향(뒷면의 재현)을 충족한다면, 이 지향은 이런 상상 중 어느 것과도 다른 것이다. 지각 내부에서는 지각이 충족하고 기억 내부에서는 기억이 충족한다. 상상변양 내부에서는 또한 상상이 (변양되어) 충족한다.

b) 본질적으로 기억이지만, [과거에 있던 것이 아니라] 지금 있는 것을 재현하는 재현이 있다.[3] 이때는 상상현출의 '지향', 혹은 기억으로 정립되는 상상현출의 '지향'이 같은 면의 지각현출을 향한다. 이때 이 지각현출에도 돌아앉은 면을 향한 같은 지향이 들러붙는다.[4]

⁝

1 돌아앉은 면을 향한 지향을 돌아앉은 면의 지각이미지나 상상이미지에의 지향과 혼동해서는 안 된다. 이런 이미지는 면 자체가 아니다. 돌아앉은 면은 새로운 지각 연속체에서 현출할 텐데, 이런 일이 일어나면 충족이 이루어진다.
2 후설은 지각에서나 상상에서나, 대상의 뒷면에 대한 파악을 상상으로 간주하는 데 반대한다. 이러한 반대의 논거 중 하나는, 상상되는 대상의 뒷면에 대한 파악이 다시 상상이라면 두 상상의 구분이 불가능하다는 것이다. 이에 대해서는 후설의 저서 『사물과 공간』「§ 18. 비본래적으로 현출하는 규정의 소여방식」을 참조하라.(옮긴이)
3 여기에는 없으나 다른 곳에 지금 있음을 정립하는 이른바 현재기억(Gegenwarts-erinnerung)을 뜻한다.(옮긴이)
4 앞서 말한 것("이 언덕을 상상표상에서 '보는' 것과 동일한 입지에서 보는 론스 언덕의 지각")처럼, 뒷면을 상상할 때에는 이 뒷면의 (동일한 입지에서의) 지각에의 지향도 동반하는데, 이때 다시 이 지각은 그 지각의 입지에서 볼 때의 뒷면(현재 지각하는 입지에서 볼 때는 앞면)을 향하는 상상이 들러붙는다.(옮긴이)

I) 지각믿음 $W_1W_2 \cdots W_n \cdots W_2W_1 =$

              지각연관

현출 $E_1{}^w{}_1E_2{}^w \quad E_n \quad E_1$

              $\longrightarrow \quad \longrightarrow \quad \longrightarrow$

              동일성 통일체에 의해 결합됨

화살표 = 지각연관의 연속체 내부에서 연속적으로 동일화되는 지향 a).
= 유사성과 인접성에 의한 통각적 '지향'.

II) 기억믿음(다시 말해 재생적 믿음)[5]

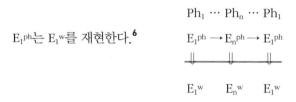

$E_1{}^{ph}$는 $E_1{}^w$를 재현한다.[6]

$$Ph_1 \cdots Ph_n \cdots Ph_1$$
$$E_1{}^{ph} \rightarrow E_n{}^{ph} \rightarrow E_1{}^{ph}$$
$$\Downarrow \qquad \Downarrow \qquad \Downarrow$$
$$E_1{}^w \qquad E_n{}^w \qquad E_1{}^w$$

여기서 화살표 $\Downarrow$ 는 재현지향 b)를 뜻한다.

그러나 이제 **통각과 질의 관계**라는 문제가 제기된다.

질은 어떻게 지향 및 충족에 참여하는가? 한갓된 상상을 생각해보자.
어떤 기사(騎士)가 달빛 아래 있다(고 한갓된 상상을 해보자). 그가 말을 돌
린다. 뒷면이 통일적 대상에 속하는 것으로서 현출하는데 이는 '충족'이다.

.
..
5   여기에서 Ph는 기억을 뜻한다. 틀렸다. 이전 쪽의 첫 부분(이 문서 도입부)을 참조하라.
6   이 그릇된 도해 대신, 기억이 (과거 시점으로부터) 현행적 지금까지 이어지는 기억연관과
        맺는 고유한 관계를 확립해야 할 것이다.

앞면은 뒷면을 '지향'한다. 이러한 상상에서 뒷면이 드러난다면 동일화하는 '충족'이 일어난다.

이 지향은 〔상상에 의해〕 '변양된 지향'이고 이것의 충족은 '변양된' 충족이다. 〔말을 돌리기 전의〕 첫 번째 지향도 이미 '기사와 그 외의 것'이라는 전체 대상을 향했다. 그러나 이 복합적 지향은 앞면에서만 '입증'되었다. 전체 대상에 대한 지향인 이 지향은 앞면에서 주어지는 것으로 충족되는 것이다. 물론 이 충족도 〔상상에 의해〕 '변양된' 충족이다. 전혀 충족되지 않은 빈 지향이 있다. 〔하지만〕 여기〔상상에 의해 변양된 충족〕에서는 어떤 직관적 지향, 즉 〔앞면과 관련하여〕 국부적으로 채워지고 충족되는 지향이 있다. 이 지향은 〔뒷면 등과 관련해서는〕 국부적으로 비었으며 추가적 충족을 향해 나아간다. 이 지향의 충족은 국부적으로 충족되는 새로운 지향에서 일어나는데, 물론 이 지향은 〔앞면과 관련해서는〕 국부적으로는 다시 비워진다.[7]

이것〔한갓된 상상〕에 반해 지각은 변양되지 않은 지향의 복합체, 믿음지향의 복합체이다. 이런 지향은 빈 질이 있고 여기에 이와 어떤 식으로든 결합하는 대상 통각이 더해지는 것이 아니라, 믿음통각이다. 이것이 대상에의 관계를 규정하는 것, 즉 이 통각을 규정하는 것, 이 통각을 **차별화하는 것**이며, 어떤 믿음 및 어떤 지각을 이루는 것이다.

물론 믿음을 규정하는 것이 감각의 내용과 동일한 것은 아니다.

이제 한갓된 **상상**을 생각해보면, 모든 것이 그대로이되 다만 모든 것이 '유사적으로', 즉 영상적으로 '변양'된다. 변양된 것과 변양되지 않은 것을

∴

7　말을 돌리면, 뒷면과 관련한 지향은 충족되지만, 앞면과 관련해 충족되었던 지향은 다시 비워진다.(옮긴이)

314

비교하면, 추상적으로는 본질이 동일하다.[8] '동일한' 대상적 파악과 현출, 동일한 앞면(동일한 면에서 현출하는 '동일한' 대상) 등. 이는 의미의 동일성으로서의 '질료'의 동일성인가?[9]

하지만 이것은 '한갓된' 상상표상에만 해당하는 듯하다. 그렇지만 상상에도 믿음이 연결될 수 있다.

그러니 어떻게 해야 믿음과 통각의 관계, 그리고 믿음과 지향의 관계를 보다 잘, 보다 정확하게 이해할 수 있는가?

나는 이렇게 대답하겠다. **기억**에 대해 말하자면, 기억은 ('한갓된 상상'에 기초를 두는 작용이지만) 영상적 작용이 아니라 인상적 작용이다. 가령 어떤 사물의 단적인 외부 지각에 대응하는 것은 '동일한' 사물, 즉 내용이 같은 사물의 단적인 순수한 상상([지각과] 현출 본질이 같은 상상)이다. 이 사물의 기억과 이것[순수한 상상]을 대등한 권리를 가지는 것으로 동렬에 둘 수는 없다. 기억은 새로운 파악을 들여오는데, 이 파악은 이 사물, 앞서 상상된

8 하지만 내가 동일한 파악내용에 대한 어떤 지각과 어떤 환상을 생각해보면 어떤가? 환상에는 믿음 대신에, 경쟁하는 지각이나 경험과의 충돌 때문에 한갓된 믿음경향으로 격하된 질이 있다. 이 믿음경향은 더는 믿음이 아니다. 여기에서는 무엇이 변양되는가? 분명 질만 변양된다. 하지만 [환상이라는] 사태는 동일 내용의 상상과는 완전히 다르다. 어쩌면 혹자는 **이러한** 변양은 상상으로의 변양과 완전히 다르다고 반론을 제기할 것이다. 그렇다. 하지만 상상에는 믿음이 있을 수도 있고 없을 수도 있다. 한갓된 상상은 저 환각과 '동일한 내용'을 가질 수 있다. 그렇다면 차이는 어디에서 오는가? 한 경우는 지각현출이고 다른 경우는 상상현출이다.

9 다음에 유의해야 한다. '본질'은 동일하지만 현출은 동일하지 않다. 한 경우는 지각현출이고 다른 경우는 상상현출이며, 한 경우는 그 질료가 인상이고 다른 경우는 영상적으로 변양된 질료이기 때문이다. 실은 동일한 (개체적) 대상이라고 말할 수는 없다. 이것은 정확히 동일한 내용 혹은 본질을 지닌 대상인데, 이는 이 두 경우 현출이 '본질'에 있어 동일한 것과 마찬가지이다.

이 사물을 과거의 사물로, 그것도 '재소여되어' 재현되는 사물로 현행 현전에 관련시키기 때문이다.

그러나 이제 다음을 곰곰이 생각해보자. 지각에 들어 있는 **확실성 정립** 역시 어떤 연관에 관련되고, 따라서 현출하는 것을 더 넓은 연관으로 들여놓는 어떤 파악에 관련되지 않던가? 지각의 충족은 새로운 지각으로부터 (또 다른) 새로운 지각으로 이행하면서 일어나며, 이때 동일한 대상의 현시로부터 (이 대상의 새로운 현시로) 이행할 뿐 아니라 주변지각으로부터 (새로운 주변지각으로) 이행하는 것이다. 사물은 공간세계에 속하는데, 이 세계는 하나의 공간적 통일체이며 시간과 관련해서는 온갖 내용 변화에도 불구하고 하나의 지속하는 통일체이다.

그러나 (유사지각되는 것인) 상상되는 것은 기억에 의해 과거로 옮겨지며, 동일한 세계에 바로 그 세계의 과거로서 배속된다. 이것의 증시(證示) 방식은 '상상'에서 상상으로의 이행을 요청하지만, 이것은 늘 같은 방식으로 기억의 성격을 지닌다.[10] 그렇다면 외부 지각(초재적 지각)과 외부 기억은 평행한가? 한마디로 이 둘은 확실성 정립 양상의 지각현출과 확실성 정립 양상의 상상현출인가? 그러나 지각현출은 자신의 배경에 있어서 특정 파악으로 특출하게 현출하는 것이자 의향되는 것으로 이해해야 한다. 그리고 이 배경에는 사물적 배경만 (유사공존으로) 속하는 것이 아니라, 지금까지 사건들의 잇따름에서의 시간적 배경도 속한다. 따라서 보다 정확히 고찰한다면, 기억, 아니 기억을 상환하는[11] 기억계열은 지각 일반의 정확한 대

⁚

10 기억되는 어떤 것이 정말 있었던 일임을 증시하려면 또 다른 기억이 요구된다.(옮긴이)

11 einlösen은 수표나 어음 따위를 현금으로 '상환'하는 일을 가리키는데, 여기에서는 (상대적으로 흐릿한) 어떤 기억을 (상대적으로 생생한) 다른 일련의 기억이 '충족'하거나 '증시'한다는 의미이다.(옮긴이)

응물이 아니라, (당시의 지금으로부터 지금의 지금까지 이어지는) 지각계열의 정확한 대응물이다. 이 지각계열은 바로 지속 및 변화의 잇따름에 대한 통일적 지각의식이다.

하지만 본래 모든 지각은 이미 이러한 의식이다. 모든 지각은 지속하는 것의 지각이거나 사건의 지각 등이다. **사건지각**인 지각을 취한다면, 여기에는 기억이 재의식(재현), 가령 사건이 끝날 때 때때로 〔그 사건의〕 시작에 대해 가지는 재의식으로서 상응한다. 이는 단지 시작을 상상함이 아니라 기억함이다. 즉, 지금이 지각에 있어 계속 앞으로 나아간다고 할 때, 이러한 지금까지 이르는 지향을 포함해 저 시작을 재의식하는 것이다. 재의식에는 본질적으로 이런〔지금까지 이르는〕 지향이 속한다.

지각정립에는 공간성이라는 이념에 관련된 증시 체계가 있는데, 이런 증시도 모두 지각정립이다. 기억정립에는 시간성이라는 이념에 관련된 증시 체계가 있는데, 이런 증시도 모두 기억정립의 성격을 지닌다.

한갓된 상상(지각상상)은 (자신의 지향적 체계를 갖춘) 지각정립의 영상적 변양이다. 한갓된 상상은 어떤 지금, 어떤 지속하는 대상성이나 변화하는 대상성 등의 상상표상이다. 〔이에 비해〕 기억상상은 어떤 지금과의 관계에서 지나간 것의 상상표상이다.

이 지금이 현행적 지금이라면, 이 상상을 '정립'하면 곧 현실적 기억이 끌어들여진다. 〔이에 비해〕 이 어떤 지금이 상상되는 지금이라면, 이 상상되는 지금을 정립해야 〔상상되는 것의〕 정립이 이루어지는데, 이러한 정립은 오직 기억되는 지금으로만, 즉 어떤 지나갔음으로만 가능하다.

어떤 상상구성체는 어떻게 정립될 수 있는가? 어떤 지금이나 지나간 것이나 도래할 것으로만 정립될 수 있다. 현행적 현실과의 관계에서, 따라서 현행적 지각의 지금과의 관계에서만 정립될 수 있다. 중대하고 어려운 문제이다! 개체의 모든 정립은 시간 및 공간에서의 정립이며 여기 및 지금과의 관계에서의 정립이다.

한갓된 표상은 지각일 수 있되, 절대적으로 배속되지 않은 지각일 수밖에 없다. '여기'에의 관계에서 무언가 빠져 있다. 즉, 믿음이 빠져 있다.

또 한갓된 표상은 순수한 상상일 수 있다. 여기에는 여기 및 지금과의 관계가 없다. 믿음이 없는 것이다.

인상으로서의 믿음.
지각과 상상의 대비에 대한 해석,
기억이 상상, 환상, 이미지표상,
공허표상과 맺는 관계에 대한 해석[1]

(1908년 10월 11일 집필)

믿음을 (인상의 유일한 성격은 전혀 아니라도) 인상의 하나의 성격으로 이해하고자 한다면, 그때그때 이에 대응하는 '한갓된 표상'은 이것의 변양으로 간주할 수 있을 것이다. 가령 한갓된 명제적 표상은 술어적 판단에 대응한다. 바로 **상상자료**가 **감각**에 대응한다는 의미에서 그렇다. 이렇게 하고자 할 때 떠오르는 물음은 외부 지각과 이에 상응하는 한갓된 상상의 대비, 기억과 상상의 관계, 환상이나 폭로된 환각이나 이미지표상(혹은 이미지적으로 정립하는 표상)이나 공허표상(그리고 정립하는 공허지향)이라는 현상을 어떻게 해석해야 하는가이다.

여기에는 특히 '파악'과 '믿음'의 관계 및 '믿음'과 이것의 다양한 변양(즉

---

1   여기에서는 인상적 이미지의식에 대해서도 논한다.

믿음경향, '폐기된 믿음', 의심 등)의 관계라는 난점이 있다.[2]

예를 들어 지각에서는 어떤가? 여기에는 믿음인상 양상이라는 성격을 지니는 고유한 지각파악이 있는데, 이 성격은 이것(고유한 지각파악)에 덧붙는 두 번째 계기인가? 그러니까 서로 분리될 수 있는 것이 다만 서로 얽혀 있을 따름인가? 아니면, 믿음은 (지각)파악에 속하며 이와 분리할 수 없는 양상적 성격인가? 나아가 파악의 인상적 양상은 다양하여 인상적 파악은 자연히 이러저러한 양상에서의 인상적 파악인데, 이제 이러한 인상적 파악에는 그에 상응하는 상상적 변양이 대응하는가? 그렇지만 우리가 동일한 파악이 다양한 양상을 지닌다고 말한다면, 여기에서 공통되는 것은 어떤 **추상적** 본질일 것이다. 여기에 추가로 직관적 본질(직관적 파악)인가, 아니면 빈 본질인가라는 차이가 더해진다. 다른 한편 나는 곧 무엇을 '동일한 파악'의 변양으로 간주해야 하는가라는 난점을 건드리게 된다. 예를 들어 내가 어떤 지각을 변양할 때 여기에 파악과 믿음이라는 두 계기가 있다고 가정한다면, 각각을 따로 변양할 수 있다. 그러니까 파악은 인상적이고, 믿음계기는 인상으로서의 믿음이거나 아니면 이에 상응하는 믿음변양일 수 있다. 예컨대 다음과 같이 말할 때 그렇다. 동일한 현출내용(파악내용)에 대한 지각과 환상의 차이는 동일한 인상적 현출에 지각에서는 인상적 믿음이, 환상에서는 믿음변양이 교직된다는 데 있다. 이와 마찬가지로 동일한 '현출내용'에 대한 기억과 상상의 차이는 동일한 변양된 현출에 기억에서는 현행 믿음이, 상상에서는 믿음변양이 결합한다는 데 있다. 특히 더 깊이 탐구하지 않는다면, 이런 현상은 다양하게 해석될 수 있다. 가령 동일한 현출내용에서 믿음이 완전히 떨어져 나갔지만 이를 다른 변양이 대

••
2   믿음은 물론 결정, 주장 등과는 다르다.

체하지 않은 것일 수도 있다. 아니면, 동일한 감각이 때로는 인상적 파악을, 때로는 상상파악을 겪으므로, 그 차이는 이미 파악에 있는 것일 수도 있다. 아니면, 동일한 파악핵(동일한 현출)에 새로운 파악계기가 결합하는 것일 수도 있다.

이제 나는 믿음을 하나의 독자적인 성격화 계기로 해석하기보다 '파악' 자체의 인상성으로 해석하는 견해를 정당화하고자 하지만, 이때 파악이라는 말은 충분히 넓어야 한다.

이제 통상적 **외부 지각**과 이에 정확히 상응하는 **순수한 상상**의 관계도 살펴보자. 여기에서 후자의 현상은 곧 전자의 현상의 변양으로서, 속속들이 변양된 것이다. 여기에서는 믿음의 독자적 계기를 상정하지 않고, 따라서 파악 혹은 (감성적 토대까지 포함하는) 현출과 믿음(혹은 믿음변양)의 복합을 상정하지 않는 견해를 밀고 나가는데, **이런 보다 단순한 견해를 뒷받침하는 것은 무엇인가?**

a) 〔현출과 믿음이〕 복합된다는 견해에서는 이렇게 말할 수 있다. 지각현출은 이에 정확히 상응하는 상상현출에서 영상화된다. 그리고 양편 모두에서 믿음은 일어날 수도 있고 일어나지 않을 수도 있다.

b) 이에 반대하여 이렇게 말할 수도 있다. 내가 상상에서 믿음을 지니지 않는다면, 즉 순수한 상상을 행한다면, 이때 그 자체가 믿음의 변양이 아닌가? 그러니까 이미 믿음을 구비한 전체 지각의 완전한 영상적 변양이 아닌가? 순수한 상상에 침잠하면 마치 사물이나 사건을 보는 것 같고 이것이 이러저러한 규정성을 가지는 것 같다. 이것은 믿음의 변양된 의식에서의 현출 외에 무엇이겠는가?

그러니 단지 어떤 단순한 것이 있다. 감각은 상상자료(유사감각)로 변양되고 파악은 영상적 파악으로 변양되는데 이것이 이미 믿음의 변양이다.

마찬가지로 인상적 파악에는 현행적 믿음이 있다.

이제 '상상의 토대 위에서' 믿음을 가질 수도 있다. 다시 말해, 여기에서 파악의 토대가 되는 것은 감각재료가 아니라 변양된 재료, 즉 상상자료 복합체이다. **파악** 자체는 때로는 인상적 파악일 수 있지만, 다른 때는 충분히 비인상적 파악일 수도 있으며, 이에 따라 그때그때 나는 기억을 가지거나 순수한 상상을 가진다.

다음에 유의하자. 믿음은 분리될 수 있는 계기는 아니지만, '…로서의 **파악**'도 아니라는 것이다. 가령 사물로 파악하기 위한 토대가 감각이라면, 이 파악은 충분히 독자적으로 변양될 수 있다. 이것은 믿음이 아니라 바로 파악이며, 이 파악은 그 **양상**에 있어 때로는 믿음이고 때로는 무실의식 등이다.

이 모든 것은 잘 들어맞는 것 같다.

그러나 내가 강의에서 되풀이 검토한 것을 이제 숙고해야 한다. 즉 순수한 상상의 형식이든, 기억(내가 다른 견해에서 의미하는 바에 따라 부른 바로는, 정립하는 상상)의 형식이든, 상상자료를 토대로 파악이 행해지면, 이것은 철저히 **흡사**라는 성격을 지니고 따라서 영상적 성격을 지니는 것으로 보인다. 가장 아래에는 흡사 감각이 있다. 이것은 '상상자료' 의식이다. 그러나 나아가 이와 같은 것을 토대로 나는 상상되는 상황이나 기억되는 상황을 흡사 보며 이 상황에 내가 있음을 흡사 발견한다. 그리고 이제 **기억**을 우대한다면, 나아가 이는 다음을 뜻한다. 나는 흡사 믿고 흡사 지각하며 그것을 토대로 흡사 진술 등을 한다. 나는 흡사 믿지만 이제 현실적으로 믿는 것이다!

그러니 상상자료가 인상적 파악을 겪을 수도 있고, 이와 마찬가지로 영상적 파악(파악 영상)을 겪을 수도 있다고 덧붙이는 것은 옳은가? 그러면 다른 한편 이에 상응하여, 감각은 때로는 파악 인상에 있고 때로는 파악 영상에 있는가?

분명히 **그럴 수 없다.**

우리는 감각은 **직접적으로** 오직 **인상적** 파악만 겪을 수 있음을 분명히 해야 할 것이다. 그러나 인상적 파악에는 한 가지만, 즉 가장 좁은 의미에서 '지각'이라고 부르는 인상적 파악만 있는 것은 아니다. 그때그때의 감각장을 취한다면, 이 장은 언제나 지각파악들까지 겪는다. 하지만 지각파악들은 서로 충돌할 수 있다. 여기에는 동요, 의심, (그때그때 한 파악에 관련되는) 경향이라는 인상적 현상이 나타난다. 의심이 결판나는 것도 마찬가지다.[3]

그렇지만 다른 현상도 일어나며 일어날 수 있다. 하나의 지각파악이 '주변'의 지각파악들과 길항한다. 인상적 지각인 주변의 지각파악들이 저항하고, 저 하나의 지각파악은 '폐기'된다. 혹은 우리는 동요나 길항 등의 특수한 과정 없이도 지각의 확실성(인상적 믿음)과 관련하여 '폐기되는' 지각을 발견한다. 새로운 인상적 현상인 이런 지각은 가령 '한갓된 표상'이 아니라 **가상**지각이다. 여기에서는 어떠한 가장 좁은 의미에서 무언가가 현출하는 것이 아니라, 무언가가 **가상으로** 있다. 폐기하는 지각과 관련되어, 이 무언가는 '아무것도 아님'으로, 무실함으로 있다. 그것은 그 자체로 '믿음 없이' 있지만, 결코 상상은 아니다. 그것은 한갓된 '이미지'이다. 그러나 이것을 상징적이고 이미지적으로 현시하는 기능으로 생각하면 안 된다. **참된 인상적 이미지의식**의 토대에는 한편으로 '이미지대상'을 현출시키는 기능이 있

··

3 이들은 가령 상이한 파악들이 아니라, 거기에서 일어나는 파악의 상이한 양상들이다. 근원 파악의 토대양상 = 믿음.

다. 이것(이미지대상)은 방금 이미지라고 명명한 바로 그것이며, 본래적 이미지를 구성하는 기능은 어떤 기호화하며 나아가 유비적으로 기호화하는 기능이다. (이것도 인상적 의식이다.)

주의할 점은 내가 방금 말했듯, 이미지의식은 이러저러한 의미(이를테면 **환상** 의식과 **본래적** 이미지의식)에서 틀림없이 인상적 작용이라는 것이다. 이미지는 어떤 지각 주변을 전제한다. 그리고 이미지는 인상적으로 이루어질 수도 있지만, 상상적으로 이루어질 수도 있다.[4] 그러면 인상적 이미지의 지각 주변에는 어떤 상상 주변이 상응하는데 이 상상 주변은 유사지각 주변으로 기능한다. 이 경우에는 모든 것이 영상적으로 변모한다. '충돌'에 의해 '폐기됨', 유비화 등이다. 그러니 환상 파악이 가령 감각의 상상파악이 아님은 확실하고, 감각은 직접적으로는 실로 (다양하게 있을 수 있는) 인상적 파악만 겪을 수 있음은 확실하다. 이 모두를 인상적 파악이라고 부르는 것은 이 모두에 대해, 우리가 '상상'이라고 부르는 유일한 변양방식이 동일한 방식으로 대비되기 때문이다.

이제 **간접적**(매개적) **파악**은 어떠한가? 내 시각장의 테두리에 있는 사물에 주의한다면, 이것은 주변의 질서에서 따라 나오는 사물들의 표상을 '일깨운다'. 나는 몸을 돌리고 이러저러하게 계속 걸어가면, 그리고 이렇게 계속해서 주변의 세계에서 계속 걸어가면 이런 사물들을 보게 될 것이다.

눈으로 포착되는 사물로부터 소위 보이지 않는 것으로 발산하는 지향이 인상적이고 비직관적임은 분명하다.

⁚

4 하지만 모사되는 것에의 관계는 믿음 없는 상상에 의한 것일 수 있다. 이 절의 뒷부분 참조할 것.

이 이론에 입각한 한갓된 상상표상과 기억의 관계

그다음에 '**상상표상**'이 등장하면, 내 앞에 어른거리는 것은 현실적으로 있는 것으로 간주된다. 내가 가지는 것은 분명 순수한 상상표상이 아니라, 저 상상표상 자체의 성격을 규정하는 (지각되는 것에서 나오는 인상적 파악빛 살인[5]) 동기이다. 그리고 이 성격은 상상현출에 토대를 둔, 어떤 인상적 유형의 파악 이외에 무엇이겠는가? 상상되는 것은 이를 통해 **현행성**과 관계 맺으며 이 관계에서 파악된다. 그리고 이 파악은 믿음의 인상적 양상을 지닌다.[6]

그렇다면 (내가 여기에서 아주 일반적으로 이해하는 용어의 의미에서) **기억** 자체는 그 다양한 형식에 있어서 **정초된 인상적 파악**이며, 그것도 **믿음의 양상**에서 그러하다.[7] 이는 다음을 뜻한다. 기억은 언제나 한갓된 상상 이상이며, 그보다 높은 단계, 정초되는 단계의 현상이다. 한갓된 상상은 (엄밀한 의미에서) 지각의 변양이고, 단적인 상상은 단적인 지각의 영상적 변양이다. 나아가 한갓된 지각이 영상적인 것은 전혀 포함하지 않는 것처럼, 여기에서 **한갓된**[8] 상상은 인상적인 것은 전혀 포함하지 않음에 유의해야 한다. 그래서 나는 영상적 변양에서는 이에 상응하는 지각에서의 모든 것이 변양되고 지금 여기라는 그 연관까지 변양된다고 생각해야 한다.

다른 한편 기억의 경우에는 상상이 그 토대이지만, 이를 넘어서 어떤 새

5 지향성이 주체로부터 대상으로 나가는 선(線)을 뜻하는 Strahl은 '빛살'로, 이들의 통일체를 뜻하는 Strahlenbündel은 '빛다발'로 옮긴다.(옮긴이)

6 이는 옳지 않다. 상상현출은 여기에서 그 자체가 현행성의 성격을 지니는데, 이는 지각이 (주변의 지향을 도외시하면) 현행성의 성격을 지니는 것과 같다.

7 나는 이것을 다시 포기했다.

8 '한갓된'은 '순수한'을 뜻한다.

로운 **인상적** 파악이 있다. 이 파악은 상상되는 것에 **현행성**을, 즉 지금 여기에의, 나의 그때그때 지금에의 지향적 관계를 내어준다.[9] 이는 상상되는 것 역시 지금으로 '정립'되든, 아니면 (현행적 지금과의 관계에서) 이전에 있던 것으로 정립되든 그러하다. 이 새로운 인상적 파악은 믿음의 양상적 성격을 지닌다(물론 여기에서는 이에 상응하는 **다른 양상**도, 경우에 따라서는 더 높은 단계의 다른 양상도 등장할 수 있다. 가령, 기억 경향, 의심, 결정이 그렇다). 이러한 인상적 파악에는 영상적 변양이 있다. 내가 무언가 지금 있거나 (이전에) 있었다고 한갓 표상한다면, 이는 온전하고 순수한 영상적 변양이다. 우리가 지금을 전혀 정립하지 않는다면, 영상적 지금이 준거점으로 당연히 전제된다. 이것은 예컨대 내가 어떤 유사지각(즉 단적인 상상)으로부터 출발하여 어떤 기억함으로 나를 이입하여 상상하는 경우이다.[10] 그 밖에도 여기에서나 일반적으로 **혼합 현상**이 있다. 나는 지각되는 주변으로 그 안에 없는 무언가를 집어넣어 상상할 수 있는데(주어지는 것과 충돌(하는 경우), 나는 지각되는 대상 대신에 그것을 정립해야 한다),[11] 이와 마찬가지로 나는 지각과 더불어 구성되는 지금 여기와의 관계에서도 (바로 상상이지 믿음이 아니기에, 어떠한 정당한 이유로도 있는 것으로 정립될 수 없고 그럴 만한 어떠한 정당한

9 여기에 **오류**가 도사리고 있다. 1) (먼저) 공간적이고 시간적인 상상연관을 수반하는 순수한 상상이 있고, 2) 여기에 새로운 인상적 파악이 덧붙는 것이 아니다. 기억은 철두철미 재생이며, 이 재생은 재생적 **현행성**의 성격을 지닌다(때로는 혼합이기도 한데, (이 혼합을 이루는) 몇몇은 비현행적이고 열려 있으며 한갓된 상상인 것이다). 현행성의 성격과 인상의 성격은 구별해야 한다. 각 기억 자체가 또다시 재생될 수 있다거나 현행적 기억이 현행적 지금과 연관된다는 것으로 이를 반박할 수는 없다.

10 그렇지만 이것을 가정립으로 이해하면 안 된다. '나는 상상 안에서 살고' 상상 '안에서' 기억한다.

11 이 종이는 하얀색인데 빨간색이라고 가정립한다. 물론 이는 한갓된 상상이 아니라 '파악함'의 새로운 인상적 양상이다.

이유도 주어지지 않은) 어떤 것을 지금 있는 것으로 상상하거나 〔이전에〕 있던 것이나 앞으로 있을 것으로 상상할 수 있다. 여기에서는 이 현상은 복합적 현상이다. 이 파악은 영상적이지만, 어떤 인상적 토대 위에서 그러하기 때문이다.[12] 내가 어떤 것을 지금 있는 것으로 심상화한다면, 상상 지금 (현행적 지금을 지닌 지각의 변양인 순수상상에 속하는 상상 지금)은 (이와 동시에 나를 상상으로 채우는) 인상적 지각의식의 지금과 동일화된다. 이는 (어떤 지각되지 않는) 하나의 현재의 기억정립에서와 똑같다.

다양한 형식에서의 기억과 비슷하게, (직관적이고 기호적인) **상징적**[13] 파악 역시 정초된 파악이다. 그리고 여기에서 다시 인상의 경우와 영상화의 경우는 분명하게 구별된다. 진정한 이미지파악인 초상화 의식을 예로 들어 보자. 가장 아래에는 폐기된 지각인 환상의식이 있다. 이는 앞서 서술한 종류의 어떤 인상적 작용이다.[14] 그러나 가상대상은 이미지이고 이는 '현실적 사태'의 이미지이다. 그러니 여기에서 파악은 어떤 인상적 파악이다. 이것은 충족, 정당화, 입증을 요청하고 허용하는데, 이 모든 것은 다만 인상적 작용에 대해서만 의미를 지닌다(그리고 이 새로운 작용 자체는 다시 인상이다).

다른 한편 영상적 변양도 있다. 이미지대상은 이미지로 파악되지만, '믿음 없이', 즉 한갓된 '상상'에 있어 그러하다. 많은 예술작품에서처럼.

내가 모르는 사물의 뒷면을 꾸며낼 때도 마찬가지이다. 비규정적 지향

∴

12 여기에서 상상 현상이라는 표현은 꺼림칙하다. 이 전체는 실상 지금 말하는 의미의 상상이 아니다. 이것은 가정립함으로 인해, 그리고 현실에 집어넣어 정립함으로 인해 그 양상에 있어 무실함의 의식이기 때문이다. 상상자료로 이루어진 현출이 등장하는 모든 복합적 현상을 상상현상이라고 부른다면, 이것은 어떤 다른 것이다.
13 내가 쓰는 확장된 의미에서의 '상징적'이다!
14 이는 비현행적 인상이다. 더 올바르게 말하자면, 인상을 재생의 반대로 이해할 경우에 그렇다.

(인상적 지향)이 뒷면을 향한다. 물론 뒷면은 삼차원 공간에서 어떤 몸체를 지닌 사물에 속하며 어떤 식으로든 감성적으로 파악될 수 있는 면이다. 하지만 내가 어떤 규정적인 것을 영상화한다면, 이는 전체적으로 보아 '상상'이다. 다른 한편 이것은 그래도 인상적 파악과 상상파악의 혼합이다. 상상되는 것이 뒷면으로서 저 앞면에 일치되게 들어맞아야 하는 한에서, 내게는 어떤 인상의 테두리가 있다. 그 외의 모든 것은 한갓된 상상이다. 여기에서 한갓된 상상은 인상의 테두리를 채워 넣는 것이다. 한편으로 동기화하는 지향적 빛살이 현행적인 것으로부터 발산한다. 그런 한에서 동기화되는 것, 따라서 인상적으로 두드러지는 것이 있다. 나머지는 모두 동기화되지 않는 것이고 한갓된 상상이다.

이제까지 분석의 의미에 따르면, 믿음이 곧바로 인상적 대상화라고 가정하면 안 된다고 할 수 있다. 대상화 작용에는 추정, 경향 등도 충분히 포함시킬 수 있기 때문이다. 믿음은 **결정된** 인상적 대상화(인상적 확실성)이다. 나아가 인상적 차이, 〔즉〕 확실성, 감(感), 의심 등의 계열의 맞은편에, 질료의 차이, 파악양상에서의 '무엇임'의 차이도 견지해야 한다는 데에는 전혀 흔들림이 없다. 우리는 안심하고 질적 차이(파악양상의 차이)와 '내용'의 차이, **질료**의 차이라고 부를 수 있다.

직관적으로 더 단순한 작용에서도 현출에 대해, 그리고 현실성 파악의 양상(양상적 차이)에 대해 말할 수 있다. 그러나 여기에서는 상황의 본질을 오인하지 않도록 매우 조심해야 한다. 가령 감성적 재료들은 파악된다. 즉 하나의 현출은 이러저러하게 파악되는 감성적 재료이다. 파악이 단적인 경우에는, 그 토대에 감각이 있으면 전체의식은 필연적으로 인상적 의식이고, 그렇지 않으면 이 전체의식은 영상적이다.

이를 토대로 보다 높은 단계에는 보다 높은 파악성격이 있다. 그리고 이때 정초에 의해 생기는 이 전체는 인상으로나 비-인상으로 서로 다르게 형성된다. 보다 높은 파악성격이 영상적일 수 있는데, 이로써 전체에 그 인장(印章)이 찍힌다. 아니면 모든 것이 철두철미 영상적일 수 있다.

(**술어적 작용**에서는 하위단계에서와 유비적인 차이가 있다. 술어적인 판단인상 – 술어적인 판단변양 = 술어적인 한갓된 표상. 그러나 주의할 점은 술어적인 한갓된 표상(명제적 표상)은 현상학적으로 보면 단지 (바로 아주 정확하게 동일한 현상학적 본질을 지닌) 판단의 변양이라는 것이다. 이는 어떤 붉음 질을 지닌 모든 상상자료가 여기 있는 동일한 질을 지닌 붉음의 변양은 아니지만, 그래도 모든 상상자료는 변양이고 모든 감각은 인상이라는 의미에서이다. 한갓된 표상 "S는 P이다"는 작용이 아니라, 작용변양(작용상상자료)이다.)

자유롭고 억제되지 않는 대상화, 근원대상화(또한 억제되지 않은 '파악') = 믿음. 억제, 다른 대상화와의 충돌, 혹은 다른 대상화에 의한 대상화 경향의 억제, 이것은 대상화의 새로운 양상을 준다.

예를 들어 가상지각에는 가상판단(예컨대 이미지적 상황 전체에 일치하는, 연극에서의 판단)이 상응한다. 그리고 주어지는 것과 관련하여 충돌하는 지각에는, 즉 지각경향으로 강등되는 지각에는 판단경향이 상응한다. 가상판단은 물론 인상이다.

유고 5

기억과 기억의 반복. 양상적 성격과 현현

(1909년 집필 추정)

이제 **기억**이라는 의식을 고찰해보자. 이것은 변양되지 않은 의식으로서 '감각' 혹은 같은 말이지만 인상이다. 아니면 보다 명료하게 말하면, 이것은 상상자료를 포함할 수 있지만, 이것 자체는 이에 상응하는 감각인 어떤 다른 의식의 상상적 변양이 아니다. 그러나 여기에는 어떤 **현현**이 포함되어 있다. 나는 어떤 사건을 기억한다. 기억에는 이 사건의 상상 현현이 포함되는데, 이 사건은 (언제나 자아 자체가 속하는) 현현하는 배경과 더불어 현출한다. 이 전체 현현은 어떤 상상 현현의 성격을 지닌다. 그러나 기억의 성격인 믿음양상을 지닌다.

그다음에 기억 자체를 상상 안에 넣을 수 있다. 이는 상상에서의 기억이고, 그다음에는 더 나아가 기억에서의 기억이다. 즉 나는 어떤 기억에 침잠하며, "나는 이러저러한 것을 기억했다"는 기억도 떠오른다. 마찬가지로 상상에서의 기억은 내가 기억함을 상상하는 것이다. 이때 물론 우리는 기억의 양상성이 이에 상응하는 상상자료로 변함을 발견하지만, 기억의 질료, 기억 현현 자체는 더 변양되지 않는다. 마찬가지로 그 안에 포함된 상상자료도 더 변양되지 않는다. **두 번째 단계의 상상자료는 없다.** 그리고 기억의 질료를 이루는 기억 현현 전체는 상상자료이고, 역시 또 다른 변양을 겪지 않는다.

그다음에 더 나아가 내가 어떤 기억을 기억한다면, 기억 과정의 연관 안에서, 즉 상상 현현이 기억이라는 질적 양상으로 있으면서 경과하는 의식의 연관 안에서, '변양된' 기억이 등장한다. 이때 본질적으로 앞서와 똑같이 이야기할 수 있다. 단적인 기억이라는 질적 양상은 '기억의 기억'으로 대체된다. 즉 나는 기억이라는 질적 양상 안에서 (전체 기억과정과 더불어) 하나의 기억 상상자료를 가진다. 그러나 기억 상상자료는 어떤 상상 현현에 토대를 두고 무언가의 기억이라는 성격을 지닌다. 그리고 이 상상 현현은 단적인 기억의 기억에서도 자기동일적으로 같은 것이다.

기억의 내용을 이루는 모든 것과 대비하여, 기억의 성격은 현행적 지각 현실과 관계 맺게 하는 파악이 있음이라고 말한다면 어쨌든 올바른 점이 있다. 그러나 그렇다고 해도 앞서 말한 것은 달라지지 않는다. 그렇다면 이 파악 자체에서 내용과 믿음양상을 구별해야 한다. 가령 지금 내가 가지는 단적인 기억에서의 파악과 (기억되는 기억을, 현행적 점으로서의 어떤 기억되는 지금과 관계 맺게 하는) 기억의 기억에서의 파악은 물론 서로 다르다. 그러나 여기에서 요지는 (우리가 전적으로 직관적으로, 바로 현출로 취하는) 현현은 변양을 겪을 수 없다는 점이다. 그리고 이는 현현을 지금과 관계 맺게 하는 기억파악의 내용에도 해당한다. 물론 이 현현은 완전히 직관적이되지는 않는다.

여기까지는 모두 올바른 것 같다.

하지만 이제 **양상적 성격과 현현 간의 연관**은 어떠한가라는 물음이 떠오른다. 기억에 있어서 우리는 가령 기억 현현의 성격을 규정한다는 '믿음'의 양상이 '정립'이라는 어떤 텅 빈 계기가 아님을 본다. 그렇지만 기억 사건으로 현현하는 사건이나 사물의 본질은 믿음이 관련되는 어떤 배경을 지닌다는 점이고, 이 믿음은 이처럼 특별히 기억되는 것이라고 불리면서 현출하는 사건을 과거에 대한 기준점인 현행 지금에 관련시킨다는 점이다. 지금의식을 발산점으로 하는 현행성 의식이 어떤 식으로든 기억의식과 합일한다고 할 수 있을 것이다. 비유적으로 말하면, 지금으로부터 그 〔과거의〕 사건으로, 그리고 거꾸로 〔그 사건으로부터 지금으로〕 지향들이 오락가락 발산하면서 서로를 떠받친다. 그렇다면 기억은 이러지 않으면서도 기억일 수 있을까? 그런데 (가장 넓은 의미의) 기억의식이 모두 과거의식인 것은 아니다. 나는 론스 언덕을 기억한다. 이때 론스 언덕은 지금 있지만 〔눈앞에 현전하지 않고〕 한갓 재현되는 것으로 있다.[1] 하지만 여기에서도 연관이 있다. 이런 연관 없이도 어떤 상상 현현을 토대로 하는 정립의식이 있을까? 물론 내가 현출을 익숙한 방식으로 배속시킬 수 없는 경우에는 이 기억은 미규정적이고 '있었음'은 미규정적으로 한갓 의식된다. 마찬가지로 나는 '기지(既知)'라는 한갓된 의식을 가질 수도 있다. 이 의식은 가령 지각에 주어지는 어떤 것이 이와 동시에 미규정적 방식으로 기억되는 것이라는 의식, 즉 있었던 것과 동일한 것이라는 의식(재인함)이다.[2] 떠오르는 어떤 상상이미지라도 '기지'라는 한갓된 성격을 가질 수 있는가? 물론 그렇다. 나는 잠들

∴

1 여기에서는 과거의 사건을 떠올리는 좁은 의미의 기억이 아니라, 넓은 의미의 기억에 포함되는 이른바 현재기억을 논하고 있다.(옮긴이)
2 가령 지금 눈앞에 있는 론스 언덕을 지각하면서, 이것이 (과거기억인지, 현재기억인지, 미래기억인지 규정되지 않은 채) 기억되는 언덕과 같은 언덕임을 아는 경우이다.(옮긴이)

기 전에 상상하는데, 어떤 것은 명료하고 어떤 것은 어렴풋한 온갖 얼굴이 나타난다. 그리고 이제 한 얼굴을 헬골란트섬에서 본 적이 있는 선원으로 알아본다. 그리고 다른 얼굴은 어떤 그림에서 알게 된 머리로 알아본다. 아니, 심지어 나는 이미 되풀이 상상했던 머리라고 기억한다.

하지만 언제나 이것은 텅 빈 정립이 아니라 파악인데, 이 파악은 이 '이미지'를 하나의 시공적 주변의 구성 부분으로 포착하고 이것을 규정적 방식이나 미규정적 방식으로 '세계'에 배속한다. 하지만 물론 다음과 같이 말할 수 있다. 이것은 두드러지는 현현의 파악을 포괄하며 이 현현에 믿음의 양상을 증여하는 파악이다. 그리고 파악내용을 지니고 그때그때 규정적이거나 미규정적인 이 믿음이 타당하려면 증시되어야 한다. 그렇다면 이 증시는 현상의 본질을 따라 하나의 '세계'와 현실로 이끌어가며, 어느 경우든 지금과 자아로 이끌어가는 것이다. 그러나 기억정립과 자아의 현행성 정립 사이에는 늘 어떤 은밀하고 얽히고설킨 통일성이 존재하지 않는가? 그것도 필연적으로 존재하지 않는가?

그러나 이에 대한 의심을 감안해야 한다.

우리는 감각과 상상자료를 대비시켰다. 그리고 모든 의식은 〔그 자체로 보면〕 감각이고, 모든 감각은 상상자료로 변양될 수 있다. 그러나 상상의식이나 기억의식 등은 그 자체로는 현재의 의식이고 그 자체로는 감각이며, 내적으로 지각될 수 있고 시간적으로 배속될 수 있으며 지금 체험되는 것이라고 할 수 있다. 나아가 그것은 기억될 수도 있고 상상될 수도 있다. 가령 나는 바로 내가 상상함을 상상한다. 어떤 기억을 기억할 때는 이와 동시에 상상 안에서의 상상이 있는 것이다. 어떤 상상을 기억할 때도 마찬가지이다. 나는 바로 이전에 상상한 선원의 머리를, 혹은 이전에 가졌던 머리의 상상을 기억한다. 그리고 이럴 때 이 '머리' 현현은 늘 되풀이해서 동일한 것이다. 나는 지금 나의 지각의식을 가지고, 이것과의 연관에서 머리 상상을 가진다. 이 상상은 변양된 의식, 즉 상상의식이기는 하지만 하나의 의식이며, 지금의 전체의식 연관에 속한다.

나중에 나는 기억한다. (어느 정도 불명료한) 이전의 전체의식은 지금은 변양된 방식으로 상상자료로, 그리고 (한갓된 상상이 아니라면) 가령 기억이라는 성격으로 있다. 그리고 이제 이전의 현현, 이전의 상상의식이 이 연관 안에 등장하지만, 지금 모든 것이 계열을 이루면서 그런 것은 아니다. 머리의 상상의식은 동일한 의식이고, 이 상상의식이 배속되는 현행성 의식은 상상에서 변양된다. (그렇다면 머리는 이전의 **현행적** 현실에 속한다!) 상상의식 자체는 다시 변양된다. 비록 이 변양 이후에 다시 어떤 상상 현현이 이 안에서 주어지더라도. 이것을 어떻게 이해해야 하는가?

이렇게 말해야 하는가? 살아 있는 의식(체험)으로서의 모든 의식은 자신의 지금을 지니는 전체의식에 배속된다고? 이 배속은 어떤 실제적인 것이고, 해당 의식(해당 '작용', 여기에서는 상상작용)의 성격을 규정한다. 회상에서 우리는 이 전체를 '다시 기억'했다. 지금 이 모든 것이 상상의 성격이더라도, 연관은 하나이고 기억은 이 연관에의 배속에 있어 선원 머리의 상상의식에 관련된다. 다른 부분에 있어서는 지각의식이나 판단의식 등에 관련된다.

그러나 나는 어떻게 하나의 지각과 이와 동시적인 하나의 상상을 서로 다르게 기억할 수 있는가? 내가 지금 기억하면 (기억되는) 지각 자체가 변양되고 (기억되는) 상상도 변양되지만, 이제 (지각의 기억에서는) 어떤 상상이 지각을 대리하는 반면 (상상의 기억에서는) 어차피 (이 변양되는) 상상은 애초부터 상상이던 것이다. 이것(변양되는 상상)이 이제 와서 (이전의 상상과) 다른 무엇일 수 있겠는가? 그러니까 이제 내게는 차이가 없다. 양쪽 다 상상인 것이다.

상상도 변양됨은, 그것도 정확히 지각과 같은 의미에서 변양됨은 분명하다. 그렇지만 상상되는 상상은 다시 바로 상상이 아닌가?

부록 24

정립과 시간파악의 질료인 현출, 지각현출이거나 상상현출

(1908년 집필 추정)

지각에는 상상이 대비된다. 그러나 여기에는 어려운 변양이 산더미같이 많다.

살아 있는 지각의 위상은 직접적 과거의식(파지)의 심연으로 다시 가라앉는다. 이 '신선한' **일차적** 기억의식은 (방금 지나간) 지각에 연결된다. **다시** 재현하는 기억(재생되는 과거위상들을 지니는 재생적 기억).[3] 또 지속하는 어떤 존재자이자 공동현전에 속한다고 표상되는 어떤 것을 재현하는 표상(예를 들어, (과거에) 있던 것에 대한 기억이 아닌, (어딘가 지금 있는) 론스 언덕에 대한 표상). 어떤 현재의 존재자나 과거의 존재자나 미래에 존재할 것을 모사하는 표상. 단순한 상상표상 등.

본질의식은 이러한 모든 변양과 현시 위에 구축되고 이를 관통한다.

그러나 본질직관에서 유일하게 다루는 것(본질적인 것)으로부터 변하는 것(비본질적인 것)을 떼어내 버린다면, (본질적인 것으로서) '현출'만 남는다. 현출은 (이 둘이 전부라고 여긴다면) **지각현출**이거나 **상상현출**이다. 예를 들

---

3 예를 들어, 방금 들렸고 아직 '기억되는' 어느 박자의 '반복'.
가령 방금 들은 '도' 음이 여전히 파지되는 동안 나는 이 음을 회상(재생)한다.(옮긴이)

어 지각, 환각과 환상, 이미지표상에서는 지각현출이 정립과 시간파악의 질료이고, '한갓된' 상상, 기억, 예상처럼 현행적으로 모사하는 표상이 아닌 모든 종류의 재현하는 표상에서는 상상현출이 정립과 시간파악의 질료이다.

마침내 현출로, 그리고 현출의 이러한 근본적 차이로 돌아오자. 이 현출에서 대상은 이러저러한 대상으로 현출하고, 이렇게 현출하는 대상은 바로 이러저러한 성질을 지닌 대상이다. 우리는 실존과 비실존을 사상하고 시간성을 사상하며 공간(현실적 공간)에서의 위치도 사상하는 가운데, 그 본질을 응시할 수 있다.

하지만 그다음에 본질 고찰은 지속을 향하고, 스스로 지속 안에 있으며 스스로 지속하는 저 대상을 향하며, 시간적으로 다양한 형상을 지니는 객체(사건)의 시간형상을 향하고, 공간적 배치 등을 향할 수 있다.

그다음에는 지속하는 대상(자신의 지속에서의 대상, 자신의 시간형상에서의 대상 등)의 현출을 다시 문제 삼는다. 그리고 (이러한 대상을 향하는) 작용은 자신의 시간형상에서의 시간적 대상성에 대한 지각, 기억, 모사, 환각, 한갓된 상상이다.

이 **'현출'**은 무엇인가? 예를 들어 지속하는 지각현출(혹은 이 나무의 지각에서 지속하는 현출함)은 나에게 이러저러하게 현출하는 나무를 그 자체로 현시한다. 이와 온전히 같은 나무의 지속하는 이미지현출은 (지각현출과) '동일한 현출'을 포함한다.[4]

a) 현출(현출함)이 때로는 반박할 수 없는 지각지향 내지는 반박할 수 없는 믿음지향의 양상으로 체험될 수도 있고, 때로는 반박되는 믿음지향의

:.

4 (동일한) '본질'도 그러한데, 이는 시간위치 및 공간위치와는 무관하게 동일하다.

양상으로 체험될 수도 있지만, 이때 양자에 있어서 어떤 본질, 현상학적인 작용본질은 공통이다. 나아가 이때 (내가 '그 나무'를 현실적이라고 간주한다면) 어떤 이미지의식, 어떤 모사하는 지향이 이 부정되는 믿음지향을 향한다. '그' 현실적인 나무의 저 가상나무 이미지. 가상나무에서 나는 현실적인 나무를, 그것〔가상나무〕의 원본을 직관한다.

환상의 작용과 단적인 지각작용은 같은 본질에 대한 것이다. 어떤 점에서? 그러니까 동일한 것이 동일한 면에서 현시되지만, 단지 때로는 부정할 수 없이 현시되고 때로는 '폐기된 채' 현시된다는 점에서 그렇다.

b) 대상적 의미에서의 현출. 대상적 의미는 실존하는 것이 아니라 동일하게 의향되는 것 그 자체로 현출하는 것이다.

나아가 상상(지각의 단적인 변양)이나 기억을 취한다면, 의향되는 것 자체, 즉 '지향적 대상'의 본질은 동일한 것일 수 있다.

부록 25
어떤 동일자가 기억, 예상, 자유로운 상상에서
그 핵이자 현출로 두드러진다. 이를 위한 용어의 문제
(1900년 이전 집필하고 1909년경 수정한 사본)

나는 **과거**를 단어의 통상적 의미에 있어서 기억할 수 있다. 또한 과거에 관해 **이미지표상**을 할 수도 있다. 즉 어떤 **서술**에 의거하여, 나아가 유골 등에 의거하여, 이 과거에 관해 표상할 수 있다. 나는 어떤 서술에 의거하여, 엘리자베스 여왕 암살 시도에 관해 표상할 수 있다. 과거와 관련되는 후자의 표상은 내가 기억하는 것은 아니지만 어떤 서술에 의거하여 어떤 현재에 관해서, 어떤 현재의 사물 및 사건에 관해 떠올리는 표상〔현재기억)에 비견할 수 있다.

기억은 과거의 것에 관해 **직접적** 표상인데, 이는 지각이 현재의 것에 관해 직접적 표상인 것과 유사하다. 직접적 표상이라는 것은 대체 무슨 뜻인가? 양자를 같은 척도로 잴 수는 없는데 말이다. 지각은 인상이기 때문이다. 이때는 현출이 변양되지 않은 현출이다. 그렇다면 분명히 여기에서 믿음도 있는데, 이 믿음은 변양되지 않은 채 (연관을 '지시'하면서) 있다. [이에 비해] 기억에서 현출은 변양된 현출이고, 믿음은 변양된 믿음이며, 현출 전체가 변양이다. 그러나 이 변양은 우리가 한갓된 표상으로 부르곤 하는 변양과는 다른 변양이다.

물론 여기에서도 생생한 직관을 사례로 삼아 분석해야 한다. 통상적으로 '한갓된 표상'으로 드러나는 것은 기억현출의 연관 안에 있는 현출이다. 예를 들어 나는 내 책상에서 이러저러한 것을 바꾼다면 얼마나 좋을지 생각한다. 나는 목수가 들어와서 이 가구를 옮기는 일 등을 표상한다. 이때 나의 방은 기억되는데, 이 기억직관의 연관에 '속하지 않는' 현출이 있다. 이 현출은 기억과 길항하고, 바로 이 기억과 길항하며, (이 집이 지어진 이래로 내 방이 [시간적으로] 펼쳐진) 저 시간적 연관과 길항한다. 다시 말해 이는 **직각적 이미지에서와 전적으로 같다.** 그렇다면 절대적으로 자유로운 상상의 사례가 어디 있겠는가? 적어도 **나의 자아는 거기** 들어 있지 않겠는가? 이와 동시에 이 자아에는 나름의 기억연관 및 지각연관이 있으며 따라서 동일한 상황이 늘 있다. 그러니 나는 다시 모든 표상은 이미지표상이라고 해야 하는가?

아니면, 오히려 인상과 관념의 차이로 돌아오지 않는가? 감각에서나 파악에서, 한마디로 현출에서, 나아가 다시 새로운 의미에서의 파악에서, 즉 이미지로 기능함에서, 이러한 차이로 돌아오지 않는가? 그래서 [앞서 말한 것을) 재고해야 한다.

어쨌든 기억, 예상, 자유로운 상상(어떤 기억배경 안에서의 상상과 이른바 절대적으로 자유로운 상상)에 있어서 하나의 동일자가 **핵**이자 **현출**로 두드러지는 것 같다. 동일한 현출이 기억으로 나타나거나 상상으로 나타날 수 있다. 그러나 이 현출은 **상상**현출이라고 불릴 수 없다. 그러나 왜 기억현출이라고 불릴 수도 없는가? 둘의 권리는 동등한데 말이다. 그래서 새로운 용어가 필요하다.

부록 26
주의할 것. 문제들.
비직각적 현출을 구별하는 '현출을 넘어서는 잉여'
(1909년 집필 추정)

1) '감성적 직관'. 이것의 특성은 무엇인가? 나는 괴팅겐 대학에서의 강의에서 **초재적** 직관과 내재적 직관을 구별했다. 감성적 직관과 비감성적 직관의 구별은 이 구별과 교차하는가? 다시 말해, 내재적 직관에는 '감성적' 직관(음을 내재적으로 취함)과 비감성적 직관(어떤 '작용'의 내재적 직관)이 있는가?

『논리 연구』에서 나는 '내용'을 **일차적** 내용과 작용성격으로 구별했다. 그러나 이 모든 것은 궁극적 토대에서부터 새로운 탐구가 필요하다. '내용'은 무엇인가?

2) 직각적 체험(그중에서도 직각적 현출)과 영상적 현출(한갓된 상상현출), 나아가 기억현출의 관계라는 문제. 나아가 예상현출. 현출이 모든 비직각적 현출(직관)에서 동일하다고 말할 수 있을 것이다. 차이는 다른 차원에,

현출을 넘어서는 어떤 것에 있다.

3) '현출을 넘어서는 잉여'에 관련된 문제. 먼저 '정립' 성격, 그리고 비정립이라는 명칭 아래 있는 〔정립 성격에〕 상응하는 성격. 혹은 정립은 믿음, 믿지 않음, 의심, 감 등에 관련되는 일반적 성격이고, 그와 나란히 이 모든 것의 변양이 있는가? 인상과 관념?

부록 27
파악(현출)과 질적 양상의 추상적 분리 가능성
(1909년 혹은 1910년 집필 추정)

이에 대한 보충으로 다음도 유념해야 한다. 사람들은 종종 기억을 상상이라고 부른다. 또한 켄타우로스를 방 안에 집어넣어 상상하고 주어진 현실에 '온갖 가능한 것'을 집어넣어 상상한다고 말하기도 한다. 다른 한편 사람들은 이미지, 그리고 환상도 '상상의 구성체'라고 부른다. 먼저 사람들은 특히 상상자료로 구축되는 '상상현출'이 주어질 때 상상이라고 말하곤 한다. 어떤 기억현출은 '현실의' 과거에 대한 의식일 수 있으나, 우선 '상상현출'이다. 이는 흡사 현존하는 것의 의식, 어떤 지각의 변양, 그것도 어떤 감성적 지각의 변양이다. 이제 숙고해보자. 양상적 성격을 사상할 수 있다. 어떤 이미지가 환상임에도, 즉 이에 대해 무실의식이 있음에도, '지각'이거나 지각현출이라고 거리낌 없이 말할 수 있다. 믿음양상을 도외시하면, 그리고 경우에 따라서는 여기에 토대를 둔 여타 지향을 도외시하면, 이것은 감각에 토대를 둔 인상적 파악이다. 그러니까 현출(파악)과 양상, 즉 질적 양상을 추상적으로 분리할 수 있다. 그리고 이제 지각현출과 상상현출을 대조할 수 있다. 그렇다면 '상상현출'은 어떻게 지각현출의 영상적 변양인가? 분명 질적 계기의 견지에서 그렇지는 않다. 여기에서는 이런 계기들은 문제로 삼지 않는다. 다른 한편 이는 철저한 변양이라고 해야 하지 않는가? 감각에는 상상자료가 대응하지만, 믿음 양상을 도외시해도 이 둘에서 파악은 같은 정도로 변양된다.

이제 이런 의미에서 현출이 하나의 질적 양상을 반드시 요구한다고 전제해도, 이 양상은 영상적 변양과는 무관하다.

나아가 사람들은 다음과 같이 반대할 수도 있을 것이다. 이제 양상을 여기 덧붙인다면, 이것은 물론 상상을 통해 변양되는 양상일 수 있다. 나는 믿음, 의심, 경향 등의 모든 양상을 이에 대응하는 동기 빛살을 수반하는 상상에서 표상할 수도 있다. 그러나 이것이 상상현출 자체를 이루는 것은 아닌데, 이 상상현출은 사태가 나아가 어떻게 진행되더라도 오히려 동일하게 같은 것으로 남을 수 있다. 그리고 **어떠한 믿음양상도 없는 순수한 상상현출로서의 순수한 상상이 가능해야 하지 않는가?** 이로부터 무엇보다도 어떤 사물을 영상화함이 유사믿음이라는 의미의 유사지각을 뜻하는 것이 아님이 드러나지 않는가? (이는) 오히려 (내가 이미지에서 믿음 없이 가지는 것과 같이) 인상적 '현출'의 변양을 가진다는 의미에서의 유사지각이다.[5] 그러니까 언제나 믿음이 함께 영상화되는 것도 아니고 다른 특정 양상이 함께 영상화되는 것도 아니다.[6] 집을 심상화한다고 해서 집의 지각을 암묵적으로 심상화하는 것은 아니다. 지각이 바로 믿음작용이라면 그렇다. 분명 기억에서는 이와 다른데, 실로 기억은 단지 심상화를 제공한 후 여기 더해 어떤 현

.
..

5   이는 바로 (인상적 현출로 이해되는) '사물지각'(인상)을 가짐이 이것을 현실적으로 지각함을 뜻하지 않는 것과 마찬가지이다.
6   그러나 분명 어떤 하나의 양상(이 함께 영상화된다)!

행 믿음을 제공하는 것이 아니라, 온전한 의미에서의 지각을 영상적으로 제공한 후 여기 더해 (현행 지금까지 이끄는) 저 믿음지향을 제공하는 것이다.

따라서 나는 모든 것을 다시 한번 철저히 사유해야 하며, 다시 앞의 다른 가능성을 더 낫다고 본다. 이 가능성에 따르면 '파악'(현출)과 양상을 상대적으로 분리되는 것으로 보아야 하는 것이다.

부록 28

이미지현현(상상현현과 '경험 연관에의 배속' 문제)

(1912년 혹은 다소 이후 집필 추정)

이 현현은 일치하는 지향적 복합체로 이루어진다. 주변지향. 이것은 여타 지각과 충돌한다.[7] 이미지현출을 이루는 현현은 그 자체로는 여전히 일치하지만, 자신의 이미지공간을 수반하는 이 현현은 무실이라는 성격을 얻는다. 때로는 이미지현현은 상징적 지향에 힘입어 다른 대상을 현시한다. 이 지향은 믿음 등의 양상적 성격을 가질 수도 있고, 한갓된 표상의 양상적 성격을 가질 수도 있다.

이미지현현이 정확히 그것이 어떠한 바 그대로, 어떠한 충돌도 없이 등장할 수는 없을까? 혹은 [이렇게 충돌 없이 등장하면] 이것은 이미지현현이 아닌 것인가? 그러니까 이렇게 말하는 편이 더 낫다. 직각적 현현은 바로 직각의 성격을 지니고, 이것은 양상에 있어 '믿음'의 성격(지각)이다. 그리고 이와 더불어 현현에는 믿음주변도 있으며, 현출하는 것은 (지각에 주어지는

---

7   이미지현현의 주변지향은 여타 지각의 경우의 주변지향과 충돌함을 통해, 이것이 현실의 한 부분이 아니라 한낱 이미지임을 드러낸다. (옮긴이)

것으로부터 모든 방면으로 계속 확장하는) 지각세계에 배속된다. 환상적 현현도 이와 동일한 세계에 배속되는데, 충돌에 의해 그리된다. 그러나 세계현출에 **전혀** 배속되지 **않는** 현현, 믿음 양상이나 환상 양상이나 (가령 다른 현현과의 '경쟁' 등에 의한) 의심 양상도 없는 현현은 생각 가능하지 않은가?[8] 예를 들어, 어둠 속에서 마음대로 어떤 시각적 환각을 산출할 수 있다면, 그리고 이때 [시각 외의] 다른 감성장에서 감각되는 것에 대한 다른 감성적 파악도 모두 [시각적으로] 환각되는 것과 어떠한 직관적 관계도 맺지 않는다면 그러하다. 어떤 '현출'이 어른거리지만, 이것이 배속되는 현실의 의식이 전혀 없다면, 나아가 현실과의 충돌에 의해서라도 현실과 관련을 맺는 무실 의식조차 없다면, 또한 세계 및 자아에 대한 [그 현출의] 위치를 증여할 다른 어떤 믿음 양상도 없다면 그러하다. 가령 입체경에서 어떤 인상적 현현을 보면서도 [입체경의] 상자의 지각 등에 속하는 것은 주의하지 않는다면, 이런 일에 가까워지는 것이다.

아니면, 그 외에도 시각에 주어지는 시각장 전체를 하나의 시각적 이미지가 꽉 채우는데 우리는 (오롯이 이 시각적 지각에만 침잠하면서) 그 외의 감성장에는 주의하지 않는 것을 생각해본다면, 그러하다. 물론 그래도 어떤 무실의 성격은 여전히 딸려 있다는 정도는 늘 남는다.[9]

[현실적 세계에의] 배속과 이러한 배속을 수행하는 현현의 파악이 없는 감각 복합체도 있을 수 있음은 나의 체험('입 안의 손가락')[10]이 보여준다. 이

••
8 그러나 이것은 미적 이미지에는 문제없이 해당하지 않는가?
9 가령 시각장을 가득 채우는 거대한 회화 앞에 서서 오로지 이 시각적 이미지에만 집중하더라도, 이것이 현실이 아니라 이미지라는 무실 의식은 여전히 있을 수 있다.(옮긴이)
10 유고 7에서 다시 언급하는 이 사례는 감각이 있으나 대상적 파악으로서 자아파악 및 세계파악에 배속되지 않는 사례이다.(옮긴이)

것은 '현실'이 아니며 현실을 재현하지 않는 소여이다. 그러나 더 중요한 물음은 현현이 앞서 기술한 방식으로, 즉 '순수한 상상'에 정확히 유비를 이루는 방식으로 주어질 수 없는가이다.

순수한 상상에도 현현이 있는데, 이는 **현행성**에의 관련이 없는 상상현현이다. 물론 이때에도 나는 있으며 현실에 배속되는데, 나는 이 현실을 꼭 주의하지 않을 뿐 계속 지각하고 있다. 그러나 동시에 나는 '이미지', 즉 상상현현을 가지는데, 이것은 (현행성에 기반을 제공하는) 지각현현과 충돌하지 않고 어떤 결합하는 지향 및 믿음양상을 통해 이것(지각현현)과 관계 맺지 않으면서 주어진다. 또한 이미지는 긍정적으로 무실한 것(환상적인 것, 충돌하는 것)으로 현출하지 않으며 (현행 지각에서 끝나는 기억연관 내지는 이에 유비적인 정립연관을 통해 증시될) 정립 성격이 전혀 없다.

순수한 상상에서는 기억세계와 어떤 관계를 맺어야 한다고, 즉 상상에서 현출하는 것, 꿈꾸어지는 것이 부정적 정립을 겪어야 한다고 말할 수 없다. 물론 이때 언제라도 이것이 한갓된 심상이라고 말할 수 있다. 그러나 정확히 보면 이러한 것을 있는 것이나 있던 것으로 간주할 궁극적 토대가 없을 뿐이다. 우리는 긍정적으로는 우리의 생을 모호하게 개관하면서, 내 기억의 전체 장을 개관할 수 있는 한, 이 장 안에서 이런 것을 발견할 수 없고 이것은 어디에도 배속될 수 없다고 말할 수 있을 뿐이다.

직관적 충돌 없는 가상대상: 믿음의 삼감[11]

나아가 칠흑같이 캄캄한 공간에서 입체경을 들여다보며 가상대상의 세

---

11 혹은, 앎에 의해 믿음을 폐기함.

계 외에는 현실적 세계의 아무것도 보지 않고 다른 감성장, 특히 촉각장에 주의를 기울이지 않으며, 어쨌든 여기 이 이미지가 눈속임 이미지임을 시각적으로, 즉 지각적으로 증시할 것이 전혀 없다고 전제해보자.[12] 다만 나지막한 동요만 가능하다. 가령 여기에서 제공되는 것이 '이미지'[13]라는 어떤 앎, 간접적 지향이 남아 있는 것이다. 그렇다면 순수한 상상 사건, 순수한 상상 형상과 완전히 유비적이지 않은가? 전자[가상대상]는 현전적인 것으로 지금 현출한다. 그러나 후자[상상대상]는 비현전적인 것으로 현출한다. 그리고 이때 지향은 어떠한가? 이것은 여기 있되 변양되어 있다. '경험연관에의 배속'에 있어 무엇인가 빠져 있다.

..

12 다음에 유념하라. 이들은 현실적 대상의 이미지가 아니라, 순수한 가상이미지로 보여야 한다.

13 (하지만 현실의 경관을 모사하는 이미지는 아니다).

유고 6

기억과 상상. 재생에서의 인상의 변양과 근본적으로 다른 믿음변양. 아포리아: 기억은 '한갓된 상상'으로 이행할 때 대체 어떤 종류의 변양을 겪는가?

(1909년 상반기 집필 추정)

어떤 사물의 지각, 이미지현출(가상이미지 의식). 그러나 이때 "그림인가 사람인가" 하는 동요와 의심도 가능하다.

여기에서 분명하지만, **지각**과 **허구**의 차이는 양편에 있어서 감각과 파악의미는 동일하되 동일 감각에 대한 파악이 한편에서는 인상적 파악이고 다른 편에서는 상상적 의미에서 변양된 파악이라는 것이 아니다. 물론 허구에서는 상상밖에 없고 그 대상은 상상대상일 뿐이라고 말할 수도 있을 것이다. 그리고 이에 대한 설명은 그것의 토대는 감각이지만 이 감각이 상상적으로 파악된다는 것, 즉 현전하는 것이 아니라 흡사 현전하는 것으로 파악된다는 것이다.

그 이유는 다음과 같다. 지각에서와 마찬가지로 〔허구에서〕 대상은 실로 여기 현전하는 것으로, 여기 그 자체로 그리고 현행적으로 있다. 여기에서 현출은 정상적 지각에서와 똑같이 현전현출이고 지각현출이다.

그래서 양쪽 모두에서 현출은 인상이다. 그러나 한편[보통의 지각]에서는 서로 관계 맺는 지향의 체계 안에서 파악지향이 방해받지 않고 일치되며, 그리하여 인상은 일치라는 성격을 지닌다.

[이에 반해] 다른 편[허구]에서는 파악지향은 억제되고 폐기되며, 이런 의미에서 변양된다. 이에 따라 허구의 성격이 나타난다. 달리 말해, 인형이나 사람이라는 두 가지 파악 가능성의 충돌 등의 성격이 나타난다.

그래서 믿음(즉 일치 성격)을 믿지 않음이나 의심으로 바꾸는 이 변양은 인상을 재생으로 바꾸는 변양과 **근본적으로 다르다**. 전자의 변양은 모두 인상 내부에서 진행된다. 즉 정상적 지각, 허구로서의 환상적 이미지의식, 동요하는 지각의식은 **인상**이다.

그렇다면 환상적 **이미지의식**이 아니라, 그런 것에 토대를 두고 **현시하는** 의식인 본래적 이미지의식은 어떠한가?

초상[을 예로 들어보자]. 이미지의식에서는 어떤 원본이 허구물에서 내게 재현된다. 이것[허구물]을 통하여 나는 다른 것, 현출하지 않는 것을 재현한다. 그러나 여기에는 두 번째 경우도 있다. 더 분명히 말한다면, 두 가지 경우가 있다. 현시되는 것은 현실적으로 있는 것이나 현실적으로 있던 것(때로는 또한 앞으로 있을 것)으로 간주된다. 아니면 현시되는 것은 '한갓된 상상'이다. 현상학적으로 이것을 어떻게 기술할 수 있는가?

허구의식을 토대로 하여, 때로는 기억 성격(혹은 이에 유비적인 성격)을 지니는 추가적 지향이 있고 때로는 이것의 변양이 있다고 해야 하는가? 하지만 이것은 어떠한 변양인가? 먼저 물어야 할 것은 다음과 같다. **기억은 '한갓된 상상'으로 이행할 때 대체 어떤 종류의 변양을 겪는가?**

첫 번째 견해

분명 다음과 같이 말하는 것은 충분하지 않다. 즉 여기에서 토대에 놓인 것은 어떤 상상현출인데, 다만 한 경우(기억)에서는 믿음의 계기가 있고 다른 경우(한갓된 상상)에서는 그렇지 않다는 것이다. 이는 가령 지각과 대조되는 어떤 허구물에 대한 환상적 의식을 기술할 때, 한 경우에는 믿음이 없고 다른 경우에는 믿음이 있다고 말할 수 없는 것과 마찬가지이다.

두 번째 견해

다음과 같이 말할 수도 없다. 즉 상상자료가 어떤 경우에는 인상적 파악을 겪고 다른 경우에는 재생적으로 변양된 파악을 겪는다는 것이다. (그리고 다른 사례에서도 마찬가지이다. 감각이 어떤 경우에는 인상적 파악을 겪고, 다른 경우에는 변양된 파악을 겪는다는 것이다.)

대체 감성적 자료와 파악을 서로 분리해서, 이들이 서로 독립적으로 각각 상상적으로 변양될 수 있다고 볼 수 있을까?

여기에서 가령 주어진 현출에 다른 현출을 집어넣어 상상하는 사례를 들 수 있을 것이다. 집의 파악을 허구적으로 변경하되, 감각자료는 건드리지 않고 그대로 있도록 할 때와 같이. 가령 여기 실제로 집이 있는 것이 아니라 어떤 극장 무대가 있다는 등으로 상상할 수 있다. 이럴 때는 파악 요소의 적어도 한 부분을 변양하여 이런 요소를 상상적 요소로 바꿔칠 것이다. 물론 이런 바꿔치기가 무엇을 뜻하고 이런 사례 전체를 어떻게 더 상세히 분석해야 하는지는 여전히 문제로 남는다.

세 번째 견해

기억과 상상을 비교할 때 사례를 선정하는 데 있어 조심해야 하며, 똑같지 않은 것을 같은 것으로 다루면 안 된다는 것은 분명하다.

예를 들어 날아가는 새에 대한 기억과 '이와 동일한 것'에 대한 상상, 즉 동일 내용의 상상주변 안에서 동일 내용의 새에 대한 상상이 그렇다. 이 둘은 동일한 현출(배경을 포함하여, 동일한 현출의 통일체)이지만, 똑같은 것은 아니다. 그래서 [똑같은 것에] 어떤 경우에는 믿음 계기가 더해지고 다른 경우에는 믿음 계기가 없다고, 즉 상상적으로 변양된다고 할 수 있는 것이 아니다. 왜냐하면 어떤 경우가 기억이고 이 기억에 힘입어 그 사건이 과거 사건으로 간주된다면, 분명 1) 여기에서 상상적으로 현출하는 흡사 경과하는 사건과 2) 이것을 방금 지나간 사건의 '재현자' 혹은 재재현으로 만드는 것을 구별해야 하기 때문이다.

이 구별은 가상의식과 이미지의식 사이의 구별과 아주 유사하지 않은가? 가상 혹은 허구물은 '그 자체로 유효하지 않다'. 우리는 그 안에서 어떤 다른 것을 재현하고 어떤 다른 것을 재현적으로 직관한다. 다시 말해 '재현하는' 지향이라는 성격을 지닌 어떤 새로운 지향이 있다. 상상에서 현출하는 것도 마찬가지인데, 이러한 흡사 경과하는 해당 사건은 어떤 지나간 사건의 재현자이다. 즉 어떤 정초되는 의식, 그것도 하나의 인상적 지향이 있는데, 이는 지향의 어떤 연관을 지시하며 이것을 가로질러 현행적 지금과의 관계가 수립된다.

'믿음'은 상상적으로 현출하는 것에 대한 믿음이 아니라, 재현적 파악에 관련된 일치 의식이다. 이 재현적 파악은 억제되지 않는 지향이다. 그것도 인상적 지향이다. 그러나 이것의 토대를 이루는 순수한 상상에 대해 말한다면, 이것은 어떤 변양, 즉 '이러저러한 파악에서의 상상자료'이며, 이 전체 현출과 그 지향은 어떤 변양된 것(재생된 것, 파생된 것)이다. 이것이 이미지 재현의 경우에서 허구물과의 차이이다. 허구물은 인상적으로 주어지고, 여기에서 혹은 가상지각에서 변양은 인상적 파악빛살이 겪는 폐기, 즉 불일치 의식 등에 있다.

감각(모든 인상)이 직접 허용하는 것은 인상적 파악뿐이고, 상상자료가 직접 허용하는 것은 상상적 파악뿐이라는 것은 명백하다.

그러나 간접적으로는 재현의 형태에 있어서, 혹은 (내적으로는 유비화하고 외적으로는 지시하는) 상징적으로 직관적인 파악이나 상징적으로 텅 빈 파악에 있어서 이와 다를 수 있다. 여기에서는 변양되지 않은 지향과 변양된 지향이 서로 접합할 수 있는 것이다.

하지만 [감각이나 상상자료의 직접적 허용과 관련한] 첫 문장은 의문을 불러일으킨다.

그러나 기억에 대한 [간접적 허용 가능성에 토대를 두는] 이러한 해석도 의심을 불러일으킬 것이다. 그러니까 여기에서 어떤 순수한 상상이 토대에 있고 그 위에 비로소 더 높은 단계의 지향이 구축되어야 하는가? 그렇지만 내가 지금 가령 지버 마을을 떠올린다면, 이때 나는 어떤 간접성을 발견하는가? 지금 나는 이 현출함에 침잠한다. 나는 마을 위쪽에서 걸어가면서 마을과 골짜기를 내려다본다. 그리고 모든 것은 여기에서 지각에서와 같다. 나는 흡사 지각하고, 이것은 어떤 변양이다. 하지만 이것은 지각과 마찬가지로 직접적이지 않은가?

네 번째 견해

이렇게 말할 수도 있다. 지각은 어떤 근본적 변양을 거쳐 **기억**이 된다. 특히 지각이 인상적 현출 믿음이라면, 기억은 재생적 현출 믿음이다.

인상적 현출 믿음, 구체적으로 말하면 지각은 충돌에 의해 폐기될 수 있으며, 그것도 다양한 방식으로 폐기될 수 있다. 인형/사람의 경우, 현출의 구성부분 중 폐기되지 않는 연결된 부분이 있다(옷, 머리카락 등, 그리고 무엇보다 현실적 사물 내지는 몸체). a) 이 경우에는 본래적 의미의 눈속임 대상이다. 때로는 (그중 하나의 구성요소, 하나의 가능성이 눈속임으로 드러나는 결정이 내려지지 않는다면) 그것이 이런 사물인지 아니면 저런 사물인지 동요한다. b) 이와 다른 경우에는 충돌이 철두철미하다. 즉 현출의 어느 부분도 유효하게 남지 않으며, 어떠한 지향적 현출 핵도 유효하게 남지 않는다. 여기에는 어떤 몸체도 전혀 없으며 그것은 아무것도 아니다. 이처럼 지향이 폐기되더라도 현출은 여전히 남는다. 믿음 내지는 경험 지향은 폐기되었으나 현출은 유지된다. 이것이야말로 바로 눈속임 대상이다. 이것은 어떤 무실이다.

그렇지만 현출하는 것 중에서 아무것도 남지 않는 이런 경우에 이 의식의 성격을 순수한 상상이라고 할 수 있는가? **즉 순수한 상상은 무실 의식을 뜻하는가?** 폐기되는 의식. 그렇다면 국부적으로 폐기되는 다른 경우에는, 즉 그 대상은 무실해지지만 단지 '다른' 대상일 뿐 여전히 어떤 대상인 경우에는, 이는 국부적 상상인가? (믿지 않음은 여기에서 부정적 판단이 아니다. 믿음이 긍정적 판단이 아닌 것처럼. 이는 오히려 [판단의 성격이 아니라] 지각의 성격, 직관적 정립의 성격, 혹은 또 다르게 부를 수 있을 어떤 성격이다.) 정립의 폐기, 단지 하나의 전체로서가 아니라 모든 부분에 있어서 이 전체 정립의 폐기에서는, 정립을 전혀 포함하지 않는 어떤 대상 현출이 주어질 것이다. 이는 순수 표상(순수 무, 순수 허구물)이다.

기억에 있어서 여기 대응하는 것은 1) 기억과 폐기된 기억이 혼합되는 경우와 2) 나아가 기억이 순수하게 폐기되는 경우이다. 〔후자에서는〕 다시 말해 현출 전체의 모든 요소가 기억될 수도 있지만, 이들은 철두철미 폐기되어 어떤 **기억 허구물**을 증여한다.

(여기에서 기억을 어떤 온전한 과거의식으로 이해할 필요는 없다. 내게 어떤 '이미지'가 떠오르면서 이와 더불어 〔이것이〕 있었음이라는 의식 혹은 기억의 존재의식이 생긴다면, 내게는 이것을 하나의 유효한 기억연관에 배속할 능력이 전혀 필요 없다.)

이제 이런 해석은 타당한가? 이에 따르면 기억은 기억과 길항한다. 앞선 경우에는 기억의 구역 내부에 머문 채, 기초적 경험지향이 서로 길항하고 서로 폐기한다(물론 이는 아직 제대로 된 서술은 아니다). 〔이에 반해〕 지금의 경우에는 상상변양('기억')이 있고 여기에도 기억지향 간의 길항이 있는데, 순수 기억의 경우에는 〔기억지향이〕 완전히 폐기될 것이다. 그것은 아무것도 아니고 순수한 심상이다. (혹은 다른 한편, 그것은 있었으나 여기에서 현출하는 것과 같이 그렇게 있지는 않았다. 현출에 있어서 이것과 저것은 순수한 '상상'이다.) 그러니까 이런 해석은 정말로 타당해 보인다. 단지 다음을 덧붙이면 될 것이다. 여기에서 기억은 일단은 과거의식을 뜻하는 것이 아니라 어떤 의미에서는 **재생적 존재의식**을 뜻하는 것이고, 그다음에 〔기억의〕 보다 상세한 형태가 나타날 수 있다.

그렇다면 다음과 같은 것이 있다. 1) 지각, 가상의식, 그중에서도 국부적 가상의식과 총체적 가상의식, 순수한 지각허구. 2) 기억 = 재생, 국부적 가상기억과 총체적 가상기억, 이중 후자는 순수한 기억허구, 즉 '한갓된 상상'. 지각과 기억의 일치하는 작용에서는 이렇다. 즉 동요와 '의심'의 경우는 제외한 것이다.

이에 따르면 '상상'은 하나의 근원적이고 원초적인 변양이 아니다. 기억은 단순한 어떤 것이고 상상은 가령 더 단순한 어떤 것이 아니다. 상상은 '폐기된' 기억이라는 양상이다.[1]

이제 이러한 관점에서 모든 변양을 철저하게 숙고해야 한다. 그러니까 [기억을 기억하는] 두 번째 단계의 기억, [상상을 상상하는] 두 번째 단계의 상상[을 숙고해야 한다], 이미지 재현 등[을 숙고해야 한다]. 이미지 재현은 분명 어렵지 않다. 기호적 표상과 정립도 마찬가지이다. 말하자면 [이미지 재현과 기호적 표상 및 정립에서는] 주어진 현출[이미지나 기호]이 어떤 새로운 지향을 담지한다고 할 수 있다.

그러나 이제 어려움이 나타난다. 이미지표상과 기호표상에서, 그리고 자유롭고 텅 빈 표상에서도, 정립과 비정립의 차이가 있다.[2] 여기에서도 비정립은 정립의 폐기, 말하자면 중립화인가? 아니면 여기에서의 비정립 혹은 '한갓된 표상'은 이러한 중립화는 전혀 포함하지 않는다고 해야 하는가? 그러나 이것은 앞에서 시도한 이론과 어떻게 조화를 이루는가? 이 이론은 지각 구역에서나 상상 구역에 있어서 모든 '한갓된 표상함'을 믿음 지향의 양상으로 환원하는 것이다. 물론 우리가 상상에서는 [믿음] 지향의 긴장, 대립, 폐기를 전혀 감지하지 못한다고 말하는 것은 여기에서 시도한 해석에 대한 진지한 반론은 아닐 것이다. 인상적 허구의 경우에도 분석하고 개별 계기에 주의하지 않는다면 이런 것을 감지하지 못하기 때문이다.

● ●

1   이것이 네 번째 견해의 간결한 정의이다.
2   그러니까 [정립되는 경우는] 이미지 허구물이 아니라 이미지주제 표상이다.

그러나 물론 이런 어려움 자체는 여전히 해결되지 않는다. 사람들은 〔이미지의식, 기호의식, 상상에서의〕 이런 재현적 정립 및 〔비정립적인〕 한갓된 표상은 첫 번째 구역〔지각〕의 그것과는 원리적으로 다른 것이라고 말하고 싶지 않겠는가?

하지만 한갓된 표상이 인상적 구역 및 기억 구역에서 앞서 서술한 방식으로 발생한다는 것은 하나의 사실이라고 한다면, 아니면 인상 및 기억으로부터 한갓된 표상이 생긴다는 것이 인상 및 기억의 본질이라고만 말하더라도, 다음을 인정하는 것이다. 한갓된 표상은 단지 다른 지향으로 이루어진 구성체가 아니라 이로부터 생기는 것이며, 따라서 이를 어떤 고유한 것으로 인정해야 한다. 이렇게 한다면, 한갓된 표상은 지각의 어떤 고유한 변양이다. 마치 '한갓된' 이미지표상이 이미지 정립의 어떤 고유한 변양인 것처럼. 이를 결정하는 것은 쉽지 않다.

이렇게 말해야 하는가? 초상의 현출은 내 안에서 어떤 기억(그것도 폐기되지 않은 기억, 혹은 직관에서 폐기되지 않은 기억)을 불러일으키지만, 한갓된 미적 이미지는 폐기된 기억을 불러일으킨다고? 혹은, 허구물로서의 이미지뿐 아니라 이미지주제도 폐기된다고? 하지만 이는 상당히 미심쩍다. 하지만 이것은 왜 미심쩍은가?[3]

∴

3　하지만 다음은 매우 미심쩍다. 각 지각현출은 〔한편으로는〕 믿음 양상을 가진다. 여기에서는 내적 지향과 외적 지향(주변지향)이 하나의 통일체로 서로 조화를 이루고, 대상과 그것의 모든 주변은 현실성의 방식으로 있다. 아니면, 〔다른 한편으로〕 불일치가 일어나는데, 여기에서 현출 양상은 믿음경향, 의심, 무실 양상 등이다. 기억 **안에서는** 이와 마찬가지의 일이 재생적으로 일어난다. 그러나 이와 동시에 기억 자체**에 대해서도** 이와 마찬가지의 일이 일어난다. 그렇지만 순수한 상상에 대해서는 '현실성'과 연관 지을 때나 가정립할 때 등에만 이와 같은 것을 발견한다. 순수한 상상 자체에서는 이러한 양상을 발견하지 못한다.

유고 7

지각, 기억, 상상, 그리고 시간적 연관지향

(1909년 집필 추정)

'경향' 및 지향은 파악통일체를 산출하는데, 이 파악통일체는 부분적으로는 감각, 부분적으로는 요소적 기억을 포함하고 양자에서 나오는 지향을 포함한다. 이런 지향들은 전체지향, 혹은 이와 같은 것이지만 전체파악으로 통합된다. 이런 요소가 기억들이라면, 전체는 기억 통일체의 성격을 지닌다.

하지만 그렇다면 변양되지 않은 감각에 관계하는 경향 및 지향과 (바로 기억적으로) 변양된 기억으로서의 요소적 기억에 관계하는 경향 및 지향을 구분해야 한다.

근원적(원본적)인 감각 흐름(시간 흐름)이 있고, 이에 마주하여 파생적이고 이차적인 기억 흐름(회상의 기억 시간 흐름)이 있다. 그리고 파악과 관련해 말하자면, 감각 흐름에 기초한 원본적 파악, 즉 지각이 있고, 기억 흐름에 기초한 파생된 파악, 즉 기억이 있다. 양자는 일치 의식을 전제한다.

감각으로부터 (여기에서는 항상 요소적 기억으로 이해되는) 재생으로 이끄는 바로 **그 변양**이 (주어진 감각의식을 넘어서면서 거기에 토대를 두는) **감각지향**으로부터 **기억지향**으로 이끌고, 전체 감각파악, 즉 원본적 현출(감각현출, 지각현출)로부터 기억현출(재생적 현출)로 이끈다.

그렇지만 이제 지각지향이 〔다른〕 지각지향과 충돌하고 지각파악이 〔다른〕 지각파악과 충돌하여 일부는 약해지고 일부는 강해질 수도 있는데, 이런 일은 이들을 결합하는 지향 때문에 일어난다. 일치 의식은 하나의 사례일 뿐이다. 이와 대등한 〔다른〕 사례들이 있다.

'가상'의식, 꾸며내는 의식이 그렇다. 이 의식의 대상은 **허구물**로, 바로 가상으로 의식된다. 순수한 가상의식은 일치 지향의 통일적 복합체인데, 이것은 지각현출이라는 통일적 형식을 지니지만, 주변지향 내지는 일치하는 지각, 즉 믿음 양상에 있어 확실한 지각과 충돌 종합을 이루며 결합한다. 이 마지막 문장은 다음을 뜻한다. 후자〔일치하는 지각〕의 지향적이고 나아가 인상적인 복합체는 계속 '부서지지 않고' '버텨낸다'. 이러한 '버텨내는' 지향과 충돌하는 다른 지향은 부서지며 무실의식이라는 양상적 성격을 얻는다.

그렇다면 기억 영역에 있어서 이와 유사한 일이 **상상 허구**이다. 그중에서도 순수하고 '한갓된' 상상이다. 〔상상 허구의〕 요소들은 여전히 **기억요소**이다. 그러나 지향적 전체의 성격은 '자유로운 창작'이다. 이는 확실한 기억 및 지각과 충돌하여 폐기되는 것이다. 물론 나는 상상의 의식을 허구물 의식으로 해석하는 데 대해 의심을 품었다. 그러나 이는 본질적으로 내가 통상적 의미에서의 가상의식, 즉 견실한 지각세계 내부에서 가상 대상이 허구물로 존재하는 가상의식과의 비교에만 주목했기 때문이다. 하지만 인상의 측면에서 다음과 같은 경우도 가능하지 않은가? 즉, 〔통상적 의미의 가상의식에서처럼) 시각적으로 주어진 세계로 어떤 허구가 밀고 들어오는 것이 아니라, 시각적 지각 전체가 가상이 되는 경우 말이다. 상상의 경우, 가상의식과 유사한 것이 있다. 즉 확실하고 견실한 세계인 기억세계 안에 기억가상을 이입하는 것, 혹은 지나간 현실, 그리고 일반적으로 말해 기억되는 현실 안에 기억가상을 이입하는 것이 그것이다. 그러면 직관적으로 있는 이러한 현실에 어떤 '이미지'가 충돌하게 된다. 그러나 순수한 상상은 하나의 '상상세계' 안에 있으며, 이 세계 자체는 모든 확실한 현실과 전적으로 충돌한다.

이제 이러한 해석은 타당한가? 모든 **자유로운 상상**은, 모든 상상 일반은 **기억으로 해소된다고,**[1] 요소적 기억과 기억적으로 변양된 지향으로 해소된다고 할 수 있는가? 다만 여기에서 산출되는 지향적 통일체는 기억 통일체, 특히 그 지향적 내용에 있어서 '부서지지 않은' 기억 통일체가 아니고, 이를 구성하는 모든 지향과 주변지향은 각각 서로 심하게 충돌한다. 현출하는 전체는 어떤 무실이자 어떤 순수 무이다.

언뜻 보면 여기에는 아무 문제가 없는 것 같다. 그러나 더 상세히 보면 **다르게 결정**해야 할 것이다.

그 밖에는 일반적인 데에 머물겠지만, 그래도 여기에서 요소적인 것을 고찰해보자. (한편으로는) 감각과 (내가 요소적 기억이라고 부르는) 감각의 원초적 재생이 있고, 다른 한편으로는 (감각에 달라붙는 초재적 지향인) 감각지향과 그 변양, 곧 기억지향이 있다.

지각은 지각지향을 담지하는 감각 복합체로 이루어진다. 이것은 변양되지 않은 것이다. 초재적 기억은 요소적 감각변양(곧 요소적 기억)의 복합체

..

1 그렇지 않다.

로 이루어지는데, 이 복합체에 이에 평행한 지각지향의 변양, 곧 기억지향이 달라붙는 것이다. 이제 **감각이란 무엇인가**를 고찰해보자. 어떤 감성적 내용에 대한 순수하게 내재적인 의식이다. 그 안에는 공간적 현전은 아무것도 없다. 그러나 본질적으로 ((시간)점으로는 아니더라도) 어떤 시간적 현전은 있는데, 감각은 **근원적이고 내재적인 시간의식**과 다르지 않기 때문이다.[2]

이제 이에 상응하는 이른바 '기억'은 어떠한가?[3] 이 기억은 감각의 순전한 변양일 것이다. 그렇다면 순수 내재적 기억이 있는 것처럼 보인다. 하지만 기억이라는 말을 적용할 수 있으려면 이 기억에는 과거 의식이 속하지 않겠는가? 그리고 이것은 현행 지금에의 어떤 관계를 내포하지 않겠는가? 이와 더불어 어떤 지향적 연관이 암시되지 않겠는가? 이 지향적 연관은 재생되는 것으로부터, 곧 변양된 방식으로 직관적으로 어른거리는 것으로부터 지금으로 이끌어간다. 그리고 이 지향적 연관을 충족하기 위해서, 주어지지 않은 어떤 추가적 기억의 연속체를 요청한다. 다음을 **구분**해야 함은 명증하지 않겠는가? (한편으로) 감각에는 시간 연장을 지니고 통일적인 어떤 감각되는 것이 있다면 이에 대응하는 순수 사본이 있는데, 이 사본은 바로 이 감각되는 것의 한갓된 변양인 것이다. 즉 시간적으로 이러저러하게 연장되는(혹은 차라리 흡사 연장된다고 해야 할) 변양된 내용이다. 다른 한편으로 지금, 그때그때 지각의 현행적 지금에의 지향적 관계에 대한 의식이 있다. 그러므로 거기에서 기억이라고 불린 것은 모든 초재적 지향이 완전히 배제되는 가운데 (지각의 요소적 변양이 아니라) 그것의 감각내용의 요

2 후설은 감각이나 상상자료와 같은 파악내용 자체가 이미 의식적으로 주어진다고 보는데, 이런 의미에서 감각은 가장 근원적인 의식인 근원적이고 내적인 시간의식(근원인상, 파지, 예지로 이루어지는 현전장)과 다르지 않다.(옮긴이)

3 이 쪽의 내용에 대한 반박은 부록 29 참조.

소적 변양이며, 이것은 전혀 기억이 아니라 바로 **상상자료**이던 것이다. 상상자료에서 어떤 내용이 흡사 내재적으로 주어지는 것으로 의식되고 어떤 내용이 시간적으로 연장되어 흡사 주어지는 것이지, 그 이상은 아니다.

이와 마찬가지로 지각의 사본을 취한다면, 나아가 전체 지각배경을 포함하여 완전한 지각의 사본을 취한다면, 모든 지각지향에도 변양된 지향이 대응한다. 그렇다면 이것 역시 본래적 의미의 기억이 아니라 상상변양이다. 그리고 모든 다른 의식도 이렇게 변양된다고 생각할 수 있다. 예를 들어 현행적 지각에 들러붙은 것까지 포함하여 완전하고 전적으로 취해지는 진정한 기억도〔이렇게 변양된다고〕생각할 수 있다.

이제 여기에서 고찰하는 의미의 '기억지향'이 실은 지향이 아니라 지향의 재생이라는 점은 명백하다. 즉, 현실적 지향의 재생인데, 이런 현실적 지향은 기호지향이나 지각지향으로서 감각에 들러붙으면서 서로 충돌하고 서로를 강화하거나 억제한다. 진정한 기억지향도 지향이지만, 그렇다면 지향의 재생이 아니다. 이에 반해 이러한 재생은 서로 강화하거나 서로 충돌하지 않으며, 오히려 여기에서는 다시 충돌과 조화의 재생만 일어난다.

늘 유의해야 할 것은 감각의 한갓된 재생은 기억이 아니며, 기억에는 본질적으로 **현행적** 지향이 속하고 이 지향은 어떤 의미에서는 재생적 의식을 **현행성**의 의식과 결합한다는 점이다.[4] 모든 직관적 기억은 재생을 포함하지만 한갓된 재생 이상이다. 그것은 재생에 토대를 둔 하나의 작용(하나의 '인상')이다.

∴

4 그러나 부록 29에서 서술한 것은 늘 반박될 수 있다. **현행성**은 한갓된 상상과 결합할 수 있는 어떤 것이 아니다. 한갓된 상상은 철두철미 변양이고 이를 통해 비현행적 지향이 현행적 지향이 되는 것이다.

물론 이제 [기억의] 요소인 기억의 인상으로부터 순수한 상상이 출현할 수 있는데, 이는 말하자면 기억지향의 완전한 억제를 통해 이루어진다. 그리고 모든 순수한 상상 자체가 그러한 억제로 이루어질 수도 있다. 그리고 바로 이것이야말로 내가 본디 염두에 둔 것이다.

그러나 물론 이것은 어떤 가설이다. 우리는 지각을 발견하고, 그 지각 연관 안에서 파악지향이 결부된 감각을 발견한다. 또 가상지각, 즉 감성적 무실의 의식을 발견한다. 나아가 지금에의 관계를 지니는 과거 의식을 동반하는 참된 기억을 발견한다. 다시 한번 우리는 기억의 구역 내부에서 허구를 발견한다. 또 자유로운 상상을 발견하고 이 안에서 상상자료를 발견한다. 우리는 상상의식에 침잠하면서 흡사 지금의 의식, 흡사 주어지는 사물과 사건 등의 의식을 가진다. 이 의식에 침잠할 때 무실 의식을 가지지는 않지만, 시선을 지금으로, 그리고 현행적 현실 일반으로 향하면서 상상되는 것을 이것과 관계 짓는다면 이런 무실 의식을 가지게 된다. 그렇다면 이 상상되는 것은 무실하고, 어디에도, 어떠한 공간과 시간 등에도 존재하지 않는다. (직관적) 기억과 순수한 상상을 비교한다면, 동일한 현출내용이, 원칙적으로 하나의 같은 현출내용이 서로 다른 성격을 지님을 발견한다. 즉 [한편으로 순수한 상상에서는] 상상자료를 발견하고 하나의 대상성으로의 상상자료 파악을 발견하는데, 이 대상성은 흡사 현전함의 성격을 지닌다. 그리고 다른 한편으로 [(직관적) 기억에서는] 지나갔음의 의식을 발견하는데, 이 의식은 이 현전에게 어떤 있었던 현전, 현행적 지금과 특정 관계를 맺는 어떤 있었던 현전이라는 성격을 부여하며, 그것도 **정립**[5]의 방식

5 그러나 이렇게 **반대**할 수 있다. 한갓된 상상은 정립과 결합하지 않으며 절대로 정립과 결합할 수 없다. 여기에서 정립이라고 불리는 것은 **현행성 변양**인 것이다!

으로 부여한다. **한갓된 상상** 자체는 한갓된 변양된 의식이다(나는 항상 '흡사'라는 말을 통해 이것을 암시한다). 그것은 아무것도 정립하지 않고 '한갓 표상'한다. 내가 호엔베크라는 길거리를 기억하면서, 이 거리 위에 어떤 상상대상성을 놓는다면, 이것은 허구물의 성격을 지닌다. 기억되는 길거리는 어떤 요청을 하는데, 그 요청은 가능한 자연 대상 혹은 개연적인 자연 대상과 관계하며, 따라서 머리가 여섯 개인 인간은 배제한다. 그러나 이 길거리를 지나가는 어떤 [머리가 여섯 개인 인간으로 변장한] 가장행렬은 물론 가능하다. 그렇더라도 내가 어떤 특정한 기억을 취한다면 이 기억이 제기하는 요청은 이 거리에서 가장행렬이 아닌 이러저러한 사건이 일어났다는 것, 그것도 다른 어떤 것도 아닌 바로 이러저러한 사건이 일어났다는 것이다. 따라서 이런 경우에 있어서 나는 순수한 상상을 가지는 것이 아니라 충돌의 의식을 가진다. 하지만 이것은 어떻게 가능한가? 경험되는 현실 안으로 상상되는 것을 **이입하는 것**은 이 현실에 속하는 주제적 정립과 길항한다. 순수한 상상 자체는 정립양상을 전혀 포함하지 않는다. 유념할 점은, 이런 것이 있다고 허용한다면, 이것은 완전히 자유로운 상상이라는 것이다. 그러나 정립양상은 가정이나 가정립과 같은 어떤 부속물이 아니다!!

내가 프리드리히슈트라세 거리를 거닐다가 괴테를 만나고 괴테가 내게 친절하게 말 거는 것 등을 순전히 유희적이고 '자유롭게' 상상하고 '꿈꾼다면', 여기에는 현실성 정립이 있다. 프리드리히슈트라세 거리 등이 있는 것이다. 하지만 여기에 덧붙어 상상되는 것은 폐기되지 않는다. 그리고 여전히 내가 거기 있지 않은가? 지금 여기 있으면서 결코 이런 것을 체험한 적이 없는 내가 거기 있지 않은가? 여기에서 나는 가정립이나 이입정립을 가지는 것이 아니다. "그것이 내게 떠오르며" 나는 유희하면서 이 '착상'을 따라간다. 모든 것이 '참이 아니고' '아무것도' 없다. 그러니까 특수한 가정이나 추정 등을 하지 않아도 충돌의식과 폐기가 일어날 수 있다. 잔류하는 것은 정립이다. 프리드리히슈트라세가 정립되고 거기에서 산책하는 자아가 정립되며 이러저러한 군중이 있다. 상상사건과 상상형상이 일어나는 이 정립되는 프리드리히슈트라세[6]는 이런 통일성을 지닌다. 일부는 경험정립을 포함하고 일부는 상상인 이 통일성은 그 전체로서는 상상이며, 이 정립이 배속되는 전체 경험과 길항한다. 상상되는 것과 정립되는 것의 결합은 상상되는 것에게 어떤 정립성격도 부여하며, 실재성이나 현실성에의 권리도 부여한다. 그러나 이것(정립성격 혹은 이러한 권리)은 분명하게 정립되는 현실성에 의해 폐기된다.

이 모든 복합체 안에서 이제 발견하는 것은 상상현출의 내용인데, 이는 가장 넓은 의미의 기억정립(경험정립)의 질료이다. 그리고 이것(기억정립)은 한낱 상상현출의 '채색'이 아니다. 이것은 어떤 의식으로서, 이 의식은 현출하는 해당 대상성을 현실적 세계와 이러저러한 관계를 맺고 있는 것으로 정립한다.[7] 이것은 (현실적이거나 가능적인) '능동적' 지향을 서로 연결하는 지향적 연관으로 이끌어간다. 늘 현행 지향에서 진행하는 특정 충족 경로(그리고 경로 유형)가 밑그림 그려진다. 그 밖에도 상상현출의 어떤 내용은 기억정립의 질료가 아니라, 오히려 기억파악과 연결되고 교직하고 이로써 무실의식으로 성격 지어지고 갈등된다.

이제 **어떠한 정립양상도 없는 상상현출**이 있는가? 그런 것이 있다고 해도, 다음과 같이 말하면 당연히 안 된다. 무수한 상황과 조합에 있어서 가

••

6   물론 '프리드리히슈트라세'에는 독자적 '정립'이 덧붙는 것이 아니라 단순히 기억이 덧붙는다.
7   이것도 불명료하다. **기억**은 대상성에의 기억이다. 즉 대상성을 정립한다. 하지만 대상성의 현출과 관련해서는, 이 현출은 구체적으로 본다면 기억 자체이다. 그러나 그렇지 않으면 기억과 한갓된 상상은 동일한 **본질**을 공통으로 가질 수 있다.

령 빨강 같은 요소들이 이미 주어져 있고, 그 모두가 서로를 폐기하기 때문에 그중 어느 것도 선호되지 않는다고 말하면 안 된다. 혹은 이것들〔요소들〕은 여기 있는 상상자료의 모든 개별적 조합에서 존재했고 이미 주어졌지만 결코 이 복합체에서는 그렇지 않으며, 모든 조합이 여기에서 나타나는 다른 조합과의 조합을 지향하므로 그 모두가 서로를 폐기한다고는 말하면 안 된다. 다음은 확실하기 때문이다. 무실은 상호억제라는 의미의 폐기로 생기는 것이 아니라, 바위같이 주어지는 확실성에 의한 폐기, 즉 지각, 기억 등에 의한 폐기를 요청한다. 다만 심리학적으로 본다면 성향이 억제된다고 생각할 수 있다. 어떤 현실적 지향의 가능한 실현과 관련된 이런 성향이 억제되면 해당 파악이 전혀 일어나지 않는 것이다. 그렇다면 파악이 아니라 파악성향이 억제된다. 그래서 파악은 전혀 없고, 따라서 파악의 길항이나 폐기도 없다. 현실적 작용사건으로서의 폐기를 성향의 폐기와 혼동하면 안 된다. 후자는 심리학적이고 가설적인 설명의 문제이지 현상학적 분석의 문제는 아니다.

감각의 구역 안에서 감각 파악이 일어나지 않도록 하는 이러한 성향 폐기의 한 사례는 '입 안의 손가락'이라는 나의 체험일 것이다. 이때 나는 감각을 가졌지만, 대상적 파악으로서의 이러한 감각군은 어떤 자아파악과 세계파악에 특정하게 배속되지 않았다.[8] 그것은 순수한 감각소여라는 어떤 예외적 사례일 것이다. 그리고 물론 감각내용은 여기에서 가상대상이라는 성격을 지니지 않았다. 가상대상 혹은 눈속임대상이라면 경험세계에 배속되기 때문이다.

나는 위에서〔유고 7 첫 부분〕이렇게 말하고자 했다. 감각을 원초적 재생

..
8   그러나 여기에서 어떠한 무규정적 배속이 그래도 함께 작용했던 것이 아닐까?

으로 이끄는 변양, 즉 감성적인 내재적 기억으로 이끄는 변양과 초재적 감각지향을 이에 대응하는 기억지향으로 이끄는 변양은 동일하다.

그러니까 나는 우선 감각을 기억으로서의 재생에 대비했다. (즉 감각을 **한갓된** '상상자료'에 대비한 것이 아니다.)[9]

생각해보자. 어떤 기억, 재생적 과거의식은 연관을 지시한다. 우선 우리가 원본적으로 가지는 것은 인상의 특정 경과이다.[10] 가령 어떤 음 연속이 경과한다. 우리는 시간의식을 이미 연구했다. 그러니까 시간의식은 지극히 규정적인 하나의 흐름을 내어주며, 이 흐름 안에서 원본적 음 연속은 지각되는 것으로 구성된다.

1) 각 음에는, 현상학적으로 각 음에 대응하는 전체 흐름에는, '재현' 변양이 있다. 〔이러한 변양에서〕 음은 지금 있는 음이 아니라, 재현한다. 무엇인가 흡사 여기 있고(흡사 지각), 지금은 흡사 지금이며, 지속은 흡사 지속이고, 음의 질은 흡사 음의 질이다.

2) 경험지향은 현출하는 지금(흡사 지금)으로 하여금 과거의 것, 현행적으로 있었던 것을 재현하도록 한다.[11] 나는 이러한 지향의 충족을 따라가면서 기억(이와 같은 성격을 지니며 이와 같은 재현과 지향을 지닌 복합체, 마침내 **현행적** 지각 지금으로 '흘러들면서' 이와 일치되게 결합하는 복합체)의 어떤 연관으로 이끌린다.

••

9   사물의식과 시간의식의 이론에 관한 것이기도 하다.

10   후설은 인상(Impression)을 두 가지 의미로 사용한다. 좁은 의미의 인상은 근원인상으로서 파지와 예지를 배제하고 이들과 대비된다. 넓은 의미의 인상은 근원인상뿐 아니라 파지와 예지를 포함하며, 재생과 대비된다. 후설은 이렇게 넓은 의미로 이해되는 인상이 곧 시간의식이며 나아가 단적인 현현의 작용 혹은 현출함의 작용이라고 보고 있다(부록 38 참조).(옮긴이)

11   그렇다. 다만 나는 이것을 **분리**할 수 있다는 것을 부정한다. 그것은 전적으로 해소 불가능하다. 그리고 본질적으로 음 상상자료는 양상적 성격을 지닌다.

아마 다음을 언급해야 할 것이다. 모든 감각은, 지금으로부터 어떤 새로운 지금으로 이끌고 그렇게 계속 이끌어가는 지향을 지니지 않는가? 미래에의 지향. 그리고 다른 한편 과거에의 지향. 다른 한편 기억에 대해 말한다면, 기억은 기억적 미래지향도 지닌다. 이 지향은 완전히 규정된 지향이다. 이 지향의 충족은 (도대체 제공되기만 한다면) 규정된 방향으로 경과하고 내용적으로 완전하게 규정되었기 때문이다. 반면 지각의 경우 미래지향은 일반적으로 그 질료에 있어서 무규정적이며, 사실적인 추가 지각에 의해 비로소 규정된다. ((추가 지각이 없다면) 일반적으로 어떤 것이 도래할 것이라는 점만 규정된다.) 과거지향에 대해 말한다면, 과거지향은 다른 한편 지각에서 완전히 규정되는 지향이지만, 말하자면 **전도된** 지향이다. 즉, 각 지각과 기억 연쇄 사이에는 어떤 규정된 연관이 존재하는데, ((과거라는) 한 방향의 지향인) 기억지향이 거기(지각)에서 종결되는 것이다. 이 기억은 이제 당연히 다만 가능성이다. 이 기억은 예외적으로만, 혹은 그중 몇몇만 지각과 함께 현행적으로 주어진다. 그러나 다른 한편 그래도 지각에는 이에 대응하는 과거지향이 부여되어 있다. 그러나 이것은 저 기억 혹은 기억연관에 상응하여 공허한 과거지향이다. 한편으로는 공허한 방금-지나갔음이 있는데, 이것은 현행적 지금을 향해 있다. 그러나 더 나아가 더 뒤로 밀려난 것과 관련된 모호한 공허지향도 있다고 할 수 있다. 이들은 모두 지금을 향한다. 이런 지향이 현행화되는 것, 혹은 충족되는 것은, 우리가 회상에 의해 이른바 도약적으로 과거로 돌아가고 이로써 지금에 이르기까지 앞으로 나아가면서 이제 직관적으로 과거를 다시 현전함을 통해서이다.

그러니까 이것은 (이전의 지금으로부터 지금으로, 그리고 지금으로부터 장래로) **일방향으로 향하는 시간적 지향**의 연쇄이다.

(**순수한 상상**은 변양된 시간적 지향, 즉 현실성을 정립하지 않고 따라서 현실적

으로 충족될 수도 없는 시간적 지향을 나름의 방식으로 가진다.)

따라서 경험지향은 기억에 있어서 흡사 지각되는 것, 즉 흡사 지금 있는 것과 흡사 방금 있던 것이 과거의 것을 재현하도록 하는데, 이 지향은 저 '시간적 지향'에 속한다.

하지만 이것을 어떻게 생각해야 하는가?

여기에는 우선 아주 중요한 점 하나를 보충해야겠다. 앞에서 나는 모든 지각은 시간적 지향을 갖추고 있다고 말했다. 거기에서 기술한 것은 실은 단지 경험지향의 특유한 유형이었다. 나는 이렇게 말할 수 있었을 것이다. 현전은 언제나 과거에서 태어나고, 특정 현전은 물론 특정 과거에서 태어난다. 아니면 더 낫게 표현하자면 이렇다. 언제나 어떤 특정한 흐름이 전개되고, 현행적 지금은 가라앉고 새로운 지금으로 넘어간다. 이것이 선험적 유형의 필연성일 수도 있지만, 그래도 어떤 '연상'이 이것을 제약한다. 즉 과거의 연관이, 그리고 또한 "그 어떤 것이 올 것이다"라는 것이 경험적으로 규정된다. 그러나 이제 우리는 그래도 이런 이차적인 것(앞서 시간적이라고 명명한 경험지향의 복합체)으로부터 원본적인 것으로 이끌려가는데, 이것은 바로 그때그때 지금으로부터 새로운 지금으로의 이행에 있는 것이다. **지각의 본질**은 지각이 **점적인 지금**을 시선에 둘 뿐 아니라, 또한 단지 방금 있던 것을 시선에서 내보내면서도 이제 '방금 있었음'이라는 특유한 방식으로 그것을 '여전히 의식'(일차 기억)할 뿐 아니라, **지금에서 지금으로 이행하고** 이것(새로운 지금)을 응시하면서 그리로 향해 나아가기도 한다는 데 있다. 깨어 있는 의식, 깨어 있는 삶은 향하는 삶, 지금에서 새로운 지금을 향하여 사는 삶이다. 이것은 단지, 그리고 일차적으로 주의를 염두에 둔 말이 아니다. 내가 보기에는 오히려 주의의 양상(좁은 의미와 넓은 의미의 주의)과 무관하게, 원본적 지향이 지금에서 지금으로 나아가는데, 이때 과거의 경험에서 생기는 비규정적인 경험지향과 결합하기도 하고 어느 정도 규정적인 경험지향과 결합하기도 하면서 그렇게 한다. 이것(과거의 경험)은 분명 이러한 결합의 **노선**을 밑그림 그린다. 그러나 새로운 지금을 보는 지금의 시선, 이 이행은 어떤 원본적인 것이며, 미래의 경험지향의 길을 맨 먼저 닦는 것이다.

나는 이것이 지각의 본질이라고 말했다. 더 적절하게 말한다면, **이것은 인상의 본질이다.** 우리는 주의라는 의미에서의 응시도 지각으로 간주하기 때문이다.[12] 하지만 모든 현행적 체험이 이런 의미에서 인상이라고 말하는 것은 결코 아니다. 그러나 가령 모든 '일차적 내용', 모든 감각에 대해서는 이렇게 말해야 할 것이다. 하나의 의식은 감각내용(일차적 내용)을 향해 있으며, 지금에서 지금으로 나아가면서 이것을 향한다.[13] 모든 일차적 내용은 근원적으로 인상적인 의식에서 지속과 변화의 통일체로 구성된다. (이에 비해 예컨대 이 의식 자체에 대해서는 이렇게 말할 수 없다.) 이제 이 통일체 의식에 침잠한다면 주의를 가지게 된다. (감성적 내용의 구획이라는 문제는 여전히 남는다.) **'상상자료'**, 무엇보다 일차적 **기억 내용**, 감성적 기억 내용은 변양을, 즉 상응하는 재현적 의식을 뜻한다. 그러니까 여기에서도 시간적 통일성을 구성하는 무언가의 의식('무언가에의 시선')이 있다. 그러나 이것은 '흡사 의식'이다.

그러나 이것이 참으로 기억이려면, 이 흡사—의식에는 그 이상의 것이 속한다. 과거에의 배속이 그것이다. 기억 변양이란 해당 계기에 대한 원본

12 지각에 주의라는 의미의 응시도 포함되므로, 후설은 이러한 의미의 응시를 배제하기 위해 지각의 본질보다는 인상의 본질이라는 표현을 쓰고 있다.(옮긴이)

13 통일적 지향이 지금에서 지금으로 이행함은 의식내용의 통일성 구성에 속한다.

적 의식 전체가 완전하고 전체적으로 변양되는 것이다. 그러니까 자신의 연관 안에 인상적 시선을 포함하는 시간적 지향이 완전하고 전체적으로 변양되고, 저 원본적 인상이 거기 편입되어 성격을 부여받는 지향적 연관 **전체**도 통틀어 변양된다. (그러니까 단지 지금에서 지금으로의 이행만이 아니라 각각의 지금에도 통일체가 존재하며 그때그때 통일체 전체가 재생된다고 해야 할 것이다. 즉 재생되는 것에는 미래의 것에의 지향뿐 아니라 동시적인 것과 과거의 것에의 지향도 들러붙는다. 기억의 성격은 이러한 완전한 변양이다.)

이로써 사물지각의 기억변양이 어떠한지도 이야기했다. 나는 (물론 인상적인) 사물현출이라고 해야 했다. 이것이 감각 유형의 인상과 다른 점은 감각은 어떤 지향적 복합체와 결합한다는 데 있는데, 이것의 성격을 보다 상세하게 규정해야 할 것이다. 우리는 감성적 내용의 지속과 변화의 통일체를 구성하는 의식만 감각으로 간주한다. 그러나 이것과 교직하는 지향은 특정한 의미의 기억 구역에 속하는 지향, 그리하여 이 감각소여의 이전의 것과 이후의 것에 관계하고 이 감각소여와 '더불어 있는 것'에도 관계하는 그러한 지향만이 아니다. 여기에는 동기부여되는 지향의 복합체도 속하는데, 이것은 '지각 가능성'(감각 및 이와 관련된 지향으로 이루어진 시간적 연관의, 동기부여되는 가능성)에 관계한다. 이제 이 모든 것은 재현적으로 변양되어, 사물의 흡사 지각(흡사 현출)만 산출하는 것이 아니라, 지금에까지 이르는 시간흐름 연관(그리고 사태적 시간 연관)에 관계하는 지향의 '흡사'도, 즉 완전하게 기억적으로 주어지는 것도 산출한다.[14]

∴

14 이 모든 것은 옳다. 변양은 **현행적** 재현, 즉 재의식이며, 나아가 회상(재기억)에서 확실성 양상은 지각에서 확실성의 사례에 상응한다. 그러나 한갓된 상상은 바로 (모든 가능한 양상을 포함해) 이와 동일한 것이되 **비현행성**이다. 그리고 모든 것은 부록 29에서 말한 것과 일치한다.

(따라서 한편으로 나는 사물을 흡사 본다. 그리고 이런 지향은 모두 흡사 감각과 더불어 재생적으로 있는데, 이 흡사 감각은 이 사물의 동기부여되는 지각 가능성에 관계한다. 다른 한편, 사물은 기억되는 사건의 경과에 포함된다. 당시 나는 그리로 다가가서 그것을 보았다. 그보다 이전에는 나는 시내에 있었고, 그다음에 그리로 갔다는 등. 그리고 더 나아가, 나는 그것을 본 이후에 이러저러한 일을 했고 이러저러한 사물과 사건이 현출적으로 경과했다. 지금까지.)

그러니까 이러한 변양은 '**재의식**' 변양, 곧 회상〔재기억〕 변양이다. 이러한 재의식 지향, 본래적 의미에서 재생적 지향은 이제 전혀 다른 의미에서의 변양을, 즉 '질적' 변양(믿음 변양)을 겪는다. 이들은 경향으로 강등되고, 서로 길항하기 시작하며, 강화와 억제 등을 겪는다. 이제[15] '한갓된 상상'은 일종의 억제이고, 나아가 이러한 지향의 '폐기'이다. 이 계열에서의 어떤 특정한 사건. 예컨대 지속하는 어떤 사물의 한갓된 상상. 일반적 사물 형식에 속하는 것은 지향적 연관이 있다. 그러나 〔한갓된 상상에서〕 나는 바로 이런 연관은 결코 체험한 적이 없다. 이런 연관은 어떠한 시간 계열에도 편입되지 않는데, 단지 가상이어서 그런 것은 아니다. 이 연관에는 믿음 지향이 없는 것이다. 즉, 이런 견지에서 변양되지 않은 지향, 충족하려면 지금으로의 이행이 필요한 지향이 없는 것이다.

그러나 반면에 이것〔변양되지 않은 지향〕은 어떻게 변양되는가? 달리 말해, 이런 폐기는 보다 정확하게 어떤 성격을 지니는가? 물론 〔어떤 것을〕 경험연관 안에 이입해 상상하는 사례는 해결하기가 간단하다. 이 경험연관을 가로질러 하나의 허구가 생겨서 견실한 기억에 의해 폐기되는 것이다. (나는 내가 보는 맞은편 집이 이전에 불길에 휩싸였다고 상상한다.) 그러나 정말

---

15 위에서 시험 삼아 시도해보았지만 이미 반박된 이론에 따르면.

해결되는가? 이 허구에 있어서 기억과 [기억 아닌] 다른 어떤 것의 혼합이 있지 않은가? 불타는 집. 그렇다면, 이 **다른 것**은 어떤 성격을 지니는가? 이것 자체가 하나의 성격을 지니는가? 다시 말해 이것은 이 기억이 아니라 다른 기억에 속하는가? 그리고 [이것은] 서로 다른 기억에서 나온 요소들을 임의적으로 조립한 것인가?

아마 각각의 인상을 때로는 회상과 대비하고 때로는 한갓된 상상과 대비할 수밖에 없을 것이다. 이 둘[회상과 한갓된 상상]은 믿음양상에 의해 구별된다.

부록 29(유고 7의 열두, 열세 번째 문단[16]에 대하여)

기억과 한갓된 상상의 구별: 연관지향은 잘라내 버릴 수 없음.
[기억과 한갓된 상상을] 구별하는 요소인 현행성 성격과 비현행성 성격

(1910년 2월 말경 집필 추정)

이 쪽[유고 7의 열두, 열세 번째 문단]의 설명에 대해서는 반박하는 비평이 가능하다. 기억에서는 현행적 지금에 관계하게 되는데, 물론 이는 매우 중요하고 특이한 것이다. 명백히 이것은 각 지각이 현행적 **여기**에 관계함과 유비적이다. 나아가 각 기억이 (그보다 더 이전의 기억 연관을 포함해) 무한한 기억 연관을 지시하는 것과 마찬가지로, 각 지각은 무한한 지각 연관(그리고 [지각 연관의] 다중적 무한)을 돌이켜 지시한다. (이때 여기는 지각될 수 없고, 지금은 기억될 수 없다. 즉 지금은 기억 자체에서 주어지지 않는다.) 이제 지

16 "이제 이에 상응하는 이른바 '기억'은 어떠한가?"로 시작하는 유고 7의 열두, 열세 번째 문단을 뜻한다. (옮긴이)

각도 순수하게 그 자체로, 즉 연관에서 벗어나 취할 수 있다. 그러나 지각이 다른 지각과 맺는 연관인 이런 연관이 실제로 존재하지 않는다고 하더라도, 이러한 연관은 지향 안에 '잠재적으로' 놓여 있다. 다시 말해, 각 순간의 완전한 지각을 취한다면 이 지각은 언제나 다음과 같은 형식으로 연관을 가진다. 즉, 이 지각에는 규정적이거나 무규정적인 지향의 복합체가 속하는데, 이 복합체는 〔우리를〕 더 이끌어가고 이렇게 펼쳐지면서 추가적 지각에서 충족된다. **이 연관지향은 잘라내 버릴 수 없다.** 개별 감각에 대해 말하자면, 이것은 실은 개별적인 것이 아니다. 즉, 일차적 내용은 언제나 파악 빛살의 담지자여서, 아무리 무규정적이더라도 이 파악 빛살 없이 등장하지 않는다. **기억**도 마찬가지이다. 기억은 자체 안에 자신의 '**연관**'을 가진다. 즉, 그것은 **기억**으로서 자신의 형식을 가지는데, 우리는 이 형식을 **앞을 향하고 뒤를 향하는 지향적 계기**라고 기술한다. 이런 것 없이 기억이 있을 수는 없다. 이것이 충족되려면, 현행적 지금으로 흘러 들어오는 기억의 계열이 있어야 한다. 기억과 다른 기억을 결합하는 지향을 사상한 채 이 기억을 따로 잘라내고 이 지향 자체를 잘라낼 수 있다는 것은 틀리다. 따로 떨어진 기억, 소위 한갓된 상상은 이미 이런 지향을 **지닌다**. 그러나 누군가 이렇게 말한다고 해보자. 기억이 그래도 이전의 지금에 대한 기억이자 어떤 유사지각이며 어떤 시간 경과를 이러저러하게 재의식하게 한다면, 왜 전체 현상을 견지하면서도 〔과거와 미래의〕 양쪽에서 본래적 기억 지향을 잘라내 버릴 수는 없다는 것인가? 이에 대해 어떻게 답변해야 하는가? 아마 다음과 같이 답변할 수 있을 것이다. 지각 자체 내지는 '원본적' 작용에는 (공간구성과 관련하여) 나름의 **공간성 연관**만 있는 것이 아니라, 나름의 시간성 연관도 있다. 각 지각은 나름의 **파지 마당**과 **예지 마당**을 가진다. 지각의 변양도 변양의 방식으로 이러한 **두 마당**을 포함해야 하며, '한갓된' 상상을 기억과 구별하는 것은 이 전체 지향적 복합체가 〔기억이라는〕 한 경우에는 현행성의 성격을 지니고 〔한갓된 상상이라는〕 다른 경우에는 비현행성의 성격을 지닌다는 것이다.

이로써 모든 현상학적 요구를 고려했으며 모든 혼란이 제거되었다. 그러니까 이 텍스트에서 말한 것은 오직 아포리아로서만 적용될 수 있다. 이렇게 말한 것은 분명 상상과 기억의 요소에도, 그리고 지각의 감각요소에도 적용된다. 여기에서도 마당은 불가결하다.

나아가 한갓된 상상을 폐기된 기억으로 바꿔치려는 이론은 전혀 정당화될 수 없을 것이다. 나는 다른 원고들을 정독하고 나니 내가 이 보론에서 전개한 새로운 견해가 실로 완전히 충분함을 알게 되었다.

부록 30

기억, 절대적인 감성적 자료와 감성적 형상의 재현
(1909년 집필 추정)

내가 어떤 가락을 기억할 때, 나름의 질과 강도를 지닌 각각의 개별 음도 기억성격을, 즉 정립적 재현의 성격을 지니지 않는가?

그러나 이 가락의 첫 마디가 내가 임의로 변경한 음높이(가령 1/10 음높이)로 임의로 울리기 시작하고 이제 이 가락에 대한 기억이 굴러가면, 이 전체는 기억의 성격을 지니게 되고 이 성격은 모든 것을 가로지른다.

이렇게 말한다고 해서, 정말로 나는 나름의 질적 성격과 강도적 성격을 지닌 감성적 재료를 이미 가졌었다고 생각해야 하는가? 나는 여기에서 임의로 상이한 음높이를 골라서 상이한 음역에서 기억을 산출할 수 있는 것이다. 〔그래도〕 나는 "그래, 그건 동일한 가락이고 나는 그 가락을 기억하는 것이야"라고 늘 말한다.

흄이 모든 관념은 인상을 돌이켜 지시한다는 자신의 교설을 스스로 반박한 것과 비교해보자. 연속적 이행에 있어서 보충으로서의 질 등이 그것이다.[17]

어쨌든 여기 **문제**가 있다.

---

17 동일 색의 무수한 명도의 연속체에서 빠져 있는 명도를 '보충'하는 질을 뜻한다. 흄은 마음이 인상 없이도 관념을 산출함이 최소한 상상 가능하다는 것을 보이기 위해, '빠져 있는 파랑 명도'라는 예외적인 사례를 들었다. 어떤 사람이 명도가 서로 다른 무수한 파랑 계열 색을 보았으나 그중 특정 명도는 '인상'에 의해 보지 못했다고 해도 이 빠져 있는 파랑 명도의 '관념'은 형성할 수 있다는 것이다.(옮긴이)

'철저한 변양'으로서의 상상.
내용-파악 도식의 수정에 대하여

(사본과 수정, 1909년 여름 혹은 초가을 집필 추정)

상상과 지각의 관계에 대한 해명을 늘 되풀이하고 늘 실패하면서도 시도하는 원천은 무엇인가? 아니, 이러한 시도의 **실패**의 원천은 무엇인가?

내가 생각하기에 이것이다! 나는 예를 들어 어떤 색을 상상할 때 어떤 현전적인 것, 어떤 색 체험이 주어지고 그다음에 이것(색 체험)이 현실적 색을 재현하는 것이 아님을 깨닫지 못했다(그리고 일반적으로 모든 사람이 깨닫지 못했다). 이에 따른다면 감각의 색과 상상자료의 색은 그 자체로는 동일하고 기능만 다를 것이다. 나는 파악내용과 파악이라는 도식을 가지고 있었다. 물론 그것에는 적절한 의미가 있었다. 하지만 우선 지각의 경우에도, 구체적 체험으로서의 지각 안에 파악내용으로서의 색이 있고 그다음에 현출을 만들어내는 파악의 성격이 있는 것이 아니다. 이와 마찬가지로 상상의 경우에도, 파악내용으로서의 색이 있고 그다음에 (지각에서 상상으로) 변화된 파악, 즉 상상현출을 만드는 파악이 있는 것이 아니다.

오히려 '의식'은 철저히 의식으로 이루어지고, 감각과 상상자료는 이미 '의식'이다.

그리고 거기에는 우선 **인상적**(원본적) 현전 의식, [대상] 자체가 있음의 의식 등으로서의 지각이 있으며, 그다음에는 (지각과 대립하는 의미에서) 상상이 있다. 이 상상은 **재생적으로 변양된 현전 의식**, 말하자면 흡사 있음의 의식, 흡사 현전의 의식, 현전 상상의 의식이다. (하나의 개체가 현전한다. 그것은 지금 존재하고 일정 기간 지속한다는 것 등등.) 지각이 초재적이고 외적인 지각일 경우 이를 분석하면서 그 안에서 '색 감각'을 발견할 수 있다. 그다음에 지금 가지고 있는 태도 속에서 '색'에 관한 지각(의향)인 의식을 발견한다. 즉, 그 안에서 이러저러한 색 내용이 (나와 마주하여) 현전하는 의식을 발견한다. 나는 '색'이라고 쓰고 색 내용이라고도 말했다. [그러나] 그것은 도대체 대상적인 색이 아니고 어떤 **사물**의 속성이 아니다. 그것은 어떤 '내용'으로서 그 기능 덕에 이 안에서 색 속성이 '음영진다'. 색 음영이라는 이 계기가 비록 색과 다른 것이지만 우리가 지금 실행하는 완전한 지각 안에 그 자체가 존재하는 것, 대상으로서 어떤 정립되는 것임은 명증하다. 우리는 감각에서 이러한 음영에 관한 '의식'을 갖지만 [이에 관한] 지각은 갖지 않는다. 하지만 여기에서 음영 자체가 외적 지각의 구성 부분이 아니라, 바로 감각, 즉 이 음영에 관한 의식이 외적 지각의 구성 부분이라고 할 수도 있다.[1] 그것은 완전한 지각이 아니라 그 핵에 있어서 완전한 지각과 친연적인 것이며, 비록 대상으로서 [나와] 마주 정립되는 것은 아니라 할지라

---

1 하지만 이것을 오해해서는 안 된다. '의식의 구성부분'으로서의 음영 내지는 '내용'은 궁극적인 **흘러가는 것**의 흐름에서 **구성되는** 어떤 통일체이다. 그것[음영]이 절대적인 것이 아니라 그것**의** 의식이 절대적인데, 이를 그것의 감각이라고 부른다.

도 무언가의 의식이다.

감각은 '무엇으로 파악함'의 의식을 위한 토대, 〔가령〕 색 있는 어떤 집'의 현출'을 위한 토대이다. 이러한 파악 의식과 전체 현출 의식도 역시 어떤 인상적 의식 내지는 변양되지 않은 의식이다.

다음과 같이 말할 수 있을 것이다. 만약 내 앞에 집이 있어도 거기 주의하지 않는다면 지각현출의 의식은 (예를 들어 정상적 지각의 내부에서) 앞서 감각처럼 수행된다. 우리는 정상적이고 완전한 지각에 본래적인 의미에서 대상으로 가짐, 이 대상을 **향해 있음**, 술어를 지니는 주어로 놓음 등을 포함시킨다. 따라서 나는 (『논리 연구』에서의) 감각과 감각내용의 동일시를 다시 포기한다. 그리고 감각과 지각이 원리적으로 하나의 〔같은〕 단계에 있다는 견해, 모든 감각은 완전한 지각이 아닐 뿐 지각이라는 견해로 돌아간다. 달리 말해 〔한편으로〕 아직 '현실적으로 대상화'하지 않는, '무언가의' 인상적 의식, 특히 어떤 그 자체의 의식과 〔다른 한편으로〕 주의 및 주체정립도 수행되는 대상화하는 의식을 구별해야 할 따름이다.

이제 이 모든 것에 **재생적 변양**이 마주한다. 감각에 상상자료가 마주한다. 상상자료에서 색 현출은 '흡사' 있다. 사물의 흡사 그 자체에 대한 의식인 사물 상상이 사물 지각에 마주한다.

우리는 지각에서 객관적 색(사물적 색)에 대한 파악내용으로서의 색 음영을 갖는 것과 마찬가지로, 상상에서 객관적 색을 위한 파악내용으로서의 색 음영을 갖는다. 양쪽에서 이는 동일하다. 하지만 파악내용은 한편에서는 감각적으로('현실적으로') 의식되고, 다른 한편에서는 상상적으로('흡사') 의식된다. 그리고 파악과 관련해서는, 파악은 한편에서는 현실적인 직각적 파악이고, 다른 쪽에서는 유사직각적 파악(재생적 변양)이다. 파악은 여기에서 파악함으로 이해된다. 위에서 나는 파악 의식, 현출의 의식에 대해 명시적으로 말했다. 즉, 다음과 같이 말해야 할 것 같다. 감각에 감각내용이 상응하는 것처럼 파악함에는 파악이, 현출의 의식에는 현출이 상응한다. 그에 따르면 지각은 현출과 관련한 감각의식일 것이다. 실제로 나는 '색 음영'이라는 내용을 대상으로 삼을 수 있는 것처럼, 현출도 대상으로 삼을 수 있다.

상상의 경우에 나는 현출 내지는 파악에 관한 변양된 의식(상상자료)을 가진다. 따라서 나는 이러한 분석에서 파악내용과 파악(현출)을 상상되는 것으로, 흡사 현존하는 것으로 발견한다.

상상의 파악은 지각의 파악과 동일한 것이다. 즉 **본질에 있어서** 지각파악과 상상파악은 동일한 것이다. 그것은 지각되는 색과 상상되는 색이 동일한 것과 정확하게 같다.

따라서 여기에서 지각의식과 상상의식은 동일성 의식(그것도 명증적인 동일성 의식)을 정초한다.

당연히 나는 상상의식 자체를 다시 지각하고 그것을 대상으로 삼을 수 있다. 그러면 이것은 현전하는 체험으로 존재한다.

나는 상상의식(상상자료)을 분석할 때 색이나 기타 이런 것을 발견하는 것이 아니라 재차 상상의식을 발견한다. 이것은 지각의식을 분석할 때 늘 지각의식을 재차 발견하는 것과 같다. **상상은 바로 철두철미 변양이며, 그것은 변양 이외의 다른 것을 포함할 수 없다. 이 변양은 그 자체로서 체험이고 지각 가능한 것이며,** 그러면 이 체험에 대한 지각 자체는 다시 〔상상 등으로〕 변양될 수 있다.

상상은 철두철미 변양이다. 그것은 색**의** 상상이고 파악**의** 상상이다. 비충전적 상상에서는 가령 불완전하게 동요하는 색바랜 붉음이 유동적 형태로 상상된다. 하지만 이 모든 것도 상상이고, 예컨대 이 유동적 형태도 상상되는 형태이다. 지각대상이 모호하고 불명료한 방식 등으로 현시되면서 지각되더라도 지각은 철두철미 지각인 것과 정확히 같다. 물론 거기에서 지각되는 것은 대상 자체에 '귀속'되지 않는 것으로 현시되지만, 우리는 이 것을 관통하여 지각하면서(그리고 이와 평행한 경우에는 이와 마찬가지로 상상하면서) 모호하지 않은 것, 동요하지 않는 것 등을 '의향'한다.

한갓된 상상과 재현을 혼동해서는 안 된다. 지각과 상상은 현전화와 재현의 대립이 아니다. 재현은 어떤 인상적 작용이고, 이 작용은 다시 나름의 변양을 갖기 때문이다. 상상은 흡사 현전화이다. 재현은 다양한 형식의 기억인데, 이것은 다시 나름의 변양을 가진다. 흡사 기억함, 그리고 흡사 이미지적으로 표상함.

흡사란 **재생**의 성격이다. 흡사 **지각**은 좁은 의미에서 상상의 성격이다. 그래도 '상상'은 통상적으로 더 넓은 개념에서는 직관적 재생이라고 할 수 있다.

유고 9

(이중적 의미에서)
내재적이고 내적인 상상. 상상과 지각.
표상으로서의 지각,
표상의 변양으로서의 상상

(1909년 9월 집필)

내재적 분석에서 우리는 '내재적 붉음', 내재적 음이 절대적 소여라고 말하게 된다. 그다음에 시간 흐름으로 돌아간다면, 내재적 음에 상응하는 **흐름이 절대적**이며, 의식으로서의 존재라고 할 수밖에 없을 것이다. 특히 음을 주시하면서 내재적으로 정립하지 않는다면, 이러한 흐름 외에는 아무것도 존재하지 않으며, 거기에서는 음의 지금 계기 자체가 절대적 존재이다. 반면에 이와 동일한 지금에 속하는 과거위상과 관련해서는 일종의 현시, 어떤 무언가의 의식이 절대적이다.

이제 다음을 숙고해보자. 음을 (내재적으로) **상상**한다면, 이 음은 여기 흡사 있다. 우리가 현실적으로 증여한 것 혹은 현실적으로 소여하게 할 수 있는 것은 음의 상상이다. 내재적 지각에서는 음 자체(더 정확히 말하면 음 지금)가 체험이지만, 내재적 상상에서는 음이 아니라 음 상상자료, 음 변양(혹은 상상되는 지금에서 이에 상응하는 음 내용 계기)이 체험이다.

이제 다음과 같은 주목할 만한 사실을 발견하게 된다. 우리는 여기에서 또 **두 번째 내재적 상상**을 가진다. 즉, 음의 상상은 음의 내재적 변양인 동시에 음 지각의 변양이다.

어떻게 하나의 동일한 내재적 상상이 음의 상상인 동시에 음 지각의 상상일 수 있는가? 하지만 이것은 한갓된 **속임수**이다. 이러한 섞임은 오직 초재적 상상, 즉 **초재적** 지각의 변양에만 해당한다.

초재적 지각의 고유성은 현출을 통하여 자신의 대상과 관계한다는 데 있다. 현출은 그 자체로 어떤 대상의 현시이며, 이 대상은 그것(현출)과 다르고 다만 그것을 통하여 음영지고 현시된다. 우리가 현출을 주시하든 않든 간에 이러한 지각현출은 체험이며 초재적 대상을 현시하고 이에 관계한다. 따라서 주시하기도 전에도 이미 두 가지를, 즉 현출과 (지향적) 대상을 가진다. 다른 한편, 만약 내재적 지각, 가령 음의 지각으로부터 출발한다면 여기에서 내재적 지각 이전에 이미 체험일 수 있는 음 현출을 어떤 매개도 없이 가지게 된다. 내재적 음과 음 현출은 여기에서 같은 것이다.

(또한 일반적으로건, 아니면 어떤 범위 안에서건, 내재적 대상이 의향만 되지 않았을 뿐 이미 구성된 '대상'이 아닌지가 문제이다. 그렇다면 가령 내재적 파악(현출)과 초재적 파악을 구별하고 다음과 같이 말해야 할 것이다. 초재적 지각에서는 두 개의 현출이 매개하는데, 초재적 현출은 내재적으로는 현출하는 것이지만 이와 동시에 초재적 현출로서는 대상과 관계한다. 그리고 정상적 지각의 경우에 의향은 이러한 초재적 현출을 관통해 간다.)

어쨌든 차이는 분명하다. 내재적 지각은 내재적 대상을 향한 단적인 향함이다. 초재적 지각은 초재적 현출에 기초하여 '그것을 관통해 나가지만' 그것 자체를 향하지는 않는 하나의 의향이다. 그렇다면 변양에 있어서는 대상에의 향함의 상상, 음의 상상자료, 그리고 이 상상자료를 관통하는 음

의향의 상상자료가 있다. 그리고 집을 의향함의 상상은 그 토대에 놓인 현출함의 상상변양이자 의향이 초재적으로 관통함의 상상변양이다. 그러나 향함을 도외시한다면, 음의 상상변양(즉, 음을 구성하는 의식흐름의 상상변양)이 있고 다른 한편 (그 자체가 역시 어떤 의식흐름에서 구성되는) 집 현출의 상상변양이 있다. 집 현출은 **어떤** 의미에서는, 즉 의향을 도외시하면 '집 지각'이다.[1]

*

하지만 내가 음 상상자료를 **주시**한다면, 이것은 음을 향한 지각적 주시의 상상변양**이다.** 이 점은 반성을 통해 드러난다. '상상의 음'을 주시함, 어떤 상상표상 속에서 그것[상상의 음]을 대상으로서 표상함은 그것을 흡사 들음이다. 이 주시함은 현실적 주시함이 아니라 그 자체로 상상적 주시함으로 주어진다.

이와 마찬가지로 상상에서 집을 주시함, 즉 집을 상상표상의 **대상**으로 삼음은 완전한 의미에서 집을 지각함의 상상변양**이다.** 이 점도 반성을 통해 드러난다.[2] 그것은 바로 '집을 흡사 봄'이다. 집의 상상표상으로서 구성되는 집의 주시함은 현실적 주시함이 아니라 상상적 주시함으로 주어진다. 다만 나는 여기[상상에서 집을 주시함]에서는 집 현출을 유사 집 현출, 즉 변양(현출 상상자료)으로 발견하는 데 비해서, 위[음 상상자료를 주시함]에서는 음을 유사 음으로, 음 변양(음 상상자료)으로 발견하는 것이다.

..
1   집 지각은 인상적 현출이다. 혹은 '현출─인상'이라고 말할 수도 있다.
2   두 번째 의미에서의 집 지각.

따라서 나는 내재적 상상표상에서 다음과 같은 것을 가진다. 내재적 재생(의향 없는 상상 변양)은 이중적이지 않다. 그것은 그저 상상자료(내재적음 현출 상상자료)이다. 하지만 상상대상을 **향함으로서의** 내재적 상상표상은 해당 대상(음)의 내재적 지각의 (내재적) 재생이라는 성격을 지닌다.[3]

초재적 재생(즉 그 현출을 향하거나 현출의 대상을 향하는 의향이 없는, 초재적 현출의 재생)은 초재적 현출 상상자료이다. 이것은 그 자체가 어떤 지각 현출의 재생, 즉 초재적 지각에 기초로 놓여 있는 그러한 현출의 재생이다. 더 나아가 그것의 본질은 그것이 어떤 초재적 대상의 현출이라는 것인데, 이것이 두 번째 사태이다(여기 이어지는 판단이 이 둘을 확립한다). 현출하는 대상을 **향함**은 현출하는 것(집)의 상상표상으로 주어지는데, 이는 다시 다음과 같은 고유한 성격을 지닌다. 즉 그것은 초재적 대상에의 지각 의향의 재생 내지는 지각 향함의 재생이다.

또 중요한 것은 **현출**과 대비되는 **의향**이 무엇인지를 현상학적으로 분명하게 규정하는 것이다.

내재적 시간성의 흐름 안에서 (지속하는 음과 같은) 내재적 대상의 자기구성을 (대상이 이를 통해 비로소 **대-상**[4]이 되는 의향을 **도외시하고**) 하나의 층위에 놓는 것이 옳다고 해보자. 혹은 이것을 (역시 대상의 의향을 **도외시하고**) 주요한 측면에 있어서 통상적 의미의 현출 흐름 안에서 외적(초재적) 대상의 자기구성과 유비적으로 파악하는 것이 옳다고 해보자. 그러면 모든 지각에서 현출과 의향을 구별해야 하는데, 내재적 지각에서는 단순하게, 초

∴
3 이를 통해 '내적 상상'과 상상에서의 반성이라는 개념은 명백히 양의적이 된다. 1) 집 현출 (첫 번째 의미에서의 지각)에의 상상-주시, 2) 완전한 의향으로서의 지각에의 상상-주시.
4 독일어 원문에서는 Gegenstand로 표기되어 '마주함(對)'이 강조되어 있다.(옮긴이)

재적 지각에서는 정초되는 방식으로 그렇게 해야 한다. 즉, 내재적 현출은 하나의 대상을 가지는데, 이 대상은 이와 동시에 초재적 대상의 현출이다(이를 구별하면서 내재적으로 구성되는 내용, 즉 현상은 어떤 초재적 대상의 현출이라고 할 수 있을 것이다. 우리는 흐름을 이루는 계기들을 현상이라고 부르기보다는 흐르는 것이라고 부를 것이다). 그러나 이제 문제는 **의향**이 단지 덧붙여지는 계기인지, 아니면 본래적인 영혼 부여[5]인지이다. 한마디로 의향이란 무엇이고 무엇을 수행하는지, 나아가 어떻게 **판단**과 믿음에 관계하는지이다. 이는 상상에서도 마찬가지인데, 여기에서는 의향이 변양된 의향이지만 그래도 판단의 담지자인데 이때 이 판단의 성격이 문제가 되는 것이다.

인상과 상상자료를 대립적으로 세우는 것은 어떤가? 내재적으로 대상화된 (하지만 의향되지는 않는) 체험으로서의 인상, 즉 현상으로서의 작용. 그것의 상상변양인 상상자료, 따라서 그것의 상상. 이와 마찬가지로 현상으로 간주되는 것. 의지 = 의지 인상 - 의지 상상자료 등.

소위 내재적 파악, 현출. 지각표상이 그 대상'의' 표상이라면, 상상현출은 현출이 아니고 상상표상은 표상이 아니다

초재적 현출과 나란히 내재적 현출에 관해 말하는 것, 혹은 심지어 〔내재적〕 파악에 관해 말하는 것은 적절하지 않다.

⋮

5 후설은 파악작용이 파악자료에 '의미'를 부여하는 것을 영혼(Seele)을 불어넣는다는 취지에서 beseelen이라고 표현하는데, 이 표현은 문맥에 따라 '영혼 부여'나 '생기 부여' 등으로 옮긴다.(옮긴이)

우리는 내용이 파악을 겪고 그 파악 안에 그리고 그 파악과 더불어 있으며, 이것이 현상을 이룬다고 말한다. 나는 파악 대신에 재현이나 **통각**이라고도 말했다. 이 모든 것이 오해를 사는 표현이다. 일단 통각이라는 표현을 고수한다고 해도 다음에 유념해야 한다. 통각(이 '파악')은 아직 의향을 포함하지 않는다. 이 의향을 통해야 비로소 하나의 대상은 대상(저편의 것)으로 있는 것이다. 그리고 구체적 현출도 마찬가지이다.

내용은 파악(통각)을 겪는다. 이때 내용은 이미 구성된 개체적 통일체이다.[6] 예를 들어 어떤 이러저러하게 지속하는 색 음영, 이러저러한 질과 강도로 지속하거나 변화하는 등의 음 내용. 그리고 이들이 겪는 파악은 내용에 (비록 외적으로는 아니지만) 덧붙는 어떤 것이고 때로는 교체되는 어떤 것이다. 이것(파악) 자체가 하나의 내용이고, 앞선 의미에서의 통일체이다. 단, (파악내용과는) 전혀 다른 종류의 통일체일 뿐이다.

이제 '**내재적 파악**'과 '**현출**'에 관하여 어떻게 말해야 하는가?

만약 내가 내재적 내용을 주시하면서 그것을 대상으로 정립한다면, 무엇보다도 주시함과 정립함을 배제해야 한다. 초재적 현출과 통각에서도 이것(주시함과 정립함)을 배제했기 때문이다. 여기에 다시 **의향**(주시)에 앞서 내용과 파악이 있는가? 따라서 여기에 근본적 차이가 있다. 초재적 파악과 현출은 파악이 내용에 생기를 부여하는 것인데, 이 파악은 또 하나의 새로운 내용이다. (이에 비해) '내재적 현출'에서는 내용도 없고 (의향을 도외시하면) 생기 부여하는 성격이 없다. 내용과 현출은 여기에서 하나이다. 즉, 여기에서는 통각이나 파악 같은 것이 생기지 않는다.

내재적 지각에서는 파악에 대해 말할 수 없다면(혹은 같은 말이지만 통각

∴
6   감각자료와 같은 파악내용은 내적 시간의식의 흐름 안에서 이미 구성된 통일체이다.(옮긴이)

에 대해 말할 수 없다면), 내재적 상상에서도 이에 대해 말할 수 없다고 곧 덧붙여야 한다. 상상 내부에서는 단지 변양된 의미에서, 즉 변양된 파악(예를 들어 집의 상상파악)으로서 통각이라고 할 수 있다.

가령 **내재적 붉음의 상상표상**에 있어서, 즉 붉음 상상자료와 관련하여 **파악을 말하는 것**은 당연히 근본적으로 잘못된 것이다. 예컨대 마치 붉음 내용의 어떤 파악 양상은 붉음의 지각(붉음의 지각파악)을 부여하고 동일한 내용의 다른 〔파악〕 양상은 상상파악을 부여하는 양 말하는 것은 잘못된 것이다. 항상 파악과 의향을 혼동하면 안 되고, 다음을 생각해야 한다. 즉, 체험되는 내용은 당연히 단지 내재적 지각에서 의향될 수 있고, 초재적 지각의 형식에서, 혹은 더 나은 표현으로는 현출에서 파악될 수 있다. 이와 반대로 〔체험되는 내용은〕 (어떠한 의미도 주지 않는) 내재적 상상이나 초재적 상상에서는 파악될 수 없다. 이 모든 것은 어떠한 의미도 주지 않는다. 왜냐하면 만일 하나의 내용이 어떤 것으로서 파악(통각)된다면, 파악성격은 하나의 새로운 내용이며 이 두 개로 이루어지는 전체는 상상자료가 아니기 때문이다. 상상자료는 상상자료 아닌 어떤 것에 연결되는 하나의 성격, 거기 덧붙는 추가적 내용이 아니라 무언가의 **변양**이다. 그리고 모든 상상자료는 철두철미 상상자료라고 해야 한다. 상상파악은 파악이 아니라 상상이다. 더 명료하게 말한다면, 파악 상상자료는 파악이 아니라 상상자료이다. 혹은 파악의 상상자료이다. 따라서 붉음 상상자료는 또한 붉음과 거기 덧붙는 어떤 것이 아니다. 그것은 아예 붉음이 아니라, 붉음을 '표상'하는 어떤 것이다. 그러나 이러한 표상함을 가령 지각현출이 집의 현출로서 집을 표상한다는 의미에서의 표상함과 혼동해서는 안 된다. 후자를 표상이라 부른다면, 상상의 의미에서 붉음 표상함은 표상함이 **아니라** 바로 표상함의 변양이며 그것의 상상자료이다. 따라서 상상표상과 지각표상을 동

일한 층위에서 다루어서는 안 된다. 지각표상이 현출이라면, '상상표상'은
유사현출 내지는 흡사현출 등이다.

유고 10

믿음변양: 단적인 직관의 영역에서의 믿음(확실성), 경향, 의심 등. 영상적 변양에서 상상으로의 이행

(1909년 가을 집필 추정)

강의에서[1] 나는 상상표상, 지각, 환상적 표상으로서의 이미지표상, 이미
지적이고 상징적인 표상의 관계를 연구했다.

　　'질적 계기', 믿음과 의심 등의 양상이 중요한 역할을 함에도 나는 그 강
의에서는 이들을 고려하지 않았다. 일반적으로 나는 이미 『논리 연구』에
서 '질적 변양'과 '영상적 변양'을 구별하고자 했다.[2] 후자의 표제는 부적절
함이 입증된다. 나는 상상파악과 본래적 이미지파악이 본질적으로 구별될
수 있음을 알아냈다고 생각하기 때문이다.[3] 그사이에 나는 괄목할 만한 발
전을 했다. 그리고 다음을 인식했다. **상상파악은 본래적 파악이 아니라** 단

··

1　1904/1905년 겨울학기 강의(이 책 유고 1)를 뜻한다.(옮긴이)

2　『논리 연구』 2부 제5연구 39~40절.(옮긴이)

3　여기에서는 상상과 (본래적) 이미지의식이 본질적으로 다르므로 상상을 이미지의식과 같은
　　유형의 영상적 변양으로 보아서는 안 된다고 보고 있다.(옮긴이)

지 **상응하는 지각파악의 변양**이고,[4] 환상으로서의 이미지파악은 길항에 의해 폐기된 지각이다. 이때 '폐기'는 질부여[5]의 문제로서, 단순한 파악들의, 즉 사물 파악들의 '경쟁' 혹은 '섞임'을 전제한다. 나는 이 모든 것을 새로이 연구해야 할 것이다. 물론 본질적인 것은 이미 획득되었고 다만 신중한 서술과 술어화가 필요할 따름이지만 말이다.

우선 **지각과 상상**을 다루어야 할 것이다. 나는 애초부터 이러한 대비를 설정해야 한다. 기억과 예상은 상상현출을 포함하기 때문이다. 마찬가지로 애초부터 공허한 파악과 구상화하는 파악으로서의 상징적 파악을 끌어들이고, 개별적인 공허한 지향을 기술해야 한다. 정상적 지각, 환상, 그리고 경향, 의심, 감, 추정의 양상에서의 지각을 하나의 계열로 세워야 한다. 상징적으로 기능하는 환상(이미지표상)과 외적인 기호로서 기능하는 지각이나 환상. 이러한 변양들의 계열은 '지각현출'을 포함한다는 공통점을 가진다.

그다음에는 상상현출을 포함하는 변양 계열. 하지만 서술의 순서에 대해 특별한 숙고가 필요하다.

지각, 그리고 지각현출을 포함하는 직관적으로 단순한 작용.

1) 통상적 지각. 부정되지 않음. 확신의 양상.

2) 의심하는 파악. 저 사람은 내 친구 한스인가, 아니면 다른 사람인가? 저것은 개인가, 아니면 여우인가? 이들은 두 가지 지각파악이지만, 통상적

---

4 여기에서 후설은 앞서 자신이 시도한 주장, 즉 상상이 지각과 마찬가지로 궁극적으로 본래적인 의식작용이라는 주장에 대해 의문을 제기하고 있다.(옮긴이)

5 질부여(Qualifizierung)는 하나의 현출을 지각, 기억 등의 어떤 질(Qualität)로 규정하는 것이다. 부록 49에서는 (상상 등에서) 특정 질이 박탈되는 것을 특히 질박탈(Disqualifizierung)로 표현한다.(옮긴이)

지각은 아니다. 통상적 지각과 비교했을 때 이 두 가지에는 어떤 변양이 있다. 즉 믿음 양상과 관련해서 그렇다. 의심은 '서로 섞이는 파악 사이의 충돌'을 전제한다. 그러나 이때 공통적 지각계기, 공통적 감각내용, 파악에서 공통적인 어떤 지각내용을 전제한다. 사물의 형태에 있어서 이미 그렇다. 마찬가지로 지각파악과 이미지적(모사적) 파악이 길항할 수 있다. 따라서 인형인지, 사람인지가 길항한다. 인형은 사람의 이미지이다.

따라서 여기에서 파악은 '섞인다'. 믿음 양상과 관련하여, 각각의 면에 대하여 어떤 '믿음 경향'이나 어떤 감이 있다. 다양한 강도의 감. 경우에 따라서는 한 면에 대해서는 확실성의 결정이 내려지지만, 다른 면에 대해서는 여전히 감으로 남는다. 혹은 한 면에 대해서는 단순한 추정이 있는데, 감이 우세하다가 확실성이 아니라 추정으로 약화되는 것이다. 그러나 해소되지 않는 의심, 그것도 "이것인가, 아니면 저것인가?"라는 의식으로서의 의심이 남아 있을 수 있다. [이것은] 의심을 담은 물음이다.

따라서 여기에서 a) 한편으로 서로 '섞이는' 지각현출, 경쟁하는 지각현출이라는 사건에 주의해야 하고, b) 다른 한편으로 질적 변양에 주의해야 한다. 모든 현출은 최소한 '가능성'(감)으로 있지만, 가능성의 무게(감의 강도)는 다양하다. 나아가 결정 현상, 동요나 의심 이후의 결정, '의심 없이' 이루어지는 결정됨이 있다. 여기에는 다양한 강도의 대항 감(사태에 있어서 대항 가능성)을 가지는 확실성 현상, 그리고 대항 가능성이 거부되거나 옆으로 치워지지 않고 견지될 때의 추정 현상이 있다.[6] 이것은 결정에서도 고

6 확신. 더 많고 강력한 증인이 이를 지지한다. 우월한 '근거', 혹은 그것을 지지하는 '가능성'이 있는 어떤 믿음. 대항 경향은 사소하고, 아마도 '옆으로 치워진 것'으로 의식되고, 타당하게 여겨지지 않는다.

유한 역할을 한다. 대항 가능성이 감의 상관자인 가능성으로 남아 있더라도 나는 이것을 '타당하게 여기지 않고' 거부한다. 아니면, 나는 이것을 타당하게 여기고 '견지하며' 이에 따라 한갓된 추정을 수행한다. 이 모든 것은 풍부한 직관적 현상으로서, 경쟁, 섞임, 이로 인한 결정의 폐기를 이유로 일어날 수 있고 이에 정초하고 있는 것이다. 현출의 분열은 다음과 같은 성격을 지닌다. 두 개의 현출은 동시적이 아니라 서로 잇따라 주어질 수 있을 뿐이다. 또한 하나의 현출이 주어지면 다른 현출은 주어지지 않는다(그런데 이는 이미 존재적으로 말하는 것이다. 실로 이제 나는 다음과 같이 말할 수 있다. 존재적 의미에서 (사물의 존재가 아닌) 현출의 존재는 대항 현출의 존재를 폐기하고, 그 역도 그렇다. 이와 마찬가지로 나아가 현출하는 사물의 존재는 대항 현출에서 현출하는 사물의 존재를 폐기한다).

3) 예를 들어 유령과 같은 환상. 그것은 '무'이거나 '이미지대상'이다. 여기에서도 현출의 경쟁이 일어난다. 하지만 그것이 다름 아닌 환상으로 성격 지어지면 경쟁은 일어나지 않는다. 현출하는 '이미지'는 가능성으로 성격 지어지지 않으며, 그에게는 어떠한 대항경향(감)도 타당하지 않다. 여기에는 어떠한 동요, 의심, 결정도 없다. 또한 유령의 경우처럼 아마 가상대상이 정립될 텐데, 이는 시각적으로 현출하는 다른 대상과 섞이면서 그 대상의 자리를 차지하는 것은 아니다. 그것은 허공의 자리를 차지하는 것인데 우리는 허공은 '보지' 않기 때문이다. 따라서 전체적으로 보아 이 사례는 본질적으로 앞의 것과 구별되지 않는다.

나는 믿지 않음에 주의를 향하지 않으면서 어떤 가상대상을 **관찰**할 수 있다. 나는 가령 무대에 있는 인물의 행동 등을 좇아간다. 혹은 유령의 움직임이나 (배우의) 뜻을 담은 몸짓 등을 좇아간다. 이러한 관찰은 믿음이거나 믿지 않음이거나 기타 믿음 양상이며, 사물의 존재와 관련된다. 그것은 현출하는 대상 자체의 관찰이며 어떤 정립하는 작용인데, 현실을 정립하는 것이 아니라 바로 '현출하는 것 자체'를 정립한다(따라서 가령 상상이라는 의미에서의 한갓된 표상과 같은 것이 아니다).

여기에서 직각적인 것이 끌어내어지고 그것의 종합을 기초로 가령 술어화도 수행된다. 이것은 변양된 의미의 술어화인데, 여기에는 어떤 변양된 '파악'이 있기 때문이다.

미결로 남김이란 무엇인가? 의심이 생긴 경우에 나는 결정하려고 노력할 수도 있지만 이러한 노력을 삼갈 수도 있다. 어떠한 경우에라도 다음과 같은 것이 가능하다. 나는 (확실성을 가지고) 믿으며 저것이 아니라 이것을 지지하는 결정을 내리지 않는다. 여러 가능성 중 어느 것도 선호하지 않으며 '어느 것에도 승복하지 않는다'. 나는 추정도 하지 않는다. 즉 결정하지 않은 채 놔둔다. 태도 취함 = 여러 가지 감(가능성) 중 하나의 감이라는 지반에 입지를 둠. 이는 이 감에 승복하는 것이거나 가정하고 전제하는 것일 수 있는데, 이것 또한 당연히 어떤 새로운 것이다.

만약 범주적 분석과 종합을 끌어들이고 가령 경우에 따라 술어적 개념 파악을 끌어들인다면 매우 중요한 여러 일이 일어난다. 이것은 그때 가서 보다 면밀히 연구해야 한다.

대상 S가 현출하고(그리고 경우에 따라서는 개념적으로 S로 인식되고) 현실성이라는 방식으로 정립된다. 그에 즉해서, (이제 하나의 술어를 지시하면서 p로서 개념적으로 인식될 수도 있는) p가 현출하고, S는 p로 정립된다. 이와 동시에 어떤 p′이 S에 속한다고 여겨지는데, 그러한 감이 없어도 그럴 수 있다. S는 〔p로 정립됨과〕 동시에 p′으로 '가정립'된다. p′은 p와 길항하고 p′임은 p임과 길항한다.

표상적 사태연관(명제적인 것)의 충돌은 규정의 충돌이라는 다른 종류의 충돌에 기초한다.

게다가 나는 이와 동시에 S를 p′으로 그리고 p″으로 가정립할 수 있다. 이때 p′과 p″은 S와의 관계에 있어 다시 서로를 폐기한다. 하지만 "S는 p이다!"라고 판단되면 이 사태연관은 참된 사태연관으로 존재한다. 그리고 가정립되는 것, 즉 (존재적으로) "S!는 p′이다"의 가정립은 이것을 통하여 폐기된다. 그리고 (S의 p′임에는) 거짓이라는 부정적 판단이 내려진다.

다른 한편 S!는 진실로 p로서 거기에 있다. 이러한 p임은 가정립되는 p′임을 폐기한다. 즉, S!는 p′이 아니다 = S!는 (p′임이) **아니다.**

또 하나의 현상을 기술해야 한다. 즉, **자유로운 가능성들**이라는 현상, 즉 대항 가능성에 의해 억제되지 않는 가능성들이라는 현상.

예를 들어 나는 낯선 상자를 본다. 뒷면이 함께 파악되지만, 그 색과 형태는 규정되지 않는다. 이제 이 뒷면을 붉은색이거나 녹색이라고 생각하는 표상이 등장한다. 하지만 아무것도 이것이나 저것을 지지하지 않는다. 여기에는 자유로운 가능성이 있다. 이것은 특정 경향이나 요구로 밑그림 그려지지 않는 방식으로 무규정성을 규정한다. 다른 한편 이것은 그래도 '가능성'이다. 아무것도 이것이나 저것을 지지하지 않는다고 방금 말한 것은 부정확하다. 아무것도 이것이나 저것을 더 지지하지 않는다고 해야 한다. 어떤 것이 심지어 확실하게 〔뒷면이〕 **하나의** 색〔을 지님〕을 지지한다면, 이것은 모든 색을 지지하는 것이며 여기에서는 모든 색을 똑같은 방식으로 지지하는 것이다. 그러나 이 지각파악 자체에는 물론 규정적인 이 색이나 저 색을 향하는 어떤 고유한 지향적 빛살이 있는 것이 아니라, '하나의 색'이라는 무규정적 지향만 있을 뿐이다. 따라서 이는 다음과 같은 본질적 사태이다. 확실성 파악, 즉 지각에 실제로 포함되는 이러한 지향적 빛살은 표상될 수 있는 규정적 색을 '가능성'으로 동기부여한다. 그리고 가능성에 관한 이런 표상은 가령 '한갓된 상상표상'이 아니고, 규정적인 (인상적) 믿음양상을 가진다. 이는 감이라는 개념에 속한다.

*

지각 영역에 있는 모든 사건, 감각 위에 구축되고 감각과 함께 현출을 구성하며 온갖 질적 변양을 동반하는 모든 파악은 **영상적 변양에 의해 상상으로 이전된다.** 이들은 '상상에서' 등장한다. 따라서 모든 일치와 충돌도 그러하다.

다음과 같은 경우를 숙고해보자. 어떤 상상 주변, 상상 환경에서 유령이 나타난다. 유령은 무실함이라는 성격을 지닌다. 그것은 영상적으로 변양된 나름의 믿음경향을 지니는 상상 사물성과 길항한다.

하지만 아래의 경우도 숙고해볼 수 있다. 나는 어떤 상상대상을 갖는다. 그리고 이제 돌 하나가 이와 동일한 상상대상인데, 이 돌이 그것과 함께 상상되는 창문으로 날아가다가 이 창문을 깨지 않고 관통한다고 표상해본다. 여기서도 충돌이 등장한다. 이처럼 돌이 창문을 관통함은 상상의 통일성에 끼워 넣어져 상상되기는 하지만, '편입되지 않으려 한다'. 이와 마찬가지로 다른 경우에 나는 이 책상의 뒷면이 녹색이라고 상상할 수도 있지만 그것은 곧 무실함으로 성격 지어진다. 혹은, 돌이 이 실제 창문을 관통한다고 직관적으로 표상할 수 있지만, 이는 '한갓된' 구상이다. 하지만 여기에서는 현행적 믿음을 동반한 현행적 지각이 있다면, 거기에서는 나는 상상을 갖는 것이고 그것에는 지각믿음의 상상적 변양이 속한다. 〔여기에서〕 현실은 어떤 현실에 '귀속되는' 경험적 속성을 지닌 경험적 현실이지만, 〔거기에서〕 현실은 유사현실이고 귀속은 유사귀속이다. 돌이 창문을 관통함은 이와 길항한다. 돌이 관통하면 경험적 현실은 더 이상 경험적 현실이 아니다. 관통의 직관은 경험적 현실의 파악을 폐기하고 그것을 사후적으로 변양시킨다. 그러나 이 모든 것은 상상이다. 그럼에도 불구하고 변양된 파악이 여기 있으며, 새로운 사건이 ('상상에서') 경과하지 않는 한 그 의미에 있어 동일하게 견지된다. 그리고 이러한 의미에 대항하여, 혹은 이러한 의미를 갖는 대상성의 유사정립에 대항하여, 돌의 날아감 등의 대상성의 유사정립이 길항하고 이를 폐기한다. 따라서 이런 상황은 지각 영역에서 가령 어떤 달려가는 사물을 개로 파악하는 통상적인 경험적 파악이 지각이 계속 진행되면서 변양될 때와 마찬가지이다. 즉, 그것은 개가 아니라 토끼라고 파악하는 것이다. 따라서 여기〔상상의 경우〕에서는 그것이 실은 자연 대상이 아니라 무언가 그것과 다른 것이라는 뜻이어야 하리라. 하지만 여기에서는 도대체 어떤 '이다'를 말하고 있는가? 물론 나는 상상하고 상상 속에 살면서 하나의 사물을 흡사 본다. 어떤 존재자를 흡사 가지며, 이에 대해 이러저러하게 흡사 진술할 수 있다. 이렇게 한다면 현실적 진술이 아니라 유사진술을 가진다. 내가 〔상상되는 것을〕 받아들이는 경우, 혹은 상상되는 것 자체를 그저 견지할 뿐 아니라 정립하는 경우에만 현실적 진술을 획득한다. 그러면 이것은 어떤 고유한 파악방식이자 정립방식이다. 즉, 현실적 사물이 아니라 상상 사물 자체에 관한 파악이자 정립이다. 그것은 위에서 이미 상술한 것과 같다.

내가 상상 속에서 살면서 상상되는 것을 그 통일성 속에서 견지한다면, 상상 상황에서 감, 추정, 의심, 결정 등의 동기가 생기되, 모든 것이 〔지각으로부터〕 변양된 채로 생긴다. 따라서 나는 상상에서도 '올바르게' 추정할 수 있고 판단할 수 있고 진술할 수 있고, 이 모든 작용 역시 전체 상상의 통일성에 함께 속한다. 이 경우 상상 안의 진술은 상상되는 것을 표현하는 상상 밖의 진술과 구별된다. 가령 나는 피렌체 교외의 산책으로 들어가 상상한다. 거칠고 수상해 보이는 두 남자와 마주친 나는 그들이 나를 해코지하려 한다고 추정한다. 나는 이렇게 상상하면서 상상 사건에서 체험하는 것을 표현한다. 하지만 이러한 상상하는 판단과 표현은 상상되는 상황에 속하는 판단, 〔상상 사건과〕 마찬가지로 마치 상상 안에서 내가 체험하는 듯한 그러한 판단이 아니다. 이것은 내가 이런 모든 일을 기억하면서 표현할 때, '그 당시' 그렇게 말하고 표현했음을 의미하지는 않는 것과 마찬가지이다. 이 경우는 기억 진술이고, 〔앞서의〕 다른 경우에는 상상현출과 상상체험에 관한 한갓된 표현이다. 물론 이 한갓된 표현도 전달 기능에 복무하며, 따라서 유사한 방식으로 다른 현실적 판단을 옹호한다. 또한 때로는 나는 순수하게 상상에 몰두하여 다른 사람에게 전달하려는 의도 없이도 내 상상에 표현적 낱말을 덧붙일 수 있다. 그럴 때 이것이 상상 안의 말이 아니라고 전제한다면, 이런 표현은 상상되는 것의 세계가 아니라 상상함의 현행적 세계에 속하게 된다. 이것은 여기 연결되는 감정 등과 같다. 예를 들어 (물론 마음속의 말로 외치는) "불쾌한 얼굴이군!", "이상하게 행동하는군" 등이 그렇다. 이는 가령 상상적으로 변양된 작용이 아니라 순수하게 현실적인 작용이지만, 상상을 토대로 하는 작용이고 이로써 고유한 방식으로 변양된 작용이다.

물론 이때 우리는 어떠한 가설적 가정이나 본래적 상정을 하지 않고 이와 비슷한 어떤 것도 하지 않는다. 상상 안에서 〔상상되는 것을〕 견지함은 어떤 고유한 작용이 아니다. 〔상상 안에서〕 현출하는 것은 저절로 유지되는데, 다시 말해 바로 통일적으로 지속하는 사물 등으로 있는 방식으로 유지된다. 내가 다음과 같은 방식으로 창문을 창문으로 견지할 때는 이와 다르다. 즉, 돌이 창문으로 날아갈 때 나는 경험적 파악의 변양을 수행하는 대신, 바로 이 경험적 파악을 고수하여 이제 상상 안의 돌의 관통함을 허구 내지는 환상으로 격하시키는 것이다. 그러면 나는 바로 새로운 의식을 가지는데, 〔그것은〕 이러저러한 주변〔이라는 의식〕이다. 돌이 창문으로 날아가서 창문을 깨지 않고 관통하는 환상이 있다. 나는 창문이 현실적 창문이라거나 현실적 창문이어야 한다고 전제하지 않는다. 나는 창문을 바로 지속하는 현실적 창문으로서 간주하고 상상 안에서 가상의식을 구성한다.

나는 어떤 동물을 상상한다. 이것은 지속하는 상상적 통일체로 있다. 이제 나는 이 상상을 근거로, 이것이 포유동물인지, 이러저러한 동물 종에 속하는지 등에 대해 확신하거나 추정하거나 의심할 수 있다. 말과 같은 동물이라면 나는 그것이 포유동물임을 확신할 것이다. 하지만 어떻게 〔그것이 포유동물임을〕 의심하거나 추정할 수 있겠는가? 어쨌든 파악에 속하는 징표만 고려되고, 이제 물음은 이런 징표가 어떤 포유동물의 특징적 징표에 속하는가이다. 나는 그때 포유동물에 관한 하나의 **막연한** 개념을 가지며, 우선 이 개념적 표상을 분석해야 한다. 혹은 나는 단어를 가지고 또한 포유동물이 어떤 것이라는 부가조건을 지니는 매우 막연한 단어 의미를 가진다. 보다 상세한 것은 모든 동물학 교과서에 들어 있다.

각각의 지각이 하나의 지각연관 안에서 등장함은 주목할 만하다. 여기에는 모든 일치와 충돌, 모든 감과 추정, 모든 의심과 결정이 속한다. 하나의 현실의 지각현출, 그리고 지각믿음이 그 밖의 모든 다른 것의 기초로서 늘 이미 존재한다. 그리고 이러한 지속적으로 교체되는 연관 속에서 새로운 현출이 등장한다. 이 새로운 현출은 어떨 때는 확고한 믿음양상을 동반하는데, 이 믿음양상은 그것과 일치하는 기존의 믿음양상으로 뒷받침된다. 또 어떨 때는 주어진 현출의 기존 믿음양상의 가치를 박탈하기도 한다. 그러면 기존 믿음양상은 이런 파악을 서로 엮고 (경쟁 등으로) 서로 대치시키는 충돌에 의해 폐기 등을 겪는다.

(이 모든 것에 있어서 지각현출이 다양하게 '질부여'된 핵으로 있으며, 감각이 다시 이 지각현출로 들어간다. 이런 감각이 나름의 방식으로 믿음계기를 지닐 수 없는지 물을 수 있는데, 만일 그렇다면 감각도 이미 가장 단순한 지각이라는 것이다.)

게다가 나는 다음과 같은 견해를 고수한다. 우리는 (직관적 영역에서) 파악과 현출에 이러저러한 질을 부여했다. 질적 양상은 한갓된 양상으로서, 항상 어떤 파악질료를, 직관적 영역에서는 한갓된 현출을 전제한다. 하지만 한갓된 현출은 질부여 없이는 아무것도 아니다. 동일한 질료에서도 질부여는 변할 수 있는데, 이때 다음에 유념해야 한다. 지각, 기억, 한마디로 모든 현상으로 이루어진 연관은 그 연관 안에 있고 자신의 질료를 포함하는 해당 현상의 질적 변화를 일으킨다. 그러면 연관과 관련하여 파악 변화가 일어난다. 어떤 지각이 환상으로 이행할 때 등이 그렇다. 또 다른 변양 방향은 지각에서 상상으로 변양하는 방향이다. 이때 현출의 **본질**은 여전히 유지될 수 있다. 영상적 변양은 모든 사건, 현출, 일반적으로 파악질료와 그것의 질에 있어 일어난다. 특기할 만한 것은 한갓된 상상이 기억으로 이행할 수 있다는 것이다. 이때 자신의 상상정립을 지닌 상상현출은 남고, 인상적 성격을 가진 전체가 생긴다. 즉, 인상적 시간의식이 상상현출을 전제로 한다.[7] 이와 마찬가지로 상상에 근거한 판단은 바로 상상을 전제하지만, 그래도 어떤 인상적 작용, 따라서 어떤 현실적 작용이지, 영상화라는 의미의 작용변양이 아니다. 따라서 상상의식에 정초되는 **작용**, 그리고 상

:·

7 따라서 인상적이라는 것은 **현행성** 의식을 말한다.

상되는 것은 있었던 것이라는 성격을 얻는다. 그것은 **현행적** 성격이지 어떤 유사성격이 아니다.

유고 11

지각 및 순수한 상상에 대비되는
'재'의식으로서의 기억

(1909년 혹은 1910년 초 집필 추정)

지각은 존재의식이다. 존재하는 대상에 관한 의식이며, 나아가 지금 존재하고 지금 지속하며 이러저러하게 (나를) 향해 있고 '여기' 존재하는 대상에 관한 의식이다. 어떤 대상이 지각된다는 것은 지각현출에서 현출하고 지각정립에서 정립된다는 것이다.

이에 상응하는 **기억**은 흡사 지각이다. 그저 지나간 대상의 의식일 뿐 아니라, 내가 다음과 같이 말할 수 있는 지나간 대상의 의식이다. 즉, 그 대상은 지각되었던 것, 내게 지각되었던 것, 나의 지나간 여기와 지금에서 주어지는 것으로 있던 대상이다. 나는 내가 기억하는 일몰을 '본다'. 나는 그것을 지각했다는 기억을 지금 가진다. 나는 현재적 믿음작용을 가지며, 어떤 현전하지 않는 믿음작용, '나의' 지나간 믿음작용에 모종의 방식으로 관계한다. 나는 마우스베르크산[1]을 기억하고 그리로 산책한 것을 기억함을 통해, 어떤 의미로는 내 앞의 마우스베르크산을 본다. 그것을 보지만 '현실적으로는 아니다'. 나는 내가 그러한 봄으로 '다시 이동'한 것을 느낀다. 기억은 지각의 독특한 변양이다. 지각은 (원본적) 믿음양상에서의 지각현출(원본적 현출)이다. 기억에서는 [지각현출에] 상응하는 상상현출이 **상상**믿음을 지니고 있다. 나는 아이들과 함께 마우스베르크산 위에 있었다. 장엄한 일몰. 도시에 저녁 빛이 비친다. 기관차의 증기 구름을 태양이 비춘다. 길고 흐릿한 그림자가 있는 감자밭. 깊고 적갈색으로 비치는 밭. 집으로 돌아옴. 새장 속의 쥐. 이 모든 것은 단지 상상으로 있는 것이 아니다. 나는 내 앞의 그것을 다시 본다. 비록 중단되기도 하지만 그것은 '보이고' '다시' 보인다. 어떨 때는 베일로 덮인 것처럼, 그다음에는 안개를 뚫고서. 그것은 다시 보이고, 자신을 지나간 것으로서 내어준다.

순수한 상상에는 이런 성격이 없다. 물론 그것은 '흡사' 지각이어서, 나는 "어떤 지금, 어떤 여기에 있는 어떤 대상"을 흡사 본다. 하지만 이 봄은 다시–봄이나 이미 보았음이 아니다. 대상은 '지나간 것'이 아니고, 어떤 지나간 여기와 지금을 갖고 정립되는 것이 아니다.

지각과 기억에서 '현출'은 그 본질은 동일할 수 있으나, 한 경우는 인상적 현출이고 다른 경우는 변양된 현출이다.[2] 이 두 가지는 다른 의식성격으로 있다. 무엇보다 시간적 변양[이 일어난다]. [기억에서] 현출하는 것은 지금 있는 것이 아니라 [과거에] 있던 것이며 그것도 지각되었던 것이다. 믿음은 영상적 현출에 그저 부착되는 것이 아니라, 지나간 믿음을 다시 현전하게 한다는 의미에서 '재현'한다. 하지만 이것은 무슨 뜻인가? 내가 가지

• •

1   독일 괴팅겐 근처의 산.(옮긴이)
2   보다 명료하게 말하자면, 한 경우는 현행성(**여기에서는** 인상을 뜻한다), 다른 경우는 비현행성이다.

는 것은 하나의 상상현출(따라서 유사현출)이며, 이 상상현출은 그 자체로 어떤 믿음양상을 가져야 한다. 그것은 '믿음'이라는 양상을 가지지만, 물론 '상상에서' 가진다. 즉, 어떤 상상믿음을 가진다. 이것은 한갓된 상상으로서의 상상과 완전히 같지만, 다른 면에서는 또한 완전히 같지는 않다. 가령 두 가지가 있는 것이 아니다. 그러니까 ('현출'과 믿음 양상에 있어) 한갓된 상상이 있고 여기 덧붙여 또 정립이 있는 것이 아니다. 오히려 다른 색조, 즉 본질을 변화시키지 않는 변양이 있는 것이다. 그것은 '재'의식으로서의 의식이다. 다른 말로 하면 그것은 **현행성의 성격**이다. 따라서 기억과 한갓된 상상은 말하자면 동일한 것이나, 다만 하나는 현행성이고 다른 하나는 비현행성으로서 이들의 관계는 마치 현실적 술어와 한갓된 명제적 표상의 관계와 같을 따름이다.

그렇다면 시간적인 편입은 어떠한가? 그래도 여기에는 차이가 있다. 나는 론스 언덕을 생각하면서 이와 동시에 론스 언덕을 현전하는 현실로 정립할 때와 같은 재의식을 가질 수 있다. (어떤 의미에서는 나는 어떤 것을 지각하고 그렇게 지각하는 동시에 그것을 이미 안다는 의식을 가질 때도 이런 것을 가질 수 있다. 이것은 지각되는 것과 때로는 공허한 기억으로 기억되는 것의 동일화이다.)

따라서 여기에는 본질적 간극이 있다. 이렇게도 말할 수 있을 텐데, 동일한 한갓된 상상(론스 언덕 상상)이 어느 경우에는 통상적 의미에서의 기억이 될 수 있고 다른 경우에는 론스 언덕에 대한 기억적 현재정립이 될 수 있다. 무엇이 차이를 만드는가? 두 가지 모두 현행성 의식이다. 따라서 **연관**에 대한 연구가 필요하다. 이는 '동일한' 지각이 그때그때 '연관'에 따라 가까운 작은 물체의 지각이거나 커다란 먼 물체의 지각인 것을 충분히 생각할 수 있음과 마찬가지이다.

유고 12

시간의식의 양상들로서 '감각', 기억, 예상, 상상. 연관으로서 의식

(1910년 초 집필 추정)

나는 이제까지는 **상상변양**을 보다 상세하게 고찰하지 못했다. 마찬가지로 감각에 대해서 많은 것이 추가로 언급되어야 한다. 그러니까 모든 감각에는 하나의 상상이 상응한다고 말해진다. 이때 감각[1]은 색이나 음의 감각이다. 혹은 즐거움과 고통의 감각, 소원과 의지의 감각이다. 또한 외적 현출의 감각 혹은 내적 상태의 의식, 의향하는 지각 등의 감각.

『논리 연구』에서[2] 말한 것처럼, 어쨌든 감각되는 것, 〔감각되는〕 무엇에는 근본적 차이, 즉 감각함의 '일차적 내용'과 '반성 내용'의 차이가 있다. 그리고 후자는 '무언가의 의식'이라는 성격을 지닌다.

우리는 감각함을 근원적 시간의식으로 본다. 그 속에서 내재적 통일성

∴

1 가장 넓은 의미에서 취한다.
2 『논리 연구』 2부의 제6연구 58절과 비교하라.

으로서의 색과 음이 구성된다. 그 안에서 원함과 좋아함 등의 내재적 통일체가 구성된다. 따라서 **상상함**은 이러한 시간의식의 변양이다. 그것은 **재현**이다. 그 속에서 재현되는 색, 재현되는 소원이 구성된다.

하지만 재현은 기억, 예상 등일 수 있다. 아니면, '한갓된 상상'일 수도 있다. 따라서 감각의 변양이 하나라고 할 수 없다. 감각은 현전화하는 시간의식이다. 재현 또한 감각되고 현전하며, 현전화하는 시간의식에서 통일체로 구성된다.

현전화하는 의식에서도 양상이 있는가? 여기에서는 지금-현전화와 방금-현전화의 차이만 고찰할 것이다. 이 두 가지는 구체적 현전화의식의 통일체에 함께 속한다. 더 나아가 〔한편으로〕 **자체 안에** 자신의 지금-현전화 위상을 품은 현전화와 〔다른 한편〕 지각의 현행적 지금과의 관계는 있지만 그 자체로는 어떤 지금-현전화 점을 포함하지 않는 자립적 파지의 차이를 고찰할 것이다. 〔후자는〕 예를 들어 울림이 방금 멎은 음의 의식이다.

따라서 시간의식의 본질적 양상에는 현전화로서의 '감각', 감각과 본질적 연관을 지니지만 자립적이 되는 파지, 그리고 재현이 있다. 〔재현 중에서〕 '정립하는' 방식의 재현은 재-재현(기억), 공동-재현,[3] 선-재현(예상)일 수 있다. 나아가 비정립적 재현은 순수한 상상으로서, 서로 평행하는 다양한 양상을 가진다.

그러나 이때 **예지**로서의 예상은 파지와 동렬에 놓는 것이 좋다. 모든 지각이 〔파지와 마찬가지로〕 이것〔예지〕을 포함하기 때문이고, 우리는 진지하게 예지를 기억이나 상상과 동렬에 놓으려 하지 않기 때문이다.

∴

3 지금 눈앞에는 없지만 다른 곳에 있는 것을 재현하는 것을 뜻한다. 후설은 이를 흔히 '현재기억(Gegenwarterinnerung)'이라고도 부른다(이 책의 부록 56 참조).(옮긴이)

따라서 1) 광의의 원본적 영역에서 파지, 현전화, 예지라는 비자립적 양상이 있다(파지와 예지는 자립적이 될 가능성을 가진다). 2) 그다음에는 이러한 모든 양상이 '재의식'에서 등장하는 재-재현이 있다. 3) 또한 순수한 상상으로서의 상상재현이 있는데, 여기에서는 이와 같은 모든 양상이 한갓된 상상의식에서 등장한다.

또 다른 변양을 상술할 수 있을지 불확실하다. 예를 들어 상상이, 상상되는 것이 여기 '현출하는' 그대로 미래에 등장할 것이라는 의식과 결합하는 경우(내가 예상되는 사건을 그려보는 경우)가 있다. 물론 이때는 임의적 사건이 아니라 '감각'의 변양 혹은 각 체험의 변양을 가지지만, 그래도 마찬가지이다.

유비화 의식, 이미지적 의식은 어떠한가? 상징적 의식은 어떠한가? 나아가 내가 비교적 소홀하게 다룬 감정이입은 어떠한가?

그래도 이렇게 말할 수 있다. 모든 의식은 (우리가 여기에 의향을 포함하는지 포함하지 않는지와 무관하게, 그러나 본래적으로 지향하지는 않으면서) 공허하게 '지향'할 수 있다. 그리고 모든 의식은 유비화하는 의식일 수 있다. 또 모든 의식에는 자신의 감정이입 변양이 있다. 하지만 물론 이것은 복합의 문제가 아닌가? 하지만 어떤 복합인가?

최소한 공허변양, 공허재현은 덧붙이는 것이 반드시 필요하지 않은가? 혹은 재현에 있어서 충만한 재현과 공허한 재현의 차이를 두는 게 반드시 필요하지 않은가?[4]

---

4 그러나 '충만함'과 '공허함'(이러한 의미에서 생생함의 차이)은 모든 의식에 속하지 않는가라는 물음이 나타난다.

상징적 변양은 연관에 속해 있다. 나는 어떤 상징의식을 가질 때 그에 연결되는 어떤 것, 그와 결합하는 어떤 의식을 가진다.

따라서 우선은 개별적 의식이 겪는 변양, 그것도 시간성에 속하는 변양을 숙고하고 그다음에는 복합의 형식을 고려해야 한다.

의식은 항상 연관이며 필연적으로 연관이다. 원본적 연관, 즉 근원적 시간의식의 연관이 있다. 그리고 이 안에 다양한 인상적 내용(비-재현)이 있고, 여기에 관련하여 감성적 지각의 담지자인 감각장이 있다. 그다음에 그 밖의 인상적 작용들이 있는데, 이 중에는 순전히 감성적 인상과 감성적 지각 위에 정초되는 작용도 있고 이미 재현을 끌어들이는 그러한 작용도 있다(그러나 이때 언급할 점은 감성적 지각에는 비록 상상은 아니지만 공허한 지향이 이미 들어 있다는 것이다).

흐름 속에 있는 변양에 있어 **연관**이 무엇을 필연적으로 끌어오는가라는 물음이 중요하다. 감각되는 시간의 흐름과 흐르는 것들의 흐름에는 어떤 필연적 의존관계가 있는데, 이것은 어떤 필연적 결과, 어떤 특정 방식의 필연적 변양을 표현하는 것이다. 이것은 다시 '공존'의 필연성을 끌어온다. 시간의식의 근원구성 전체는 바로 이러한 필연성으로 이루어진다.

연관은 기억의식의 조성에서 어떠한 역할을 하는가? 아니, 그 전에 이미 지각의식의 조성에서, '고립된' 파지, 그리고 전혀 고립되지 않은 파지에 있어서, 예상에 있어서 어떠한 역할을 하는가? 재의식(재기억)에 있어서는 어떠한 역할을 하는가?

그리고 나아가 **상상**에 있어서는 어떠한 역할을 하는가?

어떠한 파악도 없는, 외적 지각에 대한 어떠한 재현적 기능도 없는 **순**

수한 감각이 있을 수 있는가? 경향의 상호 폐기에 의한 것을 제외하면 말이다.

어떠한 연관도 없는 순수한 지각이 있을 수 있는가? 그리고 본래적 지각배경은 어떠하고, 다른 한편 공동정립-배경은 어떠한가?

기억경향이 서로를 폐기함에 의해서만 기억은 한갓된 상상이 될 수 있는가? 그리고 모든 한갓된 상상을 그렇게 해석할 수 있는가? 각 상상은 연관의 부분인가, 또는 연관이 각 상상에서 교차하는가? 일반적으로 연관은 일치 연관이거나 불일치 연관이 아닌가?

감각(인상)의 **연관**, 즉 **원본적 시간의식의 구조**. 그 안에서 구성부분은 나름의 특정한 지향적 형식을 가진다!

재의식의 구조, 곧 이차적 의식의 구조. 한편으로, 그것[재의식]이 감각되고 현재적 의식인 원본적 의식의 성원인 한에서, 그것의 구성과 관련된 것. 다른 한편으로, 그것의 고유한 구조와 성격.

하지만 물론 내재적 분석을 통하여 다음을 자주 발견할 수 있다. 만약 개별적 계기에 주목한다면, '한갓된 상상'에는 서로 다른 기억이 뒤섞여 있으며 이 기억에는 서로 다른 시간연관이 관련된다. 하지만 그것의 본질 법칙에 대해, 모든 상상이 기억이 서로를 방해하며 폐기함으로써 생기는 것이라고 할 수는 없다.

게다가 여기에서 이러한 가설적 해석을 하는 '심리학'은 어떤 유의 '심리학'인가? 물리적 자연을 전혀 다루지 않고 자연과학이 전혀 아니면서 본질이론으로서 선험적으로 진행하지도 않는 심리학이 있는가?[5] 그것은 현상

5 자연과학적이지 않은 내재적 심리학이지만 현상학적 본질이론은 아닌 심리학.

학적 '경험'의 소여에서 출발하여 '내재적' 시간의 영역 내에서 움직일 것이지만, 순수 직관적 영역 내에서만 움직이지는 않을 것이다. 하나의 무한한 시간을 상정하고, 그 안에 의식체험(이것은 나의 의식체험이지만, 나의 신체가 어떤 지각연관을 지시하지 않는다면 나의 신체는 고려하지 않는다)을 편입시킬 것이다. 경험에 있어서 현행적으로 현전하고 입증할 수 있는 체험과 나란히, '무의식적' 체험을 상정할 것이다. 그리고 '현행적 의식'의 구조를 '재구성'하는 데 이것(무의식적 체험)을 활용할 것이다. 연상, 기질 등도 여기에 속한다.

유고 13

지각계열, 기억변양, 상상변양. 현전화 — 재현, 상호교차하는 차이로서의 현행성과 비현행성. 상상의 서로 다른 기초적 두 개념, 1) 비현행성 2) 재현

(일부는 1910년 2월 필사 추정, 일부는 1910년 2월 15일 집필)

한 가지[1] 변양으로는 실로 불충분함이 이로부터 드러나는가? 그리고 모든 차이가 복합 방식〔의 차이〕에 있을 수는 없다는 것이 드러나는가?[2]

'현출'. 이 말은 어떤 복합을 가리킨다. 그런데 이 복합은 변양되지 않은 것, 즉 인상일 수 있는데, 그러면 지각현출이 있다. 아니면 이 복합은 철두철미 변양된 것일 수도 있는데, 그러면 상상현출이 있다.

상상현출에 이제 기억이 기초할 수 있는데, 새로운 계기가 덧붙을 때 그렇다. 이 현출하는 것은 과거의 것이 된다. 무엇을 통하여? 현행적 현재(Gegenwart)와의 어떤 관계를 통하여. 예를 들어 나는 앞서 산책을 갔다.

∴

1 사실 나는 두 가지 변양이 필요함을 발견했고 그 입장을 고수한다. 하나는 한갓된 상상변양이고 다른 하나는 기억변양이다. 이들의 차이는 현행성과 비현행성이라는 것이다.

2 기본적인 내용은 이어지는 쪽들에 있다. 〔따라서〕 이 쪽〔이 장의 세 번째 문단까지〕은 아마 불필요할 것이다.

내가 거기에서 어떤 기억을 끄집어낸다면, 나는 상상이미지만 갖는 것이 아니라 상상이미지에 귀속하는 '주관적' 시간 질서도 갖는다. 상상현출은 하나의 기억연관에 편입된다. 이 기억연관을 훑어가면 나는 다음을 갖는다. 나는 방금 산책을 떠났고, 그다음에 현출의 계열을 훑어서 '나의 돌아옴'으로, 그리고 현행적 지금에 이른다. 여기까지는 모두 좋다. 그런데 '지향'은 인상적이고, 이 계열의 모든 현출의 특징이며, 이러한 각 현출로 하여금 자신을 넘어 지금에 이르기까지 지시하도록 한다. 하지만 이 지향이 다시 어떤 덧붙는 것일 수는 없다. 각 상상현출은 나름의 현출하는 지속이 있고, 모두 질서정연하게 하나의 상상되는 사건계열로 결합한다. 그러나 이것은 한낱 상상되는 것이 아니라 기억되는 것이다. 이때 각 현출에서는 어떤 정립하는 **지향**, 즉 어떤 인상적 지향, 어떤 믿음지향이 지배하고 있다고 할 수밖에 없지 않은가? 이것(지향)은 상상적으로 현출하는 것, 즉 흡사 주어지는 것을 **정립**하며, 지금까지 이어지는 흡사 주어지는 것의 질서 안에서 하나의 위치를 이것(상상적으로 현출하는 것)에게 부여한다. 그리고 이는 (자신을 넘어 지금까지 지시하는) **초월** 덕분인데, 이 초월은 **이러한 지향의 본질이며** 이러한 지향에 (지금까지 이르는 과거 현출 계열 중에서 이미) 규정된 충족계열을 할당하는 것이다. 이 지향은 (각 현출을) '재현하는' 지향이자, 시간 안에서 지금과의 관계에서 (각 현출의) 시간위치를 공동재현하는 지향이다.

따라서 이러한 지향이 상상현출과 어떠한 관계인지가 관건이다. 이러한 지향은 상상현출에 덧붙여지는 것인가?[3]

기억과 **예상**을 비교해보자. 나는 '그때' 들은 로렐라이의 노래를 기억한다. 이 노래를 예상한다. 어떤 손풍금 곡을 기억하고 예상한다. 나는 그것을 미리 정확하게 표상할 수도 있고, 정확하게 알 수도 있다. 안다는 것이 곧 기억함은 아니다. 나는 그 곡을 알고 예상하며 따라서 그 곡을 미래로 옮겨놓는다. 나는 그것을 들을 것이다. 그러나 기억함은 들었음이라는 **재의식**으로서의 의식이다. 거기에서 우리는 과거에 있다. 이때 막연한 기억 및 예상과 명료한 기억 및 예상에는 차이가 있다. 여기에서 〔명료한 기억에서는〕 과거의 것이 어떤 재체험에서 '다시 한번 경과하고' 〔명료한 예상에서는〕 미래의 것이 어떤 앞선 선체험에서 앞서 경과한다.

기억은 기억되는 것을 하나의 기억연관으로 옮겨놓는다. 즉 기억되는 것은 주어졌던 것으로 있고 주어진 과거의 이미 규정된 어떤 연관에 속한다. 기억 자체는 어떤 질서 있는 기억 연관 속에 있는데, 이 질서는 현행적 지각지금에서 끝난다. 어떻게 그러한가? 기억의식의 본질은 〔시간적으로 현행적 지금을 향하는〕 앞쪽을 지시하지만 이 앞쪽을 표상하지는 않는다는 것이다. 기억은 거기에서 기억되는 것을 앞서 세운다. 하지만 기억성격을 지니는 기억현출은 하나의 '연관'을 가지며, 규정된 순서에 따라 서로를 지시한다. 즉, 각 기억에는 연관지향이 있다. 다음과 같이 말해야 하지 않을까? 각 기억은 흘러가는 경향이 있으며, 이 〔기억의〕 흘러감 자체가 기억, 즉 '이전의 지각경과〔지각의 흘러감〕'의 기억이다. 특별히 의식되는 각 기억은 하나의 막연하고 에워싸는 기억에서, 하나의 기억배경에서 우대되는 부분이다. 각 기억은 앞쪽을 향하는 경향이 있지만 이러한 경향의 극점(極點)이기도 하다. 그것 자체가 하나의 과거배경을, 자신의 지금에 대해 상대적인 과거를 가진다. 따라서 **기억은 한갓된 상상현출이거나 공허한 믿음이거나 이러한 '상상현출'을 질료로 하는 자발적 의식성격이 아니다.** 이것은 어떤 규정적 의식으로서, 이러한 연관이 있음은 그것의 본질이다. 이는 외적 지각(공간적 지각)의 본질이 공존 연관인 공간적 연관이 있음인 것과 같다.

그리고 예상에서도 상상현출이 어떤 의식 안에 있는데, 이러한 의식 역시 새로운 의식연관을 포함하는 새로운 성격을 지닌다. 모든 규정적 예상은 하나의 예상연관 속에 있는데, 이는 각각의 규정적 기억이 하나의 기억연관 속에 있으며 그것도 지향적으로 그러함과 같다. 각각의 규정적 예상에는 연관지향이 있는데, 이것은 〔미래의〕 예상연관을 지시하거나, 아니면 오히려 이것〔규정적 예상〕을 목표점으로 하는 〔과거의〕 예상연관을 돌이켜 지시한다.

상상현출이 기초로 놓여 있을 때는 단지 한갓된 상상현출과 하나의 믿음 양상만 있는 것이 아니다. **상상현출은 하나의 특출난 파악 핵이고 이 핵이 추가적 파악빛살로 둘러싸여 있는 것이다.** 한편으로 공존 연관으로 〔하나의 파악 핵인 상상현출을〕 넘어 이끌어가는 것〔파악빛살〕이 있다. 가령 어떤 공간적 대상의 〔상상적〕 현출이 그렇다. 이것〔공간적 대상〕은 공존 연관 안에 속하고 뒷면, 내부, 주변이 있으며, 서로 다른 입지점에서 지각할 가능성 등이 있다. 이것〔상상현출〕은 (같은 계기에 속하는) 가능한 다양한 정향 중에서 특정 정향에서의 대상 현출이다. 다른 한편, 〔상상현출에게〕 시간 속의 위치를 부여함으로써 시간적 소여를 부여하는 기억파악(혹은 예상파악) 연관이 있다. 현출이 편입되는 현출 계열은 현행적 자아에 속하는 시간성의 소여 계열이다. 그런데 이것은 모두 믿음의 완전한 **질료**, 즉 지각 확실성, 기억 확실성, 예상 확실성의 완전한 **질료**이다. **하지만 믿음은 어떤 덧붙는 것, 어떤 새로운 지향이 아니라 확실성이라는 양상적 성격에 다름 아닌데, 이 성격과 대조되는 것은 감이나 추정이라는 성격**, 그리고 이와 관련하여 의심이라는 성격인 것이다. 그리고 믿음은 이러한 모든 성격과 마찬가지로 영상적 변양을 허용한다. 즉, 나름의 양상적 확실성 성격을 지니는 파악연관 전체가 영상적 변양을 허용하는 것이다. 그렇다면 이는 어떤 기억(혹은 예상)의 상상변양일 것이다. 따라서 이러한 상상이 속한 상상연관은 특정한 지향적 결합의 상상연관인데, 이런 지향적 결합은 때로는 확실성 양상이고 때로는 영상적으로 변양된 기억이나 예상의 성격을 지니는 것이다. **그러나 어떻게 그러한가?** 먼저 하나의 상상연관이 있고, 거기에 때로는 현행적 확실성으로서의 확실성이 덧붙고 때로는 확실성의 구상이 덧붙는 식은 분명 아니다. 오히려 다음과 같이 말해야 할 것 같다. 원본적 계열, 즉 지각 계열에는 **단일한 변양**인 다음 변양이 대응한다. 1) 모든 것이 철저히 변양되는 기억변양(혹은 이와 유사한 방식으로 예상계열). 2) 그리고 다시 한갓된 상상인 상상변양. 그런데 이제 지각계열에는 감각질료가 있고, 기억계열 및 예상계열에는 상상질료가 있다. 또한 서로 교착되는 지향에는 지각계열에서는 감각성격, 즉 원본적 성격이 있으며, 기억계열 및 예상계열에서는 비원본적 성격이 있다. 그럼에도 불구하고 [기억계열 및 예상계열에서] 이들은 확실성 양상이 있다. [이에 비해] 상상계열에서 모든 것은 똑같이 비원본적 성격이 있지만 어떠한 양상도 없다. 거기에 다시 수수께끼가 있다.[4] 하지만 '비원본적'이라는 것은 때로는 **현행적** 재현(재재현, 선재현, 공존 속에 있는 공동재현)을 말하고 때로는 **비현행성**, 즉 한갓된 표상을 말한다.

유사지각, 유사지금포착. 이에 평행한 것으로서 **현행적** 재현은 어떤 재현하는 지금정립일 것이다. 이것의 본질에는 지금 지각되는 것을 포함하는 하나의 현행적 연관영역이 속한다. 유사기억은 과거의 것이 지각되었음의

∴

4 아니, 이것은 틀렸다. 어떠한 양상도 없다고?! 아니다, 이에 상응하는 기억과 **동일한 양상**이 있다. 다만 이 현상 전체와 마찬가지로 이 양상은 '한갓된 상상'이다.

유사의식이다. 이에 상응하는 현행적인 것은 기억이다. 유사예상, 이에 상응하는 현행적인 것은 예상이다.

모두 하나의 공통점이 있다. 현행적 재현과 유사재현은 서로 친연적 본질을 지니며, 서로 현행성과 비현행성의 관계를 맺는다.

현전화—재현, 서로 교차하는 차이로서 현행성과 비현행성

이는 모든 현상에 해당한다. 그러니 **상상자료**와 **감각**에도 해당한다. 상상자료는 재현을 가리키는 일반적 이름일 것인데, 이 재현은 감각에 대응하는 것이다. 그리고 〔감각뿐 아니라〕 **여기에서도** 재현에 있어서의 **현행성과 비현행성**의 차이가 있을 것이다. 이런 차이는 특유한 '의향'에 앞선다.

그러나 다른 한편 **감각, 지각**은 **현전화**라는 일반적 관점 아래 놓인다. 그렇다면 여기에서도 현행성과 비현행성 사이의 차이가 있어야 하지 않는가? 우선 사람들은 감각은 그 자체로 현행성이라고 할 것이다. 그렇다면 현행적임과 비현행적임의 차이는 오직 유사감각인 **재현에만** 속한다는 것인가?[5]

지각. 여기에서는 **순수한 이미지 응시**라는 형식이 있을 때 차이가 생긴다고 해야 하는가? 이 경우 충돌이 드러난다는 것은 당연히 옳다. 하지만 이미지 세계 속에서 살면서 현행적 세계로는 전연 향하지 않는다면, 충돌 의식도 없다. 물론 이미지 세계로 이행할 때 충돌성격이 눈에 띌 수 있는데, 이미지가 현실로 정립되지 않음은 이와 관련될 것이다. 하지만 현실

••

5   그러나 나는 작용의 현상학 전체를 가로질러 현행성과 비현행성이라는 기본적 관점을 관철하려고 시도했다.

세계가 아니라 바로 이미지 세계 속에서 오롯이 산다면, 변양된 지각의식만 수행된다. 즉, 그것은 '상상'이며, 여기에서는 그것이 **비현행성** 의식이라는 뜻이다.[6] 그것은 현실적 지각의식이 아니라 유사 지각의식이다. 우리는 흡사 본다. 그렇다고 해도 그것은 재현하는 의식이 아니라 여전히 **현전화**하는 의식이다. 현전화하는 의식이되 흡사—의식이다. 이에 비해 재현하는 상상(다른 의미의 상상)에서는 이처럼 흡사 지각만 있는 것이 아니고, 이 현상은 재현하는 성격을 지닌다. 그것은 지각을 현시한다. 이에 비해 여기 **이미지의식**에서 지각은 현시되는 것이 아니라 **비현행적으로 수행된다.** 여기〔비현행성으로서의 상상〕에서 토대는 현전화로서의 감각이고, 저기〔재현으로서의 상상〕에서 토대는 재현으로서의 상상자료이다.

나아가 사람들은 다음과 같은 견해를 지지할 수도 있다. 즉 재현영역에서도 비현행성의 경우에는 무실의식이 **항상 가능하고** 또 〔현전화영역에서의 비현행성과〕 유사한 역할을 수행한다는 것이다. 내가 〔재현으로서의 상상을 수행하면서 비현행성으로서의〕 상상으로 이행한다면, 무실한 세계로 **이행한다는 의식**을 가진다. 재현되는 것은 아무것도 아니다. 지금 있는 것도 아니고 있던 것도 아니고 있을 것도 아니다.

보통의 경우 상상은 지각과 현행적 재현으로 이루어진 현실 세계에 연결되는데, 이런 상상에서는 이런 점이 당장 분명하다. 상상 속에 산다고 해도 그것은 우리를 어지럽히지 않는다. 우리는 〔상상하는 것이〕 무실하다고 간단히 선언하지 않는다. 우리는 '꿈꾼다'. 꿈꾼다는 것은 비현행적 재현의식일 수도 있고, 만약 지각세계로 들어가 상상하는 경우에는 **비현행적 지각의식**과 결합할 수도 있다. 아마 이렇게 말해야 할 것이기 때문이다. 이

6 상상의 근본적으로 서로 다른 두 가지 개념, 1) 비현행성, 2) 재현.

입상상하면 지각소여는 변양되는데, 이 변양은 지각소여를 (인상적이고 현전화하는 비현행성과 재현하는 비현행성이라는 구성요소로 이루어진) 어떤 비현행적 복합체로 바꾼다. 이와 마찬가지로 현행적 재현은 상상과 섞이면서 꿈 성격을 얻는다.

현행적 세계와 규정적 관계를 맺지 않는 상상이라고 하더라도 어떤 '전설적' 과거에, 혹은 시간과 공간에서 무규정적으로 멀리 있는 어떤 '먼 현실'에 무규정적으로 편입된다. 이때에도 무실함이 있는데, 현행적 세계에 주의하면서 상상을 이 현행적 세계에 관계시킨다면 그러한 것이다. 다음과 같이 말할 수도 있을 것이다. 재현에 있어서 우리는 대상적으로 거기 함께 있으면서 우리가 거기 없었다는 의식을 언제라도 가질 수 있다. 그러나 결정적인 방식으로 이런 해석을 실현하려면 추가 연구가 얼마나 많이 필요할 것인가!

하나의 이미지는 하나의 원본을 재현한다. 하나의 비현행적 현전화는 이와 (본질이 동일하고) 내용이 유사한 재현과 결합해 있는데, 유비를 통해 그러하다. 이와 마찬가지로 기표로서의 사물이나 '이미지'는 기의를 '기억나게 한다'.

재현에서의 생생함과 적합성. 공허재현.
내적 의식, 내적 반성. 재생의 엄밀한 개념

(1911년 혹은 1912년 초 집필 추정)

우리는 대략 **지각**으로부터 출발하여, 이 중에서 때때로 일어나는 의향, '정립작용'을 떼어내고 한갓된 지각만 고수한다. 이것은 기체(基體)로 기능하는 작용으로서, 특유한 이론적 작용, 이론적 의향은 여기에 토대를 둔다. 물론 여기에서 이것[한갓된 지각]에 적당한 단어가 없다. 지각현출은 서로 다른 질부여에도 현존할 수 있는 공통 본질을 뜻하기 때문이다. 그리고 이 질부여는 이론적 변양이 전혀 아니다. 이론적 변양은 오히려 정초되는 작용이고, '이론적 의향' 내지는 대상화이며, 대상을 참으로-간주함[지각함 Wahr-nehmen]이고, 이러한 간주와 정립을 기초로 하여 철저히 이론적인 다양한 단계에서 이처럼 정초되는 유형의 새로운 정립을 수행함이다. '직각함'이나 '지각함'이라는 단어는 이제 바로 이론적 정립을 표현한다.[1] 그러

••

1   wahr-nehmen은 참으로(wahr) 간주하는 것(nehmen)이므로 어떤 '정립'을 내포한다.(옮긴이)

나 라이프니츠가 직각(Perzeption)과 통각(Apperzeption)을 대립시킨 때에는, 직각에 덧붙은 '한갓된'이라는 말은 이 단어[직각]가 원래 암시하는 것[이론적 정립]을 배제하며 '통각'이 비로소 이것을 끌어들인다. 이와 달리 파악, 통각이라는 나의 표현법은 전혀 다른 것을 겨냥하는데, 바로 한갓된 직각과 그것의 특수성을 겨냥하는 것이다. 따라서 여기에서 어려운 상황에 처한다. 가령 '한갓된 **현현작용**', 현출함의 작용, 특히 직각적인 (하지만 엄밀한 의미에서 직각하고 파악하는 것은 아닌) 현출함의 작용이라고 말해보자.

단적인 직각적 현출의 작용에는 **재현변양**, 즉 가장 넓은 의미의 기억[2]이 대비된다(우리는 당연히 현행성 영역 내부에 머물고 있다). 그리고 재현변양에서는 생생함과 적합성의 정도가 다양하다(후자의 견지에서 보면, 재현출하는 대상, 재현되는 대상의 개별 계기에 대상적 속성을 현시하는 계기라는 성격, 대상적 속성의 자체현출이라는 성격이 없다면 그렇다[적합성의 정도가 다양하다]. 이때 대상적 계기는 '현출'의 계기를 통하여 '무규정적으로' '재현'될 수 있다). 모든 현시질료와 재현적 질료(현출질료)에서 생생함은 감소하다가 마침내 **영**에 이를 수 있다. 이것이 의미하는 바는 무엇인가? 그것은 재현이 공허재현일 수 있다는 의미이다. 내 앞에 어떤 것이 어른거리지만, 나는 이것의 어떤 뚜렷한 '현출'을 가지지 않는다. 그래도 어른거리는 것은 의식되며, 경우에 따라 심지어 이론적으로 정립되고 대상화된다. 그리고 나는 이것이 비어 있음에도 불구하고 어떤 면으로부터 어떤 형태로 '의식'되고 있는지 등을 말할 수 있다. 물론 보통은 이 모든 것은 뚜렷한 현출의 경우처럼 분명하거나 규정적이지 않다. 덧붙여 말하자면 이 뚜렷한 현출도 동요할 수 있다.

따라서 여기에서 **뚜렷한 현출**과 **어두운 현출**은 서로 구별된다. 달리 말해,

..

2   "가장 넓은 의미의 기억"은 한갓된 지각적 현출의 모든 재현적 변양을 가리킨다.(옮긴이)

현출시키는 방식에 있어서 뚜렷함과 어두움이 서로 다른 재현작용은 서로 구별된다. 어두운 작용(**어둡게 재현하는 작용**)은 공허의 한 가지 개념이리라.

내게 친숙한 방이 어두울 때 거기 있는 대상은 이런 식으로 공허하거나 어둡게 의식된다. 내가 이 방의 한 대상에 주의를 기울이고 이 대상의 주변도 함께 생생하게 있더라도, 이 모든 것에 대하여 어떠한 '직관', 어떠한 뚜렷한 기억표상도 없다면, 어쩌면 내가 주의를 기울이고 가령 그리 손을 뻗는 그 대상에 대해서조차 어떠한 '직관', 어떠한 뚜렷한 기억표상이 없다면, 그러한 것이다.

더 나아가 어떤 의미로는 '**기호'를 통해** 이루어지는 재현도 이런 방식이다. 말하자면, 어떤 것이 (현전화하거나 재현하는) 뚜렷한 직관, 어느 정도 뚜렷한 직관에서 나에게 어른거리면서 그것의 '주변'에 속하지 않거나 속하는 어떤 다른 대상을 '기억하게' 하지만, 이때 이 대상은 전혀 '직관적으로 표상'되지 않는 것이다. 이때 '어둠'에서 공허표상이 다시 공허표상을 기억하게 하는지, 그리고 이러한 얽힘이 어디까지 나아가는지는 더 논하지 않는다. 어쨌든 여기에서 어떤 것이 환기될 수 있는데, 이론적 의식의 의향하는 시선이 향하고 포착하더라도 그것은 직관되지 않을 수 있다.

공허한 재현, 그리고 간접제시[3]로서의 뒷면에 대한 이른바 공허표상

더 나아가 여기에서 중요한 한 가지 차이를 부각해야 한다. 내가 어둠

3 Apprehension의 어원은 'ap(ad = ~를 향하여, ~에 더하여)'와 'prehend(잡다)'가 결합한 apprehend로서, 후설에게는 대상의 파악(Auffassung) 혹은 통각(Apperzeption)과 같은 의미로 사용되거나, 대상의 직접 현시되지 않는 부분에 대한 일종의 '간접적 현시' 혹은 '매개적 현시'라는 의미로 사용된다. 이를 '간접제시'로 옮기며, 이에 비해 Prehension은 '제시'로 옮긴다.(옮긴이)

속에서 하나의 대상을 의향하면서 그에 시선을 고정한다면, 그 대상은 비록 어둠-현출이긴 하지만 어떤 현출방식으로 의향되고, 그다음에는 환기되는 (그 대상의) '주변'도 어떤 어둠-현출방식으로 나타난다. 물론 보다 정확하게는 이렇게 말해야 한다. 만약 내가 나의 정지한 입지로부터 대상들을 일별하여 관찰하고 두 눈으로 그들을 이리저리 훑어볼 때, 특정한 제한적 현출범위, 즉 내가 그에 상응하여 직각할 현출범위가 두드러진다. 그리고 경우에 따라서는 그것 중에서도 어떤 특정한 현출계열이 '환기'되어 어둠 속에서 의식된다. 그러나 만약 나의 입지가 정지해 있지 않다면, 가능한 현출계열 중에서 어떤 상응하는 절편이 어두운 방식으로 두드러진다. 물론 상당히 '무규정적으로' 그렇다. 하지만 공허현출 혹은 공허현출계열이 완전히 규정되어 의식될 가능성이 분명히 있다. 지금 관찰하고 있는 상자의 '공허하게 표상되는' 뒷면에서도 상황은 유사하다. 나는 뚜렷하게 현출하는 면, 그것도 직각적으로 현출하는 면을 두 눈으로 훑어보고, 때로는 나의 시선은 상자의 보이는 가장자리에 도달한다면 재현에 의해 이 가장자리를 넘어 (뒷면으로) 미끄러진다. 나는 재현으로 빠진다. 마치 내 머리를 돌려 하나의 선을 시선으로 훑어보는 것처럼. 그리하여 비교적 규정적인 방식으로 재현되는 어떤 현출계열이 의식된다. 하지만 어떨 때는 조금 뚜렷하게, 어떨 때는 어둡게 의식된다. 한편 나의 시선이 상자에 있어서 현실적으로 현시되는 면에 고착되는 동안, 보이지 않는 것을 포함하여 (상자) 전체가 어느 정도 무규정적 방식으로 내게 의식된다. 지금 나는 뒷면의 가능한 재현 가운데 어떤 하나의 재현이, 혹은 뒷면의 어떤 특정 경과가 어둡게 의식되고 '환기'된다고 말할 수 없다. 그래도 나는 그것에 관한 공허표상을 가지며, 이 공허표상은 대상적 측면에서 나름의 규정성-내용(의미-내용)을 가지는 표상이다. 이것은 여러 측면에서 보다 풍부하게 규정되며, 이 규정성은 공허표상에, 지각의 공허한 부분에 포함되는 규정성이다. 의향하면서 보이지 않는 것으로 향하면, 물론 어떤 현출이 두드러짐을 발견한다. 하지만 [현출들의] '군'에서 서로 다른 것이 교대로 등장해 다른 것을 대신해 정립될 수 없는 방식은 아니다.

사람들은 아마도 다음과 같이 말하려는 유혹을 받을 것이다.

만약 상자의 앞면에 주의를 기울이더라도, 다른 면에 속하는 규정적 현출 혹은 현출계열이 늘 생생하다. 하지만 이때에도 앞면 응시에 국한된 의향하는 이론적 의식에서는 어떤 '본질적인 것', 그리고 현현 토대와 관련해서 어떤 주목할 만한 것도 변하지 않는다. 한편 우리는 뒷면의 규정적 현출이 번뜩이며 떠오름을 꽤 잘 알아차리지만, 이것 외에도 다음에 주목해야 한다. 비록 어두운 것이라 할지라도 어떤 현출이 의식된다면, 이것은 '무언가의 현출'이다. 따라서 뒷면도 현출하는 것이며, 공허재현 내부, 즉 어두운 현출의 의식 내부에도 앞면 현출 그리고 '함께 현출하는' 뒷면은 차이가 있다. 따라서 여기에는 이른바 두 번째 단계의 공허현출이 있을 것이다. 하지만 공허현출이 어두운 현출과 같은 뜻이라면, 이는 무엇을 의미하는가? 어둠 속에서 다시 밝음과 어둠이 있는가? 생생함의 차이, 그래도 그것은 지금 어떠한 의미도 더 이상 주지 않는다.

그뿐 아니라 무한 소급이 생기는데, 어두운 현출에서 현출하는 사물에 있어서 그 뒷면이 다시 어두운 현출에서 의식될 것이고 이때 이 어두운 현출 자체가 다시 어떤 뒷면을 현출하게 하는데 이는 무한히 그러할 것이기 때문이다.

따라서 설득력 있는 증명이 도출되었다. 즉 **어떤 뚜렷한 재현의 어두운 변양으로서의 공허재현**은 모든 초재적 '현출'에 지속적 구성요소로 포함되는 **'뒷면의식'**, 즉 (감각이나 상상자료를 통하여 자체현시되지 않는) 현출하는 대상의 **간접제시 의식과는 원리적으로 다른 것이다.** 나는 항상 '공동의향됨'이라고 말했지만, (예를 들어 대상을 의향할 때) 공동의향함이 간접제시를 전제함에 주목해야 한다. 모든 현출에서 **제시** 영역과 한갓된 **간접제시** 영역을 구별할 수 있다. 전체 **현현작용**에는 공허재현(어두운 작용)이 있으며, 이 경우 각각의 제시와 각각의 한갓된 간접제시 모두 어둠으로 들어선다. 그리고 이 둘은 불가분하게 서로 연결되어 있다.

*

이제까지 매우 좁은 범위, 즉 현현적 작용의 범위 안에서 움직여왔다.

이제 모든 각 작용에 하나의 재현 변양이 관련된다고 해야 하지 않을까?

우선 다음과 같은 물음이 제기된다. **재현 변양,** 그것은 무엇을 뜻하는가? 현현적 지각에 상응하는 '기억'은 우리의 개념 형성의 본보기이다. ([기억은] 본래 일련의 변양이다. 이는 어떤 과거 의식일 수도 있으나, 비현전적 지금이 재현되는 재현의식일 수도 있다. 내가 어둠 속에서 주변을 어떤 과거의 것이 아니라 어떤 재현되는 현전으로 의식하는 경우가 그러하다.)[4] 그것은 다양한 방식의 '**재생**', 재현이다. 보통 우리는 **대상적인 것**에 대해 재현이라고 말한다. 그러나 여기에서는 현현적 지각의 변양, 특히 다음과 같은 변양을 다루고 있다. 즉, 지각이 몸소 있는 현전을 포착하거나 나타나게 하는 것처럼, [이 지각의 변양으로서의] 재생은 경우에 따라서 몸소 있지 않고 '재현'되는 [지각에서와] 동일한 대상이나 어떤 같은 것을 포착하거나 나타나

..

4   여기에서는 '기억'이 과거기억뿐 아니라 현재기억(그리고 아마도 미래기억)까지 포괄하는 의미로 사용되고 있다. (옮긴이)

게 하는 것이다.[5]

기억은 지각의 재생적 변양이다. 하지만 그것의 주목할 만한 특징은 지각되는 것의 재현일 뿐 아니라 지각의 재현이기도 하다는 것이다. 나는 점심 식사를 기억한다. 하지만 (일단 의향의 향함은 제외하더라도) 점심 식사의 지각에 대한 기억도 여기 '들어 있다'.

한편 이것이 모든 재생에 해당하는 것은 아니다. (내가 지금 보고 있지 않은) 나의 주변의 재생은 이 주변을 재현한다. 하지만 그것(주변의 재생)은 지각도 재현하는가? 그런 것처럼 보인다. 하지만 지각(특정한 '현출')은 어떤 있었던 것으로 의식되지 않는다. 그것(지각)은 가령 어떤 지금으로 의식되는가? 어떤 '비현전적 지각─현출'로 의식되는가? 그것은 이해하기 어렵다.

하지만 다른 한편 (현재기억의 경우에는) 지각현출의 재현이 의식된다는 것을 부정할 수도 있다. 그러나 그것은 허구의 방식은 아니다! 재현되는 론스 언덕을 나는 현전하는 실재성으로 정립한다. 나는 지각을 주시할 때 이 지각을 어떻게 정립하는가? 물론 어떤 심리적 실재성으로 정립하는 것은 아니다. 즉, 기억 속의 지각을 어떤 과거의 심리적 실재성으로서 나에게, 나의 의식에게 귀속시키듯이 그렇게 하는 것은 아니다. 나는 재현되는 지금─지각에 대해서 단지 나름의 특정한 동기가 있다고 말할 수 있을 따름이다. 그것(지금─지각)은 정립되어서 대상이 '나의 주변에 현실적으로 존재하는' 한에서 '있다'. 따라서 여기에 이미 난점이 있다.

이것이 완전히 해명되었다고 생각해보자. 그다음에 모든 각 지각에 상

⁚

5 후설은 여기에서 '재현'과 '재생'을 엄밀한 의미에서 각각 노에마적 측면과 노에시스적 측면으로 구별하여 쓰고 있다. 즉, 회상이나 상상 등에서 지각 작용(노에시스)을 '재생'함에 따라 그 지각대상(노에마)은 '재현'된다. 더 상세한 내용은 유고 14의 '재생의 엄밀한 개념에 대한 정의'를 참조하라. (옮긴이)

응하는 재생 변양이 있는데, 이 변양은 그 (지각의) 대상의 재현이고 어떤 의미로는 그것(지각) 자체의 재현이기도 하다.

모든 각 작용에, 모든 각 체험에 재생 변양이 있을 수 있다는 것은 무슨 뜻인가? 그렇다면 모든 각 체험은 하나의 지각인가? 모든 각 체험은 지각 가능하다. 그것은 단순해 보인다. 물론 체험이 아직 지속하는 경우에는 새로운 지각 작용이 바로 이 해당 체험을 향한다. 하지만 이러한 지각은 어떤 모습일 것이며 어떤 새로운 것을 들여오는가? 우리는 아직 지속하거나 파지적으로 가라앉는 대상으로 의향하는 시선을 향함을 발견할 따름이다.

내적 의식과 내적 반성에 관한 이론

하지만 의향하는 시선, 정립, 대상으로 삼음은 그 시선이 향해야 하는 대상성을 자신 안에 '숨긴' 어떤 작용이 있음을 이미 전제한다. 의향함이 작용의 '대상'을 향함은 우리에게 놀라운 일이 아니지만, 의향함이 이 작용 자체를 향하는 것은 이 작용이 또 다른 작용의 대상이 아니라면 어떻게 일어날 수 있겠는가?

다음과 같이 말해서는 안 되는가? 모든 작용은 어떤 것의 의식이다. 그러나 모든 작용 또한 의식된다. 모든 체험은 물론 정립되거나 의향되지는 않더라도, '감각되고' 내적으로 지각(내적 의식)된다.

모든 작용은 재생될 수 있다. 모든 작용의 '내적' 의식은 지각으로서, 거기에는 어떤 가능한 재생적 의식이, 예를 들어 가능한 회상이 관련된다(이때 또 다른 재생적 의식이 가능한지는 문제이다). 물론 그것은 다시 무한 소급으로 이끌리는 것처럼 보인다. 도대체 작용(판단, 외적 지각, 기뻐함 등)의 내적 의식, 지각도 작용이므로 그 자체가 다시 내적으로 지각되는가?

이제 사람들은 가령 다음과 같이 〔이러한 무한 소급을〕 모면할 수 있을 것이다. 모든 '체험'은 엄밀한 의미에서 내적으로 지각된다. 하지만 내적 지각은 이와 같은 의미의 '체험'이 아니다. 그것은 그 자체로 다시 내적으로 지각되지 않는다.

사람들은 더 나아가서 다음과 같이 논변할 것이다. 시선이 닿는 모든 체험은 지속하고 흘러가며 이러저러하게 변화하는 어떤 것으로 주어진다. 그리고 그렇게 만드는 것은 의향하는 시선이 아니다. 의향하는 시선은 단지 그것을 주시할 따름이다. 시선 변경을 통하여 발견할 수 있듯이, 이제 이러한 현전하고 지속하는 지금 체험은 이미 어떤 '의식의 통일체'이고 시간의식의 통일체이며 바로 지각의식이다. '지각함',[6] 그것은 흐르는 파지와 예지의 국면을 지니는 시간구성 의식 이외의 다른 것이 아니다. 그러나 마치 이러한 흐름 자체가 다시 어떤 흐름 안의 통일체인 양, 이러한 지각함 배후에 다시 어떤 지각함이 있는 것은 아니다. 체험이라고 부르는 것, 판단의 작용, 기쁨의 작용, 외적 지각의 작용이라고 부르는 것, 그뿐 아니라 어떤 작용을 응시하는 작용(이것은 정립하는 의향이다), 이 모든 것은 시간의식의 통일체이고 따라서 지각되는 것들이다. 이제 모든 이러한 통일체에는 하나의 변양이 상응한다. 더 정확히 말하자면, 원본적 시간구성, 즉 지각함에는 어떤 재생함이 상응하고, 지각되는 것에는 어떤 재현되는 것이 상응한다.

따라서 외적 지각(현현적 지각)도 거기에 속한다. 그것은 어떤 구성되는 통일체이다. 나는 예를 들어 이 종이나 저기 있는 잉크병 등을 본다. 이 지

---

6 여기에서 지각함은 지각현출을 가짐과 같은 뜻이지만, 정립을 동반한 향함은 아니다. 이 점에 항상 유념해야 한다.

속하는 '현출'.

이것은 현전하는 것(따라서 내적으로 지각되는 것)이다. 그리고 이것에는 상상되는 것, 회상되는 것 등인 어떤 가능한 재생적 변양이 상응한다.

이는 현행적 기쁨에 기쁨의 기억이나 (여타의) 어떤 종류의 기쁨 재생이 상응하는 것과 똑같다. (그렇다면 (재생적 변양은) 여러 가지가 있는가?)

하지만 여기에 커다란 차이가 있다. 외적 지각은 지각이다. 그리고 이제 지각의 변양이 (지각에) 대응하는 기억이라면, 여기에 특기할 만한 점이 있다. 즉, 대응하는 기억이 지각의 기억일 뿐 아니라, 지각의 이 변양은 지각되는 것에 관한 기억이기도 하다. 이것을 나는 좀 더 분명히 해야 한다. **외적 지각**(현현적 직각 혹은 제시)은 의식의 통일체, 내적 지속의 통일체로서 그 자체가 어떤 지각되는 것이다. 그리고 이 내적 지각(내적 의식)에는 재생적 변양, 내적 기억이 상응한다. (어떠한 작용이든 간에) (작용의) 모든 내적 재생은 이에 상응하는 내적 지각**'의'** 재생, 바로 그것의 변양이다. 하지만 재생과 지각의 관계의 본질은 지각이 그 안에서 지각되는 것을 현전화하는 것과 마찬가지로 재생은 (그것을) 재현한다는 것이다. 따라서 **원본적** 작용, '체험되는' 작용, 즉 내적 의식에서 지각되는 작용에는 어떤 재현되는 작용이 상응한다. 하지만 재현되는 작용은 내적 의식 안에 있는 어떤 내실적인 것이 아니다. 하지만 우리는 이제 **원본적 작용**과 그것의 **재현**을 나란히 놓는다.

따라서 사태는 다음과 같다.

내적 의식에서 의식되는(충전적으로 구성되는) 어떤 작용을 A라고 하자. W_i를 내적 의식이라고 한다면, $W_i(A)$가 성립한다. 가령 이에 관한 회상, 재현 일반은 $V_i(A)$가 된다. 그렇다면 이러한 회상은 내적으로 의식되는 것이므로, $W_i[V_i(A)]$이다.

내적 의식과 그것의 모든 '체험' **내부에는** 서로 대응하는 두 종류의 사건, 즉 A **그리고** $V_i(A)$가 있다.

내가 『논리 연구』에서 눈앞에 그렸던 전체 현상학은 **내적 의식**의 소여라는 의미에서 체험의 현상학이었고, 그것은 어쨌든 하나의 닫힌 영역이다.

좀 더 나아가보자. A는 [작용과] 다른 것, 즉 어떤 감성적 내용, 가령 감각되는 붉음일 수 있다. 감각이란 무엇인가? 감각이란 감각내용의 **내적** 의식 이외의 다른 것이 아니다.

따라서 (붉음의 감각함인) 붉음 감각 = W_i(붉음)이고, 붉음에 관한 상상자료 = V_i(붉음)인데, 그러나 이것은 의식의 현존을 갖는다 = $W_i(V_i($붉음$))$.

따라서 왜 내가 『논리 연구』에서 감각함과 감각내용을 동일시할 수 있었는지 이해할 수 있다. 나는 내적 의식의 범위 안에서 움직였으므로, **거기에서는** 당연히 **감각함이 없고** 감각되는 것만 있었을 뿐이다. 또한 작용(내적 의식의 지향적 체험)과 비-작용을 대립시킨 것도 옳았다. 후자는 '일차적' 내용, 감성적 내용의 전체였다.

이와 반대로 '상상자료'에 관해서 (내적 의식의 범위 안에서) '체험'이라고 말하는 것은 당연히 **잘못**이었다. 체험이란 "내적 의식의 소여, 내적으로 지각되는 것"과 같은 것이었기 때문이다. 재현되는 감각내용, 가령 상상되는 감성적 내용을 이와 동일한 것의 재현, $V_i(s)$로부터 구별해야 한다. 그리고 이것은 당연히 내적 의식의 범위에 속하는 작용이다.

이제 A가 '외적' 지각인 경우를 고찰해보자. 그것은 당연히 내적 의식의 통일체이다. 그리고 내적 의식 안에는 그것의 재현이 있는데, 모든 작용과 체험의 재현이 거기 있는 것이다. 따라서 $W_i(W_a(g))$로서의 $W_a(g)$에는 $V_i(W_a(g))$가 있다. 그러나 지각에 그에 평행하는 재현이 상응함은 지각 자체의 본질인데, 이는 이 재현이 지각이 지각하는 것과 같은 것을 재현한다는 의미이다.

재생의 엄밀한 개념에 대한 정의[7]

'재생'은 **내적** 의식의 재현이다. 이것은 오도하는, 아니 잘못된 표현이다. 이 표현은 마치 이전의 것의 여운, 자취, 잔상이 미약하나마 되돌아오는 양, 이전의 내적 의식의 원본적 체험이 이제 재차 생산된다는 견해를 포함하기 때문이다. 사실 그것은 재현이고 재현은 새로운 종류의 **작용**이다. 그래도 내적 의식의 특수한 재현을 가리키는 특수한 용어가 필요하고, 이것은 **재생**이라고 부를 수 있다. 그렇다면 어떤 사물적 사건의 재현은 재생이라고 부르면 안 된다. 여기(사물적 사건)에는 이 용어가 전혀 적절하지 않다. 자연의 사건은 다시 한번 생산되지 않기 때문이다. 그것은 기억되고 재현되는 것이라는 방식으로 의식 앞에 있다.

이제 여기에서 서로 비교할 수 있고 그 자체로 서로 명백히 다른 두 가지 재현의 특기할 만한 관계를 고찰해보자.

1) $A \equiv W_a$에는 $V_i(W_a)$가, 혹은 이제 이렇게 쓸 수 있는 것처럼 그것의 재생인 $R(W_a)$가 마주하고 있다.

2) 외적 대상 a의 지각 $W(a)$인 W_a에는 a의 재현 $V(a)$인 V_a가 마주하고 있다.

가령 어떤 집의 지각의 재생은 그 집의 재현과 어떤 관계인가?

의향함(대상화하는 정립함)이라는 함께 연루되는 작용을 항상 배제하고

7 왜 나는 적합한 용어를 끌어들이지 않는가? 재생 아닌 내적 의식의 대상은 모두 인상이고, 내적 재현의 모든 대상은 재생이다.

주의의 차이를 항상 배제한다면, 아마 다음과 같이 말해야 할 것이다. 이 양측의 현상은 서로 동일하며, 여기에 다음과 같은 본질 법칙이 성립한다. 이에 따르면 $R(W_a) = V_a$이다. 그리고 이것은 내적 의식이 아닌 모든 지각에 대해 타당하다(물론 동어반복적 한계사례로서의 내적 의식에 대해서도 당연히 타당하다).

그러나 다양한 종류의 재생 혹은 재현을 고려한다면, [재현과 재생의] 정확한 관계를 연구하는 일이 남아 있다. 그리고 여기에는 '감정이입'도 속한다.

어쨌든 모든 재생과 모든 V(재현)는 '생생함'의 차이가 있을 수 있고 그래서 어둡고 이런 의미에서 공허할 수도 있다. 마찬가지로 여기에는 앞서 서술한 양상이 있을 수 있는데, 비현행성(한갓된 상상)의 성격이 있을 수 있고, 확실성의 성격 외에 불확실성의 성격과 불확실성의 다양한 양상이 있을 수 있다.

이러한 의미에서 모든 작용에 대해 어떤 공허한 작용이 있다. 이때 내적 의식도 공허한 재생인 공허변양을 가지므로, 모든 감각내용(감성적 내용)에 대해서도 어떤 공허한 상상자료, 즉 **그것의** 공허한 재생이 있다.

내적 반성(내적 지각)

더 나아가 이제 다음과 같이 말할 수 있다. 특유한 의미에서 '객관화하는 의향함', 이론적 의향함은 1) '내적 의식의 정립하는 의향'으로서 '내적 지각'의 성격, '내적 반성'의 성격을 가질 수 있다. 의향함은 의식에 몰입하여 내적 의식을 기체로 취할 수 있는데, 그러면 내적 의식 자체에 함축된 모든 대상성은 소여되고 '대상'이 되는 것이 가능하다. 감성적 내용으로 이해되는 감각은 이러한 방식으로 대상이 된다. 다른 한편 내적 의식에서 통일체로 구성되는 모든 작용, 의식작용(*cogitationes*)으로서의 작용, 내적 의식의 지향적 체험이 그러하다[이러한 방식으로 대상이 된다].

2) 내적 의식 안에는 '지향적 체험', 이를테면 현현적 지각, 판단, 감정, 욕구 등도 통일체로 있다. 이러한 통일체는 기체로서 기능할 수 있다. 의향함은 '내적 반성'에서, 즉 의향하는 내적 지각에서 그것[지향적 체험]을 정립하고 대상화하는 대신에, 그것의 지향성에 몰입하여 그것에 '함축되어' 지향되는 대상을 '떼어내어' 엄밀한 의미에서 객관화하는 정립의 지향되는 대상으로 삼는다. 이때 기체로 기능하는 작용은 공허하게 재현하는 작용일 수 있다. 당연히 어떤 기쁨이나 소원 등에 대한 기억이 등장하고, '생생한 표상'은 없을지라도 의향이 그리로, 기뻤던 것, 소원했던 것 자체로 향할 수 있다. 아마 이 점은 부정할 수 없을 것이고, 공허한 감성적 (사물적) 재현에서나 그 밖의 작용과 그것의 재현에서도 이 점은 부정할 수 없을 것이다.

지각현출과 유사현출은 시공간적 객관성의 구성요소가 아니다. 현출에 대한 존재적 해석과 상상적 해석의 가능성

(1912년 집필 추정)

추가로 다음과 같이 말해야 한다.

지각현출, 현출은 존재적으로 해석되거나 상상적으로 해석될 수 있다. 지각현출은 지금이라는 성격을 지닌다. 즉 현행적인 것, '근원적인 것'이라는 성격을 지닌다. 하지만 정확하게 보면 그것은 시공간적 객관성의 구성요소가 전혀 아니다. 그것은 자신만의 고유한 '지금'을 가진다. 유사현출은 자신의 유사지금을 가진다. 그리고 이것[유사현출]이 만약 진정한 기억현출(상기현출)이라면 시간 안에서 과거로 정렬되는데, 이때 이 [기억현출의] 과거와 현출하는 것[기억되는 대상]의 과거의 배치는 지각현출의 '현전'과 지각되는 것의 '현전'의 배치에 유비적이다. 그런데 만약 그것[유사현출]이 상기현출이 아니라면, 그것은 유사지금이라는 성격만 가질 뿐 그 이상 어떠한 성격도 갖지 않는가? 상기의 현출함에서 현출 및 현출한 것과 관련해서 이중적인 성격, 즉 유사지금의 성격과 (유사한 것이 아니라 **현실적인**) 과거로서의 성격을 지닌다는 사실을 숙고해보자. 물론 유사지금은 지금의 성격과 결합해 있을 수 있다. 하지만 두 개의 지금은 구별된다. 즉, 지각 영역에서 현행적으로 구성되는 현행적 지금과 [기억 영역에서 구성되는] 비현행적인

---

8 이 부분에는 이 책(후설 전집 23권)의 "306쪽에 대하여"라는 해설이 달려 있는데, 이는 유고 14의 * 표시 아래쪽에 있는 "기억은 지각의 재생적 변양이다"로 시작하는 문단 이하를 가리킨다.(옮긴이)

지금은 구별된다. 이 비현행적인 지금은 재현 정립을 통해서 정립되는 지금이고, 현행적인 지금과 '동시적'이라고 객관적으로 동일화될 수 있는 지금이다. 지나간 것도 이중적으로 의식될 수 있다. 한 번은 현행적으로 의식되는 **방금** 있었던 것으로 의식될 수 있고, 한 번은 '재'기억〔회상〕 속에서 비현행적으로 의식되는 지나간 것으로 의식될 수 있다.

하지만 현출은 상상적으로 해석될 수도 있다. 그때 우리는 '심리적' 현출함을 가지며, 거기에는 '내재적 내용'으로서 존재적 현출이 속한다. 현출함 없는 현출은 생각할 수 없다. 따라서 현출의 재현은 우리가 (지각 내용, 지각현출, 특히 '동일한' 지각현출과 함께) 지각할 수 있는 의식의 재현 변양이다. 지각에는 바로 '재현 안에서의 반성'을 통해 파악될 수 있는 유사지각이 상응하기 때문이다. 이러한 지각의 재현은 지각되는 것(또한 존재적 지각현출)에 대한 회상 속에서 과거에 있었던 심리적인 것으로 그 성격이 규정된다. 즉 재현된 지각함과 재현된 지금으로 규정된다. 하지만 '현실적' 지금으로 정립되는 것이 아니라 현행적 지금, 현행성의 지금과의 관계 속에서 '현실적으로 지나간 것'으로 정립된다. 유사지각(정확히 말하면, 기억 속에 등장하는 유사지각)은 지나간 심리적 체험이다.

상기하는 기억이 아니라면, 유사지각은 지나간 심리적 체험이라는 성격을 지니지 않는다. 그것은 지금 성격을 가지며 현행적 지금과의 관계를 갖는다. 하지만 '현전하는' 심리적 체험의 성격을 지니지 않는다. 즉 지금 존재하는 체험이며 재현의 매개를 통해 정립된다는 성격을 지니지 않는다.

따라서 한편으로는 심리적인 것이지만 그래도 진정 나의 심리적인 것이 아니며 그래도 '지금' 성격을 지닌다는 것은 특이한 점이다.

여기에서 아마 다음과 같은 사실을 지적할 수 있을 것이다. 만약 지금 내가 사물, 즉 이 책상과 이 펜을 지각한다면, 지각은 현행적인 심리적인 것이다. 하지만 내가 '상상 속에서' 둘러보며 이런저런 현출 속에서 뒷면을 '표상'한다면, 이것은 재현으로서 '다른 측면으로부터 지금의 존재자'를 표상한다. 그리고 이 재현은 그 자체로 유사지각이라는 성격을 가지며, 유사지금이라는 성격을 가지지만, 그래도 이 유사지금은 다른 측면에서는 단지 유사지금인 것만은 아니다. 내가 회상하면서, 어떤 상황에 관한 특정한 상기표상을 '내가 그것을 체험했던 방식과 정확히 동일하게' 가지면서, '상상 속에서' 나의 입각점을 변경하는 경우 등도 마찬가지이다.

나는 이런 관점에서 동기에 관하여 말했다. 동기는 특유한 정립으로서, 특유한 가설적 정립으로 변화할 수 있다. 즉, 나는 머리를 이렇게 돌린다면 〔이에 해당하는〕 어떤 현출을 갖게 된다. 달리 말해 이에 상응하는 방식의 지각함을 수행하게 될 것 등이다.

부록 32[9]
재현과 파지에서의 생생함과 생생하지 않음과 공허함. 재현의 등장과 소멸
(1911년 혹은 1912년 초 집필 추정)

나는 **재현**에서 '생생한' 재현과 생생하지 않은 '어두운' 재현에 관해 말했다. 모든 **지각**은 '중단된' 후에 **파지**로 변화하는데, 이제 재현에 대해 말했던 것이 파지에 대해서도 타당하다고 말할 것이다. 모든 지각 국면에 파지의 꼬리가 연결되는 것처럼, 파지로의 변화는 지각의 본질에 속한다. 모든

---

9 이 부분에는 이 책(후설 전집 23권)의 "308쪽 33행 이하에 대하여"라는 해설이 달려 있는데, 이는 유고 14 중에서 "외적 지각(현현적 직각 혹은 제시)은 의식의 통일체, 내적 지속의 통일체로서 그 자체가 어떤 지각되는 것이다"라는 문장 이하를 가리킨다.(옮긴이)

지각은 중단되자마자 생생함이 줄어든다. 즉 그것은 갑작스럽게 중단되는 것이 아니라, 지금 의식은 지속적인 파지적 의식으로 약화되고, 생생하지 않음은 **공허함**으로 이행해간다. 당연히 내적 의식 내부의 모든 체험에는 이러한 파지가 속하며, 공허한 파지가 배경으로 놓여 있다.

이제 재현으로 돌아가보면, 또한 거기에서 재현의 '등장', 재현의 시작을 구별해서 보아야 한다. 이것은 해당 체험에 대한 이전의 내적 지각함의 재현 혹은 이전에 지금으로 등장한 것의 재현이다. 이것에 이어 파지적 계열, 재현함의 약화가 이어진다. 이 속에서 동시에 이전 지각의 약화가 재현된다. 그리고 만약 전체 기억이 경과했다면, 여전히 파지가 남아 있는데, 더 정확히 말하면 '경과한' 지각에 이어지는 파지의 재생이 계속 남아 있다. 또 여기에서 그 자신의 경과와 파지를 지닌 공허한 재현과 재생되는 공허한 파지 등을 구별해야 한다.

부록 33

내적 의식(시간의식)의 영역에서의 구별

(1911/1912년 집필 추정)

내적 의식 영역 안에서 다음과 같은 것이 구별된다.

1) 체험으로서 넓은 의미에서의 **인상**. 이 속에서 원본적 현전, 원본적 지금이 구성된다. 혹은 원본적인 방금 있었음과 금방 올 것임이 구성된다. 물론 우리는 체험으로서 재생을 배제한다. 이 재생 속에서는 그와 같은 것〔지금, 방금 있었음, 금방 올 것임〕이 구성되기는 하지만, 동시에 〔재생 속에서〕 구성되는 것은 지금, 방금 있었음, 금방 올 것임의 재현이다.

넓은 의미에서의 인상 안에서 다음을 구별한다.

엄밀한 의미에서의 **인상**, 인상적 체험. 인상적 체험 안에서 의향함이 수립되는 경우, 이 의향함은 인상적 체험으로부터 현전, 지금, 현행적 경과로서의 잇따름 등을 이끌어낸다.

사후현전화로서의 **파지**, 방금 지나간 것이 의식은 되나 어떤 지금도 의식되지 않는 구체적 체험으로서의 파지.

사전현전화로서 **예지**, 이 속에서는 금방 올 것이 의식되지만 지금 혹은 방금 지나감은 의식되지 않는다.

나는 인상을 정의하기 위해서 '재생'이 필요하다.

물론 엄밀한 의미에서의 모든 인상, 근원적 현전화의 모든 현상은 또한 사후현전화와 사전현전화의 요소를 함축하고 있음은 분명하다. 마찬가지로 내적 의식이 현전화를 수행하지 않으면 어떠한 사후현전화와 사전현전화도 가능하지 않음은 분명하다. 하지만 이것은 시간의식의 문제이며, 내적 의식은 바로 시간의식이다.

부록 34
현출의 명석함 및 판명함과 관련된 단적인 의향함과 종합적인 의향함.
현출 통일성에 대한 물음. 기억과 상상의 규정성과 무규정성. 공허한 현출
(1911년 혹은 1912년 초 집필 추정)

이것을 정립하는 의향함, 단적인 의향함과 종합적인 의향함.

자극된 공허한 현출함. 공허한 감성적 현출. 공허한 비감성적 현출.

온전히 현출하는 것을 향하는 정립하는 의향함. 공허하게 현출하는 것을 향하는 정립하는 의향함.

공허함, 혼란한 의식의 영역. 명료한 의향함, 혼잡하고 공허한 현출을

근거로 한 명료한 사고 종합, '분해'될 수 없는 사고 형성물.[10]

1) '사고' 일반(의향하는 정립함)의 본질에 놓여 있는 가능한 사고 종합의 형식.

2) 명석한 현출의 본질은 종합의 가능성이 밑그림 그려져 있다는 것이다. 그것은 존재하는 대로의 현출의 결합과 관계의 가능성이 아니라, 종합과 분석을 새롭게 형성할 가능성이다. 이들은 통일적 현출로부터 부분현출과 그 부분정립을 분리하고, 부분의향을 지니는 전체정립을 종합해내는 등이다. 해명된 것 속에 새로운 질료(핵)가 등장한다. 따라서 이것은 **앞서 주어진 현출 안에 은닉된 것의 해명**이다.

하지만 이와 같은 것이 공허한 현출의 해명에 대해서도 타당하지 않은가?

명석함과 판명함

3) 다음과 같이 말해야 했다. 완전하게 명석한 현출과 낮은 명석성을 지니는 현출, 그리고 마지막으로 전혀 어떤 것도 생생하지 않은 완전히 공허한 현출을 구별해야 한다. 판명하게 만드는 모든 작용, 즉 모든 밖으로 끌어내어 의향함은 생생해짐을 전제하며, 규정성이 커질수록 생생함도 커진다.[11]

하지만 이러한 사실은 올바를 수 있는가? 만약 내가 어둠 속에서 방의 물건을 차례차례로 하나하나 끌어내어 의향한다면, 그것은 내가 그것을 〔이에 앞서서〕 직관적으로 재현했음을 뜻하는가? 따라서 나는 명석함 없이는 끌어내어 의향할 수 없는가? 하지만 이러한 사실은 완전히 확실한 것처

••
10   이에 대해서는 이어지는 내용을 참조하라.
11   '판명함'과 '명석함'은 구별해야 하지 않는가?

럼 보인다. 따라서 **도대체 판명함은 어떤 종류의 장점을 갖는 것인가** 하고 물어야 한다.

기억의 규정성과 무규정성

'명석함' 내에서도 **마찬가지로** 모든 것이 기묘하게 진행된다. 사물의 개별적 현출에 제한해보자. 나에게 **기억**에서 어떤 것이 떠오른다. 하지만 '자세히 보면' 특정한 색깔에는 어떠한 특정한 기억이 붙어 있지 않다. 혹은 색이 변화하고 불안하게 '무규정적'이다. 어떤 때는 이 색깔이, 어떤 때는 저 색깔이 번쩍인다. 하지만 그 **안에서** 나는 형태와 관련해서 가지는 것과 같은 '다시 주어짐'이라는 의식을 갖지 않는다. 색 일반에는 현행성이 붙어 있지만 특정한 색에는 현행성이 붙어 있지 않다. 잠시 후에 나는 특정한 색깔을 '다시' '발견한다'. 나는 그것을 다시 본다. 하지만 이와 같은 일이 생생한 다시 봄 없이 가능한가? 말했다시피 다른 측면에서 보면 그것은 명석함만은 만들어내지 못한다. 기억이라는 성격이 현상, 즉 현출을 어떻게 뒤덮는지, 그리고 본질적으로 어떠한 계기와 관계하는지가 중요하다. 그리고 거기에서 사람들은 공허한 기억에서도 사태는 정확히 같다고 말할 것이다. 물론 일반적으로 명석하면 규정성이 크다. 하지만 **명석함과 규정성**을 구별한다는 것은 또 무슨 뜻인가? 그것은 얼마나 놀라운 사태인가? 나는 하나의 현출, 어떤 의미에서는 생생한 현출, 따라서 명석한 현출을 가짐에도 어떠한 규정성도 갖지 못한다. 나는 아이들 방을 표상한다. 양탄자가 나의 눈앞에 있다. 일정한 무늬를 가진 붉은 양탄자가. 하지만 나는 무늬를 정확히 보고 있지는 못하다. 깊은 푸른색이 번쩍인다. 하지만 그것은 오직 한순간 '명석하고' 곧바로 그렇지 않다고 한다. 그것은 너무 푸르다. 또한 그것이 어떠한 형태를 가지는지 파악할 수 없으며, 따라서 나는 막연한 형태만 갖게 된다. 좀 길쭉하고 사다리꼴 모양이라고. 하지만 그것이 어떻게 채워져 있는지는 말할 수 없다. 혹은 나는 응접실을 표상한다. 푸른 벽지와 페르시아 양탄자를 표상한다. 하지만 소파에 대해서는 어떠한지 말할 수 없다. 나는 양탄자의 문양을 '직관적'이지만 명석하지 않게 본다. '기하학적 무늬', 작은 사각형들, 그중 몇 개는 황금빛으로, 몇 개는 자줏빛으로 규칙적으로 잇따라 있다. 지금 다른 양탄자에서는 녹색이 완전히 생생하지만, 녹색이 그 안에서 어떤 역할을 하는 그 문양은 명석하지 않다. 나는 한순간 이미지를 가지지만 아직 그것을 분절할 수 없었고, 한 점에서 다른 한 점으로 낱낱이 관통해 갈 수 없었다. 하지만 그것은 이미 '생생하다'. 하지만 이러한 유동성 속에는 계속해서 '지향'의 통일이 있다. 나는 특정한 대상을, 특정한 현출방식 속에 있는 대상을 의향한다. 또한 경우에 따라 현저하게 다른 기억이 이러한 유동성 속에서 서로 교차하고 서로 섞여 들어가는 등이다. 내가 다양한 현출을 가지고 그것들이 하나의 의향에서 통일된다면, 이러한 사실이 무엇을 말하는지가 문제이다.

만약 내가 소파를 향해 있고 전체 방에 관해서는 어떤 현출, 유동적인 현출을 갖는 경우에는 어떠한가? 내가 의향을 가지고 소파를 향하고 관찰하고 정립할 때, 이 유동성에게 현출의 통일성을 부여하는 것은 무엇인가? 여기에서 의향이라는 말은 이중의 의미를 갖지 않는가?

다음과 같이 말할 수 있을 것이다. 그것은 생기를 다시 띠는 의향, 혹은 '현행적' 의향이 아닌 의향이다. 그리고 정립하는 작용이 아니라 정립의 변양이다. 이 변양에 의거해서 통일시키는 의향의 결과가 한갓된 현출의 양상에서 배경에 등장하고 경우에 따라 이것이 현실화된다. 나는 그것으로 향하고 유동성을 관통해 현실적 정립을 수행한다.

나는 하나의 대상을 관찰하면서 눈과 몸을 가지고 그것 주위를 돌며 항상 새로운 현출과 의향의 통일을 가진다. 하지만 그래도 의향의 통일은 현출 자체에 속하는 '통일'을 향한다. 이런 현출은 **하나의 것**에 관한 현출로서로 섞여 들어간다. 따라서 다양한 현출은 연속적 통일을 가질 수 있으며, 또한 방해받지 않고 하나임으로 이행해 갈 수 있다. 유동성을 가진 배경 현출의 경우, 만약 현출이 실제로 서로 밀접히 연관된 현출이거나 아예 정확히 동일한 현출이라면, 상황은 아마도 정확히 위와 동일할 것이다. 배경을 봄에서 그러하다. 하지만 배경을 재현함에서는 어떠한가? 하지만 거기에서는 다양한 재현이 재현으로서 통일성을 가지며 거기에서 〔다양한 재현을〕 구별해야 한다는 사실에 주목해야 한다.

기억과 상상에서의 명석함, 장막 덮임 등

재현이 기억일 수 있다. 전체는 기억 성격을 지니지만 기억 성격이 모든 현출 계기를 뒤덮지는 않는다.[12] 여러 기억은 하나의 동일한 것에 관한 기억으로서 서로 섞여 들어가고, 통일성을 갖는다. 그것이 기억인 한에서 그것은 상응하는 가능한 지각과 일치한다. 그렇지 않다면 그것은 경우에 따라 통일성으로부터 완전히 떨어져 나온다. 이러한 사실이 무엇을 의미하는지가 문제이다. 모든 재현이 일반적으로 겪을 수 있는 일반적 비명석함 변양, 혹은 (이렇게 부를 수 있을 텐데) 장막 덮임을 현출이 자신의 전체 **내**

：
12 전체는 기억의 성격을 **지닌다.** 하지만 '더 자세히 보면' 모든 계기가 이러한 성격을 그 자체에서 진정으로 갖는 것은 아니다. 이 성격은 모든 계기에 들어맞거나 속하는 것이 아니라 다만 이들 위를 비출 따름이다. 충전재(充塡材).

용에서, 특히 감성적 자료라는 내용에서 겪을 수 있는 변양과 구별해야 한다. 후자의 경우에 기억이 혼합됨, 기억으로부터 (다른) 기억으로의 이행이 갈등과 방해 속에서 일어남 등이 주요 부분으로서 기술될 수 있다. 나는 지금 베를린의 뮌츠 거리에 있는 초콜릿 가게를 표상한다. (대략 30년 전에!) 이 가게의 진열대에는 설탕으로 만든 백조 한 마리가 있었다. 그것이 내 앞에 (기억에서) 다시 있다. 부리가 노란색이다. 혹은 검은색이 아니었나? 하지만 그때 동물원의 검은 백조가 그 사이에 끼어든다. 혹은 나는 지금 기억에서 이슐에서 회색 양복을 입고 있는 하인리히를 떠올린다. 양말은 검은색이던가, 아니면 갈색이던가? 신발은 흑갈색이던가?

또한 여기에서 상상이미지의 자의적 변경이라는 현상을 언급하고 기술해야 한다. 전체 형태는 그대로 남아 있다. 나는 양말을 검다고 표상한다. 물론 지금 나는 아님의 의식을 느낀다. 혹은 나는 지금 그것을 푸르다고 본다(이때 녹색 양말을 신은 티롤 사람이 어떤 문장紋章 위에 그려진 채 내 앞에 있다)는 것 등등. 이 전체 영역을 정확하게 기술해야 한다.

하지만 이때 만약 "그것이 과거에 어떠했는지"에 대해서 명석하게, 매우 명석하게 하지 않은 채, 기억연관을 때때로 뒤따라간다면, 현출은 전체 성격인 기억의 성격을 지니긴 하지만 '자세히 보면' 기억 아닌 현출 계기가 그 안에 등장한다. 혹은 하나의 것에 관한 현출로서 의식되는 현출이 서로에게 이행하면서 하나의 통일 의식에서 겹쳐지지만 '더 자세히 보면' 부분적으로 그것의 구성요소가 다른 대상의 현출 계열로부터 유래한다는 사실이 드러난다.

만약 기억이 아니라 **상상**이라면 어떠한가? 나에게 켄타우로스가 떠오른다. 그리고 나는 정립하는 의향을 수행한다. 정립은 현출을 향하고, 현출되는 것이 '정립되며', 현출되는 것이 이러한 현출이 정립될 수 있는 유일한 방식으로서, 공간에, 공간 사물적인 주변에 존재하는 것으로 정립된다. 이때 현출 배경, 경우에 따라서는 완전히 공허하거나 그늘진 배경의 많은 것이 유동적일 것이다. 혹은 전경의 많은 것이 유동적일 것이다. 이때 다양한 '이미지'가 서로 끼어들어서 어떤 때는 흰 수염과 흰 머리의 켄타우로스를 보고, 어떤 때는 담황색 머리의 켄타우로스를, 어떤 때는 뚱뚱하고 팔을 위로 뻗는 켄타우로스를 보게 된다. 그다음에는 통일성 없이 완전히 다른 켄타우로스, 즉 뚱뚱하지 않고 여윈 켄타우로스, 팔을 비스듬히 걸치고 있는 켄타우로스 등을 보는 일이 일어날 수 있다. 그리고 당연히 배경도 바뀐다. 혹은 나는 첫 번째 현출, 즉 흰 머리의 힘센 켄타우로스에 관한 의향을 확고하게 유지한다. 그 경우 공허한 현출은 확고하게 유지되며, 당연히 완전한 규정성 없이 확고하게 유지된다. 일반적으로 현출의 많은 무규정성이 이러한 **애매한** 영역에서 존재하는 것과 같다. 그다음 곧바로 원래 이미지가 다시 생기를 띠거나, 대상의 통일성을 충족시키면서 유지되는 다른 이미지가 생기를 띨 수 있다. 그리고 그때 현출 계열에서 서로 연관된 대상적 상황들이 벌어지지만, 다시 불일치 때문에 붕괴할 수 있다. 이때 일치하지 않는 것은 거기에 귀속하지 않는다는 성격을 지닌다. 또 연관된 현출에서도 일치하지 않는 것이 등장할 수 있다는 것 등등. 당연히 오직 '일치 통일' 속에서만, 연관의 통일 속에서만 하나의 대상이, 즉 정지해 있는 대상과 이러저러하게 움직이는 대상이 있다.

일치하지 않는 것은 아무것도 아니고, 쇄도해 들어오는 것은 통일성 속에 있지 않으며, 의향 통일성은 정립되는 것이다.

부록 35

체험을 인상과 재생으로 나눔

(1910년에서 1912년 사이의 텍스트로 추정)

모든 체험을 이른바 인상과 관념으로 나눔

인상이 원래 무슨 의미인지 염두에 둔다면, 당연히 모든 체험은 상상이 거나 인상이라고 할 수 없다. 하지만 아마도 다음과 같이 말할 수 있을 것이다.

우선 통일체로서의 모든 체험은 '내적 의식'의 통일체이다. 그런 한에서 모든 체험은 **상대적으로** 인상을 의미한다.

모든 체험에는 변양이 존재한다. 물론 인상과 대비되는 [인상의] 변양은 '현실적 의식'에 대비되는, 무언가의 유사의식이라는 성격을 지닌다. 무언가의 의식, 이것은 한갓된 의식과 주의(특별한 의미에서의 의향)의 구별을 전제한다. 유사의식은 한갓된 무언가의 상상, 한갓된 회상, 공허한 재현, 유사화 등이다.

체험은 당연히 현실적 체험이고 그것은 체험되고 의식되며, 그것에 대립해서 모든 재생적 의식은 체험이 아니라 유사체험, 의식이 아니라 유사의식이라 불린다.

그 자체로 변양이라는 유에 속하지 않고 유사**의식**이라는 성격을 지니지 않는 모든 체험은 **인상**이라 불린다. 또 그것은 변양된 계기, 부분을 포함하는 경우에도 그렇게 불릴 수 있다. 이는 체험이 인상인 부분을 포함하는 경우에도 변양이라고 불리는 것과 같다. (예를 들어 이미지의식은 인상이 아니며, 인상적인 지각의식은 어떠한 변양도 아니다.)

*

따라서 '**인상**'에 관련하여 다음의 개념을 혼동해서는 안 된다.

1) '**현행적**' 의식,[13] '현실적' 의식, '현실적' 작용으로서의 '인상', 따라서 현실적으로 지각함, 현실적으로 기억함과 예상함, 현실적으로 공허한 의향을 가짐, 현실적으로 전제함과 귀결로서 정립함, 현실적으로 술어화함, 현실적으로 추론함, 현실적으로 원함, 현실적으로 즐거움, 현실적으로 의욕함. 이것은 '흡사' 지각함, 흡사 기억함과 예상함, 흡사 전제함과 귀결로 정립함, 흡사 추론함, 흡사 원함 및 의욕함과 **대비된다**. 사고함 혹은 **이입하여 사고함**, 이는 판단하는 것이 아니라 사태연관을 사고함이고, 지각함이 아니라 지각함으로 이입하여 사고함(이미지 속에 살되 정립하지 않음)이고, 기억함이 아니라 기억함으로 이입하여 사고함, 원함이 아니라 원함으로 이입하여 사고함이다.

따라서 **현행성**과 **비현행성**의 대립.

2) 현행적 의식은 모든 체험 **통일체**를 구성하는 근원 의식이라는, 가장 넓은 의미에서의 감각함이다. 이러한 통일체는 일상적 의미에서 내재적인 '체험'이다. 그것은 이러한 감각함에서 현행적으로 주어지는 것이다. 그 자체로서 그렇게 주어지는 모든 것은 **인상**이라고 불릴 수 있다. 그때 인상을 가진다는 것은 **체험을 가진다**는 말과 같다. 그 반대는 **재생**을 가진다는 것이다. 재생은 그 자체로 하나의 체험이 재생적으로 '재현되는' 체험이다. 거기에서 체험과 체험 재생의 차이에 도달한다. 그것은 상대적 차이인데 이

∴

13 그러나 **이** 용어는 내가 견지할 용어는 아니다. 나는 항상 재생(재현)과 대립해서 **인상** 혹은 현전화라는 용어를 쓸 것이다.

차이는 절대적 차이로 이끌어간다. 즉, 그 자체로 체험 재생이라는 성격을 지니지 **않는** 체험과 그것을 지니는 체험의 차이로 이끌어간다. 그때 재생이라는 이름 아래에는 여전히 서로 다른 것들이 있다. 즉, 1) 현행적 재생 혹은 비현행적 재생을 고려하면 그러하다. 이것은 원본적 체험과 원본적 체험의 재생의 차이이다. 그리고 (다른 체험의 재생을 포함할 수는 있지만) 다른 체험의 재생이 아닌 체험은 원본적이다.

원본적 체험 = 인상, 재생하는 체험 = '관념'.

3) 두 번째 의미에서의 인상은 의향하는 작용으로서의 **지각**으로 넘어간다. 그리고 모든 지각은 그 자체로 이러한 의미에서 인상이다. 모든 재생은 기억으로, 일반적으로 말하면 의향하는 재현 작용으로 넘어갈 수 있는데, 이 재현 작용은 (여기에서는 〔기억의〕'의향함'도 어떤 〔지각의〕 의향함의 재생이므로) 그 자체로 하나의 재생이다.

따라서 나는 인상이나 재생이 의향의 토대가 아닌 경우에도 거기에서 어떤 의향함이 구축될 수 있다고, 따라서 거기에서 지각과 재현하는 표상이 생겨날 수 있다고 말할 수 있다. 사람들은 여기에서도 인상과 관념에 관해 말한다. 이러한 말과 2)를 곧바로 같은 것으로 보아서는 안 된다. 따라서 모든 지각은 인상이고, 모든 재생적 '표상'은 '관념'이다. 거기에서 지각되는 것 자체도 경우에 따라 인상이라고 불릴 수 있다. 대상에 대한 인상을 가진다는 것 = 그것에 관해 지각을 가진다는 것.

4) 경우에 따라 감성적 감각내용만 인상이라 불리고, 동일한 것의 상상 재생은 관념이라 불린다.

한갓된 상상함은 가령 지각함의 비현행성 변양이 아니라는 데 주목해야 한다. 비현행적 지각함은 〔한갓된 상상함이 아니라〕 '정립' 없는 지각이다. 가령 이미지(지각 이미지)에 침잠하지만 어떤 현행성(정립) 의식도 없는 경우이다. 마찬가지로 **비현행적 기억함**은 더 이상 본래적으로 기억함이 아니라 **한갓된 상상함**이다. 물론 모든 작용이 이런 변양을 갖지만, 이런 변양을 가지는 것은 **작용**뿐이다. **일차적 내용은 어떠한 비현행성 변양도 갖지 않는다.** 그것[비현행성 변양]은 항상 무언가의 의식, 지향적 연관과 관계한다. 이와 달리 재생적 변양과 관련해서는, 가령 이 변양이 적용되는 작용은 바로 작용, 즉 **지향적** 체험이어야 하는 것이 아니라 다만 **체험**[14]이면 된다. 마지막으로 이러한 [재생적] 변양은 절대적 의식과 그것의 체험 계기로 소급된다. 체험은 체험이다. 하지만 체험되는 것 가운데에서, 그 자체로 체험을 재현하는 재현 작용이 등장할 수 있다. 물론 여기에는 몇 가지 난점이 있다.

*

체험 가운데에서 다음 두 가지를 발견한다.

1) 무언가의 의식으로서의, 의식작용으로서의 체험.

2) 이것이 아닌 체험.

의식작용은 다양한 종류로 나뉘며, 거기에서 모든 의식작용은 어떤 변양을 허용한다. 여기에서 우리의 관심을 끄는 것은 의식작용으로서의 체험에만 있는 것이 아니라 모든 체험에 있는 변양이다.

I) 모든 체험에는 이념적 가능성에 따라 하나의 재생적 체험이 상응한다. '하나의'라는 말을 올바르게 이해해야 한다. (이념적인 본질 가능성에 따라 항상) 모든 체험을 일련의 체험 계열로 배열하는 것을 허용하는 다른 변

14 체험은 가장 넓은 의미에서 감각되는 것이다.

양이 존재한다. 그것은 '동일한 체험'이 단지 (예를 들어 주의나 의식의 명료함 등에서) 서로 다른 양상에서 나타날 뿐이라고 말하는 것이다. 따라서 이러한 변양 덕분에 하나의 체험에 대해 많은 재생이 존재하며, 이 체험 자체는 다시 그러한 변양 덕분에 다수성으로 이행해 간다. 따라서 예를 들어 '하나의' 재생은 분명함에서 다소간 차이가 있는 재생일 수 있다는 것 등등. 우리에게 중요한 것은 만약 예를 들어 집을 지각한다면 거기에 '정확히 상응하는' 재생이 '존재한다는' 사실이다. 이는 모든 판단에는 거기에 정확히 상응하는 판단 재생이 존재한다는 사실과 마찬가지라는 것 등등. 또 모든 감각체험, 예를 들어 감각되는 소리에는 거기에 정확히 상응하는 재생이 존재한다.

모든 재생적 체험은 지향적 체험(의식작용)이다. 그리고 그것은 자신의 지향적 대상으로 재생 대상인 원본적 체험을 가진다. 가장 적절하게 말하자면, 우리는 어떠한 재생도 아닌 모든 체험을 **근원적** 체험이나 가장 넓은 의미에서의 감각이라고 부르는데, 이때 감각은 비지향적(비의식작용적) 감각과 지향적(의식작용적) 감각으로 구분되며, 지향적 감각의 형성은 지향적 체험의 형성과 같은 방식으로 이해할 수 있다.

따라서 이럴 때는 (판단 재생, 의지 재생, 지각 재생과 대비하여) 판단 감각, 의지 감각, 또 지각 감각[15]이라는 표현을 쓸 것이다. 그때 또 판단 및 의지의 연관 속에 있는 감각이라는 표현, 그리고 예를 들어 현시하는 감각과 같은 지각 속에 있는 감각이라는 표현을 쓸 것이다. 단적인 판단, 단적인 의욕, 단적인 지각은 감각일 것이다. 하지만 감각이라는 표현은 재생과의 대립을 지시한다. 그럼에도 불구하고 이러한 용어를 선택하는 것은 의심

15 혹은 인상, 절대적 인상이라고 해야 하는가?

스럽다. 사람들이 재생 혹은 **재생하는 체험과 재생하지 않는 체험**을 구별하는 것으로 충분하지 않은가? (이것은 명료하고 그 어느 것도 희생시키지 않는다. 물론 이것도 깔끔하지는 않다.) 그다음에 사람들은 나아가 재생하는 체험을 체험의 재생과 [체험 아닌] 다른 개체의 재생(내적 재생과 초재적 재생)으로 나눠야만 한다. 그리고 더 나아가 그때 모든 초재적 재생은 동시에 내적 재생이라는 명제가 등장하게 된다.

마지막으로 만약 내가 감각이나 감각 체험에 관해 말한다면, 그것의 대립물로서 영상화하는 체험이나 상상 체험을 말해야 하는 것은 아닌지 여전히 숙고해야 한다. 하지만 거기에서 영상과 상상이라는 말을 직관성(명석성)의 영역에 제한한 것이 방해가 된다. 영상화에서 이미지와의 관계가 있다. 그러나 이미지라는 단어 자체가 단지 이미지적인 것[비유적인 것]이고, 어원적으로 여기에서는 매우 유해한 이미지가 함께 작용하고 있다. 따라서 나는 지금 재생적이라는 말을 선호한다. 물론 이 말은 다만 하나의 단어일 뿐이고, 그것의 일상적이고 어원적인 의미로부터 길어낸 개념은 아니다.

II) 내적으로 재생하는 체험은 이에 상응하는 재생하지 않는 체험과 지향적 관계를 갖는다. 후자[재생하지 않는 체험] 자체가 지향적 체험이라면 재생은 이중적인 대상적 관계를 가진다. 즉 근원적 체험뿐 아니라 이 체험의 대상에도 대상적 관계를 갖는다.

*

인상―재생

내적 의식의 모든 체험은 내적 의식 안에서 '내적' 시간 안에 있는 지속적 존재로 의식된다.

모든 체험은 재생이거나 재생이 아니다.

재생은 자신에 대해 상대적으로 원본적인 체험의 재생이다. 예를 들어 재생은 판단 재생, 즉 어떤 판단의 재생이거나 지각 재생이나 소원 재생이고 때로는 재생의 재생 등이다. 재생이 고유한 의미의 '의식'(혹은 '재생하는' 의식)으로서 관계하는 원본적 체험을 그것[재생]에 상대적인 것으로서 인상적 체험이라고 부른다면, 우리는 상대적 차이에서 **절대적 차이**로 이끌려간다. 만약 단적으로 **원본적인 인상적 체험**을 말한다면 어떠한 재생도 아닌 체험을 염두에 두는 것이다. 재생을 그 이상 반복할 수 있는지 없는지는 특별히 탐구되어야 한다. 만약에 지금 한 단계짜리 재생에 대해 말한다면 재생의 재생이 아닌 재생을 염두에 두는 것이다.

인상적 체험 가운데에서 그것의 지향적 대상 자체가 다시 인상적 성격을 지니는 주목할 만한 종류의 체험을 발견한다. 더 낮게 표현한다면, 인상적 체험 가운데에서 그것의 대상 자체가 다시 개체적인 것인 인상적인 체험을 발견한다. 이런 체험에서 대상이 의식되는 방식, [이런 체험의] 대상적 상관자가 성격 지어지는 방식은 내적 의식 존재에서, 즉 체험에서 인상적 체험 자체가 의식되고 성격 지어지는 방식과 매우 유사하다.

이러한 체험을 **직각**이라고 부른다. 내적 의식은 직각과 유사한 방식으로 체험을 제시한다. 이 때문에 사람들은 내적 직각이라고 말한다(만약 주의함의 시선이 체험을 향할 때에는 지각이라고도 말한다). 하지만 그때 내적 직각은 잠정적으로 단지 하나의 단어일 따름이며 결코 체험이 아니라는 것을 강조해야겠다. 즉 그것은 체험의 체험함이지 그 자체로 체험은 아니다.

체험함에서 체험은 다양한 '명석함과 판명함'에서 의식될 수 있다. 개별적 체험은 '자아'가 침잠하는 체험이고, 이 경우 나[자아]는 지각한다, 나는

474

판단한다 등이라고 말한다. 이때 자아는 생생하게 향함 내지는 포착 등을 실행하며 이를 통해 체험은 완전히 특별한 양상, 즉 두드러짐을 가진다. 이것뿐만 아니라 이렇게 [생생하게 향하고 포착되는 방식으로] 두드러지지 않는 다른 체험도 다른 방식으로 두드러질 수 있다. 즉 쇄도함, 다소간의 부각됨, 주의함의 변양에 대해 준비되어 있음 등의 방식으로 두드러질 수 있다. 따라서 이것은 내적 직각의 일반적 양상이며, 이를 통해 '직각되는 것', 체험도 변양된다. 또 그 자체로 직각인 체험도 이러한 차이, 이러한 변양을 가지며, 이를 통해 마찬가지로 **그것의** 대상, '외적으로' 직각되는 것도 어떨 때는 명석하게, 어떨 때는 명석하지 않게, 어떨 때는 향함에서 주의되는 것으로서, 어떨 때는 주의되지 않는 것으로서 의식된다(물론 여기에서 대상 자체가 변양된다는 의미는 아니다).

그 자체로 직각인 체험의 재생을 취해보자. 재생 자체는 체험이고, 공허함까지 포함하여 다양한 양상의 명료함을 가질 수 있고 다양한 양상의 주의함을 가질 수 있다. 이러한 사실과 재생되는 것 자체가 다양한 양상의 체험일 수 있다는 사실이 결합한다. 따라서 예를 들어 주의된 체험이 재생될 수도 있고 주의되지 않은 체험이 재생될 수도 있다. 첫 번째 경우에 주의함의 양상은 재생되는 체험 자체에 속한다. 따라서 어쨌든 거기에는 두 측면을 따라 놓여 있는 특기할 만한 차이가 있다.

하지만 모든 상황에는 다음과 같은 중요하고 일반적인 차이가 존재한다. (우리가 재생이라고 부르는 체험에서) 재생되는 체험의 지향적 소여의 방식과 (지각 혹은 직각이 재생된다면) 재생되는 직각의 대상이 재생에서 의식되는 방식의 차이이다. (두 번째 단계의 재생의 대상인 경우에는 더욱 그러하다.)

재생된다는 표현을 단지 체험에만 적용하고 재생되는 직각의 대상은 상상되었다고 표현하는 것은 적절하다. (다양한 단계의 모든 경우에서 그렇다.)

따라서 나는 가령 집, 나무, 동물, 그리고 인간을 상상한다. (인간에 관한 지각이 그의 분노와 용기 등을 '함께 지각함'을 의미한다면, 인간을 상상하는 것도 그의 심리적 체험을 함께 상상하는 것을 의미한다.) 재생되는 체험은 그것에 대한 직접적 재생과 관련해 재생된다는 의미이다. 다시 말해, 해당 체험과 그저 어떤 관계를 맺을 뿐인 〔다른〕 체험의 재생은 배제하는 가운데 재생된다는 의미이다.

마지막으로, '상상된다'는 표현은 결코 직각(혹은 높은 단계에서 이미 직각의 재생)이 아닌 재생되는 의식작용의 대상을 표시하기 위해서 사용할 수는 없다는 데에도 유념해야 한다.

어쨌든 일반적으로, 상응하는 인상적 체험과 재생이 맺는 관련은 체험의 가능한 대상과 재생이 맺는 관계와는 본질적으로 다른 것이라는 사실에 주목해야 한다. 가령 우리는 재생을 매개로 의식한다거나 적어도 재생적이고 지향적으로 의식한다고 말한다. 그리고 모든 상관자에 대해서도 이와 마찬가지로 말한다.

*

1) 내적 의식, 체험함.
2) 체험.
3) 체험의 지향적 **대상**.

이제 〔이들의〕 재생적 변양으로 이행한다면 1′) 체험함의 재생적 변양, 흡사 체험함, 즉 원본적 체험함이 흡사의 양상으로 의식되는 재생을 가진다. 흡사 체험함은 체험함을 '재생'하고 흡사 판단함은 판단함을 재생한다는 것 등등.

2′) 재생에서 **통일적 체험으로서의 체험 재생**이 구성된다. 예를 들어 지각 재생의 체험, '집 지각' 체험, 흡사 지각. 이것은 재생됨에 관한 특정한 개념을 준다. 체험 재생은 체험을 재생하고 지각 재생은 지각을 재생한다는 것 등등.

또한 [1′과 2′의] 관계를 다음과 같이 설정할 수 있다. (1′에서의) 흡사 체험함은 [2′에서의] 체험을 재생한다. 이때 재생의 다양한 개념과 다양한 관계를 구별해야 한다.

3′) 재생되는 체험이 지향적이라면 이 체험의 대상은 다시 [앞서와는] 다른 방식으로 의식된다. 만약 그것이 개체적 대상이고, 체험이 가장 넓은 의미에서의 단적인 직각함인 경우, 이 대상은 **상상된다.** 그렇지 않다면 그것에 붙일 이름이 없다.

하지만 체험 재생과 체험의 관계와 체험 재생과 체험 대상의 관계를 날카롭게 구별하는 것이 매우 중요하다.

다시-체험함, 유사체험함과 체험(원본적 체험) 사이의 그 밖의 관계, 그리고 다시-체험함, 유사체험함과 원본적 체험함의 대상 사이의 그 밖의 관계는 차치하더라도 말이다.

*

우리는 **체험과 체험 재생**을 본질적으로 공속하는 것으로 고찰한다.[16]

---

16 원본적 체험은 유와 종들로 나누어진다. 그런데 체험의 **모든 재생**은 본래 **하나의 유**를 이루되 이 유에는 여러 종이 있는데, 이 종들은 다른 편[원본적 체험]의 종들에 상응한다. 그렇다면 모든 '원본적 체험'은 바로 '원본적 체험'이라는 하나의 유를 형성한다고 해야 할 것이다.

모든 체험의 본질은 내적인 원본적 의식에 주어지는 대로의 체험 자체
의 반성에서 끌어낼 수 있지만 그것[체험]의 재생에서 끌어낼 수도 있다.
하지만 다른 한편 체험과 체험 재생 자체는 어떠한 공통된 본질도 갖지 않
는다.[17] 따라서 소원과 소원 재생, 판단과 판단 재생, 붉음 감각과 붉음 상
상자료 사이에는 어떠한 공통적 본질도 없다.

두 측면[체험과 체험 재생]의 본질은 서로 대응하지만 본래적 변양의 방
식으로 대응한다. 따라서 모든 체험 본질에는 체험 재생 본질로서 그것[체
험 본질]에 **대항하는 본질**이 대응한다. 이것은 감성적 감각과 감성적 상상
자료에서 특히 주목해야 한다. 이것들은 결코 동일한 본질을 갖지 않는다.
이는 당연히 체험의 **모든 상관자**[체험의 대상]와 체험 재생의 상관자를 비
교할 때에도 타당하다.[18]

체험과 (사고의 변양이 일어나는 한계 안에서) 체험 사고에 대해서도 유사
한 것이 타당하지 않은가? 따라서 태도 취하는 체험과 [그 체험의] 사고 변
양이라고 해야 더 낫지 않은가? 예를 들어 판단과 한갓된 명제적 사고, 소
원과 소원 사고 등.

판단과 판단 재생의 '공통점'은 판단에서는 체험 현실성을 가지는 바로
그 본질이 [판단의] 재생에서는 재생된다(재생되는 현실성의 본질이다)는 데
있다. 판단과 그에 대응하는 한갓된 명제적 사고, 즉 S는 p이다!와 "S는 p
이다"의 공통점은 판단에서는 믿고 참이라고 정립하는 '바로 그것'이 한갓

..

17 양 측면에서 '동일한 것'이지만 철저히 변양된 것이므로 진정한 동일성은 전혀 남지 않는
다. 따라서 같음과 참된 유사성도 전혀 남지 않는다.
18 당연히 결코 본질과 그 대항 본질이 동일한 **본질 유**에 속한다고 할 수는 없다. 여기에 속한
모든 본질 유에는 그에 대항하는 유가 대응한다. 체험들 및 체험 본질들 사이의 모든 관계
에는 대항 관계 등이 대응한다.

된 사고에서는 사고된다는 데 있다.

판단과 거기에 대응하는 한갓된 사고는 서로 다른 본질이다. 판단을 분류한다면, 판단 종류의 체계를 얻는다. 사고를 분류한다면, 사고 종류의 체계를 얻는다. 두 개는 정확히 상응한다. 각각의 '판단 형식'에는 하나의 '사고 형식'이 대응한다.

하지만 여기에서 다음과 같이 말해야 하지 않을까? 판단과 '판단 내용', 사고와 사고 내용은 추상적으로 구별될 수 있다고 말이다. 그리고 판단과 거기에 상응하는 사고, 마찬가지로 판단과 거기에 상응하는 가능성, 개연성 등은 현실적으로 하나의 본질을 공통적으로 갖는다고, 즉 질부여되지 않은 순수한 내용으로서 상응하는 '내용'을 공통적으로 갖는다고 말이다.

따라서 여기에서 나에게 사태는 위의 재생의 경우와는 달리 나타나는 것처럼 보인다. 하나의 본질 계기가 판단으로 개별화되고, 이에 상응하는 한갓된 사고로 개별화된다. 하지만 판단과 이에 상응하는 판단의 재생에서는 그렇지 않다. 판단 재생으로부터 나는 본질을 '끌어낼' 수 있지만, 양측에서 본질은 완전히 다르다. 이러한 사실은 어쨌든 주목할 만한 현상학적 관계이다.

재생 및 상상의 양상들, 이미지의식

(태도 취함과도 관련하여)

(1912년 3~4월 집필)

a) 해명이 필요한 '근원적' 체험과 '재생적' 체험의 차이, 혹은 '근원적으로' 의식되는 개체적 대상과 '재생적으로' 의식되는 개체적 대상의 차이와 관련한 용어상의 사전 숙고

(1912년 3월 21일 집필)

나는 내적 인상 안에서 **현현적** 의식, 외적 '직각함', 사물의 현출함, 경과의 현출함을 수행한다. 내가 내적 재생 안에서 이것을 수행하면 현출함은 재생적으로 의식된다. 그런데 현출하는 것 자체도 재생적으로 의식되며, 이는 이 현출하는 것이 이와 다른 경우에 인상적으로 의식되는 것이나 마찬가지이다.

어떤 시간적인 것, 외적 시간성이 현출함에서 현출한다. 〔그런데〕 이 현출함 자체도 어떤 시간적인 것으로서 그것 자체는 내적 의식에서 현출한다.

이제 다른 **체험**, 즉 내적 의식 안에서 인상적이거나 재생적으로 구성되는 다른 체험을 취해보자. 판단, 그것도 이념적인 것, 비시간적인 것을 향하는 판단을 취해보자. 혹은 소원이나 의지 등을 취해보자.

판단함은 개체의 현출함과는 완전히 다른 '의미'를, 완전히 다른 상관자를 가진다. 그것은 다른 대상적 관계를 가진다. 그것은 시간적인 것을 향하지 않기 때문이다. 이것은 [소원이나 의지 등의] 어디에서도 마찬가지이다.

재생적 판단, 소원 등은 그것의 '대상성'과의 관계에서 어떠한가? 이 대상성은 재생되지 않고 재현되지 않는다. 그것은 시간적인 것이 아니기 때문이다.

따라서 다음과 같이 말해야 한다. 체험에는 두 종류가 있다. 지향적 체험, 즉 '무언가의 의식'(의식작용)이라는 성격을 지니는 체험과 비지향적 체험, 즉 일차적이고 감성적인 체험(감각적 체험). 의식작용은 다시 두 종류로 나뉜다. 표상과 비표상. 표상, 즉 현현적 의식작용은 그것이 인상적 체험이라면 무언가의 인상이고, 재생적 체험이라면 무언가의 재생이라는 고유한 성격을 지닌다.

하지만 이것은 나머지 의식작용에는 타당하지 않다.

하지만 그것은 어떤 통찰력 있는 발견인가? [아니면] 그것은 단순한 용어에 불과한 것이 아닌가?

다음과 같이 말해야 한다. 모든 체험은 근본적 변양을 허용한다.[1] 이 변양은 **재생적** 변양이라고 불린다. 그리고 변양되지 않은 체험 자체는 그것 [재생적 변양]과의 관계에서 인상적 체험이라고 불린다. 이제 두 가지 경우

---

1 내적 의식은 모든 체험과의 관계에서 인상이다. 즉 모든 체험은 인상적이다. 모든 재생적 변양은 내적으로 '인상적으로 의식된' 체험의 재생이며, 재생 자체가 인상적으로 의식된다.

가 있다. 체험(이 체험 자체가 개체적인 것이고 개체적인 것으로 의식된다)은 표상하는 체험, 즉 어떤 개체가 '현출'하고 '현시'되는 의식일 수 있다. 아니면, 그와 다른 의식일 수 있다. 특히 시간적인 것으로 의식되지 않는 어떤 대상성의 의식일 수 있다.

하지만 이제 모든 재생에는 두 가지 대상적 관계가 속한다. 이 두 가지는 동일한 방식으로는 파악될 수 없지만, 다른 태도를 통해 파악될 수 있다. 1) 재생은 그에 상응하는 인상의 재생이다. 나는 이것(상응하는 인상)을 재생 안에서 발견할 수 있다. 2) 재생은 그에 상응하는 인상 속에서 현행적으로 대상성인 바로 그 대상성과 관계 맺는다.

어떤 체험(판단함이나 외적 지각함)의 재생은 한편으로 이 체험의 재생이고, 따라서 나는 재생적으로 의식되는 지각함이나 판단함을 주시할 수 있다. 다른 한편 나는 여기에서 재생적으로 의식되는 '지각되는 것'이나 '판단되는 것'을 주시할 수 있다. 이 두 가지가 의식되는 방식은 사뭇 다르다.

그중 한 가지 방식은 의식이 개체와 관계하는 방식이다. 그리고 이것은 의식의 내적 본질을 이룬다. 다른 방식은 재생되는 체험을 하나의 의식작용으로 떠올리는 방식이다. 그리고 여기에서 주목할 점은 의식작용은 내적 의식과의 관계에서 인상적일 뿐만 아니라, 그것 자체가 다시 개체적인 것, 시간적인 존재인 어떤 것의 인상일 수 있다는 것이다. 여기에 함축된 것은 두 번째 대상적 관계는 이러한 관점에서 (그러니까 '개체'로서의 대상성 종류와 관련해서) 동일한 종류일 수 있으나 (이러한 관점에서) 상이한 종류일 수도 있다는 점이다.

이러한 사실을 충분히 이해했다면, 다음을 이해할 수 있다. **인상**과 **재생**이라는 용어는 여러 의미를 얻을 수 있다. 우선 인상이라는 용어부터 살펴보자.

인상은 1) 체험함의 이름, 즉 체험이 개체로 구성되는 내적 의식의 이름일 수 있다. 그때 **재생**은 **체험 재현**이라는 변양의 이름일 수 있다.[2]

이와 함께 내적 의식의 고유성이 확고하게 제시된다. 물론 그것은 개체의 의식이라는 점이다. 여기에서 개체는 체험이며, 이것은 인상적이거나 재생적이라는 성격을 지닌다.

2) 우리가 말했듯이 체험 자체가 개체의 의식일 수 있으며, 이 내적 의식과 유사한 종류의 의식일 수 있다. 따라서 인상적이거나 재생적일 수 있다.

모든 종류의 의식을, 그 성격이 인상이든 재생이든 **개체**의 의식인 한에서 하나로 묶는다면, 인상과 재생이라는 개념은 바로 '표상'의 의미를 충족시킨다는 일반적 의미를 획득한다. 의식에 있어서 일반적 직관성(명석함과 고유성. (그러나) 나는 현재로서는 이것들이 같은 것인지 알지 못한다)의 차이를 덧붙인다면, 직관성 안에서 특수한 대립으로서 특히 직각과 상상(영상)이 있다.

3) 인상과 재생의 개념을 이처럼 한정한다면, 인상은 예를 들어 이렇게 나뉜다. (한편으로) 내적 인상, (다른 한편으로) 내적으로 인상적으로 의식되기는 하지만 (내적 인상의 '대상'이 체험인 것과 달리) 그 대상이 체험이 아니라 그 자체가 체험인 인상.

그 자체는 개체의 인상이 아닌 어떤 체험에서 의식되는 것은 인상적으로 의식되지 않는다. (예컨대) 판단에서 사태연관은 인상적으로 의식되지 않는다. 가치, 윤리적 계율. 마찬가지로 재생에 대해서도 그러하다. (다시

..

2   이제 그 자체가 체험 재현은 아닌 체험에 대한 이름이 필요하다. 이러한 용어의 가능성은 나도 이전에 사용했던 것과 마찬가지로 사람들이 그것 자체에 대해 **인상**을 말한다는 점에 있다. 인상은 어떤 체험의 재생이 아닌 현행적 체험함이다. 그때 내적 재생은 그 자체가 현행적으로 체험된다(하지만 인상은 아니다).

말해) 그 자체는 표상 체험이 아닌 어떤 재생되는 체험에서 의식되는 것은 재생된다고 불리지 않으며, 재생적으로 의식되지 않는다.

재생되는 체험은 그 자체로 재생이라는 성격을 가지지만 무언가의 재생인 것은 아니다.

4) 하지만 그렇다면 내적 인상과 내적 재생의 의식 방식의 차이를 표현할 한 쌍의 명칭이 필요하다. 이 차이는 이들(내적 인상과 내적 재생)의 대상, 즉 인상적 체험과 재생적 체험에 관련한 차이가 아니라, 이들이 이 체험들에게 **이들**(인상적 체험과 재생적 체험)**의** 대상에 관련하여 지시하는 차이이다.

5) 이제 어떤 용어를 선택해야 하는가? 가장 먼저 발견한 체험의 차이, 즉 '근원적' 체험과 '재생되는' 체험이라는 차이가 (때로는 '근원적으로' 의식되고 때로는 '재생적으로' 의식되는) 개체적 대상 일반의 일반적 차이에 종속됨을 깨닫는다면, 앞서 한 것처럼 이 차이에 대응하는 일반적 표현을 선택할 수밖에 없다. 따라서 인상과 재생을 구별하고 (또 이와 마찬가지로 '표상', 직각, 상상 개념을 선택하고) 그다음에 내적 재생과 외적 재생 등의 특수성을 제시할 수밖에 없다. 따라서 여기에서 다른 선택지는 없다.

다른 한편 이와 함께 '재생된다'와 '인상적으로 주어진다'가 무엇을 의미하는지가 지시된다. 의식의 개체적 대상이 인상적으로 주어지는 것이고 또 재생되는 것이다. 그리고 그때 현상학적으로 대상이라는 상관자에게 인상적이라거나 재생적이라는 성격을 부여한다.

따라서 재생되는 판단함은 바로 내적 재생함(재생이라는 내적 의식)에서 개체적이고 대상적인 것인 판단함을 뜻한다. 이와 반대로 '사태연관'은 재생되지 않는다.

마찬가지로 내가 만약 내적 의식에서 소원 재생을 가진다면, 소원은 재생되지만 소원되는 것은 재생되지 않는다. (이 체험이 표상 체험이 아니라면) 재생적으로 의식되는 체험의 대상성을 어떻게 불러야 할 것인가? 일반적인 의미에서 재생되어 있음도 **또한** 포함하는 용어를 선택해야 한다. 재생되는 대상은 또한 재생적으로 의식되는 체험의 대상이기도 하기 때문이다.

아마도 〔의식에〕 **떠오른다**는 표현을 사용하는 것이 가장 좋을 것이다. 이것은 또한 재생적 작용에서 발견될 수 있는 지향적 내용의 모든 것에도 적합하다. 예를 들어 결코 대상이 아니지만 그래도 대상과는 다른 방식으로 '의식되는' 상관자에도 적합하다. 또한 재생적 작용에서 인상적 작용과는 다른 방식으로 의식되는 상관자에도 적합하다.

하지만 인상적 체험('작용', 의식작용)의 대상성(그리고 상관자)을 위해 또 하나의 이름이 필요하다. 가령 **현행적으로** 의식된다고 말할 수 있다(이는 표상의 특수 사례로서 현행적으로 표상되는 것이고, 나아가 직각의 경우에는 몸소 표상되는 것이다). 따라서 **현행성**과 **비현행성**(떠오르며 의식됨)의 차이가 드러난다.

'**재생적으로 의식된다**'거나 '**재생된다**'는 말은 재생적으로 의식되는 **체험**에 적합하다. 개의 짖음이 재생된다고 말하거나 "나는 개의 짖음을 재생한다"고 말할 수 있는가? 사람들은 물론 다음과 같이 말한다. 나는 개의 짖음을 재현한다고. 나는 판단을 재현한다고.

모든 체험은 **인상적으로** 의식된다.

내가 체험하는 판단은 인상적으로 의식된다. 체험되는 판단, 체험되는 의지, 체험되는 감정, 또한 판단의 체험되는 재생 등.

내가 판단을 체험한다면 〔그 판단되는〕 사태연관은 체험되지 않는다. 내가 추정함을 체험한다면 개연성(추정성)은 체험되지 않는다. 그렇지만 이것〔사태나 개연성〕은 의식되는데, 〔다만〕 내가 판단 재생을 체험하고 이와 함께 사태연관에 관한 재생적 의식을 가지는 것과는 전혀 다른 방식으로 의식된다. 판단 의식은 재생되지만, 사태연관은 이와 함께 재생되지 않는다.

내가 체험하는 판단은, 아니 모든 체험은 인상적으로 의식(체험)되고, 체험의 대상도 인상적으로 의식된다고 해야 하는가?

체험은 재생적으로 의식되고 재생되며, 체험의 대상도 재생적으로 의식된다.[3]

하지만 체험함과 외적 지각함, 재생함과 외적 표상함(상상함)이 서로 같은 종류라고 하는 것은 어떠한가? 그것은 동일한 종류인가?

자체임, 직관적임, 현실적임, 원본적임. 그러한가?

나는 판단, 소원을 체험한다.

b) 재생으로서의 기억과 감정이입. 재생되는 작용의 '대상성'과 관련된 두 가지 현실성 성격화, 이러한 성격화(태도 취함)의 탈락 가능성 —상상함의 사례에서 재생의 수행과 재생 안에서의 수행(들어가 삶, 주의)— 상상하는 태도와 관련된 사고하는 태도

(1912년 3월 22일 집필)

나는 누군가 말하는 것을 듣는다. 그는 판단한다. 이때 개별적 **사실**로서의 판단이 '함께 지각된다'. **그는** 판단한다. 하지만 **나는** 판단하지 않는다. 그러나 판단은 '재현'되지 않는가? 그리고 정신적 삶 전체를 보유한 '그'가 정신으로서 재현되지 않는가?

그것은 인상인가? 그것은 어떤 재생('기억')으로서, 현존 정립의 빛살이

3 체험, 체험 재생, 근원적 체험 재생. **재생은 항상 체험의 재생이다.**

이를 관통하여 지나간다. 재생 자체는 물론 또 하나의 '체험'이다. 지금, 인상적으로 의식되는 것이다. 그리고 이를 관통하는 현실성 성격화의 빛살이 이것과 '융합'된다. 일상적 의미의 모든 '기억'에서 마찬가지이다.

나는 이전의 나의 판단을 기억한다. 나는 다른 사람의 판단을 '기억한다'(감정이입). 현실성 성격화의 빛살은 개체적인 시간적 존재, 실재성 연관 속에 있는 실재적 존재로서의 판단을 향한다.

내가 어제 했던 지각함을 기억한다면, 마찬가지로 그 지각함과 연관해서 현실성 성격화의 빛살을 갖는다. 그러나 지각되는 것의 경우에는 어떠한가?

나는 지각함을 기억 속에 있는 사실로 발견할 수 있다. 그러나 지금 나는 그것이 환상, 미혹 지각이었다고 확신할 수도 있다. 나는 그렇게 확신할 특정한 근거를 가진다. 만약 이런 근거가 없다면, 시선이 지각되는 것을 향하자마자 이 지각되는 것도 현실성 성격화를 지닐 것이다.[4] 그러나 어떠한 현실성 성격화를 갖는가? 재생되는 지각에 속하는 현실성 성격화인가? 그것[재생되는 지각]은 어떤 상황에서도, 즉 내가 **지금** 그 전체를 '미혹'으로 간주하더라도 이것[현실성 성격화]을 가진다. 만약 내가 과거 지각의 대상을 존재했던 현실성으로 간주한다면, 새로운 인상적이고 현행적인 '현실성 정립'의 빛살이 재생적으로 의식되는 것을 향한다는 점은 분명하다. 따라서 과거의 **사물**과 과거의 사물적 경과를 기억한다는 것은 두 종류의 현행적인 현실성 성격화(단지 재생적인 현실성 성격화가 아니라, 기억 체험 자체의 내실적 구성요소에 속하는 인상적인 현실성 성격화)를 전제한다. 1) 재생

4   분명히 이러한 현실성 성격은 처음부터 거기 있으며, 다만 비판적인 두 번째 태도를 통해 '가치가 탈락할 수 있다'는 고유한 성격을 지닌다.

되는 현출함, 재생되는 지각함은 현실적인 것이라는 성격을 지닌다. 2) 지각되는 것은 두 번째 의미에서 현실적이라는 성격을 가지며, 이는 **앞의 것과 필연적으로 결합하지 않는다.**[5]

그것은 과거의 판단에 대한 기억이 늘 그렇지는 않지만 매우 자주, 당시 판단된 것에 관한 지금의 현행적 진리 성격화와 결합하는 것과 정확히 같다.[6] 나는 체험 사실로서의 판단을 기억한다. 그것은 하나의 현실성 성격화이다. 나는 지금 다시 그렇게 판단한다. 나는 '이전에 판단된 것에 동의한다'. 혹은 변화시키지 않은 채, 나는 그것과 일치해서 판단한다. 이것은 두 번째 현실성 성격화이다. 그러나 그것은 일상적 의미에서의 '현실적임'과는 다른 의미의 성격화이다. 〔일상적 의미에서〕 이 단어는 개체와 관계하기 때문이다. 이럴 때 사람들은 곧바로 사태를 '기억한다'고 말하지는 않는다.[7]

기억은 대개 **개체**와 관계하는 용어이다. 나아가 기억된다는 것은 '현실성 성격'이 관계하는 (혹은, 그에게 이러한 성격을 부여하는 믿음이 관계하는)

⠆

5 '필연적이지 않다'는 것은 비판적인 태도 취함이 추가되어 가치탈락이 수행될 수 있다는 뜻이다.
6 가치탈락이 일어나지 않는다면, 여기에서도 기억되는 것, 즉 판단이 재생될 뿐 아니라 이러한 재생과 더불어 현행적 태도 취함도 유지되고 보존되는가라는 물음이 제기된다. (가령 나는 그사이에〔판단을 내렸던 과거와 그 판단을 재생하는 현재 사이에〕 이러한 판단이 거짓임을 함축하는 판단을 내렸다. 〔이전의 판단을〕 폐기하는 판단 동기가 등장했기 때문이라는 것 등등.) 하지만 나중의 것은 단순하게 올바른가? 물론 그렇지 않다. 따라서 여기에서 사태는 그렇게 단순하지 않다.
7 아니, 그렇게들 말한다. 나는 피타고라스의 정리와 이 정리의 내용을 기억한다. 나는 잉글랜드인들이 보어인들을 이겼음을 기억한다. 나는 모든 대수 방정식이 풀리는 것은 아님을 기억한다. 일차적으로 기억되는 것은 이전의 인지함이지만, 이는 그 대상성이 기억되는 것으로 전이된다. 내가 인지함 자체를 줄곧 **견실히** 유지한다면, 이러한 첫 번째 의미에서 기억되는(즉 믿으면서 재생되는) **인지함**의 대상성 자체도 모두 기억된다고 할 수 있기 때문이다.

내적으로 재생되는 자신의 체험이 기억되는 것이거나, 앞의 의미에서 기억되는 **지각함**이나 **감정이입함**의 대상인 어떤 개체적 사물성이 (이 개체적 사물성이 지금도 여전히 현실적인 것으로 정립되는 한에서) 기억되는 것 등이다. 나는 그가 분노했다는 것을 기억한다(나는 그에게서 분노를 보았다. 그는 펄펄 날뛰었다. 혹은 나는 그의 얼굴에서 광기를 보았다). 나는 그가 그렇게 판단했다는 것을(그가 그렇게 말했다는 것을) 기억한다.

소원 등에서는 어떠한가? 나는 소원함, 소원을 **기억한다**(나는 그 소원이 나에 의해 그 당시 소원된 것임을 기억한다). 그러나 나는 이제 '소원 정립'의 빛살을 거기에 들여보낼 수 있다. **나는** 기억하면서 **동시에 소원한다**. '소원되는 것'은 일단 재생적 성격에서 소원되는 것으로 재생적으로 의식된다(혹은 내가 앞서 상술한 의미에서, 소원되는 것은 이제 '떠오른다'는 성격에서 소원되어 나에게 떠오른다). 거기에 소원됨이 현행적 성격으로 추가로 등장한다. 따라서 이중성이 존재한다. 재생되는 판단에서와 똑같이, 그것은 이중적 믿음인데, 하나는 기억되는 것에 속하는 떠오르는 믿음이고, 다른 하나는 현행적 믿음이다.

결정의 기억과 현행적 결정 정립도 마찬가지이다. 욕구 등 모든 곳에서 마찬가지이다.

기억되는 작용, 즉 기억되는 지각함, 판단함, 느낌, 의지함의 '대상'에 대한 모든 현행적 '정립'이나 '태도 취함'은 탈락할 수 있다.[8][9] 그리고 마지막으로 작용 자체와 관계하는 현실성 정립도 탈락할 수 있다. 그러면 더 이

∴

8 '현실적인 태도 취함의 탈락'.

9 '현실적인 태도 취함'은 여기 모든 곳에서 체험 자체의 현실적(인상적) 요소에 속하는 태도 취함을 말한다. 한갓 재생되는 태도 취함을 말하는 것이 아니며, 하물며 비현행적으로 재생되는 태도 취함을 말하는 것은 더더욱 아니다.

상 어떠한 기억도 없고, 내적 상상(내적 재생) 속에서 어떤 의식작용이 떠오르고(상상되고) 사고되는 것이 떠오른다.

인상의 경우는 어떠한가? 현행적 체험은 현실적이라는 성격을 지닌다. 그것에게서 이 성격을 빼앗을 수 없으며, 믿음은 본질적으로 내적(현행적) 의식의 전체 내용에 속한다. 의식작용과 관련해서 우선 직각이 있다. 이것은 믿음을 상실할 수 있다. 그러면 한갓된 이미지대상 직각에서와 같이 한갓된 미적 의식이 있다. 마찬가지로 믿음 성격은 양상적으로 변화할 수 있다. 소원 성격, 감정 성격 등도 마찬가지이다.[10]

따라서 (필연적으로 **자신의** 믿음을 지니고, 때때로 가령 느낌처럼 여기(믿음)에 평행하는, 내적 의식의 다른 태도 취함도 지니는) 내적 의식은 제쳐놓는다면, **체험** 영역, 특히 의식작용 영역 안에는 다음과 같은 의식이 존재한다. 즉, 자신의 '대상'에게 현실적인(인상에서 기인하며 변양되지 않은) 정립적 성격을 부여하지 않고, 태도 취함의 어떤 가능한 종류에 의거해서도 그 대상을 현실적이라고 평가하지 않는 의식이 존재한다. (물론 향함 및 이와 관련된 것은 태도 취함의 개념에 속하지 않는다.) 따라서 특히 **순수 '직각'**이 존재하는데, 이는 (재생적이 아니라 현실적인) 태도 취함의 정립적 양상이 없고, 또 다른 종류의 가능한 현실적 태도 취함도 없는 것이다. 마찬가지로 **순수한 상상**이 존재한다. 나아가 현실적 지각, 판단, 소원 등도 태도 취함이다(현실적 태도 취함을 포함한다).

재생되는 지각, 판단 등은 내적 재생을 통하여 의식된다. 그리고 이러한

10 첫 번째 믿음, 내적 의식, 체험함 속에 반드시 존재하는 믿음. 그것의 상관자는 모든 **체험**이 갖는 현실성 성격이다. 만약 이 체험이 가령 지각이나 판단이라면, 그것의 상관자는 지각되는 것의 현실성 성격이다. 그때 두 번째 믿음은 전체 체험과 같이 현실적이고 생생하다는 성격을 지닌다.

내적 재생 자체가 체험이고 상상 체험의 종류에 속하는 체험이다.[11] 이러한 상상 역시 현실적 태도 취함이 없이 **순수**할 수 있다. 그 안에서 오직 상상의 태도 취함이 생겨날 수 있다. 재생되는 지각에서 이러한 사실은 자명하다. 왜냐하면 순수한 상상은 당연히 지각에 관한 순수한 상상이고, 때로는 태도 취함 없이 그 자체로 다시 개체적으로 현출하는 것으로서의 대상을 동반하기 때문이다. 그리고 모든 체험의 재생에는 재생되는 지각이 당연히 함께 있다. 바로 재생의 본질은 인상의 재생이라는 데 있기 때문이다. 다시 말해, 항상 '지각'인 내적 인상, 즉 주의 등은 아니더라도 믿음을 항상 포함하는 내적 인상의 재생이라는 데 있기 때문이다.

*

재생의 수행함과 재생 안에서의 수행함

이제 재생되는 판단을 취해보자. 그것은 어떠한 태도 취함(현실적이고 현재적인 태도 취함) 없이도 의식될 수 있다. 우리의 관심사는 아니지만 체험으로서의 판단함과 관련해서도 그렇고, 판단되는 것과 관련해서도 그렇다. 그러면 사태연관은 **한갓 떠오른다**. 우리는 그것을 주시한다. 이때 사람들은 일상언어에 있어 다음과 같이 말할 수 있다. 우리는 (물론 전제함이나 가정함 등도 없이) 그것을 한갓 '사고한다'.

이것은 판단과 대비되는 의미에서 '한갓 사고함'인가? 즉 판단과 대비되

----

11 현실적 태도 취함은 현실적 체험에 속하며, 상상되는 태도 취함은 현실적 태도 취함에 속하지 않는다.

는 의미에서 가령 한갓된 명제를 이해하는 것, "2 × 2 = 5"를 사고하는 것인가? 나는 아주 자주 그렇게 여기곤 했으나 항상 다시 다음을 숙고하게 된다. 만약 내가 **상상 속에서 놀이 삼아** "내가 기차 안에 앉아 있고 여행자들의 오르내림을 '체험'하며 동료 여행자들과 담소를 나누고 그들에게 이런저런 이야기를 한다"고 **상상한다면,** 나는 **상상 속에서** 내가 전달하는 판단의 사태연관(혹은 전달되는 '사실')을 **주시한다.** 나는 [상상 속에서] 흡사 진술한다. 그리고 내가 현실적 진술함 속에서 진술되는 사태를 향하는 것처럼, 흡사 진술함 속에서 흡사 진술되는 것을 향한다.

사태연관에의 **이러한** 전향, 이러한 주의함, 주어의 포착, 이러한 관계 짓는 정립 등에서는 구성되는 사태연관에의 향함이 지속적으로 주어지는데, **이 모든 것**은 명백히 현행적 향함이 전혀 아니라 그 자체가 상상되는 향함이다. 그것은 관계 짓는 작용으로서 모든 그와 같은 작용 요소를 전제하는 판단의 유사수행함이다. 그리고 이러한 수행함은 **상상 '속에서' 수행함**이다. 즉 이러한 수행함은 '재생된다'. 이러한 사실은 상상 속에서 여전히 생생한 모든 감정, 의욕 등에도 타당하다. 거기에서도 나는 이것을 '수행하면서' 소원 내용, 결정, 행동 등을 향해 있다.

상상함 자체는 현실적 체험이다. **거기에는 나도 현행적 자아로 존재한다.** 그리고 "현행적 향함의 빛살이 **동시에** 모든 상상 향함을 관통해 간다." 더 정확히 말하면, 상상은 내가 '수행하지' 않아도 '생생하지 않게' 등장할 수 있다. '어둡게', 혹은 상대적으로 어둡게 등장하는 모든 상상 향함은 '현행성의 빛살', '수행'의 빛살이 '없을' 수도 있다. 내가 '상상에 침잠할 때', 내가 그것을 수행할 때는 이와 다르다. 이럴 때는 나는 상상에 침잠하면서 지각하고 상상적으로 표상하고 판단하고 욕구하고 의지하되, 생생하게, 생생한 방식으로 그렇게 한다. **이렇게 말할 수도 있을 것이다.** 여기에서는 현행적으로 생생한 자아로서의 나로부터 어떤 생생한 것이 나와서 상상으로 들어가며, 나는 [상상하고 있는] 지금도 삶을 살아가는 자로서 이 모든 상상되는 것에 몰두하고 있다고.

그래도 신중할 필요가 있다. 내가 바로 생생하게 상상한다면, 완전히 상상에 몰두하고 있다면, 나는 '자기를 망각한다'. 나는 그때 상상 자아이다. 그리고 이때 모든 향함, 모든 나의 수행되는 작용은 상상−재생이다. 나의 '삶'은 그때 순수한 재생 속에 있으며, 나의 '현행적 수행'은 이러한 **재생**의 수행이다. 그리고 그것은 완전성과 '본래성'의 정도가 있다. 나는 점점 더 깊이 침잠해 들어간다. 나는 계속해서 현실적 삶(본래적 재생이나 비본래적 재생)으로 변모한다. 나는 '상상되는 것'을 점점 더 가까이 내게 가져온다. 대충이 아니라 낱낱이 가져온다. **재생의** 이러한 **수행**은 당연히 상상 속에서의 시선 향함만이 아니라, 어떤 의미에서 **현행적** 시선 향함이 아닌가? 어떤 의미에서는 다음과 같은 독특한 방식으로 현행적 시선 향함이 아닌가? 나는 현행적으로 상상하면서 바로 그 모든 것을 주시하고 그 모든 것에 몰두하고 그것을 흡사 생생하게 수행하고 그것을 체험하고, 향하면서 판단하고 현실적으로 판단하는 것처럼 판단하는 것이 아닌가? 모든 것이 흡사에서 일어나지만 그래도 동시에 이러한 흡사는 하나의 현행성을 표현한다. 이전 체험을 막연하게 배경으로 재생하는 것 혹은 막연하게 배경으로 상상하는 것도 향함을 포함하지만 어떤 방식의 비현행적 향함을 포함한다. [이 경우에는] 나는 상상, 상상−판단 등에 살지 않는다.

*

지각의 재생은 '지각되는 것'의 관점에서 보면 상상이다. 이 상상이 상상되는 것으로 현행적이고 현실적으로 향하는 것이라면, 우리는 상상이 현실적으로 수행되었다고 말한다.

상상되는 것으로의 향함은 '현실적' 향함이다. 그것은 그 밖의 체험, 가령 지각, 지각 판단, 소원 등에 대해 다음과 같이 말할 때와 정확히 똑같이 이해할 수 있다. 즉, 우리는 그 안에서 살면서 이런 태도를 취하거나, 아니면 비정립하면서 지각되는 것, 판단되는 사태연관 등을 향해 있다.

지향적 체험의 재생은, 그것이 한 측면에서는 체험의 재생이고, 다른 측면에서는 이 체험 대상의 상상이므로, [두 경우에 있어] 들어가 사는 방식이 서로 다르다. 그리고 여기서 다루는 것은 상상 관계 안에서 삶이다. 현행적 향함의 방식에서 흡사 지각 등을 하는 경우 상상을 수행하는 것이다. 이때 재생되는 향함이나 태도 취함은 (우리가 실행하고 상상되는 것에 대해서도 실행할 수 있는) 현실적 향함이나 태도 취함과 구별된다.

(다음과 같은 점도 언급해야겠다. "상상 속에서 현실적으로 향해 있다"는 표현은 유용하지 않다. 즉 다의적이다. 왜냐하면 '현실적'과 '상상'이라는 단어는 부호처럼 기능하는데, '현실적'이라는 부호는 '상상'이라는 부호에 포함될 수도 있지만 '상상'이라는 부호에 포함되지 않는 의미일 수도 있기 때문이다.)

상상되는 것을 향하는 **작용**은 어떠한가? 상상을 수행한다면, 나는 상상되는 것에 현행적으로 시선을 향한다. 그때 상상에 완전히 침잠할 수 있다. 그것은 지각이나 행동 등을 하면서 그 지각이나 행동에 완전히 침잠하는 것과 같다. 상상 속에서 그렇게 한다면, 나는 현행적으로 이러저러한 유사지각함, 유사판단함, 유사구별함과 비교함, 유사소원함, 의욕함 등을 수행한다. 이 모든 수행 속에서 나는 상상 '속'에서 주의한다. 나는 유사지각하면서 지각되는 것에 유사적으로 향하는 한에서, 나아가 거기에 이런저런 태도 취함 등을 하는 한에서 유사주의한다.

그러나 또한 나는 이와 **동시에** 유사소여되는 것, (넓은 의미에서) 상상되는 것에 대해 현실적 태도를 수행할 수 있다. 거기에서 우선은 여기에 쉽게 샛길로 끌고 가는 (그래서 이 문제에 대한 본래 훌륭한 서술을 망쳐버리는) 유혹이 놓여 있음을 깨달아야 한다. 특히 **주의**에 대한 심각한 오해가 문제이다.

상상에 침잠하면서, 그리고 현행적 향함을 가지고 나는 유사주의한다. 즉, 현행적으로 수행되는 상상작용 속에서 주의가 재생적으로 의식된다. 상상 속에서 나는 유사자아로 존재한다. 기억 속에서 기억되는 자아로서 나는 유사지각이나 유사판단 등을 한다.

아마 사람들은 내가 현행적 자아로서 나를 의식하고 현행적 자아로서 상상되는 것을 향하면서 때로는 그것에 (현행적으로) 태도를 취하거나 아니면 태도를 취하지 않고 그저 그것에 주의하는 것은 이것[유사자아로서 상상 속에 사는 것]과 전혀 다르다고 말할 것이다. 나는 상상되는 것을 더 가까이 가져오고, 그것을 더 분명하게 하고, '상상 속에서의 반성'도 수행하는 경우에는 현실적으로 활동하기도 한다는 것이다. 이 모든 것을 나는 현실적 자아로서, 상상되는 세계와 관계하는 현실적 작용 속에서 수행한다는 것이다. 여기까지는 괜찮다. 하지만 다음의 숙고를 유념해야 한다.

인상의 영역에서 이와 평행한 것을 고찰해보자. 내가 지향적 체험, 가령 지각을 가지고 있다고 해보자. 그때 나는 지각에 침잠할 수 있고 그것을 수행할 수 있다. [그러나] 내가 지각을 가지고 있고 지각하고 있으며 지각하면서 지각되는 것에 태도를 취하고 있다는 의식은 이것[지각에 침잠하는 것]과는 다른 의식이다. 이 경우 나는 지각 안에서만이 아니라 현실적 세계와의 연관 속에서 움직이고, 게다가 나라고 말한다. [이와 평행하게 상상에서] 나는 재생에 침잠한다. 나는 유사지각함을 수행하고 유사판단함 등을 수행한다. [그러나] "내가 이러한 상상을 가지고 있다", "내가 이러한 유사지각함 등을 수행하고 있다"는 의식은 이것(재생에 침잠하는 것)과는 다른 의식이다. 이 경우 나는 현실적 세계 내부에서 움직이면서 **나라고 말하는 데**, 현행적 의미에서 그렇게 하는 것이다.

하지만 이 문제는 까다롭다. 사람들은 쉽게 오류에 빠진다. 재생에 침잠하는 것은 현행적 지각에 침잠하는 것만큼이나 현행적이다. 그리고 이제 내가 자기의식을 가진다면, 달리 말해 내가 현행적으로 지각하는 **동시에**, 아니면 이것(현행적 지각)을 견지하며 이행하는 가운데 현행적 재생으로 넘어가서 상상되는 형상으로 현행적으로 향한다면, 이것은 단지 현행성 영역 내부에서의 복잡화일 뿐이다. 그리고 만약 내가 **공감정립적** 태도를 취하여, 재생적 형상과 상상되는 형상에 동의하거나 동의하지 않는 태도를 취한다면, 그것도 또 다른 복잡화이다. 이때 어떤 의미에서는 현행적 믿음의 층이 가령 믿음의 현행적 재생의 층과 **합치하고**, 현행적 의욕의 층이 의욕의 현행적 재생의 층과 일치하는 등이다. 혹은 더 단순하게 말하면, 믿음과 믿음 재생, 판단과 판단 재생, 소원과 소원 재생이 합치하는데, 상상되는 기체가 두 개의 태도 성격, 즉 원본적 태도 성격과 재생적 태도 성격에 동일하게 속하는 방식으로 그렇게 합치한다. 이것이 '합치'라는 근본적인 현상이다. 하지만 이제 **자기의식**을 끌어들이는 것은 불필요하다고 해야 한다. 나는 나를 반성하지 않고도 공감정립적으로 활동할 수 있기 때문이다. 이것은 내가 이것(나를 반성함)을 하지 않고도 그 밖의 작용(예를 들어 지각, 판단 등)을 수행하는 것과 같다. 내가 나에 관하여 고유한 '자기의식'을 갖는지, 그리고 나라고 말하는지 그러지 않는지와 상관없이, 모든 현행적 작용, '내가 거기 침잠하고 있는' 모든 현행적 작용은 '현행적 자아' 영역에 속한다는 것은 확실하다. 그리고 "내가 하나의 작용에 침잠한다"는 것은 내가 나의 자아에 대해 반성을 수행함을 뜻하는 것이 아니라 작용 자체의 수행을 뜻한다. 이 작용 자체의 본질은 자아-빛살, 즉 자아-관계를 발견할 수 있는 이념적 가능성을 포함하는 것이다.

따라서 우리가 유사지각함, 유사판단함 등으로 부르는 현행적 상상함, 상상되는 것에의 현행적 향함은 내가 거기 침잠하고 있는 단적인 지각과 정확히 똑같이 현행적 자아에 속하는 것이다. 후자(단적인 지각)의 경우에 주의가 현행적 주의인 것과 같이 유사지각되는 것에 대한 현행적 관계는 현행적 주의이다. 그때 내가 순수하게 상상함에 침잠하고 있는지, 아니면 상상하는 인상이 아닌 작용도 여전히 수행하는지, 그리고 가령 심지어 나 자신을 반성하는지는 여기에서는 중요하지 않다.

상상함의 현행성은 상상되는 것에 대한 주의(현행적 주의)이다. 그리고 만약 상상되는 주의 혹은 더 정확히 말해 재생되는 주의(이것은 상상 속에서의 반성을 통해야 비로소 상상되는 주의가 될 것이다)와 현행적 주의를 구별한다면, 이것은 현행적인 판단 상상, 작용 상상 등과 상상되는 사태연관, 재생되는 판단, 재생되는 작용의 차이와 정확히 동일한 것이다.

현행적 주의는 상상되는 것이라는 비현실적 세계로 비밀스럽게 비추어 들어가는 빛살이 아니다. 그것은 또한 상상과 결합하는 하나의 작용, 고유한 체험이 아니다. 그리고 우리가 완전히 거기에만 침잠하고 있는 현행적 상상함 곁에 있는 두 번째의 것으로서 현행적 자아의 현행적 상상 대상에 대한 현행적 주의함을 상정할 수는 없다. 오히려 현행적 상상함 자체는 상상되는 것 자체를 향한 현행적 주의함 외의 다른 것이 아니며, 오직 상상에만 침잠하든지 그러지 않든지, 현행적 자아에 대해 반성적으로 사고하든지 그러지 않든지와 상관없이 그러하다. 상상함은 작용이고 지향적 체험이다. 그리고 모든 지향적 체험에서 거기 침잠함의 양상은 특출난 것이고, 이 양상은 이 체험의 대상을 향한 현행적 주의를 뜻한다. 반성적으로 포착되는 자아가 지향적 체험의 대상과 관계 맺음은 지향적 대상을 향한 단적인 주의함과 대비되는 새로운 것이며, 그것은 그 자체로 하나의 수행되는 작용이고 그 안에서의 새로운 주의함이다.

따라서 만약 주의함이 하나의 지향적 체험(향해 있음, 향함으로서의 바로 이 주의함)의 '수행'에 대한 표현 외의 다른 것이 아니라면, 상상되는 것을 향한 주의 혹은 상상의 수행은 오직 다음과 같은 특기할 만한 고유성을 갖는다. 즉, 그것은 하나의 체험의 수행으로서 그것의 본질은 수행을 재생하는 것이다.[12]

이제 **새로운 사건**이 일어날 수 있다. 나는 현행적으로 상상만 수행하는 것이 아니라 상상되는 것에 대해 태도 취함, 현행적 태도 취함도 수행하며, 재생되는 태도 취함(내가 말한 바와 같이 상상−태도 취함)에 동의하거나 동의하지 않는다. 이러한 태도 취함은 반드시 상상의 수행에 속하는 것은 아니다. 그리고 그것은 당연히 모든 종류의 태도 취함, 즉 단적인 태도 취함이거나 정초된 태도 취함일 수 있다. 모든 상황에 있어서 바로 재생이 〔태도 취함의〕 토대를 이루므로 더욱 복잡해지고, 우리가 특히 염두에 두는 경우에서 외적 대상의 (그 자체가 그리 단순하지 않아서 이에 대응하는 〔외적 대상의〕 인상보다 더 많은 구별을 하게 만드는) 상상이 〔태도 취함의〕 토대를 이루므로 더욱 복잡해진다.

또 사람들은 아마 다음과 같이 말해야 할 것이다. 나는 모든 정초되는 태도 취함에서와 같이 여기에서 수행하지 않음과 수행함을 구별할 수 있다. 즉, 태도 취함은 수행되는 상상과 이미 합치하지만, 내가 수행하면서

---

12 (애초의 원고 4쪽에서 나는 이것들이 중요한 해명이라고 올바르게 말했다. 하지만 나는 다시 혼란에 빠졌고, '순수한 주의'와 같은 것이 있을 것이라는 가정에 빠졌다.)

태도를 취하는 것은 아닐 수도 있다. 그러면 이것(태도 취함)은 자극으로서 의식의 배경에 남거나 남지 않는다. 가령 상상되는 것을 싫어함이 자극되지만 나는 싫어함에 침잠하지는 않는다. 상상되는 것의 사태연관을 거부함이 자극되지만 나는 부정을 수행하지 않고 거부에 침잠하지 않는다는 등이다.

*

이제 다시 상상하는 태도와 관련된 사고적 태도로 돌아가보자.[13] 대상성, 사태연관, 소원연관, 행동 등에 대한 상상에서 무슨 일이 일어나든 간에, 나는 상상을 수행하면서 거기 침잠한다면, 현행적으로 그리고 상상 속에서 그것에 태도를 취한다. '순수한' 상상의 경우에는 나는 지금 상상으로 떠오르는 것에 대해 어떠한 현실적이고 인상적인 태도 취함을 가지지 않는다.

사람들은 물론 "나는 $2 \times 2 = 5$라고 상상한다"고 말하지 않고 "나는 내가 $2 \times 2 = 5$라고 판단함을 상상한다"고 말한다. 우리는 보통 재생적으로 의식되는 모든 작용의 대상을 상상된다고 말하지는 않는다. 그 대상이 개체적 대상(집 등)이 아니라면 말이다. 우리에게 상상은 보통 **지각**의 재생적 변양이다. 하지만 그렇다고 해도 $2 \times 2 = 5$라는 사태연관의 의식방식이 재생적 의식작용을 통해 의식되는 의식방식이라는 사실은 변함이 없다(이는 상상-집과 마찬가지인데, 다만 여기에서는 재생적 작용이 어떠한 재생적 직각이 아니다. 그리고 우리는 상상된다는 표현을 이러한 일반적 의미에서 사용한다). 나는 이제 한낱 사고적인 표상함이라는 의미에서 $2 \times 2 = 5$를 한낱 사고

---

13 이 원고는 충분히 숙성되지 못했다.

된다고 말할 수 있는가? 사람들은 아니라고 대답할 것이다. 사고한다는 것은 생생하게 일어나는 현행적 작용이지 한낱 재생이 아니기 때문이다. 사고함은 전제함, 추론함, 가정함 등과, 그리고 판단함과도 완전히 똑같은 차원에 놓여 있다.

이것은 전적으로 옳다. 하지만 여기에는 '한갓된' 재생이 아니라, 상상하는 향함, 현행적 상상함이 놓여 있다. 그리고 아마도 바로 상상함의 이러한 **현행성**이 사고함으로서의 '한갓된 표상함'을 만들어내는 것일 것이다. 그렇다고 해서 모든 한갓된 사고함이 현행적 상상함이라고 할 필요는 없다.

만약 사람들이 사고함을 판단함 및 다른 작용과 유사하게 일반적으로 이해하여 (판단함 등의 수행처럼) 사고함의 수행과 그것의 비수행, 즉 거기 침잠하지 않음을 구별할 수 있다면 물론 다음과 같이 말할 수 있을 것이다. 모든 한갓된 상상함, 즉 (태도 취함이 수행되거나 수행되지 않는) 현실적 태도 취함과 결합하지 않은 모든 상상함은 한갓된 사고함이다. 그때 사고함의 작용(수행)은 상상함(한낱 상상–향함)의 작용일 것이다.

하지만 이 속에서 상상되는 것에 태도가 취해지는 작용(수행의 엄밀한 의미에서의 작용)은 정초되는 작용, 정립**으로서** 정초되는 작용일 것이다. 가장 아래 단계에 '한갓된 표상'이 놓이고 그 기초 위에, 현행적 태도 취함 안에서 그리고 이것과 함께, 하나의 향함이 놓이기 때문이다.

c) 인상, 재생 그리고 높은 단계의 재생에서 수행과 현행성
— '재생 안에서 현실적으로 수행함'이라는 표현의 다의성.
재생에 침잠하는 자아에서의, 혹은 현행적 자아에서의 '향함'의 문제

(1912년 4월 6일 집필)

재생에서 다음의 구별을 숙고해보자.

1) 재생 자체는 현실적 체험인데, 그 안에서 어떤 비현실 체험, 바로 재생되는 체험이 재생된다.[14]

2) 지향적 인상(재생이 아닌 지향적 체험)에서 우리는 잠재적인 지향적 인상과 현재적(顯在的)인 지향적 인상의 차이를 안다. 나는 수행된 지향적 인상과 수행되지 않은 지향적 인상에 대해서도 말한다. 여기에서 수행은 특정한 개념으로 쓰이고 있다. 여기서 의미하는 바는 [한편] 내가 거기 침잠하고 판단하고 표상하고 느끼고 의지하는 체험, 내가 생생하게 거기 있고 그 안에 있는 체험과 [다른 한편] 그와 달리 내가 거기 침잠하지 않고 내가 그것을 '수행하지 않는데도' 어떤 느낌이나 의욕이 다가오는 (다의적 단어인) 떠올림 간의 차이이다.

그리고 이것은 정황적 작용 체험과 고유한 작용 체험의 차이가 아닌가? 즉, 수행인 모든 작용에는 정황적 작용으로의 변양 가능성이 상응하는가? 그러나 거기에서 또 어떤 두 번째 문제가 있다. [한편] 현행적 향함과 [다른 한편] 작용 안에 있으며 작용을 이루는 지향성 수행의 차이. 나는 내가 방금 명시적으로 판단한 사태연관으로 향해 있다. 나는 여전히 판단한다. 판

••

14 재생의 현실적인 체험이 어떤 다른 체험을 존재하는 것이자 현실적인 것으로 정립할 수도 있지만, 이때 정립되는 체험은 현실적인 체험은 아니다.

단은 이제 정황적이지만 나는 판단의 명시적 수행 없이도 현행적으로 그것으로 향해 있다.

이러한 차이는 이제 **재생**에서 모두 다시 등장한다.

우선은 다음과 같은 방식으로 다시 등장한다. 나는 '재생에 침잠하면서' 상상을 수행한다. 표상, 지각, 판단, 감정 등〔의 재생〕을 수행한다. 나는 이 것을 명시적으로 수행하고 그다음 이것은 재생 '안에서' 정황적인 것으로 이행한다. 이것은 '의식의 배경'으로 밀려난다. 혹은 내가 상상 속에서 이 러저러한 판단, 소원 등을 수행하는 동안에 다른 것이 잠재적 형식으로 배 경에 등장한다. 하지만 항상 상상 '안에서' 등이다.

따라서 재생의 **체험**이라는 관점에서 말한다면, 다음은 서로 다르다. 즉, 〔한편으로〕 지각함, 판단함 등을 재생 안에서 현실적으로 수행하고 나아가 정말로 그것의 지향적 내용에 따라 명시적으로(본래적으로) 수행하는 것과 〔다른 한편〕 그것을 비본래적으로 수행하고 지각되는 것, 판단되는 것 등을 (그 판단이 복잡한 정황성인 와중에) 단지 재생 안에서 시선을 보내 주시하는 것, 그것도 아니라면 그와 같은 체험을 재생 안에서 향함 없이 의식하고 전혀 수행하지 않는 것은 서로 다르다.

3) 한편 이제 높은 단계의 재생이 있다. 내가 지각함, 판단함 등을 현실 적으로 수행한다는 **사실**의 재생, 혹은 내가 이것을 수행하지 않은 채 재생 적으로 떠올렸다는 사실의 재생.

따라서 '재생 속에서 현실적으로 수행함'은 다의적이다.

4) 만약 재생만 하는 것이 아니라, 첫 번째 의미에서 재생 속에서 향해 있다면, 그 안에서 지각하고 판단하고(또한 단지 표상하고) 어떤 것을 사고 한다면, 나는 재생 속에서 **살고** 재생을 수행한다고 말한다. 그리고 '흡사' 이 모든 것을 수행하는 이러한 현실적 체험이 있다면, 재생에 침잠한다고,

재생 속에서 향함, 태도 취함, 태도 취함 자제 등을 수행한다고 말한다. 놀라운 점은 이 모든 **향함, 태도 취함** 수행 등이 재생되는 방식이 이들이 이와 동일한 비재생적 체험에서 인상되는 방식과 똑같다는 것이다. 즉, 이들은 현실적 체험, 즉 내적 의식의 통일체이다. 다른 한편 **이런** 방식의 재생은 재생의 원본성을 표현한다. 재생의 현실적 체험 안에서 그리고 이러한 수행하는 재생의 현실적 체험 안에서, 향함과 태도 취함의 모든 진행 과정은 '인상'에서와 '똑같이' 수행된다. 다만 이 모든 것은 이를 관통하는 재생의 변양 속에 있을 뿐이며, 이 변양을 통해 이 모든 것이 어떤 것의 재생이 될 뿐이다.[15] 〔재생에서〕 모든 수행은 흡사 수행이지만 재생 자체는 현실적 체험으로서 현실적 수행함이라는 성격을 지닌다. 이것과 비교되는 것은 재생이 '내 영혼의 배경에' 떠오르는 방식인데, 나는 여기에 생생하게 관여하지 않고, 생생한 상상-자아로서 이 모든 것을 상상 방식으로 수행하지 않는다. '생생함'은 여기에서 재생의 방식으로부터, 이러한 수행하는 생생한 재생함으로부터 발원한다는 고유성을 뜻한다. 이러한 생생한 재생함과의 연관 속에서 이제 온갖 배경-표상, 배경-판단 등이 등장한다. 이것은 재생 속에서 현실적으로 '수행되지' 않으며,[16] 내가 전혀 수행하지 않으면서 생생하게 재생하지 않고 있을 때와 유사하게 의식된다. 더 정확히 말하면, 내가 가령 지금 여기 나의 주위의 현실적인 세계에 향해 있는데 유사한 표상, 판단 등의 재생이 등장할 때와 유사하게 의식된다. 다만 의식 안에서의 연관 성격이 다를 뿐이다.

∴

15 여기에서 나는 다음을 연결시켰다. 1) '본래적이고' 명시적인 수행, 2) 작용의 **재생**, 3) **비정립적** 재생. 이들 안에 놓여 있는, 사태연관의 상상 등이 수행된다.

16 '본래적으로'라는 말은 또 다른 의미이다.

5) 생생함은 또한 직관성, 명석성일 수 있지만 여기에서는 이것이 문제가 아니다. 어려운 문제는 **시선 향함** 혹은 향함, 그것도 한편으로는 주의, 다른 한편으로는 때로는 상상되는 것을 향하는 현실적 태도 취함이다. 더 정확히 말하면 다음과 같다.

내가 재생에 침잠한다면 나는 대상에의 지속적 향함을 수행하면서 대상에 이러저러한 태도를 취하거나 '한갓 사고하기만 한다'. 하지만 이 모든 것은 상상의 세계에 속한다. 하지만 이러한 세계와 현실적 세계는 연결될 수 있는데, 이는 재생이 바로 현실적 체험이라는 상황 덕분이다.

내가 재생을 수행의 방식으로 체험하는 한에서, 나는 상상하고 기억을 수행한다. 그러나 이것은 또한 다음과 같은 방식으로 이해할 수도 있다. 현행적 자아, 즉 그 자신을 현행적 인상 속에서 의식하는 자아는 자신이 상상되는 자아와 하나임을 안다. 그리고 이제 인상적이고 현실적인 자아로부터 주의의 빛살, 태도 취함의 향함이 나온다. 내가 상상에 침잠한다면, 거기에서 지각하고 판단하고 행동하는 자아는 상상-자아이고 따라서 재생되는 것(재생의 대상)이며, 이는 거기에서 언급되는 작용이 그러한 것과 마찬가지다. 그러나 내가 현실과 상상에 동시에 산다면, 추상적으로 말해서 이중적 자아, 현실적 자아와 재생적 자아가 거기 존재한다. 두 개의 자아는 물론 어떤 식으로든(어떻게 그러한지는 더 상세하게 탐구할 과제이다) 하나로 정립된다. 상상-자아로부터는 상상-주의(상상되는 주의)나 온갖 상상되는 태도 취함이 나오고, 현실적 자아로부터는 현실적 주의, 현실적인 태도 취함이 나온다.

그리고 여기에서 다음에 유념해야 한다. **현실적 주의가 상상되는 주의와 더불어 갈 수 있다는 것**, 현실적 주의 속에 있는 **현실적** 태도 취함이 상상되는 대상을 향할 수 있다는 것, 그리고 상상 태도 취함과 합치할 수도 있고 그것에 반대할 수도 있다는 것 등이다. 이것은 근본적인 사실이다. 이러한 사실을 언제나 염두에 두어야 한다.

따라서 나는 상상, 재생 속에 살면서 내가 인상 속에서 수행하는 모든 작용을 (재생적으로) 수행할 수 있다. 나는 재생 속에서 지각할 수 있고 판단할 수 있고 느낄 수 있다. 나는 그 안에서 지각을 반성할 수 있고 지각 안의 믿음 등을 반성할 수 있으며 그 안에서 한갓된 상상을 수행할 수 있고 그 안에서 가령 그림을 그저 감상할 수 있다. 내가 재생에 침잠하는 동안에 이 모든 것을 할 수 있다.[17] 하지만 또한 나는 현행적 자아, 몸소 있는 자아로서 상상되는 것에 몰두할 수 있다. 나는 거기에 태도 취함을, 현실적 태도 취함을 할 수 있다. 혹은 태도 취함을 '중단할 수 있다'. 나는 또한 현실적 자아로서 상상-지각 속에서 반성을 실행하거나 상상-확신을 배제할 수 있다. 상상-감정을 배제하고 그것의 내용이었던 사태에만 단순히 주의할 수 있다. 그때 주의함은 현실적 주의함이고 현실적 표상함(단순한 관찰)이지만 동시에 상상-표상함이다(배제함이 동시에 상상 속에서의 배제함인 것과 같이, 이것은 상상 속에서 표상함이다).[18]

그리고 만약 내가 현행적 자아로 태도를 취한다면, 다음과 같은 일이 가능하다. 나는 상상-자아로서 가령 상상 판단을 발화할 수 있다. 가령 5 × 5 = 25라고 발화할 수 있다(나는 재생 속에서 계산한다). 그리고 나는 현행적 자아로서 이것과 일치하여 마찬가지로 판단할 수 있다. 향함의 빛살과 그

••
17 즉 나는 본래적(명시적) 방식 **안에서** 체험 재생(비정립적이거나 정립적인 상상), 지각 재생, 판단 재생, 감정 재생 등을 수행한다.

18 여기에서 마치 정립 없는 상상이 문제인 것처럼 말했다. 다음에 유념해야 한다. 현실적으로 기억되는 것과 내가 그런 작업을 통해서 끌어들이는 것, 때로는 정립되지 않지만 가정립되는 상상을 토대로 끌어들이는 것, 나아가 보존되는 최초의 상상인 것과 새로운 작업이 끌어들이는 것(의 구별에 유념해야 한다).

것의 진행 과정(부분빛살)은 현실적 향함이면서 동시에 이것과 통일되어 상상 향함의 빛살이다. 태도 취함에서도 마찬가지다. 똑같은 주의(이중적 주의)에서 나는 (예를 들어 2 × 2 = 5의 경우에서와 같이) 이에 대항하는 태도를 취할 수 있다. 그때 나는 상상−태도 취함과 더불어 현실적인 대항 태도 취함을 가진다.[19] 후자는 재생적 태도 취함과 명확히 구별된다. 현실적인 세계로, 인상적인 것의 영역으로 어떤 다른 세계가 분명하게 들어와 속한다. 나는 대항 태도 취함을 생생하게 수행할 수 있고 억제할 수도 있다. 나는 상상 판단을 수행하지만, 현행적 자아로서 판단되는 것 혹은 지각되는 것 등으로 현실적으로 향하는 빛살 속에 있다. 나는 상상 형상을, 상상−진술되는 것(거기에서 내려지는 판단) 등을 주시한다. 나는 현실적 자아로서 단지 관찰하는 자세를 취하지만, 상상−자아로서 지각하고 판단하는 등이다. 또한 내가 상상 속에서 거기 속한 변양을 실행하는 동안에 상상−태도 취함을 배제한다면, 나는 상상 속에서 한갓된 관찰만 가진다. 하지만 그때 대상은 다양하다. 현행적으로 나는 순수하게 관찰하면서 상상되는 것을 향한다. 따라서 '지각되는 것', '판단되는 것', '원해지는 것', '행해지는 것', 상상 속에서 내려지는 판단, 품기거나 발화되는 소원, 실행되는 행동을 향한다. 다른 경우에 나는 한갓된 "S는 p이다"를 향하는데, 이는 한 번은 판단되는 것이고, 두 번째는 원해지는 것이고, 세 번째는 결정의 내용 등이다. 하지만 나는 또한 현실적으로 한낱 "S는 p이다"를 향할 수 있지만, 그때는 상상 속에서 '태도 취함'의 배제를 수행해야 한다.

..

19 따라서 우리는 체험의 정립적이거나 비정립적인 재생의 토대 위에, 즉 이러한 재생에 정초해서, 새로운 작용, 즉 본래 이것과 합치하는 작용, 그것도 정립하거나 정립하지 않는 작용을 가진다.

만약 내가 '상상을 토대로' 양 측면에서 **이념화**를 수행한다면, 나는 한 번은 (판단함이 아니라) 판단 이념, (소원함이 아니라) 소원 이념을 얻을 것이고, 다른 경우에는 명제적 내용(명제-내용) 이념을 얻을 것이다. 우리는 모든 이러한 차이에 완전히 통달해야 한다. 그리고 당연히 상상 속에서 이념화를 수행하는 것과 현실적 이념화를 (현실적으로) 수행하는 것은 다른 것이다. 분명히 필연적인 본질 법칙적 연관이 존재한다. 상상 속에서의 충전적 이념화, 충전적 파악, 모든 종류의 인식, 그리고 마찬가지로 모든 '충전적 태도 취함' 일반은, 내가 현행적 자아를 작동시키는 즉시 필연적으로 곧바로 [상상 속에서의 태도 취함과] 똑같은 **현실적** 태도 취함이다.

보충

나는 다음을 간과했다. **재생되는 것에 대한 현실적 태도 취함**은 내가 현행적 자기의식을 가지고 있다는 것, 내가 나의 재생함과 함께 현행적 세계 속에 있다는 것, 나아가 내가 그것을 의식하고 있다는 것, 그리고 이제 현행성의 빛살이 이 현실적 세계로부터 상상 세계로 나아가고, 나로부터, 나의 순수하게 현행적인 자아로부터 재생되는 것으로 나아간다는 것을 뜻할 수 있다.

그러나 다른 한편 객관적으로 보아 재생의 체험이 자아, 현행적 자아의 현행성 영역에 여전히 속하고, 모든 현행성이, 즉 재생되는 것에 관계하는 모든 현행성까지 여전히 순수 자아에 기초하더라도, 이것은 반성의 이념적 가능성을 표현한다. 사태는 다음과 같을 수 있고 또 대개 다음과 같다. 나는 기억에 침잠하면 현실적 세계에 대해, 나의 현실적 자아에 대해, 즉 현행적 현재 세계에 대해 아무것도 '알지' 못한다. 나는 단지 기억되는 것에 대해서만, 나에게 거기 현출하는 것과 그것의 가장 가까운 시간적 주변에 대해서만 안다. 하지만 재생되는 것은 그 자체로 '현행적으로', 본래적으로 '존재하는 것'으로서 의식된다. 물론 당연히 더 자세히 보면 '있던 것'으로 드러나는 존재이다.

d) 어떤 종류의 변양이 현행적 태도 취함 없는 재생을 현행적 태도 취함을 지닌 재생으로 변화시키는가?―다양한 의미에서 '현행적 태도 취함'을 내포하는 재생―상상되는(재생되는) 지향의 기지(旣知)의 성격 ―재생 자체에서 유래하지 않는 태도 성격―모든 지향적 체험을 태도 취하는 체험과 태도 취하지 않는 체험으로 간주하는 시도에 대해

(1912년 4월 7일 집필)

이제 다음을 분명하게 하는 것이 중요하다. 즉 **현행적 태도 취함 없는 '재생'**[20]이 현행적 태도 취함을 지닌 재생으로 변화되는 변양은 어떤 종류의 변양인가? 이 사태를 다음과 같이 표상할 수 있겠는가? 즉 순수한 재생은 그 자체로 독립적으로 존재하는 것인데 다만 '현행적 주의의 빛살'이 두 번째의 것으로 첨가되고 결합한다고, 그리고 때로는 그것(현행적 주의의 빛살)과 엮인 현행적 태도 취함의 '층'이 그것과 결합한다고.[21]

우선은 다음과 같은 차이에 유념해야 한다. 재생은 다양한 의미에서 '현행적 태도 취함'을 지닐 수 있다. 1) 그것이 **기억**인 한에서 그러하다. 즉,

..

20 나는 현행적 태도 취함 없는 재생이라고 말한다. 그것은 어떠한 존재도 정립하지 않으며, 따라서 상상되는 것에 어떠한 양상화된 정립과 어떠한 감정 정립도 관계하지 않는다.
21 후자가 매우 중요하다.

재생 자체가 인상의 재생이고, 이 점에서 그것은 현행적으로 정립하는 것일 수 있다. 외적인 직각 체험이 (지각이라 부르는) 어떤 상황에서는 지각되는 것을 현행적으로 정립하는 것과 같이, 재생 체험은 어떤 경우에는 재생되는 것을 현행적으로 정립한다. 우리의 표현 방식에서 재생은 '외적인 것'이 아니라 '내적인 것'의 재생이다. 일차적으로 모든 재생은 (직접적으로) 인상의 재생이다. 즉 현행적인 내적 시간의식 속에서 통일체로 구성되는 체험의 재생이며, (통일체로서) 지각, 판단, 감정 등의 재생이다. 그리고 정립하는 직각에서 직각되는 개체적인 외적 대상이 현실적인 것으로 의식되는 것과 마찬가지로, 정립하는 재생에서는 개체적인 내적 대상이 현실적인 것으로 의식된다. 따라서 각각의 경우에 재생되는 판단, 감정, 지각 등도 현실적인 것으로 의식된다. 그러나 재생에 침잠한다는 것은 본래 지각함을 비롯한 지향적 체험에 침잠하는 것과 같은 의미에서, 즉 지향적 대상을 향한다는 의미에서 거기 침잠하는 것은 아니다. 오히려 우리는 '재생을 수행하면서', 재생되는 지향적 체험의 대상을 향한다. 흡사 지각하고 흡사 판단하는(상상 '속에서' 판단하는) 등이다. 만약 이러한 대상과의 관계를 재생적인 지향적 관계 혹은 상상 관계라고 부른다면, 우리는 이것에 침잠하며, 따라서 정확히 말하면 상상, 상상−판단함, 상상−지각함 등을 수행한다.

여기에서 다음과 같은 점을 예의 주시해야 한다. 우리는 상상−판단함이라는 말을 상상되는 판단이 아니라 이 판단의 상상으로 이해한다. 그리고 **상상**−의식작용이라는 말은 상상되는 의식작용이 아니라 의식작용의 상상으로 이해한다. 이것〔의식작용의 상상〕을 수행하는 것은 재생이라는 현실적 체험의 하나의 특수한 현행적 양상이다.

따라서 만일 재생하면서 흡사 판단하고 이때 내가 현행적으로 거기 관여하여 이 판단되는 것이 시선 속에 있다는 의미라면, 더 이상 '**재생의 수**

행함'이라고 말하면 안 된다. 〔이때〕 나는 '**재생에 상응하는 상상**'을 수행하는 것이다. 이때 상상 개념은 넓게 잡아서, 개체뿐 아니라 모든 종류의 지향적인 것이 상상되는 것이다. (일상적으로 상상이 의미하는 것은 직관적 재생이다. 결국 이 말〔'상상'〕은 실제로 여기에서와 똑같이 넓게 사용되는 것이다!) 이제 더 나아갈 수 있고, 다음과 같이 확고하게 제시할 수 있다.

재생은 현행적으로 정립하는 것(재생 그 자체!)일 수 있다. 상응하는 상상에 침잠한다면, 상상–판단이든 상상–감정이든 상상되는 지향적인 것은 일반적 성격을 지닌다. 이 〔일반적〕 성격은 **기지(旣知)라는 성격** 외의 다른 것이 아니다. 따라서 그것은 "내가 일찍이 이미 판단했다, 일찍이 이미 지각했다, 일찍이 이미 즐겁게 느꼈다, 이 행동을 수행했다 등"의 색인(索引) 혹은 상관자이다. 그것은 여기에서 기지의 **규정적** 성격이다. 이것과 대립해서 일반적이고 유비적인 기지 성격이 있다.[22] 유사한 것을 나는 일찍이 이미 지각했다는 등이 그렇다.[23] 유사한 어떠한 것이 유사한 것을 '기억나게 하고' 유비화하고 구상화한다. 따라서 (허구물 내에서 어떤 다른 것을 구상화하는) 이미지의식의 이러한 근본 요소는 〔규정적인 기지 성격보다〕 더 일반적이다(어떻게 의식되든 간에 현실적인 것 등을 포함해 어떤 임의적인 것에서, 어떤 다른 기지인 것이 유사화되는데, 유비화하는 것도 이 유사한 것에 의거하여 '기지'이고 개념적 파악의 경우에는 기지의 유형이다).

2) 재생으로서의 **재생 자체에서** 흘러나오는 것이 **아니라**, 상응하는 상상되는 것(때로는 '기지의 것')을 향하는 현행적 태도 취함에서 흘러나오는 태

••

22 유비화(제시).

23 따라서 다음과 같은 사실이 의미된다. 기억은 유비화하는 제시가 아니고, 기억은 직접적인 영상으로서 그것에는 유비적으로 제시하는 영상이 대비된다. 그리고 유비적으로 제시하는 영상에는 기지의 두 번째 형식이 상응한다.

도 성격은 이와 전혀 다르다. 전자의 태도 성격을 통해서는 상상되는 것은 단지 인지된다(기지이다). 새로운 태도 성격을 통해서는 그것[상상되는 것] 자체가 (실은 처음으로) 태도 취함의 대상 혹은 내용이 되는데, 그것도 상상되는 태도 취함의 내용(상상은 태도 취함을 상상하지 가령 태도 없음을 상상하지 않는다)이면서 동시에 현행적 태도 취함의 대상이 되는 것이다. 따라서 나는 판단했음을 기억하며(정립하는 재생), 판단 자체는 기지의 것이라는 성격을 지닌다. 그러나 나는 기억과 더불어 거기에 태도를 취한다. 즉, 나는 여전히 판단을 고수한다. 나는 현실적으로 판단하면서 동시에 같은 의미에서 판단한다. 혹은 나는 현행적으로 거부한다.

　　매우 명백히 이것은 재생에 토대를 두지만(혹은 재생 위에 구축되지만) 재생에 비해 새롭고 그것과 **분리될 수 있는** 태도 취함이다. 전적으로 탈락할 수도 있는 이 태도 취함의 본질적 조건은 여전히 탐구가 필요하다. 재생이 기억하는 재생이든, 혹은 단지 상상하는 재생이든(혼합된 것이든 순수한 것이든) 그러한 태도 취함은 가능하고 때로는 다양한 양상을 취할 수 있다고 할 수 있다. 그것은 정립적이거나 감정적이거나 의지적이거나 동의(허용)이거나 거부(불허)이고, 이것은 때로는 다양한 확신의 양상에 있다. 특히 정립하는 상상이 토대이지 않은 경우에도 감정적 동의가 가능하다는 데 주목해야 한다. 내가 어떤 행동 방식을 상상하면서 그것을 비난하는 경우, 혹은 어떤 것에 대한 기쁨을 미리 상상하면서 이러한 기쁨에 공감하는 경우가 그러하다(일반적으로 **공감정립적** 태도 취함이라고 할 수 있을 것이다). 이러한 공감정립적 태도 취함이 단지 재생에 정초하여 그 위에 쌓이는 상부층을 이루는 반면, 본래적 기억의 태도 취함은 (당연히 체험으로서) 재생 자체의 본질적 구성요소에 속한다. 이와 유사하게 판단의 본질적 구성요소에는 믿음이 속한다. 혹은 지각 체험의 본질적 구성요소에는 인지가 속한다.

나는 모든 지향적 체험이 태도 취함(정립)의 체험이거나 태도 취하지 않음, 비정립의 체험이라는 교설을 관철하려고 시도했다. 혹은 오히려 모든 태도 취함에는 [그것의] '비현행성 변양'이 대응하리라고 생각한다. 하지만 이것은 애매하다. 현실적으로 태도를 취하지 않는 것이 공감정립적인 태도 취함 없이 태도 취함의 재생을 갖는 것을 뜻할 수도 있기 때문이다. 그러나 여기서 염두에 두는 것은 이것이 아니다. '정립적'이라거나 '정립'이라는 용어를 견지하되 이 용어를 사실에 근거해서 정의하는 것이 최상이다. 판단함에는 "S는 p이다"[24]라는 단순한 사고가 상응한다. 추측함에는 추측함으로 들어가 사고함이 상응한다. 즉, 태도 취함으로서의 추측함이 아니라 추측함으로 '들어가 이해함'이 상응한다. 모든 곳에서 이러하다. 따라서 정립이라는 말을 특정한 긍정적 현상, 상응하는 정립으로의 긍정적 변양으로 이해한다. 이것이 전제된다면, 이러한 계열 안에 비정립하는 재생, 기억하지 않는 재생(당연히 공감정립 없는 순수한 재생)을 끌어들이는 것은 올바르다. 그때 우리는 그것[기억]은 (그 자체도 확실성의 양상을 가질 수 있는) 믿음적 태도 취함이라고 말할 것이다. 기억(기억하는 재생)이 확실한 기억이라면 그것은 (확실성의 양상에 있는) 외적 지각과 유사한 작용이다. 이것[외적 지각]에 대하여 이것의 비정립적 양상화로서, 정립적 태도 취함을 전혀 수행하지 않는(미수행하는) 순수 '가상'의식[25]을 대립시키는 것과 마찬가지로, 기억하는 재생에 대하여 상상하는 순수 재생을 대립시킬 것이다.

여기에서 여전히 무언가가 빠져 있다.

우리는 태도 취함을 수행된 태도 취함과 수행되지 않은 태도 취함으로,

24 (비정립).
25 =정립 없는 직각.

'우리가 거기 침잠하는' 태도 취함과 '거기 침잠하지 않는' 태도 취함으로 구분한다. 현행적 태도 취함과 잠재적 태도 취함이라고 말해도 되는지 아직 모르겠다. 이것과 결부되는 것은 '본래적으로' 수행된 태도 취함, 즉 명시적으로 수행된 태도 취함과 비본래적으로 수행된, 즉 암묵적이고 혼란스럽게 수행된 태도 취함의 차이이다.

다음과 같이 주장해도 되는가? 비정립적 체험, 혹은 비정립성 계기도 수행되거나 수행되지 않을 수 있다고, 본래적이고 명시적으로 수행되거나 암묵적으로 수행될 수 있다고 말이다. 나는 본래적 수행은 고사하고 어떠한 수행도 없이, 2 × 2 = 5라는 사고를 떠올리면서 가질 수 있다. 수행의 근본 요소는 사태연관을 향해 있다는 것인데, 나는 이미 이런 수행을 하면서도 '사고함'에 침잠하지 않을 수도 있다.

나는 여기에서 애매함을 느낀다.[26] 1) 내가 어떤 것을 사고하고 다른 것을 향한다면, 이 사고함은 '여전히 의식'되지만, 나는 더 이상 거기에 침잠하지 않는다. 이것이 하나의 측면이다. 이것은 모든 작용에 해당한다. 2) 하지만 작용을 '수행하지 않은 것', (태도 취함에만 해당하는) 태도 취함의 '배제', '중단', '억제'는 이와 다른 것이다. 이 후자는 명백히 새로운 것이다. 그것은 태도 취함에 일반적인 변양 중의 특정 변양이다. 모든 태도 취함에는 **중단된 태도 취함**[27]이 상응한다.

a) 따라서 작용에 침잠하지 않음은 따로 분리한다. 그것은 예를 들어 이론적으로 하나의 사태를 다루면서 동시에 그것이 마음에 들지만, 거기 침잠하지는 않는 경우에 등장한다. 이러한 '수행하지 않음'은 수행함(그 안에

· ·

26 여기서부터는 불안하다.
27 여기에서 나는 이것이 본래 무엇인지 의심스럽다.

삶)에 대비되며, 여기에서 수행함은 다시 주의하면서 수행함(일차적으로 수행함), (증명에 있어) 수행 속에 계속 견지함 등의 다양한 양상을 가진다.

b) 억제함, 배제함, 효력을 인정하지 않음(내가 거기 침잠하지 않는다면 감정은 결코 배제되지 않는다). 내가 판단 자체를 배제한다면 이를 통해 사태연관을 '한갓 표상'하는 것인가? 하지만 어떤 의미로는 추측 등을 배제하고 사태연관을 '주시하는' 경우에도 그럴 것이다.[28] 그리고 또한 다음의 경우도 가능하다.

c) 나는 사태에 대해 전혀 태도를 취하지 않았다. 따라서 배제할 것도 전혀 없다. 공감정립적 태도 취함이 없는 단순한 착상, 상상−판단 등. 그러니까 태도가 없는, 태도가 전혀 없는 체험이 존재하지 않는가?[29] 때로는 직각적 영역에서도 말이다. 이제 이러한 태도 없음이 무엇을 의미하는지가 문제이다. 태도 취하지 않음은 확실히 그렇다(태도 없음이다). 또 그것은 태도 취함이 먼저 있고 그다음에 중단되는 것이 아님을 뜻하고, 따라서 '태도 취하지 않음'은 '중단된 태도 취함'(태도 취함의 '억제')의 의미가 아님을 뜻한다. 또 여기에서 중단을 방해된 지향과 혼동해서는 안 되며, 판단 지향이나 믿음 지향이 그에 대항하여 작동하는 대항동기의 지향을 통해 추정 등으로 강등되는 것과 혼동해서는 안 된다.

일상어법에 따르면, 이입 사고함에는 사고되는 것을 주시함이 속한다. 이것은 태도 취함이 엄밀한 의미에서 태도 취하며 향함일 경우에, 수행하는 태도 취함에 주의가 속하는 것과 마찬가지이다. 태도 취함이 없는 재생

··

28 그것이 본래 무엇이어야만 하는지 의심한다. 완전히 새롭게 연구해야 할 것 같다.
29 비정립은 결여가 아니다. 그리고 '태도 취함'은 지금까지 늘 그랬듯이 '정립'으로 이해한다면, 작용에 덧붙여지는 어떤 것이 아니다.

에서도 이러한 주시함을 가질 수 있다. 하지만 우리는 이러한 주시함을 비본질적이고 어디에서든 가능한 것으로 배제할 수 있다.

하지만 '태도 취하지 않음'이라는 말에는 난점이 있다. 어떤 사태에 대해 태도 취하지 않음은 어떤 '의식되는' 사태에 대해 태도 취하지 않음을 뜻한다. 여기에서 다음과 같은 세심한 구별이 필요하다.

하나의 사태는 재생적으로 의식된다. 정확히 말하면 그것은 **상상되는** 사태이다. "내가 그것에 대해 어떠한 태도도 취하지 않는다"는 것은 이 사태에 대한 의식의 재생에 정초되는 현행적 태도 취함이 없다는 뜻이다. 태도 취함이 없다는 것은 여기에서 **결여**를 의미한다. 재생 자체는 현행적 체험이고 모든 재생은 **모든 현행적** 체험과 마찬가지로 태도를 취하는 것일 수도 있고 비정립적인 것일 수도 있다. 하나의 태도 취함은 **정초되어 있는** 경우에만 정말로 탈락할 수 있다. 태도 취함이 전혀 없이는 어떠한 지향적 체험도 존재할 수 없다. 더 정확히 말하면, 가장 기저에 놓인 태도 취함은 그에 상응하는 비정립적 계기로 교체되는 경우에만 탈락할 수 있다. 재생은 반드시 정립적이거나 비정립적이어야 한다. 한갓 상상하는 재생은 재생 자체가 어떠한 정립적 계기도 없다는 뜻이 아니라 다만 비정립적 계기가 있다는 뜻이다. 이와 반대로 재생 속에서 정초되는 공감정립적 태도 취함은 덧붙을 수도 있고 떨어질 수도 있다. 그리고 다시 이것은 떨어지는 대신에 그에 상응하는 비정립적 변양을 겪을 수 있고, 따라서 복합체와의 정초관계가 보존되어 남을 수 있다.

그래도 재생하는 경우 재생되는 것에 반드시 태도를 취해야 한다는 주장은 아니다. 내가 전적으로 재생적 상상에 침잠하고 현행성이 모조리 배제된다면 모든 공감정립함이 탈락할 것이다. 이것은 최소한 가능하다. 하지만 살아 있는 자아인 내가 현행성을 지닌 채 여기 있다면, 나는 곧 상상되는 것에 대해 이러저러한 태도를 취하거나, 아니면 태도 취함을 억제한 채 '한갓 사고하고' 한갓 이해하는 태도, 한마디로 비정립적 태도를 취할 것이다.

따라서 태도를 취하지 않고 한낱 상상에 침잠하고 한낱 상상한다는 것이 곧 '추정함', 사고함 등을 뜻하지는 않음을 이해할 수 있다. 중요한 것은 모든 태도 취함에는 비정립적 변양이 상응하고, 모든 태도 취함은 중단될 수 있으며, 그것(태도 취함)이 가장 아래 층위에 있다면 탈락할 수 없으며 이러한 변양 가운데 하나 안에 존재할 수 있을 따름이라는 것이다. 더 나아가 (기억이 아닌) 한갓된 재생은 비정립적 변양이라는 것은 옳을 것이다.

마지막으로 또 유념할 점은, 어떤 태도 취함의 중단과 비정립적 태도 취함은 양립 가능하지만, 하나의 유에 속하는 두 개의 현실적 태도 취함은 양립 불가능하다는 것이다. 그래도 이것은 잘못 해석될 수 있다. 비정립은 지향적 체험이므로 그 자체로는 가장 넓은 의미에서 정립이다. 그것은 '작용 성격'이며, 작용 성격의 모든 최상위 유에는 이러한 정립과 비정립의 쌍이 속한다. 모든 정립에는 비정립이 상응한다. 그리고 나는 정립에 침잠하고 정립을 수행할 수도 있고 비정립에 침잠하고 비정립을 수행할 수도 있다.

하지만 '중단'의 경우에는 어떠한가? 그것은 가령 근본적이고 본질적으로 새로운 것이고 비정립에 대비되는 것인가? 아니다. 그것은 그 자체로 비정립이고 (이 경우) 나는 판단을 억제한다. 그것은 "S는 p이다"를 사고하는 한 가지 방식이다. 비정립은 바로 두 가지 형식에서 일어날 수 있다. '은닉되고' '잠재적'인 정립이 (먼저) 있고 그다음에 반드시 중단되는 것이 아니거나, 아니면 그것(정립)이 중단된 형식으로 있다. 동일한 유에 속하는 두 개의 정립이 양립 불가능한 것처럼, 정립과 이에 상응하는 비정립이 수행에 있어서 양립 불가능하다고 하면 안 되는가? 하지만 정립이 비정립으로 변경될 수 있다는 독특한 점은 여전히 타당하다. 이는 정립이 잠재적이 되고, 주의의 빛살은 유지하는 가운데 정립이 비정립으로 교체되는 경우 일어난다.

*

여전히 나는 하나의 차이를 고려하지 못했음을 알게 된다.

1) 하나의 사태연관이 무실한 것으로 있지만 나는 무실의식을 중단한다(혹은 하나의 사태가 추측되는 것으로 있지만 나는 추측함을 중단한다는 것 등등). 내가 **이때 한갓** 사태연관을 사고하고 그것을 반복해서 한갓 사고함 속에서 '수행'할 수도 있다.

이와 마찬가지로 어떤 것이 허구물로, 무실한 가상으로 의식되거나 의심스러운 것 등으로 의식된다. 하지만 나는 이러한 태도 취함을 배제하는 무실의 수행함에 침잠하지 않고 그것을 한갓 사고한다. 즉 여기에서는 나는 그것을 한갓 관찰한다.

2) 이것 대신에 나는 추측의 비정립, 부정의 비정립 등을 수행할 수 있다. 추측함으로 들어가 사고함, 부정함으로 들어가 사고함. 여기에서는 이러한 변양이 앞서의 변양과 동일한 방식으로 일어나는지가 문제다.[30] 그래도 여기에서 다음과 같이 말할 수 있다. 내가 오늘 날씨가 좋을 것이라고

$$\vdots$$

30 다음 쪽을 참조하라.
후설이 가리키는 원고의 '다음 쪽'은 "다음을 나누어볼 수 있다"라는 말로 시작하는 다음다음 문단을 뜻한다.(옮긴이)

추측하는 경우 충분히 추측을 배제할 수 있는데, 그러면 이것은 "날씨가 좋을 것이다"를 〔한갓〕 사고함을 뜻한다. 하지만 어떻게 나는 추측을 배제하고 추측함으로 들어가 한갓 사고한다는 것인가?

이러한 일은 대체 어떻게 일어나는가? 나는 가령 우선은 "S는 p이다"라고 한갓 사고하고 그다음에 추측으로 들어가 상상하는 것인가? 여기에서 아직은 모든 것이 완벽히 분명하지는 않다. 여기에서 모든 이입 사고가 재생적 변양, 비정립적 재생을 전제하는가? 그리고 나는 재생되는 것(상상되는 것)을 향하지만 단지 상상하면서 그렇게 하는 것이 아니라, 현행적 가정립, '추측적으로' 사고함에서 그렇게 하는 것인가? 하지만 그렇다면 무엇 때문에 상상이 필요한가? 우선 나는 무실의식을 가진다. 어떤 허구물이 눈앞에 있다. 그다음 나는 포착의 시선을 무실함으로 향했다가 다시 이러한 정립을 변양할 수 있는데, 그러면 이제 나는 무실함을 사고한다. 그것은 매우 문제적인 사태이다.

다음을 나누어볼 수 있다.

1) 모든 '정립'에 대해 이념적으로 비정립이 존재하는가?

2) 만약 내가 단적으로 직관적인 작용이든, 정초되었다는 의미에서 태도 취하는 작용이든, 해당하는 정립, 해당하는 정립적 작용을 수행하거나 체험한다면, 나는 상응하는 비정립적 작용, 곧 비정립을 자의적으로 산출하거나 구축할 수 있는가? 그리고 '배제', '중단'이라는 작업은 여기 기여하는가? 때때로 일어나는 이러한 작업은 무엇인가?

3) 비정립과 영상화의 관계는 어떠한가? 특히 비정립과 재생적 영상화, 그것도 이미지 현시(유비화)로서의 영상화의 관계는 어떠한가?

a) 현행적 판단에는 그것의 **재생적** 변양, 즉 판단 상상(명료하거나 어두운 판단 상상)이 있다. 그리고 이러한 판단 상상은 현행적이거나 비현행적일 수 있다. 따라서 우리는 모든 판단에 대하여 이에 평행한 비현행적 작용으로서 '한갓된' 판단 상상을 가진다.

b) 하지만 다른 한편 모든 판단에는 자신의 직접적인 비현행성 변양이 있다. 어떠한 상상함도 아닌, "S는 p이다"라고 사고함. 이것은 지각, 가령 풍경에 대한 지각에 대해 한편으로는 〔그것의〕 비현행성 변양으로서 〔지각에서와〕 '정확히 동일한' 풍경에 대한 한갓된 상상이 있고, 다른 한편으로는 직접적 비현행성 변양이 있는 것과 마찬가지이다. 후자에서는 직각적 내용은 모두 보존되면서 모든 현행성이 결여(혹은 배제)된다.

나의 교설은 다음과 같은 방향으로 나아간다. 모든 유의 의식작용에는 현행성과 비현행성의 차이가 있고, **모든 유의 현행성은 태도 취함**(현실적 태도 취함)**과 같은 의미이며,**[31] 〔이에 대해〕 언제나 태도 취함 억제, 태도 취함 배제, 한마디로 비현행성 변양이 존재한다.

이 문제는 극히 난해하다. 모든 체험은 그 자체로는 내적으로 '표상되고' 내적으로 의식되는 체험이고, 표상 일반은 체험의 근본 유이기 때문이다. 그뿐 아니라 모든 체험은 표상을 위한 토대이거나 그것〔표상〕 위에 구축되는 판단을 위한 토대일 수 있기 때문에, 표상 영역 내부의 변양이 작용을 토대로 수행된 것인지, 아니면 작용 자체 내부에서 수행된 것인지 그때그

31 그렇다. 여기에서 태도 취함이라는 단어가 어떻게 사용되든지 간에 그것은 지향적 체험의 현행성, '정립' 외의 다른 것이 아니다.

때 반성적으로 분명하게 아는 것은 극히 어렵다. 게다가 분석할 목적으로 지속적으로 표상하고 반성하면서 작용, 작용 내용 및 상관자를 다루기 때문에 더욱 그러하다.

주의할 것: 나는 누군가 판단을 발화하는 것을 듣고 이해한다. 거기에서 나의 체험은 무엇인가? 감정이입은 고유한 난점이 있다.

비현행성이 어떤 식으로든 현행성과 양립 가능하다는 것, 원리적으로 후자(현행성)는 같은 현출 내용을 유지하면서 전자(비현행성)로 '변경'될 수 있다는 것은 옳은 듯하다. 그것을 '태도 취함 배제'라고 부른다. 모든 기억은 이러한 배제를 통하여 한갓된 상상으로 변경될 수 있다.[32]

마찬가지로 인상적 직관 영역 내부에도 현행성과 비현행성이 있다. 나아가 현행성에 대해서는 단적인 인상적 직관에서의 믿음적 변양, 즉 확신, 의심, 추정, 무실 등이 있다. 비현행성은 순수한 상상과 유비할 수 있다(그리고 한갓된 구상이 바로 **현행성 중단**을 표현한다면, 비현행성은 **어떤 구상 개념**을 형성한다). 따라서 순수한 이미지 관찰이 수행된다면, 모든 미적 이미지의식(이미지대상 의식)이 여기 속한다.

이제 모든 판단에는 그것의 비현행성 변양이 있다. 현행성은 **원본성**이라는 개념을 형성한다.[33]

판단은 원본적이고 본래적인 의미에서 현행적 판단작용이다. 그것의 비

---

32 변경이 아니다! 기억되는 것은 항상 자신의 존재 성격을 유지한다. 하지만 어떤 식으로 중단된다. 즉, 나는 인지함에 침잠할 수도 있고 그러지 않을 수도 있다. 그것은 지각에서와 정확히 마찬가지이다. 따라서 여기에서 현행성과 비현행성의 차이가 수행과 비수행(중단)의 차이와 **혼동**된다.

33 1) 한갓된 이해함, 수행되든 수행되지 않든 현행적 태도 취함 **없는** 한갓된 태도 취함. 2) 존재하는 태도 취함의 중단에서의 사고함. 이 두 측면에서 사태연관에의 현행적 향함은 공통적이다.

현행적 변양은 "S는 p이다"라고 한갓 사고함이다. 나는 〔"S는 p이다"라고〕 확신하는 경우에도 그렇게 할 수 있지만, 이때에는 오직 현행성 바깥으로 나와 판단을 도로 밀어내고 그와 동일한 내용 위에 한갓된 사고를 구축하는 방식으로 그렇게 한다.

*

모든 작용이 속하는 내적 의식은 독특하므로, 그리고 이 의식은 표상하고 인상하는 의식이고 그 자체가 자신의 재생적 변양을 가지므로, 모든 작용(모든 인지적 체험)에 대해 중층적인 비현실성 변양이 생긴다.[34]

e) 단적인 직관의 경우, 현실성 등의 성격을 지니는 것에 대한 '한갓된' 주의함이, 그것에 상응하는 태도 취함과 한갓된 '사고'를 수행하지 않고도 가능한가 ─ 주의 이론에 대한 반대 ─ 인상 영역에서 '비수행'의 다양한 의미, 재생 혹은 상상의 영역에서 문제의 암시

(1912년 4월 8, 9일 집필)

거기에서는[35] 다음과 같이 말했다. 현출하는 것은 현실적인 것, 추정적인 것, 무실적 존재, 마음에 드는 것, 아름다운 것 등의 성격을 가질 수 있다. 하지만 나는 이러한 성격 중 하나에 들어가 살지 않고 이에 상응하는 태도 취함을 수행하지 않으면서도 이 현출하는 것에 주의를 향할 수 있다.

∴

34 정립하지 않는 의식.
35 이 책의 부록 41을 의미한다. (옮긴이)

나는 '대상을 한갓 관찰한다'.

〔부록 41의〕 1)에 대하여. 여기에서는 I) 1) 현실적인 것, 추정적인 것, 2) 무실한 것 등과 II) 마음에 드는 것 등의 성격 규정을 서로 병치했다.

a) **단적인** 성격을 지니는 직관의 경우, 나는 현실적이거나 추정적이거나 무실함의 성격을 지니는 것에 **'한갓' 주의를 기울이면서도**, "이 중 하나의 성격으로 들어가 살지는 않고" (이제 대상이 될) 내용의 포착을 수행하거나 (가정립 내지 추정과 결부되는) 한갓된 '사고함'을 ('한갓' 주의함 이상인 어떤 새로운 것으로서) 수행하지 않을 수도 있는가?[36]

가령 기쁨, 슬픔 등의 **정초되는** 태도 취함의 경우에는 분명 이러한 차이가 존재한다. 즉, 나는 슬픔이나 기쁨이나 마음에 듦에 침잠할 수도 있지만, 〔대상을〕 지각하거나 사고하거나 판단하며 대상에 관여하고 '배경에서' 이런 감정을 체험하면서도 '그리로' 들어가 살지는 않을 수도 있다. (내가 감정에 침잠하는 경우) 감정-향함은 성격을 관통해 가지만, 그렇지 않은 경우에는 바로 이런 감정-향함이 없고 아무것도 이러한 성격을 관통해 가지 않는다. 따라서 이것은 확실하다. 하지만 여기에서 그 기저에는 작용이 놓여 있는데, 이 작용은 우리가 그 안에서 사는 기저의 태도 취함을 포함한다. 그러나 자신 아래에 〔작용의〕 태도 취함이 없는 〔감정의〕 태도 취함에 들어가 '살지 않음'도 있는가?

그러나 여기에서 다시 물음을 나누어야만 한다.

지금 단지 정립적 태도 취함이 문제일 때, 이 경우 방해받지 않는 태도

---

36 주의 이론에 대한 반대는 따로 분리하여 봉투에 넣은 원고를 참고하라. 그 외에 여전히 유념할 만한 것이 있다. 이에 대해서는 이어지는 쪽들을 참고하라.

취함을 가질 수 있다. 1) 그러면 **가장 단적인 믿음**을 가진다. 때때로 생기는 대항 경향에도 불구하고 믿음을 결정하는 것이 아니라 파악 경향이 방해받지 않고 수행되는데, 이것이 바로 가장 단적인 믿음의 성격을 규정한다. 이 경우 '한갓된' 주의함의 가능성은 어떠한가? 여기에서 어떤 식으로든 태도 취함이 떨어져 나가고 수행되지 않은 채 있을 수 있는가? 그러니까 대상을 향한 주의가 일어나는 경우에 그럴 수 있는가?

그러나 단적으로 믿어지는 것을 (한갓된 명제적 사고들이 상응할) 성질들에 따라 분석하는 판단과 마찬가지로, 여기에서도 동일 대상에 대한 한낱 사고함이 확립될 수는 없는가? 이 경우 그것은 어떠한 종류의 사고인가? 이 종이는 희다는 사고함(나는 그것(이 종이는 희다는 것)을 가장 단적인 믿음에서 본다), 그것은 믿음을 '수행하지 않고' "이 종이는 희다"를 한갓 주의한다는 의미인가?[37]

2) 더 나아가 단적인 믿음을 더 이상 갖지 않고, 경향과 대항 경향 사이의 대립, 즉 감(感)을 갖는 경우(대항 경향이 대항 현출 속에서 명석하게 견고해지지 않는 경우)는 어떠한가? 그러니까 다수의 직관적 가능성이 서로 대립하는 가운데, (우리가) 그중 하나의 가능성의 지반 위에 서고 다른 가능성은 이에 대항하여 '길항'하는 경우는 어떠한가? 부정함의 경우는 어떠한가? 그러니까 예를 들어 이 종이가 붉다고 가정립하지만 이에 대항하여 이 종이는 하얗다는 어떤 믿음이 가정립된 이것을 부정하는 것이다.

부정에서 이러한 가정립함은 바로 사고함, 따라서 분명 믿음과 동일한 종류의 작용이 아닌가? 나아가 '작용성격'이지만 가령 한갓 주의는 분명 아니지 않은가? 하지만 여기에서 '붉음'은 재생적으로 의식된다.

⋮

37 §원고(이 책의 유고 15) 참조. 단적인 직각적 믿음에는 어떠한 배제와 사고함도 존재하지 않는다.

나는 의심할 때, 특히 직각에 있어 의심할 때, 하나의 가능성의 지반 위에 설 수는 있어도 그 가능성에 침잠하면서 대항 가능성을 '수행되지 않도록' 할 수는 없다. 그래서 그것(대항 가능성)을 가정립하고 사고한다. 그것이 '한갓된 주의'가 아니라 바로 하나의 독자적 양상이라는 것은 분명하지 않은가? 내가 하나의 허구물을 갖는다면, 그리고 무실함에 대해서는 신경 쓰지 않고 단지 관찰만 한다면 이것은 정립의 작용성격과 평행한 하나의 독자적 양상이 아닌가?

각각 나름의 경향(방해받는 믿음 경향. 각 파악 경향은 믿음 경향인데, 방해받지 않으면 순수한 확실성이고 방해받으면 이미 이와 다른 복합적 양상이다)을 가진 다수의 파악이 서로 갈등하고 서로 부분적으로 침투하고 서로 방해한다면, 나는 이들 파악 중 어디에라도 침잠할 수 있다. 즉, 나는 말하자면 어느 파악에라도 들어가고 다른 파악에는 소위 발언권을 주지 않을 수 있다. 어떻게 그러한가? 미켈란젤로의 이 원형 부조[38]의 이미지대상을 감상할 때 나는 흰색이나 회색 아이, 그 몸, 그러니까 정신이 담긴 몸을 보는가? 여기에는 반박된다는 독특한 성격이 있는데, 그 배후에는 대리석 파악이 **잠재적으로**[39] 있다(그리고 근본적으로 보면 석고 파악이 있다. 대리석 파악 자체가 이미 이미지적이고, 두 번째 단계의 이미지인 것이다!).

여기에서 반박됨의 성격은 현실성에 의해 반박됨이라는 성격이고 이미지대상은 무실한 것으로 있다. 하지만 그것(이미지대상)이 무실함 성격을 완전히 본래적으로 얻는 것, 즉 **내가 무실함 의식을 완전히 본래적인 방식**

38 성모, 아기 예수, 아기 세례 요한이 새겨진 석고 원형 부조인 이른바 〈타데이 톤도(Taddei Tondo)〉를 가리키는 것으로 보인다. (옮긴이)

39 잠재적으로. '본래적' 수행과 비본래적 수행(전개되고 펼쳐진 수행과 펼쳐지지 않은 수행).

으로 수행하는 것은, 현실성 의식에서 이미지대상 의식으로 이행하고 바로 후자(이미지대상)의 의식의 파악 경향을 '무화'하고 '폐기'하는 데에 내가 침잠할 때이다. 오직 그때, 오직 이러한 이행 의식에서만 이미지의식은 무실함의 '본래적' 성격을 획득한다.[40] (서로 연관된 직각이 서로 일치하며 서로에게 이행하고 이때 반박되는 직각이 잠재적 배경에 있지 않을 때, 이 '일치한다'는 의식, 현실성의 의식이 생생해지고 본래적으로 드러나는 것과 마찬가지이다.) 무실함과 짝을 이루는 것은 의심스러움인데, 의심스러움 자체는 다시 오직 이행의식에서, 그것도 현실성 파악으로부터 불일치하는 파악으로의 이행의식이 아니라 방해받는 파악으로부터 (또 다른) 방해받는 파악으로의 이행의식에서 생긴다. 이를 통해 이 직관은 일치하는 직관이 되고, 다른 직관은 이처럼 '일치한다'는 통일적으로 확립된 것과 갈등한다. 확실성과 갈등하는 것이다. 이와 다른 경우에는 적대적으로 갈등하는 두 개의 직관 중 어느 것도 우위를 갖지 않는다. 각 직관은 동일한 정도의 '완전성'에서 주변과 일치한다. 각 직관이 일치함이라는 매개로부터 끌어오는 힘은 같다. 각 직관은 대립을 통해 한갓된 '가능성'으로 '완화된다'. 이 경우에도 나는 연관으로 들어가야 한다. 이 경우에도 나는 단지 하나의 파악에 들어가 살 수 있고 나머지 모든 것은 '잠재적'으로 된다. 그러면 현출하는 것은 가능성의 비본래적 성격을 가지게 되고, 대항 가능성은 심지어 아주 어두워질 수도 있다. 나는 '불일치의 감정', '다를 수 있다' 등의 감정을 가진다.[41]

그러나 이제 나는 **대항 파악**을 단지 잠재적인 것으로 만드는 것이 아니

∵

40 긍정, 부정, 의심 등은 연관 성격이며, 서로에게 이행하는 가운데 연속적이고 종합적으로 등장한다.

41 하지만 다양한 경우가 있다. 공존 연관 속에서의 갈등과 통일, 연속의 현출 연관 속에서의 갈등과 통일.

라 다음과 같은 의미에서 배제할 수 있다. 즉 나는 그것에 대해서 더는 신경 쓰지 않고 따라서 불일치 의식에 대해 신경 쓰지 않은 채 파악 속에서 나에게 주어지는 그대로 현출하는 것을 '주시한다'. 물론 이제 나는 불일치를 느끼고 거기 침잠하는 경우에도 (따라서 소위 은닉된 대항 경향에게 은밀하게 발언권을 주는 경우에도) 그것(현출하는 것)을 주시한다. 하지만 여기에서 문제는 그 이상이다. 결정함 없이, 태도 취함을 '수행함' 없이(즉 바로 그것(태도 취함)에, 가령 의심 의식 혹은 무실함 의식에 침잠하지 않고), 나는 현출하는 것을 그냥 받아들이고 주시하고 관찰하며 나아가 기술한다. 이는 그것이 거기 존재하는 태도 취함을 **작동 중지시키는** 변양된 의식이라는 뜻이다(그래서 자유롭게 행하는 경우에는 '억제'라고 말한다). 이러한 작동중지는 앞의 의미에서의 단순한 **잠재성**, 즉 '비본래적' 태도 취함, 비명시적 태도 취함, 단지 요구된 연관으로 이행하지 않는 태도 취함이 아니다. 그것은 태도 취함의 참된 **배제**이자 억제이며, 이와 동시에 작용의 수행, 즉 태도 취함 억제를 포함하는 작용의 수행을 의미하기도 한다. 나는 '한갓 표상하지만', 태도를 취하지는 않는다. 이러한 **비정립**의 수행에서도 나는 진술할 수 있고, 해명, 술어화, 관계 짓기 등을 수행할 수 있다. 이 모든 것은 비정립적으로 변양된 작용이다(경우에 따라 비정립적으로 변양된 '명증'으로서 이것은 적절한 변화를 거쳐 현실적 명증, 정립적 명증으로 이행할 수 있고 본질적으로 이행할 수 있어야 한다. 또 비정립적 작용이 어느 정도로 비판과 규범 아래에 놓이는지도 숙고해야 한다).

따라서 '비수행'의 다양한 의미를 관찰해보자.

α) (비수행의) 한 가지 의미는 **비정립**에 관련된다. 이것(비정립)은 우리의 사례에 있어서 지금 머물러 있는 여기 이 영역에서는, 현존하는 태도 취함의 '억제'로 주어진다(결정의 억제는 본래 이것과는 다른 것일 것이다). 그리고

이것은 이러한 태도 취함의 기체와 연관된 하나의 독자적 작용성격을 의미한다. 이러한 사실은 나에게 여기에서 전혀 의심스럽지 않다. 그리고 여기에서 비수행을 통해 태도 취함은 배제되지만, 한낱 주의가 있을 공간은 없고, (마치 배제가 태도 취함의 한갓된 작동중지를 뜻하므로 [이런 배제 후에도] 한갓된 주의는 계속 남는다는 듯이) 이 기체에의 주의를 말하자면 격리할 공간은 없다. 그러나 여기에서 실은 태도 취함의 변양이 일어나고 있음이 분명하게 드러난다. 이 변양은 동일한 기체와의 관계에서 독자적 작용 성격을 동반한다. 이때 이 작용성격 자체는 태도 취함이 아니다.

여기에서 다음을 날카롭게 숙고해야 한다. 내가 무실함이나 의심스러움에 신경 쓰지 않으면서 현출하는 것을 주시하고 기술한다면 사실 두 가지를 가진다. 우선 일종의 '배제', 내가 늘 말했듯이 일종의 부정함이나 의심에 침잠하지 않음을 가진다. 다른 한편 두 번째는 관찰함, 비정립으로서의 '한갓된 표상'이라는 새로운 방식으로 기체와 관계함이다.

β) 방금 서술한 비수행, 태도 취함에 침잠하지 않음은 바로 부정이나 의심 안에서, 그 안에서 그와 함께 [무언가에] 향해 있지 않음을 뜻했다. 그리고 그것은 **동시에** 어떤 방식으로 작동 중지함을 뜻했는데, 이 방식의 긍정적인 대응 부분은 '한갓된' 표상, 비정립에 있다.

이제 또한 (우리가 다시 거기 침잠하는) 비정립을 수행하지 않고도, 태도 취함에 침잠함으로부터(그 안에서 그와 함께 향해 있음으로부터) 비수행으로, 그 안에서 거기 침잠하지 않음으로 **이행**할 수 있다. 주의를 철회하고 다른 대상을 향할 때도 그러하고, 이미지대상을 향하는 태도로부터 석고로 이루어진 사물을 향하는 태도로 이행할 때도 그러하다. 이미지대상에 침잠한다면, 이미지대상 파악을 수행하되 이 수행은 이미지대상 파악이 방해받는다는 성격에서 일어난다. 우리는 석고 대상 파악을 수행하되, 이 파악의

('일치한다'는) 현실성의 성격에서 수행하지 않는다. 그리고 이러한 성격 규정은 태도 취함이다. 우리는 수행되지 않은 작용의 기체를 향해 있지 않으며, 거기에서 비정립이라는 말은 성립하지 않는다. 수행되지 않은 작용은 '잠재적'으로 있는 것이지만, 거기에는 어떠한 비정립도 존재하지 않는다. 잠재성의 '배경'에서는 '억제'나 '배제'와 같은 것도 일어나지 않는다.

따라서 이것은 **비수행의 두 번째 개념**이다. 따라서 비수행은 **잠재성**에 있다. 혹은 더 나은 표현으로는, 우리의 예에서 모종의 잠재성, 즉 은닉된 파악, 함께 태도 취함의 현존이 역할을 하고 있다는 것을 본다. 하지만 또한 우리가 침잠했던 작용 속에서도 하나의 태도 취함을 가졌다는 것, 그리고 이 태도 취함은 은닉된 태도 취함과 연관되었다는 것을 본다. 이 태도 취함은 자신의 연관과 더불어 '배제되는데', 이는 같은 기체에 '한갓 관찰함', 비정립이 관계했기 때문이다. 이때 [비정립은 정립과] 동일한 기체의식의 수행이지만, 이것은 격리된 채로 이루어지는 것이 아니라 태도 취함을 대체하는 것으로 이루어진다. 이 태도 취함은 배제된 채로 여전히 있었으나, 우리는 그것의 기체에는 향해도 그 안에서 향하지는 않았다. 향함의 기능 속에서 비정립이 그것 대신에 자리를 차지한다. 비정립 안에서 그리고 비정립과 함께 우리는 기체를 향했다.

[한편으로] '의심스러움'이나 '무실함'이 비정립으로 변양되는 작용에서 겪는 퇴행, 즉 기체에의 주의는 보존됨에도 불구하고 태도 취함이 향함의 기능으로부터 퇴행하는 것과 [다른 한편] 잠재적 작용이 의미하는 비수행 간에도 커다란 차이가 있다. 따라서 나는 대상이 마음에 들고 그것에 주의를 기울이기는 하지만 마음에 듦 속에서 그것을 향하지는 않을 수 있다. 그러나 또한 나는 마음에 듦을 포함하는 어떤 잠재적 작용을 체험으로 가질 수 있는데, 여기에서는 대상의 향함(주의)이라는 말이 전혀 성립하지 않

는다. 예를 들어 내가 모임에서 누군가와 별로 중요치 않은 일에 대해 담소하고 있지만, 본질적으로 나의 의식은 사랑하는 어떤 사람이 거기 있음을 통해 규정되고 있는데, 아마 나는 심지어 그 사람을 기쁜 마음으로 '보고 있지만' 주의와 향함은 없이 그러는 것이다.

따라서 **잠재성**이라는 개념은 엄격하게 파악해야 한다. 우리가 (마음에 듦 자체가 아니라) 어떤 작용에 있어서 주의를 기울이며 향하는 사태가 마음에 든다는 감정은 '수행'되지 않는다고 해서 꼭 잠재적이지는 않다. 어쨌든 이 차이를 명심해야 한다. 또 일차적 수행과 새로운 작용으로의 이행에서 보존되는 여전히-수행함의 차이도 명심해야 한다.

가장 나은 표현은, 모든 종류의 작용에 침잠함을 '수행'이라고 말하고, 태도 취함의 수행, 즉 그 안에서 그와 함께 향해 있음, (여전히-수행함에서처럼 어둠 속에서일지라도) 향해 있음에 대해 말하는 것이다. 이것이 비수행이라는 말을 규정한다. 이와 반대로 '억제'나 '배제'에 대해서는 바로 비정립을 동반한 배제라고 말하는 것이다.

b) 이제까지는 단지 제한된 사례 영역만 다루었다. 본래 오직 **직각** 및 직각과 직접적으로 결합한 정립만 다룬 것이다.

여기에서 태도 취함 없는 한갓된 직각적 현출에 대해, 혹은 정립의 배제와 결합하지 않은 비정립에 대해 말하고자 한 것은 아니다. 비정립은 이러한 배제와 분리될 수 있는가? 유의할 점은 여기 직각 영역에서 그렇다는 것이다. 자유로운 경향도 아니고 방해된 경향도 아닌 직각적 파악, 즉 순수한 가상이면서 허구물은 아닌 것이 가능한가? 당연히 불합리하다.

(예를 들어 입체경 이미지처럼) 하나의 이미지가 시각적으로 무엇과도 갈등하지 않고, 직각적이고 시각적으로 아무것도 그것에 반대하지도 일치하지도 않을 수도 있다. 하지만 이것은 의미 있는 가능성인가?

532

이제 **재생 혹은 상상**의 영역으로 건너가보자.[42][43]

여기에는 태도 취함을 가진 작용의 재생이 있고, 인상적 영역이 제공하는 모든 사건에 관한 재생이 있다. 그리고 여기에는 재생의 수행이 있는데, 이것은 우리가 재생되는 작용과 태도 취함을 단지 재생하는 것이 아니라, 그것을 흡사 수행한다는 것이다. 이것은 현행성으로 이해된다. 즉, 우리가 상상하면서 지각하고 판단하는 등 '활동'하지만 단지 흡사 그렇게 하는 생생한 상상함으로 이해된다. 여기에서 다음의 차이를 발견한다. 한 번은 상상하면서 '활동'하고 상상을 수행하지만 완전히 상상 세계에 침잠해 있다. 다른 경우에는 현행적 세계에서 현행적으로 살고 현행적 자아로서 거기 있으면서 상상세계와 관계 맺고, 현행적 태도 취함이나 이에 상응하는 비정립 속에서 그것(상상세계)에 현행적으로 향한다.

이러한 현행적 향함에서 재생되는 향함의 기체에 대해 공감을 정립하거나 반감을 정립하면서, 혹은 동의하거나 거부하면서 관계할 수 있고 그런 태도를 취할 수 있다. 따라서 여기에는 항상 이중적인 것이 있다. 즉, 인상적(즉 공감정립적) 향함이나 태도 취함과 재생되는 향함이나 태도 취함이 있다. 주의도 현행적 주의이거나 재생되는 주의라는 이러한 의미에서 이중적이다. 그것은 물론 '삶'의 양상이다. 하지만 이러한 공감정립적 관계함과 작용과 향함의 공감정립적 수행에는 공감정립적 **태도 취함**이 없을 수 있다. 나, 현행적 자아인 나는 상상의 놀이를 뒤쫓으면서 즐거워한다. 상상함은 나를 즐겁게 하지만, 더 나아가 상상되는 것에 대해 나는 어떠한 태

42 (그리고 더 정확히는 직접적 재생의 영역, 따라서 도상이나 상징의 재생이 아닌 영역).

43 이제까지는 물론 본래적 이미지대상 의식(도상의식)이 아니라 허구물 의식과 그에 속하는 이미지대상 의식에 관해 말해왔음은 지적해야 하겠다.

도도 취하지 않는다. 무엇보다도 존재와 비존재에 관련된 어떠한 태도도 취하지 않는다.

무엇이 여기에 놓여 있는가가 문제이다.[44]

f) 판단작용과 감정작용이 그 기저의 수행된 상상에 대해 적합하거나 부적합함. (기억을 포함해서) 상상은 1) 현실적 태도 취함이나 2) 현실적이지만 변양된 태도 취함이나 3) 태도 취함의 현실적 '가정립', 한갓된 '사고' 변양을 정초할 수 있다

(1912년 4월 9일 집필)

기억 혹은 자유로운 상상을 현행적으로 수행한다는 것과 수행된 상상을 기초로 해명, 수합, 비교, 구별, 온갖 관계 짓는 작용을 수행하는 것은 서로 다른 것이다. 이와 같은 작용에 대한 상상, 특히 이와 같은 작용에 대한 기억을 수행하는 것과 상상을 토대로 이러한 작용을 현실적 작용으로 수행하는 것(이것은 이러한 비교 작용을 상상하는 것이 아니고, 그러한 관계 짓는 체험과 그것의 대상 및 사태연관을 기억하는 것이 아니다)은 서로 다른 것이다. 따라서 상상을 토대로 술어적 판단을 수행하는 것, 그리고 술어적 표현으로 인도하고 이보다 앞서 해명적이고 술어적인 전개로 인도하는 판단을 수행하는 것은 판단의 재생, 상상–판단의 재생을 수행하는 것을 의미하지 않는다.

이러한 사실은 중요하게 유념해야 한다. 여기에 평행하게 이미지의식에 기초한 해명, 수합, 관계 짓는 작용은 그 자체가 이미지 '안'에서의 작용,

••
44 1912년 4월 7일 원고(붉은색 표시)〔유고 15 d〕와 4월 10일 원고〔유고 15 g〕를 참조하라.

즉 구상화 작용이 아니라는 것을 추론할 수 있다.[45]

나는 할레 대학의 면담실을 기억한다. 나는 [기억 속에서] 거기에 늘어선 방을 세는 것을 수행한다. 그 방들의 크기와 형태 등을 비교한다. 매 단계마다 상상을 개별적으로 수행하지만, 매 단계마다 재생작용이 아닌 새로운 작용이 덧붙는다.[46]

(기억을 전혀 포함하지 않는) 수행된 상상을 토대로도 한갓된 표현함, 한갓된 해명함, 관계 지음, 개념적 파악함, 술어화를 수행할 수 있다. 거기에서 이중적 태도를 가질 수 있다. 1) 변양되지 않은 방식으로 상상되는 것 자체를 판단할 수 있다. 우리는 상상의 허구물과 그것(허구물)의 상관자를 눈앞에 가지고, 그것을 대상화하고, 이 상관자가 적합하게 표현되었다고 말한다. 가령 내가 거기에서 상상하는 것은 "혀를 내밀고 있는 어릿광대"라는 것이다. 이 표현은 상상되는 것 자체에 대한 적합한 표현이며, 내가 "그는 어릿광대이고 혀를 내민다" 등으로 말할 때와 같이 어떤 변양된 의미를 가진다. 이런 명제들은 따옴표 안에 놓인다.

2) 하지만 나는 상상과 상상되는 것 자체를 대상으로 정립하지 않으면서, 상상에 침잠하여 단순히 표현할 수도 있고 수행되는 상상에 그에 적합한 표현(해명 등)을 부여할 수도 있다. 이런 경우에 나는 상상의 성격을 지니지 않는 해명과 술어화의 변양을 수행한 것이다. 그것은 그 자체가 현실적으로 수행되는 작용인 상상을 기초로 수행되는 현실적 작용이다.

..

45 (이미지대상 의식이 아니라) 이미지의식은 이미지주제 의식 그 자체로서 가장 넓은 의미에서 상상의 작용이다.

46 하지만 또한 '태도 취함', 정립적 성격을 염두에 두지 않고 직각적으로 현출하는 것, 이미지대상 등을 기술하고 비교하는 판단을 내릴 수 있다. 마찬가지로 기억에서도 그렇게 할 수 있다(가령 의심은 염두에 두지 않으면서 의심 기억에서 그렇게 할 수도 있다).

그것은 어떤 사고함이 아닐 것이다. "어릿광대가 혀를 내민다"는 물론 현실적 판단함이 아니라 변양된 판단이고, 아주 확실히 판단─상상함(판단을 상상함)이 아니라 인상적 판단함이다. 상상 속에서 판단을 가진다는 것과 판단 상상을 수행하는 것은 명백히 다른 것이기 때문이다. 후자는 완전히 직관적으로 수행되는 사고함(현행적이지만 변양된 술어화)으로서, 그 기저에서 수행된 상상에 '명증하게' 적합하다. 이것도 중요한 통찰이다.[47]

이와 유사한 것이 다른 작용 종류에도, 가령 **감정작용**에도 가능하지 않은지 살펴보자. 나는 상상에 침잠하고 그 안에서 나에게 원시림이 현출한다. 한 남자가 바닥에 앉아서 딱정벌레를 찾고 있는데 갑자기 커다란 사자가 튀어나오고 그 남자는 유쾌하게 웃는다. 나는 이러한 일련의 상상이 경과하는 것을 표상하는 동안에 놀라움을 느끼고 아마도 불안을 느낀다. 이것은 일상적 의미에서의 불안이나 놀라움이 아니다. 그것은 물론 재생적 작용(상상작용)이 아니라, 현실적으로 수행되는 상상에 기초한 현실적 작용이다. 하지만 그것은 다른 측면에서 보면 '현실적 놀라움'이나 '현실적 불안'이 아니라 변양된 작용이다.[48] 그것은 변양된 술어화와 유사하게, 상상되는 것에 '적합하고' 그에 '일치하며', 변양된 술어화와 동일한 의미에서 변양된다. 변양된 소원도 마찬가지이다. 나는 상상 속에서 아름다운 여자를 그려내고 그녀의 사랑을 갈구한다. 나 자신과 나의 욕망을 상상하는 것이 아니다. 나는 이러한 '욕망'을 현행적으로 느낀다. 하지만 나는 그래도 전혀 존재하지 않는 이 여자가 나를 사랑해주기를 '현실적으로' 욕망할 수

----

47 만약 내가 상상체험의 성격 규정을 위해 그것을 활용한다는 사실만 도외시하면, 상상대상에 대한 모든 현행적 기술이 여기 속한다.

48 하지만 그것은 현실이 아니라 상상되는 세계에 관계된다는 뜻이다.

는 없다.[49] 그것은 다시 하나의 변양이고, 상상과의 '적합함' 속에 있는 변양이다. 나는 이 여자가 현실적으로 존재하기를, 그리고 그녀가 현실적으로 나와 연결되기 등을 현실적으로 그리고 변양되지 않은 채 욕망할 수 있다.

나는 이렇게 조화로운 **'적합한'** 작용 변양이 아니라 부적합한 작용 변양을 수행할 수는 없는가? 가령 사자의 사례를 들면, 나는 상상에서 거대한 누런 사자를 보고 그것이 작은 호랑이라고 '사고한다'. 나는 이것을 직관적으로도 수행할 수 있다. 이것은 새로운 상상을 수행하는 것이고 거기에는 새로운 표현이 적합하겠지만, 예전의 것〔상상〕은 '견지되고' '그것〔예전의 상상〕' 안에 있는 예전의 상상의 사자가 파악되고 정립된 채 계속 남아 있다. 그리고 이제 이 예전의 것이 새로운 상상에서의 작은 호랑이와 동일한 것으로 '가정립된다'. 가정립된 이 동일한 것과의 모순, 그리고 '다르다'는 본래적 의식이 생긴다. 달리 말하면, 이 동일한 것이 저 체험되는 충돌(다름의 겹쳐짐)에 부적합하다는 것이 생긴다.[50] 여기에서 '일치하지 않는다'는 의식, 믿지 않음의 의식이 필연적으로 생긴다. 하지만 그것은 변양된 믿지 않음이다.

다른 한편 나는 이 큰 사자가 작은 호랑이[51]라는 것을 비록 일치 안에서 직관적으로 만들지는 못하더라도 가정립할 수는 있다. 그리고 이것은 재차 현실적 작용이고 판단의 변양이다. 다만 이제는 명증적 적합성을 지니

··
49 현실의 욕구함은 아니다.
50 나는 사자와 작은 호랑이를 서로 겹쳐놓는다. 하지만 나는 그것을 동일한 것으로 '사고한다'. 나는 동일성을 주어진 비동일성, 즉 다름과 겹쳐놓는다. 따라서 내가 기본적 가정립, 상상의 가정립을 견지하는 가운데 이것에 근거해서 충돌이 생기므로 이것은 의존적인 충돌이다.
51 좀 더 단순하게 말하면, 이 사자가 녹색이라고 할 수도 있다.

고 그 자체가 여전히 판단일 그런 판단 변양은 아닐 것이다.[52] 변양과 가정립에 놓인 소원 및 다른 작용도 마찬가지이다. 나는 사자가 평화로운 딱정벌레 수집가를 먹어치우기를 내가 원한다고 가정립한다. 내가 그러한 먹어치움을 상상한다고 가정해보면, 거기에 나의 동정함이 '일치'한다. 그리고 그것(동정함)이 유사적으로 등장하기 전에, 부정적 소원함(이 거기에 일치한다). 그러나 이제 나는 (이와 불일치되도록) 긍정적 소원함을 가정립한다. (내가 이것을 '직관적으로' 가질 수 없다는 것은, 상상 직관을 근거로 적합과 일치의 방식으로 이것을 현실적 소원으로 가질 수 없다는 의미와 다르지 않다. 이에 대해서는 명증적 판단이 가능하다.) 이러한 가정립함,[53] 소원에 들어가 사고함은 바로 이 내용을 가진 소원의 재생이 아니다. 본래 나는 그것을 전혀 재생할 수 없고, 단지 그러한 불일치하는 소원의 가정립만 재생할 수 있기 때문이다. 시도할 수 있는 것은 기껏해야 다음과 같을 것이다.[54] 나는 어떤 다른 소원을 상상하고, 그것을 근거로 A가 원해진다고 포착하며, 이제 판단 변양에서 (사자가) 그 남자를 먹어치움을 원한다고 가정립한다. 하지만 내가 (사자가 그 남자를) 먹어치움을 원한다고 사고하고 그리로 들어가 사고할 때는 이와 상황이 다름이 분명해 보인다. 마찬가지로 나는 현실적으로 어떤 것을 의문스러운 것으로 발견함 없이도 물음에 들어가 사고할 수 있다. 가령 상상을 근거로 어떤 것이 나에게 의문스럽지 않은 것으로 있는 경우에도, '의문스럽지 않은 것'이 상상의 내용과 일치를 이루더라도, 물음

··

52 그것은 가정립 변양이고, 두 번째와 세 번째 단계로 변양된다. 1) 변양된 파악 속에서 견지되는 상상. 이것은 가장 아래 단계의 직관적 가정립이다. 그다음에 이러한 변양된 지향(가정립하에서 일치의 첫 번째 변양)에 소원이 현실적으로 일치한다. 그리고 두 번째 변양에서는 소원 가정립이 이것에 대비된다.

53 이러한 가정립함도 변양된 작용이다.

54 '녹색의'처럼 '소원된다'도 겹쳐질 수 있다.

에 들어가 사고할 수 있다.

이리하여 여기에 어떠한 주목할 만한 차이가 있는지를 알게 된다. 상상을 근거로 수행될 수 있는 현실적 작용에서 다음과 같은 변양을 발견한다. 1) (우리의 넓은 언어 용법에 따르면 모든 기억을 포괄하는) 상상은 현실적이고 변양되지 않는 태도 취함, 현실적 판단함, 현실적 추측함, 물음, 소원함 등을 정초할 수 있다. 그때 상상이 애초부터 '한갓된' 상상 이상이라는 것은 틀림없고, 최소한 직접적인 정립적 태도 취함(현행적인 태도 취함)을 동반한다는 것은 틀림없다. 이것[이러한 태도 취함]에 일치하면서.

2) [상상은] 상상에 일치하면서 상상에 '명증적으로' 적합한, 현실적이지만 변양된 태도 취함[을 정초할 수 있다]. 그러면 약간의 변양을 거쳐 명증적 판단이 여기 속한다.

3) [상상은] 현실적이고 변양된 태도 취함[도 정초할 수 있는가]? 여기에서 나는 다음과 같이 더 잘 기술해야 한다. 태도 취함의 현실적 '**가정립**', 즉 **한갓된 '사고' 변양**.

다시 말하자면, 2)에서 나는 현실적으로 공감정립한다. 나는 판단, 물음, 소원의 태도 취함을 수행하지만 그것은 변양된다. 여기에서 다음과 같이 말해야 한다. 그것은 여전히 현실적 태도 취함이고 여전히 현실적 판단, 소원 등이지만, 자신이 그 위에 구축되는 토대의 종에 의해 규정되는 하나의 변양이 정립의 이러한 유들을 가로지른다. 토대는 정립일 수도 [그리고 비정립일 수도] 있으므로, 정초되는 종합적 작용에서 궁극적으로 정초하는 작용은 정립일 수도 있고 비정립(여기에서는 공감이 없는 한갓된 상상)일 수도 있다. 그리고 이것은 여러 차이 중 하나의 차이에 불과한 것이 아니다. 궁극적인 토대에서 태도 취함이 탈락하느냐 추가되느냐에 따라서 그 위에 구축되는 모든 태도 취함의 성격도 변화하고 변양을 겪는 것이다. [여기에서의) 술어적 판단함, 거기에 속한 비교함, 구별함, 관계 지음은 정상적이고 현실적인(현실과 연관된) 판단이 아니라, 유사판단함이고 허공에 떠다니는 판단함이며, 절대적인 참을 상관자로 가지지 않는 판단함이다. 모든 다른 종류의 태도 취함에서도 상황은 같다.

이와 반대로 변양된 태도 취함이 아니라, 어떠한 태도 취함도 아닌 한갓된 이입사고함이 존재한다. 이러한 변양은 태도 취함에서 태도 취함(정립)의 성격을 빼앗지만, 그래도 각각의 모든 태도 취함에 정확히 '상응하는' 각각의 변양을 창출한다.

더 나아가 다음에 유념해야 한다. 한갓된 사고함은 어떤 적합한 것을 무시하며 사고함이 아니다. 앞에서 단지 대조하기 위해서 이런 사례를 사용했을 뿐이다. 오히려 사고함도 직관적일 수 있고 어쨌든 불일치가 없을 수 있다.

다음과 같이 구별해야 한다. 1) 나는 한갓된 상상을 가지고 그것을 수행하는 가운데 그 토대 위에서 판단, 감정 태도 취함 등을 수행한다. 혹은 나는 기억을 가지고 그와 같은 것을 수행한다. 2) 나는 "사자 한 마리가 숲에서 돌진해 나온다" 등이라고 직관적으로 생각한다. 거기에서 나는 어떤 의미에서는 적합한 판단을 가지지만 판단함의 수행에 침잠하는 것이 아니라, 한갓된(직관적인) 사고를 '가정립'으로서 수행할 뿐이다. 기억에서 나의 검은 책상이 나에게 떠오른다. 하지만 나는 판단에 침잠하지 않으며, 단지 나의 책상이 검다고 한갓 사고하고 가정립할 뿐이다.

g) 동화 독서와 창작이라는 사례에 대한 논의. 주의: 직각적 사태를 통해 동기 부여되는 감정, 이에 상응하는 상상과의 관계에 있어서 해명이나 판단 등의 가능성이 본질적으로 밑그림 그려짐

(1912년 4월 10일 집필)

완전히 새로운 명제와 이론을 표명하는 학술 논문이 나온다. 나는 그것을 판단할 수 없다. 나는 그럴 준비가 되어 있지 않다. 나는 그 명제를 읽고 이해한다. 하지만 나는 그것을 판단으로 수행하지 않는다. 그것은 상상을 근거로 한 판단도 아니고 상상에서의 판단도 아니다. 하지만 그것은 현행적 체험이다. 나는 '한갓된 명제적 표상함'을 수행한다.

이것[학술 논문 독서]과 반대로 **동화 독서**를 취해보자.[55] 여기에서 나는 실제로 상상을 수행한다. 그리고 상상은 [동화에서] 기술하는 표현 및 진술과 합치한다. 읽을 때, 나는 먼저 표현을 가지게 되고 이 표현은 적합한 직관으로 번역된다. 이야기를 할 때에는, 기억에 관해 보고할 때와 유사하게, 먼저 표상을, 그다음에는 이에 적합한 진술을 가진다. 기억되는 것을 이야기할 때에 표현은 판단 표현이고, 이 표현은 현실적 판단으로 수행된다. 현실적으로 있었던 것에 관한 현실적 판단으로 수행된다. 내가 한갓된 상상을 기술하는 경우에도 그것은 판단이다. 나는 현실적 기술이나 관계 맺음 등을 수행하고, 개념 아래에의 현실적 포섭이나 현실적 술어화를 수행한다. 하지만 이 경우 그것은 변양된 방식으로 수행되는데, 그것이 현실적인 것과 연관되지 않고 단지 상상, 유사현실로만 의식되는 것을 표현하고 해명하기 때문이다. 나는 이러한 판단 변양으로부터 다른 변양, 즉 '한

---

55 이곳은 4월 9일 집필한 내용에서 이어지는 부분이다.

갓된 사고함'의 변양을 구별하려고 시도했다. 이와 마찬가지로 수행하는 직관적 가정립함이나 비직관적 가정립함의 의미(에서의 변양을 구별하려고 시도했다). 하지만 여기에서 아직 몇 가지를 숙고해야 한다. 나는 읽은 것을 판단함 없이 이해한다. 그것은 무엇을 의미할 수 있으며, 무엇을 의미할 것인가? 그것(내가 읽은 것)은 1) 비직관적으로 남아 있을 수 있다. 2) (아니면) 그것은 직관적으로 수행된다. 예를 들어, "거리에 집이 있다"거나 "고갯길에 탑이 있다"처럼. 나는 기억에서 눈앞에 있는 거리 안에 상상의 탑을 집어넣는다. 이렇게 생기는 상상이미지는 술어적으로 표현된다. 그것은 부분적으로는 정상적 정립이고 부분적으로는 변양된 정립이다. (그 구성 부분 안에는 항상 정상적 정립이 들어 있지 않은가? 그것은 언젠가 이 세계 어딘가에 있었다. 이러저러한 것이 공간과 시간 안에 있었다. 내가 임의적인 수학적 명제를 가정립하면, 개별적 수는 결국 수학적 현실성으로 정립된다. 현실적 정립의 요소가 없는 가정립함이 대체 존재하는가? 만약 내가 순수한 상상에 침잠하고, 현행성과의 어떠한 관련도 생생하지 않다면 어떠한가? 아마도 어떠한 현실성 정립도 없을 수 있다.)

어쨌든 우리는 여기에서, 즉 직관이 상상의 토대에 놓여 있고 현실적 표현이 일어나는 곳에서, 해명, 수합, 구별, 관련짓기, 그리고 궁극적으로는 모든 술어화를 가지되 변양된 방식으로 가진다. 나는 '판단하지 않는' 직관적 사고함이 두 가지(직관적 사고함과 판단함이 서로 다른 두 가지)라고 보지 않는다. 그것은 변양된 형식의 판단함이다. 그리고 이 변양은 전체적으로 어떠한 공감정립적 믿음의 태도도 받지 않는 '한갓된' 상상이 토대에 있다는 데에서 성립한다. 이것 위에 구축되는 작용은 해명이나 관련짓기 등이고 개념적 파악이며 지성적 형식을 지닌 일련의 상호연관된 작용이고 나아가 특수한 표현의 작용이다. 이런 것은 전체적으로 자신의 '믿음 양상'과 관련하여 철저히 토대에 의존하는 작용이다. 토대가 믿음 확실성이면 그 위의 형성체도 믿음 확실성이며, 토대가 추측이나 의심이라면 이러한 변양도 모두 그 위의 형성체에 영향을 준다. 모든 믿음 양상, 공감정립적 믿음의 모든 현행적 양상이 없다면, 전체에서도 이것이 없다. 한편 (이 경우에도) 전체는 모든 경우에 동일한 유의 성격과 동일한 형성 형식을 갖는 생생한 작용이고 해명, 주어 정립, 관계 속에 정립함 등이기는 하지만, '믿음 양상은 없다'.

이러한 '없음'은 물론 나름의 문제를 낳는다. 현실적 없음이 존재하는지, 변양이 문제인지, 그리고 항상 믿음 양상이 존재하고 때로는 부정이 존재하더라도 이때 모두(모든 양상)가 '배제'를 겪어 '한갓된 표상함'을 낳을 수 있는 것은 아닌지 등이다. 이것이 주요한 물음들이다. 잠정적으로 이러한 것을 내버려두기로 하자.

추가적 사례를 고찰해보자. 직관을 가지고 이 직관을 해명하고 이 직관의 토대 위에서 종합적이고 지성적인 작용(술어적 작용)을 수행하는 대신에, 내가 진술을 가지고 그에 상응하는 직관이 이 진술에 수반될 수도 있다. 그래도 모든 해명이나 '본래적인' 명시적 수행이 요구하는 모든 진행 과정이 현실적으로 수행되지 않을 수도 있다('본래적으로' 전개되지 않을 수도 있다). 또 토대로서 완전한 직관이나 완벽한 직관이 없을 수도 있다. 마지막으로 어떠한 명료한 직관도 없을 수 있다.[56] 처음에는 직관이 존재하고 본래적인 점진적 수행이 일어나고 그다음에 진술이 반복되고 점차 직관 없이 이해되거나 수행될 수 있다. 현상은 변화되나 자신의 성격을 유지한다. 그것은 나름의 믿음 양상을 가진 현실적 판단이거나 정립적 양상을 '결여

[56] 그래도 나는 "이 각뿔은 원뿔이다"와 같은 모순적인 진술도 이해할 수 있다.

한' 한갓된 사고이다.

　또 내가 직관을 가지고 그 직관을 반복하며 계속 견지하지만, 그 직관을 그와 일치하지 않게 표현함으로써 '그것에 일치하는' 진술을 그 직관으로 끌어오지 않을 수도 있다. 하지만 나는 여기에 개의치 않고 이것이 어떻다고 가정립하지도 않으며 그것을 한갓 사고한다는 의미에서 이러한 충돌을 배제한다. 나는 누런 사자를 상상하고 "이 사자는 녹색이다"라고 '사고한다'. 그렇다면 이것은 어떤 종류의 사고인가? 이제 명시적이면서 본래적인 사고를 명시적이면서 비본래적인 사고와 구별한다(그리고 명시적 사고를 비명시적 사고와 구별한다). 이 상황은 내가 지각을 토대로, 그에 일치하지 않는 가정립을 수행하는 경우와 같다. 나는 종이가 녹색이라고 가정립하고 종이가 녹색이라고 사고한다. 나는 충돌을 체험하고 무실의식을 체험하지만 거기 침잠하지는 않는다. 나는 그것을 수행하지 않고 사고함을 수행한다. 이것은 변양된 사고이지 여전히 진술이라 할 수 있는 변양된 진술은 아니다. 정상적인 판단하는 진술에서 나는 믿음을 가지며 믿음에 침잠하며 믿음 진술을 수행한다. 여기에서 나는 불신을 배제한 상태에서 사고함을 수행한다. (나는 불신에 침잠한다면 어떤 의미에서 진술의 변양도 가진다. 근원적 진술, 변양되지 않은 진술은 믿음 속에 있는 진술, '일치한다'는 의식 속에 있는 진술이기 때문이다. 그것도 다음과 같은 이중적인 의미에서 '일치한다'. 그것은 토대에 놓인 해명될 표상과 일치한다. 그리고 현실적인 것을 구성하는 표상으로서, 이것(표상) 자체에 속하는 일치함이 있다. 불신이란 이 두 가지 측면 중 하나에서의 불일치의 표지이고, 이 두 가지는 구별해야 한다! "표현은 거짓일 수 있고" 진술은 부적합할 수 있으며 무실한 것에 적합하게 관계할 수도 있다. 부적합은 한갓된 상상이나 한갓된 허구에 속하는 것과 마찬가지로 지각에도 속한다.)

　어쨌든 한갓된 사고는 언제나 동일한 일반적 유형의 변양이며, 정립적 성격과 관련된 변양이다. 믿음 양상(혹은 이해 양상)이 이미 거기 있든 없든, 이것은 작용 중지될 수 있고 한갓된 사고가 시작될 수 있다.

다시 동화 독서(혹은 동화 창작)를 예로 들어보자. 우리는 상상을 수행한다. 판단 변양으로서 술어적 작용을 (그것에 속한 모든 작용과 함께) 수행한다. 그리고 다른 작용을 수행한다. 동화 속 인물의 감정에 공감한다. 기뻐하고 슬퍼한다. 공포와 동정 등을 체험한다.

이것은 현실적 감정작용으로서 우리는 거기 침잠하고 그것에 현실적으로 반응한다. 이것은 술어화가 변양되는 것과 정확히 똑같이 변양된다. 이것은 상상−직관되는 것에 현실적으로 '향하고' 그것에 현실적으로 적합한 술어화에 상응하지만, 한갓 공허한 사고인 술어화에는 상응하지 않는다. 술어화는 그것이 본래적이고 명시적인 작용이나 점진적으로 수행되는 작용이 아닌 한에서 비본래적일 수 있다. 동화를 읽고 빈약한 직관만 갖거나 직관을 전혀 갖지 못할 수 있다. 이와 마찬가지로 어떤 감정이나 감정작용이 그것의 '본래성'에 속할 완전한 해명 없이 비명시적 방식으로 덧붙여질 수 있다. (비본래성은 본래적 직관의 결여에 이미 있다.) 게다가 "불행하게도 하필이면 늑대가 나타났다"는 등과 같이 감정이 표현될 수도 있고, 읽는 가운데 무언의 감정이 자극될 수도 있다.

도상적 상상

직각적 이미지, 특히 도상적 이미지[57]라는 다른 사례를 들어보자. 나는

----

57 도상적 상상(eikonische Phantasie)은 '도상'을 매개로 하는 상상을 뜻한다. 여기에서 도상

연극작품의 공연을 따라간다. 혹은 회화를 감상한다. 여기에서는 재생적 상상에서와 유사하게, 이미지 속에서 묘사되는(이미지적으로 생산되는) 표상, 지각, 판단, 감정 등과 관찰자인 내 안에서 자극되는 현행적인 것(표상, 지각, 판단, 감정 등)이 서로 구별된다. (물론 묘사되는 것은 비현행적이지만) 묘사 자체는 현행적이다. 나는 재생적 상상을 수행하고 거기 침잠한다면, 도상적 영상화, 이미지의식, 직각적 이미지의식을 수행한다. 어떤 비현전적인 것(다른 상황이라면 재생이나 다른 직각에서 직관적이 되고 그 자체가 표상될 어떤 것)이 직각적 허구물 안에서 내게 직각적으로 감성화되고 구상화된다. 허구물은 재현하는 표상(재생적 표상)을 내게서 덮어 가리고 그 표상과 합치한다. 재현되는 것은 현전하는 것으로 미끄러져 들어가고 그리하여 현전하는 것은 묘사하는 것이 된다. 그리고 나는 다시 이러한 묘사의 수행에 침잠하고 그리하여 이러한 특이한 방식의 재현(가장 넓은 의미의 상상)의 수행에 침잠할 수 있고, 이때 이 재현되는 것을 '기지의 것'으로서 의식할 수도 있고 그러지 않을 수도 있다. 기지는 (재생적 상상에서와 같이, 혹은 가장 나은 표현으로는 도상적 상상에서와 같이) 상상 자체의 반복되는 수행으로부터 유래하는 것일 수 있다. 또 다른 기지는 이미 한 차례 현실적으로 정립된 것, 우리가 재현에서 동의하는, 이미 한 차례 지각된 것에 대한 앎이다.[58]

나는 도상적으로 재현되는 것을 현행적으로 정립할 수 있다. 그러면 그

∴ 은 지시되는 대상과의 유사성을 바탕으로 그 대상을 지시하는 기호를 의미한다. 여기에서 후설이 사례로 드는 연극이나 회화에서는 연극배우나 그의 행동, 혹은 그림 속 대상이 유사성을 기반으로 실제 인물이나 그 행동, 혹은 실제 대상을 지시한다.(옮긴이)

58 따라서 세 가지 경우가 있다. 이전에 정립된 것의 '재의식', 이전에 정립되지 않은 것의 재의식, 이전에 정립된 것에 동의하는 재의식.

것은 내게 현행적 믿음 양상(확실성 등)으로 의식될 수도 있고 이러한 양상이 없을 수도 있다(만약 그것이 있었다면 탈락했을 수도 있다). 나는 한갓된 상상(한갓된 도상적 상상)을 가진다.

이 두 경우 모두에서 추가적 태도 취함이 그 위에 구축될 수 있다. 그러니까 한편으로 나는 유화의 주제를 기술하고 해명이나 비교 등을 수행하며 현실적 '판단작용', 현실적 작용을 수행한다. 하지만 내가 바로 어떠한 믿음도 갖지 않기에 이러한 현실적 판단작용은 변양된 작용이다. 다른 한편 나는 도상적 상상의 사물, 인간 등을 평가하고 그들에게 분노하고 기뻐하거나 동정과 공포 등을 느낄 수도 있다. 그러나 이것이 한갓 상상이라면 이모든 작용은 변양된 것이다. 하지만 이때 이 작용 자체가 상상은 아니다.

이미지는 바로 현실적 사건의 이미지, 현실적 전투, 현실적으로 간주되는 전투 등의 이미지를 예술적으로 자유로운 방식으로 줄 수도 있고, 이와 마찬가지로 단순한 사진일 수도 있다. 또 이미지는 자유로운 상상일 수 있는데, 이때는 어떠한 현행적 현실성 의식도 전혀 일깨우지 않아서 나는 이미지적으로 재현되는 것을 '한갓된' 상상으로 간주한다. 그러면 나는 태도 취함을 전혀 수행하지 않는다. 유념할 것은 내가 여기에서 가령 무실함 의식을 [먼저 가지고 그다음에] 비로소 배제해야 하는 것은 아니라는 점이다. '이미지' 자체, 즉 비현전적인 것을 재현하는 이미지대상이 무실한 것으로 의식되는 것이다. 이러한 무실함 의식은 내가 이 대상을 향할 때 수행된다. 그러나 도상적 의식에 침잠하는 내게 이미지는 존재하는 것으로 간주되지도 않고 존재하지 않는 것으로 간주되지도 않는다. 그것은 나에게 (당연히 대상이 되지 않고) 단지 어떤 다른 것을 묘사하는 것으로서만 존재한다. 이것[이미지] 안에서 나는 그것[어떤 다른 것]을 직관화하지만, 이때 내가 '의향'하는 것을 어떠한 방식으로도 긍정적으로 정립하지도 않고 부정적으로 정립하지도 않는다. 어떠한 태도 취함도 없다. 따라서 **나는** 실로 이미지대상으로 **향할 수 있고**, 불신, 즉 무실함의 의식을 수행하고 이 의식을 다시 배제할 수도 있으며, 이러한 충돌에도 불구하고 이미지대상을 가정립할 수도 있지만, 이런 것은 주제에는 아무런 영향을 미치지 않는다. 주제는 자유로운 도상적 묘사에서 애초부터 태도 취함 없이 의식되는 것이다.

따라서 이러한 형식의 상상(도상적 상상)에서도 우리는 (일어날 수도 있고 일어나지 않을 수도 있는) 공감정립적 반응으로서 단적이고 정립적인 태도 취함을 가질 수 있다. 그리고 그다음의 높은 단계에서 추가적인 공감정립적 작용, 예를 들어 감정 등을 가질 수 있다. 이것과 해명이나 술어화 등의 활동, 즉 분망한 분석적 종합이 교차하는데, 이것은 공감이라고 불릴 수 없고 오히려 모든 지향성을 관통하는 활동이다.[59]

＊

주의할 것. 다른 부분에서 나는 여기와 관련하여 다음과 같이 언급했다.[60] 어떤 현출의 현상학적 내용이 가령 미적 즐거움 등과 같은 감정에 동기를 부여한다면, 이 현출이 재생적으로 의식되는 상상에서도 이러한 감정이 재생적으로 의식될 수 있어야 한다. 그 감정이 필연적으로 〔이러한 현출에〕 속한다면 〔이러한 현출과〕 더불어 있어야 할 것이다.

하지만 그렇다면 상상이 현행적으로 수행되면 그와 일치하는 종류의 현

----

59 부록 43 참조.
60 (옮긴이) 아래의 h) 다음에 나오는 '부언' 부분을 뜻한다.

행적 감정도 동기 부여된다는 것은 본질적 법칙이다. 만약 그 감정이 미적 감정이었다면, 그것은 지금도 미적 감정이고, 이런 것은 어떠한 정립적 태도 취함에도 정초되어 있지 않다. 따라서 그것은 변양 없이 등장한다. (그러나) 만약 그 감정이 (미적 감정이 아니라) 기쁨 등의 실존적 감정이라면, 상상이 한갓된 상상일 경우에는 유발된 그 기쁨은 당연히 변양된 기쁨이다.

하지만 일반적으로 다음도 마찬가지이다. 어떤 직각적 사태가 특정한 본래적 해명, 관계 짓기, 개념적 파악 등의 가능성을 밑그림 그리고 특정한 표현이나 판단의 가능성을 밑그림 그린다면, 이와 같은 가능성은 이것(직각적 사태)에 상응하는 모든 상상에도 속한다. 물론 그것은 본질적으로 다음을 뜻한다. 이러저러한 것을 상상하는 상상이 가능하지만, 비록 변양된 것이더라도 이와 동일한 내용을 갖는 현실적 해명이나 술어화도 가능하다.

*

미적 의식이 믿음의 성격을 지니는 직관, 가령 자연에 대한 지각 등에 정초하더라도, 감정은 믿음적 태도 취함에 정초하지 않는다. 즉 미적 태도를 취한다면 이러한 믿음적 태도 취함에 침잠하지 않는다. 우리는 믿음적 지향이 아니라 가치평가하는 지향에 침잠한다. 기억에서도 마찬가지이다.[61]

---

61 아래의 h)에서 이어진다.

h) 대상 의식 일반과 대상의 현출방식 간의 차이와 본질적으로 연관된
미적 의식. 대상의 현출방식과 대상 내용의 미적 의미에 대한 반성
—현존 정립은 미적 의식을 정초하지 않는다—자연을 미적으로 감상함
—이론적 관심과 미적 즐거움의 친연성—부언: 인상적 현출에서의
인상적인 미적 감정, 재생되는 현출에서 재생되는 미적 감정,
그리고 이와 일치하는 현행적인 미적 감정
(1912년 봄 집필 추정)

　좀 더 자세히 숙고해보자. 우리는 미적 의식에 침잠한다. 거기에서는 직접적으로 현출하거나 이미지 속에서 현출하는 것의 존재나 비존재에 관련한 어떠한 물음도 제기되지 않는다. 표상되는 것의 존재와 관련해서는 어떠한 상황도 있을 수 있다. 〔가령〕 외적 지각에 기초해서 미적 의식을 수행할 수 있는데, 그러면 보이고 들리는 대상을 미적으로 감상한다. 또한 직접적 상상을 근거로 그러한 〔미적〕 의식을 수행할 수도 있다. 즉, 상상되는 대상과 사건, 가령 유사지각되는 대상과 사건을 미적으로 감상한다. 혹은 조형예술에서 미적 태도를 취하는데, 이때 우리는 그림에서 묘사되는 대상을 미적으로 감상한다. 마지막으로 상징적으로 표상하는 예술에서 언어에 의해 표상되거나 여타 상징적으로 표상되는 대상을 미적으로 감상한다.

　대상의식, 즉 표상하는 의식은 상황에 따라 믿음적 의식이거나, 아니면 그것〔믿음적 의식〕의 한갓된 재생 변양, 더 정확히 말하면 가장 넓은 의미에서 한갓된 상상이다. **한갓된** 상상이라는 것은 상상되는 것에 대해 어떠한 현행적인 공감정립적(믿음적) 태도 취함도 수행되지 않는다(혹은 혼입되지 않는다)는 뜻이다.

　우리는 지각하고 경험하는 태도를 가질 수 있다. 그러면 사물은 거기 있

고 사건은 경과하며 사람들은 우리에게 말을 걸거나 서로에게 말을 거는 등이다. 이러한 경험되는 대상성과 관련하여 해명하고 관계 짓고 술어화하는 수많은 작용을 수행할 수 있고, 이것과의 연관 속에서 경험되는 대상으로서의 이것, 즉 우리에게 현실로 의식되는 대상으로서의 이것에 다양한 태도 취함을 관련시킬 수 있다. 우리는 기뻐하고 슬퍼하고 소원하고 희망을 품는 일 등을 한다. 우리는 기억에, 즉 경험하는 재현에 침잠할 수 있다. 대상은 비현전적 '현실'로서 우리 앞에 있고, 따라서 믿음적 성격을 가진 현실로 있다. 그리고 추가적 태도 취함을 수행할 수 있는데, 이것은 단적인 태도 취함일 수도 있고, 해명하고 관계 짓고 표현하는 작용 등의 수행을 따르는 태도 취함일 수도 있다. 그러나 이것은 또 모든 태도 취함과 모든 종합적 작용이 기억의 **현실**을 향하는 방식일 수 있다.

도상적 작용에서도 마찬가지이다. 만약 내가 어떤 인물의 이미지를 눈앞에 가진다면, 나는 그 인물의 성격이나 정신 상태나 감정 상태나 옷 입는 방식 등에 대해 판단을 내릴 수 있다. 나는 이미지를 바로 그 인물의 재현으로 간주하고, 그를 현실로 정립하여 그 현실적 인물에 대해 판단한다. 마찬가지로 나는 감정적 술어를 통해 그 인물을 평가한다. 즉, 나는 이 인물의 표현에 대해 즐거워하거나 즐거워하지 않거나 윤리적으로 가치평가하는 등의 태도를 지닌다.

마지막으로 상징적인 표상과 사고에서도 마찬가지이다. 나는 어떤 인물에 대한 진술을 듣는다. 나는 그것을 객관적으로 참으로 받아들이고 그 안에서 표현된 인물의 거동을 그에 대한 직관이 없이도 판결한다.

이제 현실성 의식을 배제해보자. 그러면 그것은 한갓된 단적인 상상이거나 한갓된 도상적 상상이거나 한갓된 상징적 표상함과 사고함이다.

자, 이때 나는 (미적 태도가 아니라) 순수한 사실적 태도를 지닐 수도 있다. 즉 나는 모든 작용을 변양된 방식으로 수행한다. 상상 속에서 어떤 인간이 내 눈앞에 있다. 그는 다른 사람을 죽인다. 나는 그것에 대해 혐오 등의 태도 취함으로 반응한다. 하지만 그것은 변양된 작용이다. 이제 현실성 의식, 즉 (어떤 양상에서이건) 믿음의 태도 취함을 수행하든지, 아니면 한갓 된 상상의식, 즉 완전한 상상의식이나 공허한 상상의식을 수행하든지 간에, 현행적 태도 취함, 즉 이러저러한 의식에 근거해서 수행하는 종합적 태도 취함이나 단적으로 정립적인 태도 취함은 미적 태도 취함이 아니다.

여기에서 태도 취함은 사실적 태도 취함으로서 경험되는 대상이나 상상되는 대상에 관계한다. 그리고 대상과 그것의 대상 연관이 의식에 대해 계속 동일하다면 이 태도 취함도 계속 동일하다.

하지만 동일한 대상이 때로는 다양한 현출방식, 다양한 표상방식에서 의식되기도 한다. 이 대상이 어떤 방향성에서 의식되는지는 사실적 태도 취함에 대해서는, 즉 이 동일한 대상을 향하면서 그것을 '가치평가하는' 태도 취함에 대해서는 아무래도 좋은 것이다. 하지만 미적으로는 아무래도 좋은 것이 아니다. 미적 가치평가는 본질적으로 어떤 대상 자체의 의식과 그 대상의 **현출방식의** 차이와 연관된다. 모든 대상은 그것이 의식되는 동안에 하나의 현출방식에서 의식되는데, 이 현출방식이 미적 태도, 즉 미적 좋아함이나 미적 싫어함 등을 규정할 수 있다.

이제 특수한 사례에 있어서 현출방식이 어떤 고립된 대상에 좌우되는 것이 아니라, 대상이 의식되는 대상 연관 속에서의 대상, 그리고 이 연관의 현출방식에 함께 좌우될 때에는, 이런 현출방식은 어떤 것인가라는 물음이 제기된다. 그리고 현출방식은 단지 외적 대상에서의 현시방식이나 〔외적 대상이 아닌〕 여타 대상에서 모든 이와 유사한 차이만 의미하는 것이 아니다. 그것은 명료함과 불명료함의 차이, 직접성과 간접성의 차이, 이미지적 상징 의식과 비이미지적 상징 의식의 차이와 같은 상징 의식 방식의 차이, 직접적인 상상 직관 방식과 간접적인 이미지 직관 방식의 차이 등도 의미한다.

현출방식을 통해 철저히 규정되는 감정적 태도 취함과 그것을 통해 전혀 규정되지 않는 감정적 태도 취함이라는 주요한 차이가 확립되었다면, 다음과 같은 물음이 생긴다. 첫째, 이러한 차이는 감정에만 관련되는가? 우리는 대상의 현출방식 속에서 대상을 주시하고 정립하기도 하는데, 이것도 이러한 차이에 관련되는가? 더 나아가 우리는 단지 미적 가치평가의 감정만 가지는 것이 아니라, 우리 안에서 '반응'으로 일깨워지는 감정(혹은 유사감정)도 가진다. 공포나 연민 등이 그러한데, 이런 것은 현출방식에서도 영향을 받고 애초에 현출방식에 의해 규정되는 감정에서도 영향을 받는다. 한마디로, 여기에 여전히 다양한 것이 있다.

그러나 무엇보다도 다음과 같은 물음이 제기된다. **미적 의식은 무엇을 향하는가? 그것[미적 의식]에 침잠한다는 것은 태도를 취한다는 것이고 미적으로 가치평가한다는 것이다.** 나는 희곡을 읽을 때 거기에서 묘사되는 인물이나 행동 등을 향해야 한다. 이것은 확실하다. 하지만 내가 그것을 (변양된 것이더라도) 한갓 응시하고 그것에 태도를 취하면, 그것은 바로 [미적 의식이 아닌] 임의의 여타 상상에 불과할 것이다. 하지만 **미적 감정성격을 담지하는 것은 현출방식이다.** 만약 내가 이 현출방식을 반성하지 않는다면, 나는 이 감정성격에 침잠하지 않고 감정을 수행하지 않는다. 현출은 대상의 현출이고 대상은 현출 속의 대상이다. 나는 현출함에 침잠하는 것으로부터 현출로 돌아가고 또 그 반대로 돌아와야 하는데, 감정은 그때 생생해진다. 즉, 대상 자체는 마음에 들지 않고 내가 그 대상을 부정적으로 평가하더라도, 그 대상은 **현출방식 덕분에** 미적 색조를 얻으며 현출로 되돌아가는 것은 삶에 근원적 감정을 가져다준다.

이것으로는 아직 충분하지 않다. **대상의 내용 자체도 미적으로 무의미하지 않기 때문이다.** 황제인지 아닌지, 의미 깊은 운명인지 일상적인 운명인지가 아무 상관도 없는 것은 아니다. 이것(대상의 내용)은 감정적 효과(경외감이나 충성심)를 일으키는 문제인가? 하지만 이것은 또 다른 문제이기도 하다. 즉, 현존하는 기쁨을 동기 부여하거나 상상에서 유사기쁨을 동기 부여하는 모든 대상성의 문제이기도 하다. 이러한 기쁨은 그 자체로는 미적이지 않다. 하지만 현출방식에 의존하는 미적 즐거움이 (현행성으로서의) 이러한 기쁨과 결합할 수 있으며, 이때 (이들이 이루는) 전체는 고양된 미적 기쁨이라는 성격을 지닌다. 정물화. 하지만 (자연에 대한) 현행적 기쁨이나 유사기쁨(과일이 열린 과실수나 들판 등에 대한 기쁨)과 고뇌를 비롯한 그 밖의 현행적 태도 취함의 다양한 변화는 그 자체로 현실적인 미적 기쁨의 주요 부분이다. 따라서 그것도 '현출방식'에 속한다. 이 명칭(현출방식)은 (여기에서는) 현시방식만 포함하는 것이 아니라, 대상성이 의식되는 모든 방식을 포함한다. 다만 이 다양한 방식이 고유의 감정이나 고유의 태도 취함을 정초하는 한에서 그러한데, 이때 대상성에 대한 감정은 이러한 의식방식 덕분에 존재하는 것이다.

우리는 대상이 구성되고 소여되는(유사소여되는) 다양한 의식방식을 가지고 있다. 그리고 이 소여되는 것에 대한 태도 취함을 가진다. 하지만 (대상이나 소여되는 것과 구별되는) 의식방식과 이러한 태도 취함 자체도 가지는데, 이것은 나아가 가능한 태도 취함, 감정, 그리고 이와 관련된 여타 작용을 규정한다. 그리고 대상이 이런저런 방식으로 현출하거나 어떤 식으로든 의식에서 거기(태도 취함, 감정, 여타 작용 등)에 연루된다면, 대상에 대한 태도 취함이 다시 생긴다.

존재하는지, 존재하지 않는지에 대해 둔감하다는 측면에서 미적 의식을 살펴보면 어떠한가? 초상화는 나에게 어떤 인물의 재현으로 기능한다. 초상화의 묘사도 존재와 비존재에 대해 둔감하다. 이 인물이 현실적 인물이든 꾸며낸 인물이든 무관하게, 이 묘사는 같다. 내가 존재에 대해 신경 쓰거나 존재 정립을 수행하거나 이에 대해 묻는 일을 하지 않는다면 한갓된 재현에 침잠하는 것인데(현행적 믿음의 직접적 태도 취함을 배제하고 때로는 현행적 믿음에 대비되는 태도 취함도 배제하는 것인데), 이때 나는 변양된 현행적 기술을 수행한다. 이것은 그 자체로는 미적 작용이 아니다.

또 존재와 비존재에 개의치 않고 어떤 현출하는 것, 그리고 묘사되는 것을 향하는 것이 곧 미적 의식이라는 말도 옳지 않다. 오히려 미적 의식은 이 현출하는 것을 해당 '현출방식'에 있어서 향하는 것이다. 오직 이것만 미적이다. 물론 이때 본래적 의미의 초상화처럼 내가 이 인물을 현실로 간주하는지는 〔미적 의식과는〕 무관하다. 이는 **내가 미적 의식에 침잠할 때는 해당하는 현존 정립에 침잠하지 않는다는 것**, 그리고 그것〔현존 정립〕은 **기쁨이나 사랑 등을 정초하지 않는 것과 마찬가지로 미적 의식도 정초하지 않는다는** 의미이다. 따라서 미적 감정과 〔미적이지 않은〕 다른 감정의 차이가 하나〔미적 감정〕는 **한갓 표상되는 것**을 향하고 다른 하나〔다른 감정〕는 **현실적으로 간주되는 것**을 향하는 데 있는 것은 아니다.

내가 어떤 현실성 의식을 미적으로 평가한다고 해도, 예를 들어 자연을 미적으로 감상한다고 해도, 자연은 여전히 나에게 이러한 특정한 **현실성**이다. 내가 현실성 의식에 침잠하지 않는다는 것이 이에 대응하는 '한갓된 표상'으로 이행함으로써 이 현실성 의식을 배제한다는 의미는 아니기 때문이다. 그것은 오히려 자연의 현출방식, 나아가 자연의 이러저러한 의식방식을 통해 규정되는 감정에 침잠한다는 의미이다. 이런 감정은 그러한 '주관적' 소여방식의 관점에서, 그리고 객체의 태도로부터 이러한 반성적 태도로의 이행과 그 반대 방향으로의 이행 속에서, 대상성 자체가 지니는 감정적 규정으로 의식된다. 이럴 때는 현실성 믿음 자체도 더불어 미적으로 규정하는 것일 수 있다. 하지만 이때에도 커다란 차이에 주목해야 한다. 사랑이나 기쁨 등의 대상에 대한 감정(현실에 대한 감정)은 현실적으로 존재하는 대상을 향하며, 이때 존재 믿음이 그 감정을 정초한다. 존재 믿음은 감정의 대상이 아니고, 일차적 감정 대상을 규정하는 계기로 작용하지 않는다. 미적 의식에서는 이와 다르다. 여기에서 태도 취함은 묘사방식 등과 하나로 얽혀서 감정의 대상이 될 수 있다. 현출방식은 마음에 든다. 서로 대립하거나 조화를 이루는 태도 취함의 연관 속에서 의식이 움직이는 방식은 마음에 들거나 들지 않는다. 이때 태도 취함의 대상은 단지 '그것 때문에' 마음에 들거나 들지 않는 것이다. 따라서 현출하는 대상을 향한 모든 현실성 감정은 현출을 관통해 가지만, 미적 감정에서는 완전히 다르다. 그것은 **현출을 관통해 가는 것이 아니라 현출로 향해 가며, 오직 '현출 때문에' 대상으로 향해 가는 것이다.**

미적인 마음에 듦은 이론적 관심과 친연적이다. 인식에 대한 기쁨, 가령 수학적 인식에 대한 기쁨. 이것은 수학적인 관계, 증명, 이론의 아름다움 때문이다.

그러나 아직 다음을 살펴보아야 한다. 내가 인식으로서의 지각이나 관찰 등에 침잠할 때 이미 현출방식이 그에 해당하는 감정을 자극했을 수도 있지만, 그렇다고 내가 미적 감정에 침잠하는 것은 아니다. 〔다른 한편〕 내가 미적 태도 속에 있다면, 자연에 대한 현실성 의식으로 이행하여 여기저기에서 새로운 현실을 확인하고 두루 살피면서 보이는 것의 무규정적 틀을 규정성으로 채우더라도, 미적 태도를 떠나지는 않는다.

감정에 침잠한다는 것은 이중적인 의미이다. 하나는 **향함**을 의미한다. 여기에서는 미적 감정 속에서 현출방식을 향함을 의미하는데, 미적 감정은 이를 통해 특출난 양상을 획득한다. 다른 하나는 **주제적 우선성**을 의미한다. 내가 자연을 관찰하고 그것에 관해 계속하여 지식을 얻더라도, 미적 의식은 (비록 내가 이 의식 안에서 앞의 의미에서 향해 있는 것이 아님에도) 주제적 우선성을 가진다. 현실성이 아니라 그것의 현출방식의 아름다움, 혹은 현출방식의 아름다움 속에서의 현실성이 나의 의식의 주제이다. 현실성 파악이나 인식은 그 자체로 주제적인 작용이 아니다. 그것은 오직 내가 미적 효과의 관점에서 음미하는 현출 계열을 통과해 가는 한에서만 나의 의식의 주제이다. 내가 이러한 현출 계열을 계속해서 주의하고 감정의 향함 속에서 거기에 향하지 않아도, 이 현출 계열은 그것의 감정까지 포함하여 어떤 특출함을 가진다.

부언

나는 아래의 내용을 전에도 이미 한번 언급했으나 다시 배제한 바 있다. 이것은 아마도 다음과 같이 상술할 수 있을 것이다. 하나의 감정이 하나의 현출방식, 예를 들어 하나의 묘사방식을 통해 규정된다면, 내가 대상을 인상적으로 의식할 때, 가령 내가 지각하고 그 대상이 미적으로 즐거움을 주는 현출방식에서 직각적으로 의식될 때, 이런 감정이 인상적으로 있다. 내가 [지각에] 평행하는 재생에 침잠한다면, 재생되는 현출도 재생적인 미적 감정을 가져야 한다. 하지만 이런 경우에는 내가 이에 일치하는 **현행적인** 미적 감정도 체험한다는 법칙이 유효하다. 나는 (재생되는) 이 현출에 대한 즐거움의 재생, 혹은 현출하는 것으로서의 상상대상에 대한 즐거움의 재생만 가지는 것이 아니라, 상상적으로 그렇게 현출하는 것으로서 상상되는 대상에 대해 가지는 현실적인 미적 즐거움도 가진다.

하지만 사람들은 이러한 미적인 감정은 **변양된** 감정이고, 변양되었지만 **그래도 현행적인** 일련의 감정에 속한다고 말하고, 이때 현행적 감정은 지각이나 인상이 유발하는 감정에 평행하게, 상상이 유발하는 것이라고 말할 것이다.

하지만 여기에서 사태는 이와 다른 것처럼 보인다. 상상되는 대상에 대한 기쁨으로서의 미적 기쁨은 그것이 상상되는 현출 안에서 현출한다면 변양된다. 하지만 상상 그 자체도 현출방식에 포함될 수 있는 것이 아니겠는가? 그리고 상상은 아름다운 현출 안에서 현출하는 것에 대한 상상으로서, 즐거움을 주는 어떤 것이 아니겠는가? 하지만 그것은 이제는 미적 기쁨이 아니라, 그런 내용의 체험으로서의 상상에 대한 현행적 기쁨이다. 만약 내가 이러한 변양된 기쁨을 향유한다면, 화려한 상상에 대한 변양된 기쁨도 현실적 기쁨으로 이행하지 않겠는가? 변양된 즐거움의 체험은 그 자체로 현행적 만족감이다.

i) 이제까지의 탐구의 결과: 일반적으로 다음을 구별할 수 있다.
1) 상상 토대를 통해 변양된 현실적 태도 취함, 2) 모든 태도 취함의,
가정립과 사고함으로의 변양 ― 가정립이 그 밖의 태도 취함과 어떤
관계인지에 대한 물음 ― 경험에 대비되는 구상 ― (논의의) 심화 발전을
이끄는 중심 사상: 믿음적 작용으로서의 지각, 재생적인 믿음적 작용,
완전히 자유로운 상상, 그리고 하나의 현출 통일체 및 지향적 연관에서의
일치와 충돌의 현상 ― 지각과 환영의 대조
(1912년 4월 12일 집필)

1912년 4월 9일의 탐구는 나를 새로운 것으로 인도했다. 이제 나는 일반적으로 다음 구별이 확실하다고 인정해야 한다.

1) 태도 취하는 작용의 변양. 이것은 한갓된 상상을 토대로, 혹은 임의적으로 꾸며내는 상상(그리고 도상적 상상)을 토대로 움직인다. 후자에 있어서 부정적 태도 취함이 가정립되지 않는 경우.[62] 이것은 현실적 태도 취함이지만 상상 토대를 통해 변양된 태도 취함이다.

2) 모든 태도 취함이 **가정립**과 **사고함**에서 겪을 수 있는 변양. 가정립함은 다음의 특징을 가진다. 그것은 (변양되거나 변양되지 않은) 현행적 태도 취함을 토대로 수립될 수도 있지만, 마찬가지로 순수한 상상의 수행을 토대(지반)로 수립될 수도 있고, 순수하지 않은 상상을 토대로 수립될 수도 있다. 모든 작용에서 그런 것처럼, 순수하게 상상 속에서 견지되는(상상과 관계하는) 모든 가정립도 하나의 가정립의 **변양**이다. 하지만 모든 순수한

---

62 하지만 그렇다면 모든 허구물 의식 자체에서도, 그리고 태도 취함을 배제하는 가운데 직관적인 방식의 가상의식에서도 그러하다.

상상은 현실성과 **관계 맺을 수 있다**. 만약 이 켄타우로스가 실존한다는 등의 가정을 한다면, 그때 나는 켄타우로스를 현실의 연관으로 옮기고 (지각 현실이든 기억 현실이든) 현실에 들어가 상상한다. 모든 임의적 상상은 모든 임의적 현실 직관으로 옮겨 정립될 수 있고, 충돌을 지닌 직관과 결합할 수 있다는 것은 근본적 사실이다. 이와 같은 혼합을 갖자마자, 이제 더 변양되지 않은 태도 취함인 관계 짓는 태도 취함이 현실적인 것과 상상되는 것 사이에 다리를 놓을 수 있다. 나는 비교할 수 있고 구별할 수 있으며 관계 지으면서 가치평가할 수 있고 관계 지으면서 가정립할 수도 있다.

3) 이제 가정립이 그 밖의 태도 취함과 어떤 관계인지 탐구해야 한다. 분명히 가정립은 모든 종류의 작용 가운데에서 고유한 위치를 지닌다. 가정립함, 사고함은 고유한 의미에서의 태도-취함이 아니다. 따라서 나는 정립과 비정립을 대비시켰을 때 가정립을 염두에 두고 있었다. 앞의 사실로부터 알게 되는 것은, 작용의 수행이 겪는 **변양**은 그 토대가 한갓된 상상이라면 정립과 비정립에 똑같은 방식으로 영향을 미친다는 사실이다. 여기에서 이미 드러나는 것은 한갓된 상상의 본질은 방금 해명한 의미에서의 비정립에 있을 수 없다는 사실이다. 그리고 이와 마찬가지로 한갓된 상상과 모든 형식의 재생적 현실성 의식(경험하는 상상과 경험하지 않는 상상)의 차이는 〔재생적 현실성 의식의 경우에는〕 태도 취함이 추가된다는 데 있는 것일 수 없음도 드러난다. 현행적 태도 취함과 한갓 상상되는 것 간의 모든 한갓된 관계는 변양된 태도 취함을 산출한다. **보다 일반적으로 경험하는** 태도 취함과 **경험하지 않는** 태도 취함에 관해 말할 수 있고, 변양을 이런 식으로 부를 수 있다. 하지만 이 표현에 의심스러운 점이 있기에 다만 잠정적으로만 그렇게 부를 수 있을 따름이다.

4) 따라서 우선 물어야 할 것은 가장 하부 단계에서 **경험함**[63]과 경험하

지 않음이 무엇으로 구별되는가, 가장 하부 단계에서 '기억'을 '한갓된 상상'으로 변화시키는 변양은 어떤 종류의 변양인가이다. (여기에서 현실적 변화의 가능성을 생각하는 것은 아니다.)

나는 한갓된 상상은 궁극적이면서 완전히 근원적인 변양이라는 결론에 도달한다. 따라서 이념적 가능성에서 볼 때, 모든 경험하는 작용에는 그와 같은 변양이 존재한다. 하지만 내가 보기에는 [이러한 변양은] 한 방향으로만 일어난다. 경험하는 작용은 지각이거나, 지각 위에 구축되는 높은 단계의 작용(태도 취함이거나 비정립)이다. 이 모든 경험하는 작용의 이념적 대응물은 상상-경험, 더 명료하게 말하면 경험하는 상상, 즉 다양한 가능적 양상을 지니는, 가장 넓은 의미에서의 기억이다. 경험하는 상상에만 모두 그 대응물로서 경험하지 않는 상상이 있다. 나는 지각에서는 경험이 비경험으로 변화할 가능성을 보지 못한다.

경험과 대비되는 구상

확실히 다음에 유념해야 한다. **가령 한갓된 상상에 태도 취함이 덧붙는다고 해서 경험하는 상상이 될 수는 없다.** 상상되는 것(한갓된 상상되는 것)에 태도 취함이 (이러한 의심스러운 표현을 허용한다면) 덧붙는다고 해도, 다시 변양된 작용, 넓은 의미에서의 경험하지 않는 작용만 생기지, 결코 경험함은 생기지 않는다. 가령 기억에서의 가장 단적인 경험함도 생기지 않는다. 기억은 한갓된 상상 더하기 태도 취함이 아니다. 단적인 경험함, 더 자세히 말하면 단적인 재생적 경험함은 바로 어떤 고유한 것, 궁극적인 것,

:.

63 경험함 = 정립적인 직관함과 표상함.

단순한 것이다. 이와 마찬가지로 재생의 영역에서는 다음과 같은 사실이 궁극적이다. 즉, 단적인 경험에 대해서는 한갓된 상상함인 단적인 '상상함'이 대비되는데, 이 한갓된 상상함 자체는 무실의식이라는 의미의 꾸며냄이 아니다. 우리가 상상자료를 현실에 관계시키고 현실의 요소로서 가정립할 때에야 비로소 그것[상상자료]은 이러한 무실함의 의미에서의 허구가 된다. 마찬가지로 일상적인 이미지 허구물과 같이 현행적 경험 경향성이 없는 직각적 영상이나 영상적 가상도 가정립함을 통해 비로소 무실한 것이 된다.[64]

5) 단적으로 경험하는 태도 취함 위에 정초하는 모든 태도 취함은 그 자체가 경험하는 태도 취함이고 그 자체가 지향이며 그 자체가 대상을 구성하는 것이다. 그리고 경험함은 곧 믿음, 확신함, 추정적으로 느낌, 추측함 등이다. '믿음'은 경험하는 지향 이상의 것이 아니다.

이와 다른 계열에 놓인 것이 가장 넓은 의미에서 현실적인 지향이나 현실적인 경험의 각 단계에 속하는 해명, 수합, 관계 지음, 표현, 술어화 등의 가능성이다. 모든 작용은 바로 객관화하는 작용이다. 다른 한편, 특수한 의미의 객관화는 파악, 결합, 관계 등의 자발적 놀이인데, 이는 지성적 작용이라는 고유한 위치를 지니는 작용을 위해 자발적으로 산출되는 형식의 영역이다.

*

하지만 이제 우리의 탐구를 더 진전시키고 심화해야 한다.

:

64 하지만 **경험**은 변양되지 않은 작용, 즉 가장 넓은 의미에서 구상작용의 대응물을 표현하는 데 적합하지 않다. 그리고 구상 또한 의심스럽다. 노에시스적임 — 비노에시스적임.

중심 사상. 1) 지각은 믿음적 작용이다. 그것은 무슨 뜻인가? 그것은 '지향'의 통일체인데, 이 지향은 그 자체가 다시 '지향들'로 짜인 직물이다.[65] 가령 사물을 구성하는 지향. 이런 지향은 자유롭게 뻗는 지향으로서, 그것의 지향적 연관 속에서 서로 일치하면서 연관되거나 방해나 충돌을 겪는다. 그리고 충돌은 (자신 아래에 충돌하는 현출을 가지는) 하나의 현출의 통일체 내부에 있을 수도 있고, 아니면 지각 연관의 진행 속에서 등장할 수도 있다. (후자의 경우에는) 이전의 지각이나 파악에 대한 재평가가 일어난다. 그것(이전의 지각이나 파악)을 기억할 때 이들이 일치하지 않는다는 성격이 드러난다. 이와 함께 이미 기억을 다루게 되었다.

2) 재생적 작용, (지각과) 마찬가지로 '믿음적' 작용이며 의식에 의해 '현실성'과 연관되는 이 작용은 재생적 지향이다(여기에서는 이것을 특히 엄밀한 표현으로 이해한다). 재생적 지향은 당연히 재생되는 지향이 아니다. 때로는 가능한 인상의 사건이 모두 재생된다. 재생적 지향들은 다시 자신의 연관 안에서 서로 일치할 수 있다. 하나의 복합체의 통일, 하나의 '경험하는' 상상의 통일 속에서 상호일치가 일어날 수도 있고, 가령 일련의 기억과 같이 재생이 진행되는 가운데 충돌이 생길 수도 있다. 하지만 내적 불일치도 일어날 수 있다. 예컨대 나는 (내가 오늘 지나친) 기억 풍경 속에 켄타우로스를 집어넣어 상상하거나, 어느 지인을 다른 연관에서 꺼내어 거기에 집어넣어 상상한다. 따라서 이것은 재현이나 한갓된 상상을 현실적으로 지각되는 주변에 집어넣어 상상하는 것이나 허구물의 사례와 유비적이다. 이미지대상과 대리석의 충돌. 또 다른 유비적 사례는 가령 인형—인간 지각의 충돌하는 조합, 혹은 내가 거의 고려하지 못했던 사례이지만, 각 이미지가 모

..

65 정립적이면서 근원적으로 수동적인 지향의 통일체.

두 하나의 사물의 현실성으로 의식되지만 그 배경과 갈등을 빚는 '이중 이미지' 등이다.

3) (그 자체 안에서 일치하는) 완전히 자유로운 상상, 그리고 이와 나란히 그 자체 안에서 완전히 일치하고 직관에 '속하는' 모든 주변과도 일치하는 기억. 일치하는 기억에는 시간적 주변이 있다. 이 시간적 주변을 가로지르고 시간적 지향을 충족하면서 모든 것이 서로 일치한다. 이는 내가 '공존의 연관'을 확보하는 경우에 조화로운 지각이 일치를 이루는 것과 마찬가지이다.

하지만 한갓된 상상이나 '자유로운' 상상은 허구인가? 경험하는 상상은 경험되는 것에 기지의 성격을 부여한다. 이 성격은 내적 연관을 지닌 내적 재생에서 유래한다. 〔그러나〕 상상을 반복해도 기지의 성격이 생긴다. 하지만 여기에서 기지의 성격은 상상 체험에 속한다. 이 성격은 상상되는 것의 지각을 내적으로 재생하는 데에서 유래하는 것이 아니라, 상상에서 지각을 내적으로 재생하는 데에서 유래한다. 따라서 내가 반복해서 상상하는 켄타우로스는 다른 의미에서 기지이다. 즉, 본래는 켄타우로스가 아니라 그것의 '상상이미지'가 기지인 것이다. 하지만 감정이입-재생의 대상성에는 다시 다른 방식으로 고유하게 이러한 간접적 기지의 성격이 속한다. 한갓된 상상은 상상되는 것에 어떤 기지도 직접적으로 부여하지 않는다. 한갓된 상상은 바로 '지향'이 아니라 지향의 대응물이자 유사지향이다(그리고 이것을 가정립함의 변양이나 비현행성의 변양과 혼동하면 안 된다). 그리고 만일 경험하지 않는 지향인 이러한 유사지향이 단지 경험하는 재생의 대응물이라면 기이할 것이다. 하지만 이것은 사실이 아니다. 모든 참된 이미지나 직각적 이미지는 유사파악이지, 가령 단지 억제된 지향일 뿐 그래도 지향인 것은 아니다.

*

내가 지각을 환영과 대조한다면, '존재함'과 '존재하지 않음'의 차이가 드러나고, 이와 동시에 '존재함'으로 성격 규정되는 대상 내용이나 '대상'이나 그 성격 자체가 부각된다. 부각된다는 것은 무슨 뜻인가? 내가 때로는 '대상'을 주시하고 때로는 존재함을 주시한다는 것은 무슨 뜻인가? 그것은 어떤 종류의 '주시함'인가? 〔한편으로〕 단순히 〔대상을〕 지각하면서 그 존재하는 대상, 즉 단적인 대상을 포착하는 것과 〔다른 한편으로〕 그 '대상'을 분별하여 거기에 주의하고 그 대상에서 '존재함'의 성격을 포착하는 것은 서로 다른 의식인 것이다. 나는 대상을 주시할 때 지각함을 수행하기보다는 '한갓 대상을 표상'하는 것이며 이것은 믿음의 변양이라고 말하기 쉽다.[66] 그러나 그래도 나는 여기에서 '대상'을 포착하고 그 대상에 귀속되는 '존재함'이나 '존재하지 않음'이라는 성격 규정 등을 포착하며 가령 이 대상은 현실적이라거나 현실적이 아니라고 말한다.

그렇다면 다음을 반드시 인정해야 하지 않겠는가? 지각과 유사한 새로운 포착이나 새로운 지향이 (따옴표 안에 넣어야 할 대상을 뜻하는) 내용을 향한다. 즉 어떤 '반성'이 내용, 즉 '대상'을 향하고 이것〔내용과 '대상'〕은 어떤 정립적 술어의 기체가 된다. 나는 '대상'이나 '의향되는 것'을 그것이 포함하고 있는 것의 측면에서 분석할 수도 있지만, 이러한 모든 해명하는 판단이 가치평가를 겪도록 하는 어떤 '가치'를 그것에 부여할 수도 있다.

아니면 사고함은 애초부터 이러한 포착, 즉 가치 성격을 배제한 상태에서 한갓된 내용에 시선을 향하는 것이라고 해야 하는가? 이러한 시선 향

---

66 더 나아가 도대체 거기에서 한갓된 표상함이 무엇을 수행할 수 있단 말인가?

함은 현실적 포착이나 현실적 지각이거나 그와 유비적인 것이 아니라 어떤 유사파악이다. 이것은 모든 해명이 유사해명이고 모든 술어화가 유사술어화인 것과 같다. 이러한 '유사'가 가지는 고유한 성격은 이 모든 것에 '타당성 인장'이나 비타당성 인장 등을 나누어줄 수 있다는 것이다. 나는 가치평가의 비수행이나 변양된 수행으로부터 변양되지 않은 수행으로 이행한다. 그리고 이러한 [변양된 수행과 변양되지 않은 수행 간의] 합치 속에서, 변양된 상관자[변양된 수행]는 '존재함'이나 '참됨'으로 가치가 전도된 성격을 얻거나, 오히려 사실 처음으로 '존재함'이나 '참됨'이라고 가치평가하는 성격을 얻는다.

이것은 불분명하다. 내가 내용 A에 대한 기억함을 수행하면, 이는 정립하는 현출을 수행하는 것이다. [이와 달리] 내가 내용 A에 대한 한갓된 표상함을 수행하면, 이는 정립하지 않는 현출함을 수행하는 것이다. 이 두 경우 모두에서 나는 내용 A를 향하면서 [전자의 경우] 성격 규정하는 정립함을 수행하거나 [후자의 경우] 유사정립함을 수행한다. 이와 달리, 나는 A를 대상으로 만듦으로써 반성한다(이를 통해 나는 이념화하는 정립함을 수행한다).

j) 단적인 직관 영역에서 믿음적 근원 현상인 방해받지 않는 단적인 지각함. 여기에서 '믿음'은 한갓된 '사고함'으로 변경될 수 없다. 근원 양상에서의 직각인 믿음, 혹은 종합적 작용에서도 방해받지 않는 수행의 양상인 믿음 —지각의 유사반박에 이르는 길로서, 지각 다양체 연관으로 이입상상함 —연관의식 안에서 지각 자체의 양상적 변양—상상에 있어서 앞서 서술한 견해를 밀고 나가는 어려움

(1912년 4월 12일 집필)[67]

단적인 지각함은 〔한편으로〕 태도 취함의 현상과 〔다른 한편으로〕 그에 대해 태도가 취해지는 것이 구성되는 현상으로 분리할 수 있을 어떤 중층적 현상으로 주어지지 않는다. 우리는 지각함을 가상의식, 직각적 의심 의식, 두 파악 사이의 동요, 서로를 폐기하는 파악의 분열에서 한쪽으로의 결정과 대조하면서, '동일한 현출'이 때로는 방해받지 않는 믿음의 양상에서 의식되고, 때로는 의심이나 무실 등에서 의식된다고 말한다. 하지만 이 두 가지 경우에 있어서 성격이 등장하는 방식의 본질적 차이를 발견한다. 지각의 경우에는 (고유한 종류의 연관 성격인 것으로 '해명'되는) 의심스러움이나 무실함의 경우에서처럼 두드러지는 고유한 성격이 없다. 후자의 경우〔의심스러움이나 무실함〕에는 현출에 무언가 덧붙는데, 이것은 현출에 어떤 영향을 가하고 현출에 있어 어떤 가치를 전도하거나 박탈한다. 〔후자의 경우에도〕 현출은 지각에서와 동일하며 실은 지각적인 것을 여전히 유지한다. 다만 이 지각적인 것은 변화되고 가치 전도될 뿐이다. 이것을 표현하는 것은 매우 어렵다. 아마도 다음과 같이 말할 수 있을 것이다. 이러

:
67 여기에서 지향은 정립성을 말한다! 이는 중립성과 대비된다.

저러한 것이 현전하는 현출로서의 현출은 이러한 [지각과 의심스러운 현출 등의] 대조에 있어서, 그것이 변하더라도 본질은 변하지 않는 어떤 추상적 성격이 잘 드러나게 할 것이다. 이러한 추상적 성격은 그것의 본질에 불가분하게 속하지만, 다만 의식의 어떤 연관 속에서 무언가를 겪을 수 있다. 즉, 반박됨이나 그에 반대하는 결정을 내리거나 찬성하는 결정을 내림 등을 겪을 수 있다.

직각하는 파악은 이러한 연관으로 들어서면서[68] 가령 '방해'를 받으면 성격이 변양된다. 그러나 이와 동시에 이러한 가치 전도 혹은 가치평가가 거기에서 나오는 그 무언가는 결정되지 않은 상태이거나 어둠 속에 있다. 변양은 변양이라는 표식이 붙되, 이러저러한 '동기'에서 나오는 변양이라는 표식이 붙는다. 다른 한편 단적인 지각에서의 지각 믿음이 또다시 무언가로부터 나오고 무언가에 의해 동기 부여되고 심지어 무언가의 변양이라는 성격을 지니는 것은 아니다. (이런 사실이 언어에서도 표현되는 것은 아닐까? 우리는 단적인 믿음에서는 판단하면서 ['있다'와 같이] 단순하게 표현하는 반면에, [변양된 믿음에서는] '추정적으로 있다'거나 '의심스럽게 있다'와 같이 특수하고 복합적인 표현을 하는 것이다.) 지각함에서는 어떤 것이 단적으로 현출하고 거기에 존재하면서 있는데, 이는 이 어떤 것이 존재한다고 의향되도록 [다른] 어떤 것에 의해 동기 부여된다는 뜻이 아니다. 직각적 추정함에서는 어떤 것이 추정적으로 있고, 나아가 가능적으로 있고 의심스럽게

68 주의할 것. 여기에서 매우 어려운 일은 자발적 태도 취함과 **정황적** 성격 사이의 차이를 명료한 방식으로 고려하는 것이다. 이 정황적 성격은 어떤 식으로든 이미 자발성에 앞서서 현상에 속한 것일 수도 있고, 자발성이 이미 수행된 후에 그 자발성의 단계에 따라 정황적 색조가 여전히 남아 있는 것일 수도 있다. 나는 이미 [어떤 것을] 향해 있지만 [그것을] 확실한 현실성으로 취하지는 않으며, [그것의 현실성을] 지지하는 것과 반박하는 것을 해명하면서 분석하지 않는다면 온전히 확신하지 못한다.

있다. 이러한 복합적 표현은 모두 단적인 믿음이라는 정상적인 경우를 암시한다.

여기에서는 곧 다음도 드러난다. 근원적 지각, 방해받지 않는 가장 단적인 지각의 사례는 근본적 사례이기도 하다. 그 이유는 모든 다른 직각적 의식이 자신의 연관 속에서 모든 가치평가와 가치배제가 거기에서 나오는 지반으로서 믿음 의식을 전제하기 때문이다.

그래서 믿음을 정립이라고 불러야 한다. 그것은 근원 정립으로서, 방해, 가치 전도, 변양인 모든 다른 것은 이것과 관계를 맺는다.

다음과 같은 사실도 그것[믿음]의 특수한 위치와 결부되어 있다. 어떠한 변양이 일어나도 파악이나 현출은 그 본질은 변하지 않고 정립적 성격만 변한다. 이 정립적 성격은 [파악이나 현출과] 나란히 있는 것이 아니라 파악 지향의 한 양상이다.

이제 근원적 믿음, 방해받지 않고 자유롭게 뻗어 나가는 믿음의 경우가 아닌 다른 경우에는, 예컨대 처음에는 어떤 사물을 소시지로 파악한 것이 마르치판 과자로 파악하는 것으로 변할 수도 있다. '소시지'로서의 사물 파악은 '삭제되고' 내가 거기 찬성하는 '결정을 내린' 마르치판 파악에 의해 가치탈락한다. 나는 이제 마르치판 파악을 '배제'하고 그 파악을 도외시하여 현출하는 소시지를 관찰하면서 이 파악에 오롯이 들어가 사고한다. '배제함'은 단지 소시지를 관찰함을 뜻하는 것이 아니다. 내가 마르치판 파악을 배제하지 않고 계속 유지한다면, 소시지가 삭제되었다는 생생한 무실함 의식을 가진다. 그리고 이러한 삭제는 생생하게 수행되는 삭제이다. 하지만 내가 [마르치판 파악을] 배제한다면 이를 통해 [소시지의] 삭제는 어떤 식으로든 배제된다. 따라서 나는 마치 그 대항 심급[마르치판 파악]이 [소시지 파악을] 가치탈락시키지 않았다는 듯이, 소시지를 흡사 지각한다. 하지만 물론 이것은 단지 '흡사'일 뿐이다. 배제는 현실적 제거가 아니기 때문이다. 삭제는 여전히 거기 있지만, 나는 마치 그것이 거기 없는 것처럼 행동하고 그것을 전혀 고려하지 않을 뿐이다. 따라서 나는 유사지각함, 이러한 연관 속에서 가능한 어떤 독특한 의식을 수행한다. 나는 그것을 소시지로 받아들이는 것이지, 현실적으로 지각하거나 그것을 진지하게 믿는 것은 아니다. 폐기된 것은 여전히 폐기되어 있지만, 나는 그것을 사고한다. 물론 나는 두 가지 가능성 사이에서 의심하는 경우에도 이와 같은 일을 할 수 있다. 그리고 이것은 믿음 지향이 어떤 식이든 그와 같은 경향에 의해 방해받을 때와 같다. 나는 방해에 침잠하는 것이 아니라 오히려 방해하는 것을 배제하고 이제 믿음 파악의 변양을 수행한다. 이 의식은 믿음도 아니고 쇠약해지거나 삭제된 믿음도 아니며 사고함이다. 나는 〔어느 한쪽에 대한〕 대항 경향이 있더라도, (더 상술이 필요한) 어떤 상황에서는 어느 한쪽에 찬성하는 결정을 내릴 수 있다.

따라서 단적인 믿음에서는, 여기에서는 단적인 지각에서는 이런 일이 일어나지 않는다. 나는 반박되지 않는 믿음을 위와 같은 의미에서 변경할 수는 없다.

하지만 물론 나는 지각 다양체의 연관에, 주변 연관에 온갖 것을 집어넣어 **이입상상하면서** 어떤 직관의 통일체를 형성할 수 있다. 이 직관의 통일체는 주어진 지각을 상상으로 변화된 주변 지각의 구성요소들과 통합한다.[69] 그리고 이러한 과정에서 지각은, 혹은 지각되는 것의 실존이나 (가령 '하얀 종이임' 등과 같은) 속성은 유사 반박될 수 있다. 확실히 다음과 같이 말할 수 있다. 제한적 지각인 모든 지각이 자신의 고유한 현상적 내용

••
[69] 정확히 동일한 것이 **단적인** '기억'에도 타당하다.

과 더불어 연관으로 엮여 들어갈 수 있기에 바로 이러한 현출 내용의 '사고함' 혹은 변양된 지각함이 선험적으로 가능한 것이다. (최종적으로 단적인 직관으로 소급되어야 하는 모든 종류의 술어적 사고의 가능성을 정초하는 데에는 어쨌든 이것으로 충분하다.)

하지만 근원적으로 방해받지 않는 지각을 그 지각과 철저히 일치하는 주변 연관 안에서 〔그 지각의〕 명료함의 차이는 도외시하고 〔그 지각이〕 그러한 바 그대로 취한다면, '믿음'을 한갓된 '사고함'으로 변경하려면 반드시 직관을 위한 질료부터 변경해야 한다. 자유로운 자발성은 직관이나 '표상'의 수동성을 토대로 여러 가지를 성취할 수 있다. 표상이 서로 혼합되고 방해하는 경우에 이러한 성취는 〔다른 표상은〕 배제하고 유사믿음인 〔그 표상 중〕 하나의 부분으로 들어가 이입사고함이다. 하지만 표상을 위한 질료가 직관의 유일무이하고 단적인 일치라면, 믿음의 바로 그러한 변양은 정초될 수 없다.

다른 한편 **태도 취함**이라는 표현은 이러한 모든 경우에 적절하지 않다. 우리가 다루고 있는 직관과 그것의 정립적 성격은 모든 자발성 이전에 있거나 그 이전에 겨냥되는 것이기 때문이다.[70] 따라서 정립과 비정립, 그것도 믿음적인 정립과 비정립이라고 표현하도록 하자.

따라서 단적인 지각은 실로 가장 단적인 것이다. 그것은 단적인 직관의 영역 안에 있는 믿음적인 근원 현상으로서, 그 가치가 전도되거나 박탈되거나 쇠약해진 현상이 아니다. 따라서 모든 '가치'는 〔단적인 지각에서와 같은〕 근원 가치이거나 〔여타 현상에서와 같은〕 변양된 가치이다. 비정립의 변

---

70 그리고 단적인 믿음을 '태도 취함'으로 표현할 수 있는가? 그리고 여타 성격의 삭제함과 동렬에 놓을 수 있는가?

양도 변양인데, 다만 이제는 정립은 아니다. 즉, 그것은 더는 전혀 '가치평가함'이 아니라 유사가치평가함이다.

따라서 여기에서 어떤 사물의 직각적 현출 등으로 불리는 일련의 '파악' 현상에 있어서, 믿음은 근원 양상이다. 믿음은 직각과 나란히 있는 어떤 것이 아니라 근원 양상에서의 직각이다. 어떠한 방해를 겪지 않는 직각에 침잠한다면, 지각하고 지각을 수행하고 이와 함께 믿음을 수행한다.

우리가 지각을 근거로 수합하고 해명하고 관계 짓고 표현하는 작용을 수행하면서 직관 토대에의 '충실함'을 견지한다면, 모든 이러한 전체 작용도 다시 '하나의 믿음'으로서 그 토대에 놓인 지각과 그 양상이 동일하며 여기에서도 믿음은 방해받지 않는 수행의 양상 외의 다른 것이 전혀 아니다. 때로는 믿음에 나란히, 그에 대응하는 방식으로 그 '지향'이 방해받는, 그 믿음과 유비적인 작용이 있다. 이러한 모든 작용은 자신의 복합체 안에 지각을 포함하는 하나의 '객관화 의식'이며, 그 부분(지각)도 '객관화'하기에 중층적인 객관화 의식이다. 전체적으로 삶은 구성되는 객관성을 향해 있는 것이다. 그리고 방해받지 않고 '자유롭게 뻗는' 지향의 경우에 전체 형성체(여기에서는 자발적인 전체 형성체)는 믿음의 양상 속에 있는 종합적 작용, 믿음을 지닌 수합, 관계 짓기, 술어화 등이다.

하지만 이제 **지각 자체의 양상적 변경과 이런 변경이 일어나는 연관의식**을 취해보자. 가령 무실의식을 취해보자. 나는 인형과 인간 사이에서 동요하다가 이제 한갓된 인형을 본다! 인형 파악은 방해받는 믿음이었지만 이제는 결정됨이라는 형식으로 그 방해가 '극복되었다'. 이것은 다시 결정이라는 형식, 방해물의 가치 박탈이라는 형식에서의 믿음이다. 다른 한편, '인간' 파악은 '삭제된다'. 이와 함께 우리는 일반적으로 새로운 사건을 가질 뿐 아니라, 더 높은 단계이긴 하지만 (새로운 대상을 구성하는) 새로운

'파악'을 가진다. 현출하는 것은 한편으로 '무실함'이라는 가치의 인장을 받으며, 다른 한편으로 단적인 믿음 대상은 갖지 못하는 '그렇다', '완전히 결정되었다', '그것은 참이고 현실적이다'라는 인장을 받는다. 부정의 의식 속에서, 그리고 이에 상응하는 긍정적 결정과 긍정의 의식에 침잠하면서 나는 이러한 새로운 대상성을 의식한다. 그리고 이러한 의식도 방해받거나 방해받지 않을 수 있다. 따라서 나는 다시 다음과 같이 말할 수 있다. 그것이 무실한가는 나에게 의심스러워지거나 이미 의심스러우며, '무실함'은 다시 삭제나 긍정을 겪을 수 있다. 이는 양상적 성격 일반에서 마찬가지이다. 나는 방금 인형이라고 결정했다. 하지만 이제 나는 그것이 인형이 아니라는 것을 매우 강력하고 압도적으로 '찬성하는' 몇몇 현출 계기에 고착된다. 따라서 나는 동요하게 되고, 무실한 것도 동요하기 시작하여 의심스러워지고 경우에 따라 다시 삭제된다. 〔이 경우〕 '이중 부정'을 가지게 된다. 그리고 바로 이것과 결부된 것은 해명하고 술어화하는 판단에서도 이와 동일한 양상이라는 점이다. 처음에는 인간에 관한 단적인 판단이나 인형에 관한 단적인 판단을 가졌다. 그다음에 양상이 있는 판단을 가지게 되는데, 이 역시 (개연적임, 가능함, 의심스러움 등을 포함하는) **어떤** 믿음작용이다. 그리고 이러한 모든 이행을 매개하는 것은 판단 확실성(단적인 판단)이 믿음 양상으로서의 자신의 양상을 변경시킨다는 사실이다. 우리는 처음에는 판단하지만, 그다음에는 (직관의 동요에 의거하여) 진술함에 있어서 동요하고 무실의식을 수행한다. 그러면 진술되는 사태연관은 거기에서 진술된 바대로는 삭제된 채 남으며, 그다음 우리는 **새로운** 해명과 술어화를 수행한다. 우리는 이러한 성격을 따로 포착하여 '삭제됨', 즉 거짓임이라는 개념과 표현으로 포섭하고 "S는 p이다"는 거짓이고 그것은 그렇지 않다고 말하거나 개연적으로 그렇다 등이라고 말한다.

모든 종류의 지향성, 모든 의식에 있어서 사태는 위와 같다.[71] 이미 수행된 의식에 추가되고 그 의식에 정초해서 새로이 등장하는 모든 의식은 새로운 대상성을 구성한다. 즉, 그것은 **'믿음'이거나** 방해를 받아 생기는 믿음 양상이다. 이러한 '믿음'은 의식의 어떤 기본 유형이 아니라 어떤 보편적 의식양상이다. 의식 일반의 본질에는 특정한 믿음적 양상이 속하고, 특정한 자발성 형식을 실행할 이념적 가능성이 속한다. (당연히 수합함, 관계 지음, 표현함을 뜻하는) 이런 자발성 형식도 어떠한 기본 유형을 이루는 것이 아니다. 그것은 의식양상의 집합으로서 자발적으로 형성되지만 자신의 내용은 의식의 다양한 참된 기본 규정으로부터, 지향성의 기본 형식으로부터, 그리고 지향적 질료로부터 끌어온다. 따라서 이제까지 서술한 것이 중심 사상이다.

*

하지만 여기에서 더 중요한 것은 다른 것이다. **재생**은 앞서 개진한 해석을 밀고 나가는 데에 커다란 어려움을 안긴다. 만약 단지 **기억**만 다룬다면 어려움이 없을 것이다. 가장 넓은 의미에서의 기억, 즉 소위 믿음적 재생만 다룬다면 말이다. 직각적 영역에서 일어나는 모든 사건은 여기에서 다시 돌아온다. 우리는 직각적 지향의 대응물로서 재생적 지향을 지닌다. 방해받지 않는 재생적 지향의 경우에는 기억 믿음을 가지고, 방해받는 재생적 지향의 경우에는 기억 의심 등을 가진다. 여기까지는 언뜻 보기에 모든 것

71 따라서 사고함이 믿음의 어떤 (변화가 아니라) 변양이라는 사실은 모든 의식에는 '사고' 변양이 속한다는 사실과 완전히 일치한다. 모든 것이 바로 또한 믿음이다.

이 잘 정리된 것 같다.

하지만 이제 **순수한 상상**이 있다. 자의적 상상대상을 기억의 주변에 넣어 이입상상하기만 해도, 그 사태는 직각적 가상의 경우와 다르다. 직각적 허구물은 늘 바로 허구물이다. 즉 그것은 그 자체로 직각되는 것이다. 그것은 삭제된 파악지향이지만 그래도 파악**지향**이다.[72] 삭제하는 것이 적절하게 변양된다면, 삭제는 탈락할 것이며, 그것은 방해받지 않은 지향일 것이다. 그러나 꾸며내는 상상에서는 이렇지 않다. 상상자료는 물론 기억과 갈등한다. 예를 들어 내가 어제 잘 아는 길거리에서 마주쳤다고 상상하는 저 꾸며낸 켄타우로스는 아무것도 없는 그곳에 있으면서 무엇으로도 덮여 있지 않은 그곳에서 기억 지반이나 기억 경과 등의 한 조각을 덮는다. 하지만 이것은 (직각 영역에서의 갈등의 유비물인) 기억에서 두 개의 기억파악 간에 일어나는 갈등과는 다른 갈등이다. 꾸며내는 상상은 그 자체로 지향이 아니며 어떠한 지향도 아니므로 어떠한 '믿음' 양상도 지니지 않는다. 그리고 그것은 그 자체로 믿음 양상이 아니다. 그것은 〔믿음 양상이라면〕 기억의 양상일 것이다. 기억과 기억이 갈등할 때라면, 나는 그중 하나의 기억을 가정립이나 사고함으로 변화시킬 수 있는데, 그러면 대항 경향은 배제하고 그것은 이랬을 것이라거나 이럴 것이라고 이입사고하게 된다. 하지만 순수한 상상의 경우에는 이렇지 않다. 여기에서는 애초부터 순수한 상상이 현실적 지향이나 대항 지향을 동반하지 않아서 내가 배제할 것이 전혀 없기 때문이다. 물론 가능한 기억의 모든 사건은 가능한 순수한 상상의 사

..
72 그래도 단지 그것은 환영에 대해서만 타당하지, 정상적 이미지대상과 이미지적으로 현시되는 대상에는 타당하지 않다. 이것은 색조 있는 회화에서 직각적으로 있지만 삭제되지 않는다. 따라서 여기에도 본래적 '지향'이 없다.

건이기도 한데, 이는 가정립함도 마찬가지이다. 그러나 이때는 바로 모든 것이 한갓된 상상적인 것으로 변양된다. 하지만 이제 이런 모든 서술은 저 사고 변양이 상상 변양과 원리적으로 다른 어떤 것이라는 뜻은 아니다. 최소한 하나의 본질적인 점에서 이 둘은 부합한다. 모든 상상은 비정립의 사례이지만 비정립의 모든 사례가 상상은 아닐 수 있는 것이다. 사람들은 다음과 같이 말해야 한다.[73]

k) 용어의 수정. 인상과 재생 간의 차이는 임의적 지향과 그것의 '사고적 변양' 간의 차이와 교차한다 — 사고적으로 변양되지 않은 모든 작용에 대해 '태도 취함'이라는 표현을 쓰는 데 대한 회의 — 단적인 직관 영역 내부에서, 일치하는 동질적 정립 및 비정립과 비동질적 혼합정립 (기억 안에서의 구상, 구상 연관 안에서의 기억 대상) — 가정립함은 정립 및 비정립과 나란히 있는 제3의 어떤 것이 아니라, 정립의 영역에 속함 — 감정, 욕망, 의욕을 직관 영역으로 끌어들임

(1912년 4월 16일 집필)

지향적 체험의 구조에 관한 해석이 변하면 유감스럽지만 **용어**를 수정할 수밖에 없다.

1) 인상과 재생은 차이가 있다.

상상은 재생되는 지향적 체험의 대상과 맺는 관계를 의미했다. 따라서 우리는 정립하는[74] 상상과 정립하지 않는 상상을 갖게 될 것이다. 전자는

••
73 여기에서 원문이 중단되었다. (옮긴이)
74 나는 이제 ('정립적'을 의미하는 표현으로서) setzend 대신에 **positional**을 사용한다. 이제

기억이다.

2) 임의적 지향과 그것의 '사고적 변양' 간의 차이가 첫 번째 차이[인상과 재생 간의 차이]와 교차한다. 나는 이때에도 '정립하는(setzend) — 비정립하는'[75]이라는 표현을 계속 써도 되는가?

3) 나는 태도 취함이라는 표현을 쓰고자 했다. 하지만 사고적으로 변양되지 않은 모든 작용의 '정립'을 태도 취함이라고 부를 수 있는가?[76]

b)에 관하여.[77] 그러나 다음은 본질적 차이이다. [한편으로] (현출하는 것이 현전하는 존재로나 과거의 존재로 단적으로 의식되는) **단적인** 지각의식이나 기억의식과 [다른 한편으로] 그것[현출하는 것]에 대해 (아름답거나 추한 것으로, 좋거나 나쁜 것으로, 마음에 들거나 들지 않는 것으로 평가하는) 태도 취함. 하지만 소원은 현출하는 단적인 존재를 향하지 않는다. 따라서 그것은 바로 태도 취함이다.

다음에서는 사정이 어떠한가? 보이는 것이나 기억되는 것이 추측을 자극한다. 혹은 직각되는 것이나 재생되는 것의 연관 속에서 의심함, 가능하다고 간주함, 물음이 자리 잡는다. 그리고 의심이 [한쪽으로] 결정되고, 동의, 존재의 긍정이나 존재의 부정이 이루어진다. 여기에는 다음과 같은 상이한 사건 계열이 있다.

1) 단적인 일치 속에 있는 단적인 존재의식.

2) 불일치의 사건, 혹은 이러한 사건의 여러 유형. [불일치하는 것들 중]

∴

나는 정립(Setzung)은 자발적 포착, 어떤 판단 현상으로 이해한다.

75 [setzend보다는] positional이 낫다.

76 그럴 수 없다. a) 향함이라는 방식에서의 자발성으로서의 태도 취함. b) 이보다 좁은 의미에서의 태도 취함. 즉 이미 존재하는 것으로나 유사 존재하는 것으로 있는 어떤 것에 대한 태도 취함.

77 바로 위의 원주 중의 b)를 뜻한다.(옮긴이)

한쪽 편을 향하는 지향은 대항지향에 의해 반박되고 방해받는다는 성격을 지닌다.

한편은 반박됨이라는 성격을 가질 수 있지만, 이와 동시에 반박되지 않는 연관 지향 복합체와의 일치라는 성격 및 이것과 일치하면서 동의함이라는 성격을 가질 수도 있다. 따라서 지향적 복합체는 반박되는 지향의 복합체와 반박되지 않는 지향의 주변 복합체로 쪼개진다. 그리고 전자는 '그것에 동의함', '그것을 옹호함'이라는 새로운 성격을 얻는데, 이런 성격은 후자에게 없는 것이고 경우에 따라서는 후자에 반대하는 것이다. 또 양편 모두 주변지향 중에서 그것에 동의하는 나름의 성격을 가질 수도 있다. 따라서 긍정하는 현실성, 무실성, 서로 대등한 가능성(의심스러움)이라는 다양한 성격이 있다.

다음은 새로운 것이 아닌가? 나는 한편에 동의하는 결정을 내리고 그것을 편들며 그것을 긍정하며 인정한다. 또는 나는 그것을 부정하면서 배척한다. 나는 한편을 우세한 것으로나 개연적인 것으로 인정하는 등이다. 분명히 그렇다(새로운 것이다).

이러한 성격과 때로 '태도 취함'은 어떠한가? 이들은 같은 층위에 있는가? 이들은 기쁨이나 슬픔의 '태도 취함'과 동일한, '태도 취함'이라는 유적 본질을 가지는가? 그러나 이것은 완전히 다른 방향에 있는 것처럼 보인다.

3) 모든 지향적 체험은, 그것이 전체로 보아 사고적으로 변양되지 않는다면, 정립이거나 정립이 될 수밖에 없다(그것이 바로 변양되지 않은 의미에서의 지향이다). 이러한 정립은 **행위**가 아니라 어떤 **근본 성격**인데, 이것이 이 단어('정립')에서 좋지 않은 점이다. 지향적 체험을 수행한다는 것은 이런 경우에는 정립함을 수행하는 것이자 '정립되는 것'을 향하는 것이다. 이것이 의미하는 바는, 이러한 모든 의식에서는 어떤 '대상적인 것'이 존재하

는 것으로서 '믿음'의 방식으로 우리에게 의식되는데, 존재한다는 것은 대상적인 것이 갖는 일반적인 성격이라는 점이다.

하지만 여기에는 다양한 단계가 있다.

지각이든 기억이든, 단적인 **직관하는** 정립함(단적인 믿음)에서는 가령 어떤 사물적인 것이 '존재함이라는 방식으로 거기' 있는데, 이는 그것이 단순히 정립되는 것이라는 뜻이다. 우리는 또 단적인 존재 성격이라고도 말한다. 이 성격(정립됨의 성격)은 비정립의 사례와 대조할 때 두드러지는데, 단적인 유사지각으로서의 직관적 상상의 사례나 참된 이미지의식의 사례(요약하면, '구상'이라는 말을 재생이나 상상과 구별한다면, 가장 넓은 의미에서의 구상!)가 그것이다.[78] 내가 들어가 침잠해 보고 있는 이 그리스의 풍경은 내가 참된 지각함에서 눈앞에 현실성으로서 가지고 있는 내 책상 위의 이 책들과는 다른 방식으로 거기 있다. 그리고 이러한 대조 속에서, 단적으로 정립되는 존재자는 비정립되는 유사존재자로부터 나에게 두드러진다. 이 둘 다 전체 현상을 물들이는 색조인 것이지, 무언가가 처음에는 이러한 성격 없이 그 자체대로 존재할 수 있고 그다음에 이것에 추가되는 것은 아니다. 이제 정립의 경우를 살펴보자.[79] 그러나 그다음 불일치가 등장하고, 일치하던 지향적 연관이 불일치하는 지향적 연관으로 변하면, 어떤 식으로

:•

78 여기에서 사태는 아직 정돈되어 있지 않다. 〔한편으로〕 포착함과 〔다른 한편으로〕 믿음이나 유사믿음이라는 이중적 양상이라는 두 가지가 있지 않은가? 나는 현실적인 것을 포착하기도 하고 허구적인 것을 포착하기도 한다.

79 언뜻 보기에는 먼저 현상이 있고, 그다음에야 정립이 마치 어떤 첨가물처럼 거기 덧붙는 것으로 보인다. 하지만 보다 자세히 보면, 때로는 수행 없는 대상 파악이 있고 때로는 수행이 등장하는 방식의 대상 파악이 있는 것이다. 이 〔후자의〕 경우에 우리는 존재자 자체를 포착하고 정립하는데, 이는 (내적으로 일치하는 수행함에 관련한) 동의함을 따르면서 '그렇다'를 수행함으로써 일어난다. 그러면 혼란스럽던 감성적인 것이 수행에 의해 주어지는 것으로 이행하고, 이러한 충족의 이행 안에서 동의, '그렇다'에서의 포착, 태도 취함을 겪는다.

든 다양한 성격이 생겨난다. 즉, 대상은 가능적 존재, (진정 현실적인) 현실적 존재, 비존재 등으로 현출하는 것이다. 마찬가지로 나는 그림으로 그려진 이 풍경이 현실적인 것이라고 믿을 이유를 얻을 수도 있다. 그때 나는 그것을 현실성의 방식으로 직접적으로 '보지' 않는다. 오히려 구상 의식이 엮여 들어간 간접적 연관으로부터 하나의 새로운 성격이 추가로 등장한다. 이것은 다음과 같이 이해할 수 있다. 구상되는 것은 유사 존재하는 것으로 성격 규정되고 이 성격을 유지한다. 하지만 구상은 다른 체험과 통합되어 지향적 체험의 통일체가 될 수 있다. 무엇보다 지각이나 기억이 구상과의 가능한 결합을 이루어 어떤 혼합된 직관 통일체가 되는 형식에서 그렇다. 나는 가령 기억 주변이나 지각 주변에 어떤 것을 집어넣어 이입상상하고 그것을 거기에 넣어서 구상한다. 그것 자체는 구상되는 것이고 구상되는 것으로 남으며 그 자체로는 그 이상을 요구하지 않는다. 그것의 요구는 단지 유사요구이고 따라서 실은 어떠한 요구도 아니다. 하지만 이러한 연관 속에서 그것은 특정한 변양을 겪고 **가정립**이 된다. 내가 여기 이 사물을 보고 있는 가운데 나에게 '이미지'가 떠오른다고 해도, 그것('이미지')은 '내 앞에' 현출하기는 하지만 지각과 통일을 이루지는 않는다. 이것은 그려진 이미지나 그려진 풍경이 사실 액자 바깥의 사물들과 통일을 이루지 않는 것과 마찬가지이다. 하지만 나는 그것을 통일을 이루는 것으로 '그렇게 볼' 수도 있다. 즉, 내가 그것을 통일체로 간주하면, 상상적으로 의식되는 것, 더 일반적으로 말해 구상적으로 의식되는 것은 가정립되고, 거기 그것〔액자 바깥의 사물들〕 가운데 있는 것으로 간주된다. 이것은 그 자체로는 구상되는 것에게 소위 가치평가하는 성격을 현상적으로 부여하는 특정 현행성이다. 즉, 그것은 일종의 '지향'이 되어서, 이제 곧바로 일치되는 정립 지향에게 공격을 받고 삭제나 무라는 성격을 부여받는다. 또한 내가 가진 기억은 아주 무규정적이어서 특정 정립 성격만 있는 어떤 일반적 계기에서만 이 기억이 나를 제약할 수도 있다. 예를 들어 나는 어떤 사람을 기억하는 데, 그 사람의 머리색은 무규정적이어서, 이제 나는 머리색을 자의적으로 금발이나 흑발로 표상할 수 있다. 그러면 이런 가정립은 모두 가능하기는 하지만 공허한 가능성일 뿐이다. 만약 그중에서 어느 하나나 다른 하나를 지지하는 '근거'가 의식된다면 상황은 즉시 달라지는데, 그러면 새로운 이 차적 성격, 새로운 가치평가 성격이 주어진다.

정립 영역이 제공할 수 있는 것은 순수한 비정립의 영역에서 모두 비정립 변양으로 반복되므로, 이러한 순수한 비정립들이나 그들의 결합을 배제해보자. 그러면 보다시피, 직관의 영역, 모든 자발성 이전의 수동적 직관의 영역에서 항상 새로운 사건이 일어나는데, 이런 사건은 분명히 그보다 높은 단계에서도 다시 변양될 수 있다. 그리고 이러한 사건은 모두 어떤 공통점을 가진다.

늘 거듭하여 '어떤 것이 현출하고' 늘 거듭하여 어떤 것이 정립된다. 이 것을 더 분명히 해야 한다. 만약 단적으로 일치하는 정립이 삭제된다면, 변경된 내용의 '정립'이 다시 생기고(가능한 정립) 어떤 비존재가 '현출한다'. 여기에서 '현출한다'는 말은 그것이 '정립되는 것'이 아니라 정립 가능한 것 이라는 뜻이다. 근원적 정립됨은 변양되고 삭제되지만, 이 삭제도 보일 수 있는 어떤 것이고 삭제된 것도 '존재자'이며 '존재자'라는 성격을 부여받는 다. 즉 나는 그것을 주시할 수 있는 것이다. 마찬가지로 직관적 가정립(기억 내부에서의 상상의 이입정립이나 상상 변양)은 방해받지 않은 가능성이거나 삭제된 가능성이거나 우세한 가능성(추정 가능성) 등이다. 그리고 이것도 정립되는 것이다.

하지만 **모든** 정립이 지니는 특성은 연관에게서 동기를 부여받아 그와 같은 가능한 변양을 겪고 이를 통해 더 높은 단계에서 변화된 정립 기체를 지니는 새로운 정립이 생길 수 있다는 것이다. 이 모든 것은 그다음에 비정립으로 소위 전사(轉寫)될 수 있다. 따라서 정립과 비정립에는 항상 절대적 차이가 있는데, 이는 모든 정립이 변양되더라도 그렇다. 즉, 모든 정립이 무화 변양이나 가능성으로의 강등 변양 등을 겪을 수 있거나, 구상과 결합하여 이것과 더불어 새로운 가정립, 새로운 가능성, 〔새로운〕 폐기됨을 이룰 수 있음에도 불구하고 그렇다. 따라서 정립되는 것 사이로 구상이 들어와 확고하게 이입정립되면, 이러한 이입정립함은 이미 더 이상 한갓된 정립 없음이 아니라 가정립함이다. 이러한 가정립함은 정립함을 전제하고 가정립되는 것에게 어떤 '사이'라는 성격을 부여하는데, 이 성격은 어쨌든 보다 넓은 의미에서 정립 성격이다. 하지만 이로부터 이제까지 구별했던 것보다 더 많은 것을 여기에서 구별해야 한다는 점이 드러나지 않는가?

단적인 직관 영역의 내부에서 정립하는 직관과 비정립하는 직관뿐 아니라, 동질적인 일치하는 정립과 동질적인 일치하는 비정립을 시험 삼아 구별해볼 필요가 있다.[80] 나아가 일치를 유지하며 완전히 동질적으로, 정립으로부터 〔다른〕 정립으로 이행하는 것과 비정립으로부터 〔다른〕 비정립으로 이행하는 것도 구별해볼 필요가 있다.

∴
80 정립(Setzung) = 정립성(Positionalität). 따라서 현행화되거나 현행화될 수 있음. 현행화함, 그것은 삶이라는 양상으로의 이행인데, 이 양상은 지속적인 '일치한다'를 동반한다. 이러한 과정에서 어떤 자기동일적인 것은 일치하는 것으로, 존재하는 것으로 의식되고, 이러한 현행화함은 존재 정립함, 존재 포착함, 가장 낮은 단계의 믿음적이고 긍정적인 '태도 취함'이다. 내가 〔대상으로〕 좀 더 가까이 가보았을 때 불일치를 맞닥뜨려서 긍정적 태도 취함과 충돌한다면, 나는 〔긍정적 태도 취함을〕 거부하는 것이고 이것은 가장 낮은 단계의 부정적 태도 취함이다. 이런 일은 다양한 **본래성** 단계에 있어서 일어난다. 믿음 속에서의 향함이나 믿는 태도 취함은 최소한 이러한 현행화나 탈-현행화의 시작이다.

비동질적 혼합정립은 〔가령〕일치하는 정립 '사이'의 비정립(기억 속의 구상)이나 일치하는 구상 사이의 정립(기억 대상이 구상 연관으로 이입정립됨)인데, 이들〔정립과 비정립〕은 물론 통일체를 이룬다. 이를 통해 정립(혹은 비정립)은 특정 변양을 겪는다. 기억을 가르고 들어가 그 안에서 직관과 통일체를 이루는 비정립은 가정립이라는 성격을 얻는데, 이 성격은 비정립을 일종의 '지향'으로 만든다. 〔이에 비해〕상상으로 이입정립되는 정립은 강등이라는 성격을 겪고 어떤 구상적인 것으로 경험된다.

정립과 정립이 이루는 또 다른 비동질적 혼합정립과 통일체 형성(부정합 형성)을 통하여, 변양된 정립은 단적인 유형의 정립에 의해 다시 삭제되는 등이다. 그리고 비정립이 비정립과 통일체를 형성하고 마지막으로 (현실적 방해 성격이나 비정립적 방해 성격이 생기는 유형의) 혼합된 정립들이 통일체를 형성한다.

여기에서 다음에 주목해야 한다.

정립되는 주변에 어떤 구상 대상을 **가정립**할 때 이것이 반박되지 않고 끼워 넣어진다면, 한마디로 가정립이 (반박되지 않고) '자유롭게 펼쳐질 수 있다면', 이런 가정립은 모두 그 자체로 다시 '믿음'이고 정립이다. 즉, 이러한 가정립은 우리가 '가능하다고 간주함'이라고도 부르는 것과 같다. 가능성은 사고 가능성이다. 그리고 사고함, 즉 이러한 가정립이나 사고할 수 있음은 반박되지 않는 가정립함이나 방해받지 않는 가정립함이다. 그리고 이때 (그것에 반하여 갈등하는 것은 차치하더라도) 가정립되는 것에서 생길 수 있을 모든 여타의 지향적 성격은 도외시한다. 따라서 가령 정립하는 직관과 정립 없는 직관으로 이루어지는, 반박되지 않는 직관 통일체라는 **이런 의미의 가정립함은 어떤 제3의 것**, 정립 및 비정립에 나란히 이들과 동등한 것이 **아니다.** 그것은 오히려 정립의 영역에 속한다. 이 구성체는 다시 하나의 '작용'(즉 정립)으로서, 'W$_{Ph}$의 가능성'[81](가령 이 책상의 뒤쪽에 얼룩이 있을 가능성. 나는 그에 대해 모르지만, 이 가능성을 '표상할 수는 있다')이라고 불리는 새로운 대상성을 구성한다. 이러한 가능성은 비현존적 가능성과 구별되는데, 내가 일반적으로 상상할 수 있는 것은 그 자체로 가능한 것이다. 이러한 가능성에는 정립의 구성부분에 의해 반박되지 않는다는 것, 즉 혼합 직관 안에서 조화를 이룬다는 것이 놓여 있다.

혼합된 직관의 통일과 마찬가지로, 갈등하는 직관의 통일도 새로운 대상성이 의식되는 새로운 형식의 직관으로 간주해야 한다. 그것은 일치한다는 의미에서의 통일이 아니라, 불일치한다는 의미에서의 통일이다. 그리고 이러한 통일의 방식에 따라 불일치의 대상도 서로 다르다. 가령 다음 둘 중 하나가 가능하다. 'A 또는 B' 혹은 'A이고 b는 아님'(삭제된 b를 수반하는 A)의 구성. 기타 등등. 여기에서 해명되지 않은 단적인 직관의 사태와 해명의 사태 등을 구분해야 한다. 그리고 다시 '주의의 향함'에 의존하지 않는 직관적 의식의 사태와 바로 이러한 〔주의의〕 향함의 사태를 구분해야 한다. 여기에서 다루고 있는 것은 지향적 복합체이므로, 우리는 그때그때 상황에 따라 "주의의 시선을 이 부분이나 저 부분을 가로질러 향할 수 있다." 하지만 이것은 근본적으로 나쁜 비유이다. **그때그때 상황에 따라 우리는 해당 지향을 생생하게 수행하고 이행을 수행하여 이와 동시에 높은 단계의 지향적 가치 전도를 수행할 수 있다. 이러한 가치 전도에 의해 단적인 정립**(그것을 특별히 수행하고 수행 중에 견지하는 경우에는, 정립하는 향함)**은 가령 삭제된 정립이 된다.** 이때 삭제함을 수행한다면 삭제된 대상성이나 무실함으로서의 대상성에 관한 정립적 의식을 가지게 된다는 것 등등.

∴

81 'W$_{Ph}$'는 어떤 현상(Phänomen)의 지각(Wahrnehmung)을 의미하는 약자로 보인다.(옮긴이)

의심스러움이나 무실함의 내부에 있는 경우, 의심함이나 부정함에 침잠하는 경우에는 어떤 특별한 정립이나 어떤 특별한 작용은 일어나지 않는다. 오히려 거기(의심스러움이나 무실함)에 침잠한다는 것은 무실함의 의식 자체이다. 나는 부정함이나 의심함을 기반으로 하여 특별한 '믿음'을 '수립'할 필요가 없다. 믿음은 늘 거기 있으므로 나는 그것을 수행하면 된다. 하지만 이것은 내가 무실함의 성격에, 혹은 이런 성격을 가진 해명되지 않은 현상 전체에 '주의'한다는 것이다. 성격을 독자적으로 부각하려면 해명이 필요하기 때문이다. 나는 '부정함'(그 의미가 무엇이든, 가령 나의 부정함과 같은 하나의 작용 성격)을 반성할 필요는 없다. 거기에서 의식되는 대상은 단순히 거기 있는 것이 아니라 삭제된 채 있으며, 나는 이 삭제를 주시하는 것이다.

따라서 우리 앞에는 항상 새로운 단계들의 직관 및 '직관되는' 대상이 있다. 모든 것이 '명료한' 영역에서 작동하고 모든 것이 보인다. 만약 단적인 감성적 직관으로부터, 가령 사물 직관으로부터 출발한다면, 그것이 '단적'이라는 것은 서로 '융합되는' 지향적 구성요소가 동질적이고 분절되지 않은 채 일치를 이룬다는 뜻이다. 그리고 이러한 동질적 일치에서 하나의 대상이나 하나의 사물이 현출하고 정립되며 직관된다. 만약 특별한 해당 복합체에 침잠한다면, 이러한 대상이나 사물은 사물들이 이루는 배경으로부터 부각된다. 이보다 높은 단계에서는 대상성이 변화하여, '현존하는 사물'이 아니라 비록 현출하지만 존재하지 않는 사물이 된다. 이 존재하지 않는 사물은 그 자체로 다시 두 번째 단계에서 현출하는 사물, 직관되고 정립되는 사물이다. 여기에 새로운 단계의 성격 규정, 양상, 근원 성격의 양상적 변양이 들어오고, 이런 것들은 대상적이 된다. 즉 우리가 해당 작용, 즉 정립에 침잠하는 경우에는 그렇다. 따라서 그것은 감성적 직관이 아니라 감성적 직관의 변형을 통해 획득되는 복합체인데, 이 복합체는 다시 직관이다. '범주적' 직관은 적절한 단어인가? 양상화된 직관이나 양상적 직관이라고 해야 하는가?

이제 새로운 것을 고려해야 한다. 해명, 종합함, 예를 들어 수합함이나 관계 짓기를 고려해야 하고, 나아가 종류가 서로 다른 것들을 관념 아래 놓는 포섭 작용, 그리고 관념으로 옮김, 즉 표현함을 고려해야 한다.[82] 수합함이나 관계 짓기 등은 자발적 형식으로 이루어진 가능한 특정 체계의 **자발성**이다(표현함은 자발성이라고 할 수 없다). 이것도 다시 대상을 구성하는 것, 높은 단계의 정립, 종합적 정립으로서, 모든 정립과 마찬가지로 다시 양상적 변양을 가지며, 그러면 이러한 새로운 정립의 대상이 다시 동일 형식의 종합적 형성체를 이룰 수 있게 한다는 것 등등.

이제까지 우리는 체계적으로 개관할 수 있는 다양한 대상성들과 이들을 '구성하는' (그것을 형성하는 근원 질료가 단적인 감성적 직관인) 다양한 작용, 정립, 지향들에서 출발했다. '명료한' 영역을 떠나 모호한 영역으로 넘어갈 때 생기는 또 다른 변양은 일단 도외시한다. 따라서 명료성의 영역, 즉 직관성의 영역이나 점점 확장되는 의미에서의 직관의 영역에 머물도록 하자. 근원적 정립(양상화되지 않은 정립)을 취하거나 양상화된 정립을 취하되, 이를 뒤따르는 명제적 종합과 표현은 일단 배제하고, 그 대신에 **감정, 욕구, 의욕**을 끌어들인다.

지각되는 것은 마음에 들거나 마음에 들지 않는다. 또 특정 방식으로 변화하되 직관적으로 지각되지 않고 가정립되는 어떤 것이 여기 마음에 들고 즐거움을 '줄' 것으로 있다. 그러면 그것은 현실성이 사라진 채 갈구되고

..

82 이것은 명제적 종합 및 형식들이다.

욕망된다는 것 등등. 우선은 일반적으로 다음과 같이 말해야겠다. 어떤 정립, (일반적으로 [모든 정립에] 타당하지만) 예컨대 감성적 유형의 지각 정립이나 기억 정립 위에 감정이 정초하면 이 감정과 더불어 새로운 대상이 구성되는데 이는 정립의 양상적 변양과 유사하다. 하지만 감정을 수행함은 정립함, 그것도 새로운 대상성의 정립함, 감정 대상으로 정립되는 대상의 정립함을 뜻한다. 더 명석하게 말하면 다음과 같다. 사물 지향을 수행한다는 것은 사물을 정립하는 것이다. 이것이 첫 번째 정립이다. 감정, 즉 즐거움, 대상에 대한 만족감은 사물 지향에 기초한 새로운 지향을 만들며,[83] 토대에 놓인 파악 지향과 결합하여 이 지향을 수행한다는 것은 현실적 대상을 그것이 주는 즐거움에 있어 의식한다는 것이고 이 전체를 정립한다는 것이다. 여기에는 주의의 두 가지 구성요소가 있다. 정립이나 향함이 두 가지이기 때문인데, 그중 하나는 대상(사태)을 향하고, 다른 하나는 '감정적 가치'를 향한다. 하지만 이것은 가령 해명(펼쳐냄)은 아니다. 가치에의 향함은 대상의 가치에의 향함이므로 이 둘은 하나의 통일체인 것이다. 가치에의 주의는 사태에의 주의도 요구한다. 하지만 [사태에의 주의는 가치에의 주의를] 거드는 주의이다. 그러나 어쨌든 나는 지향적 향함이 여러 개일 경우 항상 그러하듯이, 이 두 가지에 완전히 똑같이 주의할 수는 없다. 이 주의가 어떻게 서로 관계하고 어떻게 서로 교대하고 갈등하는지는 고유한 연구 주제이다.

가치의 존재에 대한 '믿음'은 이러한 기초 위에 새로이 수립되는 '새로운 작용'이 아니라, 항상 그렇듯이 여기에서도 작용 안에서, 해당 지향 안에서

⁙

83 [새로운 지향을] 만드는 것이지 [새로운 지향]인 것은 아니다. 생생하게 즐거움은 '지향'이나 높은 단계의 '표상'이 아니라, 그런 것을 **산출**하고 그런 것으로 이행한다.

'삶'이고 그 안에서의 향해 있음이다.

정립적 지향, 즉 변양되지 않은 지향으로 이루어진 토대 대신에 '구상'의 변양(비정립적 변양)을 생각한다면, [한편으로] 모든 양상적 변양과 [다른 한편으로] 감정을 비롯한 모든 여타 정초되는 지향은 '구상'이라는 표지를 얻는다. 정립하는 사물 직관이나 정립하지 않는 사물 직관이나 모두 사물 직관이듯이, 감정, 더 자세히 말하면 여기에서 다루는 '감정 직관'은 정립하는 직관이든 아니든 감정 직관이다. 그러니까 그것은 가령 상상되는 감정이 아니다. 물론 그러한 것[상상되는 감정]도 있지만, 감정의 재생이나 정립 없는 상상은 정립 없는 감정 자체와는 다른 것이다. 그것은 즐거운 것 등에 관한 '직관함'이지만 '현실적' 기뻐함이나 슬퍼함이 아니고, 때로는 소원됨에 대한 직관이지만 현실적 소원됨은 아니다.

당연히 이러한 비정립적 소원함 등은 이미지 속의 소원함과 구별해야 한다. 현실에서 나는 누군가 화를 내거나 소원하는 것을 본다. 이미지 속에서도 나는 누군가 소원하는 것을 본다. 이처럼 [타자의] 소원함을 정립하는 감정이입의 대응물은 이미지의 비정립하는 감정이입이다. 이와 반대로 정립하는 소원함으로서 소원의 수행함 자체의 대응물은 비정립적 소원함이다.[84]

*

내가 이전 쪽의 여백에 쓴 것[85]이 논의를 훨씬 멀리까지 이끌어가는지

..
84 이것이 곧 이미지 속에서의 소원함인 것은 아니다.
85 후설이 여백에 쓴 것은 다음과 같다. "가치의 존재에 대한 믿음은 이러한 기초 위에 새로이

588

모르겠다.

포착 이전의, 혹은 직관되는 것에의 향함 이전의 직관이란 무엇인가? 그것은 직관이 아니다. 현행화될 수 있는 잠재적 직관이라고 해야 하는가? 그리고 이것이 현행화된다면, (믿음적 태도 취함 외에는 어떠한 태도 취함도 포함하지 않는) 가장 낮은 단계의 특정한 믿음적 작용, 가장 단순한 경우에는 한갓된 향함이나 한갓된 포착이 생기는가?

태도 취하는 작용에서는, 이미 의심함이나 의심에 관해 결정함 등에서는, 그다음에는 감정작용(마음에 들지 않음, 즐거움), 욕구작용, 의지작용에서는 어떠한가? 만약 이런 것이 단적인 직관(변양되지 않은 직관이나 변양된 직관, 즉 상상)에 정초한다면, 그것은 '높은 단계의 직관' 혹은 범주적 직관이며, 더 나은 표현으로는 가치 직관이다. 왜 우리는 그것을 인정하기를 꺼리는가? 당연히 그것은 믿음적 향함이 아니다. 오히려 나는 먼저 어떤 다른 태도를 취하고 그다음에 (적절하게 정초된) 임의적 태도 취함을 토대로 직관을 수립할 수 있다. 일반적으로 모든 임의적 태도 취함에서 객관화나 판단이라는 의미에서의 표상을 수립할 수 있다. 이제 객관화하는 체험이나 지성적 체험이 아닌 모든 지향적 체험은 분명히 서로 동등하다. 따라서 임의적 태도 취함의 의식을 가진 감성적 의식도 그러하다. 모든 것은 객관

∷

설립되는 '새로운 작용'이고, 모든 곳에서처럼 새로운 태도 취함의 **작용 안에서** 향해진 것이 아니다. 표상함에 기초하고 있는 모든 태도 취함은 새로운 표상함을 산출한다. 따라서 그것을 다음과 같이 표현할 수도 있다. 감정은 표상이 아니고 직관이거나 비직관적 표상이 아니고 표상의 생생한 산출이다. 이것은 산출된 후에 일종의 반성 속에서 표상으로 다루어질 수 있다. 하지만 이것은 무엇을 뜻하는가? 본질적으로 모든 태도 취함은 표상함으로 수행될 수 있음을 뜻하지 않는가? 마음에 듦에서 향함은 표상함이 아니다. 하지만 마음에 듦은 대상에게 '마음에 듦'이라는 가치를 '부여한다'. 따라서 필연적으로 나는 이러한 표상함 안에서 살 수 있다."(옮긴이)

화의 기체가 될 수 있다. 따라서 감성적 파악이 그 자체로 표상함 혹은 판단함이되 다만 객관화에서 자신의 수행을 겪을 뿐이라거나, 수행되지 않았어도 이미 표상이라고 해서는 안 된다. 이러한 수행이야말로 비로소 객관화를 만드는 것이며, 모든 체험에 귀속되는 일반적 양상이다. 그렇지 않다면 아마도 모든 지향적 체험, 가령 욕구함 등은 단지 수행되지 않은 표상함이라고 해야 할 것이다. 따라서 근본적인 유적 차이가 있다. 감성(수동성)과 일련의 자발적 능동성. 지성이나 이성과 마찬가지로 감성은 모두 '파악'이자 정립성이자 지향성이다.

부록 36(유고 15 a에 대하여)

용어에 관하여

(1912년 3~4월 집필 추정)

(수행된 것이든 수행되지 않은 것이든, 이러한 의미에서 현행적이든 비현행적이든) 태도 취함은 그것이 '체험되고' '현실적' 체험의 구성요소라면 **인상적** 태도 취함이고, 이러한 체험되는 체험에서 재생되는 체험의 구성요소라면 **재생적** 태도 취함이다. 따라서 나는 인상적이라는 용어 대신에 **체험되는** 태도 취함이나 **현실적** 태도 취함이라고 말할 수도 있다. 태도 취함이 재생되면, 재생의 체험 안에서는 이러한 태도 취함의 재생과 결합하여, 이것(재생되는 태도 취함)과 의미가 동일한 체험되는 태도 취함이나 이것과 의미가 상이한 체험되는 태도 취함, 가령 (재생되는 태도 취함을) 배척하는 태도 취함 등이 나타날 수 있다.

나는 **체험되는** 태도 취함의 **대상성**에 대하여 그것의 태도 성격과 관련해서 '현실적'이라는 단어를 사용한다. 따라서 체험되는 믿음의 대상은 현실적으로 믿어지는 것이고, 체험되는 판단의 대상은 현실적으로 판단되는 것이다. 이와 마찬가지로 우리는 현실적으로 소원되는 것이나 물어지는 것 등에 대해서도 말한다.

재생되는 믿음이나 소원 등의 대상에 대해서는 믿어지는 것이나 소원되는 것으로 떠오른다는 표현을 사용한다. (재생 '속에서' 믿어지기는 하지만 현실적으로 믿어지지는 않는다는 등.)

현실적 태도 취함의 대상에 대해 우리는 현실적으로 존재하는 것, 현실적으로 이러저러한 속성을 가진 것, 현실적으로 현전하는 것, 현실적으로 즐거운 것 등으로 가치평가된다고 말한다.

재생되는 태도 취함의 대상에 대해 존재하는 것으로서 재생적으로(상상 '속에서' 상상적으로) 의식된다고 말하는 것 등.

부록 37(유고 15 b에 대하여)

기억의 분석.
내적 기억의 성격 규정과 사후 연관으로부터의 성격 규정.
태도 취함의 탈락과 추가
(1912년 3월 집필)[86]

나는 내일 파티에 가기를 원했음을 **기억한다.** 나는 이 의지를 받아들인다. 때로는 이 원함이 기억될 뿐 아니라, 현행적으로 정립하는 "나는 원한다"까지 함께 있는 방식의 기억이 곧 등장한다. 그것은 내용적으로 정확히

∴

86 여기에 대해서는 태도 취함의 '삭제'를 다루는 부분(이 부록 중 "정립하는 재생으로서의 재생은 폐기될 수 있다"라는 말로 시작되는 부분)도 참조하라.

동일한 것이 아니다. 이 〔지금 시점에서〕 '내일'은 기억작용 속에서의 〔그 과거 시점에서는〕 내일이 아니라 가령 모레였기 때문이다. 그리고 "나는 원한다"의 나는 양편 모두에서 물론 인격적으로 동일한 나이지만 〔하나는〕 바로 어제의 나이고 〔다른 하나는〕 오늘의 나이다.

*

기억
a) 내적 기억의 성격 규정
b) 사후의 연관으로부터의 성격 규정

나는 베를린의 밀랍인형관의 장면을 **기억한다**. 아주 사랑스러운 '여성'이 계단에서 내게 손짓을 했을 때 깜짝 놀랐다. 하지만 다소 평정을 찾은 후에는 그것이 눈을 속이도록 계산된 '인형'이었음을 불현듯 깨달은 것이다.

여기에서 이 이야기를 하고 있는 **지금** 나는 명료한 기억을 가지고 있다. 재생은 현행적으로 정립적이다. 즉, 재생되는 것이 정립된다. 나는 그것을 향해 있다. 나는 그 여성에 관한 재생을 '수행한다'. 그리고 그 '여성'과 그 시간적, 공간적, 사물적인 상황 전체가 '기억됨'이라는 성격을 지닌다. 내가 나중에 그것이 환영이라거나 아니라고 확신하든, 혹은 내가 그것에 지금 그렇게 태도를 취하든 다르게 취하든 간에, 그러하다. 이런 '기억됨'은 어떤 종류의 성격을 가지는가?

이제 나는 물론 기억 속에서 반성할 수 있다. 그러면 재생되는 정립과 현출을 발견하는데, 이것은 있었던 것으로 성격 규정된다. 나는 흡사 다시 본다. 시간적 사건이 경과한다. 그리고 나는 현출함과 정립함을 흡사 주어지는 것처럼 발견한다. 그것은 정립하는 재생이라는 성격을 지닌다. '내적 의식'의 지금과 이전, 그것은 정립하는 재생의 상관자로서 현실적인 것이 다. 그 '여성' 자체는 어떠한가? 그 또한 '기억됨'이라는 성격을 가지며, 나 는 반성하지 않아도 이 성격을 발견한다.

여기에서 단지 다음과 같이 말할 수 있다. 여성 지각의 재생이 변양되지 않았고 정립적 성격을 지니기 때문에, 그 지각의 수행에 있어 '여성' 자체는 바로 그러한 정립의 상관자인 현행적 성격을 부여받는다.

현행적으로 정립하는 모든 재생은 향함의 대상성에게 특정 성격을 부여 하는데, 이 성격은 현행적으로 정립하는 그 재생의 본질과 본질적으로 연 관되므로 가령 다른 재생에서는 있을 수 없는 것이다. 하지만 이러한 특 정 성격은 대상성에서의 현실성 성격은 아니다. 그에 대한 반성이 보여주 는 바와 같이, 여성 현출은 '현실적'이라는 성격을 지닌다. 즉, 그것은 따옴 표 안의 '현실적'이라는 성격을 가지며, 이와 동시에 현행적으로 재생됨이 나 기억됨이라는 성격을 지닌다. 하지만 여성 현출의 재생 혹은 여성 지각 의 재생은 이처럼 수행될 때 여성을 재현하는 표상이라는 의식이지만, 어 떤 새로운 양상, 즉 이렇게 표상되는 여성을 **현실적으로 있었던** 여성으로 현행적으로 정립하는 양상도 가질 수 있다. 이 양상은 어디에서 연유하는 가? 정립의 하나의 현행성은 내적 의식에 속한다. 우리는 근원적으로 인상 을, 즉 여기서는 외적 지각이라 불리는 체험에 관한 내적이고 인상적인 의 식을 가진다. 이 외적 지각에는 감각내용, 파악, 현행적 현출이 속한다. 내 가 지금 그것(외적 지각)을 재생한다면, 이 재생은 현행적이고 내적인 의식 의 내적 체험이고, 이러한 재생의 수행에서는 다양한 재생적 지향이 현행 적이다. 이러한 재생적 지향 중에는 (재생적 지각 성격을 동반하는) 재생적 현 출을 낳는 지향이 있고, 주변, 즉 공간적, 시간적, 사물적, 내용적 주변과 관련된 지향이 있다. 하지만 이 모든 것은 내적 의식에 속한다.

하지만 다른 한편, 우리는 외적 의식의 지향을 내적 의식 안에서 가진다. 이것을 분명하게 해보자.

나는 지금 인상적으로 지각지향을 가진다. 나는 내적 정립의 현행성을 가진다. 지각현출은 인상적이고, 현출을 가짐에 관한 내적 의식은 현행적으로 정립하는 의식이다. 여기에서는 지각이 현행적으로 정립되는데, 이 지각 자체가 어떤 것의 정립이고 현출이다.

내적 시간의식의 흐름에서 지각이 지각을 뒤따르고, 충족과 실망이 뒤따른다. 거기에 등장하는 것은 무엇이든 내적으로 정립되고, 그 자체로 정립, 다양한 양상에서의 정립이다. 기억에서 우리는 이러한 연관을 뒤쫓을 수 있다. 거기에서 그 각각이 재생되고, 나는 내적 재생의 계열을 가진다. (이 재생의 계열에서) 끄집어낸 각각의 재생은 정립하는 재생이라는 성격을 가지지만, 주변지향이 충족되는 연관을 (시간적으로) 앞으로나 뒤로 지시한다. 그리고 거기에서는 가령 계속해서 새로운 지각의 재생이 등장하겠지만, 이전 지각을 가상지각으로 드러내는 이러한 지각의 실망의 재생도 등장할 것이다.

후자(지각의 실망의 재생)의 경우를 가정해보자. 그러면 재생을 갱신하면서, 즉 기억 속에서 지각지향으로 돌아가면서, 이 지각지향은 거짓되고 폐기되는 지각지향이라는 성격을 얻는다. 그러나 이것(거짓되고 폐기되는 지각지향) 자체는 여전히 내적 의식의 현실성이라는 성격을 지닌다. 그것은 지각함이었지만 그 지각함 혹은 그것의 태도 취함은 타당하지 않음이 드러났고, 추가적 경험 연관 속에서 폐기를 겪었다. 그리고 내가 (기억 속에서 그 지각이 일어난 과거 시점으로부터) 지금에 이르기까지 나아가면, 이 폐기는 도전받거나 가령 다시 취소되지 않은 채 남는다. 그리하여 이 상황은 변하지 않는다. 지각함은 어떤 것을 현실적인 것으로 정립하지만 이 현실적인 것은 삭제되고 비현실적이 된다.

내적 재생과 관련하여, 내가 기억의 연관 속에서 앞으로 가거나 뒤로 가면서 다음과 같은 일에 마주칠 수도 있다. 내적으로 재생되는 것, 즉 내가 기억되는 지각으로 정립했던 지각이 실은 그렇지 않았거나, 이 현출이 아니라 다른 현출이 있었거나, 이 모든 것이 아예 존재하지 않았다.

(하지만 그런 사례가 있는가? 나는 가령 일관성이 있는 꿈을 꾸었다. 나는 그 전체 연관을 기억한다. 그러면 현출과 관련하여 그 전체가 현실적으로 기억된다. 다만 포괄적 연관으로 돌아가면 드러나는 바와 같이, 이 전체 대상성은 '아무것도 아니다'.

만약 기억 및 지각의 연관에서가 아니라면 하나의 기억이 타당하지 않다는 것이 어떻게 드러나겠는가? 그리고 거기에서 어떤 지반 없이 실망이 등장할 수 있겠는가? 나는 거짓된 기억을 가지고, 그 당시에 그랬다고, 내 삶에 있어 예전에 그랬다고 믿었다. 그리하여 기억이 주어지는 동시에 그것과의 충돌도 주어진다. 그러나 이제 기억으로 형성된 것이 전혀 존재하지 않았고 연관에 들어맞지 않는 일이 있을 수 있다.)

지향과 충족에는 두 가지 연관이 있다. 1) 내적 의식에서의 연관, 2) 외적 의식에서의 연관.

정립하는 재생으로서의 재생은 폐기될 수 있다.

a) 내적 재생. 모든 재생은 완전히 구체적으로 받아들이면, 내적 재생이기도 하다. 외적 상상은 동시에 내적 재생의 구성 부분이기도 하다.

(나의) 지각이 일어나는 현행적 지금까지 이어지는 내적 기억 연관 안에서, 내적 기억의 정립은 폐기될 수 있다. 때로는 감정이입 연관도 그러한 역할을 할 수 있다. 설령 내가 기억을 가지더라도, [타인의] 증언에 의해 내

가 그것을 현실에서 체험한 적이 없다는 확신에 도달한다. 기억 성격은 이제 '기만'이라는 인장이 찍힌다.

b) 외적 재생. 나는 사물이나 사건을 현실적으로 본다. ((여기에서는) 봄에 대한 기억은 도전받지 않는다.) 하지만 봄 자체가 착각을 일으키는 것이었다. 외적 재생의 연관 안에서, 그리고 외적이고 정립하는 직관 일반의 연관 안에서, 대상의 통일성은 견지되지 않는다. 외적 재생, 즉 재생적으로 의식되고 '기억됨'으로 의식되는 외적 지각은 거짓 지각이었다.[87] **대상**은 '**무실함**'이라는 성격을 겪는다. 그런데 이 대상은 그 자체로는 지각되는 것으로 거기 있으면서 나름대로 '현실적'이지만, 이러한 현실적임은 바로 삭제된 현실적임이다.

나는 **폐기**라고 말했다. 즉, 정립이 있었지만 **삭제되고**, 아님의 성격을 얻는다. 그리하여 이 정립은 **이중의 성격**을 지닌다. 근원적 성격인 기억 성격과 **비판적 성격**인 삭제 성격이 그것이다. 또 그것이 단적인 무실함의 성격일 필요는 없다. 가령 기억으로부터 '기억이미지'로서 하나의 이미지가 등장한다. 그것은 '현실적으로' 있었다는 감이 들지만, 처음에 기억된 것과 갈등하고 이제 '좀 의심스러운 것'이나 '도전받는 것'으로 현출한다. 이것도 비판적 성격이다.

이제 근원 성격은 어떤 모습인가? 그것은 확실함의 양상에서 '기억되지만', 애초부터 감으로 기억되어 거기 있을 수도 있다. 즉, 그것이 있었고 기억된다는 감이 든다. 하지만 그것은 확고하고 틀림없이 거기 있는 것은 아

∴

87 여기에서는 참(wahr)으로 간주함(nehmen)을 뜻하는 Wahrnehmung(지각)에 대비하여 거짓(falsch)으로 간주함(nehmen)을 뜻하는 Falschnehmung(거짓 지각)이라는 용어를 쓰고 있다.(옮긴이)

니다. 그러면 곧장 더 나아가서 이렇게 말할 수 있다. 새로운 기억이 추가되지 않아도 그것은 의심스러운 것이나 무실한 것으로 있거나, 확실성으로부터 의심스러움이나 무실함으로 넘어간다. 하지만 그것은 바로 더 넓은 범위의 어두운 기억이 함께 일깨워지는 데에 기초하는 비판적 성격이 아니겠는가?

하나의 동일한 현출의 여러 면은 각기 다른 행태를 보인다는 점에도 주목해야 한다. 어떤 면은 (분석해보면) 확실하고 단적으로 기억된다는 성격을 가지고, 다른 면은 감이 든다는 성격만 지닐 뿐 확실성을 가지고 기억된다는 성격은 지니지 않는다. 이 〔감이 든다는〕 성격은 경우에 따라 그것의 질적 규정성에 있어서 기억된다는 성격을 전혀 가지지 않고, 단지 빈틈을 메우는 것, 즉 단순한 가능성이자 감이 드는 것 중 하나로서 틀을 채우는 것이고, 이러한 감 외의 다른 것은 미결로 남는다. 때로는 이러한 가능성이 지니는 감은 특별한 힘을 가진다. 즉, 그것과 평행한 다른 가능성보다 우세하다. 그러나 때로는 이러한 성격이 삭제된다. 그렇게 되면 이 전체의 성격은 무엇이 되는가? 전체는 순수하게, 철두철미 확실하게 기억된다. 아니면, 그것은 기억되기는 하지만 온갖 감으로 흐려져 있다. 그도 아니면, 전체는 기억되기는 하지만 어떤 부분에서는 삭제된다.

때로는 나는 단순히 기억의 의식을 가진다. 하나의 이미지가 떠오른다. 그리고 기억 연관 속에서 앞으로 나아가고 그다음에는 이전의 것으로 뒤로 돌아간다. 이때 가령 일치가 일어나지 않는다. 이러한 일은 기억 자체에 해당할 수도 있지만 기억되는 지각의 대상에도 해당할 수 있다. 이전의 기억이 전환되고 이미지가 다르게 그려진다. 나는 X씨를 머리는 금발이고 수염은 덥수룩하다고 표상했었다. 아니다, 그는 수염이 덥수룩하지 않고 얼굴 옆쪽의 수염을 잘 깎았다는 것 등등. 금발도 금발이 아니라 밝은 갈색이다. 이때 '이미지'는 불명료할 수 있다. 하지만 명료할 수도 있는데, 그러면 명료하게 '기억되는 것'이 삭제된다.

하지만 경우에 따라 전체 현출방식(본래적 현출)은 확고하게 유지되고 파악만 삭제되기도 한다. 인형의 예에서 그런 것이다.

하지만 사례는 다양하다. 1) 때로는 내가 그 당시에 무엇을 정말로 체험했는지가 문제이다. 따라서 그것은 체험함, 내적 기억의 문제이다. 2) 때로는 내가 당시의 지각 중에서 무엇을 계속해서 견지할 수 있는가가 문제이다. 무엇이 삭제되어야 하는가? 기억으로서가 아니라, 기억에서 정립되는 지각의 정립과 관련해서 말이다.

기억은 **현행적 재생**이고 가장 넓은 의미에서 **정립하는 재생**이라고 해야 하지 않겠는가? 이것은 단적으로 정립하는 (그리고 동질적으로 정립하는) 재생이거나(그러면 확실성이다), 비동질성이 섞여 있는 재생이다. 기억은 항상 확실성의 양을 가진다. 모든 기억은 현행적 지각과 연관된다. 즉, 기억되는 것은 '지나간 것[과거]'이고 이러한 과거 정립의 영역은 현행적 지각과 함께 있다. 그리고 기억되는 것은 이러한 과거로 옮겨진다. **따라서 기억은 자신의 연관을 가지며 이러한 연관을 통하여 정립의 구성요소를 가진다.** 하지만 기억은 이런 연관을 도외시하고 그 자체로 나름의 정립 또한 가진다. 나는 앞서 산책했던 것을 기억한다. 여기에서는 정립의 빛살이 지금으로부터 방사된다. 하지만 기억이미지는 그 자체로 나름의 정립을 가진다(예상이미지도 그럴 수 있다. 이때 [기억이미지와 예상이미지의] 내용은 같을 수 있지만, 여기 및 지금과의 연관([공간적이고 시간적인] 마당)은 서로 다르다).

이러한 정립은 단순할 수 있다. 즉, 확실성이거나 감일 수 있다. 순수한 확실성일 수도 있고, 일반적으로는 확실성이지만 어떤 부분에서는 감일 수도 있다.

그것은 또한 **비판**을 수반할 수 있다. 그러면 확실성은 삭제된다. 혹은 그 자체로 확실한 어떤 낯선 기억이 끼어들지만, 이러한 연관의 부분으로서는 삭제된다.

나는 **서로 다른 삭제**에 관해 이해하고자 한다.

1) 기억 자체나 기억의 구성요소가 삭제될 수도 있다. 예를 들어 나는 최근에 산책하면서 빌리히젠을 만났다는 것을 기억한다. 그리고 이제 기억이 서로를 밀쳐내더니 서로 연관이 없는 두 개의 기억으로 쪼개진다. 최근의 산책은 내가 빌리히젠을 만났던 산책과는 다른 것이다.

혹은 나는 수염이 덥수룩한 X씨에 대한 기억을 가지고 있다. 즉 특정 현출방식에 대한 기억을 가지고 있다. 하지만 이제 나는 새로운 기억, 더 낫고 명료한 기억을 갖는다. 〔이 새로운 기억에서는〕 X는 수염이 덥수룩하지 않다. 그리고 나는 이제 기억의 현출방식 자체를 반박한다. 기억현출이 변양된다. 그렇다. 나는 그를 그렇게〔수염이 없다고〕 본다.

2) 나는 기억을 계속 견지하고 그 기억은 나에게 계속 타당하다. 나는 정말로 기억을 가지고 있지만 **당시의 지각이 거짓이었다.** 더 나아가, 당시의 지각은 여전히 도전받지 않거나, 아니면 도전을 받고 추정이라는 가치를 얻어 의심스러워진다. 이때 그래도 그 자체는 여전히 기억되는 지각에서는 어떤 일이 일어나는가? 기억된다는 자신의 성격을 그 자체로 보존하는가? 그리고 당시 내가 전혀 동요하지 않고 굳게 믿었기에, 이 기억되는 지각은 확실하다는 성격을 보존하는가?

다음과 같이 말해야 하지 않을까? 기억되는 정립은 그것인 바대로 남아 있지만, 정립의 새로운 빛살이 정립되는 것을 향한다. 어떻게? 이 새로운 빛살이 기억되는 정립이라는 가치를 탈락시키는 방식으로. 그러니까 그래도 그것〔기억되는 정립〕은 어떤 가치를 갖는다. 따라서 단적인 기억의 본질은 '이전의 지각'을 정립함으로써 그것〔이전의 지각〕에서 정립된 것까지 정립한다는 것인가? 즉, 나는 재생을 수행함으로써 〔이전의〕 지각을 '흡사'라는 양상에서 수행하고 〔이전에〕 '지각된 것'을 정립하는가? 이러한 정립은 전체 재생의 수행에 속한다. 그것〔전체 재생〕은 철저히 정립이다. 그 안에 있는 모든 것에는 존재하는 것이라는 성격이 부여된다. 그다음에 뒤따르는 **비판**이 비로소 근원적으로 가치 부여하는 것을 **가치탈락시킨다**.

그러나 모든 기억은 비판 아래에 놓인다. 그 본질에 있어서 모든 기억은 연관에 속한다고 '주장한다'. 기억은 특히 그 자체로 내적 시간의 연관에 속하는데, 기억되는 지각, 기억되는 판단, 기억되는 소원도 이런 연관에 속한다고 주장한다. 기억되는 경험의 이러한 주장은 이 가치를 나름의 방식으로 탈락시키거나 확인하는 경험 통일체 안에서 충족된다. 기억되는 판단의 경우, 나는 판단을 내렸고 이러저러한 사태연관이 참된 것으로서 거기 있었다. 만약 내적 기억의 연관 중에서 아무것도 그것〔기억되는 판단〕에 반대하지 않는다면 그것은 여전히 도전받지 않는다. 하지만 이제는 이 판단도 확인을 받아야 하는데, 사후적으로 무언가가, 가령 동일한 사태연관에 관련하여 납득할 만한 새로운 판단이 이 판단에 반대할 수 있는 것이다. 그러니까 의식되는 동일한 것에 체험이, 잇따라 등장하는 서로 다른 (반복되는 기억으로 기억되는) 체험이 관계 맺는 것이다. 이와 마찬가지로 가치평가도 각자 나름의 가치평가와 가치탈락 방식을 갖는다.

하지만 의식되는 것의 유가 서로 다르면 상황이 서로 다르지 않겠는가? 특히 경험하는 작용은 가치평가하는 작용과 다르지 않겠는가?

사람들은 아마도 모든 경험 작용은 통일적 자연에 속하며, 만일 그렇지 않으면 거짓이라고 할 수도 있을 것이다. 어떤 지각에 대한 모든 기억은 있었던 존재의 정립이고, 있었던 것으로서 이 존재는 내가 지금도 여전히 그 안에 있는 자연의 연관 안의 존재이다.

가치평가는 어떠한가? 지각에 대한 기억을 단순히 수행한다는 것은 (반박되지 않는 한) 나에 대해서 그 당시에는 그랬다는 뜻이다. 그러나 그 당시의 판단에 대한 기억은 그 당시에 그랬다는 뜻이 아니라 내가 그 당시에 그렇게 의향했다는 뜻이다. 나는 지금 그것을 삭제할 필요가 전혀 없다. 그저 판단하지 않을 따름이다. 하지만 이것은 무슨 뜻인가? 내가 그것을 한갓 사고한다는 뜻인가? 또 나는 이것이나 저것을 열렬하게 욕망했다. 지금 나는 그것을 기억한다. 하지만 나는 이제는 그것을 전혀 욕망하지 않는다. 이제 나는 그것에 대해 냉담하다.

외적 기억의 본질은 대상적인 것(지각된 과거의 것)이 반박되지 않는 한, 특별한 경험적 동기에 의해 폐기되지 않는 한 계속 정립된다는 것이고, 이와 반대로 이전의 판단, 가치평가, 의욕에 대한 기억의 본질은 이런 것들이 '곧바로' 계속 남지는 않는다는 것인가?

*

기억

임의적인 태도 취하는 체험에서 다음을 구별해야 한다.

1) 체험은 내적 의식에서 체험으로 **정립된다**. 따라서 예를 들어 나의 외적 지각함, 나의 판단함, 소원함 등은 내적 시간 안에서 현실성으로 의식된다. 이러한 정립은 필연적이다.

2) (내적 의식에 의해 정립되는 대상인) 체험도 이제 태도 취하는 체험으로서 나름의 정립적 계기를 갖는다. 따라서 예를 들어 외적 지각은 어떤 사

물의 현실성을 정립하고, 판단은 사태연관을 정립하며, 소원은 하고 싶은 것에의 소원을 정립하고, 의욕함은 해야 할 것에의 의지를 정립한다. 모든 이러한 **정립하는** 체험은 내적 의식 내부에서 이에 대응하는 **정립 없는** 체험으로 이행할 수 있다.

이제 이것에 상응하는 기억을 살펴보자.

나는 예를 들어 이전의 지각함을 기억한다면, 정립하는 재생을 지금 가지는데, 특히 다시 다음과 같은 두 가지를 가진다.

1) '내적 지각' 및 그것의 태도 취함의 재생적 변양. 만약 기억이 일어난다면 이러한 〔기억에서의〕 재생은 정립적이다. 즉 내적 지각과 그것의 전체 내용 및 내재적 대상이 함께 정립된다. 후자〔내재적 대상〕는 외적 지각이다.

2) 외적 지각의 재생적 변양. 만약 이것이 사물이나 사건에 대한 기억이라면 역시 정립적이지만, 반드시 정립적이어야 하는 것은 아니다. 나는 지각함이라는 체험을 가졌음을 기억하면서도 이제는 '믿지 않는다'고 할 수도 있다. 즉, 지각현출의 재생은 이제 〔이전의 지각현출과〕 동일한 태도 취함에서 의식되지 않고, 어쩌면 (때로는 자의적으로도) 아무런 태도 취함 없이 의식된다. 첫 번째 태도 취함이 없다면 당연히 나는 더 이상 기억을 갖지 않는다. 이것〔첫 번째 태도 취함〕이 기억에서 본질적인 것이다. 그러나 내가 두 번째 태도 취함을 수행할 때 이것〔첫 번째 태도 취함〕은 없을 수도 있다. 나는 내가 어떤 사물을 지각했다고 믿지 않고도 그 사물을 정립하고 재생하는 현출을 가질 수 있다. 내가 다른 사람의 보고와 서술을 근거로 어떤 사태에 관한 표상을 만들고 이것을 현실로 간주하는 경우에 그러하다.

이제 기억의 개념과 본질에 있어서 이러한 이중성에 진지하게 유념해야 하며, 나아가 우리가 기억이라는 단어를 이런 두 가지 태도 취함이 일어날 때 아주 자주 사용하고, 특히 개별적 직관의 영역에서 아주 습관적으로 사용한다는 상황도 진지하게 유념해야 한다. 그러나 이럴 때 우리는 〔이 단어가 한 영역에서 다른 영역으로 옮겨져서〕 전용됨을 느낀다. 어쨌든 기억의 엄밀한 개념을 오직 첫 번째 태도 취함(정립)을 함축하는 것으로 제한할 필요가 있다.

나는 어떤 증명, 예컨대 피타고라스 정리의 증명을 기억한다. 나는 증명함을 기억할 뿐 아니라 증명 자체도 기억한다. 나는 수학적 정리에 관한 나의 이전의 인식을 기억할 뿐 아니라, 이 정리에 대하여 그것을 기억한다고 말하고 나아가 〔정리가 의미하는〕 사태연관 자체에 대해서도 그렇게 말한다. 즉 그것을 알고 있다고, 그것을 기억한다고 말한다.[88]

나는 영국인들이 보어인들을 이겼다고 기억한다. (그 당시 그렇게 들었다.) 나는 나의 체험만 기억하는 것이 아니라, 우습게 들릴 수도 있지만 다른 사람의 체험도 기억한다. 나는 프란츠가 화가 났음을 기억한다. 즉, 나는 그를 보았고 그에게서 분노를 덧보았으며 이제 그 분노 자체를 기억한다고 말한다. 나는 그가 말하는 것을 들었다. 그는 어떤 진술을 했는데, 나는 내가 다른 사람이 진술한 판단을 기억한다고 말한다.

88 본래적인 의미에서 '기억되는' 인식의 모든 대상성(즉, 내적 의식의 정립하는 재생의 대상성)은 전용된 의미에서 '기억된다'고 불린다. 하지만 인식만 그렇고 다른 정립방식들은 그렇지 않다. 이 경우 인식은 **확실한 것**이었어야 한다(기억에서 그렇게 의식되어야 한다).

부록 38(유고 15 b에 대하여)

특정한 현행성을 가진 '재현'인 판단의 감정이입

(1912년 3~4월 집필 추정)

어떤 판단을 **감정이입**하는 경우에는 예를 들어 누군가 진술하고 나는 그 진술을 '이해'하지만 스스로 그 진술을 판단할 필요는 없다. 어쩌면 나는 그것에 대한 어떠한 판단도 없으며, 타자가 그렇게 판단한다는 사실이 반드시 나에게 [어떤 판단을 내릴] 동기가 되는 것은 아니다. 만일 그런 사실이 동기가 된다면, 나는 이에 대응하는 감을 가진다. 내가 권위자인 그를 따른다면 이에 대응하는 판단을 가진다. 만일 그렇지 않다면, 즉 내가 오로지 말해지는 것의 의미에 들어가 사고한다면, 바로 한갓된 사고만 가진다. (즉 내가 바로 그리 들어가 사고한다면.)[89]

하지만 다른 한편 타자는 나에 대해 직각적으로 거기 있고, 그렇게 판단하는 자로서 거기 있다. 여기에서 나는 아마도 내가 들은 단어들과 하나로 결합한 '재현'이 [감정이입하도록] 나를 돕는다고 말할 수밖에 없을 것이다. 그러나 이 재현은 재현이자 현시이긴 하지만 재생적이지는 않다. 따라서 그것은 상상이 아니고 하물며 '한갓된 상상'은 더욱 아니어서 현행성, 나름의 특정한 현행성을 갖는 것이다. [이 현행성이 특정한 현행성인] 그 이유는 이러한 [감정이입의] 경우는 내가 판단을 기억하면서 그 판단을 [내가 내린 판단이라고] 나 자신에게 귀속시킬 때와는 다르기 때문이다. 타자의 판

---

89 내가 현시하는 의식인 모든 외적 **이미지**의식에서 한갓된 이미지대상을 끄집어낼 수 있고 그러면 직각적이지만 비정립적인 사물 현출함을 갖는 것과 마찬가지로, 나는 여기에서 다루는 감정이입의 재현에서도 한갓된 사고함의 의식, 즉 인상적 판단−의식을 형성하지만 그것을 정립하지 않을 수 있다.

단은 그에게 현전하는 체험이다. 따라서 재현의 매개를 통하여 하나의 현전이 정립된다. (나는 '외적' 사물의 현전은 재생이나 직각적 영상화를 통해, 그것도 현행적 재생이나 직각적 영상화를 통해 의식할 수 있다. 그러나 〔감정이입의 경우〕 여기에서 '외적인 것'은 〔타자의〕 심리인데, 외적인 것이란 어떤 초재적 정립을 수행했다는 뜻이다.) 그리고 나는 〔나의〕 지각되는 현전, 타자 신체의 직각되는 현전, 우리〔나와 타자〕의 공동의 사물 주변의 직각되는 현전이 이루는 연관 안에서, 이 〔타자의 심리의〕 현전을 정립한다. 그래도 여기에는 여전히 많은 분석이 빠져 있다.

부록 39(유고 15 d에 대하여)

재인함, 인식함, 기억
(1890년대 집필 추정)

앎, 인식함, 재인함, 기억

I. 개체적 인식함과 기억함

가까운 사람(나의 엘리)[90]에 대한 기억이미지가 등장한다. 나는 그것을 인식한다. 즉 이 이미지는 아는 사람의 이미지이고 당연히 기억이미지이다.

특정 기억 혹은 불특정 기억.

a) 대상에 대한 기억. 이 대상은 내게 알려져 있다(〔내 앎의〕 상관자이다). 그것은 특정한 자기동일적 대상, 인격적으로 지속하는 대상, 그리고 〔그 대상에 대한〕 기억은 〔대상과〕 마찬가지로 변화하는 가운데에서도 동일한 기억

---

90 후설의 딸 엘리자베트 로젠베르크-후설(Elisabeth Rosenberg-Husserl)을 가리킨다.(옮긴이)

이다. 내가 대상을 인식하고 기억할 때, 이 기억이 반드시 이전의 지각 및 이전의 지각 연관과 관련하여 특정되지는 않는다. 동일한 대상이 다양한 지각연관 속에서 주어질 수도 있고 다양한 대상 연관 속에 있었을 수도 있다. 나는 하나의 특정 기억을 가진다. 그렇다면 또 나는 그 대상이 타자와 나에게 현출하고 지각되었던 하나의 특정 연관을 기억한다.

b) 따라서 나는 그 대상을 알 뿐 아니라, (그 대상이 당시 나의 자아 및 나의 주변과 맺던 연관 속에서) 당시 그 대상의 지각에 관한 특정 기억표상도 가진다. 따라서 그것은 특정한 기억 연관 속에 정렬되며, 이 연관은 때로는 지금의 지각까지 정확하게 이어진다. 나는 대상을 알 뿐 아니라, 내게 대상이 주어졌던 특정 지각 현상이나 지각 계열을 그것의 시간적 연관 내에서 안다.

나는 대상을 특정한 시간적 질서 안에서 보지 않았으면서 그 대상을 알 수도 있다. 때로는 내가 대상을 보았던 어느 상황이 떠오르고 때로는 다른 상황이 떠오른다. 그러면 내가 가지는 기억표상은 서로 다르지만, 그것 [기억표상]의 대상(그리고 나의 자아)은 동일화된다. 하지만 "나는 그 대상을 잘 안다"라는 표현이 가리키는 것은 이 기억표상에서는 주어지지 않는다. 어떠한 특정한 표상도 전혀 등장할 필요가 없다. 표상이라는 것은 (그 자체로) '기지'라는 고유한 성격("이 대상은 기지의 것이다"라고 할 때처럼 이 성격은 당연히 대상과 관계되어 있다)을 가지기 때문이다. 그리고 이 (그 대상의 '기지'라는) 성격은 (그 대상에 대한) 기억표상이 가능하다는 사실 혹은 그 대상이 일찍이 지각되었다는 사실과 동의어이다. 이러한 관계는 어디에서 나오는가? 일반적인(대상의 일반성과 관련된) 기지는 그것을 충족시키고 상세히 규정하는 그러한 기억과 불특정한 관계를 맺는다. 따라서 이 양자를 관계 맺게 하는 것은 한갓된 **연상**이 아니다. (기지의 성격은 (대상성의) 종과 관련하여 나에게 기지의 것으로 출현함이 아니라, 개체로서 이 특정 대상성과 관련된 재인 再認이다.)

기억이 **불특정적**일 때, 내가 그 대상은 특정하여 기억하더라도 내가 그 대상을 보았던 상황은 (전체적으로나 부분적으로) 여전히 불특정적일 수 있다. 혹은 대상도 완전히 특정되지 않는다. 이 표상은 불특정성을 포함하지만, 이 불특정성은 내가 대상을 다시 발견할 때 그것을 기억되는 대상으로 재인할 수 없을 정도로 크지는 않다.

개체적 인식함과 기억함(**지금 어떤 것을 기억함**)에 대해서는 여기까지 서술한다.

II. 이전에 주어진 대상과의 유사성에 따라 대상을 유비적으로 인식함

α) "이 사물은 어떤 것을 기억나게 하지만, 아직 그것이 무엇인지 모른다. 그것은 대관절 무엇인가? 그것 자체가 무엇인지는 모르지만, 그것은 내가 이전에 보았던 어떤 대상과 유사하다."

β) "이러한 종류의 대상을 이미 보았다." 유사한 종류의 대상(유사한 유형의 나무)이 내 고향에도 있다.

γ) 지각에서 내 앞에 있는 대상 A는 어떤 기억표상에서 나에게 떠오르는 대상 B를 기억나게 한다. 마찬가지로 상상이나 이미지나 기억표상에서 내게 주어졌던 대상 A도 다른 표상 속에 주어진 대상 B를 기억나게 한다. 대상 A는 대상 B와 일반적 성격에서 유사하다. 그러나 그것은 단지 객관적 유사성이 있어서 내가 이 유사성을 알아보는 때와 같은 유사성이 아니다. A는 B를 **기억나게 한다**. A는 고유한 심리적 성격을 지니는데, (A에 의해 기억나는) B의 표상이 등장한다면 이 B는 (A의 성격에) 상관적인 어떤 성격을 지니는 것이다. A의 표상이 유발한 특정 지향은 B 안에서 충족된다. A의 표상은 바로 A를 표상하지만, 그뿐 아니라 유사성을 통해 B를 가리킨다.

이러한 관계의 토대는 〔A와 B가 공유하는〕 특정한 일반적 특징이다.

α)에서 이 지향은[91] A에 연결되어 있지만, B의 표상은 현전하지 **않았다.** γ)에서는 두 가지〔A의 지향과 B의 표상〕모두 주어지고, B는 이러한 〔A의〕 지향을 충족하는 성격을 지닌다. 경우에 따라 우선은 V(A)〔A에 관한 표상〕가 있고 그다음에는 V(B)〔B에 관한 표상〕가 있다. 그리하여 이것들은 지향과 충족의 관계로 공속된다. 체험할 수 있는 공속성은 일반적으로 이러한 종류의 관계에만 기인한다.

β)에서는 어떠한가?

A의 표상이 주어진다. 그것은 〔대상 A가 속하는 유인〕 G_A 유형에 속하는 대상들을 기억나게 한다. 이제 나에게 V(A)와 함께 G_A에 속하는 V′의 표상도 동시에 주어진다. 여기에서는 분명히 두 개의 표상이, 이 대상들이 서로 유사하거나 같은 유에 속한다는 인식과 더불어, 그저 나란히 있는 것이 아니다. **그보다는** V(A)에는 어떤 **지향**이 부착되어 있는데, 이 지향은 G_A에서 충족된다. 이것은 무슨 뜻인가? 이 지향은 표상 V′에서 내게 주어지는 대상, 즉 이 유〔G_A〕에 속하는 현전하는 그 **대상**에서 충족되는 지향이 아니다. 비록 어떤 의미에서 A를 통하여 자극되어 실제로 기억이 수행되었더라도, A는 바로 이것으로서의 이 대상을 기억나게 하는 것은 아니다. A는 어떤 일반적 특징을, 유를 기억나게 하는 것이다. 그것은 그 안에 박혀 있는 유사한 유적인 것 덕분에 유를 기억나게 한다(예를 들어 낙엽송 '일반'이 전나무

⁝

91 '지향'은 여기에서 **'무언가의 표상'**이 아니라 그와 다른 어떤 것이다. 그것은 기표〔기호〕와 기의를 결합하는 관계이다. 기표는 기의를 기억나게 하지만, 또한 그 기의를 기억나게 **해야 하는 것**(기억나게 하도록 만들어진 것)이다. 그것은 하나의 기능을 갖는다. 하지만 여기에서 다루는 것은 기호와 무관한, 유사성을 통한 기억 관계이다. 하지만 그것은 **이미지** 관계도 아니다. 이미지는 원본을 기억나게 할 뿐만 아니라 유사성을 통하여 원본을 표상하고 재현한다.

'일반'을 기억나게 한다).

따라서 지향이 V(A) 표상에 결합하는 것은 그에 해당하는 유적인 것에 부착해 있는 방식을 통해서이다. 하지만 지향은 다른 경우에도 그렇게 한다. 그러나 지금은 (우리가 다루는 경우에서는) 지향은 **개체적으로** 특정한 하나의 대상이 아니라 다른 유적 대상을 향한다. 따라서 이 지향은 이 유적 대상이 구체적으로 등장할 때면 언제나 충족된다. 따라서 지금은 충족의 성격이 다르게 들러붙는다. 즉, 전체로서의 B에 들러붙는 것이 아니라, B 안에서 여기에 유관한 일반적인 것에만 들러붙는다. 우리는 B가 (A도 함께 속하는 유인) G의 담지자인 한에서만 (A에 의해 유발되어) B를 기억할 것이다. 그리고 B가 여러 개 등장하고 그중 어떠한 것도 우위를 갖지 못하면, 우리는 G′들 그 **자체를** 기억하게 된다.

따라서 일반적 지향은 어떤 일반적 지향을 기억나게 할 수 있고, 기억의 지향적 성격은 기지의 성격, 내가 개별적 사례에서 반복적으로 체험한 것이라는 성격을 지니는 일반적인 것을 향할 수 있다.

III. 일반적인 (대상의 일반성과 관련된) 인식. 일반적 지향(표상)

나는 전나무나 가문비나무를 알고 사과를 알며 그 외에도 많은 나무와 과일을 안다. 예를 들어 나는 하나의 전나무에 관한 상상표상을 갖지만 하나의 '특정 개체로서의' 전나무에 관한 상상표상을 가지는 것은 아니다. 그것은 무엇을 의미하는가? 어떻게 상상표상이 특정 개체의 상상표상이 아닐 수 있는가? 그렇다. 표상이 개체이듯이 상상자료도 개체이다. 하지만 표상이 반드시 특정 개체에 관한 표상일 필요는 없다. 그것의 지향은 바로 일반적 지향이다. 더 단순한 경우에는 이러한 일반적 표상—지향에 추상체가 포함될지도 모른다. 예컨대 나는 일반적 붉음을 표상하고, 상상 속에서 어떤 붉은 것을 갖는다. 혹은 나는 그러한 것을 지각한다. 하지만 나는 바로 이 붉음이 아니라 붉음 일반을 의향한다.

일반적 지향은 추상체를 제공하는 각각의 개별 경우에서 충족되는데, 그것도 개체적 대상에서가 아니라 오직 이 개체적 대상의 일반적 특징에서 충족된다. 지향이 일반적인 것을 향하는 가운데 이 일반적인 것의 사례가 반복적으로 발견됨으로써, 이 일반적인 것의 관점에서 동일화가 일어난다. 즉, 일반자는 자기동일적이다. 일반적 지향은 그 자체로 '자기동일적 지향' 이다. 내가 하나(의 사례)에서 다른 하나(의 사례)로 이행한다면 나는 그것을 동일한 것으로 인식한다. 나는 일반적인 것을 재인한다.

(일반자의 담지자로서의) '하나의 A'에 관한 (상징의 매개 없이 항상 직관적인) 표상은 이와 다르지만[92] 이와 내적으로 연관되어 있다. 여기에서 지향은 불특정한 방식으로 대상을 향하지만 오직 그것이 일반자의 담지자인 한에서만 그것을 향한다. 일반적인 것은 따로 그것만으로 의향되지 않는다. 일반자의 파악이 종속하는 의향은 개체적인 것을 향하되, 그것의 개체적 충만함에 의거해서가 아니라 단지 그것이 하나의 A인 한에서만 그것을 향한다. 만약 내가 '하나의 A'를 표상한다면 표상 안에서 당연히 특정한 것을 가지지만, 나는 이 특정한 것이 아니라 바로 '하나의 A'를 의향한다.

X를 하나의 A로 인식한다는 것은 무슨 뜻인가? 나는 X를, 바로 이 X를 표상하고, 이 X 안에서 내가 일반적 특징으로 포착하는 일반적 특징 A를 포착한다. 그러나 그때 나는 X를 하나의 A로서 파악한다. 따라서 처음에는 X를 바로 이 X로서 파악하고 그다음에는 불특정적인 방식으로 하나의 A로서 파악하며, 그러면 이제 (그것은 단순히 병렬된 것이 아니기 때문에) 고유하고 새로운 종합이 생겨난다. 이것은 이중적 파악과 의향의 토대를 이

••
92 '불특정성'을 유념하라.

루는 동일한 현출로서, 두 가지가 하나로 정립되는 것이다.

*

인식과 파악

하나의 인식함이 새로이 등장하면 이와 더불어 흔히 하나의 새로운 파악도 일어난다. 벤치의 사례에서 그런데, 이 벤치는 그 형태가 기이해서 나중에야 비로소 그것의 규정성에 의거하여 벤치로 인식되는 것이다. 또한 내가 다가오는 사람을 인식할 때조차도, 내가 일단 그 대상을 파악한 후 그다음에 그 파악이 계속 변하면서 그가 나의 친구임을 알려주는 그런 측면이 등장할 수도 있다. 그뿐 아니라 그다음에는 내가 가령 이 낯선 사람 가운데에서 내가 아는 소중한(특정 감정으로 선호하는) 사람을 발견했다는 놀라움이 생겨난다.

하지만 인식이 파악의 한갓된 확장이라고 할 수는 없을 것이다. 이것은 다음으로부터 알게 된다.

이미지에서 이미지와 모사되는 대상을 구별할 수 있는 것과 비슷하게, 재인에서도 현전하는 대상과 이 대상이 그것이라고 재인되는 것을 구별할 수 있다. 그것은 '그것 자체'로서 재인된다. 거기에는 동일한 사람의 (어쨌든 내용적으로는 상이한) 이전의 현출과의 관계가 있다. 나는 그것을 재인한다. 즉 나는 그것을 여전히 '기억한다'.

때로는 하나의 대상이 어떤 것을 기억나게 하지만, 내가 그 어떤 것을 재인하지는 않을 수도 있다. 이 대상은 그것과 닮은 어떤 다른 것을 기억나게 하는 것이다. 또 다른 경우에 이 대상은 그 자신을 기억나게 한다. 나는 그것을 이미 이전에 지각했다. 이제 유념할 점은, 이처럼 다른 것을 기억나게 하는 일이 꼭 이 다른 것이 이미지에 의한 두 번째 표상이라는 형식에서 주어지는 것은 아니라는 점이다. (어쩌면 전혀 등장하지 않을 수도 있는) 이것[이미지에 의한 두 번째 표상]이 등장하기 전에도 불특정한 기억, 아니, 특정한 기억은 있을 수 있다.

그것 자신을 기억함이나 재인함도 마찬가지이다. 대상이 주어졌던 이전의 상황에 대한 기억이 (당연히 대상 자신과 더불어, 그리고 대상을 우선시하면서) 어떤 기억표상에서 (이미지적으로) 등장할 수 있다. 또 그러한 상상이미지가 등장하지 않을 수도 있다. 좀 더 정확하게 말하면 인지되지 않을 수도 있다. 우리가 발견하지 못하는 것은 기술할 수도 없다. 어쨌든 현전하는 현출은 새로운 성격을 지니는데, 그것도 새로운 의향하는 작용을 가진다. 이미지적 표상은 모사되는 대상을 의향한다. [이에 비해] 재인은 현전하는 대상을 의향하지만 그것을 어떤 자기동일적인 사람과 동일한 대상으로서 의향한다.

재인함은 현출하는 이 대상을 예전에 한 번 지각했던 대상과 동일한 것으로 인식하는 것일 수도 있고, 아니면 이 현출하는 대상을 매우 다양한 예전 상황에서 지각했던 대상과 동일한 것으로 인식하는 것일 수도 있다. [후자의 경우는] '그' 개체 X와 동일한 것으로 인식하는 것인데, 이때 개체는 서로 다른 다양한 현출에서 구성되었던 동일한 대상이다. (경험이 계속 진행되면 [이 경험이] 서로 다른 종합이라 할지라도 대상은 풍부해진다. 대상에 관련된 모든 것이 하나의 종합에서 내게 주어지는 일은 결코 일어나지 않는다.) 이처럼 **재인하는 길 위에서 대상이 풍부해지는 과정**을 서술해야 한다. 하나의 대상은 이미 다양한 재인함을 전제한다.

의향하는 관계는 여기의 이 대상을 향하되, 다양한 상황에서 내게 알려지는 자기동일적 개체 X로서 이 대상을 향한다.

하나의 A(기지의 종류의 대상)로서 대상을 인식하는 경우도 마찬가지이다.

*

재인함과 기억[93]

하나의 기억이미지는 지속하는 가운데 다양한 국면을 겪는다. 지금과 이전의 (시간적 차이를 제외하면) '동일한' 기억이미지. 코르넬리우스도 물론 동일성 인식을 다루고자 하지만, 지속하는 가운데의 다양한 국면이라는 문제에서가 아니라, 내가 지금 가지는 기억이미지가 이전에 가졌던 기억이미지와 같은 것이라는 인식의 문제에서 다루고자 한다.

일반적으로 여기에서는 두 가지 경우를 구별할 수 있을 것이다. 1) 하나의 포괄적 기억작용 안에서 a) 하나의 기억이미지가 지속하고, 그 기억이미지는 지속의 다양한 국면에서 동일한 것으로 인식된다. b) '동일한' 기억이미지가 자주 떠올랐다가 다시 가라앉는다. 2) 나는 지금 하나의 기억을 가지며, 그다음에는 내가 '동일한' 기억을 이전에, 가령 어제 가졌다는 것도 기억한다.

후자의 경우에(예를 들어 내가 노래를 듣고서 어제 동일한 노래를, 그것도 동일한 목소리가 똑같이 부르는 노래를 들었다는 것을 기억하는 경우에) 나는 하나의 기억과 나란히, 기억에 관한 또 하나의 기억도 가진다. 더구나 나는 두

..
93 Hans Cornelius(한스 코르넬리우스), *Psychologie als Erfahrungswissenschaft*(『경험과학으로서의 심리학』), Leipzig, 1897, 28쪽.

가지, 즉 기억 A와 기억에 대한 기억 A′이 어떤 공통적인 것을 가진다고 인식한다. 즉, 이 기억들은 동일한 대상에 대한 기억이고, 같은('정확히 같은') 기억이미지를 매개로 한 기억이다.

전자의 경우, 예를 들어 나는 하나의 집을 기억하는데, 이렇게 기억하는 동안에 그 집은 어떨 때는 가라앉고 어떨 때는 다시 떠오른다. 여기에서 우리는 하나의 **연속적** 기억의식을 가지며 동일한 대상을 표상하는데, 경우에 따라서는 유사한 기억이미지를 매개로 그렇게 한다. 만약 대상의 동일한 면을 지향한다면, 우리는 그 대상을 계속해서 동일한 방식으로 표상한다. 하지만 (그런 일이 가능한 경우에) 기억이미지의 동일성을 인식하기 위해서는 그 외에도 인식의 새로운 작용이 필요하다. 때로는 비교나 구별이라는 새로운 작용이 (코르넬리우스는 구별하지 않은) 두 이미지 혹은 두 기억을 향하며, 그러면 나는 당연히 기억에 관한 기억을 가진다.

*

이해, 인식, 재인

나는 어떤 기호나 단어나 명제나 명제 계열의 의미를 **이해한다.**[94]

나는 어떤 색을 붉음으로, 어떤 대상을 나무로, 어떤 나무를 보리수로 **인식한다.**[95]

나는 어떤 색을 내가 최근 어느 대상에서 보았던 색으로 다시 인식한다.

∴

94 이해.
95 인식함.

나는 어떤 나무를 바로 이 특정 나무로 다시 인식한다.[96]

어떻게 나는 어떤 색을 붉음으로 '인식'하는가? 단지 이름이 재생되는 것을 통해? 그것은 레만의 조야한 해석일 것이다.[97]

인식함이 완전한 인식함이라면, 즉 붉음이라는 이름이 현전하는 식의 완전한 인식이라면, 우리는 다음을 가진다.

1) 기표(기호), 그리고 붉음에 자극되는 성향

2) 기의: 이 붉음

3) 상호관계를 맺는 양자, 즉 기표가 의향하는 것인 사태와 충족으로서의 사태, '표상과 사태의 일치'(긍정).[98]

인식함이 **불완전하다면**, 즉 '표상' 내지는 재현이 불완전하게 주어진다면, 이름이 없고 일반적으로 상징의 본래적 표상(간접현전)이 없다. 그렇지만 상응하는 성향[99]이 무의식적으로 자극되고, 재현의 작용이 존재한다. 나는 색을 발화되지 않고 결여된 것으로 느껴지는 단어 속에서 의향되는

∴

96 재인함.

　　a) 확고한 기억 규정성을 가지고 완전하게 규정된 기억. b) 시간 및 연관의 측면에서의 무규정성을 가지고 불완전하고 무규정적인 기억.

97 여기에서 후설이 어느 해석을 염두에 두는지는 분명히 밝혀지지 않았다.(옮긴이)

98 여기에서 표상이 '개별 사례에 적용'되는 **일반적** 표상이라는 사실은 도외시한다. 일반적 파악은 직관적으로, 혹은 상징적으로, 혹은 직관적이면서 동시에 상징적으로 매개된다.

　　사태는 기호의 지향으로서 인식된다. 즉 **이것이 붉음이라 불린다**는 식으로 판단되지 않는다. 왜냐하면 후자는 무엇보다도 복합적 사고, 즉 인간이 붉음이라는 이름을 이러한 색이나 이와 유사한 색에 대해 사용하곤 한다는 복합적 사고를 포함하기 때문이다. 하지만 우리는 '이름', 인간, 언어 등에 관한 어떠한 의식과 어떠한 표상도 직접적으로 가지고 있지 않다. 우리는 직접적으로는 상징만 가지며, 그것이 대상과 맺는 관계를 느낄 따름이다.

99 어떠한 종류의 성향인가? 이름에 대한 성향인가, 아니면 내가 그것을 이전에 경험한 대로의 붉음에 대한 성향인가?

　　당연히 이름에 대한 성향이다.

색으로 인식한다. 여기에서도 불완전한 '표상'과 사태의 일치가 있다. 때때로 어떠한 판단도 일어나지 않은 채, 우리는 색을 관찰하고 색은 우리에게 친숙한 감을 준다. 인식함은 제한된 작용이고, 친숙함은 정적인 심리적 성격인데, 이 성격은 간접적 표지로서 해당 (내용 혹은) 대상이 우리의 인식의 영역에 속하도록 하는 데 이바지한다.

재인함

a) **완전함**. 나는 성문 앞 보리수를 다시 인식한다. 자극된 지향이 점차 충족되면서 나는 그 보리수 자체를 재인한다. 따라서 각각의 개별적 부분이 나머지 부분과의 연관 속에서 인식되고, 다시 전체 인상이 부분으로 이행하면서, 그리고 부분으로부터 이행하면서 재인된다. 마지막으로 재인함은 '성문 앞 우리의 보리수'라는 표현을 통해서도 수행될 수 있고, 혹은 친숙한 주변으로부터 이 나무로 이행함으로써 수행될 수도 있다.

또한 나는 보리수를 볼 때 친숙하다는 감정을 지속적으로 느끼는 경우와 (보통 하나가 다른 하나로 이행하거나 둘 다 동시에 존재함에도 불구하고) 재인함의 작용이 제한적인 경우도 구별한다. **나는 재인함을 '일치'의 작용에서만 보지만, 친숙함은 지속하는 의식 상태이다.** 친숙함은 지속적 감정으로서, 기지의 대상의 전체 범위에 걸쳐 통일적으로 펼쳐진다. 하지만 재인의 작용은 다수이다. 나는 친구의 이미지를 쳐다보고 바라본다. 나는 동일화 의식 없이도 친구를 즉시 재인한다. 여기에서 확실히 친숙함의 감정이 자극될 따름이다. 하지만 다른 상황에서는 이미지는 사태에 대한 기호일 수 있다. '생각'이 그 인물로 기울어지고, 그 인물에 속한 것이 생생하게 자극되며, 따라서 이미지표상을 표상되는 사태와 동일화하는 이해의 작용이 유발된다. 물론 후자(표상되는 사태)는 명시적으로 간접현전되지는 않는다.

b) **불완전함.** 나는 개별적 계기만 재인한다. 하지만 전체에 펼쳐져 있는 친숙함의 감정은 비본래적 재인 판단을 위한 지지대 역할을 한다.

모든 **이해 작용**에는 이미 하나의 인식이 있는가? 예를 들어 나는 이것을 이해하면서 '사자'라고 말한다. 여기에서 나는 이 단어를 인식하지만 그것만 인식하는 것은 아니다. 나는 그 단어의 의미도 인식하기 때문이다. 이것은 물론 단지 무의식적으로 자극되고 있지만, 명시적 동일화에도 있는 일치의 의식을 동반한다. 의미 표상이 명시적으로 등장할 때, 앞서 이미 완전한 이해가 있었다면 물론 두 번째 긍정까지 일어나지는 않는다. 이해가 완전하지 않았던 경우에만, "맞다, 바로 그렇다!"와 같은 두 번째 긍정이 일어난다. 의미 내용이 등장할 때의 이러한 사후적 긍정은 어느 경우든 자신을 관찰해볼 때 지향이나 욕망이 그 내용의 등장을 향해 있는 데에서 생긴다. 그 내용이 정말로 등장한다면, 그것은 지향되는 내용이자 욕망되고 기대되는 내용으로서 당연히 승인된다.

부록 40(유고 15 c와 d에 대하여)
수행 — 수행의 중단.
지각이나 재생적 의식 유형에서 현출하는 것을 한갓 관찰함.
즉 태도 취함의 배제. 미적 관찰
(1912년 3~4월 집필 추정)

1) 나는 모든 '믿음'과 모든 '태도 취함'을 **중지**할 수는 없는가?

나는 어떤 것을 지각한다. 지각되는 것은 '존재함'이라는 성격을 지닌다. 나는 환영을 수행한다. 직각적으로 현출하는 것은 '존재하지 않음'이라는 성격을 지닌다. 나는 지각하면서 지각되는 이것이 인형인지 인간인지 동요한다. '인형'은 감이라는 성격을 가지지만 '인간'이라는 감에 의해 '반박'되고 두 가지는 바로 '갈등한다'.

나는 이런 태도 취함을 모두 배제할 수 있는가? 나는 지각되는 것이나 환영을 한갓 관찰한다. **나는 현출하는 것을 한갓 관찰한다.** 나는 '인형'이나 '인간'을 주어지는 그대로 본다. 기억이나 재생적 의식에서도 그렇게 한다. 나는 믿음이나 태도 취함을 배제한다. 배제란 무엇이고 무엇을 의미할 수 있는가? 그리고 이 '관찰'이란 무엇인가?

'현실성'이나 감 등의 성격은 사라지지 않았다. 이러한 사태는 앞의 작용과 '내용'을 공유하는 '한갓 사고함'이라는 새로운 작용을 수행하는 것으로 기술할 수 있는가?

이것은 모든 의식작용에도 해당한다. 우리는 태도 취함을 배제하고 의식되는 것 자체를 '관찰'하고 볼 수 있는가? 사람들은 다음과 같이 말하려고 할 것이다.

2) 당연히 그것은 통상적 의미의 지각함은 아니지만 새로운 의식작용도 아니다. 특히 그 자체로 자신의 대상성, 어떤 고유한 대상성을 가지는 의식작용, 이 대상성이 믿음의 성격으로 의식되는 의식작용은 아니다. 따라서 그것은 그 자체로 다시 '태도 취하는 작용'은 아니다.

그것은 어떤 **증여하는** 의식이 아닌가? (즉, 그 의식이 자신의 맞은편에 가지면서 포착하는 고유한 대상성, 우리가 현상학적 대상성으로서 특히 선호하는, 직각적인 것, 명제적인 것, 본질 상관자와 같은 대상성과 관련해서) 증여하는 의식이 아닌가? 의식작용에 있는 의식되는 것의 포착과 관찰은 지각함이나 인지함과 유비적인 것이고(통상적 의미의 모든 지각함에도 물론 개체적 대상이나 음이나 사물 등에 대한 관찰과 포착이 들어 있다), 모든 가능한 대상성에는 포착과 **관찰**, 곧 **상찰**(詳察)의 가능성이 속한다.

따라서 나는 사고되는 것도 포착할 수 있다. 하지만 사고함은 사고되는 것이 구성되는 의식작용인데, 이는 소원함이 (그것에 더해서 어떤 상찰함, 즉 대상적인 것을 '뽑아내어' 포착하는 인지 작용이 나타나는지 여부와 무관하게) 소원이 '의식'되는 의식작용이고 상상함이 상상되는 것이 구성되는 의식작용인 것과 마찬가지이다.

하지만 상상되는 것은 어떻게 구성되는가? 나는 '거기 있는' 것만 포착할 수 있다. 그런데 상상되는 것은 '상상되는 것 자체'라는 방식으로만 거기 있고, 마찬가지로 사고되는 것(생각)은 '사고되는 것 자체'로만 거기 있다. 한갓된 상상함과 마찬가지로 사고함도 어떤 '정립하는' 작용도 아니고, 정립의 어떤 요소도 포함하지 않는다.

어쨌든 다음을 서로 혼동해서는 안 된다. 즉, 한갓된 '사고함', '이입사고함', 어떤 것을 향해 있음, (작용에서 그 '상관자'로서 집어낼 수 있는) 어떤 것을 포착함을 서로 혼동해서는 안 된다.

3) 하지만 이제 **문제**는 다음과 같다. 저 한갓된 관찰함은 인지하고 포착하는 작용으로 간주해야 하는가? 하지만 우리는 모든 태도 취함을 **중지**할 수 있는가에 대해 논의했다. 그러나 그것은 판단을 중지하면서 '그' 판단(판단되는 것 자체, 혹은 판단되는 사태연관 자체)을 집어내어 어떤 정립의 대상이자 어떤 새로운 '믿음'의 대상으로 삼는 것, 가령 논리적 숙고의 주제로 삼는 것을 뜻하지 않는다. 〔소원 내용에 대해〕 판단을 내리기 위해 이 대상성을 집어내어 포착하고 정립한다는 의미에서, 소원 내용 자체를 '관찰'할 수도 있다. 하지만 이것이 '소원함으로 들어가 한갓 이입사고함', 즉 현행적으로 소원하는 태도 취함을 배제(소원을 중지)하면서도 '소원되는 것'을 향함인가?

나는 외적 지각에 들어 있는 믿음의 태도 취함까지 **중지**하여 한갓된 현출함으로 들어가 살면서 그 현출하는 것 자체를 '한갓 관찰'하고 그것의 현출 속성을 훑어볼 수는 없는가?

이것은 분명 [작용의] 현상학적 상관자를 대상화하여 그것을 포착하면서 대상으로 정립하고 이론적 판단의 주제로 만드는 것 등과는 다른 것이다.

4) 가령 확실히 여기에 속하는 **미적 관찰**을 취해보자. 여기에서는 "존재나 비존재와 관련된 태도 취함이 배제된다. 그것은 관건이 아니다." 나는 분명 작용 상관자의 정립을 수행하지 않는다. 나는 현출하는 것 자체를 훑어보되(이는 [작용의] 상관자인 '현출하는 것 자체'를 정립한다는 뜻이 아니다), 그것이 현출하는 바대로 훑어본다. 나는 현출함 속에서 살면서 '그것을 수행한다'. 하지만 나는 감정과 관련한 미적 태도 취함을 제외하고는 어떠한 태도도 취하지 않는다. 이때 하나의 **이미지**가 나를 도울 수도 있다. 그것은 허구물이라는 성격을 가지지만 "그것은 관건이 아니다." 하지만 나는 자연 자체를, '내가 현실적으로 보는 사물'을 **감성적이면서 미적으로 관찰**할 수도 있다. 그러면 **"현실성 정립은 미적인 틀 밖으로 떨어져 나간다. 여기에서 관건은 한갓 감성적 아름다움, 현출의 아름다움이다."**[100] 문제는 다음과 같다. 여기에 놓인 것은 무엇인가? 지각을 **비현행성**으로 변양한다고 말한다면, 그것은 하나의 이름이다. 여기에 놓인 것은 무엇인가? 그리고 도대체 지각 자체가 변양과 같은 일, 가령 '한갓된 표상함'으로의 변양과 같은 일을 정말로 겪는 것인가?

여기에서 역시 유념해야 할 점은 이러한 사태에도 현실성 태도 취함이 어떤 식으로든 있을 수 있고 아마 있을 것이라는 사실이다. 즉, 현출하는

100 미적 태도에 관한 더 철저한 탐구는 앞의 유고 15 h를 참조하라.

것의 성격은 여전히 **현실적임이다.** 다만 이제 나는 현실성을 '포착'하지 않고 '정립'하지 않는다. 나는 '믿음에 침잠하지 않고' '믿음 향함'도 수행하지 않는다. 나는 바로 미적 가치평가함을 수행하고 그것을 가지고 현출하는 것을 향하는데, 이러한 미적 가치평가함은 현출하는 것 자체를 사용할 뿐 그것의 현실성 성격을 사용하지는 않는다. 사람들은 또한 현출하는 것이 가치 성격 속에 있지만, 내가 가치평가함에 침잠하면서 '가치평가하며 (그것을) 향하지' 않아도 그럴 수 있다고 말할 것이다. 그러니까 나는 가령 현실성 믿음 속에 살면서 자연에 현존하는 것에 대해 이론적으로 판단한다는 것이다. 그러면 현출하는 것은 물론 '그것의 현출방식 덕분에' 아름다운 것으로 있지만, 내가 **가치평가하는** 태도 취함을 수행하는 것은 아니다. 그렇다면 이것은 통상적 의미의 '판단중지'인가? 이것은 우리가 **'작용에 침잠함',** 더 정확하게는 판단함 작용 내지는 가치평가함 작용을 **'수행함'**이라고 부르는 저 향함인데, 이러한 경우에 판단하는 자이자 가치평가하는 자인 우리는 판단되는 것 혹은 가치평가되는 것을 향하지만 물론 거기에서 상관자를 끌어내는 현상학자는 아니다. 우리는 작용을 수행함, 즉 판단을 수행함, 가치평가를 수행함과 작용을 수행하지 않음을 구별한다. (후자에서는) 여전히 어떤 것이 현출하고 의식되고 해당 '성격'을 가지지만, '생생하지 않은' 방식으로 그렇게 한다.

대상은 믿을 만하게, 현실적으로 거기 있지만, 나는 믿지 않고 믿음은 의식에서 '생기 없게' 존재한다. 하지만 우리가 일반적으로 믿음에 관해 말할 때는 '수행함'을 뜻하는데, 이때는 대상의 믿을 만한 성격도 어떤 다른 '생생함'을 갖는다.

하지만 다른 한편 **판단중지**는 어느 정도로 고유한 것인가? 물론 나는 내가 방금 수행한 ((작용을 수행할 때나 수행하지 않을 때나) 공통적인 것인) 판단을 이제 수행하지 않는다. 판단중지는 자의에 달려 있다. 즉, 나는 자의적으로 판단 수행으로부터 물러난다. 일반적으로 사람들은 이러한 자의적 태도를 이 단어의 자연스러운 의미에서의 '판단중지'의 본질로 본다. 하지만 그것으로는 아직 충분하지 않다. 물론 내가 발화, 담화 수행, 진술을 중지하면서도 판단을 내적으로 수행하는 상황은 논의에서 배제한다. 이런 상황은 여전히 내가 "S는 p인가?"라는 물음을 수행하고 그것("S는 p이다")을 지지하는 어떤 근거가 있는지 등을 숙고한다는 뜻일 수 있다. 한마디로 그것은 내가 **정초**하거나 **검토**하려는 의도에서 새로운 태도 취함을 수행한다는 뜻이자, 판단 자체를 수행하는 것이 이러한 연관 안에서 자의에 달려 있다는 뜻일 수 있다. 여기까지 분명해졌다면, 우리의 출발점으로 돌아갈 수 있다.

미적 관찰에 관해 다시 한번 숙고해보자. 우리는 미적 태도 취함을 수행한다. 하지만 현출하는 것을 현실성으로 정립하는, 현출하는 것에 대한 판단을 수행하지는 않는다. 하지만 그것(현출하는 것)은 현실적인 것으로 성격 지어질 수도 있는데, 그렇다면 이제 **판단함은 아니더라도 현출함이 그 자체로 어떤 의미로는 '수행'되는 것이다.** 항상 새로운 현출을 수행하면서 (현출하는 것을) **훑어본다.** 거기에서 현실성 성격은 어떠한 역할을 하는가?

그러나 그것(현실성 성격)은 배제되지 않았던가? 즉, 수행 바깥에 머물지 않았던가? 그렇다면 계속 남는 것은 무엇인가? 모종의 변양된 대상의식(그래도 **직각적 의식?**)이 미적 가치평가의 토대로서 **수행되지** 않는가?

다른 경우도 마찬가지이다. 나는 직관적 상상함을 재생적으로 수행한다. 그것은 허구이지만 이러한 사실이 중요한 것은 아니다. 나는 가령 쾰른 대성당 정면의 변화를 꾸며내서 그것을 가치평가한다. 하지만 나는 애당초 믿음적 성격은 전혀 포함하지 않는 **순수한 상상**을 가질 수도 있다.

이런 일은 가능하며, 나아가 내가 상상되는 것을 전혀 현실적 세계에 관련시키지 않고 따라서 '허구'니 '무실함'이니 하는 것을 전혀 발견하지 못하는 일도 가능하다. 어쨌든 나는 (허구나 무실함이라고 하는) 부정적 판단을 수행하지 않는 것이다. 그러나 그 대신 나는 상상작용, **재생을 '수행한다'**.

위의 다른 경우에서는 '직각'을 수행하되, 믿음 없이 수행했다. 이제 재생을 그렇게(믿음 없이) 수행한다. 이와 마찬가지로 판단하는 한갓 사고함(술어적인 한갓 사고함)에서 바로 '판단'을 수행하되, 믿음을 수행하지 않은 채 수행하고, 소원하는 한갓 사고함에서 소원함 자체를 수행함 없이 소원을 수행한다. 여기에서는 판단의 무엇임(판단 내용)이 사실상 참인 것으로 성격 규정되고, 따라서 (판단만 수행하는 것이 아니라) 실제로 판단하는 일도 가능하다.[101] 또한 (그저) 소원을 수행하는 것이 아니라, 소원됨이라는 성격이 있도록 실제로 소원하는 일도 가능하다.

그러나 (수행 없이) 확신하지 않으면서도 어떤 판단으로 들어가 이입사고하는 일도 가능하다. 또 (수행 없이) (어떤 소원을) 소원됨으로 간주하지 않으면서도 그 소원으로 들어가 이입사고하는 일도 가능하다. (여기에는 적당한 표현이 없다.)[102]

따라서 이런 것이 해석해야 할 사실이다.

서로 다른 수행함에서는 어떠한가라는 물음이 여기에서 다시 제기된다. 1) **태도 취함**을 수행함이나 수행하지 않음과 2) 태도 취함을 '배제'하는 가

---

101 나는 "2 × 2 = 4"를 단지 사고할 뿐이다(나는 (그것이 옳은지에 관한) 판단을 '중지한다').

102 예를 들어 나는 "2 × 2 = 5"라고 사고한다. 즉, 나는 누군가 말하는 ("2 × 2 = 5"이기를 바라는) 소원으로 들어가 이입사고하지만, 그 소원을 '공유'하거나 거기에 공감하지는 않는다.

운데(태도 취함을 현행적으로 전혀 수행하지 않은 가운데) 한갓된 현출 작용을 '수행함'은 그 본질이 동일한가? 여기에서[(1)의 의미에서] 수행하지 않음이란 무엇인가? 그러니까 이는 내가 현출하는 것을 향하지 않고 그것을 훑어보지 않는다는 등[의 의미이다]. 다른 경우[(2)의 경우]에는 [이 '수행하지 않음'은] "나는 믿음 안에 산다"는 의미에서의 "나는 믿는다" 혹은 "나는 믿지 않는다"와는 다른 것이 아닌가?

나아가 **지각현출**을 한갓 훑어보는 것은 어떠하고 여기에는 무엇이 있는가?

가령 감각내용은 인상적으로 파악될 수도 있고 재생적으로 파악될 수도 있다고 해야 하는가? 그렇다면 감각내용에는 정말로 인상적 파악지향(그러면 이것은 믿음지향이다)이 엮일 수도 있고, 아니면 재생적 파악지향(그러면 이것은 유사믿음지향이다)이 엮일 수도 있다. 나는 그것이 잘못되었다는 것을 이미 오래전에 알아차렸다.

나는 이 집을 보는데, 이것은 ['집'이라는] 그 의미 안에서 이 집이며, 나는 그것을 알고 있다. 하지만 이제 나는 현출하는 이 면[앞면]을 보되, 마치 집이 뒤쪽은 완전히 다른 것인 양 볼 수도 있다. 가령, 그 집은 뒤쪽으로 깊숙하지 않은 건물인데도 나는 그것이 뒤쪽으로 상당히 깊숙한 커다란 건물인양 볼 수도 있다는 것 등이다. 그러면 나는 이미지대상 파악을 가진다. 내가 파노라마[103]에서 전면에서는 현실적 사물을 보면서 그것을 가상 풍경으로 끌어들일 때와 유사하게, 나는 지금 이 집의 현실적인 전면의 벽과 전면의 지붕을 현실성으로 가지면서 그것을 가상 집의 일부로서 어떤 가상파악

..

103 여기에서 파노라마는 건물의 안벽에 풍경화를 그려서 건물 안에서 마치 실제 풍경을 보는 느낌을 자아내는 장치를 말한다. (옮긴이)

으로 끌어들였다. 이것은 어떠한 종류의 파악인가? 그것은 여전히 남아 있는 직각적 파악과 충돌하는 변양된 파악이다. 원래의 파악은 현실성 성격을 지니는 반면, 새로운 파악은 무실함 성격을 지닌다. 이 새로운 파악은 그것에 저항하는 원래의 파악의 '현실적임'에 의해 폐기된 것이다.

다음 사례도 들어보자. 모르는 집이 하나 있다. 나는 전면부를 보지만, 거기에 속하는 그 밖의 것은 특정되어 있지 않다. 이제 나는 이 집에 관한 특정한 표상을 형성하고, 계속 이 전면을 활용하고 집 파악의 틀 안에 머물면서도 서로 다르고 서로 '일치하지 않는' 여러 표상을 형성한다. 내가 파악을 정말로 통일시킬 수 있다면, 매번 현출하는 대상이 **생생하게 현출**하나, 다만 경우에 따라 성격이 다르게, 즉 때로는 무실한 것으로, 때로는 (일반적인 틀 안에서) 가능성이 열린 것으로, 때로는 감으로 현출한다고 할 수밖에 없지 않겠는가?

이미지대상 파악에서는 정확히 그러하다. 이미지대상은 무실함이라는 성격을 가지지만(다만 나는 부정적 믿음을 수행하지도 않고 거기 침잠하지도 않는다), 내가 항상 말했던 것처럼 인상적인 것이라는 성격을 지닌다. 생생함은 물론 직관성과 인상을 뜻한다. 이렇게 나는 항상 해석했다.

따라서 만약 순수하게 이미지대상을 '관찰하고', 어떠한 태도 취함도 수행하지 **않으면서** 그렇게 생생한 것을 관찰하는 경우에는 무엇이 있는가? 거기에는 '한갓된' 향함의 빛살, '한갓된' 해명의 빛살, 때로는 관계 짓는 파악의 빛살, 때로는 개념적 파악이나 한갓된 언어적 표현 외에 다른 것이 있는가? **한갓됨**이란 어떠한 '태도 취함'도 수행되지 않는다는 뜻이고, 수행되는 것, 즉 이러한 향함이나 포착, 특별 포착, 관계 짓는 정립함(관계 속에 정립함), 비교함, 구별함, 수합함, 그리고 여타의 것은 어떤 고유한 양상에서 수행된다는 뜻이다. 내가 **비현행성**이라고 말했던 것은 이것을 염두에 둔 것이다.[104] 이것은 재생적 인지가 아니라 인상적 작용이고 실로 작용이지만, '믿음 속의' 작용은 아니다. 하지만 보다 신중해야 한다. 물론 다음과 같이 말할 수도 있다. 내가 표현하고 진술할 때 이 진술함은 물론 믿음 속에서 취해지는 사물을 향하지 않고 그 자체로 믿음 속에서, 즉 (그렇지 않은 경우라면 진술을 위한 나름의 역할을 수행하는) 사물 믿음성의 수행 속에서 일어나지도 않지만, 그래도 믿음 중 어떤 것이, 여기에 적용되는 믿음이라는 표현이 여전히 있다. 따라서 다음과 같이 제한하자. 향함의 시선, (일련의 해명 작용 등으로 이행하는) 분절하는 부분포착의 작용은 한갓된 현출의 틀 안에서 움직인다. "태도 취함은 함께 기능하지 않고" "현출의 객관성이라는 성격 규정도 함께 기능하지 않는다."

마찬가지로 수학적 판단 등과 같은 어떤 판단을 내릴 수도 있다. 그러면 (앞의 사례에서의) 현출에 상응하는 것을 '한갓된 판단내용'이라고 부를 수 있다. 이제 다시 나는 지금 판단을 수행하는 것이 아니라 '그것의 한갓된 의미에 침잠'하되 그것을 논리적으로 대상화하지 않을 수도 있다. 나는 태도 취함을 배제하고 한갓된 '판단내용' 안에서 산다. 또 나는 어떤 명제를 불신하면서 들더라도, 그 불신에 침잠하는 것이 아니라 순수하게 '한갓된 명제'에 들어가 침잠할 수도 있다. 나는 태도 취함을 배제하고 (태도 취하지 않도록) 스스로 억제한다.

그러나 나는 전혀 어떠한 태도도 가지고 있지 않고 '그것(태도)에 대하여 아무것도 모르며', 한갓된 명제 이해만 수행하고 한갓 '사태연관'을 향할

..

104 배경에는 그래도 태도 취함이 있지만 그것이 수행되지는 않는다. 즉 우리는 거기 침잠하지 않는다. 하지만 **한갓된** 향함이란 내가 어떤 변양된 작용, 즉 어떤 '비현행적' 판단함이나 사고함을 수행한다는 것, 즉 배경 속에서 때때로 수행되지 않은 태도 취함과 일치를 이루는 것에 침잠한다는 것을 뜻한다.

수도 있다. 이에 유비적인 일이 감성적 현출에서도, 특히 직각적 현출에서도 일어나는지는 의문스럽다. 순수하게 떠오르지만 그래도 보이는 것, 하지만 태도 취함이나 이에 상관적인 성격 규정은 전혀 없는 것(이 지각적 현출에서도 일어나는지는 의문스럽다).

감정작용에서는 어떠한가? 나는 이것이나 저것을 하기로 결심했다. 나는 이 행위를 훑어보고 관찰하는데, 그것도 그 결심을 지금 수행하지는 않으면서 그 결심한 것 자체로서 이 행위를 훑어보고 관찰한다. 나는 그 결심을 뒤로 밀쳐내고 [그 결심을 수행하지 않도록] 스스로 억제한다.

따라서 태도 취함이 '배제'됨으로써 태도 취하는 모든 의식작용은 변양을 겪는다고 할 수 있다. 모든 태도 취함은 '현행적' 수행함이고, 모든 수행함은 '중단'될 수 있고, 우리는 스스로 '억제'할 수 있다.[105] 향함의 작용과 모든 형태의 해명, 관계 지음, 수합은 **태도 취함에서** 실행될 수도 있고, **억제 속에서**, 즉 태도 취함 '없이' 실행될 수도 있다. 또 태도 취함이 억제에 의해 비로소 배제되는 것이 아니라 애초에 '결여'될 수도 있다. 내가 해명 등에서 서술한 일련의 작용은 태도 취함과는 다른 의미의 작용이고, 그것 자체는 태도 취함이 아니다. 태도 없는 의식은 '비현행성'의 의식이다.

•••

[105] 따라서 **여기에서** 억제는 그것을 배경으로 밀어내는 것이자 자기 삶을 그것으로부터 빼내는 것이다.

부록 41(유고 15 e에 대하여)

태도를 취하지 않고 '대상' 혹은 사태연관을 한갓 관찰함
— 한갓된 사고나 한갓된 표상은 그 일반적 본질에 있어서는
항상 동일한 것이고, 이 일반적인 것은 '한갓된 주의'라는 전제

(1912년 초 집필 추정)

1) 현출하는 것은 현실적인 것, 무실한 것, 마음에 드는 것 등의 성격을 가질 수 있다.[106] 하지만 나는 이러한 현출하는 것에 주의를 기울이면서도, 이 성격 중 하나로 들어가 살거나 [이 성격에] 상응하는 태도 취함을 수행하지는 않는다. 나는 여기에 찬성하는 태도도 취하지 않고 반대하는 태도도 취하지 않는다. "나는 '대상'을 한갓 관찰한다."

2) 대상이 '구성'될 때 언제나 나는 이와 마찬가지로 순수하게 관찰하면서, 대상에 대한 태도 취함을 수행하지 않으면서[107] 이 대상(혹은 한갓 내용)을 볼 수 있다. 이때 이 대상은 정립적 성격을 가질 수도 있지만 이 성격은 '죽은 성격'으로 남아 있다. 따라서 하나의 판단이 인상적으로나 구상에서 수행되는 경우, 나는 현실적으로 판단하거나 유사판단하지 않고(판단을 수행하지 않고), 정확히 그 판단의 개념적 틀 안에서 이 사태연관을 '한갓 주시'할 수도 있다. 그러면 나는 한갓된 명제적 사고를 갖는다.

이것은 올바른가? 1)과 2)는 완전히 동등한 것이 아닌가? 동일한 사태연관, 더 나은 표현으로는 동일한 명제적 내용이 현실적임, 즉 (판단으로서)

..

106 현실적임이 어떤 결정이 아니라 **단적인** 존재 정립을 표현한다면, '현실적임'과 '무실함'은 서로 동등한가?!
107 그렇다. 하지만 태도 취함은 무슨 의미인가? **단적인** 믿음은 결국 태도 취함이 아닌가?

참임이라는 성격을 가질 수도 있고, 무실함이나 가능함이나 추정됨이라는 성격을 가질 수도 있다. 그것은 내가 참되다고 간주함이나 가능하다고 간주함이나 추정적이라고 간주함에 침잠한다는 뜻일 수 있다. 나는 바로 판단하거나 추정하는 등 태도 취함을 수행한다. 혹은 그렇게 하지 않고 한갓 사태연관을 관찰한다.

더 자세히 살펴보면, 여기에는 또 다른 가능성이 존재한다. 나는 처음에는 S는 p일 수 있다는 추정을 수행하고, 그다음에는 '태도 취함 없이' "S는 p일 것이다"를 관찰한다. 나는 스스로 태도를 취하지 않으면서 이처럼 개연성 있는 내용을 관찰한다. 마찬가지로 나는 태도 취함 없이 "S는 p일 수 있다"라는 가능한 내용을 관찰한다. 나는 처음에는 "S는 p이다"라는 것을 불신하면서 그에 반대하는 태도를 취하고 그다음에는 한편으로는 태도 취함 없이 "S는 p이다"를 관찰하면서 〔다른 한편으로는〕 마찬가지로 "S는 p이다"의 무실함도 관찰할 수 있다.

모든 태도 취하는 의식(마찬가지로 모든 상상이나 이미지 등에서의 변양된 유사태도 취함 의식)은 이러한 반성을 허용한다. 이러한 반성은 태도 취하는 반성일 수도 있고 태도 없는 반성일 수도 있다. 전자〔태도 취하는 반성〕는 존재함이라는 정립적 성격을 지니는 본래의 기체를 정립하는 반성, 즉 믿음적 의식이고, 후자〔태도 없는 반성〕는 기체 및 정립적 성격이 이루는 통일체에 대한 한갓된 주시함이거나 때로는 "S는 p이다"라거나 "A는 있다", "A는 현실적으로 있다", "A는 추정적으로 있다", "A는 의심스럽다", "A는 아름답다", "A는 좋다" 등의 한갓된 '사태연관─표상'이다. 이러한 한갓된 사태연관 표상은 앞서 언급한 정립적 반성을 위한 한갓된 기체의식이다.

이러한 숙고를 따라가면 다음과 같은 가정으로 나아갈 수밖에 없지 않은가? 즉 한갓된 사고나 한갓된 표상은 그것의 일반적 본질에 있어서 언제 어디서나 동일한 것이다. 이와 마찬가지로 믿음이나 추정 등도 어떤 토대 위에 구축되더라도 언제 어디서나 동일한 것이고, 태도 취함도 어디에서나 동일한 것이다. 하지만 일반적인 것은 '한갓된 주의'인데, 이것은 한편으로 모든 태도 취함 체험(혹은 유사태도 취함의 체험)에 내재하지만 이 경우에는 바로 '한갓된' 주의로 내재하는 것은 아니다. 아니면, 이것('한갓된' 주의)은 그것(태도 취함 체험)에서 생기는데, 이는 태도 취함이 (유사수행이든 인상적 수행이든) 수행의 양상으로부터 비수행의 양상으로 변화되고 바로 주의가 한갓 수행됨을 통해서 그러하다. 태도 취함은 분화되지만, 주의는 분화되지 않는다.

부록 42(유고 15 f에 대하여)

재현하는 상상에 근거한 판단과 이에 평행하는, 이미지에 근거한 판단

(1911/1912년경 집필 추정)

내가 시장의 탑을 상상한다면 그것은 특정 면을 보이면서, 이 현출이나 저 현출에 있어서, 이만큼이나 저만큼 떨어진 채로, 거기 있다. 따라서 나는 거기 함께 있는데, (나라는) 지각하는 자와 그 입지, 나의 현출과 나의 지각함도 함께 상상된다.

다른 한편, 나는 만약 아킬레우스나 그와 같은 것에 관한 '하나의 표상'을 '만들 때',[108] 고대 그리스 혹은 신화적 그리스를 표상하되, 필연적으로 나도 함께 표상한다. 나는 그 안에서 이리저리 돌아다니고 관찰한다. 하지만 다른 한편 내가 이러한 전설 속의 형상이나 고대의 풍경에 관한 하

108 고대, 고대의 인물에 관한 표상을 형성함 등.

나의 한갓된 표상을 만들고자 할 때는 거기에서 나를 함께 의향하지 않는다. (내가 상상하는) 이러한 광경을 가졌을 수 있으려면 내가 거기에 있어야만 했음에도 불구하고, 내가 그 당시 마라톤 전투에 있었다고 꾸며내지 않는다. 이제 표상은 분명히 이미지표상이다. 그것을 보았을 누군가에게는 그렇게 보였을 수 있고 혹은 그와 비슷하게 보였을 것이 틀림없다. 따라서 나의 봄이나 유사 봄은 그 어떤 봄에 대한 이미지를 재현하는 것이고, 나 자신 혹은 이러한 상상 세계 속에서 이러한 유사 봄의 담지자인 나의 상상자아(나는 나의 유사 봄과 나의 자아만 직접적으로 상상할 수 있다)는 그 어떤 인물을 재현하는 것이다.

재현하는 상상이미지에 근거하는 판단

그러한 '내가 만든 표상', 즉 재현하는 이미지에 근거해서 고대 그리스 등에 대해 판단하는 경우에 우선 유념할 점은 이러한 이미지가 과거의 현실성에 대한 이미지이어야 한다는 것, 따라서 이 이미지의식은 정립적 의식이라는 것이다. 재현적 상상현출에 적용되는 판단은 이제 한편으로는 '고대 그리스'로, 즉 이 상상세계로 들어가 이입상상하는 내가 내리는 판단이라는 성격을 지닌다고 할 수 있을 것이다. 나는 흡사 거기 있으면서 거기에서 판단을 내린다. 그러나 다른 한편으로 이러한 판단은 다시 그 누군가가 내리는 판단을 재현하는 것인데, 이 누군가는 이 모든 일을 실제로 체험하여 그것에 관해 그렇게 판단할 수 있었을 사람이다.

하지만 나는 지금 판단하고 있고, 이러한 판단이나 진술은 이미지로 표상되는 그리스의 과거에 대해 타당하지 않은가?

물론 나는 지금 판단하고 있다. 하지만 그것은 무슨 의미인가? 내가 수행하는 진술은 바로 이러한 재현하는 상상과 정립에 적용되는 것이며, 나아가 이미지에 의해 그렇게 정립되는 것을 위한 진술이라는 방식으로 그렇게 적용되는 것이다. 이제 제기되는 물음은 여기에 어떤 판단 상상, 즉 이미지에 의해 어떤 가능한 판단을 재현하는 판단 상상 외의 다른 것이 있는가이다. 하지만 가능한 판단을 재현하는 것이란 무슨 의미인가? 그리고 이에 앞서, 그 당시 가능했던 현출로서의 현출을 재현하는 것이란 무슨 의미인가?

나는 다음과 같이 말할 수밖에 없는가? 상상은 정립하는 (이미지적) 재현이라는 성격을 지닌 채 수행되었다. 그리고 내용적으로 그러한 성질을 갖는 이런 명제는 서로 결합하고 서로 일치하여 충족될 특정 가능성을 지닌다. 이런 가능성에 의하여, 재현되는 허구는 시간 계열이라는 하나의 질서를 얻고, (지각, 기억, 그리고 타인의 보고에 의한 간접적 유비화 등에 의해 구성되는) 하나의 자연의 연관으로 편입된다.

그리고 판단은 이러한 유비화하는 정립에 적용된다. 이러한 판단이 진술이라면, 이런 적용에 있어 여기서 정립되는 것에 대한 적합한 표현이다. 그리고 이러한 판단은 경험 연관 혹은 일치하는 정립이 그것을 가능하게 한다면, 다시 말해 그것을 확인한다면 타당해진다. 판단은 정립되는 것에 관련된다. (이에 비해) 객관화되어야 할 사건으로서의 판단작용은 그 본성상 판단하는 자의 지금 체험과 결합하여 하나를 이룬다. 하지만 그것이 말하는 것, 그것의 무엇임이자 사태연관은 재현되는 것과 관계한다. 판단작용이 재현하는 작용, 즉 이미지의식에 적합해짐에 따라, (현실적으로 현전하는 현출이 아니라) 흡사 현전하는 현출인 이미지현출이 유사의식되고 이 이미지현출을 통해 유사대상인 이미지대상이 유사의식된다. 이것(이미지대상)은 (재현하는 성격 내지는 이미지적 성격을 가져야 하는 면들에 관하여) '서술'된다. 이러한 서술함은 유사서술함이고, 당연히 변양된 성격을 지닌다. 따라서 우리가 가지는 것은 실은 재현하는 판단이다. 모사하는 상상에 있어 판단이 직접적으로 포착하는 사태연관은 모사되는 사태연관을 현시하며, 이러한 모사를 기초로 수행되는 범주적 형성체는 모사하고 현시하는 성격을 지니므로 판단에는 어떤 모사 기능이 들어 있다. 이것은 상상대상이 그 자체로 정립되는 대상이 아니라 우리가 정립되는 것을 그것〔상상대상〕을 관통하여 이미지적으로 직관하는 그러한 대상인 것과 마찬가지이다. 따라서 대상을 상상함이 그〔상상함〕 자체를 포착하거나 현시하는 직관함이 아니라 (즉, 지각함도 아니고 재의식이나 기억도 아니라) 유비화하고 모사하는 직관함인 것과 마찬가지이다. 하지만 이미지적이고 단적인 정립이 모사되는 것을 정립하는 것과 마찬가지로, 판단 정립은 모사되는 것에 관련된 사태연관을 정립한다. 테르모필레에서 〔스파르타의〕 용사 300인이 영웅적으로 전사했다는 것은 의향, 즉 판단의향이다. 따라서 이 용사들에 관한 판단 자체는 모사적 판단이 아니지만, 이 판단이 이미지적 토대 위에 구축되는 여기에서는 모사하는 판단 정립을 매개로 이 판단이 수행된다고 해야 한다.

인상적 이미지에 근거해서 내려지는 판단을 고찰해보자. 나는 체펠린 비행선의 사진을 관찰하면서 이것을 근거로 내 눈에 띄는 비행선의 이러저러한 속성을 확인한다. 이것 역시 이미지적 현시이며 나아가 정립이다. 나의 서술은 이미지 공간, 이 이미지 세계 속에서 움직인다. 나의 서술은 모사되는 사태와 관련해서 판단 성격을 지닌다. 하지만 이 서술은 우선은 이미지 사태를 표현한다(물론 오직 현시하는 계기와 관련해서만 표현하는데, 이때 색은 여기 포함되지 않는다 등). 여기에는 또다시 어떤 간접성이 있다. 왜냐하면 내가 가지는 유사정립이나 유사판단은 주어지는 현출에 맞춰지기는 하지만, 원래는 이미지적으로 현시되는 사태연관에 해당하는 것을 매개하고 재현하는 판단의식일 뿐이기 때문이다.

따라서 내가 여기에서 항상 **사태연관의 이미지적 현시** 혹은 **사태연관의** 상상이라고 말하는 것은 부당하지 않을 것이고, 사태연관의 지각[109]이라고 말하는 것도 역시 부당하지 않을 것이다.

단적인 지각, 범주적 분절, 본래적으로 수행되면 사태연관의 지각.

단적인 한갓된 상상, 범주적 분절, 본래적으로 수행되면 사태연관의 한 갓된 상상.

이미지표상, (인상적이든 그렇지 않든) 이미지 정립, 범주적 분절, 본래적으로 수행되면 사태연관의 이미지 현시.

부록 43(유고 15 g에 대하여)

직접적 상상과 도상적 상상(동화, 연극, 초상화)에서의 현실과 구상의 혼합. 토대와 믿음적 연관 성격에 의해 규정되는, 현실적 작용으로서의 다양한 진술

(1912년 봄 집필 추정)

직접적 상상의 경우에서나 도상적 **상상**의 경우에서나, 나는 가능한 경우를 보다 정확히 구별해야 한다.

I. 1) 나는 기억 직관을 가질 수 있다. 2) 나는 동화 직관을 가지되, 이 동화가 현실과 구상을 혼합할 수 있다. 예를 들어, 옛날 옛적에 스트라스부르에 기사가 한 명 살았다는 등과 같이. 대개의 동화에서 그러하다. 따라서 여기에는 **무실함**의 의식이 놓여 있다.

II. 우리는 그것의 연관 안에서 현행적 현실성에 속하는 것은 조금도 등

••
109 하지만 비본래적이다.

장하지 않는 **순수한 상상**을 가진다. 물론 '옛날 옛적에'라는 말이나 과거에 관한 이야기 방식 전체에 이미 불특정한 현실성 정립이 들어 있다. 따라서 먼저 제기되는 물음은 그와 같은 모든 것을 정말로 잘라내어 현행성과의 **모든** 관계를 잘라내 버릴 수 있는가이다.

도상적 상상에서도 마찬가지이다. 발렌슈타인 장군이 묘사된다. 하지만 나는 여기에 묘사된 것이 **역사인 사실**의 묘사가 아니라, 현실과 구상의 혼합이라는 것을 안다. 실제의 초상화의 경우에서는 이와 다르다. 해명, 관계 짓는 작용, 술어화는 만약 그러한 직관의 근거 위에서 수행된다면, 그것의 현실적 요소, 구상적 요소, 심지어 무실한 요소 등으로부터 자신의 **가치**를 얻는다. 내가 기억되는 것(혹은 다른 사람이 나에게 보고하고 내가 현실로 수용하는 것)을 서술한다면, 혹은 내가 초상화 등을 서술한다면, 나의 판단이나 진술은 통상적 판단이고 진술이다. 그것은 '현실적인 것에 대한 술어화'이다. 단적으로 진술한다는 것은 그러한 진술(현실적인 것에 대한 진술)을 한다는 의미이다. 만약 허구와의 관계가 명시적으로나 자명하게 드러나지 않는다면, 모든 사람은 이 진술을 이러한 의미에서 이해한다. 더 정확히 말하자면, 만약 내가 기억의 확실성, 보다 좁은 의미의 믿음을 근거로 그와 같은 작용을 수행한다면, 나는 통상적 진술을 가진다. 하지만 내가 확신이 없어서 어떤 결정을 내리지 않고 한갓 추측한다면, 나는 "그것은 이랬다"라거나 "그것은 이렇다"라고 말하지 않고, "나는 〔이렇게〕 추측한다"라거나 "나는 〔올바르게〕 기억한다고 믿는다"라거나 "그런 감이 든다" 등으로 말한다. 그다음 나는 다시 확실한 것을 진술한다.

나에게 성격적 특징을 암시하지만, 이 특징이 확실하게 지시되지는 않는 이미지의 경우에는 해당하는 부분파악을 추측하는 방식으로 수행한다. 그는 나쁜 사람일지도 모른다는 것 등. 〔〔손을 보여주는〕 이러한 측면에서 묘사가 분명하지 않으면) 그는 손이 작아 보인다(라고 말한다). 이것은 기억이 불명료할 때, 내 생각에 그 사람은 손이 작았던 것 같다 등이라고 말하는 것과 똑같다. 내가 여기에서 하는 진술은 그 자체로 역시 **확실하지만**, 현출하는 것의 표현은 아니고, 불확실함 양상, 추측 양상 등을 지닌 현출하는 것의 표현이다.

하지만 여기에서 다양한 진술을 구별할 수 있다. 전체 직관은 나에게 **타당하다**. 그것은 기억이다. 하지만 그것에는 불명료함이 있고, 그것의 특징은 내가 그것이 특정하여 제공하는 것에 대해서만 특정한 진술을 할 수 있고 나머지에 대해서는 불특정한 진술만 할 수 있다는 것이다. 그러나 불특정성에 있어서도, 순수하게 이러한 기억을 근거로 하여 다양한 가능성이 열려 있기는 하지만 그중 하나가 개연적 가능성으로서 우위를 가질 수 있다. 내가 이미지를 충실한 이미지라고 받아들이는 경우도 마찬가지이다.

하지만 나의 추측이 묘사되는 것에 기반을 두지만 묘사 자체에 의해, 그리고 오로지 그것에 의해 정초되는 것은 아닐 수도 있다.

그러나 이제 다음과 같은 경우도 가능하다. 나의 기억은 비교적 명료하지만, 다른 경험 연관이나 다른 사람의 보고로 반박된다. 혹은 내가 어떤 그림을 보고 있고 이를 통해 특정하게 묘사되는 대상성을 보지만, 나는 그 대상성에 관한 다른 직관에 기초하여 "이 그림은 좋지 않다"고 말한다. (이 그림에서는) 손이 작은 것으로 현출하지만 그 남자의 손은 실은 크다. 화가가 그린 얼굴은 거의 음험해 보이지만, 그 남자는 매우 깨끗하고 열린 성격을 가졌다 등등. 따라서 여기에서 우리가 가지는 진술은 1) 직관되는 것을 설명하되, 그 직관되는 것에서 묘사되는 것, 즉 '의심 없이' 확실하게 묘사되는 것, 가능성으로 열려 있는 것, 완전히 확실하지는 않지만 그럴 개연성이 있는 것으로 묘사되는 것에 의거하여 설명하는 진술이거나, 2) 묘사되는 것 그 자체에 관련되기보다는 그 밖의 내 경험과 연관되는, 묘사되는 것에 관련된 진술이다.

하지만 1′) 또 다른 진술은 하나의 직관의 통일성을 따르면서 그와 충돌하는 직관은 고려하지 않는 진술인데, 이는 (그 자체가 믿음적 성격인 직관이든 그렇지 않은 직관이든) 직관이 스스로를 관철하고 서로 충돌하면서 관철하는 경우에 그렇다. 마지막으로 현실성 성격이 전혀 없는 하나의 현출을 뒤따라가는 진술도 있다.

이제 내가 어떤 진술을 하든지 간에 그것은 현실적 작용이다. 즉 내가 모종의 순수한 상상을 가지든, 기억과 혼합된 꾸며내는 상상을 가지든, 순수한 기억을 가지든, 진술은 **항상** 토대와 정립적 유형의 연관 성격에 의해 규정된다. 우리가 **단적인 판단**이라고 부르는 것은 여기에서 유별난 경우이다. 즉 그것은 해명, 관계 짓기, 술어화가 '현실적임'이라는 성격을 지니는 것과 관계하고, 이 현실성 성격이 판단에 함께 들어가는 경우이다. 그때 '현실적임'은 '추정적임', '확실함', '의심스러움' 등과도 결부될 수 있다. 즉 현출이나 직관 자체가 단적인 믿음 성격 속에서 수행되고 따라서 현출하는 대상성이 존재하는 것으로서 거기 있는 경우, 해명하고 서술하는 진술은 단적인 판단이다. 〔이에 비해〕 하나의 대상성이 현출하지만 반박되어 의심스러운 것으로 존재하는 경우에는 그것을 서술하는 판단은 단적인 판단이 아니라, 이러저러한 것이 여기 있는지 의심스럽다는 판단이다. 혹은 이 현출이 이것의 현출일 수도 있고 저것의 현출일 수도 있다는 등의 판단이다. 항상 단지 확실성의 경우가 유별난 것이며, 다른 믿음적 변양은 결코 이 경우와 동렬에 놓이지 않는다.

판단. 그것은 특수한 의미의 **작용**에 대한 이름인데, 즉 자발성으로서의 태도 취함에 대한 이름이고, 그것도 바로 판단 자발성에 대한 이름이다.

이미 가장 단적인 포착도 '믿음 안에서의 향함'이라는 자발성으로서 여기에 속한다. 나아가 (집합적 포착, 전체 안에서 부분의 포착, 관계 짓는 수식함 등의) 포착에 정초한 포착의 놀이도 여기에 속한다. 그다음에는 무엇인가에 찬성하거나 반대하는 선택적 결정의 사건도 여기에 속한다. 또 언급할 것은 자발적 포착에는 자발적 거부, 그것도 관계 짓는 거부가 아니라 단적인 거부가 대응한다는 사실이다. 그러면 그것의 토대는 단적인 정립에서와는 다르겠지만 말이다.

판단 자발성은 수용성(정황성)을 전제한다. 자발적 파악 '이전에' 어떤 정황적 '믿음'이 이미 존재하고, 자발성의 '본래적'이고 '해명되는〔펼쳐지는〕'(특히 '직관적인') 수행을 정초하는 정황적 사건이 이미 존재한다. 자발성은 마치 그것의 성과는 구성하는 데 있지 않다는 듯이 그저 〔이미 존재하는 것에〕 '생기를 불어넣는' 것이 아니라, 새로운 성과를 이룬다. 그것은 새로운 대상을 하나하나 구성하며, 그것은 본래적으로 **정립적인 것**이다. 하지만 정황적 체험이나 자발적 체험을 포함하여 모든 지향적 체험에는 현행성과 비현행성의 차이, 즉 정립과 관련된 작용(정립하지는 않더라도 〔적어도〕 정립을 가능하게 하는 작용)과 정립과 무관한 작용(유사작용)의 차이가 존재한다.

부록 44(유고 15 g에 대하여)

문제: 지각되는 것이 상상되는 것의 연관에 들어갈 수 있는가?
현행성과 상상이 어떻게 결합할 수 있는가?
지각으로 들어가 상상함 등

(1908년 집필 추정)

현행적 소원이면서 상상되는 어떤 소원이 있다. 나는 상상한다. 나의 학생인 노이하우스가 내 곁에 앉아 있고, 나는 그에게 그의 연구의 서론을 재차 다듬기를 원한다는 소원을 말하고 있다. 그런데 지금 나는 그것을 현행적으로도 소원한다. 이 소원은 상상되는 사건에 그것의 부분으로 속한다. 상상되는 소원은 부분이고, 소원에 관한 상상도 사건에 대한 전체 상상에서 부분이다.

어떻게 **현행적** 소원이 이와 동시에 상상되는 사건의 부분일 수 있는가? 현행적 소원과 더불어 소원에 관한 어떤 상상이 **또** 있는 것인가, 아니면 현행적 소원이 이와 동시에, 상상되는 소원을 포함하는 사건에 관한 상상의 구성부분인가?

이러한 물음은 모든 체험에서 제기할 수 있다. 어떤 지각을 예로 들어보자. 나는 현행적으로 지각하면서 이 지각을 어떤 상상적 연관 안에 넣어서 상상할 수 있는가?

상상이 한갓된 '사고'로 바뀌는 유사한 문제를 예로 들어본다면, 다음은 확실하다. 나는 현행적으로 지각하는 동시에, 이 지각되는 것을 지각되는 연관과 구별되는 사고의 연관으로 들여놓을 수 있다. 또한 나는 (내가 지금 '내적' 지각의 대상으로 삼는) 지각 자체도 이러한 방식으로 사고의 연관으로 들여놓을 수 있다. 나는 내가 젊은 학생일 때 언젠가 괴팅겐에 왔었다고 **사고한다.** 그리고 이 거리에 도착해서 (지각되는, 지금 현행적으로 지각되는) 이 집 앞에 서서 이런 집에 사는 사람은 얼마나 행복할까라고 말했다고 사고한다. 나는 그때 이것(여기 이 지각대상)을 지각했다고 사고한다.

나는 상상에서 이것을 그릴 수도 있고 지금 실제로 그렇게 하고 있다.[110] 하지만 나는 이런 상상을 **이 집이** 〔상상으로〕 **들어오는 지점까지만** 그

110 그러나 다음과 같이 한다. 지금 나는 이 집을 다 먹어치우는 무시무시하고 거대한 뿔난 악

릴 수 있다. 나는 지금 집을 현행적으로 지각하는 동안에는 내가 지금 그런 것처럼 이 집 지각이 그 구성부분으로 기능하는 완전한 상상은 가질 수 없다. 여기에는 긴장, 배제가 있다. 나는 가령 시선을 다른 곳으로 돌려야 한다. 나는 지각하는 동안에 물론 꿈꿀 수 있다. 눈을 뜬 채로 꿈꿀 수 있다. 상상이미지는 어떤 다른 세계에 속하고, 이 지각세계는 어떤 의미로는 침몰한다. 그것이 현실적으로 사라지지는 않지만 나는 그것〔지각세계〕이 아니라 상상세계에 '침잠한다'. 또한 나는 지각이미지와 상상이미지를 동시에 현실적으로 뚜렷하게 가질 수는 없을지라도, 이 둘을 비교할 수는 있다. 하나가 어느 정도 다른 하나를 먹어치운다. 하지만 이것은 차례로 일어나고, 아마 어떤 의미로는 함께 일어나기도 한다. 나는 생생하게 책 한 권을, 지금 가령 색깔 있는 표지를 가진 샹포르[111]의 책을 상상하고, 이 상상자료를 관통하여 이 종이를 응시한다. 그로부터 어떤 허깨비 같은 것이 남았다가 즉시 사라진다. 하지만 어쨌든 상상과 지각은 하나가 아니다. 나는 지각 자체를 상상에 들여보낼 수 없으며, 거기〔상상〕에서는 '사고'가 〔상황을〕 상정하는 것이다.

마찬가지로 나는 상상되는 사건 안에서 어떤 상상되는 소원을 가질 수 있다. 하지만 이러한 상상되는 소원은 상상하는 동안에 재차 현존하는 현행적 소원과 동일한 것이 아니라 어떤 두 번째의 것이어야 할 것이다. 현행적인 것은 상상에 의해 억압되고, 그 역도 마찬가지이다. 그래도 어떤 의미

∵

마를, 이 집을 마치 조그만 상자인 양 무너뜨리는 거대한 주먹을 상상한다. 아니면, 내 손가락이 이 표면에 놓인 것을 상상한다. 물론 이것은 단지 허깨비일 뿐이지만, 그래도 상상이다. 이것은 버티지 못하고 지각과 충돌한다. 그래도 이들은 서로 결합하면서 어떤 것, 지각되는 것의 상상 변양을 창조한다. 그러니까 당연히 **거짓인 것이다.**

샹포르(Nicolas Sébastien de Chamfort, 1741~1794)는 프랑스의 작가이다.(옮긴이)

에서는 이 둘은 이때 동일성 합치의 관계에 있다.

부록 45(유고 15 g에 대하여)

상상과 경험적 현실의 혼합
— 순수 내재적 상상과 자연적 사건의 상상 간의 차이
(1912년경 집필 추정)

나의 분석의 중요한 주제는 **상상과 경험적 현실의 혼합**의 사례, 그리고 **순수 내재적 상상**과 **자연적 사건의 상상** 간의 차이 등이다. 예를 들어 나는 던져진 돌이 집을 파괴하는 것을 표상한다. 주먹만 한 돌. 모든 술어화를 배제해보자. 어떤 통일적 사건인 이 사태가 직관적으로 표상된다. 이때 집은 내 맞은편에 있을 수도 있지만 임의적으로 꾸며낸 집일 수도 있다. 마찬가지로 돌도 여기 있는 이 돌일 수도 있다. 이런 경우는 모두 순수한 상상, 즉 자유로운 상상 이상이다. 꾸며낸 돌에는 경험적 정립의 어떤 계기가 들어 있다. 그것은 돌이고, 자연적 대상의 유에 속하는 하나의 사물인데, 우리 모두는 이러한 유나 우리 모두에 대해 어떤 식으로든 생각하지 않더라도 이러한 자연적 대상을 당연히 알고 있다.

여기에서 다음과 같이 말할 수 있을 것이다. 나는 돌을 표상할 때, 하나의 사물을, 그것도 어떤 특정한 규정을 가진 사물을 표상하는데, 이러한 규정에는 내적 규정과 외적 규정이 있으며, 그중에는 어떤 효력 규정, 특히 **능력**이 있다. 그것은 사물 통각, 특히 돌 통각에 속한다. 이를 위해 나는 어떠한 경험적 정립을 수행할 필요가 없다. 하지만 분석이 좀 더 진행되어야 한다. 여기에서 제기되는 물음은 바로 내가 어떻게 이러한 능력을 표상하는가이다. 바로 해당 통각에 속하는, 전개되는 어떤 표상들의 가능성이 여기 속하는 것으로 그렇게 한다(이러한 능력을 표상한다). 그리고 그것은 다음을 뜻한다. 만약 동일한 것이 그러한 상황 U에서 주어진다면 그것은 이러한 상태일 것이고, 만약 그것이 이러저러한 상황 U′에서 주어진다면 그것은 그때그때 특정하게 기술해야 하는 방식으로 어떤 다른 상태일 것이다.

이러한 사실은 모든 사물 표상에 속한다. 사물은 오로지 어떤 포괄적 자연 안에서만 사물인 것이다. 여기에는 사물은 이러저러한 규정을 가진 것으로 파악되어야 하므로, 그때그때 사물의 본성에 규칙을 미리 지시하는 실재적 관계들은 어떤 일반적 관계성을 가진다. 만약 내가 항상 막연한 방식으로만 표상되는(가령 단지 이러저러한 형태와 채워진 색 등이라는 측면에서만 직관적으로 표상되는) 돌을 집과의 관계에서, 그것도 집을 무너뜨리는 것으로 표상한다면, 여기에는 어떤 충돌이 있다. 돌의 자연(본성)은 이러저러한 수행의 능력을 포함하지만 집을 무너뜨리는 능력은 포함하지 않는다. 따라서 사물 상상, 어떤 사물의 존재와 다른 사물과의 관계에 대한 상상은 하나의 한갓된 음, 한갓된 색, 한갓된 냄새에 대한 상상과는 완전히 다른 고유한 사태이다. 나는 어떤 기하학적 구성체, '기하학적 몸체'(감성적으로 채워진 공간)를 예로 들기만 해도, 어떤 가능성의 체계를 밑그림 그린다. 나는 그러한 '초재자'의 본질에 속하는 동기의 체계로 이끌려 들어간다. 어떤 사물과 사물적 사건에서는 더더욱 그러하다. 여기에서 나는 어떤 경험적 '본질', 어떤 고유하게 규정된 자연(본성)을 가진다.

나는 색 혹은 순수 음을 표상하면, 이런 것이 참여할 수 있는 사건에 대하여 어떤 가능성의 체계도 밑그림 그린다. 하지만 여기에서는 한갓된 시간지속, 그리고 다른 한편 유의 본질에 밑그림 그려진 내재적이고 선험적인 변화가 중요하다.

하지만 나는 어떤 사물을 변화시키고 어떤 사건의 연관 속에 등장하도록 한다면 위와는 완전히 다른 사태를 가지게 된다. 사물은 공간사물이고, 이 점은 그것의 선험적 본질에 속한다. 그것은 일반적으로 존재론적 규정 및 법칙 아래 놓인다. 하지만 특정한 사물로서 그것은 나름의 '경험적 자연〔본성〕'을 가지는데, 이것은 경험적 법칙에 구속되어 있다. 그리고 이 경험적 법칙은 내가 이때 의향하는 것으로서 그것〔사물〕의 개별성을 함께 규정한다.

부록 46[112]

감성적 직관에서 파악의 문제 ─ 자발적 포착, 해명, 종합의 문제

(1912년 4월 집필 추정)

이것은 모두 옳다. 하지만 (억제되거나 억제되지 않는) 파악의 문제와 **자발적 포착** 및 포착 종합의 문제를 더 분명하게 구별해야 한다. 이 문제는 아주 복잡하다. 자발성의 모든 각 단계는 바로 그 자체가 다시 새로운 '파악'을 산출하기 때문이며, 달리 말해 새로운 대상성을 구성하기 때문이다. 우리는 〔단계에 있어서〕 맨 처음 감성적 직관을 가지는데, 특히 정립적인 감성적 직관을 가진다. 그것은 〔다음 단계에서〕 **포착**의 자발성을 통하여 **자발적** 직관이 되고, 나아가 그다음에는 진전하는 해명, 관계 짓기, 결합하기가 된다. 이들은 포착과 같은 유에 속하는 종류의 작용일 뿐이다. 직관은

112 이 부분에는 "유고 15 j, 405쪽 15행에서 406쪽 7행까지에 대하여"이라는 해설이 달려 있는데, 이는 유고 15의 j 중에서 "따라서 단적인 지각은 실로 가장 단적인 것이다"라는 문장부터 이어지는 세 문단을 가리킨다. (옮긴이)

감성적 파악, 특히 억제되지 않는 파악으로서, 그 자체에 있어서나 파악주 변에서나 일치될 수 있다. 그것은 파악되는 것에 관한 정황적 믿음으로서, 여기에서 포착인 전향을 통하여 단적인 현실성 정립, 현실성 포착으로 변화한다. 하지만 그것이 억제되는 파악, 즉 다른 파악에 의해 억제되는 파악이라면, 이 현상은 복잡하고 변화한다. 전체 현상과 부분 모두 그 자체로 역시 정립적이다. 그리고 자발적 전향, 자발적으로 전향하는 작용, 단적인 작용, 복합성에 의한 종합적 작용의 다양한 가능성이 제공된다. 포착이 다시 수행될 수 있다. 이것은 가장 낮은 단계의 '객관화' 작용이거나, 포착에 기반하여 해명하고 관계 짓는 포착이거나, 포착에 기반하는 거부, 그리고 단적인 거부 등이다. 가장 넓은 의미에서 그것은 객관화 태도(± 판단 활동)이다. 하지만 이 모든 것은 새로운 대상성을 구성하는 새로운 지향적 체험과 새로운 정립적 체험을 초래한다. 따라서 그것은 다시 새로운 포착의 가능성, 그리고 그러한 판단활동의 새로운 놀이의 가능성을 준다. 모든 정립적 체험은 아무리 복잡하더라도 하나의 대상성을 통일적으로 구성한다면, 이 대상성을 포착하는 **하나의** 빛살이 본질적으로 가능하게 한다. 다른 한편, 그것(정립적 체험)은 때로는 전체 대상성이 아닌, 그것을 구성하는 지향적 대상성으로의 전향이다. 그리고 이 전향은 포착 작용의 수행이 아닌 자발적 작용수행이다. 예를 들어, 하나의 통일적 '거부', 어떤 것에 대한 하나의 통일적 '결정'이 그렇다. 하지만 모든 이러한 작용은 그래도 그 자신이 다시 하나의 대상성을 구성하고, 자신의 대상성에 대한 상응하는 포착과 분절화, 즉 판단으로의 변경을 허용한다.

모든 정립적 체험에는 새로운 정립적 체험 등을 초래하는 변양의 가능성이 상응한다. 모든 단적인 정립적 체험은 그것이 새롭고 완전하게 '구성하는' 대상성의 견지에서 정립적이라고 일컬어진다. 이러한 관점에서 그것은 소위 은닉된 정립(즉 은닉된 포착, 포착의 잠재성)이며, 현행적 믿음은 현실적 포착이자 현실적 해명과 종합이다. 하지만 정립성은 어떤 '상응하는' 믿음, 현행적으로 정립하는 믿음의 이념적 가능성을 내포하는 본질적 성격이다. 정립성에는 그것의 변양인 비정립성이 상응한다. 그래서 모든 믿음작용에는 유사 믿음작용이, 즉 정립적 믿음작용의 비정립적 변양이 상응한다. 정립성에는 양상적 변경이 관련되는데, 이것은 물론 새로운 정립성이다. 그리고 여기에는 새로운 믿음작용이 상응하고 이와 동시에 이러한 믿음작용의 양상적 변경, 즉 믿음변양이 상응한다. 나아가 여기에는 다음이 연관되어 있다. 믿음이 아닌 모든 태도 취함에는 (정립적) 양상이 있으며, 이러한 양상에는 특정한 판단양상이 상응한다. 즉 판단하는 추론과 해명의 가능성, 그리고 판단양상 수행의 가능성이 상응한다.

부록 47(유고 15 k에 대하여)

정립성 양상을 판단 양상이나 모든 여타 태도 취함 양상과 혼동하면 안 됨 — 은닉된 믿음의 정립, 은닉된 이성

(1912년 4월 집필 추정)

이에 따라 나에게는 다음이 올바르게 보인다.

1) 지향적 체험은 순수하게 정황적이거나, 아니면 '작용' 내지는 자발적 태도 취함이다. 그러나 후자는 그 자체가 정황성을 전제한다.

2) 모든 지향적 체험은 정립적이거나 비정립적(유사정립적)이다. 정립성은 지향적 체험의 하나의 본질적 양상인데, 이것은 잠복한 신념도 이룬다. 신념은 (원래 흄과 밀에서) 전향이나 비전향과 무관하게, 현상에 속하는 어떤 것을 표현하기 때문이다. 정립성은 본래적 의미에서의 믿음이 아니다.

그것은 태도 취함의 하나의 근본 유형에 속하는 근본 성격이기 때문이다.

3) 이러한 정립적 양상이 지닌 본질적 고유성은 어떤 변양을 겪을 수 있다는 것이다. 이 변양은 이미 모든 자발성에 앞서, 그것의 여타 내용으로부터 독립적인 특정 방식으로 체험을 변양하는 양상적 변양이다. 이러한 정립성 양상을 그것을 돌이켜 가리키는 판단 양상과 혼동하면 안 되고, 판단 양상으로 전환할 수 있는 모든 여타 태도 취함 양상과 혼동해도 안 된다. 게다가 모든 양상적 변양은 다시 하나의 정립성을 초래한다.

4) 이러한 양상화는 다음과 같이 표현할 수도 있다. 모든 정립적 체험은 '억제'를 겪고, 어두운 체험을 포함하여 다른 체험에 의해 방해를 겪으며, 이 체험과 충돌하는 합치를 겪고, 폐기를 겪을 수 있다. 모든 정립적 체험은 체험연관으로부터 힘의 증가 등을 겪을 수 있다. 지향적 체험은 바로 지향과 대항지향의 작동 안에 있는 지향이다. 하지만 여기에서 지향은 태도 취함의 자발성을 뜻하지 않는다.

5) 따라서 의식의 놀라운 구성, 판단하는 이성의 놀라운 우위가 이런 방식으로 드러난다. 이 우위는 모든 〔판단하는 이성 외의〕 다른 이성이 판단하는 이성으로 '전환'할 수 있다는 데 있다. 그리고 늘 다시 새로운 파악으로, 즉 〔새로운〕 정립으로 확장되는 이러한 '파악'의 엉클어진 상호내속이 이런 방식으로 드러난다. 이 〔새로운〕 정립은 늘 다시 정립이 되는데 이때 정립과 내용은 구분해야 한다. 그리고 정립이 은닉된 믿음이고 은닉된 이성이라는 이러한 놀라운 일〔이 드러난다〕.[113]

113 이 점에 대해서, 그리고 그 밖의 모든 것에 대해서는 맨 앞의 세 장의 원고 MA〔부록 48 참조〕를 참조하라.

자발성으로서의 태도 취함

(1912년 부활절 휴가 중 집필)[114]

I. 감성적으로 현출하는 어떤 대상을 포착함, 믿음 속에서 그 대상으로 **전향함**, 불신 속에서 그것을 **외면함**, 그것에 반대함. 예를 들어 어떤 가상을 가상으로 거부하고 배척함. 이와 대립해서 현실성을 **인정함**. 대상의 한 부분이나 한 속성을 포착함, 그 대상에게 하나의 속성을 승인하거나 박탈함(그것에 반대하는 태도 취함). 의심 속에서 결정하지 못함, 의심 동기를 제거함에 따라 어느 하나로 결정함. 다른 것에는 반대하여 결정함 등.

단적인 경험함, 단적인 지각함 등은 이와 관련해 어떠한가? 그것은 물론 인정이나 거부 등은 아니다. 거기에는 수동적 일치, 때로는 불일치가 있다.

하지만 '단적으로' 직관하는(때로는 다른 식으로 표상하는) 체험의 본질은 특정한 자발성이, 즉 이러저러한 자발적 판단이 이념적으로 가능하다는 것이다. **판단은 포착, 정립, 관계 짓는 정립 등의 자발성이다. 그러나 여기에서 정립은 감성적이고 정황적인 성격이 아니라 바로 어떤 자발성을 뜻한다.**

하지만 그것은 새로운 것이고 현상을 풍요롭게 한다. 생기가 부여되어 자발성이 된 현상은 이제 다시 정황성으로 이행한다. 나아가 자발적 구성체가 생기는데, 이것은 완성된 후에는 그 자체가 다시 자발성을 위한 기체로 기능할 수 있다. 이는 마치 앞서 감성적 현출이 최초의 자발성을 위한 기체로 기능하는 것과 마찬가지이다.

하지만 모든 이러한 구성체는 당연히 모든 체험과 관련한 다음의 법칙

---

114 내가 이 1912년 3~4월에 범한 커다란 여러 오류를 막는 성벽으로 **매우 중요하다**.

에 종속된다. 즉, 지향적 체험 일반은 **변양되지 않은** 체험이거나 **변양된** 체험일 수 있다(나는 현행적임 ─ 비현행적임이라고 말했고, 정립적임 ─ 비정립적임이라고도 말했다. 상당히 부적절한 용어이다!). '인상적임 ─ 재생적임' 등도 이와 교차한다.

'정립하는' 작용(기체의 작용)에 토대를 두는 모든 판단 자발성은 그 자체가 다시 '정립적'이다. 그리고 그것은 (유사태도 취함이 아니라) '현실적' 태도 취함이다.

II. 감성에는 **감정**과 **노력**도 속한다. 이들은 자발성이 아니고 따라서 참된 의미에서 태도 취함도 아니다. 정초되는 감성인 이들은 가장 단적인 감성, 즉 최초이며 본래적인 '경험'의 감성과 구별된다. 하지만 여기에도 자발성이 속한다.

가능한 판단, 즉 첫 번째 주요 부류에 속하는 태도 취함은 **모든** 지향적 체험에 속하며, 따라서 일차적 경험에 속할뿐더러 더 높은 형성물에도 속한다. 그리고 해명 등은 여기에서 감정 술어로 이끌어간다. 음식이 (좋은) 맛이 있다. 장미향이 빼어나다. 그런데 쾌적한 감정에는 **긍정적 감정 전향**이, 다른 감정에는 감정 외면이, 즉 마음에 듦과 마음에 들지 않음이 각각 상응하지 않는가? 이때 선택과 결정 역시 마음에 듦과 마음에 들지 않음에 속하고 믿음 자발성에도 속한다. 우리가 좋다거나 아름답다고 말한다면 여기에는 이미 전향의 자발성이 발화되어 있다. 이러한 **새로운** 자발성은 분명히 판단 자발성 및 그것의 긍정과 부정 등과 친연성을 가진다. 그러나 다른 한편 이것(새로운 자발성)은 분명히 (판단 자발성과) 다른 종류이다. 이 것도 새로운 대상을 '구성하는' 새로운 지향적 체험을 산출한다. 하지만 이는 이것이 해명하는 판단 등을 위한 토대를 줄 수 있다는 뜻이다. 마찬가지로 판단 자발성 자체가 참과 거짓이라는 새로운 술어를 구성하고 의심스러움, 가능함, 불가능함 등의 양상적 술어를 구성하는 것처럼, 감정 자발성은 좋음과 나쁨 등의 새로운 술어를 구성한다.

감정적 태도 취함의 작용(마음에 듦과 마음에 들지 않음)에 침잠한다는 것은 **감정 속에서 수행하면서 전향하거나**(감정 긍정) 외면한다는 것(감정 부정)이다. 이것은 자발적으로 판단하면서 전향함(긍정적으로 판단함)과 외면함(판단하면서 거부하고 배척함)에 상응한다. 따라서 그것은 판단(자발적 태도 취함)에 침잠하는 것이다.

하지만 여기에서 내가 보기에는 모든 것이 잘 들어맞지는 않는다. 수합함, 관계 지음의 자발성은 어떠한가? 그리고 그 밖에 무엇이 여기에, 즉 긍정과 부정의 자발성에 속하는가? 개별포착, 공동포착, 부분포착, 관계 지음의 자발성(가정의 자발성과 가정하에 정립함의 자발성 등은 물론 여기 속하지 않는다)이 있다. 그러나 여기에서는 부정과 긍정에 대해 말할 수 없다. 아니면, 이 모든 것은 일치된 정립 내부에 있는 양상이라고 해야 하는가? 그리고 그다음에 불일치의 사건, 나아가 어떤 것을 지지하거나 반대하는 결정의 자발성, 동의나 거부의 자발성이 등장한다. 모든 단적인 정립은 단적인 포착에 상응해서, 자발적 인정으로 자발적으로 변경될 수 있다. 삭제라는 모든 단적인 파악에는 자발적 거부가 상응한다.

그렇다면 이러한 유비는 정말로 성립하는가? 마음에 듦과 마음에 들지 않음으로서의 감정은 **애초부터** 긍정성과 부정성이다. 혹은 이렇게 말해야 한다. 모든 포착과 모든 일치하는 종합은 애초부터 자발적인 판단 긍정성이고, 이에 대립하는 것은 거부이다. 이러한 거부는 물론 그 아래 놓인 현상의 구조를 전제로 한다. 판단 부정은 물론 선택에 있어서 무엇을 반대하는 결정도 아니다. 나는 항상 선택할 필요는 없다. 그렇다면 긍정적 판단도 무엇을 지지하는 결정이 아니다. 그것은 오히려 판단 선택의 특수한 현상에 속한다. 그래서 시인하는 판단함과 부정하는 판단함이라고 해서는 안 되고, 긍정적 판단함과 거부하는 판단함, 포착함과 거절함이나 포기함이라고 해야 한다. 그리고 포착함은 가장 단적인 포착함이거나 종합적 포착함(다양한 종합적 단계에서 일어나는 긍정적 판단함)이다.

그러나 이러한 유비는 느낌에도 타당하다.

우리는 이러한 종합적 형성에서의 **모든 판단**은 늘 어떤 '지향적' 체험이라고 말했다. 그것은 어떤 대상성을 구성한다. 이것은 무슨 뜻인가? 가장 단적인 판단은 단적인 포착이다. 즉 **수용성**(전향 이전의 표상)이라는 원천에서 나오는 가장 단적인 자발성이다. 모든 새로운 단계는 정립 위에 종합적으로 정초하거나 결합하는 자발적 정립이며, 모든 종합적인 정립 전체는 다시 하나의 '믿음'의 통일체이다. 나는 정립하는 현상인 이 믿음을 종종 현행성이라고 적절하지 않게 불렀다. 그리고 여기에서 그것은 하나의 통일체로서 다시 어떤 직접적 포착의 기체가 되고 이를 통해 새로운 판단 종합의 출발점이 될 수 있다. 그리고 그중에는 다시 종합적 대상과 관련된 해명과 술어화가 있는데, 이는 그 어떤 단순한 정립에서와 마찬가지이다. 나아가 모든 판단은 사태의 '존재'에 대한 진술, 판단되는 것 자체의 참(논리적 의미에서의 판단)에 대한 진술로 변경될 수 있다.

감정과 감정 종합에서는 어떠한가? 이것도 '지향적 체험'이고, 자신의 감정 자발성과 더불어 대상성을 구성한다. 그리고 이는 이로부터 대상성을 끌어낼 수 있다는 뜻이기도 하다. 즉 감정 전향과 감정 외면 그리고 어떤 것이든 내가 수행하는 감정 종합의 태도로부터 어떤 포착하고 종합적으로 **판단하는** 태도로 이행할 수 있다는 뜻이기도 하다. 나는 마음에 듦과 마음에 들지 않음, 이러저러한 것 때문에 유쾌함 등을 포착한다. 나는 감정작용의 '내용'에, 감정작용이 가치사태로 평가하는 대상에 주의하고, 여기에서 작용에서 '의향되는' 그것의 가치의 종류에 주의한다. **주의함**은 여기에서 포착함이다. 단적으로 표상되는 대상이나 이미 종합적으로 구성되는 대상에 대한 모든 **단순한** 포착함은 **주의함**이다. 따라서 **전향**으로서의 참된 태도 취함을 지향적 체험 일반으로부터 구분해야 한다.

모든 체험은 1) **정립적** 체험이거나 **비정립적** 체험이다. 즉, 그것은 전향의 위상, 혹은 대상에 대한 주의하는 포착의 위상 이전에 이미 판단 포착(자발적 믿음 전향, 자발적 믿음)을 앞서 규정하는 유형이다. 혹은 그 반대인데, 한갓된 사고적 포착, 변양을 예정하는 유형이다.

이것은 인상과 재생의 차이와 밀접하게 연관되지만 일치하지는 않는다.

2) 지향적 체험은 태도 취함이거나 태도 취하지 않음이다. 정립적인 것에 〔여기에서의 논의를〕 제한한다.

태도 취함은 넓은 의미에서 **가치평가**를 수행하는 정립적 체험이다. 태도 취함은 〔객관화하는〕 믿음적 태도 취함이거나 감정적 태도 취함이거나 가장 넓은 의미에서 실천적 태도 취함이다.

3)[115] 모든 지향적 체험은 대상을 구성한다. 하지만 우리는 지향적 체험에서 어떤 대상성이 포착될 때에만 이 지향적 체험이 **객관화한다고** 말한다. 그러면 단적인 파악과 종합적 파악, 한마디로 **판단**이 특출난 의미에서 객관화하는 체험이라는 유를 이룬다.

4) 객관화하지 않는 **모든 태도 취함**에는 (최소한) 하나의 객관화 체험이 토대로 놓여 있다(이것은 유사 태도 취함도 포함한다).

5) 객관화하지 않는 모든 지향적 체험은 판단을 위한 토대가 될 수 있다. 이 판단은 그 안에서 구성되는 대상을 전개하며, 지향성의 성질을 통

••
[115] 객관화 작용.

해 특유하게 구성되는 정립적 술어들을 드러낸다.

6) 미리 다음과 같이 말해야 할 것이다. 정초되는 태도 취함에 있어서 보다 높은 태도 취함이 지배적 의미를 가지고 보다 낮은 태도 취함은 보조적 의미를 가진다.

7) 감성적 직관과 감성적 표상 일반은 객관화 작용이 아니고, 감성적 감정과 노력, 감성의 전체 복합체도 그렇다. '주의'의 빛살이 그 안을 비추어 그것을 포착으로 바꾸지 않는 한.

8) 비록 모든 전향에 주의가 연루되더라도, **주의**와 **전향**은 구별해야 한다. 주의는 단순한 포착이다(그리고 모든 종합적으로 산출되는 대상, 종합적으로 구성되는 대상, 따라서 모든 대상 일반은 단순한 포착을 허용한다). 따라서 주의는 객관화하는 전향이고, 어떤 넓은 의미에서 객관화의 모든 대상을 주의한다.[116] (대상의식이라는 말은 이것을 가리키기에 적절하지 않다.)

전향은 보다 일반적인 것이다. 우리는 객관화뿐 아니라, **느낌과 의욕**, 모든 종류의 자발성(태도 취함)에서도 전향하기 때문이다.

9) 그러나 우리가 '수행되지 않은 태도 취함'에서는 전향하지 않는다는 것은 모든 자발성이 수동성으로 가라앉아 소위 이차적 감성을 형성할 수 있다는 뜻이다. 마찬가지로 이러한 이차적 감성도 '떠오르고' 그다음에 다시 이에 상응하는 능동성으로 변화될 수 있다. 혼란스러운 판단함, 느낌, 의욕함. 태도 취함의 본래성과 비본래성(수행됨과 수행되지 않음)의 혼합.

물론 나는 이미 오래전에 이 모든 것을 그 본질에 있어서 확고히 정립했다. 내가 지금 한 달 내내 고뇌하면서 이것을 완전히 잊었다는 것은 아주 기이하고 거의 믿을 수 없는 일이다.

⋮

116 주의, 응시함으로서의 주의, 기체에 침잠함에 대한 깊은 숙고는 원고 Y_0을 참조할 것.

재생과 이미지의식. 이미지대상 파악과
직각적 가상의식의 분별.
상상 개념의 일반화(재현): 1) 재생적 재현,
2) 직각적 재현, 즉 이미지에서의,
이미지 현시에서의 재현

(1912년 봄 집필 추정)

나는 비정립적 작용의 토대 위에서 양상화가 일어나는 경우를 생각해본다. 가령 내가 어떤 비정립적 상상(한갓된 상상) 안에 어떤 다른 상상을, 경우에 따라서는 기억 세계에서 떼어낸 〔기억〕 한 조각을, 일치하지 않는 방식으로 끼워 넣는 것이다. 이러한 일치하지 않음은 왜 생기는가? 이제 나는 어떤 충돌이나 어떤 환상을 상상한다. 그러면 내게는 두 재생이 서로 결합하면서 충돌하는데, 이들 자체가 어떤 충돌하는 것의 상상이다. 하지만 무엇 때문에 어느 한쪽이 선차적이 되고 여기에서 〔다른 쪽의〕 삭제라는 양상화가 일어나는가?

나는 상상에서 어떤 가정립을 한다. 나는 어느 한쪽의 기반 위에 선다. 나는 하나의 세계를, 〔예컨대〕 켄타우로스가 사는 땅을 상상한다. 이때 〔이러한 상상에서의〕 정립 없음은 유사정립 혹은 변양된 정립이다. 나는 이것을 계속 유지한다. 이제 나는 내가 어떤 대상을 보면서 이것이 인형인지 사람인지 동요하다가 그다음에 인형임이 드러나는 것 등을 상상한다. 첫 번째 상상은 내게 상상세계를 주었는데, 두 번째 상상은 이 상상세계 안에 일치하지 않게 끼워 넣어지고 이 상상세계의 유사정립과의 관계에서 '가정립'되는 사물성을 구성한다.

첫 번째 유사정립, 즉 유사 세계파악, 유사 세계지각, 유사 세계사유가 **'열어두는'** 것을 두 번째 유사정립은 가능성으로 감성화할 수 있다. 두 번째 유사정립은 첫 번째 유사정립이 열어두지 않는 것을 무실로서, 〔즉〕 유사 토대정립에 의해 삭제되는 것으로서 가져올 수 있다. 따라서 심상화 변양, 즉 비정립이 유사**정립**을 뜻한다는 데 항상 유념해야 한다. 여기에서 이제 재생과 비재생의 차이는 어떠한가? 미학적 **이미지**에서 나는 첫 번째 세계로서 하나의 세계, 곧 **이미지 세계**를 정립했는데, 이는 유사정립이다. 어떤 꾸며내는 재생적 상상의 경우에 나는 이 첫 번째 세계를 마음대로 만들어낼 수 있다. 비록 항상 그런 것은 아니지만. 어떻게 그런지는 모르지만, 하나의 상상세계가 불현듯 생기고 아마 내게 강요될 것이지만 그렇다고 해서 현실로 여겨지지는 않는다. 다른 한편 예술가로서 나는 간접적으로라도, 색 등의 수단으로 저 가상의 세계, 이미지 세계를 형상화한다. 이때 나는 어떤 의미로는 가상을 강요하지만 환상을 가지지는 않는다. 나는 통일적 이미지 세계 내부에서 어떤 이미지대상을 양의적 이미지로 그려 넣음으로써, 이 이미지 세계로 어떤 충돌을 들일 수 있다. 그러면 나는 이미지에서 의심하게 된다. 혹은 그보다는 이미지에 의심스러움이 들러붙는다고 할 수 있는데, 이미지 자체 안에 〔어느 한쪽으로〕 결정할 동기가 있다면 때로는 이 의심이 〔어느 한쪽으로〕 결정될 수도 있다. 여기에서는 양상이 변양된다. 즉, 의심스러운 것은 변양된 의심스러운 것이고 무실함은 변양된 무실함이다.[1] 나는 이미지의식에 몰입해 이미지의식을 수행하면서 실제로 의

656

심하고 실제로 기각하는데, 이는 여기 그려진 것을 내가 실제로 보고 실제로 직관한다는 의미에서 그러하다. 그리고 의심스러움과 무실함도 직관되고 주어지며 유사정립된다.

감정도 마찬가지이다. 이미지 안에서 비참한 고통을 겪는 자는 내게 동정을 불러일으킨다. 나는 실제로 어떤 사물직관, 아니 사물직각을 할 때와 마찬가지로 [이미지를 볼 때도] 실제로 동정의 감정을 느끼지만, 이것은 어떤 변양된 감정이다. 이미지 안에서 아픈 자는 가엾다. 그는 '불쌍한' 환자이고, 이 이미지에서 보이는 옷이 그에게 속하는 것처럼 불쌍함이나 질병도 그에게 속한다. 이것은 정립변양이다. 변양은 바로 이 차원에만 해당한다. 그 외에는 '지각'(직각)은 모든 [다른] 지각과 다르지 않고, 감정은 모든 [다른] 감정과 다르지 않다. 모든 감정이 그런 것처럼 이 감정도 대상으로서의 사태에 '직관적으로' 들러붙는 무언가를 구성하는 데 도움을 준다.

하지만 **이미지로 현시되는**, 혹은 재생적으로 표상되는 양상화 및 감정은 여기에서 문제 되는 양상화 및 감정과 어떤 차이가 있는가?

야이로의 딸을 깨움. 동정하는 그리스도.[2] 나는 어떤 아픈 자의 현시를 떠올리기만 해도 동정을 느낀다. 이 동정 자체는 병이나 병자의 옷 등처럼 현시되는 것은 아니다. 그러니까 나는 나의 동정을 옷에 대한 직관과 같은 층위에 놓을 수 없다. [그래도] 그리스도의 동정, 그것은 이미지에 속한다.

이와 마찬가지로 어떤 슬픈 상황이 상상에서 내게 어른거릴 때, 이 슬픔

∴

1   지각의 세계에서 의심이나 무실은 변양되지 않은 의심이나 무실이지만, 이미지세계나 상상세계에서 이러한 의심이나 무실은 이미지의식이나 상상에 의해 이미 변양된 의심이나 무실이다.(옮긴이)

2   『신약성서』(「마가복음」 5장 21~43절)에서 예수가 회당장 야이로의 딸을 부활시킨 일을 가리킨다.(옮긴이)

은 상상에 속할 수도 있다. 즉 내가 그 상상연관으로 나 자신을 이입하여 상상하며, 그것도 슬퍼하는 사람으로 상상한다면(가령 상상에서 세상을 떠난 것으로 표상하는 사람의 관 앞에 내가 서 있다면) 그러하다. 혹은 나 자신을, 그리고 나의 슬픔을 그렇게 이입하여 상상하는 것이 아니라 슬퍼하는 다른 사람을 상상한다면, 그의 슬픔이 상상된다. 마지막으로 나는 어떤 슬픔을 상상하는 것이 아니라, 표상에 근거하여 슬픔을 실제로 '감각'한다. 이 마지막 경우는 이렇게 말할 수 있다. 이것이 현실이라면 슬플 것이다. 이때 나는 어떤 가설적 가정립 혹은 어떤 가정을 하는 것이고, 이것이 '슬플 것이다'의 토대가 된다. 나는 이미지 등을 비롯한 모든 이런 변양에서 이렇게 할 수 있다.

이제 다음을 숙고해야 한다. 이미지표상의 사례를 상상(재생)의 사례와 구별하는 것은 이렇다. 계속 이미지대상에 대해 말한다면 이미지표상은 바로 직각이지만, 〔이에 비해〕 상상은 재생이다. 즉, 상상에는 이미지표상에 없는 고유한 변양이 있는데, 그것은 정립변양 외에도 재생적 변양이며 이 변양은 상상을 철두철미 물들인다.

이미지의식과 상징적 이미지의식[3]

또한 **이미지의식**과 **상상의식**의 대비의 올바른 이해에도 유념해야 한다. 〔상상의식에서의〕 한갓된 재생, 말하자면 '비정립'(유사정립) 재생에 대응하는 것은 〔이미지의식에서 이미지대상에 대한〕 한갓된 직각, 보다 상세하게 말한다면 유사정립 직각이다. 이제 〔이미지의식에서〕 (모사에 있어서) 대개 어

3 그러나 11쪽('이미지의식에 대한 재론'이라는 제목의 다음 절)을 보라.

떤 (이미지주제에 대한) 공허표상도 여기(이미지대상에 대한 단적인 직각)에 결합하는데, 이때 때로는 이것(공허표상)을 충족하는 재생적 표상으로 이행한다.

여기에서는 나는 어떤 '이미지' 의식이 가능하기 위해 이러한 상징적 기능이 꼭 필요한 것은 결코 아님을 충분히 감안하지 않았다.[4] 색이 생생한 이미지를 보면 그리로 들어가보고 직각적으로 현시되는 것에 침잠하게 되어, 더 이상 상징화하는 의식에 침잠하지 않고 상징화하는 의식의 영향을 받지 않을 수 있다. 그것(상징화 의식)은 전혀 있을 필요가 없다. 이미지(이미지대상)와 사태(이미지주제)가 의식에 있어 서로 분리되고, 이미지와 사태 사이에 간극이 생김으로써 어떤 모사의 의식이 생생하다면, 이미지대상과 이미지주제는 분리된다. 그리고 이미지주제에 침잠하는 대신 순전히 이미지대상을 들여다볼 수 있다. 그러니까 모든 상징화에서 벗어남으로써, 그리고 다른 한편 '이미지 주변'에 대한 정립하는 지각과의 모든 합일에서 벗어남으로써, **정립 없는 순수한 직각**을 얻는다.

물론 나는 이미지로 '이입하여 상상'할 수도 있다. 그러나 이것은 내가 나와 나의 주변 공간 너머까지 이미지 테두리를 확장하여, 내가 보는 실제 사물을 배제하는 가운데 나 자신을 함께 이미지로 받아들이고 이를 통해 나의 현행성을 배제한다는 뜻일 뿐이다. 즉, 그러면 나 자신이 변양된 나 혹은 정립 없는 나로 바뀐다. 그러면 나의 참여는 이미지 안의 관찰자의

···

4 후설은 이미지의식에는 이미지주제와의 관계가 필수적임을 주장했으나, 여기에서는 (가령 이미지주제와는 지향적 관계를 맺지 않고 오직 이미지대상에 몰입하는 경우 등) 이미지주제와의 (상징적이거나 모사적인) 관계가 없는 이미지의식의 가능성을 숙고하고 있다. 한편 후설은 여기에서 이미지대상과 이미지주제의 관계를 '상징적' 관계라고 표현하고 있는데, 이는 이미지와 상징(기호)을 구별하는 후설의 일반적 용법에서 다소 벗어난다. (옮긴이)

(이미지대상에 속하는) 참여이지 이미지 앞에서 공감하는 사람의 참여는 아니다.[5]

이와 마찬가지로 내 앞에 어떤 상상의 세계가 어른거릴 수도 있다. 이세계가 어쨌든 (언제나 내가 스스로를 거기 두는) 하나의 파악중심을 전제하므로, 일반적으로, 그리고 아마도 필연적으로 나 스스로가 상상세계 안에서 상상되는 자아로서 하나의 자리를 가질 것이다. 그리고 이 상상되는 자아는 상상세계를 자신의 입지로부터 흡사 볼 것이다. 그러나 그렇다면 우리의 자아는 바로 두 개가 되는데, 상상세계의 자아와 재생 자체가 속하는 현행적 자아가 그것이다. 그리고 마찬가지로 자아체험도 이중적인데, 〔하나는〕 상상되는 자아에 때로는 빈약하고 때로는 다채롭고 생생하게 속하는 체험과 〔다른 하나는〕 상상하는 자아에 속하는 체험이 그것이다. 직각적 직관(이미지직관)에서 직각적 유사정립의 경우와 마찬가지인 것이다.

이제 이미지 안에서나 상상 안에서의 자아체험(**나의** 자아체험)은 이미지 앞에서나 상상 앞에서의 나의 자아체험과, 즉 이미지를 표상하며 상상하는 자로서의 나에게 속하는 나의 현행적 체험과 어떤 관계인가? 여기에 난점이 있다. 먼저 특정 사례를 차별화할 수 있다. 나는 상상세계에 나를 넣어 상상할 때, 흔히 나를 어떤 **다른 사람**처럼 넣어 상상한다. 내 유년기를 생각할 때, 어린이인 나를 본다. 나의 신체를 지닌 어떤 어린이의 이미지가 함께 작동하고 밀려 들어와 나의 체험의 담지자가 된다. 그러나 물론 이와 동시에 나는 직접적 자아의식도 있는데, 여기에는 직접적이고 친숙한 형태의 신체가 속한다. 이 형태에서는 나는 스스로를 살아 있는 현실에서 신체

..
5 감성적 현출 자체가 하나의 자아 입지를 전제하므로, 나는 어떤 식으로든 **항상** 이미지-자아로서 이미지 **안에** 있다.

를 가진 것으로 현행적으로도 발견한다. 따라서 간접적 신체 표상과 이와 관련된 정신의 감정이입은 배제하자. 이런 신체표상은 [나중에야] 비로소 본래적이고 직접적인 자기표상과 관계 맺는 것이다.

감정이입 체험의 사례는 나중에야 비로소 독자적으로 다루어야 한다.

그러면 자아의 상상의식과 자아의 이미지의식이 서로 어떻게 구별되는 지, 그리고 이 둘이 현행적으로 정립하는 자아의식과 어떻게 구별되는지 의문이 생긴다.

더 명료하게 말해보자. 직각적 자아의식과 재생적 자아의식이 있다. 즉, 현행적(정립하는) 자아의식과 정립하지 않는 자아의식이 있다.

기억의식, 기억 안에서 자아는 자신의 모든 체험을 포함하여 재생적으로 정립하는 것이다. 이미지 안의 자아(나는 가령 야이로 딸의 이미지에 완전히 침잠하며 여기 함께 있다)는, 내가 이미지를 모사가 아니라 심상으로 받아들인다면, 직각적 자아이지만 다만 정립 없는 직각적 자아이다.

이제 내가 상상 안에서 실제로 생생하게 있다면, 다음과 같이 말할 수밖에 없다. 상상 안의 사물의 현출은 재생 변양되는 현출이고 정립 없는 상상의 경우에는 정립 없는 현출인데, 이와 마찬가지로 자아 체험, 그리고 상상 안의 자아로서의 자아에 속하는 모든 것도 재생적 체험이고 정립 없는 체험이다.

기억은 [상상 등과는] 정립의 차이만 있다. 지각의 경우, 즉 "내가 지각하고 지각 세계 안에 살고 이 세계에 대해 현행적으로 이러저러한 관계를 맺는다"라는 경우, 이 지각은 바로 현실적 직각이고 내적 의식에서 정립되는 것으로 의식되는데, 이는 지각 자체가 지각되는 것을 정립하는 것과 마찬가지이다. 따라서 내적 의식의 정립이 있고, 무언가를 지각하는 체험인 지각에 관련된 정립이 있다. 이와 마찬가지로 자아의 모든 체험은 내적 의식에서 현행적으로 정립되는 것이다. 다만 반성을 실행하여 정립을 '수행할 필요'가 없을 뿐이다. 이미지에서 현출하는 것에 대한 현행적 태도의 경우, 이 태도는 바로 (스스로를 정립하는) 현행적 자아에 속한다. 또 상상세계에 대한 현행적 태도의 경우, 현행적 동정 등은 현행적 자아에 속한다. 체험으로서의 상상함이 내적으로 정립되는 것과 마찬가지로, 그것〔현행적 동정〕은 내적으로 정립된다. 상상으로서의 상상은 정립되는 것이지만 정립하는 것은 아니다. 상상의 정립함은 내적 의식에 속한다. 이것은 내적 직각, 더 정확히 말하자면 내적 지각이다.

자아를 이미지 **안으로** 이입하여 심상화할 때에는 사태가 더 어렵다. 여기에서는 자아가 직각되는 자아이기 때문이다. 그러나 여기에서 곧바로 이렇게 말할 것이다. 우리가 이미지의식이라고 부르는, 직각하는 비정립적 체험은 당연히 내적 의식 자체에서 정립되는 것이다. 따라서 자아가 그 안에서 이미지 세계의 일원으로서 비정립적 방식으로 직각적으로 의식되는 그 체험 역시 그 자체는 정립되는 체험이다.

정립 없다고 불리는 변양된 직각(유사직각)은 자신의 대상, 외부 대상을 정립하는 변양되지 않은 직각, 정립하는 직각, 지각에 대응한다. 다른 한편 이것은 내적 의식에서 정립되는 것이다. 외부 대상에 대한 변양된 유사정립 자체도 역시 내적 의식에서 정립되는 것이다.

그런데 이는 자아의 의식에도 타당하다. 내가 지각하는 세계 안에 나 자신이 현실적으로 있음을 발견한다면, 나는 나를 직각하는 것이고 이는 나아가 정립하는 직각, 즉 지각이다. 그리고 이러한 (현실의 일원인) 자아의 지각함은 내적 의식이라기보다는 〔내적 의식에 의해〕 내적으로 의식되는 것이다. 즉, 이러한 지각함, 이러한 자기를 지각함은 체험이고 그 자체로 내적 의식에 의해 정립되는 것이다. 마찬가지로 자기를 심상화함, 이미지 세계로 자기를 이입하여 심상화함은 하나의 체험이고 내적 의식에 의해 정립되는 것이다.

따라서 가령 그렇게 생각하기 쉽지만, 자기직각이 내적 의식에 의해 정립된다고 해서 곧 스스로를 현실로 정립하는 것은 아니다.

이제 "나는 기쁘다"라거나 "나는 우울하다" 등은 어떤가? 나는, 스스로 지각되는 자아는 내적 의식에 의해 정립되었던 모든 체험을 가진다. 나는 경험하고 지각하며(지각체험을 가지며) 상상하고(상상체험을 가지고) 지각되는 것에 대해 기뻐하며, 마지막으로 (현실적 자아로서의) 나는 상상되는 것에 대해 기뻐한다. 후자는 나의 기쁨이 변양된 기쁨이라는 뜻인데, 이러한 기쁨의 변양은 나의 현행적 자아에 속한다. 마찬가지로 회화를 감상하는 나는 이미지에 현시된 비참함에 동정을 느낀다. 즉, 나는 변양된('정립되지 않은') 동정을 느낀다. 변양된 감정은 내적 의식에 의해 정립되는 것이고 그 자체는 현행적으로 정립되는 자아가 하는 체험이다. 자기지각의 체험도 (특이하게도) 자아에, 자기지각되는 자아에 관련된다. 즉, 나는 자기지각을 수행한다. 자아가 지향적 체험을 통해 대상성에 관계하는 것을 지향적 체험 자체가 그것의 대상성에 관계하는 것과 혼동해서는 안 된다.

*

기뻐함이나 지각함 등의 체험은 내적 의식에 의해 정립되는 것이다. 단지 상상되는 것에 대한 기쁨이라면 정립 없는(더 나은 표현으로는 정립하지 않는) 기쁨이다. 내적 체험인 이런 정립 없는(정립하지 않는) 기쁨도 〔내적 의식에 의해〕 정립되지만, 그렇다고 해서 이 기쁨이 〔이 상상되는 것을〕 정립하는 기쁨이 되지는 않는다. 기쁨 자체가 수행하는 〔기쁨의 대상에 대한〕 정립 및 유사수행하는 유사정립과 기쁨이 겪는 정립, 즉 내적 의식이 수행하는 〔기쁨의〕 정립을 혼동해서는 안 된다. 그러니까 이것〔상상되는 것에 대한 기쁨〕은 **정립하지 않지만** 〔내적 의식에 의해〕 정립되는 기쁨이라고 좀 더 명료하게 말해야 할 것이다.

*

어떤 기쁨(혹은 슬픔)이 한갓된 이미지대상을 향한다면 이 기쁨은 정립하지 않는 기쁨이다. 그렇지만 이때 내가 이를테면 이미지에 스스로를 들여놓는다면, 이미지에 스스로를 넣어서 심상화한다면 어떻겠는가? 이러한 두 가지 경우(〔내가〕 이미지를 마주하는 경우와 이미지 안에 있는 경우) 정립하지 않는 기쁨(혹은 슬픔)은 어떻게 구별되는가? 두 경우 모두 이러한 정립하지 않는 기쁨은 내적으로 직각되는데, 이는 이미지 직각이 (인상적으로) 내적으로 직각되는 것과 마찬가지이다. 따라서 〔두 경우 모두에서〕 현실적 자아에 정립하지 않는 기쁨이 속하고, 정립하지 않는 이미지 체험의 내용 역시 여전히 속한다. 그러나 〔내가 이미지 안에 있는〕 한 경우에는 이미지의식이 형성됨과 더불어 정립하지 않는 기쁨 자체가 형성되고 이 기쁨이 이미지의식의 내용에 속하는 반면, 〔내가 이미지를 마주하는〕 다른 경우에는 그렇지 않다. 〔내가 이미지 안에 있는〕 전자의 경우 정립하지 않는 기쁨에서 어떤 기쁨이 현시되는데, 이는 정립하지 않는 환자의 현출에서 어떤 환자가 현시되는 것과 마찬가지이다. 〔내가 이미지를 마주하는〕 다른 경우 나는 변양된 기쁨을 가지지만 그 기쁨 안에서 아무것도 현시되지 않는다.

이미지의식에 대한 재론[6]

이것이 무엇을 뜻하는가라는 의문이 생긴다.

이미지의식을 어떻게 해석하느냐가 이제 결정적이다. 이미지의식의 본질에 [이미지주제의] '현시'가 속한다고 해서는 안 되고,[7] 이미지의식이 단순한 직각적 의식이 아니라 재생적 의식(즉, 상상의식)과도 얽혀 있는 직각적 의식이라고 해서도 안 된다. 이는 그릇된 것이다. 이미지의식은 그 안에서 발견할 수 있고 끄집어낼 수 있는 '감각내용'을 품고 있는데, 이것은 틀림없이 이미지의식과 직각하는 의식의 공통점일 것이다. 그러나 이 나무나 사람이 이미지–사람이나 이미지–나무로 현출하는 이미지현출에 면밀한 주의를 기울인다면, 재생적 상상에서와 마찬가지로, 이 [이미지] 현출이 가령 한갓된 직각하는 현출이 아니라 영상화하는 현출임을 알게 된다. 다시 말해, 이러한 현출에서는 감각내용이 어떤 것[이미지대상]을 현시한다. [이미지대상의] **현출 자체가** [이미지주제의] **현출을 현시하고 파악은 단순히 파악이 아니라 파악의 현시이다.** 다른 한편, 여기에 진정으로 두 가지가, 즉 현시하는 파악과 현시되는 파악이 있는 것은 아니며, 단지 변양된 하나의 파악, 하나의 변양된 현출, 더 나은 표현으로는 하나의 현출 변양이 있는데, 이것의 본질은 현출을 현시('표상')하는 것이다. 그러나 감각을 감각으로 취하면서 나아가 파악을 현시하지 않는 파악으로 취할 수 없는가? 그래서 파악을 직각적 파악으로 수행하는 의식 변화를 **수행**할 수 없는가?

∵

6 8('이미지의식과 상징적 이미지의식'이라는 제목의 앞 절)을 참조하라.
7 후설은 여기에서는 이미지주제의 현시를 이미지의식의 본질적 특징으로 간주하지 않는데, 이는 (전술한 바와 같이) 이미지대상 자체에 몰입하는 경우도 있기 때문이다. (옮긴이)

따라서 [파악이 하나라고] 방금 말한 것을 철회하고 여기에서 1) 직각적 감각내용을 지닌 직각적 파악과 2) 영상적 감각내용을 지닌 영상적 파악을 나누어야 하지 않을까? 나아가, 직각적 파악에 어떤 허구물의 성격이 있고, 이 파악 안에서 어떤 '이미지대상', 어떤 가상이 직각적으로 현출하는데, 이것이 직각적 믿음연관에 의해 '폐기된다'거나 무실의 성격을 지니게 된다고 해야 하지 않을까?

그렇지만 그렇다면 이 파악이 현실적 체험이거나 가능적 체험인 것인지, [아니면] 현실적 체험이지만 엄밀한 의미에서 '수행된' 체험은 아닌 것인지 의문이 생긴다. 우리는 가상대상으로 전향하지 않지만 그것은 현출한다. 다른 가능성은 이렇다. 이것은 현출하지 않지만, 이미지의식의 특징은 내가 영상화를 가상-직각으로 변화시킬 수 있다는 데 있다. 이는 중대한 의문이다.

여기에서 내가 연구했으나 아마 아직 완전히 정확하게 해석되지는 않은 그 차이를 혼동하지 말아야 한다. 현시-대상과는 달리, **이미지대상**이란 현실적으로 직각되는(혹은 직각될 수 있는) 대상을 뜻한다. 그러나 더 자세히 살펴보면, 이미지에 차이가 있다. 나는 라파엘로의 〈신학〉[8]을 예로 들었다. 작은 회색 소년 천사들과 작은 여성 인물이 있는데, 나는 이 작은 인물들을 이미지대상이라고 불렀다. 현시되는 것, 즉 주제는 숭고한 여성 형상 등이다. 그러나 자세히 보면, 이 상황에 대하여 다음과 같은 모습이 드러난다. 작은 인물들은 이미 현시되는 대상이다. 나는 말비네[9]의 상반신이 찍힌 작은 사진을 응시할 때 거기 보이는 것을 '가상'으로 여기지는 않는

..

8 유고 1 21절 참조.(옮긴이)
9 후설의 부인인 말비네 후설(Malvine Husserl)을 가리킨다.(옮긴이)

다. 사진의 색을 지니고 아주 작은 하나의 사물이 현출하지만, 이것은 이미 현시되는 것이지, 직각되는 것도 아니고 가상의 성격을 지니지도 않는다. 물론 하부 층위에서 이미지대상이 현시되는 것과 같은 의미에서 이런 경우에 이미지의 본래 주제가 현시된다고 말하려는 것은 아니다.

이 외에도 내가 색채가 있고 비교적 '완전한' 이미지를 가지는 경우를 생각해보자. 완전성은 여러 가지를 의미할 수 있는데, 여기에서는 한 가지 완전성에 주목하려 한다. 나는 이미지에서 어떤 사람이나 어떤 풍경을 '보는데', 이때 전체 이미지현출이 모든 현출 요소에 있어서 주제를 **현시한다**. 여기에서 형태는 형태를 현시하고, 색깔은 색깔을 현시하되 '같은' 색깔을 현시한다. 물론 나의 의식에 대해 그렇다는 것이다. '현출하는 것'에서 나는 주제를 본다. 그러니까 앞선 사례들과 반대이다. 앞선 사례들에서 나는 인물을 흰색이나 회색으로 보았는데 이 색은 주제의 상응하는 색깔의 현시가 아니다. 사진의 회색에서는 주제의 아무것도 현시되지 않는다. 그러나 회색의 대상이 현출한다. 이제 나는 회색이 **회색**을 현시하고, 현출하는 것은 현시되는 것이며, 회색의 작은 인물을 '현시'하는 어떤 현시가 있다고 말할 수 있을까? 그보다는 이렇게 말해야 하지 않을까? 나는 나를 거기에 이입하여 내가 이러한 것을 이미지적으로 의식함을 상상할 수 있지만, 이것은 이미지적으로 의식되는 것이 아니다. 오히려 내게는 직각적 현출이 있는데 이것은 가상의 성격을 가지지는 않는다. 왜냐하면 이것은 정립하는 현출이 아니라 애초부터 변양되는(정립하지 않는) 현출이며, 현출은 변양되지 않으면서 다른 변양되지 않은 현출에 의해 억제되는 파악일 때 비로소 가상이 되기 때문이다. 그리고 이것은 모든 계기 혹은 '현시'의 특정 담지자에 있어서 그러하다.

요약해보자. 1) 이미지대상 파악과 직각적 가상의 의식을 구별해야 한다. 전자는 정립하지 않는 것이고 후자는 정립하는 것이다.

2) 이미지대상 파악과 합일되는 현시가 있는데, 이때 이 현출하는 이미지대상 안에서 현시되는 것은 그 현출 내용 전체가 현시될 수도 있고 일부만 현시될 수도 있다. 여기에서 이미지대상 현출 안에서도 이미지주제 현출이 현시되는데, 이때에도 '완전하게' 현시될 수도 있고 '불완전하게' 현시될 수도 있다(모든 요소가 현시될 수도 있고 모든 요소가 현시되지 않을 수도 있다).

3) 현시는 종종 (이미지대상의) 정립하지 않는 직각적 현출과 결합한 **재생적 상상**이거나 이러한 것에 상응하는 공허표상이다. 현시와 더불어 또한 하나의 공허표상이 결부될 수 있는데(결부되어야 하는데?) 그렇다면 이는 어떤 상징화이고, 이 관계가 유사성에 의해 일어난다면 어떤 유비화하는 기호표상이다. 이와 마찬가지로 기억되는 것과 이런 유의 외적 관계가 일어날 수 있다. 이미지에서 현출하는 것은 특정 기억 연관 안에서 (흐릿하게나 명확하게) 표상되는 것과 동일화된다. 그러면 이것은 때로는 애초부터 정립하는 현시이다.

*

여기에서 정립하지 않는 직각적 현출에 결부되는 **현시**, 그리고 이러한 현시와 얽혀서, 아니면 이러한 현시 없이도 어떤 (정립하거나 정립하지 않는) 직각적 현출과 결부되는 상징적 의식, 특히 기호적 의식은 재생의 영역에도 적용된다. 그러면 상상 안에서 모사와 상징화가 일어난다.

하지만 이제 **현시 자체가 재생과 공통점**이 있다.

4) 이미지의식이 정립적일 수도 있고 비정립적일 수도 있음에 유념해야 한다. 주제는 정립된다. 하지만 이것은 오직 경험연관으로 이행해야 존재

하는 것으로 주어진다. 그러나 이는 본질적으로 각 현시는 증여하는 직관으로 이행할 수 있음을 가리킨다. 아마 이렇게 말해야 할 것이다. 현시에는 그것을 향한 지향이 들어 있다. 이는 모든 지각에서 지각연관으로의 이행이 가능하고, 지각에는 이에 상응하는, 가능한 충족을 향하는 '지향'이 귀속되어야 하는 것과 비슷하다. 그러니 가능한 충족과의 관계에 있어서 '지향'으로서 이미지의식에 무엇이 본질적으로 들어 있는가라는 물음은 하나의 핵심 논점이다.

5) 나는 현시가 재생과 본질적 공통점이 있다고 말했다. 다시 말해, 바로 (본래적) 현시의 모든 각 요소에 있어서 '이에 상응하는 것'에의 관계가 있다는 것이다.

눈에 띄는 또 다른 점은 본래적 현시와 비본래적 현시의 구별도 상상에서 정확히 다시 발견한다는 것인데, 이 구별은 상상에서는 본래적 재생과 비본래적 재생의 구별이다(예컨대 기억과 관련하여, '기억이미지' 안에서 본래적 기억과 〔빈 곳을 채우는〕 한낱 충전재를 구별한다).

그래서 **상상**(말하자면 **재현**) **개념을 일반화해야 한다. 재현에는 두 가지 근본 형식이 있다.**

1) **재생적 재현**

2) **직각적 재현**, 즉 이미지에서의, 이미지적 현시에서의 재현. 모든 각 체험에 다시 재생적 변양이 대응하므로, 직각적 재현도 재생적 재현으로 들어간다. 〔즉〕 〔재생적 재현인〕 상상 재현(혹은 기억) 안에서 〔직각적 재현인〕 구상화 재현이 생긴다.

이러한 변양은 정립을 비정립으로 변화시키는 변양과 구별해야 한다. (두 구별의 교차.) 나아가 정립하지 않는 직각을 이미지로 현시하는 체험, 즉 재현과 혼동해서는 안 된다.

*

이미지에서 (개인적 감정이 아닌) 분위기로서 감정의 현시

풍경은 분위기를 불러일으킨다. 이미지에서의 풍경은 어떤 분위기에서 풍경을 현시한다. 그렇지만 내가 그것을 볼 때 실제로 그 분위기에 젖을 필요는 없다. 감상자가 나름의 방식으로 행동하기는 하지만, 이런 현시되는 분위기나 감정 등이 이 감상자를 함께 현시할 것을 전제하지는 않는다. 더 정확히 말하자면, 나는 이런 분위기를 가지고 이미지에 속하는 것은 분명 아니다. 경험적 인간이 아니라 '순전히 분위기의 상관자로서의' 나라고 해야 하는가? 분위기는 어떤 유사정립하는 작용인데, 이 작용은 풍경에 존재적 분위기를 부여한다. 현시되는 풍경은 이런 존재적 성격을 지니는 풍경이다. 분위기가 나의 유사분위기에서 현시된다. 나는 유사분위기에 젖음에 있어서 (유사분위기로서의) 풍경의 분위기를 의식하고, 이것은 내게 풍경의 분위기를 현시한다.[10] 예술작품은 단순히 사물만 현시하거나 감정과 생각 등을 가진 인물만 현시하는 것이 아니라, 언제나 다양한 분위기와 생각 등도 현시하는데, 이런 현시 방식에 대해서는 이렇게 말해야 한다. 이것 〔다양한 분위기와 생각〕은 현시되는 사물의 성격이고 그 자체가 현시되는 성격이며, 다른 한편 현시되는 인물에 그의 〔개인적〕 체험과 생각 등으로 속하지는 않는다.

이렇게도 말할 수 있다. 나는 지각을 통해 어떤 풍경을 보면서 슬퍼질 때, 나 자신에 대해 생각할 필요는 없다. 풍경 자체가 특정한 분위기 특징

: :

10 이것은 이보다 훨씬 잘 서술되어야 할 것이다.

을 지니고 여기 있다. 내가 내 앞에 있는 사람에 대해 기뻐한다면 그 사람은 기쁘게 하는 사람으로 여기 있다. 그러니까 이처럼 대상은 바로 그것과 관련된 정립하는 작용 덕분에, 그리고 그 자체로 자신의 성격을 지닌다. 그것은 재생(상상)될 수 있지만 이미지에 의해 현시될 수도 있다. 그리고 이러한 상상화가, 그리고 그 기저의 이미지 현시가 무엇을 요청하는지를 정확히 규명하는 것은 이제 어렵지 않다.

부록 49
재생 변양되고 폐기된 감성적 현출의 질과 관련한 난점
(1912년 봄 집필 추정)

재생에서는 감성적 현출의 '질'은 변양되어 등장하며 한갓된 현출 자체도 변양된다. 그러나 재생은 '한갓된 상상'의 방식일 수도 있고 '기억'의 방식일 수도 있다. 한갓된 상상에서 변양은 어떠한 '현행적'이고 변양되지 않은 성질로 질부여되지는 않는다.

그런데 여기에는 난점이 없지 않다. 기억에는 한편으로는 재현, 재생이 있다. 즉 재현되고 질부여되는 현출, 지각의 재현변양이 있다. 다른 한편 내게 재현되는 것이 존재하는 것(지금 존재하는 것이거나 〔과거에〕 존재했던 것)으로 지금 간주된다면, 가령 나는 '동의'하는 것인가? 동의하는 '정립'을 수행하는 것인가?

하지만 이 질이 바로 어떤 질료의 '질'이라면, 이런 것〔동의함〕이 무슨 뜻일까? 나는 어떤 판단에는 동의할 수 있다. 내가 듣는 타인의 판단과 의견이 일치하고 이처럼 일치함의 의식을 가지고 내가 판단을 내림으로써 그렇게 한다. 하지만 어쩌면 나는 지금 지각하고 그다음에 〔이 지각함이〕 이전 지각함과 일치한다는 것을 의식하면서도, 이전 지각함을 의식하지 않고, 즉 기억하는 재생을 가지지 않고 스스로 지각하지도 않으면서 [이전의 지각과] 일치하는 어떤 작용을 수행할 수 없을까?

다음처럼 말할 수밖에 없지 않은가? 지각에 대비되는 재생적 변양에는 바로 다양한 종류가 있다. [재생적 변양의] 한 종류는 (변양되는 질을 지닌) 변양되는 현출인데, 이 현출 자체는 질적 현출의 성격, '현행적'이고 '현실적'인 현출의 성격을 지닌다. [재생적 변양의] 다른 종류는 이것[현행적이고 현실적인 현출]에 대비되어, 비현행적 현출 혹은 한갓된 상상인데, 이것[현행적이고 현실적인 현출]과 정확히 같지만 현행성이 없다. 현출의 빈 도식 혹은 유사현출은 현전화에서 재현으로 이끄는 변양과는 전혀 다른 종류의 변양이다. (모든 나머지는 본질적 법칙에 의거하는 연관의 문제인데, 가령 '지금 여기'에의 관계가 그러하다.)

이제 내가 이전의 어떤 지각을 기억하지만 지금은 더 이상 '믿지' 않는 경우는 어떠한가? 예를 들어 밀랍인형 전시실에서의 일을 기억하는 경우는 어떠한가? 나는 처음에는 지각했고 그다음에는 그 착각을 알아차렸음을 기억한다. 그러나 이제 내가 회상할 때는 이 인형은 과거의 현실로 있는 것이 아니다. 이런 경우는 전형적 기억이 아니라 '질박탈된' 기억이다. 기억의식으로 침잠한다면, 이 인형-인간, 이 '인간'은 그때 있던 것으로 [지금] 있으나, 이 질부여된 현출은 불일치의 성격을 지닌다. 이 성격은 기억의 추가적 진행을 지시하는데, 이 진행에 있어서 그 질은 '폐기'된다. 다시 말해 그 질은 무로 이행하거나 질이 아닌 것으로 이행하는 것이 아니다. 이 질부여된 현출은 그것과 섞이는 다른 질부여된 현출과 충돌하여 폐기된다. 이에 상관적으로 첫 번째 현출의 지나갔음은 그것의 '아님'을, 무화를 겪는다. 하나의 현출은 온전하게 남는다. 그것은 자신이 그랬던 그대로 자신의 과거를, 자신의 무화되지 않은 질을 유지한 채 굳건히 있다. 다른 현출은 무화된 질을 가진다. 무화된 질은 하나의 변양하는 질부여이며 이 차적 질부여이다. 그리고 여기에서 이것은 원본적으로 있다. 무화된 질을 지니는 현출은 이러한 연관을 전제한다. 다른 한편 원래의 현출, 아직 무 화되지 않은 채 질부여되는 현출은 '경험'의 진척의 '결과'로 생기는 불일치 혹은 혼란이라는 특성을 가지지 않는다. 그것은 어떤 무화 연관을 가리키 는 변양이다. 기억되는 어떤 것의 이러한 질박탈은 모두 어떤 현출연관이 '일어남'을 전제로 한다.

부록 50

영상화에 관하여. 그 위에서 직관이 작동하는 경험이나 영상화의 토대와 관련하여, 직관이 합치하고 혼합되는 현상 — 영상화로서의 이미지파악. 허구물과 이미지의 구별에 관하여

(1912년 봄 혹은 다소 이후 집필 추정)

직관의 **합치와 혼합**이라는 현상, 그리고 이와 관련된 태도 취함의 상호 일치, 충돌, 양상들이라는 체험을 상세히 탐구해야 한다. 그러지 않으면 쉽게 오류에 빠지기 때문이다.

애초부터 이는 그 위에서 직관이 작동하는 **최종** '토대'는 어떠한가와 관 련된다. 이것은 현실이라는 토대인가? 그러니까 우리는 경험인, 최종적으 로는 한갓된 경험인, 직관의 어떤 연관에 머무는가? 아니면, 영상화(유사경 험. 기억은 물론 경험에 속한다)의 토대 위에 있는가?
어떤 부정의 경우, 즉 조화로운 경험과의 충돌에 의해 무화되는 경험 경향의 경우, 물론 '배제'를 수행하고, 무화된 것의 토대 위에서 이것을 상상 및 영상화의 토대로 삼을 수 있다. 여기에는 바로 배제가 필요하다. (이것은 가정립의 문제가 아니다. 왜냐하면 가정립 및 가정은 [어떤 것을] 현실성 연관으로 영상적으로 이입하는 것이고, 그것이 이것[현실성 연관]과 어울리는지, 아니면 충돌하는지를 가정립하고 가정하는 것이기 때문이다.) 변양되지 않은 채 거기 있는 '태도 취함'을, 말하자면 존재성격을 배제하는 것이 도대체 가능한가? 가령 현출 내용은 그대로 유지하면서, 때로는 주변의 일치함을, 때로는 불일치함을 사고함으로써, 그리고 바로 이 내용의 '한갓된 영상화'로 넘어감으로써 그렇게 하는 것이 도대체 가능한가?

이 모든 것을 숙고해야 한다.

그러나 중요한 것은 다음과 같은 명백한 구별이다.

1) 인형-인간의 사례가 예시하는 사례군. 이때에는 변양되지 않은 파악경향 혹은 믿음경향이 [다른] 믿음경향과 길항한다.

2) 이미지파악, 그것도 (밀랍인형 파악이나 이와 유사한 '실망'이 아니라) 통상적인 미학적 이미지파악. 이때는 현실적 믿음경향이 [다른] 믿음경향과 길항한다고 할 수 없다. 이미지파악 경향은 통상적 사물에 대한 파악경향과 정확히 같은 파악경향이 아니다. 오히려 이것은 내가 스스로 어떤 것을 생생하게 현실에 넣어서 상상하는 것과 정확히 같다. 다만 [이미지파악과 상상의] 차이는 '상상이미지'는 재생적 이미지이고, 눈에 보이는 이미지는 직각적 이미지라는 점이다. [그러나] **둘 다 영상화이다.** 이것은 절대 잊어서는 안 되며 절대적으로 확실하다. 나는 되풀이하여 이미지파악을 영상화로 간주하고자 했는데 이것은 꽤 옳았다. 그것[이미지파악]은 영상화이다. 이미지는 현실과의 연관을 통해서야 비로소 어떤 무실한 것이 된다. 내가 이런 연관 안에서 이것을 취하면(혹은 이런 연관을 가진 것으로 이것을 취하

면, 예를 들어 테두리(액자)가 시작되는 곳에서 현실적 공간과의 공간적 관계 등에 있어서 이미지주제를 취하면), 내가 이것을 그렇게 가정립하면, 그것은 무실함이 된다. **허구물과 이미지의 차이**는 참된 허구물(밀랍인형)은 현실과 통일을 이루면서 직접 현출하지만, 이미지는 실은 그 (현실) 안에서 '현출'하는 것이 아니라 그 자체로는 현실적 공간과 직접 관계가 없는 어떤 고유한 공간 안에서 현출한다는 데 있다. 밀랍인형 전시실의 밀랍인형이나 '실망'을 일으키는 파노라마 이미지와 같은 본래적 허구물, 아니 본래적 가상은 어떤 사물의 현출, 그것도 현실적인 현출이다. 현실성 의식은 다른 현실성 의식과의 길항에 의해 억제될 수 있지만 그래도 현실성 의식이다. 가상사물은 이러한 주변 사물들의 연관 안에 있으며, 이들과 같은 공간에, 이들과 마찬가지의 사물로서, 그리고 이들과 마찬가지로 현실적으로 있다. 밀랍인형의 머리카락과 옷은 현실적이고, 밀랍인형에 있어서 현출하고 본래적으로 현출하는 모든 것은 다른 사물에서 그런 것과 마찬가지로 현실적으로 현출하고 있다. 혹은 거의 모든 것이 그러하다. 내가 면밀히 살펴보아야 비로소 차이와 동요 등이 일어난다.

그러나 **이미지대상**이 이미지주제로부터 확실히 구별되는 통상적 이미지에 있어서, 나는 이미지대상에서 이미 현실성 의식을 전혀 가지지 않으며 '억제되는' 현실성 의식도 가지지 않는다. 그것을 현실적이라고 간주할 어떠한 경향도 없으니, 나는 그것을 단지 어른거리는 것으로 간주한다. 나는 그것을 재생적 상상이미지와 유사하게 여긴다. 때로는 이것(상상이미지)을 상당히 생생하게 현실에 이입하여 상상하는데, 따라서 이것은 나름의 독특한 방식이기는 하지만, 현실적 사물을 차폐하기도 한다. 그러면 이것은 사물 사이에서, 그리고 (사물과) 같은 공간에서도 '현출'하지만, 현실성의 방식으로 그러는 것은 아니다. 그렇게 허구물은 현출할 때 현실성이라는 성격을 띠지 않으며, (나중에야 비로소 무화되어야 할) 현실성에의 '권리'를 주장하지 않는다.

먼저 현실성으로 주어지면서 〔나중에〕 기각될 〔현실성에의〕 권리를 주장하는 어떤 가상에서, 현실성 경향이 떨어져 나가고 정립성격이 사라진다면 무실함 의식도 이제는 없다. 왜냐하면 무실함 의식은 정립하는 의식인데, 여기 있는 〔현실성 경향과 정립성격이 사라진〕 이것은 '가상'이 아닐 것이기 때문이다. 내가 눈을 가늘게 뜨고 적절한 '이미지'를 조합하여 허공에 둥둥 떠 있는 피라미드를 본다면, 일반적으로 애초부터 현실성 경향 없이 한갓 된 '이미지'로 이 피라미드를 볼 것이다. 그러나 본래적 의미에서 이미지로 보는 것은 아니다. 피라미드는 '영상적으로' 어른거리는 것으로, 즉 현시되는 것으로 의식되지 않는다. 그것은 영상적 물상(物像)[11]은 아니나 그래도 직각적 물상이다.

그러나 다음과 같은 의문이 생긴다. 경험지향 간의 어떤 직각적 길항이 완벽하게 확실하고 명료하게 어느 한편으로 결정이 나서 **깔끔하게 해소**된다면, 〔이와 다른 편의〕 다른 파악은 파기되면서 곧바로 그리고 반드시 '한갓된' 영상으로 변화하지 않는가? 그 영상으로 스스로를 이입한다면 이제는 경험의식이 아니라 (이입하여 상상되는 모든 것과 마찬가지로 무실한 것으로 있는) '한갓된' 영상화를 수행하는 것이다. 말하자면 그것을 현실적으로 가정립할 때, 이 가정립은 곧바로 폐기된다. 이 가정립은 한갓된 영상화가 아니라 어떤 현실성 양상이다.

..

11 여기에서 물상(物像)으로 옮기는 Phantom은 (다른 사물과의 인과 연관을 도외시하고) 연장성의 견지에서만 사물을 가리키는 개념이다.(옮긴이)

위에서 삭제한 것[문단]의 의미는 다음과 같다. [앞서 서술한] 입체적 피라미드는 일반적으로 **무실한 것으로**, 격하된 '지향'으로, 정립현상으로 나타나는 것이 **아니라**, 한갓 어른거리는 것으로 정립 없이 나타날 것이다. 다른 한편 정립 없는 직각적 의식은, 여기에서 보는 것과 같이 아직 이미지의식이 아니다. 현시되는 것, 아미지적으로 현출하는 것의 의식이 없기 때문이다. 현시는 재생은 아닐지라도 어떤 '영상화'이다.

*

그러나 이미지대상과 이미지주제의 구분을 위해서는 **이미지의식**의 올바른 분석이 매우 중요하다. 나는 이미지대상을 구성할 수 있고 이것을 통상적 공간 안의 대상으로 '볼' 수 있다. 그러나 다른 한편 참된 내적 이미지의식 안에서 주제는 재생적으로 의식되는 것이 아니라 '보인다'. 그것은 영상화되지만, 직각적으로 영상화된다. 물론 나는 [직각적 영상화로부터] 재생적 영상화로 넘어갈 수 있다. 가령 초상화에 있어서 어떤 지인의 기억으로 넘어갈 수 있다. 그러나 이 경우 내가 가지는 것은 어떤 두 번째의 것[의식]이다. 이런 사례는 다양한데, 현시가 더 완벽하거나 덜 완벽함에 따라서, 본래적으로 모사되지 않는 것을 이미지가 더 포함하거나 덜 포함함에 따라서 그렇다. 나는 사진을 바라보면서 이렇게 말할 수 있다. 여기, 나로부터 30센티미터 떨어져서, 이 특정한 공간적 위치에서 '이미지가 현출한다'. 그러나 사실 나는 여기에서 이미지대상 자체를 보는가? 그보다는 오히려 현출을 야기하는 이미지사물을 보는 것은 아닌가? 이러한 봄은 어떤 종류인가?

그리고 무엇보다도 주제가 한갓 재생적으로 의식되는 것이 아니라, 이미지대상 안에서 현시되며, 즉 영상적으로 포착되며 나아가 직각적으로 포착된다는 데 대한 결정적 증명을 수행해야 한다. 그것은 재생이 직각과 결합하는가, 만일 그렇다면 어떤 경우에 그런가라는 물음일 것이다. 그리고 예를 들어 내가 색을 지니고 현시되는 이 풍경을 볼 때에도, 다른 경우에 지인의 초상에서 그런 것처럼 재생적 의식이 함께 작동하는가라는 물음일 것이다.

부록 51

성찰: 경우에 따라 한갓된 영상화를 직각적 정립의 '깔끔한 폐기'로 간주할 가능성

(1912년 봄 혹은 다소 이후 집필 추정)

다음과 같은 사건들을 구별해야 한다.

어떤 구체적 사물파악에, 이와 전혀 다른 두 번째 사물파악이 '합치한다'. 예를 들어보자. 지각하는 나에게 여기 벽은 통일적으로 있다. 그러나 직각의 관점에서 보면, 이 지각되는 통일성은 풍경이미지[풍경 그림]의 직각적 통일성에 의해 단절된다. 여기에서 내게는 다음이 있다. 1) 내가 이 벽을 보는 그 지각의 일치된 지향. 그리고 벽 일부는 이미지[그림]에 의해 '가려진다'. [그래도] 가려지는 것은 공허한 방식으로 공동파악되고 일치되어 공동정립된다. 2) 이미지 속의 풍경에 대한 직각. 나는 이것에서도 일부만, 즉 바로 테두리[액자]로 둘러싸인 것만 '흡사 보며', [풍경의] 나머지도 공동정립되지만 공동유사정립된다.

두 공간[그림이 차지하는 공간과 그 외의 벽의 공간]은 서로 다르게 채워지며 '합치한다'. 그리고 두 공간에 있는 사물은 서로 공통점이 전혀 없다. 다시 말해, 이 점은 **환상**이라는 반대 경우와 다르다. 예를 들어 인형−인간이 그러하다. 이때 인형의 옷과 머리카락은 이와 동시에 인간의 옷과 머리카락일 수도 있다. 이와 마찬가지로 아마 공통의 규정성이 손과 뺨 등의 표면적 규정성이라는 형태로 있을 것이다. 〔가슴까지만 묘사된〕 흉상의 경우는 어떠한가? 여기에서는 아마 표면적 형태는 부분적으로 공통되지만, 구체적 부분 혹은 구체적 사물성은 공통되지 않을 것이다. 그렇지 않다면 그것은 〔전체적으로 묘사되는〕 파노라마의 경우와 같을 것이고 다시 환상이 나타날 것이다.

1) 두 개의 파악이 서로 합치하거나〔덮거나〕 가릴 때, 동일한 부분파악(그리고 완전한 사물파악)이 두 파악에 공통될 수 있는데, 이때 이 중 하나의 파악이 현실적 파악지향으로서 여기 얽힌 다른 파악지향에게 그 현실적 파악지향의 방식으로 공동정립을 부여할 수 있다. 그러면 다시 말해 정립과 정립이 서로 길항한다. 정립 토대는 하나인데, 이 토대가 서로 얽힌 것에게 정립을 부여하는 것이다. 그리고 서로 얽힌 것은 서로 다른 것으로서 서로 합치하면서도 상이하다. 이것은 〔서로 얽힌 것의〕 폐기이다. 서로 합치하는 상이한 것을 공동정립한다면 이들은 서로 정립을 억제하는 것이다.

2) **이와 반대로** (그것의 공동직각 내용까지 감안하여) 하나의 직각적 파악이 정립의 힘을 지닌 어떤 다른 직각적 파악지향을 가리면서도 그 자신은 정립되는 파악복합체와의 결합에 의해 정립의 유입과 힘이 없다면, 그것은 (정립이 전혀 없으므로) 억제된 정립이 아니고 순수 무 혹은 순수 '심상'이다. 서로 합치하지만 정립 없는 파악이다. 어떤 텅 빈 가상이지만 통상적 의미에서 환상의 가상은 아니다. 그것은 '폐기'되지 않고 대항가능성 등이 아니다.

여기에서 나는 어떻게 통일성을 가정립하는가? 나는 한편으로는 정상적 지각을 수행하는데, 이때 여전히 정립으로서 이 지각을 수행한다. 그리고 이와 동시에 (또는 첫 번째 지각을 유지하는 가운데 이행하면서) 나는 이미 지대상 파악으로서의 이미지파악(그림 파악)을, 그러니까 그것이 벽 파악과 합치함에 있어서, 정립하기를 '시도'한다. 하지만 이것은 내가 어떤 정립으로 나를 이입하여 상상한다는 의미가 아닌가? 그리고 이입상상에 있어서는 문제가 다시 생기지 않는가?

다음과 같이 말해야 하지 않을까 하는 물음을 던지게 된다.

1) 어떤 깔끔하게 폐기되는 정립이 있다. 그러니까 모든 각 직각은 그 자체로 정립일 테지만, 반박 불가한 직각, 즉 다른 직각과의 합치가 없는 직각의 장이 있다. 이제 '충돌하고' 서로 '양립 불가능'하며 서로 구체적으로 아무 공통점이 없는 직각이 합치하는 어떤 지대가 이 장과 결합한다. 그중 하나의 직각은 저 장과의 연관으로부터 힘을 얻지만 다른 직각은 그렇지 않다. 후자는 이제 정립이 없다. 왜냐하면 양립 불가능한 지향의 모든 각 합치는 그것의 정립의 힘을 그 자체 안에서 폐기하기 때문이다. 그것은 ±와 같다. 그러니까 〔이 직각의〕 바깥에서 오는 풍부한 힘만 남는데, 이 힘은 하나의 직각에는 유익하지만 다른 직각에는 그렇지 않다.

그러나 직각적 의심의 경우처럼, 양립 불가능한 파악이 구체적 부분을 공통적으로 가진다면, 이들은 물론 서로 길항하는 **한에서는** 역시 그 자체 **안에서** 서로를 무화한다. 그러나 (인형의 옷 등) 공통적인 것은 여기에 해당하지 않으며, 이와 동시에 공통적이지 않은 것은 공통적인 것과의 통일에 의해 연관의 힘을 얻으며, 이보다 넓은 주변과의 관계에 있어서도 연관과 연관의 힘을 얻는다. 그러니까 여기에서 이 경우는 깔끔한 폐기가 일어나는 것이 아니라 다만 하나가 다른 것에 의해 부정될 수 있는 경우이다.

그러므로 깔끔하게 폐기되는 것은 정립이 없는 것인데, 우선은 직각적 영역에서 그러하다.

그러나 여기에서 나타나는 의문은 이러한 폐기됨이 무엇을 뜻하는가이다. 이러한 폐기됨은 부정됨과는 다른 것이기 때문이다. 그리고 이미 어떤 정립의 세계가 있으며, 이것[정립]을 통해 폐기가 일어나는 것이기 때문이다. 경우에 따라 '정상적인' 정립된 세계에서 어떤 것이 정립 방식으로 현출하고, 정립양상이 전혀 없는 어떤 다른 것이 그것과 '합치한다'고 말해질 것이다. 역으로 말하자면 정립양상이 전혀 없는 어떤 것이 현출하려면 어떤 정립된 것과 (공통점 없이) 합치해야 한다고 말해질 것이다.

그러니까 상호합치 현상이 있을 것이다. 이것은 (공간적으로 다른, 즉 공간의 다른 부분에 속하며 현출하는) 직관되는 사물의 통상적인 상호합치가 아니다. 서로 다른 사물이 동일 공간에서 현출하며, 두 사물이 동일한 공간 안에서나 부분적으로 동일한 공간 안에서 현출한다.

이제 이렇게 물을 수도 있을 것이다. 어떤 다른 것[사물]이 전체 지각 세계와 서로 겹칠 수 있는가? 그것도 전체 시각 공간이 하나의 가상으로 채워지고, 이제 촉각 공간의 정립된 세계에 의하여 '폐기'되는 것이다.[12]

나아가 이렇게 말할 수도 있을 것이다. 내가 그 안에서 사는 어떤 '한갓된 상상'의 세계 전체는 무한한 공간 세계로서, 배경에서라도 의식되고 정립되는 현실적 세계에 의해 **깔끔하게** 폐기된다. 정립 없음은 언제나 폐기됨이다. 하지만 **기억 세계**는 어떤가? 기억 공간은 지각 공간에 의해 폐기되지 않는가? 그 방향은 정확히 동일하다. 그래서 이런 생각이 든다. 사물 현출의 시각적 가림에서는 폐기된 것이 연관 형식에 의해 새로운 정립을 얻는 형식이 '공간'인데, 이와 마찬가지로 [기억에 있어서] 일단 깔끔하게 폐기된 것이 [연관 형식에 의해] 정립과 타당성의 가능성을 얻는 형식은 **시간**

12 후설은 여기에서 시각장 전체가 가상인 일종의 가상현실을 서술하고 있다. (옮긴이)

이다.

직각적 폐기됨이 정립을 얻는 것은 현시의 형식에서이다. 여기의 이것은 전혀 다른 연관에 귀속되는 어떤 것의 '재현'이다. 기억도 마찬가지이다. 재생적으로 현출하는 것은 어떤 '있던 것'을 재현한다. 그러나 물론 '이미지'에 있어서는 동일한 이미지를 되풀이 일깨우는 기능을 상호주관적으로 지니는 어떤 사물이 있지만, 기억에서는 그렇지 않다. 그렇다면 이와 관련된 상상을 가진다면 자유롭게 환각을 가질 수 있을까? 환각은 폐기되더라도 현실적 세계는 바로 그에 대한 일반정립을 통해 남아 있다는 전제에서 말이다. 자유로운 상상과 기억이 완전하고 감성적인 생생함을 지니고 등장하는 것은 상상 가능한가?

상상(재생)과 직각의 본질적 차이를 모두 부인하는 견해를 견지할 수 있는가? 〔이런 견해에 따라〕 모든 차이는 결국 뚜렷함의 양상으로 해소되고, 현행적 정립(자유롭고 일차적인 지향)과 정립(단적이고 일차적인 파악)에 의한 폐기라는 차이로 해소되며, 나아가 일차적 정립과 (일차적 정립과의 특정 연관형식에서 생기는) 이차적 정립이라는 차이로 해소되는가? 그러나 연관형식이라는 표현은 무엇을 뜻하는가? 이는 상위 단계 파악의 단계적 형성인데, 이런 파악은 그 자체가 다시 정립하는 파악이지만 그 토대이자 요소로서 정립하지 않는(폐기된) 파악을 내포하는 것이다. 여기에서 어마어마한 과제가 열린다. 그러나 우선은 직접 주어지며 중시될 수 있는 것으로부터 기술을 시작하고, 그다음에 요소로의 해소에 의거해, 그리고 연관으로의 회귀에 의거해 추가 해명을 시도해야 한다. 그리고 이 모든 것을 주도적 문제로 간주해야 한다.

정립과 비정립의 차이는 우선은 단적인 현출의 지대에서 발견된다. 그다음에는 비정립의 몇몇 경우에 있어서 '폐기됨', 가림의 현상 등이 발견된다. 그렇다면 기억과 상상에 있어서 이렇게 말할 수 있다. 내가 상상대상성을 직관하면, 나는 어떤 특정 정향을 가지고 공간 세계를 직관한다. 그러나 동시에 나는 그 자신의 정향을 지니는, 지각되는 공간 세계로 시선을 향할 수 있다. 내가 이 중 하나를 하면 다른 것은 사라진다. 그리고 이런 사라짐은 한갓 어두워짐이 아니라, '텅 빈' 표상으로 억압되는 것이다. 공간은 〔어느 한순간에는〕 한 차례만 직관될 수 있다. 하지만 이러한 사태 때문에 다음과 같은 생각을 하게 된다. 공간직관이 공간직관을 '가린다'는 것 등등. 그러나 현행적 정립의 흐름은 어떠한가? 그것은 현행적 파악지향의 흐름으로서, 늘 다시 새롭게 조직되고, 그 안에 편입되는 모든 것에 연관의 힘을 배분하며, 물론 아무것도 버려두지 않는다. 아무것도 고립되어 있지 않기 때문이다. 하나의 상상처럼 고립된 것으로 주어지는 것도 실은 현실의 어떤 것을 가린다. 그러나 기억이나 상상세계 외부의 어떤 상상의 음은? 이런 방식으로 고립된 것은 상상 가능하지 않은가? 아니, 도대체 의식연관에 있어서 어떤 고립된 것이 상상 가능한가?

그렇다면 가장 넓은 범위에 있어서 정립과 비정립은 어떠한가?

유고 17

이미지의식과 허구물의식의 이론[1]

(1912년 집필 추정)

a) 이미지직관(환상의식과의 구분)

이미지.

사진에 있어서는 (부조와 마찬가지로) 공간성이 단지 근사치이고 불완전하며 유비적인 공간성일 뿐이다. 이것이 뜻하는 것은 [사진에서의] 공간성 구성에 속하는 동기는 비정상적이라는 것이다. 안구운동 통일체에 있어서 이미 그러하고, 이중이미지 등에 있어서는 더욱 그러하며, 회전과 돌림에 있어서, 한마디로 정향 변화에 있어서 그러하다.[2]

:

1 또한 이미지적 상징의식과 기호적 상징의식의 관계에 관한 이론.
2 그러나 이미지대상의 조형성이 큰 경우와 작은 경우를 구별해야 한다. 그리고 이런 비정상성은 이미지주제의 진정한 조형성이 '너무 작은 조형성'을 관통하여, 즉 이미지대상의 때로는 '너무 작은 조형성'을 관통하여 현시되어야 한다는 데에 있다.

'이미지'는 공간적으로 파악된다. 나는 하나의 공간적 현시를 가진다. 그러나 요구되는 정향감각과 현실적 정향감각 사이에 어떤 충돌이 있다. 그러나 그 밖에도 이미지 공간과 현실적 공간의 충돌도 있다. 즉, 그중 한 공간이 다른 공간을 직관에서 억압한다. 그렇지만 다른 한편 이미지 공간은 현실적 공간 안에 본래적으로 정립되지 않는다. 즉, 한 공간의 현실적 현전 정립이 다른 공간의 현실적 현전 정립에 의해 억압되어 무화되는 것은 아니다.

이미지는 환상이 아니다.[3] 환상의 공간을 지닌 환상의 대상(가령 거울이미지)은 현실인 양 행세하는데, 이 환상이 의식되면 현실성은 폐기되고 무실해진다. 〔이에 반해〕 이미지에는 무실함이라는 성격이 없다. 나는 언제라도 이미지를 무실하다고 가정립하고, 그것이 아무것도 아니고 단지 이미지라고 말할 수 있다. 그러면 나는 이미지를 현실적으로 가정립하고 이러한 가정립은 지각 현실에 의해 폐기되는 것이다. 그러니까 이미지 직각이 '질 없는' 직각인지, 혹은 상상처럼 현행적 질이 없는 것인지 묻게 된다.

흉상은 어떠한가? 여기에서 공간성은 온전한 공간성이다. 이와 동시에 이 공간성은 석고로 만든 현실적 사물의 공간성이다. 여기에는 실로 두 개의 직관이 있는데, 이들은 서로 '섞이고' 어떤 의미에서는 서로 '길항'하지만 비본래적 의미에서만 서로 길항한다.

이것 또한 환상이 아니다. 〔이에 반해〕 밀랍인형 전시실의 어떤 밀랍인형

---

3 후설에게 이미지의식은 '충돌'에 토대를 둔다. 초기에는 이 '충돌'을 두 현행적 지각, 즉 이미지사물의 현행적 지각과 이미지대상의 현행적 지각의 충돌로 간주했다. 그러나 이미지는 충돌에 의해 변양된 현실적 지각대상, 즉 환상이나 환각이 아니다. 따라서 후설은 이후에는 이미지의식에서의 '충돌'을 이미지사물의 현행적 지각과 이미지대상의 '중립화된' 지각 간의 충돌로 간주하게 된다.(옮긴이)

은 (솜씨가 완전하다고 일단 전제한다면) 환상이다. 여기에서는 두 개의 **지각**, 혹은 두 개의 지각대상이 길항하는데, 이들 각각은 정립된 것이고 나름의 정립질을 가진다. 이 정립질 중 하나는 확신시키고 다른 하나는 〔단지〕 감을 준다.

그러나 흉상의 경우에는 (석고 사물의) 지각 하나뿐이다. 그리고 다른 것은 한갓된 '이미지' 직관이다. 즉, 내가 여기 이 사물에서 이미지—머리를 본다면, 이 공간적 형상에는 어떤 살의 색깔이 속하고 석고—사물 규정성과 '합치하는' 여타 규정성이 속한다. 그런데 이때 그것〔살의 색깔이나 여타 규정성〕은 이것〔석고—사물 규정성〕과 '길항'하며 이것과 다름의 관계에 있다. 그리고 이 규정성〔살의 색깔이나 여타 규정성〕은 전혀 지각되지 않은 규정성, 공허하게 표상되는 규정성, 어두운 규정성이다(내가 살의 색깔을 직관하려면, 오로지 머리를 재차 표상하되 완전히 상상에서 그래야 하기 때문이다). 나는 공간을 보이는 것으로 현실적으로 유지하면서 〔그 현실적인 색과〕 다르게 채색할 수 없다. 나는 기껏해야 어떤 상상을 만들어서 이 상상을 지각 소여와 겹치게 할 수 있을 따름이다. 이는 마치 내가 이 종이를 검다고 생각하거나 그 색깔이 변했다고 생각할 때와 같다. 그러나 '본래적으로' 지각되는 것과 '비본래적으로' 지각되는 것에는 한 가지 차이가 있다. 나는 미켈란젤로의 이 성모상의 이미지의식에 몰입하고, 그다음에 어떤 색깔을 더불어 직관하지 않으면서도 그 살과 내적 생명을 분명히 '느낄' 수 있다. 그리고 일반적으로 이렇게 가시적인 것을 비가시적으로 가질 수 있다. 그뿐 아니라 적어도 일반적으로는 '자연적' 크기와의 편차가 있다. 머리가 정말로 자연적 크기로 현시되지 않는다면 말이다.

우리는 비정상적 현출을 가진다. 다시 말해 어떤 다른 것의 현출인 다른 '정상적' 현출과 유사한 현출을 가진다. 그리고 유사한 것에서는 유사한 것이 표상된다. 이것은 현실적 대상을 구성한다면 온전한 현출일 수 있는데, 흉상의 경우가 그렇다. 아니면 이것은 비정상적 현출일 수도 있는데, 사진 이미지처럼 어떠한 대상도 구성하지 않는다면 그렇다. 회색의 작은 형상이 현출하지만, 이 현출은 (종이 카드로서의 사진 등) 어떤 지각대상에도 속하지 않는다. 아니, 나는 그러기를 원하더라도 이미지대상의 현출을 옆으로 밀어놓고 이제 한갓 종이 카드 위의 선과 그림자만 볼 수도 없다. 기껏해야 내가 선택하는 개별 지점에서 그럴 수 있을 뿐이다. 어린이의 스케치를 볼 때만 해도 이와 다르다. 하지만 내가 어떤 '조형적으로' 잘 그려진 신체를 볼 때에는 거의 그럴 수 없다. 나는 가령 하나의 개별 선과 같이 개별적 부분을 선택하고 나머지를 사상해야 비로소 종이 위의 그것을 '본다'. 〔이에 비해〕 부조에서는 동전이나 석고 사물 등에 속하는 공간성이 지각된다. 그 안에서는 바로 이미지인 이미지 공간성이 현시되고, 내가 가지는 현출은 그 위에 '하얀 머리'가 현출하는 하나의 동전이다. 나는 머리 현출을 가지며, 이 현출은 공간성으로서 동전에 속하는 부조 공간성을 가지지 다른 공간성은 가지지 않는다. 동전의 머리는 희고, 이미지대상은 머리를 희게 현출하게 한다. 그러나 '하양'은 현시에, 즉 그 안에서 주제가 현시되는 그것에 속하지 않는다. 공간성은 이와 다르고, 공간성의 특징에서 드러나는 그 인물의 심적 표현도 이와 다르다. 〔다른 한편〕 흉상의 경우 하얀 머리는 모든 정황에서 현출한다.[4] 이미지현출은 내가 스스로에게 이것이 석고로 만든 사물이라고 말할 때에만 뒤로 밀려난다. 나는 본래 결코 통상적 석고

---

4 '하양'은 동전 색깔이므로 이미지주제에 속하는 것이 아니다(이에 비해 공간성이나 심적 표현은 이미지주제에 속한다). 이에 비해 흉상에서는 삼차원 공간성으로 말미암아 하얀 머리가 이미지주제에 속하는 것으로 현시한다.(옮긴이)

사물을 보는 것이 아니라 항상 어떤 하얀 머리를 본다. 하지만 이것을 하얀 석고 사물과의 '충돌' 안에서 보는 것이다.

사진에서는 나는 언제나 어떤 사람 등의 현출을 발견한다. 하지만 주변과 관련하여 촉각이나 시각 등에 의한 파악을 수행한다면 종이를 지각한다. 어떤 '충돌'이 일어나는데, 이는 내가 〔종이를 지각하면서도〕 여전히 이미지대상의 현출을 가지기 때문이다. 내가 그 안에 몰입하지 않더라도 그렇다.

이런 사례에 있어서 차이가 있다. 어떤 사례에서는 이미지대상 공간성이 이미지사물 공간성과 합치하고, 다른 사례에서는 그렇지 않다. 그렇다면 또 다른 차이도 드러난다. 등신대인 흉상 머리에서처럼 때로는 이미지대상 공간성과 이미지주제 공간성이 합치할 수 있다. 나아가 (부조에 있어서) 이미지대상 공간성으로 진입하는 현실적 지각 공간성이 이미지주제 공간성과 단지 유사할 수 있다. 이와 마찬가지로 사진 이미지에서는 주제 공간성은 현출하는 (여기에서는 '직각적 = 지각적'이 아닌) 공간성과 비슷하다.[5]

그러면 색깔도 유비화될 수 있다. 그리고 연극에서는 더욱 많은 것이 그렇다. 여기에서는 아주 더 많이 나아간다. 사람, 살아 있는 사람이 환상 없이 사람을 유비화하고 구상화한다. 무대장치 등을 갖춘 무대 공간은 현실적 공간을 유비화한다. 그러나 이때 무대 시점은 이와 다른 자연적 시점을 유비화한다.

∴

5 주의하라. 다음을 논의하는 것이 중요하다. 이미지에서는 정지나 변화가 현출한다. 어떤 불변하는 이미지대상을 통해 〔이미지주제를〕 모사하는 통상적인 정지 이미지에서 때로는 어떤 운동이 현출하는데, 가령 달려가는 기사(騎士)를 그린 회화에서 그렇다. 그러나 무토스코프〔초기 영사기의 하나로, 종이 등을 빠르게 돌려 이미지의 운동을 표현하는 도구〕에서는 움직이는 이미지대상이 현출하므로, 운동이 운동에 의해 현시된다.

이제 이미지에서 본질적인 것으로 강조할 점은 무엇인가?

이미지사물, 이미지대상, 이미지주제를 구별해야 한다. 마지막 것은 꼭 현출할 필요는 없으나, 그것이 현출한다면 우리는 상상하거나 기억한다. (상상에서의 이미지표상이 아니라) 지각이미지의 경우에, 이미지사물 현출은 사물현출이자 지각현출이다. 그리고 이것은 어떤 온전한 지각이다. 사물은 몸소 현전하는 것으로 여기 있다. 그러나 이 사물현출은 모든 관점에서 정상인 것은 아니다. 그것은 그것을 부분적으로 억압하는 어떤 다른 현출, 즉 이미지대상 현출과 '충돌'하며 얽혀 있다. 이 이미지대상 현출은 직각적이다. 그것은 파악을 겪는 감각적 감성을 가지기 때문이다. 그러나 그것은 지각현출이 아니다. 여기에는 '믿음'이, 현실성 성격이 없기 때문이다. 그러니까 참칭되는 현실성과 견실한 현실성의 충돌이 없다. 혹은 환상의 경우처럼 두 가지 현실성 참칭 간의 충돌이 있는 것은 아니다. 그리고 이미지대상 현출은 '정상적' 사물 현출이 아니므로, 이런 충돌이 있을 수도 없다.[6] 그러나 이 정상성이란 무슨 뜻인가? 〔정상적 사물 현출이 아니라는 말은〕 그것이 현실성 정립에 어울리지 않는 유형이라는 것이다. 그리고 사물에 있어서 이것이 뜻하는 바는, 〔이 사물의〕 자연에의 편입, 혹은 자연에 대한 지식(자연에 대한 직관의 양식)에 의거하여 가능한 〔이 사물의〕 자연에의 편입이 이것〔자연에 대한 지식〕과 길항할 것이라는 것이다. 어떤 사람은 실재적 사물직관일 수 있지만(더 적절하게 표현하자면, 지각에 있어서 사물로서 현실적으로 있을 수 있지만), 석고처럼 하얀 어떤 사람 등은 그럴 수 없다는 것이다.

∴

6 앞서 서술한 것처럼, 이미지의식에서는 이미지사물의 현행적 지각과 이미지대상의 중립화된 지각 간의 충돌이 일어나므로, '직각'과 '지각'은 구별된다. 직각은 믿음성격이 없는 중립화된 의식이고, 지각은 믿음성격이 있는 정립적 의식이다.(옮긴이)

어떤 사람의 외모는 꽤 다양할 수 있지만, 사람의 이념은 지각에 대해 특정 가능성을 앞서 지시한다. 즉, 사람은 지각에 있어서 이러한 외모를 가진다. 이것은 하나의 특정한 유형을 뜻하며, 이 유형은 가능성으로서 자신의 정립성격을 지닌다. 이렇게 말할 수 있다. 이것은 하나의 직각적 현출이되, 특히 사람 현출이다. 여기에 귀속되고 파악되거나 공동파악되는 것, 〔가령〕 인간의 내면이나 인간의 형태 등은 현시에 있어서 특정한 추가적 계기를 요청하고, (가령 색깔 등) 현행적인 직각적 현시와 충돌하는 계기를 요청한다. 그러니까 이렇게 말할 수 있다. 지각경향이 있더라도, 이들은 그 자체로 서로를 폐기한다. 이미지대상은 하나의 **허구물**이지만, 환상적 허구물은 아니다. 이것은 환상의 경우처럼 (혹은 일치하는 것과 일치하는 것이 충돌하는 정립에 있어서) 그 자체 안에서 일치하지만 주변의 현실에 의해 폐기되는 것이 아니기 때문이다.

물론 연극에서는 이와 다른 것 같다. 그렇지만 여기에서 개별 이미지대상–국왕, 이미지대상–악당, 이미지대상–영웅 등은 그 자체로 일치되기는 하지만, 어떤 포괄적 이미지의 일원, 즉 무대 위에서, 눈속임 무대장치에서 벌어지는 어떤 이미지세계에서 나오는 전체 이미지대상의 일원이다. 그러면 이 전체에 대해서 앞서 말한 것이 해당한다. 그것은 그 자체 안에서 폐기되는 것이지, 극장 공간 등과의 충돌에 의해서 비로소 폐기되는 것이 아니다. 이것은 파노라마 이미지가 아니다. 여기에는 무대, 무대장치, 프롬프터 등이 기여한다. 이들은 이미지대상 자체로 어떤 충돌을 들여오는 데 필요한데, 이 충돌은 이미지대상을 자체 안에서 허구물로 현출하게 한다. 그러나 이와 동시에 이미지사물과의 혼합이 여기에 기여한다. 동일한 직각적 감각이 이미지사물 파악에 배치되지만, 그것은 전체 현출자의 양측의 정립을 요청하는 환상적 충돌에 이르는 것이 아니라, 단지 지각적으로 주어지는 것으로부터 이와 뒤섞인 허구물로의 시선 전향에 이를 따름이다.

이에 따르면 **이미지 허구물**은 고유한 유형의 무실함이다. 폐기된 정립이라는 성격을 지닌 현출이 아니라, 그 자체 안에서 폐기된 현출, 즉 그 자체 안에서 폐기되고 스스로를 폐기하는 정립요소를 포함하는 현출이다. 그러나 태도 취함과 무실함 성격 사이의 차이에 주의해야 한다. 나는 현실이라는 감을 주는 어떤 것에 대해 태도를 취하는 것이 아니다. 내가 사진이나 가상이미지를 들여다보면서 그 안에 입주하며, 그것은 생명을 '얻고' 나는 정립으로 넘어가는 경향을 느끼지만, 이것[정립]은 곧바로 '무화'될 수도 있다. 그러나 그렇다고 해서 대상이 현실이라는 감을 주고 그다음에 부정되는 것인가?

b) 이미지, 그리고 이미지대상의 정향. 이미지 기체와 적격의 이미지. 각 이미지현시에서 상징적 내용

사진 한 장을 그 '정상적 놓임새'에서 벗어나 오른쪽 옆이나 왼쪽 옆으로 돌린다면, 다양한 현출이 생긴다. 특히 1) 액자에 넣어진 사물, 두꺼운 종이, 이미지사물의 다양한 현출, 2) 다양한 이미지대상 현출이 생긴다.

그러나 여기에서 다음에 유의해야 한다. 다양성 1)은 (이미지사물이 그 안에서 동일한 대상으로서 다양한 면에 있어서 다양한 정향으로 드러나는) 이미지사물을 구성하는 반면, 다양성 2)는 이와는 아주 다른 유형이다. 사물로서의 사진은 어떤 **'정상적 놓임새'**가 있으며 그것에 속하는 이미지대상은 그 [놓임새] 안에서 드러난다. 즉 이미지사물은 어떤 기능이 있으며 어떤 의무가 있다. 즉, 그것은 이러저러하게 잡아야 하고 이러한 정향에서 지각해야 한다. 그러면 여기에서 나타나는 이미지대상 현출은 정상적 이미지대상 현출이다. 여기에 있는 것은 일종의 **기호**관계 혹은 일종의 의미관계와 지시관계이다. 이 사물은 어떤 '의미'가 있는데 이 의미는 '이미지' 안에 있다. 즉, 이미지사물의 〔정상적인〕 특정 정향에서 현출하는 바로 그 이미지대상 안에 있다.

여기에서 명심할 점은 이렇다. 이미지를 '정상적 놓임새'에서 벗어나도록 돌리면, 이미지 표면이 보이는 때까지는 아직 이미지대상 현시도 물론 현출한다. 그러나 이런 모든 현시는 정상적 이미지 놓임새에서 흡사 '의향되는 것'인 (이 사진이 **그것을 위한 기체**인) 그 이미지대상의 현출은 아니라는 점이다.

아마 이런 상황을 지시하는 용어를 확정하는 것이 좋을 것이다. 이미지사물은 기체이고, 특수한 의미에서 하나의 이미지를 위한 이미지 기체이다. 이것은 바로 이 이미지의 현출인 하나의 특정 이미지현출을 야기하는 적격의 유발자이다. 이것은 다른 이미지현출, 즉 비정상적 놓임새의 이미지현출을 야기하기에는 부적격의 유발자이다. 또한 이것〔비정상적 놓임새의 이미지현출〕이 정상적 이미지현출에 대해 맺는 관계는 적법한 이미지의 왜곡이라는 것이다. 기체를 옆으로 돌릴 때 생기는 이런 왜곡은 〔한 바퀴 돌리는〕 정상적 회전의 경향, 즉 이미지기체를 〔다시〕 바로 놓는 경향이 통과하는 위상이다. 이와 동시에 우리에게는 이것〔왜곡〕을 관통하여 정상적 이미지가 가리켜진다. 그러나 이 정상적 이미지는 단지 상징적이고 유비적으로만 의식된다. 여기에서 특히 중요한 것은 이 모든 왜곡이 바로 이미지대상의 현출들은 아니라는 점이다. 물론 이들이 경과하면서 연속적 통일을 이루기 때문에 하나의 대상이 현출하기는 하지만, 이 이미지대상은 변화한다. 이는 그 밖의 경우에 어떤 연속적 왜곡이 변화하는 왜곡대상을 현출시키는 것과 같은 방식이다(예컨대 고무판을 늘리면 이 판에 그려진 것이 '스스로를' 변화시키는 것과 같다). 그러나 변화하는 작은 이미지 형상은 사진을 기체로 가지는 이미지대상이 아니다. 일정하게 지속되는 정상적 사진 놓임새에서 현출하는, 어떤 정지하고 불변하는 사물의 현출이 '의향'되고 적격한 방식으로 유발된다.

c) 이미지현출에 관하여. "서술에 입각하여 어떤 것을 표상함." 이미지와 충돌의 관계라는 문제

어떤 사물의 모사, 그뿐 아니라 어떤 사건의 모사. 후자는 이른바 충전적 모사의 형태로, 혹은 어느 정도 충전적이거나 비충전적인 모사의 형태로 일어난다. 즉, 어떤 사건을 영화로 모사하는 것과 회화 형태로 모사하는 것, 즉 도약을 그리거나 달리기를 그리는 것. 이때 모사는 어떠한가? 그러나 여기에서 직각은 어떠한지를 먼저 물어야 한다. 이것은 어떤 도약의 직각이며 어떤 도약의 이미지로 기능하는가? 이것은 어떤 의미에서 도약의 직각(당연히 단지 직각적인 현출로서 온전한 지각을 가능하게 하는 것이 폐기된 것)인가? 여기에는 숙고할 점이 있다.

"[타인의] 서술에 입각하여 어떤 것을 표상함", 태고의 괴물 **뼈대**[에 대한 서술]에 입각하여 이 괴물 자체를 표상함 등. 이것을 정확히 분석해야 한다. 한편으로 개념적 표상, 단어표상이 있고, 다른 한편 '이에 어울리는' 직관적 표상이 있다. 그런데 이것[직관적 표상]에서 현출은 어떤 '이미지'이고, 이 현출이 비로소 내게 [어떤 것을] 표상시킨다. 이것은 어떤 유비물이자 어떤 이미지의 윤곽을 그린다. 그것도 특별히 [타인의] 서술(사고)을 충족하는 특징을 **넘어서**, 여전히 **비규정적인** 저 사태 자체를 위한 유비물이자 이미지의 윤곽을 그리는 것이다(서술은 비규정적 요소를 포함하며, 이런 요소에 있어서는 이미지는 본래적으로 유비화하는 것은 전혀 제공하지 않는다. 모든 각 이미지에 있어서, 본래적으로 유비화하는 것과 비본래적으로 유비화하는 것을 구별해야 한다).

여기서 물음은 다음과 같다. 직각적 이미지의 본질에는 충돌이 속한다. 기억으로 이입되어 정립되는 상상이미지의 본질에도 충돌이 속한다. 그런데 〔직각적 이미지나 상상이미지뿐 아니라〕 모든 이미지의 본질에 충돌이 속하는 것은 아닌가? 사례가 필요하다! 나는 아프리카 동부의 사자에 대한 어떤 서술에 입각하여 이 사자에 대한 이미지를 스스로 만든다. 상상이미지는 물론 무엇과도 충돌하지 않는다. 그것은 애당초 단지 이러저러한 특징에서의 이미지일 뿐이기 때문이다. 그리고 〔이러저러한 특징 외의〕 그 나머지는 이미지 안에 함께 직관적으로 있지만 본래적 의미에서 재현적으로 있지는 않다. 나는 이것〔나머지〕과 관련하여 어떤 것을 증여하는 두 번째 표상을 가지지 않는 것이다.

그러니까 이미지의식이 어떤 지각연관에 토대를 둘 때에만(하나의 직각이 바로 어떤 직각적 연관 안에 있으나 이것에 조화롭게 편입되지 않을 때에만), 혹은 이미지의식이 어떤 기억연관에 마찬가지로 편입될 때에만, 이미지의식이 충돌과 결합한다. 이 모든 것을 더 정확하게 이해해야 한다.

나는 이미지와 충돌이 필연적 관계를 지닌다고 부당하게 일반화해서는 안 된다. 또 주의해야 할 것은 무엇이 본질적으로 현출의 문제이고 무엇이 '정립'의 문제인가이다. 그러나 이것은 곧 보다 자세하게 규정하고 처리할 것이다.[7]

⁘

7 이 부분은 유고 17 a)와 관련된다. (옮긴이)

부록 52

(색이나 음 등) 감각내용을 그리는 일이 불가능하다는 데 관하여 (W. 샤프의 언급에 관하여): 충전적 소여의 의식은 충돌의 여지가 없다

(1910년 집필 추정)

샤프는 때때로 흥미로운 언급을 한다.[8] 우리는 사실 색(더 정확히 말하면, 색 자체)은 그릴 수 없다. 음 자체를 비롯하여 감각내용은 그릴 수 없다. 〔하나의 색과〕 똑같은 색, 이와 똑같은 두 번째의 색은 그 자체로 '이미지'가 아니다. 왜 아닌가? 이것이 그의 물음이다. 나의 분석에서는 이미지의식에 본질적으로 이른바 은닉된 무실의식이 속함을 보이고자 했다. 허구물이 없다면 이미지도 없다. 나는 참된 이미지의 모든 사례에서 어떤 충돌을 명시적으로 의식하게 될 수 있다. 하나의 '파악'이 다른 파악과 길항하고 이 다른 파악에 의해 폐기된다. 그러나 감성적 내용과 같이 어떤 순수하게 '내재적인 것'은 이미지로 기능할 수 없다. 〔순수하게 내재적인〕 충전적 소여의 의식은 다른 증여하는 의식과 충돌할 여지가 없기 때문이다.

이와 마찬가지로 물론 감정 자체가 다른 감정을, 판단 자체가 다른 판단을 '베낄' 수는 없다. 여기에서는 아무 유비화나 이야기하는 것이 아니라 항상 '베낌'이나 '꾸며냄'을 이야기하고 논하고 있다. 여기에는 다음과 같은 점이 상충하지는 않는다. 즉, 내가 지금 감각하는 어떤 색(또는 내가 지

: :

8 W. Schapp, *Beiträge zur Phänomenologie der Wahrnehmung*(『지각의 현상학에 관한 연구』), 1910, 특히 41쪽 이하. 독일의 철학자이자 법률가인 빌헬름 샤프(Wilhelm Albert Johann Schapp, 1884~1965)는 괴팅겐 대학에서 후설을 지도교수로 하여 1909년 철학박사 학위를 받았다. 그의 박사논문인 위의 책은 초기 현상학 그룹의 주요 연구서 중 하나이다.(옮긴이)

금 보는 어떤 대상의 색)은 내가 어제 감각한 어떤 색의 이미지일 수 있다.[9] 또 나는 지금의 감정이나 의욕 등을 통해 이전에 있었던 다른 감정이나 의욕 등을, 또는 다른 사람의 감정이나 의욕 등을 유비화할 수 있다. 물론 이것은 '허구'(본래적 모사나 위작)의 이미지의식과 같은 이미지의식이 아니다. 그리고 위에서는 이에 대해 이야기한 것이다.

이것은 앞으로 더 분석해야 한다. 지금 여기에서 이 주어진 연관에서 주어지는 하나의 α가 이와 다르거나 같거나 새로운 어떤 연관에서 다른 것[α']의 유비물로 기능하면, $\alpha' = \alpha$ 혹은 $\alpha' \sim \alpha$이다.

물론 **사물**의 색, 사물의 감성적 규정을 현시하는 **이미지**가 있다. 이는 베끼는 일에서는 늘 일어난다. 그리고 촉각 이미지 등도 그렇다(조각이나 밀랍인형은 그렇지 못해도 연극배우는 자신과 접촉하는 선천적 맹인을 위해 촉각적 모사를 한다). 이와 마찬가지로 말해지는 단어는 연극에서 이미지이다. 그러니까 [배우의] 소리가 [배우가 모사하는 인물의] 소리의 이미지인데, 이는 [배우의] 생각의 진술이 [배우가 모사하는 인물의] 생각의 진술의 이미지인 것과 같다.

부록 53

이미지의식에서의 지각, 거울이미지에서의 지각

(1912년 혹은 다소 이후 집필 추정)

나는 **이미지통각**이라고 자주 말했다.

..

9 여기에서 "감각하는 어떤 색"은 순수하게 내재적인 충전적 소여가 아니라 초재적 대상의 성질을 말하며 따라서 어떤 이미지로 기능할 수 있다.(옮긴이)

이미지적 지각함, 이미지에서의 지각함, 이미지의식에서의 지각함이라고
도 말할 수 있는가?

여기에서 (상을 왜곡하는 거울이나 색이 들어간 거울 등일 수도 있는) **거울이
미지에서의 지각**을 고찰할 수 있을 것이다. 그런데 이러한 비추는 파악은
통상적인 **모사하는** 파악과의 관계에 입각하여 보다 자세히 살펴보아야 할
것이다.

물론 나는 거울을 통해서 '지각'할 수 있다. 예컨대 나는 방 안에서 내 뒤
에 무엇이 있고 그것이 어떻게 생겼는지 거울에서 본다. 이미지가 사태는
아니지만, 이미지에서 나는 사태를 지각한다. 나는 그 모사되는 것이 있다
는 것뿐 아니라, 그것이 자신의 '반영'인 이미지와 결합해 있다는 것, 그리
고 이때 이 이미지에서 내가 이것[모사되는 것]을 그것의 (거울이미지에서의)
현출에 입각하여 유비적으로 직관할 수도 있다는 것도 믿는다.

그러나 이 '이미지', 이 현출하는 대상 자체는 존재하지 않는다. 그것은
허구물이다. 그러니까 이것은 현출하는 것에 결합하는 실재적인 것으로서
공동정립되는 사태 자체가 아니다. 다른 한편 여기에서 이미지는 실재성이
전무한 것은 아니다. '반영'으로서의 실재성을 가지기 때문이다. 이 '반영'
은 그 안에서 반영되는 사태를 되돌려 지시한다.

부록 54

서술에 입각한 대상 '이미지'로서의 직관적 표상

(1917년 혹은 1918년 집필 추정)[10]

우리가 알고 있는 어떤 대상이나 어떤 경관 등에 대한 서술을 이해할 때에는, 개념에 의거하여 하나의 일반적 개념틀이 제공되고 이 개념틀이 이러한 서술의 의미에 걸맞게 직관으로 채워져야 한다. 독자가 모르는 대상의 경우에는 이 대상에 대한 어떤 표상, 어떤 직관의 윤곽이 그려져야 한다. 그러나 사실적이거나 본질에 의거해서 윤곽이 그려질 수 있는 것은 오직 그 개념틀에 상응하는 어떤 직관적 표상, 그리고 이 표상이 서술 내용에 입각하여 대상의 충실한 '이미지'라는 의식에서 주어지는 직관적 표상뿐이다. 이 틀의 테두리를 넘어가는 것은 규정되지 않은 대리자이고, 따라서 표상되는 것 전체(표상)는 그 자체로 의향되는 것에 대한 유사성 대리자이다. 물론 이것은 이미지대상이 있는 물리적 이미지 등에 의한 이미지표상과는 다른 종류의 이미지표상이다. 그렇지만 이것도 이미지이다.

부록 55

기술되는 대상의 기술적 '이미지', 그리고 통상적 의미의 이미지

(1917년 혹은 1918년 집필 추정)

시, 이미지작품. 작품의 서술.

나는 이것이 미적 작품, 미적 창작물이라는 것을 이미 안다.

∴

10 이미지표상 이론에 대한 보충.

서술은 개념적으로 파악하지만, 어떤 직관적인 것의 표현이고 〔따라서 마치 어음이 상환되듯이〕 직관으로 상환될 수 있다. 서술을 통해 독자에게는 직관이 산출된다. 그렇지만 같은 작품에 대해 여러 서술이 있다. 이 모두가 그 작품에 적합할 뿐 아니라 작품의 직관(재현하는 직관)을 동일하게 전달할 수 있다면 좋을 것이다. 그런데 이는 구체적으로 직관되는 것, 〔가령〕 어떤 풍경이나 사람이나 도시에 대한 모든 서술에서도 그렇다. 서술에 대한 직관적 이해가 산출하는 '이미지'는 매우 많고 다양할 수 있고, 가령 한 대상의 〔여러〕 면처럼 서로 일치하지 않을 수도 있다. 서술이 '합치하는' 일반적인 것만 대상 자체에 속한다. 그러나 이것은 한갓된 틀에 불과해서 이 틀은 어떤 충전물로 채워지는데 이 충전물은 여전히 비규정적이며 〔따라서〕 재현되는 대상 자체에 규정적으로 속한다고 여겨지지 않는다. 이는 이미지 재현에 있어서 모사되는 것에 속한다고 의향되는 것과 충전재인 것을 구별하는 것과 유비적이다. 그렇다면 서술은 대상의 이미지를 제공한다고 해야 하는가? 그러나 분명 그렇지는 않다. 이것은 통상적 의미의 이미지가 아니다. 〔통상적 의미의 이미지에서는〕 이미지대상 '안에서' 이미지주제를 '본다'. 이미지주제는 현전적 이미지대상에서는 재현되고, 재현되는 이미지대상에서는 두 번째 층위에서 재현된다. 그러나 여기에서는 비록 서술하는 단어를 직관으로 재번역함으로써 서술되는 객체가 재현되지만, 그래도 〔통상적 의미의 이미지와는〕 다른 방식으로 그렇게 한다. 어떤 방식으로 그렇게 하는가?

이렇게 말할 수 있다. 통상적 모사에서 이미지대상은 여기 먼저 있는 물리적 이미지사물이 제공하는 것이다. 하지만 여기〔서술에 의한 재현〕에는 이런 것〔물리적 이미지사물〕이 없다. 어떤 현실적인 것 안에서 다른 현실적인 것이 재현되는 것이 아니다. 물론 나는 서술되는 것을 현실적이라고 정립하지만, 이는 기억되는 것을 현실적이라고 정립하는 것과 비슷하다. 기억되는 것에서도 기억의 진정한 요소와 충전재는 구별된다.

이것은 여전히 더 상세하고 명료하게 상술해야 한다. 이런 상황은 모두 중요하다.

다음을 상술해야 함에 유의하자. 이미지의식 자체에서는 우리는 주제와 관계하고, 이미지대상 안에서 무엇이 주제에 들어맞고 무엇이 그렇지 않은지, 이미지가 충실한 이미지이고 초상이 좋은 초상인지 그렇지 않은지를 의식한다.

유고 18

직관과 그 양상의 이론

(1918년 집필 추정)

a) 증여하는 의식과 상상: 개체가 의식되는 작용

목차

개체에 관한 노에시스적 고찰.

그러나 더 정확히 보아, 직관과 그 양상의 이론.

지각과 현전(근원현전, 방금, 도래함으로 이루어진 구체적 현전), 파지, 예지.

회상과 그 지향성의 매개성(간접성). 선기억. 정립성과 대비되는 중립성. 재생적 상상과 직각적 상상. 대상의 허구물(물론 허구물과 같은 것은 아니지만 가능성). 상상되는 것과 정립되는 것의 '무엇임'의 동일성. 현실과 허구물(가능성)의 차이에 둔감한 합치관계.

허구물의 비현실성을 (정립성 내부에서 경험의 양상인) 경험의 부정과 혼

동하지 말 것. 경험세계와 꾸며낸 세계와 비세계의 관계.[1]

경험태도의 변경 가능성. 경험되는 것은 이를 통해 (여기에서 허구라고 할 수 없는) 유사경험되는 것으로 변한다(첨경添景[2]).[3]

모든 개체에는 나름의 구체적 본질 혹은 (개체적 본질이라고도 불리는) 구체적 내용이 자체 안에 있는데, 이것은 저 일반자의 개별화이다. 그러나 이 개체적 본질은 개체적이어서, 우리가 그것(일반자)의 반복이라고 부르는 모든 다른 개체적 본질과 구별된다. 즉, 개체는 어떤 개체적 차이(이것τόδε τί)에 있어서의 개체적 본질이다. 이 개체적 차이는 모든 개체에 있어서 다른 차이이고, 따라서 반복될 수 없고 종화[4]할 수 없는 어떤 규정이다. 여기에는 일차적으로 시간 위치가 속하고, 공간적 대상에 있어서는 이차적으로 공간 위치가 속한다. 모든 규정은 일반적 개념 아래에 있고, 우리가 시간 위치에 관해 말할 때는 자신 아래로 위치를 포섭하는 어떤 일반적 본질이 우리를 규정한다. 물론 이런 의미에서는 모든 규정이 종화될 수 있다. 그러나 '위치'라는 일반자는 규정적 위치의 모든 차이를 지운다. 즉 규정적 위치는 더 이상 하나의 종에 그 종 안에서 유지되는 어떤 것으로서 포함되지 않는다. 예컨대 어떤 개체의 최종적인 규정적 색깔이 최하의 종적 차이로

••

1 이 문단의 원문에는 "508쪽 23행 이하"라는 메모가 달렸는데, 이는 아래의 '재생'의 '흡사'와 상상의 '마치'라는 제목을 단 절의 ("이와 동시에 여기에서 유의할 점은 허구라는 의미에서의 '비현실성'을 현실성의 부정과 혼동해서는 안 된다는 것이다"로 시작하는) 마지막 문단을 말한다.(옮긴이)

2 건물의 평면도 등에 현실감을 주기 위해 덧그리는 사람, 나무, 차량 따위.(옮긴이)

3 이 문단의 원문에는 "513쪽 이하"라는 메모가 달렸는데, 이는 아래의 '경험태도가 직각적 상상태도로 변화함'이라는 제목을 단 절을 뜻한다.(옮긴이)

4 여기에서 종화(spezifizieren)는 어떤 개체의 본질을 그 개체가 속하는 종(Spezies)의 본질로 규정하는 것을 의미한다.(옮긴이)

서, 바로 어떤 개체적으로 반복 가능한 것으로서 종화될 수 있는 것과 같이 그러하지 않다(하나의 종에 포함되지 않는다). 그러니까 개체적 차이의 특별한 점은 시간점이나 시간지속이라는 유, 한마디로 시간적인 것 자체의 유(나아가 매개를 거쳐 공간적인 것의 유)가 개체적으로 차이화할 수 있는 역량이 있다는 데 있다.

따라서 '내용'(구체적 내용, 개체적 본질)과 형식[5]은 어떤 차이가 있다. 형식은 여기에서 개체화하는 규정인데, 이 규정은 대상에 관해 술어화할 수 있지만 어떤 '속성'이 아니고, 어떤 본질계기에 상응하는 어떤 술어가 아니다.

'증여하는'(자체증여하는) 의식

이제 대상을 의식에 관련시키면, 의식은 어떤 개체와 관련하여 **증여하는 의식**일 수 있다. 그것은 개체를 증여한다. 다시 말해, 개체성의 형식을 지닌 내용을 증여한다. 그것은 내용을 증여하는데, 내용을 그저 어떤 식으로든 의식하는 것이 아니라 주어지는 것으로 의식한다. 이런 견지에서 의식의 '직관성'도 이와 같은 말이다. 개체를 증여하는 모든 의식은 **직관적**이나, 개체에 대한 모든 직관적 의식이 현실성으로서 **개체**를 증여하는 것은 아니다. 이런 의식은 증여할 수도 있고 유사증여할 수도 있다. 후자의 경우, 내용은 증여하지만 형식은 증여하지 않는다고 할 수도 있겠다. 그러나 이 표현은 틀렸다. 상상에서 개체적 본질이 유사증여되지만, 이로부터 에이도스로서의 구체적 본질을 끌어낼 수 있는 것이다. 그러나 이것이 증여되는 것은 본질직관에서이다.

∵

5   우리는 구체적 본질의 요소를 개체의 본질계기라고 부른다.

(엄밀한 의미에서, 개체에 관계하는) '지각'

숙고해보자. 개체를 증여하는 의식은 일차적으로 원본적으로 증여하는 의식일 수 있다. 이러한 근원적 증여는 지각에서 수행된다. 엄밀한 의미에서는 지각되는 것은 하나의 개체이다. 이때 이 개체는 근원양상에서, 몸소 드러나는 현실이라는 근원양상에서, 더 정확히 말하면 현전이라고 불리는, 몸소 드러나는 근원현실성이라는 근원양상에서 의식되는 것이다. 그러나 개체는 몸소 드러남과 현실성[6]이라는 의식양상에도 불구하고, 한갓 근원적 지각지평에 있는 방식, 이 지평에 [파지에 의해] '아직' 있거나 [예지에 의해] '나중에야' 있는 방식으로 의식될 수도 있다. 즉, 그것은 방금 지각되었던 것으로서, 아직 가라앉으면서 흐르는 금방 있던 직전의 것으로 파지에 주어지거나, 흐르면서 금방 다가오는 것으로서, 곧바로 금방 있을 것으로 예지에 주어질 수도 있다.[7]

그러나 소여는 이러한 (그 상관자가 몸소 그리고 근원적 시간양상으로 있는, 혹은 **현전** 및 [과거와 미래] **양쪽에 있어** '**금방**'이라는, 혹은 요약하자면 확장된 의미의 현전이라는 현실성 양상으로 있는) 직각적 소여가 아니라 재생적 소여일 수도 있고 그러한 재생적 소여로 이해될 수도 있다.

'경험', '재생적 경험', '회상, 선기억'

새로운 양상을 덧붙이면 경험 개념이 직각적 경험과 재생적 경험으로 넓

------

6   현실성 = 현실적으로 있음.
7   파지와 예지는 지각에 포함된다.

어진다. 다시 말해, 회상[재기억]이라는 재생적으로 증여하는 의식이 새로 등장하는데, 이것의 상관자는 금방—다시[회상되는 금방]를 포함하여 회상되는 현전이다.[8] [파지되는 것을 제외하는] 엄밀한 의미에서의 과거로서의 개체는 현전이 **더 이상 아님**, 살아 있는 지금이나 금방(즉 확장된 의미로 이해되는 현전)이 더 이상 아님이라는 특징을 지닌다. 이것은 전적으로 지나가 버린 것으로서 이미 끝났고 다만 '다시' 응시되는 것이다. 다른 한편 선기억(통상적으로 예상이라고 불리는데, 이 표현은 너무 넓어서 지각적 작용만 포함하는 것이 아니다)이 있는데, 이것은 [예지되는 것을 제외하는] 엄밀한 의미의 미래에 관계한다. 즉, 선기억 의식이라는 의미에서 이것은 금방 도래할 것 [예지되는 것]이라는 생생한 상태도 아니고 곧 등장할 것이라는 특징도 없지만, 그래도 미래에 등장할 것이라는 특징을 지닌다. 우리는 [회상(재기억)과 예상(선기억)을 포함하여] 이 모든 작용을 직관하는 작용으로 이해한다. 직관은 우리가 염두에 두는 특정 의미에 있어서 증여에 관계한다. 개체는 그저 의식되는 데 그치는 것이 아니라, 마치 '눈' 앞에 있는 것 같고 직관적 충만을 지니고 드러난다. 그러나 이것은 대상의 '내용'이 단지 개체에 대한 여타 의식에서처럼 어떤 식으로든지 의식되는 데 그치는 것이 아니라, 특별한 의미에서 그 '자체'가 우리 앞에 있고 우리 앞에 세워지고 표상된다는 말과 다르지 않다. 그리고 이 자체가 곧 몸소의 자체를 뜻하지는 않는다.[9] 지각에서는 지각되는 객체가 '현실적임'이라는 성격으로 의식된다. 그러나

:.

8 (광의의) 현전은 파지되는 '금방'과 예지되는 '금방'을 포함한다. 따라서 과거의 어느 시점 (지나간 현전)을 회상할 때는 이 지나간 현전을 함께 구성하는 지나간 파지와 예지도 함께 회상된다. 여기에서는 이러한 파지의 회상을 '다시—금방', 즉 '금방'(파지)의 '다시'(회상)로 표현하고 있다.(옮긴이)

9 직관에서는 대상 '자체'가 증여되지만, 직관 중에서도 지각에서만 대상 '자체'가 '몸소' 증여된다.(옮긴이)

지각되는 것 자체, '지각내용'은 독자적으로 있는 것이 아니다. 마치 [지각되는 것이 먼저 독자적으로 있고] '현실적임'이 여기[지각되는 것]에 들러붙고 또 여기에서 떨어져 나갈 수 있다는 듯이 그렇게 있는 것이 아니다. 지각적으로 주어지는 것은 지각의 상관자이다. 그리고 이런 상관자는 바로 주어지는 현실성이다. 그러니까 현실성은 지각상관자에게 일반적이다.[10] 하지만 이제 이렇게 말할 수 있다. 여기 지각되는 것은 어떤 **이미지대상 의식**의 내용일 수도 있다. 이미지의식을 지각의식과 비교하면, 이들의 상관자는 모종의 방식으로 서로 합치한다. 우리는 여기에서는 지각에서처럼 동일한 '내용'이, 그것도 (영상적 내용이 아니라) 직각적 내용이 의식되지만 다만 상이한 성격을 지닌다고 말할 것이다. 여기에서는 [지각과는 달리] 현실성이 폐기된 채 의식된다고 할 수 있으리라. 종전의 내 견해를 다시 가져와본다면, 이는 지각이 지각에 의해 폐기되고 이 '견실한' [후자의] 지각과의 충돌에서 '굴복'하는, 그래서 지각되는 것이 무실의 성격을 지니는 그런 의식으로 해석할 수 있을 것이다. 이 밖에도 허구도 어떤 이미지에 의한 상징적 표상 덕분에 모사를 통해 현시하는 기능을 가질 수 있지만, 이런 것은 다루지 않는다.

이에 의거해 **회상**[재기억]은 이렇게 해석할 수 있을 것이다. 그것은 어떤 '재생'으로서, 재생되는 것에게 재소여라는, 기억되는 것이라는 근원적 성격을 부여한다. 그리고 이 성격은 어떤 현실적이었음이라는 성격이다. 이 현실성은 지각으로 구성되는 단적인 현실성 혹은 현전의 현실성의 변양이다. 그리고 이러한 '현실적이었음'은 (파지의 상관자인) 어떤 단순하고 충족된 현실적으로 있었음이 아니라, **매개적 양상**의 현실적으로 있었음이다.

•
••

[10] 현실성? 주관적 성격으로서 그것-자체.

이 양상은 기억의 연속적 연쇄를 지향적으로 돌이켜 지시하는데, 이 연쇄는 현행 지각의 파지적 장에서 끝나고 이 장에서 (이런 기억이 실현되는 경우) 충족될 것이다. 단순한 회상에서는 재생이 일어나며, 그 상관자는 재생되는 것 자체, 즉 기억되는 것이다. 바로 여기에는 현실성 성격이 속하지만, 자신의 지향성에 있어서 현실적 충족은 없다. 비록 이 지향성의 최종 종점인 현전 지각이 체험이더라도 그렇다.[11] 회상되는 것은 모두 현행적 현전과 지향적 관계를 맺는다. 그러나 일반적으로 미충족되는, 다시 말해 '직관적'이지 않고 실현되지 않은 지향적 관계이다. 그리고 재현되는 현실성은 물론 내용에 있어서는 직관적이지만, 이 현실성 자체는 직관적이지 않다. 다시 말해 현실성 그 자체 혹은 (지각에서 근원적으로 주어지거나 주어졌던) 현전이 현실적으로 재현되는 것은 아니다. 이것은 다음과 같이 이해해야 한다. 내가 회상의 연쇄를 통해 이 회상을 그것의 최종 종점, 즉 지금 있는 흐르는 현전으로 돌이켜 이끌어올 수 있다면, 지나간 현전인 지나간 것은 현실적으로 직관적이다. 그 밖의 경우(이 회상을 지금까지 이끌어올 수 없는 경우)에는 내게 직관이 없는가? (이 경우에도) 내게는 내용의 직관이 있고, 현행적 현전과 관련하여 현실적으로 있었던 것의 기억성격이 있다. 그래서 어떤 충족도 있으나, 이것은 비본래적 충족이다. 지향의 매개성에 있어 (기억의 연쇄를 가로질러) 매개하는 충족이 없기 때문이다.

··

11 이는 보다 명료하게 이해해야 한다. 직관적 회상으로 이해되는 회상은 지나간 자체의 **의식**이고 따라서 충족하는 것이다. 그러나 이 충족은 어떤 **원격충족**이다. 이는 (공간적 세계의) 외부지각이라는 구역에서 원격사물이 자체현출이고 원격에서 보이는 것은 자체가 보이는 것이지만, 어떤 한갓된 자체현출에서 보이는 것과 비슷하다. 그러니까 자체현출의 개념, 현출을 통한 자체포착의 개념이 없는데, 현출을 통한 자체포착은 더 이상 현출을 통한 자체포착이 아닌 자체포착과 대비된다. 물론 외부 구역에는 일반적으로 현출만 있다. 그래서 외부 회상은 이중적으로 매개적이다.

회상에서는, 재생이라는 성격에도 불구하고, 기억되는 것 자체가 우리 눈앞에 있다. (모사의 경우에서처럼) 가령 어떤 다른 것[모사하는 이미지대상]이 몸소 여기 있으면서 이것이 자신과 비슷한 어떤 것[모사되는 이미지주제], 자신 안에서 현시되는 어떤 것의 재현자로 있는 것이 아니다. 그리고 이것은 '자체'라는 의미에서 눈앞에 있다. 이것은 [먼저] 허공을 가로질러 의향되고 [그다음에야] 비로소 이러한 의식의 원격으로부터 가까이 이끌려오는 것, 즉 직관적으로 만들어지는 것이 아니기 때문이다.

그러나 이미 말한 바와 같이 개체와 관련하여 직관하는 작용은 그렇다고 해서 아직은 **현실적으로** 증여하는 작용은 아니다. 오히려 경험하는 작용만 현실적으로 증여한다. '직관'(보다 좁은 의미의 표상. 물론 이 의미는 이전에는 이렇게 좁은 의미로 인식되지는 않았는데, 이는 공허의식을 간과했기 때문이다)은 내용에 관계한다. 내용은 주어진다. 다시 말해, 내용은 직관적으로 의식된다. 이 [직관적으로 의식되는] 내용, 그리고 상상되는 어떤 개체의 내용은 이때 같은 것으로 간주된다. 왜냐하면 그것[상상되는 어떤 개체]은 정확하게 그 같은 내용을 의식적이고 직관적으로 가질 수 있되, '다만 상상으로' 그러하기 때문이다. 그러나 상상은 경험이 아니고, 상상되는 개체는 주어지는 개체가 아니다. 그리고 상상내용이 비록 [직관적으로 의식되는 내용과] 정확하게 똑같이 해명되고 서술될 수 있더라도 어떤 상상개체의 내용이지 '현실적' 내용은 아니므로, 상상에서 내용이 주어진다는 표현도 어떤 변양하는 표현이다.[12]

∴

12 **이것은 모조리 틀렸다.** '직관'은 개체를 충족되는 방식으로 의식시키는 정립적 작용 및 중립적 작용에 대한 일반적 명칭이다. 이들은 '현실적으로' 직관하는 작용이거나 '유사' 직관하는 작용이고, 양자에서 내용은 형식을 취하게 된다. 그러나 한 경우에는 개체가 현실로 의식되고 다른 경우에는 허구로 의식된다. 하지만 양자에 있어서 '이념화'에 의해 동일한 구

상상경험으로서 직각적 상상과 재생적 상상. 순수한 상상

그러나 이제 체계적으로 나아가보자. 경험하는 작용에는 '한갓' 표상하는 작용이 대비된다. 이 '한갓'의 뜻은 경험하는 작용이 아니라 유사경험하는 작용이라는 것이다. 한갓 표상하는 작용이 경험하는 작용 혹은 현실성을 정립하는 여타 작용(이와 같은 의미에서, '한갓'이나 '유사'라는 변양이 없는 작용)과 결합할 수 있으므로, 한갓 표상하는 작용의 순수한 사례(경험하는 작용과 결합하지 않는 사례)를 취해보자. 이들을 상상하는 작용(혹은 '현실성 정립'과 관련하여 중립화되는 작용)이라고 부른다면, **직각적 상상**과 **재생적 상상**[13]을 구분해야 한다. 둘 다 순수하다고, 즉 경험과 혼합되어 어떤 현실(가령 특정 시간이나 특정 장소)과의 관계가 주어지지 않는다고 간주해보자. 직각적 상상의 사례는 이미지대상 의식인데, 이는 우리가 모사의식이나 이미지 '안에서'의 직관함이라고 부르는 유형의 모든 매개적 직관의 토대이다.[14] 재생적 상상의 사례는 통상적 의미에서의 이른바 상상이지만, 기억, 즉 (재생되는 것, 기억의 방식으로 다시 이끌어오는 것을 어떤 유사현실성으로 재형성하지 않는다는 의미에서) 변양되지 않은 재생까지 여기 포함시키지는 않는다(불행히도 이렇게 포함시키는 일은 자주 일어난다). 상상에서는 어떤 직관

:•

체적 본질을 취할 수 있다.

13 통상적 의미의 상상인 재생적 상상은 (기억을 포함한 모든 재생적 의식에서 그렇듯이) 의식의 이중화를 요청한다. 즉, 상상에 있어 나는 여전히 현실적 배경을 의식하는 의식 흐름과 동시에 '마치'의 성격을 지니는 의식 흐름을 지닌다. 그러나 이미지의식으로서의 직각적 의식에는 이러한 의식의 이중화가 불필요하다. 따라서 후설은 이 유고를 집필한 1918년경부터 재생적 상상과 직각적 상상을 구별하면서, 직각적 상상인 이미지의식(보다 정확히는 이미지대상 의식)에 있어서는 두 의식흐름 사이의 변환이 아니라 하나의 의식흐름 안에서의 태도 혹은 수행방식의 변경이 일어난다고 본다.(옮긴이)

14 직각적 상상과 예술적 '이미지'의식에 대한 메모 일곱 장을 참조하라(이 책의 유고 18 b).

적인 것이 현실, 현재, 과거 등으로 단적으로 의식되는 것이 아니다. 그것은 그 내용과 더불어 '마치' 그것이 현재적인 양 의식된다. 그것은 우리에게 '마치'라는 현실성이다.

재생의 '흡사'와 상상의 '마치'

그것은 재생적 상상의 모든 경우에 그렇듯이 '흡사' 주어질 수도 있고 그렇게 주어지기도 하지만, 재생에서처럼 다만 '흡사' 주어지는 데 그치는 것이 아니다. 그것은 여기에서 완전히 다른 '흡사'로 등장한다. 이렇게 말할 수도 있다. 여기에서 우리는 실제로 경험하는 것이 아니라, 어떤 경험으로 이입해 상상한다. 우리에게는 마치 우리가 경험하는 듯하다. 그리고 이에 상관적으로 대응하여, 한 개체가 이러저러한 내용적 규정을 가지고 우리 눈앞에 있되, 단지 '마치' 있다. 살아 있는 직관에서 우리는 켄타우로스나 물의 정령 등을 '본다'. 이들은 우리 앞에 있고 멀어지기도 하고 이 면이나 저 면을 보여준다. 노래하고 춤을 추기도 한다. 그러나 이 모두 '마치'의 양상에서 그러하고, 이 양상은 모든 시간 양상에 스며들며, 따라서 오직 시간양상에서의 내용인 내용에도 스며든다. 한갓된 상상에서는 믿지 않으며, 상상에서는 정립, 존재한다고 간주함, 현실성으로 간주함을 수행하지 않는다고 말하는 것은 옳기도 하고 틀리기도 하다. 우리가 이런 것을 수행하지 않는다는 것은 옳지만, 여기에서 존재의식이 어떤 의미로도 등장하지 않는 듯하다는 말은 틀린 것이다. 오히려 이것[존재의식]이 경험에서 등장하며 경험을 특징짓는다는 모든 의미에 있어서 이것은 등장한다. '다만' 이런 경험을 특징짓는 존재의식의 모든 의미와 모든 형식은 소위 거세되어, '마치'라는, '상상'이라는 무력한 형식을 지니게 된다. 그러나 여기에서 주의할 점은, 여기 속하는 다양한 현상학적 해명을 제시하면서 현상학적인 것으로 받아들였던 정립[15]이라는 전통적 표현이 자아행위를, 자아로부터 발산하는 정립하는 행동을 뜻하는 것이 아니며, 따라서 수행이라고 말할 수 없다는 것이다.[16] 우리가 이와 대조시켰던 **모든 작용**은 능동적 정립 양상에서 **수행될 수도 있고**, 아니면 완전한 수동성일 수도 있다. 예컨대 수동적 지각은 우리에게 개체를 현실적으로 증여한다. 우리가 동일한 것을 포착하는지, 전향과 현실성 정립이라는 능동성에 있어서 이것에 몰입하는지 여부와 관계없이 그런 것이다. 이것은 상상에도 타당하다. 상상도 수행 양상을 가질 수도 있고 가지지 않을 수도 있다. 허구 자체는 모든 현실성의 그때그때의 양상을 지니고 우리 눈앞에 있는데, 이러한 현실성 양상은 살아 있는 현전, 살아 있는 금방, 〔살아 있는 현전에서 벗어나〕끝마친 과거, 미래 등이며, 여기에서 무엇을 더 구별하건 간에 모든 것은 바로 허구로, 상상으로 있다.

  직각적 상상도 이와 비슷하다. 어떤 회화에서 (가령 성모의 현실적으로 보이는 이미지 안에서 성모 자체가 현시되지만, 이러한 현시관계를 사상하면) 이미지는 몸소 나타나는 현실성으로 거기 있다. 바로 그래서 우리는 이것이 지각되었다고 말한다. 그렇다면 지각이라는 말은 한갓된 직각적 직관성인데, 이것의 상관자는 '몸을 가지고' 현출함이다. 여기에서 이것〔이미지〕은 현전의 현실성으로도 있다. 그러나 이 현전과 현실성은 바로 '마치' 현실성이다. 즉, 이미지는 직각적으로 어른거릴 따름이다. 상상에서 직관되는 것은 개체

··

15 원문은 "Setzung(Position, **Thesis**)"인데, 이 세 단어의 의미는 차이가 없으므로 모두 '정립'으로 옮긴다.(옮긴이)
16 이것은 선소여이지만, 그래도 이전 정립의 지속적 타당성에 토대를 둔다.

적 내용인데, 이 내용은 현행적 경험에서 직관되는 것과 똑같을 수 있다.[17]

그러나 어떻게 [경험과 상상의] 내용이 **동일하다고** 할 수 있는가? 경험 및 이에 대응하는 유사경험(또는 상상)이 두 요소, 직관의 두 요소, 즉 내용을 주는 요소와 형식을 주는 현실성 정립 요소가 조합된 것이 아닌데 말이다. 내용과 형식은 불가분하게 결합해 있을 뿐 아니라, 경험 내용은 그 현실성의 양상일 때에만 경험 내용이고 상상내용은 유사 현실성의 양상일 때에만 유사경험 내용인 것이다. 그중 하나의 내용은 가령 현재 있다고 의식되는 개체이고, 다른 내용은 꾸며낸 것으로 현재 있다고 의식되는 개체이다.[18] 전자는 실존하고 현존을 가지지만, 후자는 실존하지 않고 한갓 허구이다. 그래서 우리는 꾸며낸 개체는 아무것도 아니고 현실적이지 않으며 개체가 아니라고 말한다. 한마디로 말해 개체는 현실인 개체이고 이러저러한 현실성 양상에서 현실적으로 있기 때문이다.

다른 한편, 꾸며낸 것은 나름대로 정립 가능한 것, 어떤 이것이고 따라서 가능한 서술 및 가능한 참된 판단의 기체라는 것은 명백하다. 이것은 상상에서 우리에게 '어른거리는' 것이고 허구로 있다. 달리 표현하면, 이것은 순수한 가능성[19]이며 이에 비해 현실성은 (의식에서 현실성으로 성격 지어지는 것으로서) 경험된다. 가능성은 현실성이 아니고 현실성 자체는 가능성이 아니다. 물론 그것[현실성]이 어떤 가능성을 내포하고 있다고 할 수는

..

17 이는 잘못되었다. 실제로 상상과 경험이 서로 합치한다면, 이것은 (시간위치를 지닌) 개체일 것이다. 그러나 초재적 대상에게는 이것은 단지 이념이다!

18 이것도 잘못되었다. 여기에서 나는 시간형식과 허구형식을 혼동하고 있다. 이는 초재적 구역에서는 상상이 (이에 대응하는 지각에서처럼) 자기동일적인 절대적 시간위치를 증여할 수 없다는 데에 기인한다. 그러나 이런 [경험과 상상의] 대응은 온전한 대응이 아닐 수도 있다. 여기에 커다란 문제가 놓여 있다.

19 대상으로서의 허구물(그러나 허구물과 가능성을 동일시하는 것이 옳은가?).

있다. 우리는 다만 정립을 중립화하면, 즉 중립화된 것으로 생각하면 되는 것이다.

그러나 양자(경험과 상상) 모두에서 하나의 개체가 표상된다는 것, 그리고 경험되는 것과 상상되는 것이 '같은 것'일 수 있다는 것은 무슨 뜻인가?

이것이 뜻하는 것은 노에시스적 견지에서 말하자면 분명 경험과 상상이 우리가 동일성의식이라고 부르는 어떤 종합에서 서로 합치할 수 있다는 것, 그리고 심지어 원리적으로 모든 경험에는 하나의 가능한 상상이 대응하고 (이념적 가능성에 있어서) 그 역도 마찬가지라는 것이다. 이 대응 자체는 다시 동일성 합치의 가능성에 의해 정의된다.[20]

그리고 이들의 (노에마적) 상관자를 살펴보면, (어떤 경험에서 의식되는) 모든 현실성에는 (상상에서 의식되는) 하나의 가능성이 '대응'한다는 것, 그리고 서로 대응하는 것은 '같은 것으로서' 서로 합치한다는 것이다. 따라서 다른 중요한 형태로 표현한다면, **같음**, 그리고 이러한 모든 합치관계의 특성은 현실성과 가능성의 차이에 둔감하다는 것이다. 같은 것이 현실적인 것일 수도 있고 가능한 것일 수도 있다.

그렇다고 해서 어떤 단적인 개체에서, 어떤 현실성에서 한 조각을 잘라내거나 추출하여(추출을 어떤 계기를 독자적으로 주의하면서 끄집어내는 것으로 이해한다면 이것도 잘라냄이다), 그다음에 바로 그것을 어떤 허구나 비현실성에서 찾아낼 수 있다는 것은 아니다. 우리가 허구에서 발견하는 것은 철두철미 꾸며낸 것이고 경험에서 발견하는 것은 오로지 현실적인 것이다. 경험되는 구성부분과 교체할 수 있고 이것의 현실적 반복일 어떤 것을 (허구

---

20 그러니까 여기에서 시작하여, 온전한 대응이라는 이러한 이념의 실현 가능한 의미를 해명해야 한다.

에서) 발견할 수 없다. 따라서 반복에 대한 이전의 서술도 상상으로의 이행과 더불어 변양된다. 현실적인 것과 현실적인 것의 같음은 현실적 반복이다. 그러나 현실성과 한갓된 가능성의 같음도 같음이다. 이를 통해 어떤 본질의 현실적 개별화가 가능적 개별화와 관계 맺게 되는데, 양자는 본질에 있어 일치하므로 (경험과 상상의 차이에 둔감한 태도인) 범례적 태도에 있어서 본질직관(그리고 이런 의미에서 추상)을 통해 양자로부터 동일한 본질이 '일반자'로서 추출될 수 있다. 그 밖에도 상상되는 개체는 상상이라는 의미에서 '존재'하고, 그것(상상되는 개체)의 내용은 상상내용이라는 의미에서 표상의 내용이며, 그것의 현재적 현실성이나 현재 외적인 현실성은 어떤 상상 현실성이다. 이는 다른 한편 경험 개체가 경험의 의미에서 존재하는 것과 마찬가지이다. 양자에 있어서 이러한 존재는 그 각각에 유관한 의미에서 고려되는 것이지만, 양자에 있어 존재하는 것(후자의 측면에 있어서 현실적인 것과 이와 다른 측면에서의 상상의 현실적인 것 혹은 존재하는 것)은 바로 같은 것이다. 이러한 같음은 변양되지 않은 존재와 변양된 존재의 같음인데, 이 '변양'은 바로 상상이라는 의미로부터 길어낸 것이다.

이와 동시에 여기에서 유의할 점은[21] 허구라는 의미에서의 '비현실성'을 현실성의 부정과 혼동해서는 안 된다는 것이다. 현실성의 부정은 우리가 부정적으로 경험되는 작용(경험의 부정태)에서 만나는 것이다. 이때 어떤 경험은 다른 경험과의 충돌에 말려들며, 이제 그중 하나는 견실하게 유지되는 반면, 다른 하나는 삭제라는 부정적 경험 양상(노에시스)을 겪는다. 이 양상의 상관자(노에마)는 경험되는 무실함인데, 물론 시간적 관점에서는 현재도 아니고 과거도 아니며 미래도 아닌 것으로 양상화된다는 것 등등.

∵

21 이것은 다음 원고에서 유고 18 a) 끝까지 계속 연구하는 **주제**이기도 하다.

온전하게 순수한 상상이 존재하는가

그러나 곧바로 덧붙여야 할 점은 이러한 견해에 대해서는 심각한 의심도 생기며, 이 때문에 나는 여기에서 어떤 것이 올바른 견해인지 결정을 내리는 데 있어 흔들려왔다는 것이다. 다른 식으로 말하자면, **온전하게 순수한 상상 같은 것**, 즉 경험 작용과 전혀 결합하지 않는 상상 같은 것이 **있을지 의심스럽다는 것이다.** 경험의 영역에서 모든 경험은 전체 의식흐름에 묶여 있을 뿐 아니라, 어떤 경험연관에 묶여 있다. 전체 의식흐름에는 상상도 모두 편입되는데, 이제 의문은 이러한 편입을 감안할 때, 허구물이 현실성과 관계 맺으며 이러한 관계를 통해 삭제되는 일이 필연적으로 뒤따르지 않는가라는 것이다. 물론 이것은 우리가 왜 애초부터 허구와 무실을 동일시하곤 하는지를 해명할 것이다. 또 지적할 수 있는 것은, 우리가 모든 상상에 이른바 관찰자로 함께 있다는 점이다. 이때 우리는 언제나 이미 우리의 경험세계 안에서 인간으로 구성되어 있는데, 물론 상상은 이 경험세계 위에 떠다닐 수 있지만 그래도 아마 필연적으로 어디에서인가 경험현실과 맞부딪친다. 우리에게 보통 떠오르는 상상에 주의한다면, 이것은 실로 순수한 상상이 아니라 〔경험세계에〕 이입되는 상상인데, 이는 직관적 경험현실의 한 조각으로, 혹은 심지어 흐릿하게 정립되는 현실의 한 조각으로 허구물을 이입하며 상상하는 것이다.

직각적 허구물, 그리고 이것이 현실적 경험세계와 충돌하며 연관됨

나아가 **직각적 허구물에** 있어서 명백한 것, 그리고 이와 동일한 방향으로 이끄는 것은 직각적 허구물이 항상 삭제된 현실성이라는 성격을 지닌다는 점이다. '이미지'에는 이미지공간이 있지만, 이러한 직각적 공간은 어디에서인가 순간적 지각의 현실성을 품은 현실적 공간과 접촉한다(가령 벽에 걸린 회화작품의 그림 테두리가 이런 일치를 표시한다). 이미지에 속하는 공간의 보이지 않는 부분은 경험공간의 부분과 충돌하고, 이로부터 이미지 자체가 부정되며 경험되는 것의 '견실함'에 의해 무실해진다. 이 밖에도 물론 그 자체가 이미 혼합되어 있는 다양한 허구물도 있다. 극장에서 왕은 현실적인 옷을 입은 현실적인 사람이지만, 현실성에 있어서 물론 이러저러한 배우이지 왕이 아니고, 그 외투는 연극 분장의 일부이지 즉위식의 외투가 아니라는 것 등등.

재생적 허구물과 경험세계 사이의 이른바 연관. 이른바 충돌과 삭제

재생적 상상도 마찬가지이다. 상세히 살펴보면 나는 가령 다음을 발견한다. 내가 방금 꾸며낸 켄타우로스의 엉덩이 부분은 내가 최근에 보았던 말의 한 부분이고, 내 앞에 어른거리는 물의 요정의 얼굴은 내가 아는 사람에게서 이를테면 절취한 것이라는 것 등등. 흄의 견해처럼 결국 모든 '관념'은 인상에서 '유래'하는 것인가? 특히 현상학적으로 이해하면 그러한가? 즉, 모든 관념은 [인상의] 변형된 재생이자 혼합으로 주어지는 것이며, 이때 변형형식은 그 자체로 재생적 형식이며 따라서 경험성격을 지니는가? 다만 여기에서는 모두가 길항에 의해 파괴되는 것인가? 즉 그것의 단적인 현실성에 의거하여 파괴되고 이에 따라 삭제되는 것인가?

반대 논변

그러나 나는 이런 견해에 동의할 수 없다. 나의 견해는, 무엇보다도 순수 현상학적 발생의 문제까지 포함하여 발생의 문제를 이리로 끌고 와서 뒤섞어서는 안 되고 (탐구를) 현상 자체에 제한해야 한다는 것이다. 그러나 이런 현상은 구별해야 한다. 수행양상을 아무래도 좋은 것으로 여겨서는 안 된다는 것이다. 연극에서의 현시(연기) 같은 **현실적 충돌의 사례**와 주변지향에 의존하는 **잠재적 충돌**의 사례를 구별해야 한다. 이 주변지향은 직관적 대상에 들러붙어 있지만 '펼쳐져야' 비로소 현실적 충돌로 이어진다. 벽에 걸린 이미지는 직각적 허구물을 주어서 나는 마치 창문을 통해 (바깥을) 보는 것 같다. 내가 실은 벽이 뚫려 있지 않으며 벽 뒤에는 나름의 대상을 포함한 허구의 (바깥) 공간이 있는 것이 아니라 다른 방이 있다고 말한다면, 이미 나는 지향적 지평을 펼치는 것이다. 이 지평은 현실적으로 보이는 벽과 벽에 걸린 사물인 회화작품 등에 속하는 지평이고, 다른 한편 더 이상 직관적으로 주어지지 않지만 주변지향에서 매개적으로 의식되는 저 이미지 공간에 속하는 지평이다. 주변지향이 어떤 생동성을 전개하고 스스로를 펼쳐야 비로소 실제로 길항이 일어나는데, 이는 특수한 경우이다.

수동적 충돌과 삭제, 능동적 부정

그러니까 일반적으로 이러한 현행화가 반드시 일어나는 것은 아니다. 인형, 죽은 인형뿐 아니라 (배우처럼) 살아 있는 인형, 어떤 사람을 현시하는 석고상 등처럼, 직관적 대상에서 이미 두 개의 통각(가령 석고상 통각과 사람 통각)이 충돌할 때에만, 애초부터 수동적 삭제가 일어난다. 그러나 이런 삭제가 능동화〔실행〕되는 것은 석고 사물, **그다음에는** 사람에 몰입하여 그것〔사람〕을 포착하고 이 포착과 더불어 그것의 지향을 살려내고 펼쳐낼 때이다.

이제 직관적인 것에 몰입하되, 특히 길항하는 통각 중 하나의 통각에, 그러니까 극장의 현시〔연기〕를 보면서 '왕'의 통각에 몰입하되, 다른 통각으로는 들어서지 않는다고 해보자. 즉 이렇게 〔배우의 통각에서 '왕'의 통각으로〕 **이행하는 와중에** 〔두 통각이〕 충돌한다는 의식은 가지지 않는다고 해보자(이는 우리에게 '감성적 닮음'이 주어지되, 닮은 하나에의 몰입으로부터 닮은 다른 하나에의 몰입으로 이행하면서 〔이 둘이〕 닮았다는 합치의식은 수행하지 않는 것과 마찬가지이다). 그러면 능동적으로 통각되는 대상의 측면에서 **현실성 부정**, 능동적 배척, 능동적 삭제가 일어나는 것은 아니지만, 그래도 수동성의 범위에서는 직관적 대상은 통상적 지각으로 의식되지 않는다. 그런데 이것은 통각 수행이 〔이 통각을 적재하는 것과〕 동일한 감성적 자료가 적재하는 두 번째 파악을 '억제'한다는 것을 뜻한다. 그러나 이러한 억제에 있어서 이것〔두 번째 파악〕은 노에마적으로 다음과 같은 성격을 지닌다. 억제되지 않는 통각에 본질적으로 속하는 정립은, 즉 (〔억제의 결여라는〕 결성缺性이 의미하는 바와 같이) 억제되지 않는 현실성이라는 〔노에마적〕 성격은 〔억제되는 현실성이라는〕 어떤 대항성격에 의해 해소된다. 그렇지만 우리가 〔능동적으로〕 부정을 수행하지 않고 부정에 필요한 대항의식에 들어서지 않는데, 어떻게 이런 일이 일어나는가? 여기가 앞서 당연하다고 전제한 저 해석의 유혹에 굴복해서는 안 되는 지점이다. 억제되지 않는 현실성이라는 수동적 성격, 즉 경험성격은 당연히 삭제라는 수동적 성격에 의해 해소된다. 따라서 어떻게 어떤 통각의 한갓된 수행만으로는 무실의 성격을 지닌 대상이 의식되지 않는지 물론 이해하기 어렵다. 이때 이 성격은 그것의 첫 단계에서 억제된 현실성으로 등장하는데, 이는 첫 번째 주어진 것을 견지하는 가운데 다른 통각으로 이행하는 와중에 충돌이 현행적으로 주어지게 하고, (한갓된 억제나 반박으로부터) 현행적 무실로 이행하게 한다. 이것은 다른 통각이 현행화되고 그것의 지향이 펼쳐지고 연관 안에서 충족됨으로써 이 통각이 강화된다면 그러한 것이다. 물론 이 통각도 처음에는 자신의 대상을 〔다른 통각에 의해〕 반박되는 대상으로서 증여하고 이 대상의 현실성 의식도 억제된다. 그래도 정확히 살펴보면 〔억제되는 통각과 억제되지 않는 통각 사이에는〕 큰 차이가 있다. 〔억제되지 않는〕 통각의 지향에는 나름의 연관이 있으며, 이 연관 안에서 이런 지향은 억제되지 않고 마음껏 펼쳐질 수 있다. 우리가 이것 자체에 몰입하면(그리고 대항통각을 고려하지 않는다면) 이들은 일치한다. 그리고 어떠한 몰입도 없더라도, 즉 한갓된 수동성에 있어서도, 이들은 하나의 지향적 연관에 귀속되는데, 이 연관은 모든 구성요소를 싣고 있으면서 이들에게 일치성을 주고 직접적 충족이나 간접적 충족을 주는 것이다. 이와 달리 〔억제되는〕 대항통각에 있는 지향적 연관의 조각에는 이러한 장점이 없다. 이러한 지향적 연관의 조각은 (이미지대상에서와 같이) 그 자체 안에서는 직관적으로 일치하고, 따라서 그 자체 안에서는 지향을 충족으로 이끌고 이 충족에 새로이 들러붙는 지향을 다시 충족으로 이끌지만, 그다음에는 어떤 한계에 이른다. 이 한계에서는 이어지는 지향이 〔억제되는〕 두 번째 통각의 권역에 개입하는데, 이 권역은 지향과 충족에 있어서(그리고 흐릿한 재생적 지향에 있어서, 그리고 또 다른 이러한 재생을 지닌, 흐릿한 비직관적 일치에 있어서) 그 자체로 온전히 닫혀 있어 이러한 개입을 용인하지 않는다. 그러니까 〔억제되지 않는〕 하나의 통각에는 단절 없는 믿음, 즉 단절 없는 현실성 의식이 (지향적 구성요소의 조화로운 일치로서) 수반된다. 그리고 이러한 현실성 의식은 다른 〔억제되는〕 통각의 의식으로 진정으로 반박되는 것이 아니라, 다만 이 (억제되는) 의식의 개입으로 '방해'받을 따름이다.[22] 이것(억제되지 않는 통각)은 반박되는 통각이 아니라 반박하는 통각이다. 이것은 일치하여 의식되는 현실성을, 즉 단적인 경험 현실성을 제공하는데, 이것(단적인 경험 현실성)은 견고하게 있으면서 다른 대상을 반박하고 거부할 토대를 제공한다. 이 다른 대상 자체는 변양된 현실성 혹은 삭제된 현실성이라는 성격을 지닌다. 그렇다면 (우세하게 느껴지는 것에 대한) 의심, 감, 추정을 어떤 의미로 해석해야 하는지에 관해서는 상술할 필요가 거의 없다. 지향의 일치하는 충족은 (그리고 비직관적인 것에서 어느 정도의 충족, 즉 강화도) 순수한 충족일 필요는 없는 것이다. 이러한 연관에서는 해소되지 않은 대항장력이 남아 있을 수 있기 때문이다.

경험태도가 직각적 상상태도로 변화함

하나의 통각, 바로 억제되는 통각의 수행에 대해 다시 살펴보자. 어떤 새로운 태도가 가능하지 않다면, 비록 완전히 전개되어 수행되는 무실의식은 아니더라도 어떤 무실의식을 벗어나지 못하고, 억제되거나 타격받은 현실성의 단계를 벗어나지 못한다. 이런 새로운 태도란 (이 억제되는 통각을) 반박하는 경험이 유효하지 못하게 하고 말하자면 발언권을 주지 않으며, 따라서 억제 성격을 드러내는 것도 유효하지 못하게 하고 발언권을 주지 않는 태도이다. 이런 태도 변화는 바로 경험 혹은 경험의 부정으로부터 **상**

∵

22 이미지사물과 그 주변에 대한 현행적 의식은 이미지대상과의 명시적 충돌에 의해 위협받지 않는다. 따라서 이미지대상은 현실성의 의식을 진정으로 반박하지 못하고 다만 '방해'할 수 있을 따름이다. 이러한 방해는 단지 '잠재적 충돌'일 따름이다.(옮긴이)

상으로의 이행, '마치'라는 독특한 의식으로의 이행이다. 물론 이러한 의식은 여기 주어진 억제에 의해 단지 용이해지는 것이라고 할 수 있다. (이 새로운 태도에서) 우리는 현출하는 것을 '마치' 현실성인 양 받아들인다. 어쩌면 방해받지 않고 억제되지 않는 경험의 경우에도 이렇게 하는 것이 완전히 불가능한 것은 아니라고 할 수 있을 것이다. 그러니까 아름다운 풍경을 미적으로 감상할 때, 그리고 이 풍경뿐 아니라 우리가 경험하면서 보는 이 풍경 안의 모든 사람과 집과 마을이 한갓된 **첨경**으로 '간주'될 때,[23] 그렇다는 것이다. 물론 우리는 경험하지만, 경험태도를 지니지 않고 진정으로 경험정립에 참여하지 않는다. 현실성은 우리에게 '마치' 현실성이 되고 '유희'가 되며, 대상은 미적 가상, 즉 직각적이지만 한갓된 상상대상이 된다. 여기에서는 경험대상의 어떤 측면, 즉 능동적 즐거움을 추구하면서 심미적 감상의 한 부분을 이루는 측면이 쾌의 감정을 불러일으키고, 이 감정이 동기화의 힘을 가지거나 적어도 상상태도를 용이하게 하는 것처럼 보인다. 바로 경험이 출발점인 곳에서라도 이러한 상상태도 자체는 미적인 것에 속한다.

그러나 나는 수동적 상상, 수행되지 않은 상상도 있으며 그것도 상당히 많다고 생각한다. 상상이 재생적 상상으로서 우리에게 갑자기 떠오르고 나중에야 능동화(실행)된다. 이때 어떤 태도변화가 반드시 먼저 일어나야 하는 것은 아니다. 즉, (앞서 서술한) 저 미적인 사례에서 어떤 변양되지 않은 직각, 즉 지각하는 경험이 출발이었던 것처럼, 변양되지 않은 재생에서 출발하는 어떤 태도 변화가 반드시 먼저 일어나야 하는 것은 아니다. 나는 (재생에서 '유래'하더라도) **반박되는 재생이 아닌 순수한 상상**이 많이 있다

⁝
23 그러나 여기에서 허구물에 대해 말하는 것은 아니다.

고 생각한다. 이런 순수한 상상의 고유한 특성은 이것이 재생적 통각의 일치하는 연관에 있어 어떤 조각을 보여주지만, 여기에 딸린 지평은 완전히 미규정적이고 그래서 전혀 펼쳐질 수 없다는 것이다. 여기에서 통각은 '허공'에 떠 있고, 이것이야말로 이 통각이 애초부터 '마치'로 수행되는 동기일 것이다.

*

b) 미적인 예술적 현시와 직각적 상상.
상상 구역의 객관적 진리와 경험 구역의 객관적 진리.
이미지의식을 모사로 본 이전 이론 수정. 연극을 사례로 한 상세한 서술

예술은 상상이 형상화되는 영역인데, 이러한 상상은 직각적 상상이거나 재생적 상상이고, 대개 직관적 상상이지만 일부는 비직관적 상상이기도 하다. 예술이 꼭 직관성의 구역 안에서 이루어져야 하는 것은 아니다. 나는 이전에는 조형예술의 본질이 이미지에서 현시하는 데 있다고 생각했고 이러한 현시를 모사로 이해했다.[24] 그러나 보다 상세히 살펴보면 이것은 옳지 않다. 연극 공연에서 우리는 직각적 상상의 세계에 몰입한다. 이때 하나의 이미지의 통일적 연관 안에 '이미지'가 있으나, 그렇다고 해서 모사가 일어나는 것은 아니다. 〈발렌슈타인〉이나 〈리처드 3세〉가 무대 위에서 현시될 때는 물론 모사하는 현시이다. 비록 이러한 모사성 자체가 어느 정도까지 미적 기능을 가지는지는 고려해야 할 물음이지만 말이다. 이것은 **일**

24 이와 관련한 내용은 부록 9를 참조하라.(옮긴이)

차적으로는 분명 모사가 아니라, 무매개적 영상화인 직각적 상상이라는 의미에서의 이미지이다. 시민적 희극이나 연극에 있어서는 모사성이 분명히 탈각되고, 소설에서도 그렇다. 민담에서 보통 그런 것처럼 '옛날 옛적에'로 시작하더라도 말이다. 우리에게 제공되는 것은 과거의 것의 직관적인 재생 혹은 부분적으로 직관적인 재생이며, 그것도 과거—상상의 양상으로, 그리고 때로는 호프만스탈식의 민담에서처럼 전적으로 순수한 상상의 양상으로 그러하다.

연극에서의 이러한 사태를 더 상세히 서술하기 위해 연극적 현시〔연기〕를 예로 들어 이미지적 현시라고도 부를 것이다. 배우들은 하나의 이미지, 〔가령〕 어떤 비극적 사건의 이미지를 산출하고, 각 배우는 행위하는 어떤 인물의 이미지를 산출하는 등이다. 그러나 여기에서 '…의 이미지'는 '…의 모사'를 뜻하지 않는다. 그리고 이것으로부터 다음을 구별해야 한다. 배우의 현시〔연기〕는 우리가 이미지대상에 대해 말하면서, 이 대상에서 어떤 이미지주제가 현시된다고 말할 때의 그런 의미의 현시도 아니다. 배우도 이미지대상이 아니고, (여기에서 배우의 현시는 자신의 실제 활동으로, 특히 자신이 산출하는 동작과 표정과 외적 '현출'로 어떤 '이미지'를 산출하는데) 배우가 우리를 위해 만들어내는 이미지도 이미지대상이 아니다. 즉, 그 안에서 다른 대상, 어떤 현실적 이미지주제나 그 자체가 꾸며낸 이미지주제를 모사하는 이미지대상이 아니다. 현실적 모사는 초상화에서 일어나는데, 초상화는 현실적 인물의 모사일 수도 있고 꾸며낸 인물의 모사일 수도 있다. 그런데 여기에서 모사 자체도 미적 의식 자체로 빠져들 수 있다. 그러나 어떤 연극이 현시〔공연〕될 때는 어떤 모사의식도 유발될 필요가 없다. 여기에서 나타나는 것은 순수하고 직각적인 허구이다. 우리는 중립성에서 살면서, 직관되는 것을 현실적으로 정립하지 않는다. 여기에서 일어나는 일, 여기에서 이러저러한 사물이나 사람, 여기에서 이야기하고 행동하는 것 등은 모조리 '마치'의 성격을 지닌다. 살아 있는 사람인 배우, 무대장치라 불리는 실재적 물건, 현실적 가구, 현실적 장막 등은 '현시'하며, 우리를 예술적 환상으로 옮겨놓는 데 이바지한다. 현실적 사물에 의해 직각적 상상이 '유발'되는 경우를, 달리 말해, 현실적 사물의 지각이나 때로는 지각 외의 경험이라는 배경 앞에서 직각적 상상이 산출되는 경우, 그것도 이것 안에서 예술적 대상이 현시되는 경우를 **환상**이라고 부른다면, 여기에서 이것은 환상이다. 그러나 만일 그렇다면 이러한 '현시'의 특징은 무엇인가? 우리가 '내맡겨지는' 어떤 '가상'이라는 통상적 의미의 환상에서는 먼저 하나의 지각이 수행되는데, 동일화에 의해 다른 지각이나 재생적 경험으로 이행함으로써 이 지각은 다른 지각으로 건너뛴다. 그런데 이 다른 지각은 이제 환상의 성격을 지니게 되는 원래 지각과 충돌한다. 이 다른 지각은 직각적 계기의 국부적 동일성에 있어서는 원래 지각과 합치하지만, 다른 〔동일하지 않은〕 계기에 있어서는 원래 지각과 길항한다. 그리하여 양립 불가능한 두 직각적 대상이 섞이는데, 이 대상은 교대로 직각될 수밖에 없다. 이때 하나의 대상은 주변경험에 의해 강화됨으로써 자신의 경험정립을 유지하는 반면, 다른 대상, 즉 환상 대상은 (근원적으로 동기화되는) 삭제라는 방식으로 원래의 정립을 변양시켰고 변양시킬 수밖에 없었다. 〔이러한 통상적 의미의 환상과는 달리〕 연극적 현시의 경우에는 하나의 가상세계에서 잘라낸 한 부분인 연극이 현출하지만, 이때 우리는 〔이에 대해〕 통상적 지각을 시작하는 것은 아니다. 즉, 직각적으로 현출하는 것의 현실성을 정립하기 시작하는 것은 아니다. 다른 한편 여기에서도 〔통상적 의미의 환상과 마찬가지로〕 충돌이 일어나는데, 다만 이 충돌은 〔통상적 의미의 환상에서처럼〕 새로운 경험에 의해 사후적으로 구성되는 것이 아니라 애당초 여기 있다. 즉, 우리는 여기에서 연극이 벌어지고 있음을, 판지로 만든 이 무대장치나 스크린에 나무가 실제로 있는 것이 아님을 '안다'. 여기에서 '보이는 것'은 모두 어떤 비현행적 (수동적) 방식으로 무실, 삭제된 것, 더 낫게 표현하자면 그 현실성에 있어 폐기된 것이라는 성격을 지닌다. 그러나 [현실과 가상을 구분하지 못하는] 어린이가 아닌 다음에야 이럴 때 삭제를 능동적 부정으로 **수행**하는 것은 아니다. 마찬가지로 우리는 배우와 '현시하는' 사물이 현실적으로 주어지는 경험의 현실성 의식을 능동적으로 수행하지도 않는다. 그러니까 환상의 경우와는 다른데, 환상에서는 우리는 경험이라는 토대 위에 자리 잡고, 환상적인 것을 능동적으로 부정하고 삭제하며, 이 환상적인 것에 대항하여 경험되는 것을 편드는 것이다. 또 유념해야 할 것은, 우리가 [환상에서와 달리] 현실과 가상을 번갈아 직관하지 않는다는 것이다. 즉 직관의 테두리 안에서 충돌이 일어나는 경우처럼, 직관되는 하나가 실제로 직관되면 다른 하나는 어떤 의미로는 가려지는 일이 번갈아 일어나지 않는다는 것이다. 오히려 이러한 교대 없이 애초부터 예술적 '이미지'만 있고, 현시로 기능하는 현실적인 것 혹은 변양되지 않은 채 경험되는 것은 끊임없이 가려진다. 가려지지만 의식되는데, 다만 비직관적으로, 그리고 여기에서 가림이라는 표현이 암시하는 고유한 방식으로 의식된다.

우리는 애초부터 이런 식으로 '환상'과 '가상'의 토대 위에 자리 잡는다. 이 가상은 다른 곳으로부터, 즉 지금 관심을 두지 않는 어떤 다른 원천으로부터 '미적' 가상이라는 성격을 얻는다. 달리 말해, 우리는 상상직관이라는 토대 위에 자리 잡는다. 그러나 단지 일반적으로 그렇게 하는 것[상상직관이라는 토대 위에 자리 잡는 것]이 아니라, 우리는 이렇게 [상상적으로] 직관하면서 이 충돌의 한 항만, 특히 삭제되는 항만 선호하여 [이 항을] 능동적으로 삭제하기를 삼간다. 다른 한편 우리는 가려진 경험 현실성을 능동적으로 정립하기를 삼가고, (무대를 벗어나 관현악단석을 가로질러 관객석 등으로 연장되고, 우리에게 끊임없이 지각적으로 있으며 가려진 부분에 있어서도 지각적으로 있는) 여타 경험 현실성의 전체 연관을 능동적으로 정립하기를 삼간다. 〔그러나〕 이처럼 긍정적 현실성 정립이나 부정적 현실성 정립을 수행하지 않는다고 해서 어떠한 정립도 수행하지 않는 것은 아니다. 오히려 우리는 능동적 방식으로 지각하고 능동적 방식으로 판단하며 예상하고 바라고 두려워하며 슬퍼하고 즐겁게 감동하고 사랑하고 미워한다. 그러나 이것은 모두 상상 '안'에서 '마치'의 양상에서 이루어진다. 그렇다면 연기하는 사람은, 그리고 당연히 이렇게도 말할 수 있겠지만, 연기하는 사물은 예술적 유사현실성을 어떤 방식으로 현시하는가? 제작의 관점에서는, 연극적 목표설정과 실행의 관점에서는 이렇게 말할 수 있다. (물론 한갓 단적인 경험은 아닌) '경험'이 가르치는 바와 같이, 어떤 특정 사물은 어떤 이중의 통각을 유발하는 데 적합한 것으로, 특히 어떤 이중의 직각적 파악을 유발하는 데 적합한 것으로 드러난다. 이것〔특정 사물〕의 지각적 현출, 혹은 〔이중의 통각을 유발하는〕 이런 점에서 유리한 특정 상황에 있는 지각적 현출은 쉽사리 다른 직각적 현출방식으로 뒤집힌다. 이런 일은 특히 충돌 통일체에 들어가는 두 직각에 있어서 비본래적으로 직각되는 것(공동지각되는 것)의 내용은 〔두 직각의〕 충돌관계의 근거가 되지만 본래적 직각의 내용은 공유하거나 거의 온전히 공유하는 식으로 일어난다.[25] 그리고 이제 이런 상황에서 지각에, 혹은 직각적 충돌의식에 제공되는 이러한 〔이중의 통각을 유발하는〕

∙∙
25 본래적으로 직각되는 것은 사물의 앞면과 같이 감각자료가 주어지는 것이라면, 비본래적으로 직각되는 것은 사물의 뒷면과 같이 (사물의 앞면과 더불어) 공동직각되는 것이다.(옮긴이)

사물은 우리로 하여금 한갓된 상상으로 전환함으로써 삭제된 직각의 기반 위에 자리 잡도록, 즉 순수하게 직각적인 상상을 개시하도록 부추기게 되어 있다. 우리는 이러한 의도를 이해하고 극장에 가서 이러한 의도에 부응하며 이를 통해 미적 향유에 참여한다. 이제 제작과 의도를 도외시하면 남는 사실은, 바로 직각적 충돌이 체험되는 동안, 직각적 상상(허구)이라는 의미에서 〔충돌하는 두 면 중〕 한 면을 수행하게 된다는 것이다. 그러나 이런 의미에서 허구는 현실적 사물에서 현시되며, 이때 이것〔현실적 사물〕은 주어진 상황에서 그것의 '본래적인' 직각적 '현출' 안에서 바로 허구물의 '본래적으로 직각되는 것'을 제공한다. 그러나 당연히 이것은 단지 반성에 의해 알게 되는 것이고, 이 두 가지 태도 및 이 태도에서 주어지는 것을 서로 관계 맺게 함으로써 알게 되는 것이다.

꾸며내는 체험에서, 혹은 '이미지' 세계에 몰입하는 태도에서 우리는 현실적 경험 세계와 관련하여, 특히 현시에 기여하는 실재적인 것으로 이루어진 현실적 경험 세계와 관련하여 어떠한 것도 수행하지 않는다. 이런 세계는 우리에게는 정립된 세계가 아니라 차단[26]된 세계이다. 이는 〔연극의〕 가구도 마찬가지인데, 이것은 〔경험 세계에 있어서〕 현실적인 것이면서 이미지세계의 허구물이기도 하다. 이것은 허구물을 위한 이미지가 아니다. 이것은 연극에 몰입한 관객의 태도에 있어서는, 어떤 것에 기여하는 현실적 가구가 아니라 회장 등의 방에 있는 가구, 즉 상상가구이다. 그러니까 이것 역시 '가상'이고, 현실적 가구에 속하는 실재적 현실과 충돌한다. 〔현실적인〕 가구는 사용대상이고, 그러한 대상으로서 방 안에 있으면서 특수한

26 ausschalten은 기계 등의 전원을 차단하여 작동을 중지시키는 것을 뜻한다. 흔히 '배제'로도 번역하지만 여기에서는 '차단'으로 옮긴다.(옮긴이)

기능을 지니기 때문이다. 그러나 이 방은 충돌로 생기는 허구이고, 가구가 떠맡은 이 사용, 가구가 그것을 위해 여기 있는 이 사용은 충돌에 의해 폐기되고 허구에서 생긴다. 즉 허구에서 그 위에 앉는 사람을 위한 사용이며, 이때 앉음은 현실적 앉음이 아니라 상상의 앉음이다. 배우가 현실적으로 거기 앉는다고 해도 그렇다(그러나 이는 배우가 이 모든 동작을 수행하고, 근육 감각을 가지고, 그의 근육에서 이에 상응하는 생리적 과정이 진행된다는 것을 뜻할 뿐이며, 이 모든 것은 '앉음'을 이미 현실적으로 이루는 것이 아니다). 그러나 여기에서는 모사라는 의미에서의 현시는 어디에도 등장하지 않는다. 즉 어떤 직각적 허구가 (현실적 대상이건, 그 자체가 허구의 대상이건 간에) 어떤 다른 대상을 의식하게 만들고 모사를 통해 '의향'하는 그러한 의식은 어디에도 등장하지 않는다는 것이다.

그러니까 예술은 실로 무한히 풍요로운 **직각적 허구**를, 그것도 순수하게 재생적인 허구뿐 아니라 순수하게 직각적인 허구를 우리에게 선사한다.

이때 상상〔직각적 허구〕은 우리가 자유롭게 수행하는 것이 아니다(이때 자유로운 것은 창조적 예술가뿐이며, 이것은 이러한 상상을 작동할 때 오직 미적 이념에만 구속된다). 상상은 나름의 객관성을 지니고, 우리에게 밑그림 그려지고 우리를 강요한다. 이는 현실의 사물이 우리가 받아들여야 하는 어떤 것으로서 우리를 강요하는 것과 마찬가지이다. 이와 마찬가지이지만 물론 완전히 같은 방식은 아니다.

그뿐 아니라 〔소설 등의〕 이야기 예술의 재생적 상상도 우리를 강요한다. 앞서의 경우〔조형예술〕에서 이런 상상은 끊임없는 경험 충돌에서 등장하는 직각의 결과로 강요되지만, 이 경우〔이야기 예술〕에는 말해지거나 글로 쓰인 **단어**의 결과로 강요된다. 정확히 보면, 여기에서도 특유한 방식으로 경험적 상상변양이 일어나는데, 말하자면 기호에 있어서 그렇다. 이런 기호는 〔한편으로〕 현실적 기호인데, 기호로서 현실적으로 존재하므로 상상세계에 속하는 것이 아니라 현실적 세계에 속하는 것이다. 이것은 사물로 경험되지는 않지만, 이른바 정신물리적 의미를 담지하거나 정신적 세계의 정신적 의미[27]를 담지하는 기호대상으로, 달리 말해 기호-허구, 즉 '마치' 기호로 경험된다. 인쇄된 단어도 예술적으로 이용될 때에는 실은 충돌과 결합한다. 이것은 단적으로 단어로 주어지는데, 이것이 이들의 '경험' 통각이다. 하지만 이 경험 통각은 삭제된다. 왜냐하면 경험세계 안에서 이것은 실은 가령 종이 위에 인쇄된 검은 형상으로서 의미가 부착되어 있는데, 이 의미는 물론 경험연관에서는 삭제되지만 이러한 삭제에도 불구하고 상상이미지 태도에 있어서는 유사의미로 받아들여지기 때문이다.

경험세계에 존재하므로 우리를 제약하는 경험현실적 내용은 그 소여방식에 의거하여 제약하는 강요로 기능하는데, 이때에는 우리가 따르려는(즉 경험적으로 정립되는 타인의 의도에 자신을 내맡기려는) 예술적 의도의 이해 또한 나름의 역할을 한다.

소설이나 연극은 상호주관적 '실존'이 있는데, 그 특정한 이미지내용과 이미지연관에 의거하여 그렇다. 왜냐하면 이 '현시하는' 경험대상을 적절한 상황에서 스스로에게 현출시키는 사람, 우연적인 〔개인의〕 주관성에 달린 것이 아닌 충돌을 수행하는 사람, 그리고 예술가의 의도를 자유롭게 따르는 사람이라면 누구나 같은 소설을, 꾸며낸 삶과 운명에 관한 동일한 작품을 유사경험하며 또 유사경험해야 하기 때문이다.

∴

27 후설의 영역존재론에 따르면, '정신물리적 의미'는 영혼(심리)이라는 존재영역에 속하는 의미이고 '정신적 의미' 혹은 문화적 의미는 상호주관적인 정신(문화)이라는 존재영역에 속하는 의미이다.(옮긴이)

따라서 인물이나 인물의 예상되는 전개 등에 대한 서술적 진술이나 판단도 **비록 허구물과 관련되지만 일종의 객관적 진리**이다. 이러한 판단 자체는 꾸며낸 문학적 주제에 속하면서 이 주제 안에서 수행되는 판단이 아니다. 이런 판단을 하는 것은 우리(독자)이지, 밑그림을 그리는 작가가 아니기 때문이다. 그러나 우리가 현실적 사람으로서 판단함에도 불구하고, 이런 판단은 통상적 판단이 아니다. 이런 판단은 '마치'의 인물과 행위에 관계하고, 일단 우리가 꾸며내는 태도 안에서 예상하는 것을, 즉 '마치'에 있어서의 예상으로 수행하는 것을 표현한다. 그리고 우리는 행위의 진행, 인물의 성격과 동기 등을 서술할 때, 일단 완전히 상상에 몰입한다. 이때 이런 것을 그저 반복하거나 재생하는 것이 아니다. 이들의 의미를 '마치'에 있어서 분석하고, 암시되는 동기를 '마치'에 있어서 좇으며, 지향을 충족하고, 진실로 직관적으로 유사경험하는 것은 아닌 (등장인물의) 내면에 있어서 그 생각, 감정, 숨겨진 어두운 동기 등에서 생생하고 유효한 것을 끄집어낸다. 이 모든 것은 '마치'에 있어서 이루어지며, 따라서 일단 우리는 역시 '마치' 성격을 지닌 진술로 이들을 표현한다. 그렇지만 이들(진술들)에는, 재생되는 허구, 실제로 주어진 허구물에 대한 한갓된 표현을 넘어서는 어떤 진리가 있다. 그러므로 여기에서 어떤 길항이 있는데, 이는 단순히 기억의 신뢰성에 관련된 것이 아니다. 이 예술작품 자체를 끌어들여서 (동일 사물의 반복적 경험으로의 귀환인) 객관성의 척도로 이용할 때에는 이러한 길항이 계속 존속하는 것이다.

꾸며낸 어떤 인물이 그와 더불어 예술적 이미지 허구에 함께 속하는 인물이나 대상이나 상황에 대해 판단한다면, 이 판단 자체는 허구이지만 그래도 참이거나 거짓이다. (허구 속 인물은) 꾸며낸 사건의 장래에 대해 올바르게 판단할 수도 있고 그릇되게 판단할 수도 있으며, 꾸며낸 사건과 관련하여 합리적으로 추측하고 추론할 수도 있고 비합리적으로 추측하고 추론할 수도 있다. 이는 〔허구 속 인물이〕 과거에 대해 판단을 내릴 때도 마찬가지이다. 이런 경우에 이미지행위의 경과나 사실의 경과에 기초하여 모든 사실판단을 확인할 수는 없다. 이미지세계는 단편만 유사경험으로 주어지기 때문이다. 그러나 이 단편에서 확인을 위한 충분한 근거를 찾을 수 있는 사실판단은 모두 참이나 거짓으로 평가할 수 있다. 이에 비해 본질판단은 그렇지 않다. 본질판단은 이 〔허구의〕 세계의 유사사실이 불필요하다. 본질판단의 참과 거짓은 이런 세계와 무관하게, 바로 이 세계의 허구가 아니더라도 어떤 〔일반적〕 허구에 근거하여 확인 가능하기 때문이다. 〔바로〕 이 세계의 허구는 제약을 받는 반면, 어떤 〔일반적〕 허구는 자유로우며, 현실적 세계뿐 아니라 모든 가능한 세계에도 그 자체로 부가할 수 있다.[28] 그럼에도 불구하고 이때 여기에서 다루고 있는 모든 〔허구의〕 판단은 유사판단인데, 이런 판단은 유사참이거나 유사거짓이라고 할 수도 있다. 이들〔허구의 유사참이나 유사거짓〕 중에서 〔본질판단과 관련되는〕 형상적 참은 현실적 참으로 자유롭게 뒤집을 수 있지만, 〔허구의〕 사실적 참은 현실적인 사실적 참으로 자유롭게 뒤집을 수 없다. 그러나 후자〔사실적 참〕는 **가설적 참**으로 뒤집을 수는 있는데, 이는 현실적인 체험과 현실적인 꾸며내는 작용에 있어서 가설적으로 정립되는 대상과 관련하여 그러하다. 나는 뒤집을 수 있다고 표현한다. 꾸며내는 자는 허구 안에서 살기 때문이다. 즉 그는 유사경험이나 유사판단 등을 수행하면서 살고 있고, 따라서 현실적 경험 현실성을 정립하지도 않고 자기 자신을 정립하지도 않는다. 또 양자를 뒤섞

---

28 본질판단은 자유로운 상상변양에 의해 모든 가능성을 훑으면서 그 안에서 공통된 본질적 요소를 발견하는 본질직관에 기초한다.(옮긴이)

지 않고, 하나가 다른 것 안에서 무실함이 되게 하지도 않는다. 그리고 마치 존재하는 현실성 옆에 또 다른 것이 현실적으로 있다는 듯이 가설을 세우지 않으며, (그래도 자기 자신은 현행적 현실성으로 유지하면서) 현행적 현실성의 이러저러한 부분이, 아니 현행적 현실성 전체가 존재하지 않는다거나 오로지 꾸며내진 것만 존재한다는 듯이 가설을 세우지도 않는다. 유사판단은 현실적 판단의 변양이지만, 그래도 '태도 취함'이다. 다만 다른 태도 취함의 사본인 것이다. 유사판단은 이러한 변양에 있어서 옳고 그름의 규준을 지닌다. 유사판단에 대해서는 그 밖의 모든 논리 법칙과 모든 규범 법칙이 유효하다. **논리학**은 주어지는 현실성을 선호하는 것이 아니라 모든 가능한 현실성에 관련되며, 모든 가능한 판단에 대해 유효한 법칙을 표현한다. 그리고 이것은 위에 서술한 명제의 하나의 용례일 뿐이다. 물론 이것은 올바르게 이해해야 한다.

(모든 판단하는 자가 자기 자신의 자아를 거기에 앉힐 수 있는) 현행적 자아로부터 현행적으로 현실적 경험과 가능한 경험의 영역이 나온다. 이 가능성은 상상 가능성을 뜻하는 것이 아니라 (여기에서 더 자세히 논할 수 없지만) 현실적 경험과 더불어 특정 테두리 안에서 밑그림 그려지는 경험, 현실적 경험 안에 닻을 내리는 경험, 그것이 등장하는 경우 현실적 경험에 의해 동기화되는 경험, 충족연관에 의해 현실적 경험과 결합하는 경험이다.

혹은 현행적 자아에게는 그의 현행적 경험의 상관자이자 모든 가능한 경험을 밑그림 그리는 지평의 상관자인 하나의 사실적 세계가 있는데, 이 세계는 국부적으로는 직관적으로 주어지고, 국부적으로는 아직 규정되지 않았지만 동기에 따르는 경험 진행에 의해 규정이 가능한 세계이다. 이 세계는 하나의 세계이다. 그리고 이 세계는 모든 경험하는 자에 대해서 하나의 동일한 세계이다. 모든 경험하는 자는 먼저 전제된 자아를 둘러싼 주변

세계인 이 세계에서 〔그 자체가〕 경험되는 대상으로서, 신체적으로 이 세계에 속하며 정신적으로 〔타자가 수행하는〕 감정이입 경험을 통해 추(追)이해될 수 있다.

그러나 인식하는 자가 마음대로 활용할 수 있는 **허구의 영역**은 이른바 지리를 지닌, 그리고 법칙적 체제를 지닌 어떤 영역이 아니다. 여기에서는 온갖 재생적 꾸며냄이 **자유롭다**. 허구는 서로 일치될 수도 있고, 유사경험으로서 하나의 경험 통일체에 함께 들어맞을 수도 있으며, 하나의 꾸며낸 세계, 이 경험에 의해 국부적으로 직관적인 세계라는 상관자를 지닐 수도 있다. 그러나 이런 허구는 한편으로는 완전히 불일치할 수도 있으며, 통일화하는 허구가 산출하는 공통 기반이 없기에 서로 일치하지도 않고 충돌하지도 않는 방식으로 나란히 배열되어 있을 수도 있다. 아니면 비록 이미 일치하지만, 열린 지평에 있어서는 미규정적이고, 그래서 현행적 경험의 규정하는 '제약'이 없을 수도 있다. 따라서 여기에서는 이러한 제약 대신에 오직 허구만, 즉 법칙적 본질 형식 내부에서 자유롭게 변양 가능한 어떤 것만 등장할 수 있다.

따라서, 인식하는 자와 그의 경험의 현행성에 제약되는 현행적 경험의 영역은 유일하고 견고한 영역이다. 다른 한편 상상세계는 무한히 많다. 이런 세계는 무한히 많은 가능세계로 이루어진 다양체, 완전한 무질서도 아니고 완전한 질서도 아닌, 그래서 전체적으로는 무질서한 다양체이다. 이 가능세계 각각은 허구로 이루어진, 일치하고 규정적인 하나의 질서의 상관자라는 이념을 체현하는데, 〔이러한 질서에 있어서〕 이 허구는 현실적 세계에서 현실적 사물이 서로 결합하는 것과 비슷하게 서로 통일적으로 결합하는 것이다. 그러나 이러한 이념은 형식적 테두리는 있지만, 이 테두리(하나의 자연 일반이라는 이념) 내부에서 허구가 서로 결합할 때 규정적 밑그림이 없다. 단순하고 변양되지 않은 의미에서의 사실진리, 즉 현실적 경험에 토대를 두는 경험진리는 모두 선험적으로, 즉 현실적 경험 이전에 결정된다. 사실 구역에서의 모든 미규정성은 모든 규정하는 경험 이전에, 다시 말해 선험적으로 규정 가능성을 지닌다. 이 말은 인식하는 자는 단지 현실적 경험의 토대 위에서, 후험적으로 이를 결정할 수 있다는 뜻이다. 그러나 그는 이 세계, 이 현실적 세계에서는 어떤 것도 열린 채 있지 않고 모든 것이 그 자체로 개체적으로 완전히 규정되어 있음을 안다. 우리의 경험이 이제까지 이르지 못한 멀고 먼 천체 뒤의 세계는 미지이지만, 경험적으로 인식 가능하며 그 자체로 규정되어 있다. 〔이에 대한〕 경험은 가능하되, 한갓 된 허구의 의미에서 가능한 것이 아니다. 이런 경험은 이 객관적 세계로, 그 자체로 존재하는 이 세계로 우리를 이끌어간다. 그러나 허구에 자리 잡은 세계는 이와 다르다. 〔이런 세계에서〕 경험의 일치된 통일체를 담은 테두리 안에는 유사진리이지만 그래도 제약하는 진리인 객관적 진리가 있다. 그러나 이러한 진리는 일치된 허구가 밑그림을 그리는 한도까지만 유효한데, 이러한 밑그림은 현행적으로 직관되는 것을 통해, 그리고 논리적 법칙에 의거하여 그 안에 (형상적으로나 경험논리적으로) 포함되는 것을 통해 그려진다. 이를 넘어서면 모든 진술이 완전히 미규정적이다. 상상되는 켄타우로스가 상상 속의 내일에는 무엇을 먹을 것인가, 누구와 이야기하거나 누구와 싸울 것인가라는 물음에는 대답하지 못한다. 이에 관련하여 자발적으로 설정되는 진술은 참도 아니고 거짓도 아니다. 나중에 내가 여기 덧붙여서 켄타우로스가 염소를 먹었다고 꾸며내는 것은 그것을 결정하는 것이 아니다. 만일 내가 애초부터 나의 허구의 일치된 진행 안에서 그것〔염소를 먹음〕을 덧붙여 상상했다면, 이 '참'은 밑그림 그려졌을 것이다. 그러나 나는 이 못지않게 나중에 덧붙여서 이렇게 꾸며낼 수도 있고 이와 반대되도록 꾸며낼 수도 있다. 그리고 진술이 형상적(본질적)으로 불일치하는 것을 가정할 때에만 이런 진술은 애당초 거짓이 된다. 즉, 이미 말한 것처럼 본질판단은 허구에 의해 변경되지 않는다. 물론 예술적 허구처럼 우리를 제약하는 허구도 있지만, 그래도 여기에서 말하는 것에는 변함이 없다. 자유로운 예술적 허구, 그리고 (현행적 세계에서 수행되는) 예술 수용자를 허구에 제약하는 수단의 형상화는 어떤 밑그림을 창출한다. 그러나 이것은 예술가가 자신의 통일적 형상화를 그러한 밑그림에 묶는 한도까지만 유효하다. 그것을 넘어서면 모든 것이 다시 텅 빈 가능성이며, 이런 텅 빈 가능성은 임의적 상상에 의해 임의적 의미에서 형상화될 수 있다. 직각 자체는 아무것도 이루지 못한다. 우리가 다 같이 어떤 순수한 상상 세계 안에 있는 것이 아니라는 데에서 이 점을 알 수 있다. 그리고 우리가 재생적 상상뿐 아니라 직각적 상상에서도 무매개적 자유를 가지더라도, 즉 임의적으로 환각을 가질 수 있더라도, 앞서 말한 것은 분명 전혀 변하지 않는다.

부록 56

동일 대상에 대해 때로는 현실적이라고 하고 때로는 존재하지 않는다고 할 수 있는가. 지금 있는 이와 동일한 대상에 대해 이와 마찬가지로 임의의 어떤 시간에 현존하고 그 현존이 시작하고 끝날 수 있다고 할 수 있는가 — 허구와 가능성 — 경험과 상상에 관한 선험적 명제들

(1918년 집필 추정)

목차

지금 경과하고 있는 것과 동일한 사건이 어제 일어났음을 상상함. 자신이 이전의 임의의 시간위치로 돌아갔다고 상상함. 여기에서 동일함이란 무엇인가? 공간에서는 어떠한가? (공간위치로서의) 형식과 대비되는 내용의 새로운 개념으로서, 운동에도 불구하고 여전히 동일할 수 있는 어떤 것. 혹은 서로 다른 공간위치에 있는 '동일한' 대상(말하자면 같음). 시간위치와 공간위치로 규정되는 두 내용 간의 관계. 상상과 현실성에서, 그리고 서로 다른 시간양상에서 '동일한' 대상. 이 동일성에 대한 해석. 정립적인 것과 상상대상 사이의 동일성 부재. 한 주체에게서, 그리고 여러 주체에게서 경험의 등장이라는 견지에서 (경험되는 것의 시간과 관련하여) 경험에 관한 선험적 명제들. 상상에 관한 선험적 명제들: 독립적 상상 등.

우리는 **경험하는** 직관은 개체를 증여하는 직관이라고 말했다. 또한 이런 직관은 대상적 내용과 관련된 직관이라고 말했다. 그렇지만 이런 직관은 대상(개체)의 직관이라고 불린다. 그렇다면 여기에서 내용이라고 불리는 것은 실은 대상 자체이지 않은가?

그래서 일반적으로 이렇게 말해보자.[29] 여기 있는, 그리고 내가 지금 지각하는 이 대상, 지금 일어나는 이 사건이 어제도 일어났거나 일어났을 수 있으며 지금 나의 기억에 주어질 수 있다. 혹은 내일 등장할 것으로 내게 예상될 수 있다. 그러니까 동일한 대상이 단지 상이한 시간양상에서 주어지는 것이 아니라 정말로 상이한 시간에서 주어지는 것인데, 이때 이 동일 대상이 이 상이한 시간을 가로질러 지속한다고 여기는 것은 아니다.[30] 그

∴

29 대상적 내용 = 서로 분리된 상이한 시간지속에 있어서 동일한 것으로 생각되는 '대상' = 구체적 본질.

30 상이한 시간양상에서의 동일 대상은 하나의 대상(사건)이 현재 일어나는 것으로 지각되고 시간이 흐르면 과거에 일어났던 것으로 기억되는 등을 뜻하는 반면, 실제로 상이한 시간에 있어서 동일 대상은 하나의 대상(사건)이 여러 시간에 있어서 여러 차례 일어나는 것을 뜻한다. 따라서 이 동일 대상(사건)은 이 여러 시간 동안 지속한 것이 아니라, 여러 차례 일어

래서 나는 나의 현존과 삶이 천 년 후의 어떤 시간에야 비로소 일어나는 것도 가능했다고 말한다. 모든 대상은 상이한 시간양상에서 주어질 수 있고 또 주어진다. 나는 어떤 사건을 예상한다. 나는 그것을 현재 보면서 가지지만, 나중에는 그것은 지나갔고 나는 그것을 기억 속에 가진다. 이때 동일한 현실성으로서의 동일한 대상에는 이 대상의 내용과 그것의 시간위치(그것의 시간)가 속하며, 그것은 단지 교체하는 시간양상 혹은 현실적 양상에 있어서 주어질 따름이다.³¹ 그러나 우리는 앞서의 저 서술에 의거하여, '동일한' 대상을 상이한 시간으로 옮기는 것을 상상한다. 그렇다면 이 동일한 대상은 '내용'이 아닌가? 이러한 〔동일 대상을 상이한 시간으로〕 이동시키는 것은 마치 우리가 시간이라는 연속체를 가로질러 '대상'을 움직이는 것과 같다. 이러한 식으로 고찰하면 실로 이러한 '이동'이 연속적으로 일어난다고 상상하는 데 거리낌이 없어진다. 공간성에 있어서는 이와 똑같지 않다. 〔공간적 대상뿐 아니라〕 모든 대상 일반은 〔각자의〕 시간위치가 있듯이, 공간적 대상에도 절대적 〔공간〕위치가 있다. 그러나 공간위치는 대상에 독자적으로 속하거나 규정된 위치로서 견고하게 속하는 것이 아니라, 단지 시간위치와 관계 맺는 공간위치로서 속한다.

대상은 절대적 시간위치가 있다. 즉, 대상은 생성되면서 시간을 가로질러 펼쳐진다. 그리고 이 생성의 구간 전체가 모든 시간점에서 그 〔시간적〕 위치에 있어 견실하게 규정되고, 전체시간 안에서 그렇게 전체로서 변동

:.
난 것이다.(옮긴이)

31 여기에서 '형식'은 시간적 형식, 즉 시간위치를 뜻하므로, '내용'은 비시간적 내용, 즉 여러 시간위치에서 나타날 수 있는 동일한 내용을 뜻한다(따라서 대상을 구성하는 토대인 감각 내용 등과는 다른 개념임에 유의해야 한다). 그런데 이 경우 동일 대상이 여러 시간위치에서 나타날 수도 있으므로, 이 대상 자체를 (비시간적) '내용'이라고 할 수도 있다.(옮긴이)

불가능하다. 그러나 공간위치에 대해 말하자면, 공간위치는 〔지속의 모든 시간점에서〕 어떤 견실한 단편, 전체공간의 형식에서 잘라낸 유한하거나 무한한 단편이 아니다. 모든 〔공간〕점에 있어서 위치적으로 규정된 절대적 형상인 공간위치는 지속의 각각의 시간점에서만 공간의 어떤 규정적 단편이다. 대상이 생성할 때 이 단편은 운동이라는 이름 아래 〔공간적으로〕 이동할 수 있는 것이다. 그러면 이 단편은 공간 안에서 연속적으로 새로운 위치를 취한다. 그러니까 대상의 공간위치는 절대적 시간위치의 한 함수이며 그것도 일가함수[32]이다. 물론 불변이라는 이념이 '형식'(즉 **공간위치**)에 대비되는 내용이라는 새로운 개념을 가리키는 한에서,[33] 그래도 〔시간위치와 공간위치의〕 유비가 성립한다. 한갓된 운동에서 내용은 동일하게 유지되고 대상은 동일하게 남되, 〔공간〕위치만 변하는 것이다. 상이한 공간위치에 있는 같은 두 대상의 '내용'은 동일하다. 〔이에 비해〕 '변화'에서 대상('동일' 대상)은 〔다른 내용을 지닌〕 다른 것, 즉 다른 대상이 된다. 그러니까 이때 다름은 두 번째 의미의 내용〔공간위치라는 형식에 대비되는 내용〕에 관련되는데, 이 의미는 공간대상에 있는 것이다. 개체로서의 대상 자체의 내용, 시간위치에 있어 규정된 내용은 구체적 본질이며, 이는 두 번째 의미의 내용을, 즉 대상이 있는 시간(그것의 여러 위치점에 있어서 펼쳐진 시간위치) 동안에 공간에서의 위

∴

32 일가함수(eindeutige Funktion)는 함수 y = f(x)에서 변수 x의 하나의 값에 대하여 y의 값이 단 하나 대응되는 함수를 말한다. 즉, 일가함수에서 정의역의 x값은 치역의 단 하나의 값과 대응하며, 일대일 함수, 다대일 함수가 이에 해당한다. 지금 논의하는 맥락에서는 운동하는 대상에 있어서 하나의 시간점에 대해서는 하나의 공간위치만 대응함을 뜻한다(물론 두 개의 시간점에 대하여 하나의 공간위치가 대응하는 다대일 함수도 가능한데, 이는 이 운동하는 대상이 두 개의 시간점에 있어서 같은 공간위치에 있는 경우, 즉 운동 중에 다시 같은 공간위치로 돌아오는 경우가 가능하기 때문이다).(옮긴이)

33 대상적 내용 = 한갓된 운동에 있어서 대상적으로 동일한 것, 이른바 **운동적**(phoronomisch) **본질**.

치에 있어 규정되는 (계속 동일하거나 변화하는) 공간적 본질을 포괄한다. 이것은 질을 지닌 공간 형상이다. (그러면 이것은 나아가 형식과 내용으로 구분된다. 〔형식은〕 공간 형상, 보다 명료하게 말하자면, 기하학적 몸체성이고 〔내용은〕 이 위에 펼쳐지는 질, 혹은 이른바 질부여이다.)

공간을 일차원으로 간주하는 허구 아래에서 두 내용의 합일을 다음과 같이 그릴 수 있다.

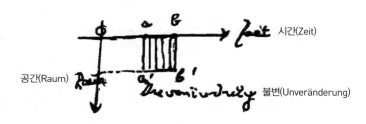

aa′: 공간적 연장

검은 잉크색[34]: 질부여

검게 채워진 사각형: 개체화된 구체적 본질

변화의 경우는 다음과 같다.

..
34 이 그림에서 '시간(Zeit)' 축 위의 a에서 b까지 굵은 선.(옮긴이)

그러나 아직 이것은 올바르지 않다. 일차원적 공간에는 두 개의 **면**이 있고, 모든 각 시간점에 있어서 일반적으로 공간구간은 임의적으로 시간으로부터 추출될 수 있다. 그러나 시간도 하나의 규정된 선이 아니고, 모든 수평선은 하나의 동일한 시간연속성이다. 따라서 다음과 같다.

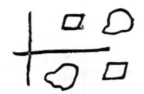

지금 있는 이 대상과 동일한 대상이 완전히 동일한 대상으로서 모든 시간에 있다는 것이 상상 가능하다고 하고, 모든 시간에서 시작하고 지속하고 끝날 수 있다고 해보자. 또는 지금 내게 허구물로 어른거리는 이 대상과 동일한 대상이 지금 현실적 대상일 수 있다고(그리고 모든 시간에 있을 수 있다고) 말하고, 현실적인 여기 이 사물이나 이 지구나 천체 등이 꼭 있을 필요가 있는 것이 아니라, 단지 허구에서, 단지 가능성으로서 정확히 동일한 것일 수도 있다고 해보자. 그러면, 우리가 동일한 '표상내용'을, 여기에서 이러한 [현실성과 상상의] 대비에 있어서도 동일한 본질인 구체적 본질을 바로 대상이라고 부르는 것처럼 보일 수도 있다. 그런데 여기에서 대상이라고 불리는 것은 현실과 상상의 모든 양상에 대해, 모든 시간양상과 시간위치에 대해, 존재와 부재에 대해 둔감한 것처럼 보인다. 그렇다면 이와 같은 의미이지만, '대상'이 경험 및 이에 대응하는 상상에 있어 동일한 것이라면, 그것은 바로 어떤 본질, 어떤 일반적인 것이다.

이에 대한 대답은 다음과 같을 것이다. 우리가 개체적 대상에 대해 말하는 것은 경험하는(또는 유사경험(상상)하는) 태도에 있을 때이고, 이 태도가 뜻하는 것은 우리가 수행하는 여러 작용이 계속 '동일한 것'을 의향하면서 서로 일치하는 합치를 이루고, 충족을 향한 지향적 경향에 의해 지배된다는 것, 즉 경험하는(또는 유사경험하는) 작용과 합치하며 이에 의해 충족되는 쪽으로 경도된다는 것이다. 개체는 실로 이러한 작용의 구성적 상관자이다. 그러니까 우리가 동일한 대상이라고 부르는 것은 하나의 통일적 의식에서의 작용으로부터 동일화 합치가 일어나는 작용으로 이행할 때이다. 이는 경험되는 어떤 것의 내용과 경험되는 다른 것의 내용이 서로 합치할 뿐 아니라 그중 하나의 시간위치와 다른 것의 시간위치(때로는 공간위치 역시)도 서로 합치한다는 의미에서, 동일 개체에 대한 경험에서 〔이 개체에 대한 또 다른〕 경험으로 이행할 때 그러하다. 오늘과 어제, 여기와 저기의 동일한 대상이란 시간도 서로 합치함을 뜻한다. 물론 하나의 대상은 기억에서 그것이 기억되는 시간인 어떤 과거를 제공하고, 다른 대상은 그것이 지각되는 시간인 현전을 제시하거나 때로는 그것이 기억되는 시간인 다른 과거를 제공한다. 그러나 여기에서 경험하는 작용의 의미내용[35]에는, 그때그때 경험되는 것이 자신이 실제 주어지는 시간을 넘어서 더 펼쳐질 수 있다는 것, 그리고 경험에서 부분적으로는 실제 소여되는 시간이고 부분적으로는 공동소여되는(공동정립되고 또 다른 소여를 위해 놓여 있는) 시간인 전체 시간이 양쪽에서 서로 합치한다는 것이 속한다.

이는 상상에도 적용된다. '상상에서', 서로에게 배속되는 특수한 두 가지 상상들에서 동일한 대상을 동일한 개체로 상상할 때, 가령 동일한 상상의 집을 상상의 오늘과 상상의 어제에 표상할 때 그렇다. 여기에서 동일 대상

35 지금까지 이에 대해서는 유념하지 않았다!

은 단지 동일 내용이 아니라, 그 내용의 위치규정 안에 있으며 그 위치규정을 지닌 동일 내용이다.

어떤 경험되는 대상을 유사경험되는 대상과 함께 취한다면 때로는 다시 합치가 일어나는데, 이때 양자는 전체 본질 혹은 내용에 있어서 서로 합치하고 심지어 시간양상에 있어서 합치할 수 있지만, 한쪽은 현실이고 다른 쪽은 허구이다. 한쪽은 '현실적' 의미에서의 단적인 개체라면, 다른 쪽은 허구에서의, 허구의미에서의 개체이다. 이들 각각에는 증여하는 작용의 견지에서 서로 다른 태도가 대응한다. 각 태도에 있어서 나는 개체를 동일화할 수 있다. 즉, 나는 상상에 있어서 이 상상 개체와 저 상상 개체가 동일한 개체라고 말할 수 있다. 이 동일성은 유사동일성이지만, 잘못 부여된 동일성이 아니라 참된 동일성이다. 다만 이 참은 변양된 '참'일 뿐이다. 즉, 모든 현실성 개념은 상상의 영역 내부에서는 이러한 변양 부호를 달게 된다.

이에 반해 경험과 상상의 종합에 있어서는, 내용과 시간위치(및 공간위치)에 있어서의 완전한 동일화는 가능하지 않다. 순수한 상상과 경험이 결합하는 곳에서 표상내용은 완전히 합치할 수 있지만, 나는 시간위치를 동일화할 수는 없다. 다만 작용이 혼합되는 경우에는 이와 다르지만, 이때에는 허구물의 시간규정이 현실적 시간규정과 동일한 것으로 가정립되지만 물론 이 허구물은 경험되는 것과 충돌한다.

이 모든 것에 있어서 이렇게 말해야 하지 않을까?

엄밀한 의미에서 상상대상이 경험대상과 동일하다고 말할 수는 없다. 이에 비해 지각대상과 기억대상 사이에는 매우 엄밀한 동일성이 있을 수 있다(이 경우에는 지각되는 지속과 기억의 지속이 동일 대상의 지속 통일체에 배속되어야 하며, 이에 의해 통일성을 부여하는 경험, 이 지속 전체에 있어서 대상을 통일적 경험으로 가져오는 경험이 가능해야 한다). 마찬가지로 두 개의 상상이 동일 대상을 상상하는 것은 능히 가능한데, 이는 이들이 '하나의' 상상의 반복이라는 형식으로, 즉 동일 대상을 그 지속의 동일 구간과 더불어 직관적으로 증여한다는 형식으로 가능하다. 이때는 동일한 '대상'이라고 따옴표를 쳐서 써야 한다. 즉, 한갓 주어진 '가능성'인 현실성과 현존이라는 말까지 포함해서 일반적으로 모두 따옴표를 쳐야 한다. 나아가 분명한 것은, 우리가 엄밀한 의미에서 스스로를 어떤 임의적 시간으로 '옮길' 수 있는 것은 오직 다음과 같은 의미일 뿐이라는 점이다. 즉, 한편으로는 우리의 현존을 견지하면서 이 현존과 더불어 정립되는 주변세계도 견지하고, 다른 한편으로는 가령 천 년 후의 우리 현존의 가설적 정립(가정립)을 이러한 것〔우리의 현존 및 주변세계의 견지〕과 결부시킨다는 것이다. 물론 이는 우리가 스스로를 이러한 천 년을 가로질러 지속한다고 가정립할 때에만 명증하게 유지될 수 있지만 말이다. 그런데 우리가 천 년 후에 비로소 세상에 등장하고 이러한 등장을 우리 존재의 시작으로 본다면, 이것과 모순된다.[36] 그렇다면 어떤 **모순적 가정립**을 하는 것인데, 이것은 실은 그 내용에 있어 지금의 대상과 완전히 일치하는 어떤 대상이 천 년 후에 존재할 가능성이다. 개별적인 감성적 대상, 감성에 의해 직관되는 대상에게는 이러한 가능성이 선험적으로 보장된다. 이것이 그의 심리적 삶의 견지에서 인격에게도 가능한 것인지는 여기에서는 결정할 수 없다.

..
36 우리가 스스로를 어떤 임의적 시간으로 옮긴다는 것, 가령 우리가 천 년 후에 태어난다는 것을 상상하는 것은 다음의 두 가지 상호모순되는 가정을 필요로 한다. 즉, 우리는 상상하는 주체로서 지금 현존하고 있어야 하지만, 상상되는 대상으로서 천 년 후에 비로소 현존하기 시작해야 한다. (옮긴이)

그러니까 올바른 의미에서, 동일한 대상이 어느 때는 존재하고(현실성이고) 다른 때는 존재하지 않는다고, 동일한 대상이 지금 있지만 이에 못지않게 어떤 임의의 시간에도 현존하고 현존의 시작과 끝을 가질 수 있다고 할수는 없다.

느슨한 방식으로 '동일함'은 합치의식의 통일성에 있는 모든 합치를 표현한다. 어떤 현실적 대상과 어떤 허구물은 참된 의미에서는 아무것도 공유할 수 없다. 즉 어떠한 동일한 부분이나 계기도 가질 수 없다. 이들은 합치 관계일 수 있으나, 이때에도 같음이 완전한 대상의 같음인가에 있어서 차이가 있다. 그렇다면[같음이 완전한 대상의 같음이라면] 각각에 있어서 어떤 현실적 계기, 현실적 부분, 현실적 단편이 서로 같다. 그 외에 현실적인 것과 한갓 가능한 것 사이의 관계에 있어서는, 후자[한갓 가능한 것]의 측면에서는 '마치'의 태도로 들어가는 것이다.

허구물과 가능성

그러나 허구물은 현실성은 아니지만 가능성으로서 있다. 우리는 태도를 바꾸면 어떤 상상으로부터, 존재하는 것으로(혹은 현존하지 않는 것, 존재하지 않는 것으로) 참된 의미에서 정립할 수 있는 어떤 것을 끌어낸다. 즉, 우리는 현실적으로 정립하는 것이지, '마치'에서 살거나 어떤 유사경험의 '마치'의 주체로 사는 것이 아니다. 우리는 현실적 주체로 살고 때로는 우리 앞에 현실적 세계를 가지며 현실적 포착을 수행하고 어떤 것, [가령] 켄타우로스가 아니라 켄타우로스 가능성을 현실적으로 발견한다. 이때 이 가능성은 상상의 토대 위에서 주어지지만 가령 이 상상의 내용으로 정립되지는 않는다. 마치 우리가 반성하면서 이를 통해 상상 체험(내재적 시간에서 현존하는 어떤 것)을 정립하는 양, 그렇게 이 상상의 내용으로 정립되지는 않는 것이다.

우리는 가능성으로서의 이 동일한 켄타우로스로 되풀이해서 돌아올 수 있다. 이는 상상 태도에 머물면서 동일한 것을 되풀이 상상하면서, 서로 분리된 이런 상상들에서 상상되는 이것을 동일한 것으로 동일화할 수도 있는 것과 같다. 이때 전제되는 것은, 모든 새로운 상상 자체에 이미 기억적 소급연관이 있다는 것인데, 그것은 이전 상상에서 (유사 기지 대상이라는 형식으로) 상상되는 것으로의 기억적 소급연관이다. 통일적 상상세계 안에서 움직이는 것은 언제나 이러한 소급연관을 전제하는데, 물론 이 점에 있어서 상상세계에서는 견실한 객관성이 없다. 즉, 여기에서 미래의 유사경험 경과는 견실한 객관성이 없고, 여기에는 견실한 세계가 지니는 견실한 객관성이 없다. 이러한 견실한 세계는 현행적으로 주어지고 기억되는 이 상상세계를 (그것의 동일화되는 통일성에 있어서) 넘어서는 것이며, 미래에 이르기까지 명료하게 규정하는 법칙을 따르는 것이다. 달리 표현하자면, 〔상상세계에서〕 미래는 가령 자연이라는 객관적 양식의 법칙 내부에서 자유롭게 꾸며낼 수 있다. 〔이에 비해〕 현실적 세계의 현실적 미래는 자유롭게 변경할 수 없고 단지 '기계적으로' 변경할 수 있을 따름이다. 이것은 물리적으로 견고한 법칙 아래에 있는 것이다.

이 고찰은 불분명해졌다.[37] 어떤 구별에 유념하지 않았음이 드러났기 때문인데, 이런 구별이 없다면 이러한 고찰을 순수하게 수행할 수 없다. 그

37 23쪽 이하〔위의 절에서 "이 모든 것에 있어서 이렇게 말해야 하지 않을까?"로 시작되는 문단들을 가리킨다〕 참조.

것은 내재적 대상과 초재적 대상의 구별이다.

그러니까 두 개의 (분리된) 지각이 동일 대상을 증여한다면, 이 지각은 비충전적으로, 즉 그것의 지속의 서로 다른 구간에서 [서로 다르게] 증여할 수밖에 없다. 그래서 이는 초재적 지각인데, 여기에서는 대상의 본래적 소여와 비본래적 소여를 구별해야 한다. 나아가 기체로서의 대상과 채워진 지속에도 유념하지 않았다. 대상의 내용은 언제나 채워진 지속(그리고 여타의 연장)으로 이해된다. 이때 의문은 여기에서 기체의 역할을 하는 것이 무엇인가라는 것이다. [한편으로] 채워진 도식의 연속체(시간에서의 변화의 통일체에 있어서의 물상) 혹은 여기 속하는 하나의 대상(기체)과 다른 한편으로 실체적이고 물리적인 특성을 지닌 하나의 **실체** 사이의 구별도 고려해야 한다.

그러니까 진정한 명증을 얻고 아직 명료하지 않은 것은 모두 버릴 수 있도록, 문제를 더 정확하게, 그리고 일단 제한적으로 포착해야 한다.

그러니까 그저 채워진 지속과 물상을 취하도록 하자. 지속은 제한된 것으로 취하며, 경험은 채워진 지속 전체를 직관시키는 어떤 직관으로 이해하자. 상상도 이와 마찬가지로 이해하자. 그러면 내용은 채워진 지속의 구체적 본질이고, 이 내용은 때로는 살아 있는 현전으로 (처음부터 끝까지 연속적 생성 안에서) 경험되고, 완전히 동일한 이 내용이 어떤 다른 때는 지나간 것으로 주어진다.

그렇다면 선험적 명제들을 확립할 수 있다. 이것은 무엇보다 예를 들어 다음과 같다. 우리는 같은 지각, 내용이 같은 지각, 혹은 구체적 본질이 동일한 지각을 임의적으로 많이 가질 수 있다. 그러나 원리적으로 두 개의 지각은 동일한 개체적 대상을, 즉 동일한 시간위치와 동일한 지속을 지닌 하나의 대상을 주어지게 할 수는 없다.

더 나아가[38] 두 개의(두 개의, 즉 **분리된**) 내재적 지각은 하나의 내재적 대상을 지각할 수 없고, 하나의 내재적 대상은 지각되지 않은 채 지속하면서 여러 개의 분리된 지각에 의해 그것의 전체 지속 구간에 있어서 지각될 수는 없다.

이에 반해 두 개의 초재적 지각은 하나의 동일한 대상의 지각일 수 있다. 물론 (하나의 동일한 자아가 행하는 지각이라면) 이런 지각들이 하나의 동일한 현재에 이 대상을 지각하는 것은 불가능하지만 말이다. 달리 말해, 이 지각들에 주어지는 채워진 지속의 절대적 시간위치가 동일한 가운데 이 대상을 지각하는 것은 불가능하지만 말이다. 하나의 대상 지속의 동일 구간에 있어서 이 대상에 대한 여러 지각이 있다면, 이 지각들은 (하나의 동일한 자아가 아니라) 여러 주체가 행하는 것이다. 하나의 동일한 자아가 하나의 동일한 초재적 대상에 대해 두 개의 지각을 행한다면, 각 지각이 이 대상을 그것의 전체 지속에서가 아니라, 그 지속의 각각 다른 한 부분에서 증여한다는 것은 선험적이다.

동일한 초재적 개체를 지각하는 하나의 동일한 자아의 여러 지각은 순차적으로만 가능하다. 이들이 초재적 개체에 있어서 동일한 구체적 본질(혹은 내용의 동일한 절편)을 현실적으로 경험한다면 그렇다는 것이다.

위의 문장[39]은 이렇게도 표현할 수 있다. 모든 자아의식 흐름에서 하나의 지각은, 특히 모든 내재적 시간점에 있어서, 단 한 번만 등장할 수 있다는 것은 선험적이다. 동시적 지각은 서로 다른 사람의 지각일 수밖에 없

∴

38 아래 32행 이하(이 절에서 "위의 문장은 이렇게도 표현할 수 있다"로 시작하는 부분을 가리킨다) 정식화를 참조하라.

39 위의 12~16행(이 절의 위에서 "그렇다면 선험적 명제들을 확립할 수 있다"로 시작하는 두 문단을 가리킨다) 참조.

다. 이 사람들은 지각하면서 하나의 초재적 세계 및 시간에 속하는 하나의 동일한 초재적 사물과 관계하며, 그들 스스로가 서로 소통하는 정신물리적 '인간'이자 영혼으로서 이 세계 및 시간에 속한다.

*

동일한 (내재적이거나 초재적인) 대상을 그것의 동일한 지속에 있어서 경험하는 것으로서 반복할 수 있는 경험은 **기억**뿐이다. 그것도 모든 기억이 반복 가능하다.

내재적 구역의 기억은 [현재기억일 수 없고] 오직 과거기억과 미래기억일 수밖에 없다. 기억의 본질은 기억되는 것이 현행적 현전과 위치관계를 가진다는 것이다. 내재적인 것이면서 현전과 동시적인 것은 그 자체가 현행적 현전이고 내재적으로 지각된다. [이에 비해] 초재에 있어서는 현재기억이 있다. 그러나 이것이 일어나는 것은 어떤 과거기억이 하나의 대상을 과거 시간에 있어서 증여하고 이 대상이 현재까지 지속하는 것으로 정립됨, 즉 지각되지 않는 지속을 가짐을 통해서이다. 하지만 지각되지 않는 지속(지각되지 않는 현전)은 초재적 대상에만 있다.

하나의 **상상**은 [때로는] 어떤 지각의 무매개적 상상변양, 즉 현재상상이고 [때로는] 과거상상이나 미래상상이다. [과거상상이나 미래상상이라는] 후자의 경우에 이 상상은 기억의 상상변양이다. 기억은 현전을 원본적으로 주어진 것으로서 함축하는 의식의 연관 안에서만 가능하다. 기억 자체는 원본적으로 현전적인 작용이다. 기억의 상상변양은 현전의 상상의식을 유사 원본적으로 주어진 것으로 함축하는 어떤 상상연관 안에서만 가능하다. 그리고 이는 소급기억이나 선기억(예상)에도 적용된다.

직관의 구역에서는 이렇다. 비직관적 표상의 구역에도, 충족하거나 유사충족하는 직관으로 펼쳐질 가능성에도, 이와 유사한 것이 암묵적으로 적용된다.

두 상상은 서로 관계 맺지 않더라도 완전히 내용이 같은 채로, 동일한 의식 안에서 순차적으로 등장할 수 있다. 객관적으로 말하면 이러한 두 상상은 서로의 관계에 있어서 반복이다. 그러나 의식 자체에 대해서는 하나의 상상이 다른 상상의 반복이고, 새로운 상상은 이전 상상대상을 가진 이전 상상의 반복일 뿐이다. 즉 동일 대상을 새로 상상함일 뿐인데, 이것의 성격이 허구에 대한 어떤 상상 회상이라면, 혹은 유사적인 이전에—지각했음이라는, (비직관적이기는 해도) 어떤 회상 의식과 결부되는 상상이라면 그러한 것이다.

대상을 그것의 지속의 한 부분에 있어서 증여하는 초재적 지각은 이전 지속에 관련되거나 경험연관을 매개로 이전 지속으로 돌이켜 이끌어가는 어떤 지평의식을 함축한다. 반복되는 상상은 유사**기억**의 성격을 지니는 소급관련의 지평을 포함할 때에만, (허구물인) **동일** 대상에 관계한다. 여기에는 유사경험경과 안에서 밑그림 그려지는 경험이나 제약되는 확인이 없기 때문이다.

부록 57
경험 기반 상상과 상상 기반 상상. 경험세계와 상상세계
(1917년 집필 추정)

1) 현행적 경험(지각, 기억)에서 주어지는 현실을 이입작업하는 상상을 매개로 변형함.

2) 순수한 상상, 나름의 공간과 시간과 무규정적 세계지평을 지닌 유사현실적 사물성의 부상, 그리고 사물 자체에서 그것의 고유한 무규정적 지평.

a) '어른거리는 사물'을 그것의 지평의 일치되는 유사충족이라는 의미에서 **자유롭게 변형함**. 여기에서는 일치하면서 진행되는 변화도 가능하고 불변도 가능하다. 일치되는 이러한 변형(혹은 추가형성)의 비자발적 경과. 혹은 하나의 통일적 세계라는 이념 내부에서 하나의 세계의 상상적 형상화로서 자발적으로 형상화하는 상상.

b) 어른거리는 사물의 **재창조**. 이 말은 물론 자발적 창조를 가리킨다. 그러나 우선 비자발적인 것을 다시 취해보자. 이러저러하게 현출하면서 어른거리며 이러저러하게 존재한다고 규정되는 어떤 사물이 이와 '충돌하는' 성질을 지닌 어떤 다른 사물로 스스로 급변한다. 이것은 어떤 충돌인가? 1)의 사례를 비교해보자.

1)에 있어서는 현실성으로의 '이입상상', 경험에서 주어지고 직관되는 것의 상상적 변형은 모두 충돌의식으로 귀결된다. 상상적인 것은 '무실하다'. 여기에서 다음을 구분해야 한다. α) 유사경험되는 것인 상상되는 것이 경험되는 것을 겹치고 가리거나, 그 반대가 일어난다. β) 경험의 현행적 '정립(Thesis)'은 경험의 정립성(Positionalität)의 특성인데, 이것은 상상의 성격인 중립성과 관계를 맺게 된다. 그러나 이때 이미 '길항'이 있는가? 경험되는 것이 심상화되는 것에 맞서 일으키는 모순이 있는가? 그러나 여기에서 여러 가지를 해명해야 할 것이다.

이 노란 집이 내게 경험적으로 주어진다. 나는 이것을 파랗다고 '상상'한다. 나는 이것을 통일적으로 파란 것으로 스스로 표상한다. 이때 파랑은 경험에 의해 의식되는 노랑을 덮지만, '존재하는' 이 노랑은 파랑임에 저항한다. 이 파랑임은 여기(노랑임)에 덧붙여지고 그 위에 놓이지만 경험적 동기는 없다. 따라서 내가 이것을 여타 사물 규정과의 통일성 안에서 존재하는 것으로 가정립하려 든다면 삭제된다.

그렇다면 다음과 같지 않은가? **나는 스스로를 경험 기반 위에 세울 수 있고**, 경험되는 것, '존재하는 것'을 받아들이고 이것을 바로 그러한 것으로 포착하고 견지할 수 있다. 그다음에 나는 파랑을 이입상상하는데, 경험되는 사물로 들어온 이 파랑은 경험되는 노랑 성질과 길항하고 이 길항에 의해 '폐기된다'는 성격을 지닌다. 그러나 어떻게 그러한가? 바로 여기에서 "존재하는 것으로 정립하려는 시도", "집을 파란 것으로 보려는 시도"와 같은 것이 있고, 이렇게 가정립되는 존재자가 (이에 '대응하며' 따라서 이와 합치하는) 노랑 존재자와의 겹침 때문에 삭제를 겪기 때문이다. 여기에서 나는 경험 기반 위에 있다. 나는 내게 현실성으로서 제공되는 것을 포착하고 현실적인 것을 그 자체로 견지한다.

나는 스스로를 경험의 기반 위에 세우지 않으면서 상상의 기반 위에 세울 수 있는가? 나는 집을 비롯하여 모든 세계를 마치 파란 유리를 통해 보는 것처럼 '파랗다'고 생각한다. 물론 [상상 세계와 현실 세계를 포괄하는] '하나의' 세계 등을 생각하기 시작하면, 경험되는 현실성에 맞서는 모순이 생긴다. **그러나 나는 현실의 기반을 떠나서 오롯이 파란 세계를 직관하는 데 몰입하면서 이 세계가 마음에 든다.** 이제 이것은 유사현실성이다. 스스로를 이입상상되는 것의 기반 위에 세우고 이것을 유사현실성으로 취한다면, 여기 현실적 세계에서 뜯어낸 것은 상상되는 것이라는 성격, '마치'라는 성격을 얻는다. 이때 내게는 무실함 의식이 수행되지 않는다. 무실함 의식은 순수한 상상의식으로 가는 통로일 뿐이다(혹은 경험의식을 상상으로 변양하는 통로일 뿐이다. 이때 때로는 '마치'의 세계가 그 자체는 상상변양되지 않은 경험지평 전체를 인수한다). 경험에 결합하는 가능성이나 [경험으로부터] 완전히 자유로운 가능성에 대한 숙고와 구성은 모두 (만일 현실성이라는 기반을 고수한다면 이내 나타날) 현실성과의 충돌의식이 없다. 하나의 상상이라는 기반 위에 스스로를 세우고 유사현실성을 **그 자체로** 수용하고 고수하면, 이 상상 안에서, 즉 우리가 스스로 증여한 이 기반 위에서, 충돌, 덮임, 이미지 억압, 삭제가 다시 가능해진다. 앞서 이야기한 것은 모두 '마치'라는 기반에도 적용된다. 이제 상상의 자유로운 가능성이 무한하게 많은데, 이 상상은 때로는 서로 조화되지만, 때로는 서로 충돌하면서 (그중 어느 하나의 항이 기반으로 취해진다면) 서로를 폐기하고 서로를 '마치'로서 무실하다고 선언한다.

물론 여기에는 어떤 커다란 차이가 있다.

경험의 세계, 이것은 현행적 경험의 무제한의 체계이며 (이 경험이 지닌 경험지평이 다시 (새로운) 경험에 의해 펼쳐질 수 있기 때문에) 스스로를 계속 확장하는, 그러나 어떤 **제약된** 방식으로 계속 확장되는 견실한 체계이다.

이 체계 내부에 있는 자유의 구역, 그리고 자발적 변화의 구역은 나름의 방식으로 경계를 지닌 조그만 구역이다. 물리적 구역에서는 신체와 신체의 활동이 그것이고, 정신물리적 구역에서는 자유로운 심리적 작용의 구역이 그것이다.

하지만 상상의 세계는 철저히 자유로운 세계이다. 상상되는 모든 사물은 '유사'로서의 하나의 상상세계를 정립한다. 그러나 이 세계의 무규정적 지평은 특정한 경험 분석을 통해 펼쳐질 수 없다. 모든 유사펼침은 하나의 새롭고 자유로운 이입상상이되, 다만 일치성 양식을 지닌 상상이다. 상상의 특성은 **임의성**이며, 따라서 이념적으로 말한다면 무조건적 자발성이다.

하나의 지각의 지평은 일반적으로 밑그림이 넓게 그려지는데, 이는 기억의 채움에 의한 것이고, 또한 예상에 의한 것이다. 이 예상은 경험이 진행함에 따라 규정되고 때로는 교정된다. 이에 비해 상상이라고 부르는 유사지각에 있어서는 견실한 내용과 견실한 주제를 지닌 유사경험이 그려내는 이런 밑그림이 없다.

　상상에 있어서 가령 켄타우로스와 같이 여기 유사적으로 있으며 살고 있는 어떤 유사현실성의 기반 위에 스스로를 세운다는 것은 유사현실성을 받아들이고 고수한다는 것이고, 지속적 **일치성의 지향**에 의거해 추가적 상상의 임의성을 제한한다는 것이다. 따라서 바로 이 켄타우로스에게는 일치된 세계일 수 있을 하나의 세계를 창조한다는 것이다. 내가 켄타우로스를 유사현실성으로 받아들이고 고수한다면, 켄타우로스를 정립할 뿐 아니라 켄타우로스가 있는 하나의 공간과 하나의 시간을 정립하고, 무규정적 지평으로서 켄타우로스와 관계하는 하나의 주변을 정립한다. 그러나 이 지평은 오로지 한 가지 방식으로만 규정되거나 일의적이고 현실적으로 하나의 세계를 이루는 그러한 유형의 지평이 아니다. 〔다른 한편〕 어느 주체가 하나의 사물을 현실적으로 본다면, 이를 통해 그가 들여다보는 그 세계도 그에게는 무규정적이다. 그리고 이 사물을 둘러싼 주변은 이 순간의 조그만 시각장을 제외하고는 무한히 다양하게 규정될 수 있다. 그러나 이것은 그 자체로는 하나의 세계이며 일의적으로 규정된 하나의 유일한 세계이다. 경험이 이 세계 자체를 밑그림 그리고, 이 세계 자체가 어떻게 제약되는지를 제약한다. 이 세계는 임의적이고 자발적인 사태가 아니다.

　유사경험되는 켄타우로스의 유사세계도 무한히 다양하게 무규정적이다. 이것은 나의 현행적 경험 바깥의 현실적 세계가 그런 것과 마찬가지이다. 그러나 이 세계를 보다 상세히 규정할 수 있는 유일한 것, 즉 보다 상세히 규정하는(유사적으로 보다 상세히 규정하는) 상상은 제약되지 않는다. 이 상상은 자유롭다. 이 상상을 제약하는 것은 단지 어떤 세계 지평의 본질적 양식에 상응해야 한다는 것, 즉 바로 일치되게 서로 맞춰져야 하고 사물 통일체를 구성하며 이런 통일체의 통일적 연관을 구성해야 한다는 것이다. 이것은 무한히 다양한 방식으로, 그리고 **임의적으로** 가능하다. 모든 새로운 걸음은 무제한의 가능성을 제한하고, 이와 동일한 양식으로 다시 개방한다. 그러나 이에 비해 임의성도 상존하므로, 상상하는 자는 하나의 유사적으로 고정된 시작을 기반으로 자유롭게 계속 형상화할 수 있을 뿐 아니라, 창조적으로 변형하고 늘 새로운 세계를 창조할 수 있으며 주어진 세계를 재창조할 수 있다. 이전에 형상화된 세계와 일치되지 않지만, 이 세계 자체로부터 근본적 단편과 통일체를 부분적으로 전유하는 방식으로 재창조할 수 있다. 여기에서 독특한 현상은 이러한 모순에서의 재창조이다. 이는 화가가 자기 그림이 이전에 그려했던 바와 모순을 이루고 이전에 그러하기로 의도했던 바와 모순을 감수하면서, 이 그림을 변형하기로 마음먹는 것과 비슷하다.

부록 58

모사의 이론: 이념적 대상으로서의 허구물. 나아가 또한 미학적 평가의 대상에 대한 이론. 대상으로서의 현출

(1917년 집필 추정)

이미지대상(모사이미지)과 그 현출방식. 모사이미지인 작은 형상은 스스로를 '이미지'로 제공하는 견실한 현출방식을 지닌다. 조형적 형태에 대응하는 물상의 현출방식, 그것도 시각적 현출방식은 견실한 체계를 이룬다. 이미지대상이 변화하더라도, 물상은 불변하며 지속적으로 주어진다. 그러나 나는 사진이나 판화에서도, 그리고 모든 모사이미지에 있어서 다음에 유의해야 한다고 앞서 말했어야 했다. 모사이미지와 주제를 구별하고 대비할 뿐 아니라, 모사이미지에 있어서도 해당 이미지대상 자체, 그것의 물상, 물상의 현출방식을 구별하고 대비해야 한다.

이미지에 있어서는, 이미지대상으로 이해되는 모사이미지의 '존재'는 존속하고 잔존한다. 이러한 존속, 이러한 불변의 잔존은 이미지대상이 불변함을 뜻하지는 않는다. 그것은 영화의 모사이미지일 수도 있는 것이다. 마지막으로 어떤 조형적 형상이 달리는 사람을 현시할 때면 이미지대상은 바로 녹색의 작은 주자(走者)이되 물론 달리기의 한 위상에서 그러하다. 이는 데모스테네스의 흉상이나 전신 조상이 가령 어느 위상에서의 이 웅변가를 현시하는 것과 같다. "그는 방금 연설을 끝냈다"라거나 "방금 연설을 시작했다"라거나 "말하고 있다"라는 것을 현시하는 것이다. 주제는 도외시하고, 이미지대상 자체가 의미에 있어서 어떻게 의향되는지를 숙고해야 한다. 바로 연설하고 있는 연사로서 의향되는가? 그러나 이것은 주제가 아닌가? 그러나 이것은 연설하는 작은 인간이 아닌가? 그래서 이것은 그래도 어쨌든 존속하는 물상으로 주어지는 하나의 주제이다(멈추거나 변하는 물상. 나아가 영화관에서는 단지 물상이 아니라 현상적 인과성의 경과가, 즉 완전한 사물성이 작동한다). 그러나 유의해야 할 것은 소여방식이나 현출방식은 견실하게 닫혀 있다는 것이다. 물론 이것[소여방식이나 현출방식]도 상상을 가로질러 계속 나아가면 이것을 넘어서 나아갈 수도 있는데, 내가 달리기나 연설 등의 상상으로 이끌려 들어갈 때 그러하다. 그러나 모사이미지에는, 이러저러하게 현출하는 이미지대상에는, 그리고 그 안에서 주어지는 주제 자체에는 어떤 종류의 존속하는 존재, 동일한 존재가 배정되는가? 내가 영화적 현시를 **되풀이** 경과하게 하면, (주제와의 관계에 있어) 이미지대상은 자신의 현출방식의 '어떠함'에 있어서 주어지고, 이러한 각각의 현출방식 자체는 동일한 어떤 것으로 주어진다. 물론 내가 기계적 장치로 하여금 피아노곡을 여러 차례 연주하게 할 때도 마찬가지이다. 마지막으로 내가 극장에서 〈돈 카를로스〉의 반복적 현시(공연)를 들을 때도 그렇다. 그러나 이는 '정지한' 이미지에서도 마찬가지이다. 내가 작은 형상을 볼 때마다, 이미지대상은 동일한 대상이고 그것의 각각의 현출방식도 그러하다. 주자와 그의 모든 현출방식도 그렇다. 청동으로 만든 이 사물은 사물적으로는 불변하고 시간 안에서 객관적으로 지속한다. (이미지주제로서의) 주자는 이와 다른 시간과 다른 공간에 속한다. 그것은 허구이다. 그러나 그가 속하는 시간 위상은 '현시'될 뿐이지, 시간 안에서 존속하지 않는다. 그것은 실재적으로 지속하는 위상이 아니라, 바로 그저 하나의 위상이고 내가 아무리 자주 보더라도 늘 되풀이해서 동일한 위상이다. 마찬가지로 모든 각 현출방식은 하나의 지각위상에 속하고, 또한 내가 아무리 자주 감상하더라도 계속해서 같은 지각위상이며, 따라서 그 자체로 모사되는 위상이다. 이것은 **회상**—재현에서와 같다. 나는 회상을 통해 동일한 과거와 과거 위상으로 돌아갈 때마다 늘 다시 동일한 것을, 즉 수적으로 동일한 것을 발견하되, 이것을 이전에 있던 동일한 것으로 정립한다. 이때 모든 현출방식도 역시 이전에 있던 현출방식으로 현출한다. 그런데 이때에도 어떤 기억이미지가 있는가? 그러나 여기에서 모사의 경우에는 정립이 아니라 유사정립이 있다. 다른 한편 모사이미지와 그 현출방식을 모사적인 것으로서 정립한다면, 이것은 기억 정립도 아니고 재현되는 것의 정립도 아니며, 허구물의 정립이다. 허구물은 태도 변화에 의해 포착 가능한 **이념적** 대상성이다. 그러나 물론 이것은 어떤 종을 이루지는 않는다!

가치로서의 이념적 대상과 허구물 등

원본적으로 주어지는 것을 향유하면서, 나는 어떤 조형적 형상을 바라보며 이 모사이미지를 뚫고 투과현출하는 원본이미지를 직관하지만, 다만 그 〔모사이미지〕 안에서 현시되는 것으로 직관한다. 미적 쾌는 이러한 모사이미지, 이러한 현출방식으로 주어지는 모사이미지 안에서 **스스로를 현시하는 것 자체**로 향하고 **오직 이러한 한에서, 그리고 이러한 방식으로 이 현시되는 것**에 관계하되, 〔원본이미지의〕 현시되는 계기, 즉 현시하는 〔모사이미지의〕 해당 계기에서 현시되는 〔원본이미지의〕 계기(그리고 계기의 '어떠함')에 의거하여 그렇다. 그러니까 나는 모사하는 허구의 현출 체계를 훑으면서 이 현출 안에서 현시하는 모사의 '어떠함'을 주시한다. 나는 '모방'이나 '현시'에 즐거워한다. (이것은 **규정하는** 가치평가이다. 나는 〔대상을〕 경험하고 판단할 때 이 대상을 규정하면서 따라가는데, 가치도 그렇게 규정하면서 따라간다.)

이때 나는 실존에 관심이 없는가? 어느 정도까지 관심이 없는가? 현시되는 것 자체의 실존에는 관심이 없다. 그러나 이 현시되는 것의 이념적 현시의 실존에는 관심이 있으며, 이때 현시되는 것의 실존을 정립하더라도 가치의식에 있어서는 아무 기능도 하지 않는다.

그래서 우리는 모든 가능한 대상성에 있어서 한편으로는 이것 자체를 현실적인 것(추정적으로 있는 것 등)으로 평가하거나, 아니면 그것의 현출방식을 가치평가한다. 혹은 현실성 여부는 고려하지 않고 이것을 이러저러하게 현출하는 것**으로서** 평가한다. 이렇게 한다면, 어떤 종류의 변양이 또한 고찰되어야 하는가? 나는 현실적 대상에 관심이 없다. 그러니까 지향은 인식지향이 아니어서, 이 대상의 모든 면이 충족되기를 향하지 않고, 모든 각 면에 있어서, 그리고 일반적으로 이 대상이 과연 무엇인지를 향하지 않는다. 그러니까 이 사물이 자신의 존재에 의거하여 나를 그리로 밀어 넣는 자연 일반으로 향하지 않는다. 현출방식 자체(그것의 소여방식에 있어서 정향되는 도식)는 개체적으로, 그것의 순간적인 인식기능에 있어서, 그리고 심리적으로 고찰되는 것이 아니다. '아름다운' 대상, [가령] 거기에서 보이는 이 산은 바로 '이 전망'을 가지는 한, 늘 동일한 아름다움을 지닌다. 그리고 내가 그리로 가서 거기에서 산을 보는 한, 나는 미적으로 동일한 전망을 가진다. 이것은 동일한 '이미지'이다. 이 '이미지'는 (가령 시간 안에서 지속하는 어떤 실재적인 것이 아닌) **이념적** 대상이다. 산은 이 이미지를 지속적으로 제공하지만, 이 이미지 자체는 지속하는 것이 아니다.

외부 지각의 경우 (사물의 상태로서의 실존을 지니는) 순간적 물상의 현출방식이 어떤 종류의 존재를 가지는지 정확하게 숙고해야 한다. 정향된 물상도 주관적 시간의 연관 안에서 실존하고 존재한다. 그리고 그것의 현출방식은 (한갓된 물상구성과 관계하는) 현시층위에 있는, 즉 음영으로 파악되고 물상 구성을 위해 기능하는 순간적 음영이다. 그런데 이러한 현출방식 자체도 [사물보다] 더 낮은 단계의 대상성을 통한 사물 구성에 있어서 모든 구간이 그런 것처럼, 다시 개체적으로 존재한다. 이 모든 것은 자신의 층위에서 개체적으로 실존하고 그러한 실존으로서 구성된다. 그렇지만 보다 낮은 단계의 대상성을 객관적[대상적] 자연으로 들여놓는 것은 물론 무의미하다. 이것[낮은 단계의 대상성]은 간접적으로만, 즉 해당 주체 작용, 해당 지각이나 '가능한' 지각의 그때그때 '내용'으로서만 자연화할 수 있다. 가능한 지각의 대상인 이것은 순간적이고 현실적인 소여와 독립적으로 대상성을 지니며, 이것의 존재는 ('한갓 주관적'임에도 불구하고) 그것의 순간적 직각됨이 아니다. 그렇다면 현출방식은 세심하게 구별된다. [한편으로] (현실적인 여러 주체에게 현실적인 것으로 주어지는 현출방식 외에도) 현실적인 각 [개별] 주체에게 현실적인 '그 자체로' 존재하는 현출방식이 있다. (다른 한편으로] 임의적으로 꾸며낸 주체(혹은 현실성이 규정되지 않는 주체. 그러나 이 현실성은 주어진 공간과 주어진 시간에, 즉 주어진 세계에 관계하고 이와 더불어 그 앞의 현실적 주체에 관계하며 이것에 제약된다)가 가질 현출방식이 있다.

그러나 그때그때 주어지는 사물에 어떤 미적 가치평가가 향한다면, 이러한 현출방식이 이처럼 '존재'한다는 것, 그리고 현실적 주체(그리고 꾸며내서 세계로 투입된 주체)에 제약되고 이를 매개로 자연공간, 자연시간, 자연세계에 제약된다는 것에는 의문의 여지가 없다. 그래서 현실적 대상이 가상 대상이 되고 따라서 현실적 현출방식이 비현실적인(즉 그 존재층위에서도 실존하지 않는) 현출방식이 되더라도, 아름다움의 가치평가의 대상은 변하지 않는 것이다. 그렇다면 존재하는 아름다운 것, 한갓된 허구, '이미지'가 있는데, 이는 이념적 대상이지 (현실적 현출방식 자체를 '실재적'이라는 이름으로 포괄한다면) '실재적' 대상은 아니다. 이때 주의할 점은 이에 해당하는 아름다움 가치는 내가 인상에 의해 소유하면서 향유하는 현출방식에 있지 않다는 것이다. 향유되는 가치는 향유되지 않더라도 있을 수 있는 가치 자체가 아니다. 그래서 여기 해당하는 가상이 더 이상 내게 없더라도 그 가치가 내게 잔존하고 내가 기억이나 허구에 의해 이 가치를 다시 산출할 수 있다면, 비록 이런 재현이 완전한 소여를 산출하지는 못하더라도 나는 이 가치를 다시 소유하고 다시 향유한다. 그러나 재현이 완전히 직관적이라면, 같은 일을 할 수 있다. 그것이 재현이라는 것은 이와 무관하다. 그래서 하나의 종을 포착하는 것과 비슷하지만, 다른 한편 현출방식이 종이 아님은 분명하다. 또한 이와 관련하여, 내가 (입체경에서) 어떤 가상을 인상에 의해 되풀이 소유할 수 있을 때, 이 아름다움, 이 아름다운 것, 이 가치가 동일한 것이지, (마치 입체경 가상물과 그것의 현출방식이 시간에서 지속하는 것인 양) 실재적이라는 의미에서 개체적이지 않다. 여기에서 주어지는 지속이 어떻게 기능하는지 해명하는 것은 어렵지 않다. 모든 현출방식, 어떤 정지의 현출방식이나 어떤 변화의 현출방식은 지속하면서 이런 지속에서 미적이 될 수 있다. 그러나 이 경우 지속은 이념성에 속한다.

부록 59
예술론. 완전히 규정된 것으로 주어지는 세계와 시간. '옛날 옛적에', 어디에서인가, 언제인가. 모든 예술은 두 극단 사이에서 움직인다. 현실주의 예술과 이상주의 예술
(1916년 혹은 1918년 집필 추정)

미학(예술)에 관하여

예술가, '시인', 선지자, 예언자, 지도자, 이야기꾼, 음유시인.

작가는 주어진 세계와 주어진 시간이 모든 이에 대해 지니는 무규정적 지평으로 형상을 투입하여 이 지평을 규정하고 채운다.

하나의 세계와 시간에 있는 독자와 작가. 두 개의 극단은 다음과 같다.

a) 주어진 세계와 시간이 지금의 우리에 대해 (실제 세계는 아닌) 우리의 주변으로서 완전히 규정되어 있을 수 있다. 예를 들어, 오늘날의 베를린은 우리에 대해, 나아가 베를린 시민 자신에 대해 그렇게 규정되어 있다.

b) 극단적인 반대 경우. 옛날 옛적에, 어디에서인가, 어느 우화의 나라에서, 어느 시간에서인가, 어느 세계에서인가. 그곳의 동물적 존재나 심지어 자연법칙 등은 완전히 다르다.

모든 예술은 위의 두 극단 사이에서 움직인다.

A) 이미지예술: 이미지 안에서 현시하고 모사하고 이미지의식을 통해 매개한다.

B) 순수하게 상상적인 예술. 한갓된 중립성 변양 안에서 상상 형상을 산출한다. 적어도 구체적 이미지는 산출하지 않는다. '옛날 옛적에'는 현행적 지금 및 세계와 여전히 관계 맺는데, 이 세계와의 충돌이 이미지를 내비칠 수도 있지만 이 이미지가 직관되는 이미지대상을 구성하지는 않는다. 음악. 유희하는 상상.

현실주의〔실재론〕 **예술**(문학, 회화, 조각). 우리는 슈니츨러[40] 같은 현실주의 문학에 제한한다.

하나의 주어진 세계와 시간의 무규정적 지평으로, 구체적으로는 〔가령 슈니츨러의 문학에서〕 하나의 주어진 도시인 빈으로 일련의 사건이 투입되어 상상되고 생생하게 현시된다. 그러나 〔이 사건은〕 서술되는 것이 아니라, 우리가 어떤 상황이나 어떤 삶의 운명 등을 '마치'에 있어서, 마치 우리가 거기 있는 것처럼 함께 체험할 수 있도록 상정되는 것이다. 그래서 우리는 '흡사 관찰자'이다. 우리는 그 사회에 흡사 더불어 있다. 말과 이미지를 통한 모든 현시에 속하는 이러한 '더불어 삶'과 이러한 관찰자임의 기술(記述). 모르는 '낯선' 나라를 서술할 때 우리도 거기에 있게 된다. 그러나 서술하는 여행자가 함께 정립되며, 우리는 이를 추이해하고 그의 묘사로 우리를 이입한다고 의식한다. 문학에서 작가는 서술자도 아니고, 추이해하는 현행적 공동체험자〔독자〕도 아니다. 작가가 아니라 문학작품이 추이해된다. 이것은 학문적으로 이해해야 하는 독특한 사정이다. 이 경우

[40] 아르투어 슈니츨러(Arthur Schnitzler, 1862~1931)는 오스트리아의 극작가이자 소설가이다.(옮긴이)

반드시 이미지가 생기는가? 즉 모든 문학에서 이미지의식이 생기는가? 발화되는 단어, 서술하는 단어, 혹은 현시되는 인물이 말하는 단어는 이미지 단어인가?

사람이 하는 말을 통한 그 사람의 묘사 및 자체현시. 말을 통한 자체현시와 행위의 서술을 통한 자체현시.

현실주의의 의도는 이렇다. 풍경, 사람, 인간 공동체, 운명, 운명의 착종을 최대한 완전하게 '특징적' 구체화로 현시하는 것. 마치 우리가 이들을 보는 것처럼, 이들과 관련된 모든 것을 넓게 펼쳐진 틀 내부에서 함께 체험하는 것처럼. 그것도 최대한 포만하고 풍요롭게, 이들 존재의 실질에서부터, 그리고 이들의 가장 내밀하지만 직관적인 동기에 의거하여. 특징적인 것. 세계의 이 부분, 즉 〔빈과 같은〕 이 도시 등에 있어서 시대의 어떤 상황, 시대, 문화수준, 생활방식, 생활형식을 특징지으면서. 폰타네[41]가 그린 베를린의 특성과 슈니츨러가 그린 빈의 특성. 이는 현실성에 대한 순수한 관찰의 관심, 그리고 세계의 주어진 한 단편이 지닌 특징과 전형에 대한 순수한 관찰의 관심이 우리를 인도하는 것과 같다. 슈바르츠발트 지역의 특징적 농가와 슈바르츠발트 경관 등.

이런 묘사는 경탄할 만한 예술일 수 있다. 구체적인 것을 그것의 동기와 그것의 전형적 재현 방식에 있어 철저히 조명하면서 저 구체적인 것을 직관하는 기쁨, 그리고 우리가 이것을 들여다보게 하는 예술에 대한 기쁨. 본래적 의미의 테오리아. 이해하며 응시하는 기쁨, 그리고 이와 상관적으로 어느 한 시대의 특징적 부분인 구체적 전형을 들여다보고 이해하는 **이론적** 관심. 예술적 경험주의 혹은 실증주의.

∴

41 테오도어 폰타네(Theodor Fontane, 1819~1898)는 독일의 소설가이다. (옮긴이)

여기에서는 아름다움을 말하지 않는다. 그러나 아름다운 것이 어떤 매력으로 등장할 수도 있다. 전기와의 유사성, 그리고 한 시대와 그 인물 등의 역사적 특징 묘사(개인적 특징 묘사)와의 유사성. 그러나 여기에서는 아무것도 지어내지 않고 서술할 따름이다. 현실주의 예술은 한 시대의 전기, 시대의 여러 층위의 전기의 일종이기도 하다. 이런 예술은 특징적 '이미지'를 통해 묘사한다. 허구물을 구축하는데, 여기에서 시대의 특징적 전형이 현시된다. 학문이 아니라 예술이지만, 지식도 전달한다. 이런 예술은 상상적 형상을 산출하되, 시대와 세계적 시기의 전형으로서 산출한다.

현명한 통찰력이 지니는 이해 및 사려를 제공하는 직관적 구성물에 대한 기쁨. 여기에는 '냉철함', 즉 시간과 경험에의 제약이 있다.

이상주의〔관념론〕문학. 이상주의 작가는 세계와 생의 경험적 지대에 있는 사실과 전형만 직관하는 것이 아니라 이념과 이상도 직관하며, 이러한 직관을 통해 이것을 가치평가하고 가치로 설정한다.

현실주의자도 인간이 이상을 가지고 이상에 의해 인도되는 것을 묘사할 수 있고, 어느 인간 계층이나 신분이 이념에 의해 실천적으로 규정되는 것을 묘사할 수 있다. 그러나 현실주의자는 실증주의적 태도를 취한다. 그가 관심을 가지는 것은 전형적 사실이고, 다른 무엇보다도 경험적 유형이다.

그러나 이상주의 작가는 **규범적** 태도를 취한다. 그는 구체적 이미지 안에서 가치유형을 현시한다. 혹은 가치가 형상에서 '구현'되고 실재적 유사 상황에서 무가치에 맞서 싸운다. 그는 가치만 현시하거나 선악의 투쟁만 현시하는 것이 아니다. 그는 도덕을 논하거나 설교하지 않으면서도 우리 마음에서 선(善)에의 사랑에 불을 붙인다. 그는 아름다움을 매개로 이러한 사랑을 승화시킨다.

아름다움을 사랑하는 예술은 무엇보다도 특징을 사랑하고 실증성을 사랑하는 현실주의 예술과 대비된다. 그것은 특징적인 것 자체가 아니라 아름다운 것을 추구한다. 물론 모든 예술은 '미적'이다. 모든 예술은 구체적으로 직관되는 것에 대한 기쁨이다. 그러나 모든 예술이 아름다움을 추구하는 예술은 아니다. 나아가 아름다움을 추구하는 예술이 모두 이상을 묘사하고 아름다움을 통해 승화하는 이상주의적이고 규범적인 예술도 아니다.[42]

이보다 높은 단계에서는 예술은 철학적이고 형이상학적일 수도 있는데, 이는 아름다움을 통해 우리를 선의 이념으로, 신으로, 세계의 가장 깊은 근거로 고양하면서 이와 합일시킨다.

현실적 전형을 지닌 현실적 세계에서 이념의 세계를 통찰하고, 현실적 전형을 이상적 전형으로 대체한다. 이러한 이상적 전형은 현실적 전형에서 온전하게 실현되지 않았으나, 현실적 전형을 관통하여 신성을 향해 계속 추구하고 그리로 오르기 위해 분투하는 것이다.

부록 60

허구물과 예술적 허구물을 예술작품으로 객관화함.
감정이입과 정신적 대상의 객관화

(1926년 집필 추정)

자연(실재성으로서의 동물을 포함하여 실재성 일반), 여기에서 우리는 준거

..
42 이 문단에서 통상적이지 않거나 후설의 조어인 단어는 어원을 고려하여 다음과 같이 옮겼다. philokalistisch(아름다움을 사랑하는), philocharakteristisch(특징을 사랑하는), philopositivistisch(실증성을 사랑하는), kallistisch(아름다움을 추구하는).(옮긴이)

점으로서 어떤 특출한 인식주체를 상상하지 않는다. 모든 임의의 주체가 인식주체일 수 있는 것이다. 나는 몰아지경에서 자연으로 전향하여 자연을 탐구하면서, (경험하는 자들의 공동체로부터) 모든 주체를 지워버리는 것을 상상할 수 있고, 나 자신도 임의의 다른 자로 대체할 수 있다.

이에 대비하여 온갖 유형의 인격이나 인격적 공동체뿐 아니라, 온갖 가치와 작품도 '주관적으로' 있다. 즉, 특정한 주체와 주체 집단을 소급지시하면서 그 고유한 의미에 어울리게 있다. 물론 평가할 수 있는 가치질료를 지니는 모든 이성적 존재는 참됨으로서의 가치론적이고 실천적인 '존재'를 가치평가할 수 있다. 그러나 어떤 가치를 정립하는 것은 이와 동시에 이 가치를 평가하면서 구성하는 주체를 정립하는 것이라는 데에는 변함이 없다. 다만 전제해야 할 것은 이때 가치가 그 자체로 주체가 아니라는 것이다. 만일 그렇다면, 우리는 〔가치 정립을 통해〕 이미 어떤 주체를 정립하는 것이다. 이 점은 작품에서는 자명하다. 예술작품, 이미지작품, 문학 등에서는, 이것이 작품이라는 점을 도외시하면, 아름다운 현출과 더불어 〔이에〕 민감한 사람을 환기할 것이다. 이 사람이 더 상세히 규정되지 않더라도 말이다.

그러나 여기에서 좀 더 살펴보아야 한다.[43]

즉, 작품으로서의 가치를 도외시하고, 어떤 예술적 형상이 지닌 아름다

43 이하에서는 예술작품만 논할 것이다. 이것은 객관화하는 허구의 산물이자 허구물을 구현하는 창조이다. 그리하여 (추이해할 수 있는) 모든 사람은 이 추상상되는 것을 예술가가 (〔수용자의〕 이러한 인수를 의도하며) 산출한 것과 '동일한' 허구물로 인수해야 한다는 요구를 받는다.
그 전에 논의해야 할 것은 개별 주체의 상상과 공동체의 상상의 차이일 텐데, 〔후자는〕 객관화로의 전향이다. 이것은 꾸며낸 것을 정립적 현실성으로 받아들이는 것, 자발적으로 동일성으로 견지되는(때로는 그다음 '상상의 진전'에 있어서 계속 형상화되는) 대상적 허구물로 받아들이는 것이다.

움의 객관성. 작품의 아름다운 내용(문학적으로는 가령 언어 형상에서 제공되는, 어떤 이상적 인간성의 상상적 창조). 이 아름다운 것에서 객관적으로 아름다움은 무엇인가? 가령 상상의 개체성이 이미지에서 유사소여되고, 유사발화하는 사람에 의해 서술되고 표기된다. 반복되는 작용에 의해 동일화되고, ('작품의 견본'으로서 각각 상이한 개체인) 책에 대한 반복되는 독서에 의해 동일한 것으로 포착된다. 상상에서 나는 유사소여되는 것을 동일화하고 동일한 것으로 정립한다. 그러나 이 구성체는 실제로 동일한 구성체이고 그것의 미적 가치는 동일한 가치이다. 이 동일한 아름다운 구성체가 (순간적 상상함의 상관자로 이해되는) 상상되는 것 자체는 아니다. 또한 (개체적 사례로부터 추상하는) 어떤 추상되는 일반적 본질도 아니고, 어떤 범위를 가지는 일반자도 아니다. 나는 상상되는 주제를 동일한 주제로, 그리고 현출방식을 동일한 현출방식으로 지속적으로 의향한다. 시의 낱말의 울림은 작시된 것 자체와 마찬가지로 동일한 것이고, 그 안에서 현시되는 상황은 그 정신적 현시의 '어떻게'에 있어서 동일한 것이다. 서로 다른 사람이 서로 다른 낱말의 울림으로 그것을 읽고 서로 다른 주관적 상상 안에서 그것을 표상하더라도, 그것의 내적 독서, 그것의 외적 낭독 등은 오로지 시 자체에 속하는 울림만 재생한다. 물론 실러의 시에서 실러의 억양, 그의 슈바벤 억양이 의향되는 것은 아니고, 괴테의 시에서 프랑크푸르트 억양 등이 의향되는 것도 아니다. 그 언어체에 있어서나 '정신적' 내용에 있어서나, 시는 분명 하나의 **이념**이다. 이 이념은 독서에 있어서 다소간 완전하게 현행화되고, 이념적으로 무한하게 다양한 방식으로 현행화된다. 이 '객관적' **이념**은 **개체적**이다. 여기에는 자신의 **시간성**, 즉 예술가가 그것을 근원설립한 시간성이 있는 것이다. 이것은 특히 언어적 표현에 있어서 그러한데, 언어적 표현은 어떤 이상적인 것을 상호주관적으로 접근하고 동일화할 수 있게 하는 유일한 것이다.[44] 이에 의해 이러한 모든 객관적 이념은, 그리고 특수하게는 어떤 표현과 합일되어 그 자체로 아름다운 것, 객관적으로 가치 있는 것인 모든 객관적 이념은 객관적으로 하나의 **작품**이다.

어떠한 상상을 하더라도 상상되는 것이 있고, 상상에 몰입하면 어떤 상상되는 현실이 있다. 그러나 현행적 주체인 우리가 존재적 의미에서 가지는 '상상'은 개체적으로 동일화 가능한 것이고 반복적으로 같은 것이다. 예를 들어 하나의 '허구물'은 하나의 대상성인데, 〔가령〕 내가 되풀이 상상한 이 동일한 정령이다. 정령은 현실적으로 존재하지 않지만, 이 **상상의 정령 자체**는 상상 직관을 반복하여 동일화할 수 있다. 우리는 같은 내용을 가진 여러 상상을 그저 수행하는 것이 아니라, 상상되는 것을 '반복에 의해' 하나의 동일한 것으로 정립하고 이 동일한 것을 의향한다. 이것은 어떤 실존의 하나의 동일한 가능성이고, 어떤 '마치' 실존의 하나의 동일한 견본이다. 더 이상 '이것을 생각'하지 않게 된 다음에도, 우리는 나중에 회상을 통해 내키는 대로 자주 이것을 다시 붙들고 이리로 돌아간다. 그래서 나는 어제 상상한 '그' 정령을 회상할 수 있다. 나는 동일한 것(개체적 이념)으로서 평생 나를 따라다니는 상상대상을 가질 수 있다.

그러나 허구라는 영역에 있는 이러한 '정립 없는' 대상의 본질에 대한 면밀한 분석이 필요하다. 대상 정립은 타당성이 계속 유지되는 정립이다. 반복이 동일한 허구물이라는 대상에 대한 의식, 즉 정립이라면, 이런 반복 자체가 이전에 설립한 타당성의 재수용이다. 그러나 다음과 같은 일은 '파

:

44 다음에 유의하자. 나에 대해 〔어떤 것을〕 고정시키는 객관화. 체현은 직각적 **이미지**에서 근원적으로 생생하게 형상화되는 허구물을 가능하게 한다(조형예술, 감성적으로 직각적인 이미지의 예술). 또한 나에 대한 언어적 예술작품. 그러면 감정이입을 통해 추이해되는데, 일단 즉각적으로 인수되며, 다음에는 가치평가와 관련하여 억제, 비판, 거부 등이 뒤따른다.

지'로서의 지속타당성에 통상적이다. 즉, 상상에는 통일적 유사파지가 있고 (중립성인 상상태도에서의) 반복에는 지속적인 유사파지가 있는데, 허구물을 객관화하는 태도변경에서도 마찬가지이다. 그러나 정립적 삶으로 돌아오더라도, 지속타당성이라 불리는 저 '무의식적이고' 습관적인 파지를 아직 수행하지는 않는다. 이전의 상상함과 상상된 것에 대한 회상이 곧바로 재수용이나 공동수행은 아니다. 이러한 재수용과 공동수행이 이루어지는 것은 애초부터 허구물을 우리에 대해 **머무는** 대상으로 정립하고 [나아가] 자발적으로 그렇게 만들고 창조할 때뿐이다. 혹은 같은 말이지만, 우리가 머무는 타당성 안에서, 그것을 개체적 동일자로서 우리에게 타당한 어떤 것으로 정립할 때뿐이다. 그러나 이 말은 과거에 있었던 이전의 상상함을 다시 수용하여 이어갈 수 있다는 것이다. 이를 통해 하나의 꾸며낸 세계와 여타 가능한 세계 사이의 특수한 종합, '연관', 동일성이 생긴다.

내용이 같지만 서로 분리된 순차적 지각이 **하나의** 의식에서 등장한다면 (이는 이전 사례에 대한 기억의 방식으로만 가능하다), 이들은 여러 차례 지각되는 동일한 것에 대한 하나의 의식의 토대를 이룬다고 해야 하지 않을까? 의향되는 내용의 완전한 같음은 물론 지평도 포괄한다. 상상에서도 마찬가지이다.

이는 예술작품의 내용에도 적용된다. 그것은 상상의 구성체이고, 현출방식이 동일한 상상되는 것으로, 견실한 타당성에 머무는 것, 허구물, 대상으로 정립된다. 이러한 동일성에서 이것은 현실적으로 아름다운 것이다. 내가 동일화하는 것, 내가 머물며 타당한 대상으로 정립하는 것은 상호주관적으로도 대상으로 정립될 수 있다. 그러면 대상으로서 이념적으로 동일한 허구물은 어떤 상호주관적 대상이며 상호주관적인 이념적 실존을 가지는 것이다. 우리 모두는 작품의 물리적 구현을 통해 이 작품이 실재적이고 객관적으로 존재한다면 이러한 대상을 전유할 수 있다. 그러니 최종적으로 우리는 창조하는 주체로 소급하여 인도된다. 이 주체는 머무는 대상인 허구물을 규정하고 창조한다. 나아가 이 주체가 제작하는 어떤 대상은 이해할 수 있는 누구에게나 견실한 방식으로 정신적인 이념적 구성체를 일깨우고, 내적으로 전유되고 소유될 어떤 머무는 것이라는 의미에서 이것을 지시한다. 따라서 허구물을 어떤 대상으로 정립하라는 요구를 모두에게 제기하는 것이다.

유고 19

순수한 가능성과 상상

(1922/1923년 집필 추정)

**a) 오직 상상하는 유사경험에 의해 구성되는 순수한 가능성
—대상으로서의 가능성, 반복적 유사경험에서 반복적이고
명증하게 포착할 수 있는 동일한 가능성으로서의 가능성
—상상은 실은 개체 그 자체를 재생할 수 없다**

상상의식은 변양된 의식이다. 우리의 이해에 따르면, 이 의식은 실제로 경험되거나 지각되거나 기억되지 않는 대상성을 마치 경험되는 것이나 마치 경험되었던 것처럼 의식하는 것이다. 상상되는 것은 '마치 존재하는 것'으로 의식된다.

상상되는 것은 이러저러한 것으로, 어떤 의미를 지니는 '존재하는 것'으로 유사경험된다. 이 의미는 다소간 규정된 것이나 다소간 열린 것(미규정적인 것)일 수 있다. 이 의미는 수동적 상상에서는 '저절로' 상세규정될 수

있다. 고유한 내용이나 의미에 있어서, 또 개체적 연관에 있어서, 즉 동시적 연관이나 선행하는 연관이나 후행하는 연관에 있어서 그렇게 상세규정될 수 있다. 그러나 상상되는 것이 자신의 의미에서 벗어나 다른 의미로 들어가고 그 의미의 계기가 서로에게로 이전하되, 이 변화의 방식이 하나의 의미라는 통일체에 속하지 않는 변화일 수도 있다. 이것은 다음과 같이 이해할 수 있다. 가령 어떤 상상 형상이 저절로(수동적으로) 이러저러하게 '구축되며' 떠오른다면, 나는 이 유사경험되는 것을 (무규정적 지평을 지닌 채) 먼저 제공된 통일적 내용에 있어서 상상하면서 인수할 수 있다. 이제 나는 유사경험을 계속 진행하면서 이것을 이런 의미를 가진 것으로 포착하지만, 국부적으로 새로운 의미 내용이 밀려 들어와 이전 내용들 위에 덧칠하고 이들을 대체한다. (가령) 빨강이라는 규정이 파랑이라는 규정으로 도약하고 파랑으로 이행하지만, 나는 이것을 대상적 변화이자 유사경험되는 변화로 의향하지 않는다. 가령 나는 변하지 않은 빨강에 초점을 맞춘다. 마찬가지로 누군가의 머리가 (상상에서) 금발로 경험되다가 이제 갈색이 밀려 들어오고, 그의 눈은 푸르게 경험되다가 이제 갈색이 된다. (그런데도) 이것이 변화로 '경험되지' 않는 것이다. 내가 이전 의미의 대상을 고수하면, 어떤 충돌이나 불일치가 생길 것이다. 그러나 상상의 특성은 어떤 의미를 지니는 유사경험되는 것이 떨어져 나갈 수 있다는 것, 혹은 그것의 의미가 국부적으로 떨어져 나가고 그 대신 어떤 다른 의미, 어떤 변화된 의미가 수용되고 때로는 자의적으로 대체될 수 있다는 것이다.

다른 한편, 나는 상상되는 것을 여기 이것으로 포착하여 동일한 것으로 견지할 수 있고, 유사경험을 진행하면서 이 동일한 것에 이것의 어떠함과 생성의 내용을 지시할 수 있다. 이런 일은 때로는 수동적으로 제공되는 내용 변화를 '경험되는' 변화로, 혹은 경험되는 상세규정으로 인수함으로써 일어나지만, 때로는 자의적 상세규정, 자의적 형상화와 변경을 통해서 일어난다. 이때 나는 이러한 수동적으로 일어나게 놓아둠과 능동적으로 형상화함의 자의성에 있어서, 통일성 종합이나 동일성 합치로 귀결되는 노선을 고수할 수도 있다. 다시 말해, 하나의 동일한 대상이 일치되는 의미를 지니고 유사경험되는 노선을 고수할 수도 있다. 그러면 나는 이를 통해 어떤 '가능한 대상'을 구축하는 것이다. 이렇게도 말할 수 있다. 내가 공허하게나 직관적으로 (다소간 명료하게) 떠오르는 것을 바로 이것으로, 나에 의해 자의적으로 계속 형상화되거나 변형되는 의미를 지니는 이것으로 정립한다면, 그리고 어떤 유사경험되는 것으로, 유사경험에 의해 증시되는 것으로 정립한다면, 나는 어떤 가능성을 '사고'하는 것이다. 그리고 내가 상상 양상에서 어떤 종합적 경험통일체를 구축한다면, 나는 이 가능성을 구축하고 그것을 주어지게 한다. 이 종합적 경험통일체에서는 모든 자의적 의미 형성이 이루어지고 또 계속해서 이루어져서, 일치된 의미가 충족되는 어떤 통일체가 구성되고 (유사지각되는 종합의 통일체에서) 일치된 의미를 지니는 경험대상의 통일체가 구성된다.

상상하는 꿈이라는 태도에서는 어떤 것이 경험되는 것'처럼', 그리고 무엇보다 일치되게 지각되는 것'처럼' 눈앞에 어른거린다. 이 꿈꾸어지는 현실적 대상(꿈꾸어지는 현실성)은 현행적 현전에서 의식을 가지고 살아가는 사람의 태도 자체에서는 그 자체가 어떤 현실적인 것, 즉 그가 포착하고 '경험하는' 순수한 가능성이다. 꿈에서는 꿈꾸는 자아가 꿈 안에서 스스로를 잃고, 꿈속의 자아 혹은 유사경험하는 유사주체가 된다. 그러나 깨어 있는 자아는 의식이 깨어 있는 상태에서 때때로 상상하는 자아로 활동한다. 이 자아는 꿈속에서 스스로를 잃는 것이 아니라, 깨어 있는 자아로서 꿈으로의 이행을 수행하고, 어떤 현행적 정립을, 어떤 현행적 "나는 생각한다"를 수행한다. 이 안에서 자아는 유사경험되는 것 자체를 포착한다. 그리고 자의적 의미 형상화와 통일적으로 직관하는 가운데 이것〔의미〕을 충족하는 상상 형상화에 의해, 어떤 개체적 유사대상을 통일적 유사경험의 형식으로 구축한다. 이 대상이 유사경험의 동일한 의미와 동일한 의미 충족 안에서 상상되는 한, 현행적 자아는 하나의 동일한 가능성을, 하나의 동일한 가능한 대상을 근원적으로 주어지는 가능한 대상으로 '경험'한다.

이러저러한 의미를 지닌 어떤 것이, 상상직관에 의해 이런 의미에서 일치되어 경험 가능한 것으로 실현될 수 있다고 정립될 때, 이 가능성은 정립된다. 상상 '안'의 경험은 그 자체가 가능한 경험이다.

순수한 가능성은 그 안에서 어떠한 개체적 현실성도 현실성으로서 공동정립되지 않는 가능성일 것이다. 따라서 순수한 가능성은 오직 상상하는 유사경험에 의해서만 구성되는 어떤 대상성이다.

가능성은 하나의 대상이다. 가능성은 되풀이하여 동일한 가능성으로서 인식되고 경험될 수 있다. 따라서 어떤 유사경험되는 것은 두 번째의 유사경험에서 동일 의미를 지닌 유사존재하는 대상 혹은 유사동일한 대상으로 유사경험될 수 있고, 그 자체가 명증하게 확인될 수 있다. 여기에는 종합적 상상의 가능성이 대응한다. 이러한 상상에서는 상상에서 이것을 유사경험하고 그다음에는 저것을 유사경험하는 자아가 유사기억의 종합에 의하여 〔이것과 저것이〕 동일한 '대상'이라는 확신을 가지는 것이다.

그러나 동일한 가능성을 확인하는 사람이 현행적으로 종합하기 위해서는 상상 안에서 이러한 유사종합이 있어야 하는가? 현행적 자아는 〔한편으로〕 두 가능성의 현실적 동일성을 확인하며, 〔다른 한편으로〕 저 상상되는 종합에 토대를 두고 두 가능성의 가능한 동일성을 확인한다. 일단 이 둘은 같은 것이 아니다. 하지만 이들의 관계는 무엇인가? 이들은 등가인가?

다음을 생각해보자. 하나의 가능성이 동일한 가능성으로 반복적이고 명증하게 포착될 수 있고, 반복적인 유사경험에서 동일 내용을 지닌 동일한 가능성으로 구성될 수 있다.

예를 들어 나는 하나의 켄타우로스를 되풀이하여 이 동일한 켄타우로스로, 동일한 시간구간(상상시간구간)에서 개체적으로 정확히 동일한 것으로 꾸며낼 수 있다. 하나의 지각을 (반복적인 명료한 회상에서) 되풀이하여 동일한 지각으로 재현할 수 있는 것처럼, 하나의 유사지각을 반복할 수 있다. 즉, 나는 켄타우로스의 첫 번째 상상을 재생하고 이러한 회상에서 이전의 유사지각을 다시 수용할 수 있다. 즉, 그것[이전의 유사지각]의 유사대상을 동일 의미를 지닌 동일한 것으로, (기억이 구체적이라면) 바로 기억되는 것으로 다시 정립할 수 있다. 그리하여 나는 이전의 가능성을 동일한 가능성으로 다시 취하고, 때로는 이것을 자의적으로, 즉 동일성 내부에서 자의적인 일치된 의미 형상화에 의해, 더 상세하게 취할 수 있다.

그러나 나는 모든 주어진 가능성으로부터 새로운 가능성을 형성할 수도 있다. 나는 이것을 다시 붙들면서, 이것이나 저것이 이러하지 않고 다르게 의향되어야 한다고 규정할 수도 있고, 이처럼 변화된 각 의미를 충족하는 유사지각이 뒤따르게 하고, 이렇게 하나의 가능성으로부터 여러 가능성을 창조할 수도 있다. 물론 이들은 서로 '양립 불가능'하다. 즉, 이러한 변형에서의 합치는 하나의 동일자를 견지하지만, 이 동일자에서 변화된 규정은 (이들 모두가 지금 가정립된다면, 즉 내가 대상을 견지하면서 이 대상을 한편으로는 이렇게, 다른 한편으로는 저렇게, 그것도 동시에 가정립한다면) 명백한 충돌을 낳고 명백하고 상호적인 폐기를 낳을 것이다.

따라서 나는 하나의 가능성을 그것의 재수용 및 (상상의 회상을 포함하여) 회상에 의해서만 동일한 가능성으로 재인할 수 있는데, 이러한 동일성의 참됨은 물론 회상의 신뢰성에 달려 있다.

또한 바로 이 가능성으로서의 이러한 가능성이 주관적이라는 것도 분명하다. 이 가능성은 내가 그것의 의미를 형성했고 나아가 때로는 여전히 형성하고 있는 그러한 가능성이다. 그리고 이처럼 가능한 회상의 사슬에 의해서만 그 동일성을 견지할 수 있는 그러한 가능성이다.

나는 지금 어떤 착상과 자유로운 의미 밑그림을 통해 하나의 가능성 A를 형성하고, 다른 때에는 이념적으로 말해 '정확히 동일한 가능성'을 다시 가질 수 있다. 그러나 이 두 번째 형성이 첫 번째 형성의 정확한 회상이 아니라면, 이것은 정말 동일한 가능성인가? 아니면 단지 그것과 똑같은 가능성인가?[1] 내가 A를 두 번째로 형성하면서, 내가 이전에 똑같은 대상을 똑같이 형성했음을 나중에 기억할 수도 있다. 그렇지만 이 경우에 나는 이것이 동일한 개체적 가능성이라고 곧바로 말할 수 없다. 나는 두 번째 가능성 안에서 첫 번째 가능성을 자발적으로 다시 보려고 할 때, 즉 두 번째 상상에 첫 번째 상상의 회상이라는 의미를 부여할 때 비로소 이 둘이 내게 동일한 가능성을 증여한다고 말할 수 있다.

어떤 다른 사람이 〔내가 형성하는 가능성과〕 똑같은 가능성을 형성한다고 내가 생각하고, 내가 똑같은 가능성을 증여했음을 그 사람이 알게 되었다고 해도, 나는 그 사람에 대해서 곧바로 〔이 두 가능성의〕 동일성을 가정립할 수 없다. 개체적 동일성은 증시의 가능성을 가져야 한다.

여기에서 서로 다른 것에 주의해야 한다. 지각에서는 지각대상이 그것

∴
1   여기에서 '동일함'은 수적 동일성을 가지는 것, 즉 바로 그 대상임을 뜻하고, '똑같음'은 (수적으로는 동일하지 않지만, 즉 사실 다른 대상이지만) 질적 동일성을 가지는 것을 뜻한다. (옮긴이)

의 근원적 의미 안에서 근원적으로 형성된다. 지각이 내재적 지각이라면 온전히 규정된 근원적 의미 안에서 형성된다. 이때 과거와 현재에서의 내재적 연관은 개체화하는 기능을 한다.

'유사경험'은 어떠한가? 상상 가능성은 명료함과 불명료함의 정도에서 부터 필연적으로 무규정적이다. 명료해진다면 의미는 저절로 상세규정된다. 여러 명료성 단계가 있는 재현인 상상에서 나는 필연적으로 대상 자체와 거리가 있고 (내가 유사근원적으로 형성하는) 본래적 유사지각과 거리가 있다. 그리고 상상되는 대상의 유사형성되는 의미는 무규정적인데, 이는 미리부터 향해지는 주제적 지향을 지니는 회상과 다른 점이다. 그러니까 여기에서는 직관적 의미 자체가 유동적이다. 이 의미는 일반성에 있어서만 견실하게 규정되는데 〔가령〕 색이나 〔나아가〕 빨간색 등으로 규정되는 것이다. 이 일반성은 여기에서는 어떤 생각되는 일반성, 어떤 개념적 일반성이 아니라 가변적 형식이다. 유사개체 자체 혹은 상상되는 개체 자체에 대해서는 어떠한 규정적 차이도 고정되지 않으며, 최종적 차이에 이르기까지 고정될 수 없다. 이것은 열린 것인데, 나의 반복을 통해서 이것이 더 풍부한 내용을 가지게 되고 더 명료해진다면 나는 이것을 타당하다고 여길 수 있다. 그러나 반복이 다른 내용을 끌고 들어오더라도 그럴 수 있다. 하지만 나는 기억인 반복에 있어서, 바로 새로운 차이가 더 규정적인 차이이며 의향되는 차이라고 말할 수 없다. 바로 직전에는 아직 결정되지 않았던 새로운 규정을 그려 넣을 수 있더라도 그러하다.

그러나 여기 덧붙여서, 현실적 지각은 이러저러한 의미 내용을 지니는 지각되는 것〔에 대한 지각〕일 뿐 아니라, 개체적 시간규정도 내포한다. 이 시간규정이 지각되는 개체를 개체의 영역 안에 배속시키는 것이다. 지금 있는 것의 본질적 법칙은 임의의 회상종합에 의하여 늘 반복하여 개체적 동일자로 증시될 수 있을 뿐 아니라, 시간의식의 구조에 상응하여 충족된 시간 내에서 하나의 위치가 있다는 것이다. 〔이와 비교할 때〕 유사경험되는 것도 나름의 시간지평이 있지만, 이 시간지평은 상상에 의해 무규정적이고 임의적으로 채워진다. 이러한 채움 각각은 개체에게 〔다른 개체와는〕 다른 개체적 규정을 배분한다.[2] 내용이 같은 두 회상의 지평은 아마도 함축적이고 '무규정적'이겠지만, 이 지평은 풀어낼 수 있고 그 규정성은 밑그림 그려져 있다. 그다음에 드러나듯이, 이 회상들은 완전히 똑같은 채움을 선험적으로 허용하지 않는다. 그리고 이들이 동일한 것을 회상하면, 이 회상되는 것의 과거양상은 서로 다르다. 내용이 똑같은 상상은 시간적으로 무규정적인데, 이 상상들이 동시적이건 그렇지 않건, 동일한 것을 재현하건 서로 다른 것을 재현하건 간에, 이러한 시간적 무규정성은 규정될 수 없다. 이들〔내용이 똑같은 상상들〕은 〔내용이〕 똑같은 회상과 비슷하되, 지평이 풀어지지 않은 회상과 비슷하다. 그리고 이들의 특징은 지평이 전혀 풀어내질 수 없는 회상과 같지만, 이것〔지평이 전혀 풀어내질 수 없는 회상〕은 물론 부조리하다. 그러나 나는 회상에 있어서 어떤 현전이 '다시'라는 양상으로 번득이는 것을 보더라도, 지평과 그것의 풀어냄에 의해서야 비로소 그것이 어떤 현전인지를 알 수 있고, 따라서 내용이 똑같은 두 회상이 개체적으로 동일한 것을 재현하는지, 아니면 서로 다른 것을 재현하는지를 알 수 있다. 이와 마찬가지로 똑같은 상상에서 이 재현되는 현전이 번득이더라도 이들이 어떤 현전인지는 규정되지 않는다. 모든 과거와 가능한 과거 혹은 재현되지 않은 가능한 현전은 내용이 똑같으면 똑같게 보인다.

••

2 이처럼 임의적으로 채워질 수 있는 무규정성은 경험의 틀, 정립적 의식의 틀 안에서의 무규정성과는 본질적으로 다르다.

이것은 시간의식의 근원적 구성에 대해 어떤 의의를 지니지 않을까? 근원인상 자체가 개체적 시간점을 설립한다고 여전히 말할 수 있을까? 근원인상은 연관 안에서, 예지의 충족에 의해서 그렇게 하는 것이 아닐까?[3] 여기서 난점이 생긴다. 물론 근원인상은 근원적으로 설립한다. 즉, 근원인상은 개체성의 근원원천이고 그 자체가 근원개체적이다. 그러나 그것은 근원인상으로서 흐름 안의 비독립적인 어떤 것이고 오직 그 자리에서만 생각될 수 있다. 그러나 그렇다면 (어떤 현전의) 재현인 상상은 어떠한가? 상상은 가능한 현전을 증여하지만, 현실적 현전을 증여하지는 않으며 따라서 개체적 현전을 증여하지도 않는다. 그러나 이것은 사실 기묘한 일이다. 본래 개체는 완전히 꾸며낼 수 없다. 본질적으로 모든 개체적 가능성은 철저히 무규정적이다. 그런데 이 무규정성은 완전한 무규정성은 아니며, 이는 상상에 의한 유사규정성이더라도 그렇다. 그런데 이에 대응하여, 지각에 주어지는 각 현실성에는 여기에 평행한 속성이 있다. 이 속성은 그것[지각에 주어지는 현실성]이 오로지 시간연관 안에서 그러한 것이라는 것, 따라서 무한한 삶을 포함하고 무한한 삶에 포함된다는 것이다. 이 삶에 있어서 지나간 삶은 이미 끝난 것이지만, 미래의 삶은 끝없이 펼쳐지면서 전진하며, 개체적이고 시간적인 존재에 (이 존재가 지금은 더 이상 없더라도) 늘 새로운 시간규정을 배분한다.

개체적 자료는 똑같을 수 있지만, 결코 절대적으로 똑같은 것으로 돌아올 수 없다. 그것은 삶에 있어 자신의 [개체적] 위치에서 등장하는데, 이 점

3 후설은 1905/1906년경의 초기 시간의식 분석(『내적 시간의식의 현상학』)에서는 근원인상이 개체적 시간위치를 부여하고 따라서 개체성을 부여한다고 생각했지만, 1916년의 『베르나우 원고』를 비롯한 이후 시간의식 분석에서는 근원인상 자체를 예지의 충족으로 생각하게 된다. 이 부분에는 이러한 견해의 변화가 반영되고 있다.(옮긴이)

은 이것(개체적 자료)에 대해 아무 의의가 없는 것이 아니다. 살아 있는 현존의 이러한 성격은 〔이 현존을〕 가장 먼저 구체적이고 개체적으로 만드는 것으로서, 꾸며낼 수 없는 것이다. 그리고 어떤 상상이 현재의 삶과 같은 것을 재현한다면 유사직관을 창조하는 것이지만, 그 주변의 지평은 무규정적이며 시간구성 형식을 채우는 임의적 가능성의 색인으로만 기능한다.

이에 따르면 상상은 본래 그 자체로 개체를 다시 증여하는 것이 아니다. 상상이 증여하는 '어떤 것'은 어떤 개체의 형식에서 형상화되고, 그 개체성에 있어 무규정적인 의미 내용에 있어서만 직관적이 된다. 그러나 이러한 사태를 완전히 명료하게 기술하고 이에 대한 개념을 찾는 것은 지극히 어렵다. 나는 상상형상화에서 경험되는 개체를 생각할 때, 어떤 개체적 가능성을 획득한다.

그러니까 순수한 가능성은 그 아래 놓인 경험에 의해 〔순수한 가능성과는〕 다른 방식으로 미리 개체를 고정하지 않았다면, 견실하게 규정되는 가능한 개체의 가능성이 결코 아니라 이러저러한 직관적 내용을 지닌 어떤 것이라는 형식을 가지는 가능성이다.

b) 재생적 소여, 직관적 재현은 본질적으로 어떤 유동성이 있는가. 회상에서의 인지 ─ 현실성이라는 이념과 정립에 있어 변양되지 않은 의식이라는 이념. 이에 대비되는 상상적으로 변양된 의식, 그리고 상상의 구성적 수행에 대한 물음. 대상가능성의 구성에 있어서 자유로운 가정립의 역할, 그리고 기억과 대비되는 이 가정립의 충족. '마치'라는 변양은 나름의 구성적 이성이 있으며, 그 상관자는 순수한 가능성이다 ─ 상상 안에서의 무규정성과 상상 안에서의 규정됨, 상세규정됨, 상이규정됨 ─ '경험 가능한' 존재인 상상대상성의 존재

가능성, 특히 개체적인 순수한 가능성은 (그러나 개체적 가능성 일반도 마찬가지로) 유동적이다. 예를 들어 하나의 집이나 하나의 나무의 가능성이 그렇다. 이런 것은 개체적 현실성과 같은 의미로 명증하게 동일화될 수 없다. 보다 일반적으로 다음과 같이 말해야 하지 않을까? 재생적 소여, 직관적 재현은 본질적으로 유동적이다. 회상만 하더라도 '기억이미지'의 (누락은 말할 것도 없고) 동요, 유동, 변이에도 불구하고 동일한 대상성을 직관한다고, 가령 심지어 기억의 불변하는 대상을 직관한다고 어떻게 말할 수 있는가('기억이미지'의 누락의 경우에는 그것의 변이 역시 모종의 역할을 하는데, 그것은 빠르게 희미해지고 사라졌다가 다시 '뚜렷함'이 커지면서 어둠으로부터 등장하는 형태의 변이이다)?

여기에서 주어진 '의식상태'에서의 대상의식을 어떤 변양되지 않은 '지향', 어떤 믿음이 가로질러 간다. 또한 이 믿음은 직관적 이미지와 이 이미지의 계기를 '가로질러' 간다. 이때 이미지 계기는 이것에 대응하는 (재생적으로 주어지는) 대상 계기를 '대표'하고 '대리'한다. 대상의 재생적 '자체'를 향한 추구인 이 지향이 충족되는 것은 〔대상〕 '자체'라는 의식 안에서 이미지 변이(혹은 변이되는 이미지 계기)가 내게 일어날 때이다. 의식에 있어서 이미지 계기는 이 〔대상〕 자체를 다소간 완전하게 현시할 수 있다. 순간적으로 〔이미지와 대상의〕 '거리'가 '사라지거나' '매우 작으면' 나는 '얼추'라고 의식하고 '거의 정확히'라고 의식할 수 있다. 그러나 종종 나는 완전히 '다르다'고 의식하고 '매우 판이하다'고 의식한다.

기억이미지는 이것을 향하는 선행하는 자아지향에 응하여, 자아로부터 나오는 텅 빈 향해 있음에 응하여, 〔이 지향을 채우는〕 기억하는 직관으로 떠오를 수도 있다. 또한 기억이미지는 갑작스러운 착상으로서 '수동적으로' 떠오를 수도 있다. 즉 '자아의 참여' 없이, 능동적 추구의 계기 없이, 수동적이고 한갓 연상적인 동기의 결과로 떠오를 수도 있다. 갑자기 떠오르는 이미지는 나를 촉발하고 나는 그리로 전향한다. 전향하기 전의 〔이미지의〕 갑작스러운 착상에는 제2의 감성이 되어 있는 믿음[4]이 이미 있는데, 전향에서는 이 믿음이 능동화된다. 그러니까 대상으로 '지향'이 나아간다. 그러나 이제 대상이 〔이미지와의〕 거리의 의식과 더불어 ('불명료하게', 가령 '훑음'에 있어서 이 대상이 여기 '현시'되는 것과 다른 것으로) 주어진다면, 지향은 어떤 추구하는 지향으로 변화할 수 있다. 이 지향은 대상 자체(혹은 해당 계기 자체)를 겨냥하는데, 이때 단지 좀 더 '가까움', 단지 좀 더 뚜렷함을 겨냥할 수도 있고, 아니면 (여기에도 뚜렷함의 여러 단계가 있을 수 있는) 자체의 산출을 겨냥할 수도 있다. 이런 구별은 필요하다. 어떤 남자의 수염이 금발로 표상되지만, 나는 그것이 실제로 금발인지 의심한다. 아니, 이 현시가 오류임을 이미 '안다'. 그리고 나는 진짜 색깔을 보고 싶어 한다. 다른 한편, 나는 진짜 색깔을 보고 있으나 단지 이 이미지가 여전히 뚜렷하지 않은 것

4 '제2의 감성'은 습관성을 뜻하는데, 여기에서는 어떤 믿음이 침전하여 습관화되었음을 뜻한다.(옮긴이)

일 수도 있다.

이때 대상 자체가 가능한 표적일 수 있고, 나아가 다음과 같이 말해야 한다. 1) 모든 기억대상은 이미 '아는' 대상이다. 즉, 기억에서 그것에 대한 인지의 특성은 '재'기억, 이전에 이미 수행한 인지의 반복이다. 2) 그러나 제한이 필요하다. 이것은 단지 능동적인 봄에 대한 회상, 즉 "나는 그것을 (관찰하며) 보았다"에 해당하기 때문이다. 한편 이렇게 재관찰할 때 이전에는 원본적으로 관찰하거나 주의하지 않았던 것을 특별히 알아차릴 수도 있다. 이것은 수동적으로 재현출하여 다시 보이지만, 이제 '이것'이 먼저 나를 (재현출 양상에서) 이 관점에서 촉발하고 이제 비로소 나는 이것을 관찰한다. 그러나 다른 한편, 결코 관찰되지 않은 것이 이제 가령 주의되는 것의 배경대상으로 재현출하고, 이것의 재촉발이 이제 '기억에서의 촉발', 효력 있는 기억촉발이 되고 그 결과 회상에서 관찰이 일어날 수도 있다.

3) 그러나 이런 양상으로 회상에서 인지하는 것의 성격은 때로는 완전하고 충전적인 의미로 (회상되는 면에 있어서의 대상을) 인지하는 것일 수도 있고, 때로는 '불완전하거나' 뚜렷하지 않거나 근사치로 인지하는 것이거나 심지어 그릇되게 인지하는 것일 수도 있다. 그러니까 인지에의 지향은 다시 인지(혹은 기억 '안에서의' 인지)의 온전한 수행의 추구라는 형식일 수도 있다. 따라서 여기에는 어떤 본질적 매개성이 있는데, 이는 가능성의 체계로서 회상의 본질이다.

그렇지만 여기에서는 더 어려운 양상을 잘 구별해야 한다. 우선 '기억이미지'의 특성이 어떻든 간에, 우리는 의식이 바로 이 개체적 대상으로서의 대상에 대한 의식이며, 나아가 '무매개적'이고 규정적으로 이 대상을 향하는 의식이라고 받아들인다. 텅 빈 지향은 어떤 의미로는 매개적 지향인데, 이 지향이 직관적으로 충족되어야 비로소 대상 '자체'를 의식에 이를테면 합병하기 때문이다. 다른 한편 이처럼 텅 빈 지향은 이와 다른 의미에서 충분히 무매개적이다. 즉, 어떤 매개하는 의식을 가로질러 대상을 향하는 것이 아닌 의식, 따라서 이 〔대상〕 자체에 이르기 위해서 (그 자체는 직관적 충족일 필요가 전혀 없는) 매개적 충족을 먼저 필요로 하지 않는 의식을 무매개적 의식이라고 부른다면 그렇다. 그래서 어떤 사람의 이름이 떠올라 그 사람이 표상될 수도 있다. 하지만 이 사람 자체는 직관적으로 주어지지 않고, 나아가 지금 내게는 그에 대해 어떠한 규정된 표상도 전혀 없다. 또한 나는 꽤 규정된 표상을 비직관적으로 가질 수도 있다. 그러면 내게 이 이름은 (가령 어떤 청각적 표상으로) 직관적이고, 이와 더불어 특정 의미의 텅 빈 표상에서 이 이름뿐인 지향이 충족된다. 그리하여 이미지도 떠오르고, 이 이미지 안에서 그 사람 자체도 떠오를 수 있다. 그러니까 지향이 무매개적이라면, **'거리'의 의식**(불명함이 단계적으로 변한다는 의식, 혹은 이미지 자체와 그것을 현시하는 것이 서로 다르다는 의식)은 다음을 뜻한다. '이미지'를 가진다는 것은, 어떤 어른거리는 대상〔이미지대상〕을 가지며, 이때 모사에서와 비슷하게 이것〔이미지대상〕을 관통하여 (이미지에 의해 덮인, 혹은 〔이미지와〕 다소 다르게 닮은) 대상 자체〔이미지주제〕를 규정적으로 표상하지만, 그렇다고 〔이미지주제에 대한〕 또 다른 직관적 표상을 가지는 것은 아니라는 의미이다. 〔이미지와 대상의〕 합치는 이처럼 나타나는 이미지가 〔이 이미지에 의해〕 덮이는 〔대상〕 자체와 완전히 다르지는 않음을 전제한다. 이름에 의거하는 표상의 경우에는 〔이름에 의해〕 일깨워진 이미지가 일단 거명되는 것의 이미지로 주어질 수도 있다. 이 거명되는 대상으로의 규정적 향함이 사전에 내게 있는 것은 아니지만, 이 이름이 가령 연상적으로, 그리고 동기화되어 그 모사되는 사람을 끌어들이고 그 사람을 거명되는 것으로 증여하기 때문이다. 하지만 이를 통해서 나는 (이 의식연관에서 이 이름에 결부된 동기화에 힘입어) 이 거명되는 것이 이 연관에서 요청되고 의향되는 것으로 드러난다는 것을 알아챈다. 그리고 나는 이 이름이 나를 어떤 다른 동기상태로 연상적으로 끌어들였으며, 이 동기상태에서 이 이름은 저 떠오르는 이미지 사람을 요청한다는 것을 알게 된다. 이렇게 나는 이러한 변환을 알아차린다.

그리하여 나는 (지금 나의 직접적이고 규정적인 기억지향에 놓인) A의 이미지로서 무매개적으로 주어진 하나의 이미지로 (의향되는 A와 충돌하고, 닮은 현시 없이 A를 덮는) 부적합한 특징을 들여오는 연상적 동기도 분석할 수 있다. 나아가 덮는 것은 뚜렷하게 현출할 수도 있고 뚜렷하지 않게 현출할 수도 있다. 이러한 불명료함의 차이는 어떤 다른 차원에 속하며, 명료함의 변화는 대상 의미의 변화가 아니다.

회상을 여기까지 연구하였으나 아직 연구를 마치지는 못했다. 충전적 회상은 일종의 지각처럼 스스로를 드러낸다. 한편으로 이런 회상은 기지의 것의 회상이자 재인지이고 이전 지식의 갱신이다. 다른 한편 이런 회상은 시간적 존재의 반복적 '지각'이다. 회상은 이 시간적 존재를 그것의 자체임에 있어서 주어지게 하고 늘 되풀이하여 동일한 것으로서 주어지게 하되, 다만 과거의 정향양상이 변화하는 가운데 그렇게 주어지게 한다. 대상을 현전의 양상으로 증여하는 원본적 지각(지금지각)은 개체에 대한 지각이다. 그 이유는 오로지 이 지각이 지각되는 것을 증여하는 양상이 개체의 현실성에 본질적으로 속하는 정향양상 중 하나이며, 그것도 이로부터 모든 다른 것이 분출하는 최초의 정향양상이기 때문이다. 그리고 이것(이로부터 모든 다른 것이 분출함) 자체는 단지 (체험의 주관적 양상을 향하는, 혹은 이와 상관적인 정향양상을 향하는) 회상의 사슬에서 명증해질 수 있다. 현전에서의 시간대상의 근원적 지각과 마찬가지로, 모든 회상도 시간대상의 지각이다.

머무는 자연대상의 지각은 물론 특수한데, 지나가버리는 시간대상(의 지각), 특히 내재적 대상(의 지각)과 비교할 때 그렇다. 그렇지만 변하면서도 머물며 지각된 후에도 유지되는 자연대상은 다시 지각 가능하다. 그뿐 아니라 설령 한 번도 지각된 적이 없더라도 역시 지각 가능하다. 여기에서 지각은 현전 양상에서 원본적으로 소여되는 것이고, 동일한 것을 내키는 대로 자주 되풀이하여 반복적으로 지각함이다. 이 동일한 것은 여러 현전에서 **동일하며**, (그중 각각의 회상계열이 현전의 시간위치를 객관적으로 동일화할 수 있게 하는) 여러 회상계열에서 동일하다. 회상도 동일하고 객관적인 시간위치를 구성하지만, 지각은 객관적 미래에서의 **계속적** 지속, 객관적 유지를 구성한다.

현실성의 이념은 정립적으로 **변양되지 않은** 지향성의 체계에, 사견(私見)과 믿음의 지향성에 있다. 믿음은 표상에 덧붙는 어떤 것이 아니고, 표상에 합류하는 느낌도 아니며, 이런 표상에 때로는 있고 때로는 없는 어떤 기분이 아니다. 믿음은 **변양되지 않은 의식 자체**이다. 그것은 이성의 법칙을 따른다. 이런 법칙은 변양되지 않은 의식에서의 직관적 충족의 본질법칙이자 대상을 지속적으로 확인되는 동일자로 정립하는 본질법칙이다. 이런 동일자는 변화하는 (변양되지 않은) 의식에 대비하여 그 자체로 '존재'할 수 있는 것이다. 하나의 존재하는 세계에 있는 존재하는 대상을 구성하는 것은 이성이 수행하는 일이다.[5]

.•
5 후설은 『이념들 1』 등에서 '이성'을 (어떤 이성적 동기에 의거하여) 어떤 대상의 존재를 정립하는 것으로 보고 있다.(옮긴이)

상상대상은 '가능한 대상'인가

'상상으로' 변양된 의식을 고찰한다면, 이 의식의 특성은 그것[변양되지 않은 의식]과 대조적으로 구성적 수행을 할 수 없다는 것, 적어도 직접적으로는 할 수 없다는 것이다. 존재하는 대상으로서의 상상대상은 없다. 존재하는 상상세계는 없다.

이제 어떤 사람은 상상대상은 가능한 대상이고 상상세계는 가능한 세계라고 말할 것이다. 그러나 상상이 가령 갑작스러운 착상의 방식으로 내게 표상시키는 것은 자유로운 **가정립**이 있어야만 규정적 대상 가능성으로서의 '대상성'에의 견실한 향함을 가질 수 있다. 그리고 규정이라는, 혹은 충족하는 것의 선택이라는 자유로운 활동이 있어야만 이 가정립을 상세규정이라는 방식으로 충족할 수 있다. 그러면 이를 통해 대상성은 밑그림을 얻지만, 여기에는 새로운 무규정성이 있고 이것은 다시 자유롭게 충족된다.[6] 여기에서 이 자유에는 제약이 있다. 지향적 대상성이되 여전히 무규정적 대상성인, 동일하고 가능한 대상성이라는 틀 안에는 가능한 유사충족의 본질법칙이 있기 때문이다.

그러나 여기에서 숙고가 필요하다. 상상의 본질 규정은 커다란 문제이다. 내가 '가정립'을 한다면, 즉 (꼭 직관적일 필요는 없는) 어떤 상상되는 것의 존재에 대한 자의적 정립을 한다면, 이 가정립은 이에 대응하는 직관이 등장할 때 실현되고 충족된다. 이는 기억에서와 마찬가지이지만, 그래

[6] 그러나 나는 상상에 수동적으로 침잠할 수도 있다. 상상에 몰두하여, 예컨대 상상의 풍경에서 일어나는 일을 유사경험하면서 바라볼 수도 있는 것이다. 또한 나는 스스로가 '상상 안에서' 능동적으로 인식하는 태도를 취하면서 능동적으로 인지하는 것도 상상할 수 있다. 이것은 모두 자유롭게 이루어진다.

도 퍽 다르게 실현되고 충족되는 것이다. 기억에서 자체에 대한 지향은 '믿어지는' 자체, 스스로 현실적인 것으로서 주어지는 자체에서 충족된다. 그리고 이것이 아직 충족되지 않은 의미를 가지는 한에서, 이 지향은 더 나아가고, 계속 새로운 현실성에서 충족된다. 이때 나는 내가 '발명'하거나 스스로 (현실성이라고) 심상화하는 것이 아니라 내 앞에서 **'발견'**하는 저 '현실성'의 연관 안에 있다. 자체로 향해 가는 것만 나의 자유이고, 그리로 가는 가능한 길은 이때 밑그림 그려져 있다. 사물에 있어서 키네스테시스를 기억에서 실현하는 것이 그러하다. 이러한 기억에서의 실현은 그 자체가 실제로 수행된 키네스테시스의 '반복'일 수도 있다. 즉 '현실적' 동기자라는 양상에서 등장할 수도 있다.[7] 아니면, 그렇지는 않지만, '실재적 가능성'이라는 성격을 가질 수도 있다. 키네스테시스 체계는 실재적 가능성이자 실재적 역량의 체계로서 어떤 존재 양상을 지니며, 가정립은 이에 대응하여 자유를 제약하는 성격을 지닌다. 그래서 우리는 동기자와 피동기자에 있어서 어떤 믿음 체계 안에 있다. 가정립도 믿음에 의해 제약받고 믿음 양상의 성격을 지니며, 따라서 그 자체가 믿음이다.

순수한 상상은 모든 믿음을 중립화하고 변양한다. 순수한 상상은 믿음을 어떤 양상화된 존재의 어떤 새로운 믿음으로 양상화하는 것이 아니다. 하지만 여기에서 다르게 말해야 하지 않을까? 순수한 상상은 그래도 '이념적' 가능성 혹은 '순수한' 가능성을 구성한다고 해야 하지 않을까? 다음을 발견할 수 있다. 믿음이 아직 있다면, 상상 태도는 이로부터 '풀려난다'. 상

----

7 키네스테시스(Kinästhese)는 주체의 몸의 움직임과 사물의 감각의 함수관계를 지칭하는 용어이다. 인식하는 주체의 몸의 움직임에 따라서 대상의 여러 면이 주어진다면, 이때 몸의 움직임(키네스테시스)은 동기를 주는 동기자이고 대상의 여러 면은 동기를 받는 피동기자이다. (옮긴이)

상 태도는 현실적 믿음을 '마치' 믿음인 양 취한다. 현실적임은 (마치 그것이 현실인 양) '마치 존재'가 된다. 가정립까지도 모든 동기자에 있어서 '마치 가정립'이 된다. 그러나 이제 나는 그래도 어떤 현실적 정립이고 어떤 믿음인, 순수한 가능성의 정립을 해명할 수 있을까? **'마치'라는 변양**은 고유한 차원의 변양으로서, 이런 견지에서 변양되지 않은 믿음양상(혹은 존재양상)에 대비된다. 그리고 이 변양은 모든 다른 변양과 마찬가지로, **'무언가의 의식'이며 나름의 구성적 이성을 지닌다.** 이것(구성적 이성)의 상관자는 순수한 가능성이다. 다시 말해 '마치 존재'는 그 자체가 어떤 의향되고 현실적인 것일 수 있고, '마치' 변양을 수행함은 그 자체가 다시 어떤 믿음이다. 이때 믿어지는 것은 '마치'이고, 이것은 때로는 명증하게 주어지는 것일 수 있다. 즉 원본적 소여 혹은 자체소여가 될 수 있다.

모든 '재생'에 있어 나는 두 가지 태도를 취할 수 있다. **한편으로** 재생 '안에' 살면서 흡사 지각하고 사고하고 느낄 수 있다. 나는 과거 안에, 기억 안에 살면서 기억을 자각한다. 나는 '흡사' 안에서, '마치' 안에서 산다. **아니면**, 나는 지금에 자리 잡은 현실적 주체이며, 나의 현실적 의식 안에서 저 재생되는 것에 관계한다. 이것은 지금으로부터 재생되는 것, 과거의 것(현재 현실적인 것이 아니라 재현되는 것이자 변양된 것인 지나간 현재)이라는 성격을 지닌다.

모든 재생은 '변양'이며, 변양되는 것은 어떤 '마치'이다. 순수한 상상의 경우 상상되는 것은 단적인 (어떤 존재양상에서의) 존재자라는 성격이 아니라, 전혀 다른 의미인 '마치'에 있어서의 '존재자'라는 성격을 지닌다.

여기에서도 내가 취할 수 있는 태도는 두 가지이다. 순수한 상상 안에서 살면서 나는 상상 현재, 상상 과거 등을 증여하는 순수한 상상 주체이고 순수한 상상-자아이다. 아니면, 나는 현행적으로 현실적인 자아로서, 현재나 과거 등의 존재자, **상상의 '마치'라는 양상의 존재자 자체**, 실제로 상상되는 것, 상상양상에서 현실적으로 주어지는 것, 즉 가능한 것, 존재하는 가능성을 '상상한다'. 이 존재하는 가능성은 직관적 상상 안에서 자체소여하는 것이며, 여기에는 충전적이거나 비충전적인 자체소여 등이 속한다.

상상에서의 무규정성 및 상상에서의 규정과 상이규정

감성적 상상소여(상상자료)가 명료하게 규정된 채 경과하고, 이와 마찬가지로 견실한 질서를 지닌 키네스테시스 자료가, 그리고 이들에 견실하게 배속된 감각자료가 경과한다고 해보자. 이 모든 것이 '현실에서와' 마찬가지라고 가정해보자. 그렇다면 이와 더불어 어떤 상상의 사물세계가 새롭게 구성되지 않을까? 이 세계는 하나의 상상세계일까? 이것은 하나의 현실적 세계, 그리고 스스로를 현실적인 것으로 드러내는 세계가 아닐까? 그러나 이것은 무의미하지 않은가? 이것은 왜 무의미한가?

내가 어떤 A를, 가령 어떤 질료적 자료를 현재의 현실성으로서 지각하면서 경험하면, [다른 질료적 자료인] 어떤 A'이 그것과 충돌하며 합치할 수는 없다. 그러나 내가 어떤 통각되는 대상을 통각적으로 경험한다면, 가령 [질료적 자료가 아니라] 어떤 사물을 경험한다면, [이 하나의 대상에 대한] 두 개의 파악이 충돌할 수 있다. 두 파악은 서로 중첩하면서 합치하고, 하나가 다른 하나로 급변하고 서로를 억압하며, 이때 하나의 현실성은 다른 것의 현실성을 폐기한다. 현실성의 체계는 믿음의 체계이고, 모든 믿음, 나아가 믿음 확실성은 동기화되는 것이다. 이때 예기에는 늘 무규정적 지평이 있지만, 모든 상세규정은 주어진 연관에서 견실하게 동기화되는 믿음을 지닌 경험에 의하여 일어난다.

믿음을 통해 존재하는 것으로 내게 주어지는 것을 나는 '다르게 생각'할 수 있다. 마치 그것이 다르다는 듯이 바꾸어 상상할 수 있다. 그것이 다르다고 가정립하고 가설적으로 추정할 수 있다. 그러면 이 가정립은 자유롭고 '자의적'이며, 경험에 의해 무실한 것으로 폐기된다.

그러나 내가 한갓된 상상을 한다면, 상상되는 것은 마치 현실적이라는 듯이 의식될 따름이다. 나는 이와 충돌하는 (다른) 상상으로 이행할 수 있다. 나는 A를 견지한 채 마치 그것이 A′이라는 듯이 그것을 충돌 속에서 다르게 상상할 수 있다. 그러나 내가 A의 존재를 포기하고 A′을 견지하거나 그 반대로 할지 여부는 나의 자의에 달려 있다. 내가 A를 견지해야만 A′은 배제되고, 그 역도 마찬가지이다. A에 있어서 지평이 열려 있다면, 내가 A를 ('마치'에 있어서) 존재하고 지속하는 것으로 견지하는 가운데 (아직 직관적으로 상상되지는 않지만, 규정된 것이 아니라) 무규정적인 것을 상세규정함은 '임의적'이고 '자의적'이다.

(A에) α라는 상세규정이 끼어들면서 내게 갑자기 떠오르면, 나는 α를 자유롭게 변화시키면서, 특정한 변이영역 내에서 모든 이런 변화를 상세규정으로서 '동등하게' 선택할 수 있다. 내가 이렇게 선택하는 것에 따라서, A 형식에 의해 요청되어 모습을 드러내는 새로운 지평이 변화한다.

그리하여 나는 '주어지는 세계'를 아직 알려지지 않은 것에 있어서 자유롭게 꾸며낼 수 있다. 나는 이 세계를 실제로 경험되는 세계로, 지평이 열린 채 경험되는 세계로 자유롭게 꾸며낼 수 있다. 이 세계의 이어지는 경과에 있어서, 그뿐 아니라 이제까지 이미 경험한 경과에서 알려지지 않은 것에 있어서, 임의적으로 그려 넣을 수 있다. 나는 자연의 형식과 자연통각의 형식에 제약을 받으면서도, 매 걸음마다 자유로우며 매 걸음마다 선택할 수 있다. 나는 그렇게 하면서 하나의 새로운 지평을 밑그림 그린다((이를 통해) 사물성 형식에 속하는 일반적 지평이 특수화된다). 하지만 나는 하나의 새로운 자의적 선택을 함으로써 그저 무한하게 계속 나아갈 수도 있다.

그러나 내가 믿음의 모든 제약을 차단하고 오직 일반적인 것에만 제약받는다면, 이와 마찬가지이되 무제약성은 더 커진다. 이 자발적인 초기내용 A를 지닌 하나의 사물이 있다고 할 때, 내가 꼭 이 일반성을 가령 개념적으로 포착했다고 할 수는 없는 것이다.

그렇다면 순수한 가능성의 현실적임은 어떠한가? 가능성은 '자발적' 상상대상이다. 상상하는 자아는 현실성에의 믿음으로 제약받지 않고, 자신에게 갑자기 떠오르는 상상 '현실성'을, '마치' 현실성인 것처럼 수용한다. 그리고 이 상상 '현실성'을 수용하고 선택하면서, 이것을 이 현실성의 '의미'에 속하는 지평에 자유롭고 자발적으로 제약시킨다.[8] 그것[상상하는 자아]은 이 지평의 충족을 자유롭게 선택하고, 상세규정하는 특수화를 수행한다. 이는 수용한 의미의 테두리 안에서 유사충족을 수행하고, 이 유사충족을 견지하고 유사입증하는 가운데 일어난다. 이와 함께 동일한 상상대상에 대해 어떤 새로운 의미를 자유롭게 그려내고, 이것을 자유롭게 형상화하면서 계속 자유로운 자의로 그려낸다. 이때 자유로운 형상화는 어떤 ('마치') '그 자체로 존재하는 것', 어떤 '대상'이라는 항상적 의미를 지닌다. 마치 표상을 규정하는 이 어떤 것이 그 자체로 존재한다는 듯이, 마치 경험된다는 듯이, 마치 경험이 상세규정되고 이 상세규정을 그 자체로 요청한다는 듯이.

자유롭고 자발적으로 끊임없이 형상화하는 가운데 산출되는 이러한 상

8 그러나 '수용'은 수동적이어서 받아들임의 성격일 수도 있다. 그러나 여기에서 일어나는 모든 것은….

800

상형성체는 상상하는 태도에 있어서 바로 (존재적으로 이해되는) 상상이며 '마치' 현실성이다. 이 상상하는 태도에서 나는 상상으로 침잠하여, 상상자아로서 이 '현실성'을 마치 경험하는 듯이 상상하면서 '경험'한다.

그러나 내가 현행성의 태도로 지금에 뿌리내리면, 내가 현행적으로 상상체험하는 가운데(상상이 갑자기 떠오름을 현행적으로 수용하고 유지하고, 텅 빈 지향을 현행적으로 유사충족하며, 텅 빈 지평을 현행적으로 유사상세규정하는 가운데) 어떤 현행적이고 구성적인 수행이 이루어진다. 즉, 내 눈앞에 '현실성'으로서 지금 현실적으로 있는 것은 (상상에 있어 일치되게 유지되는) 상상되는 규정의 상상적 동일자인 상상되는 대상이다. 물론 나는 계속하여 자유롭게 선택하고 이를 통해 상상 '안에서' 일치된 통일체를 산출하였지만, 이러한 자유에도 제약이 있다. 나는 계속 선택할 수 있지만, 이것은 바로 하나의 선택이다. 내가 어떤 하나로 결정하면 다른 여러 가지가 배제된다. 그리고 계속해서 동일한 어떤 것의 통일체(일치된 유사현출 안에서 현출하는 것)로 합류하는 저 이미지의 동일자 혹은 이미지의 종합은 종합으로서 전혀 나의 자의에 맡겨져 있지 않다. 나는 본질법칙적 제약을 받으며, 현출과 그 통일체에 대한 반성, 그리고 이들을 구성하는 의식에 대한 반성에 기반하는 일반적 생각에 있어서 이러한 본질법칙이 내게 주어진다.

따라서 **상상대상성의 존재는 '경험 가능한' 존재이며, 상상대상성은 그 자체로 경험 가능하다.** 텅 빈 지향은 무규정적이어서 자유로운 여러 선택과 충족하는 여러 상상직관이 생기는데, 이 무규정적 텅 빈 지향이 이러한 산출물로 향하면 현실적으로 산출되는 것은 상상 가능성이다. 이것은 앞서 공허하게 지향된 것의 가능성을 드러내는 어떤 것이다.[9] 그래서 우리는

⸭⸭
9   이 가능성은 어떤 믿음 확실성의 통상적 변양이다.

(유사대상성의 통일체 혹은 상상대상의 통일체를 현실적 상상대상으로서 직관적으로 눈앞에 세우는) 상상산출물도 가능성(현실적으로 존재하는 가능성)이라고 부르고 '사고되는' 현실성이라고 부른다. 상상의 방식이지만 비직관적이고 무규정적으로 가정립되는 것은 가능성이다. 직관적 상상형상으로 종합적으로 이행될 수 있고 적합하게 선택된 상상산출에 의해 입증될 수 있다면 그런 것이다.

대상의 시간적 연관에 있어서나, 대상이 그러하게 의향되는 고유한 규정에 있어서나, 모든 개체적 대상에는 본질적으로 무규정적 지평이 있다. 대상은 직관적으로 표상할 수 있다면 그 자체로 가능하다. 그리고 자유롭게 직관적으로 상상할 수 있다면 어떤 사고되는 대상이다. 그러면 그때그때 연관에 있어서 이 대상의 연관규정은 아직 열려 있다. 단적으로 사고되는 무매개적 대상은 모두 가능하다(상상의 방식으로 직관적으로 표상 가능하다). 술어에 의해 간접적이고 다중적으로 표상되는 대상은 모두 자신의 가능성을 입증해야 한다.

가능성은 공허하게 사고될 수도 있고 상징화될 수도 있으며 자체소여되어 '경험'될 수도 있다. 가능성은 존재하지 않는 것, 존재가 의심되는 것, 존재가 추정되는 것 등으로 의식될 수 있다. [α와 β의] **양립 가능성으로서의 가능성**, [α와 β의] 종합적 가능성으로서의 가능성, α이면서 동시에 β인 어떤 것으로서의 가능성. 여기에서 α와 β는 각각 어떤 규정하는 것 혹은 어떤 **'술어'**이다. 술어는 동일자인데, 이 동일자는 다수 혹은 '다양체'에서 동일한 것, 변이 가능하고 임의적인 가능성에 있어서 동일하게 생기고 구체자를 규정할 수 있는 것이다.[10]

∙∙

10 자유로운 선택, 가능성, 가능한 현실성, 상상되는 확실함. 이것이 존재한다고 추정함.

이제까지의 고찰은 모두 전혀 충분하지 않다. 가능성은 어느 정도까지 동일화할 수 있는 대상이며 어느 정도까지 상호주관적 객관성을 지니는가?

'어떤 것'이라는 형식에 속하는 가능성의 영역은 어떠한가? 어떤 a, 어떤 a와 b.

부록 61

대상 혹은 존재자로서의 허구물

(1922/1923년 집필 추정)

나는 이 원고에서 상상에 몰두하는 '마치'의 태도, 순수한 가능성에의 태도, 마지막으로 허구물에의 태도를 구별해야 함을 이미 규명했는가?

물론 상상은 '마치'의 구성이다. 하지만 내가 나로서 성찰하고 (현전이 여전히 유효한 가운데 〔현전으로부터〕 과거로 멀어질 때와는 달리) 더 이상 현전으로부터 멀어지지 않는다면, 내가 현행적 자아로서 이렇게 이행함과 동시에, 경험되는 정립, 즉 상상되는 것의 정립, '마치' 대상의 정립으로 이행한다면, 나는 더 이상 첫 번째 의미에서의 상상을 가지는 것이 아니라 바로 경험을 가지며 내가 경험하는 것은 어떤 허구물이다.

따라서 허구물은 어떤 독자적 대상영역으로서, 〔하나의〕 세계와 모든 가능한 세계에 대응하는 '마치'이다. 그러나 허구는 나의 상상의 상관자로만

∴

1) 여기 산이 있다고 전제함. 지평의 동기화와 길항하거나 길항하지 않음. 가정립의 자의는 제약받으며, 모든 '가능성'은 정립의 계기가 있음. 가능성 중 하나가 도래할 것임. 2) 순수한 가능성에 있어서 산이 있다고 상상함. 그러면 제약하는 것이 없음. 내가 꾸며낸 들판에 산을 집어넣어 꾸며낼 때에는 이 가정립은 다른 차원의 가능성이다. 이 가정립은 그 자체로 상상 가정립이고, 이 전제는 상상 전제이다. 그러나 지금의 관점에서 보면, 이 들판에 대한 자발적이고 완전히 자유로운 규정이 있고 이 자의에만 제약되는 종속적 규정이 있다.

존재하며, 나의 자의적인 타당성 정립과 타당성 유지에 의해서만 초재적이며 지속하는 대상이다. 나는 한번 상상된 것의 타당성을 유지하려는 결심이나 의지가 필요하다.

부록 62

현실적이고 원본적인 구성 ─ 현실성, 가능성의 현실적 구성으로서 유사구성
(1918년경 집필 추정)

인상: 지각, 기억 ─ 영상: 지각의 구상화, 기억의 구상화. 지각 및 '인상' 일반에서 대상성의 구성: 인상적 구성 = 현실적 구성. 대상적 의미의 설립과 더불어, 일치성과 불일치성 사이에 하나의 선(線)이 설립된다. '현실적' 설립으로서 일치성은 '현실적으로' 의식되고 '현실적으로' 동기화된다. 모두 인상이라는 성격에서. 믿음, 일치성 의식, 〔일치성과〕 길항하는 것이 일치성에 의해 폐기되는 의식인 불신 등. 여기에서 이들은 '현실적' 사건, 바로 인상적 사건이다.

영상적 변양이자 구상화로서의 영상 '내부의' 이런 모든 것. ─ 영상화되는 어떤 것의 **가정립**, 상상의 어떤 일치된 의미, 어떤 상상대상, 일치성의 선을 자의적으로 견지함 = '순수' 가능성, 자유로운 상상 가능성의 정립. 이념적 일반성 및 그것의 양립 가능성과 양립 불가능성 등을 포착함. 대상성을 구성하고 창출하는 활동. 상상도 의식이고 따라서 〔대상을〕 구성하지만, 내재적이거나 초재적인 순수한 가능성을 구성함. 그러나 추가적 일치성과 불일치성을 자유롭게 형상화하면서 초재적 가능성〔을 구성함〕. 서로 양립 불가능한, 무한히 많은 가능한 현실성 등.

부록 63

중요한 가능성의 문제. 순수한 가능성은 사고될 수 없지만, 상상하고 이로부터 가능성을 형성하는 주체의 상관자로서는 예외이다 ― 개별주체적 상상과 상호주관적 상상 ― 가능성의식으로서 일치되어 상상되는 것의 가정립? ― 이 성찰의 논리적 의의

(1920/1921년 집필 추정)

순수한 가능성은 사고될 수 없지만, 상상하고 이로부터 가능성을 형성하는 주체의 상관자로서는 예외이다. 이 주체에게는 여기 해당하는 가능한 것이 유사경험되는 것으로 어른거리고, 이 유사경험에서 일치되어 유사존재한다고 자처하는 것으로서 어른거린다. 그러나 이 경우에 상상하는 주체에게는 상상되는 주체가 '어른거리는데', 이 상상되는 주체는 경험하는 주체로 상상되고, 이렇게 경험하면서 저 가능한 것을 존재로 주어지게 하는 주체로 상상된다.

이는 무한 소급으로 이끌고 가는 듯하다. 이 상상되는 주체에게도 다시 바로 똑같은 일이 적용되지 않는가? 그러나 구성되는 것인 대상성과 이것을 구성하는 주관성을 구별해야 한다. 나아가 [한편으로] 주관성의 변양으로서의 상상, 특히 구성하는 주관적 연관(이것은 구성되는 대상이나 주제적 대상이 아니다)의 변양으로서의 상상과 [다른 한편] 이에 상관적으로 구성되는 대상성의 변양[으로서의 상상도 구별해야 한다]. 상상함은 (모든 근원적 지향성과 대비되는, 그 대조에 있어서는 모든 '인상적' 지향성과 대비되는) 어떤 변양하는 지향성이다. 나아가 '내적 의식'과 대비되는 것은 내적 상상이다. 여기에서는 변양된 주관적인 것이 가능한 주관적인 것으로서 '어른거리고' 이 안에서 어떤 대상성이 가능한 대상성으로서 '유사적으로' 구성된다. 모든 상상되는 대상성(대상적인 순수한 가능성)은 의식 자아를 지닌 채 그것(상상되는 대상성)을 유사구성하는 의식을 소급지시하며, 이와 동시에 상상하는 주체를 소급지시한다. 이 상상하는 주체는 상상까지 포함하여 현실적 체험을 하는 현실적 주체이다. 어떤 가능성의 존재는 가능성으로 취해질 때, 특정한 현실적 주체를 소급지시하지 않는다. 동일한 가능성이 서로 다른 현실적 주체에게 포착될 수 있기 때문이다. 그리하여 이것(가능성)을 구성하는 똑같은 상응하는 연관을 함께 살아가는(그리고 서로 일치하는 방식으로 상상하는) 모든 현실적 주체는 이것(가능성)을 동일한 가능성으로 가지고, 이렇게 상상할 모든 가능한 주체는 동일한 가능성을 인식할 것이기 때문이다.

그렇지만 여기에서도 어느 정도 주의할 필요가 있다.[11] 내가 스스로를 모든 가능한 주체라고 바꾸어 꾸며냄으로써, 나의 자아 가능성들의 체계를 구축한다고, 혹은 개체적으로 합치하는 가능한 주체들의 체계를 구축한다고 해보자. 그러면 내가 지금 어떤 개체로서 꾸며낸 개체적 켄타우로스가 다른 자아로서의 내가 똑같이 꾸며낼 그 켄타우로스와 동일하다는 말은 사실 아무 의미가 없다. 하지만, 어떤 주체와 또 다른 주체가 완전히 똑같은 허구를 수행한다면 이들이 꾸며낸 하나의 '개체적' 켄타우로스가 동일하다는 말도 아무 의미가 없다(나는 이러한 개체적 합치의 체계에 호소하는 것이 무용함을 안다). 따라서 서로 다른 꾸며내는 주체들에 있어서, 하나의 개체적 가능성, 더 명확히 말하자면 하나의 가능한 규정적 사실은 동일

..

11 미리 이야기하자면, 상상을 곧바로 가능성으로 간주한다면 불명료함에 빠지게 된다. 애당초 후설은 가능성과 상상을 동일시하는 경향이 있었지만(유고 18 a 참조), 이제 이에 대해 회의적 태도를 취한다. 이후 유고 20 d에서는 이런 입장을 확고히 취하게 된다("그러나 다른 한편 어떤 가능성의식의 수행은 상상함이 아니고 추정함은 더욱 아니다").(옮긴이)

화될 수 없으며 따라서 무규정적이다. 그러므로 이것[개체적 가능성]은 개체적 가능성으로서 자신이 규정되는 바에 있어서 하나의 사실적 주체를 소급지시한다. 그리고 이것[개체적 가능성] 자체가 단지 하나의 가능한 주체와 관련된다면, 이 주체도 이처럼 무규정적이다.

그래서 나는 하나의 켄타우로스를 표상하고, 다른 사람은 완전히 똑같은 하나의 켄타우로스를 표상한다. [그러나] 개체적으로 동일한 켄타우로스를 표상할 수는 없다. 하지만 우리는 서로 합의할 수 없는가? 동일한 켄타우로스를 표상한다고 할 수 없을까? 물론 어떤 의미에서는 그럴 수 있다. 그렇지만 이 경우 어떤 일이 일어나는가? 우리는 우리 둘 다 "이 동일한 켄타우로스가 등장하는" 하나의 공통적 세계 안에 있다고 표상한다. 즉, 우리의 사실적인 공통의 주변세계를 바꾸어 꾸며내고 이와 더불어 우리 자신을 바꾸어 꾸며내며, 이처럼 변경된 허구의 연관으로 하나의 켄타우로스에 대한 [두 주체의] 똑같은 상상을 수용한다. 그러면 전체 허구의 구역에는 이와 더불어 꾸며낸 동기화도 속하는데, 이 동기화에 의거하여 나와 타인(스스로 바꾸어 꾸며낸 주체들)이 꾸며낸 켄타우로스는 동일한 켄타우로스로 (되풀이 말하건대, 허구 안에서) 경험 가능하다. 그러면 우리 둘의 사실적 주관성에의 종합적 접속을 통해서, 우리는 서로 불일치하면서, 사실적으로 구성되는 우리의 세계에 접속한다. 우리는 개체적으로 규정되는 상호주관적 상상을 가지고, 이 상상을 통해 개체적으로 규정되는 꾸며낸 하나의 세계를 가지며, 이 세계 안에서 다른 꾸며낸 객체 중에서 동일한 켄타우로스를 객체로, 상호주관적으로 동일한 것으로 가진다.

개별주관적 상상과 상호주관적 상상

여기에서 다음을 알게 된다. 참여하는 주체들이 모두 수행하는 경험인 상호주관적 경험이 있다. 이때 각 주체는 자기 경험의 테두리 안에서 다른 주체들을 상대주체들로 경험한다. 이와 동시에, (자신이) 경험하는 다른 것을 (자신이) 경험하는 타자들이 경험하거나 경험할 수 있는 동일한 것으로 정립한다. 그러나 또한 타자들을 역으로 (자기와) 마찬가지로 행동할 수 있고 때로는 (자기와) 마찬가지로 행동해야 하는 어떤 자들로 정립한다. 그리고 이러한 현실적이거나 가능적인 상호주관적 경험 안에서, 상호주관적으로 경험 가능한 대상성, 즉 객관적 대상성을 정립한다. 이때 말하자면 (상호주관적 경험과) 마찬가지로 상호주관적 상상과 상호주관적 상상대상도 있다. 이처럼 이것(상호주관적 경험)에 대응하는 상상변양에는 현실적인 상상하는 주체들이 개입한다. 주체들이 상상하지만 상호주관적으로는 상상(자유롭게 '객관적' 상상을 확립)하지 않는 경우, 이들의 상상대상은 개별화된 개체적 주관성에 제약된다.[12]

이제 계속해서 이렇게 말할 수 있다. 이러한 고찰의 **논리적** 의의는 중대하다. A가 어떤 사실적 현존이지만 순수한 가능성에서 생각되는 현존이라면, 'A 일반'의 의미는 무엇인가? 어떤 개체 개념의 순수 외연에는 무엇이 속하는가? 예를 들어 하나의 켄타우로스가, 바로 각각의 가능적 켄타우로스가 있다. 내가 상상하는 하나의 켄타우로스와 다른 사람이 상상하는, 완전히 똑같은 (그러나 두 사람의 자발적 합의하에서 상호주관적으로 동일한 것으

---

12 개체주관적으로 상상되는 것과 마찬가지로, 상호주관적으로 동일자로서 상상되는 것도 상상하는 주관성으로부터 풀려나서 그 자체로 존재하는 것은 아니다.

로 상상하는 것은 아닌) 켄타우로스는 두 개의 서로 다른 가능적 켄타우로스라고 해야 하는가? 그러나 만일 내가 〔켄타우로스의〕 범례를 훑으면서 그 외연을 순수한 외연으로서 살핀다면, 주관적이고 개체화하는 해당 차이에 집중하는 일이 일어나지 않는다. 나는 하나의 개별적 켄타우로스를 재현할 때 '그것'을 바로 나에 의해 표상되는 것으로서 의향하지 않는다. 하나의 순수 외연(순수한 개체적 가능성의 외연)에 속하는 단일한 것, 즉 범례적 개별자 자체가 이미 어떤 일반자라고, 그 자체가 하나의 순수한 가능성의 외연을 지닌 하나의 동일자라고 해야 하는가? 그러나 실존을 가정립하는 데로 이행한다면, "A가 있다, 범례적이고 상상되는 A가 있다"는 가설의 주체인 어떤 주체를 생각한다면, 상상 켄타우로스로부터 존재하는 것으로 가정립되는 켄타우로스로의 이행이 상상과 (가정립하는 주체 및 그의 주변세계에 의해 주어지는) 현존 구역의 종합을 요청한다는 것은 명증하다.

일치되어 상상되는 것을 가정립함은 가능성 의식인가?

(물론 순수한 상상에 있어서) 내가 상상하는 것과 타인이 상상하는 것, 혹은 〔내가 어느 한 때에 상상하는 것과〕 내가 다른 때에 완전히 똑같이 상상하는 것은 두 개의 가능성이 아니라 두 개의 상상이다. 순수하게 상상되는 것은 순수하게 주관적인 것으로서, 주체에 제약될 뿐 아니라 (내가 더 이야기했어야 할) 체험에도 제약된다. 순수하게 상상되는 것은 (변양된) 지향적 체험의 내재적 노에마일 뿐이고, 여기에서는 이념적으로 동일한 것이 아니라 단지 똑같을 뿐 늘 다시 새로운 것이다. 그래서 상상되는 것과 순수한 이념적 가능성을 **구별**해야 하는데, 후자는 이것〔상상되는 것〕으로부터, 그리고 임의의 똑같은 상상됨('상상')으로부터 추출되는 것이다. 가능한 것은

가능하게 존재하는 것이다. 나는 그것이 존재한다고 '사고'(가정립)할 수도 있다. 나는 한갓된 상상함으로부터 가정립으로 언제라도 이행할 수 있지만, 이때에는 필연적으로 (가정립의 의미에 속하듯이) 이 상상되는 것을 나의 존재 구역(변양되지 않은 것의 구역 혹은 믿음의 구역)에 올린다. 그리고 나는 가정립할 때에는 나의 지금의 상상이나 나중의 상상을, 혹은 나의 상상이나 타인의 상상을 구별하지 않는다. 왜냐하면 내가 '반복'하는 믿음이 동일한 것을 정립하듯이, (서로 다른 상상에 기반하여) '반복되는' 가정립은 (믿어지는 것에의 관계가 바로 동일한 믿어지는 것, '내게 견실한' 동일한 사실에의 관계라면) 동일한 가정립을 낳으며, (반복되는) 가능성은 동일한 가능성을 낳기 때문이다.

따라서 상상되는 것은 철두철미 주관적인 것이지 그 자체로 있는 것이 아니다. 그러나 가능성은 그 자체로 있다. 가정립은 상상이 아니라 상상을 기반으로 수행되는 '인상'이다.

그렇지만 앞서 올바르게 이야기한 것처럼, 가능성은 현실적 주체를 소급지시한다. 즉, 어떤 개체의 가능성을 소급지시한다. 그렇지만 나는 본질, 즉 직관적으로 포착 가능한 일반성으로서의 가능성을 구별해야 하지 않을까? 모든 똑같은 상상, 그것도 모든 똑같은 상상직관, 모든 똑같은 상상경험, 상상에서 유사충족되는 (모든 똑같은) 상상경험은 내게 동일한 본질을, 그것도 동일한 구체적 본질을 증여한다.

모든 이러한 본질은 '개체적 가능성'의 외연을 지닌다. 즉, 한 본질의 가장 수월한 개별화는 어떤 개체적 상상, 즉 내게 '지금 여기' 어른거리는 것이다. 나는 상상 태도에서의 반복을 통해서만 이것을 동일화할 수 있다. 그런데 현실적으로 동일화하는 것이 아니라, 바로 이 동일한 것을 견지하면서 스스로 이입상상함을 통해, 혹은 스스로를 이 동일한 것을 수미일관하게 믿는 자로 상상함을 통해 동일화하는 것이다. 하지만 이제 나는 이 것('지금 여기' 어른거리는 어떤 것)이 존재한다고 (물론 나의 현실적 현존의 연관 안에서) 가정립할 수 있는데, 그렇다면 이것은 어떤 가능성이 된다. 이와 마찬가지로 나는 나 자신의 사실을 바탕으로 그것을 가정립하는 어떤 〔다른〕 주체를 사고할 수 있다. 그러면 이 모든 경우에서 가정립되는 것의 의미가 동일하게 사고된다면, 동일한 가능성이 있다. 그러니까 하나의 현실적 주체가 더불어 정립되는 것은 아니지만, 순수한 가정립 안에서 사고된다.

유고 20

상상 — 중립성[1]

(1921/1924년 집필)

a) 판단중지에서의 (상상하는) 작용의 삶 ─ 타당한 것으로 정립하는, 정립에서의 삶. 이중의 판단중지 혹은 중립성

다음을 대비해보자. 1) 나는 판단중지를 수행하고 판단중지에서 어떤 작용의 삶을 수행한다. 특히 가령 나는 상상하면서, 상상하는 자아이고 상상하며 활동하는 자아로서 살아간다. 2) **나는 정립에서 산다.** 나는 자아 작용에서 깨어 있고 활동한다. 이 자아 작용에서 어떤 것은 내게 타당하다. 나는 새로운 것을 타당한 것으로 정립하고, 내 앞에 주어지는 것으로 (이것의 사전 타당성을 활성화하고 전유하면서) 향한다는 것 등등.

그러니까 후자의 태도, 정립적 삶의 태도에서 내게는 늘 존재자, 가치,

1 중립성 이념과 관련하여, 작용 억제로서의 '판단중지'에 관한 가장 일반적인 것.

확실한 존재자, 단적으로 있는 것, 혹은 나의 이론적 활동이나 여타 활동으로 산출되어 현존하는 정립물로 확립되고 계속 타당성을 가지는 것 등이 있다. 나는 그것을 표현하고 서술한다.

중립적 태도에서 나는 내가 거기〔중립적 태도〕에서 '가지는' 것을 발견하고 서술한다. 그것은 상상사건, 중립적 사건 일반, '마치'의 방식으로 있는 모든 것이다. 그래서 **모든 서술도 변양된 의미**이다.

첫 번째 〔정립의〕 경우 나는 곧바르게 주어지는 것으로부터 시선을 거두어, '어떻게' 현출하고 '어떻게' 주의되는지에 있어서의 대상으로, 가령 집으로 시선을 향할 수 있다. 〔즉〕 일차적으로 주의되거나 이차적으로 주의되는 것, 일차적 장악으로 포착되거나 이차적 장악으로 포착되는 것 등으로 시선을 향할 수 있다.[2]

중립성의 경우에도 마찬가지로, '어떻게' 현출하고 '어떻게' 주의되는지에 있어서의 상상되는 집〔으로 시선을 향할 수 있다〕. 그러나 이 모든 일은 '상상 안에서', 중립성 안에서 일어난다. 나아가 다음이 매우 중요하다.

a) 나는 상상하고, 상상 세계 안에서 산다.

b) 나는 태도를 **변경한다**. 상상 안에서 살면서 서술하는 것이 아니라, 그것을 마치 체험하는 듯이, 그것을 마치 생각하고 평가하고 욕구하는 듯이 서술하는 것이 아니라, 현실적이고 정립적인 서술로 상상 이미지나 상상 사건을 서술한다. 이것도 여전히 판단중지 안에서 일어난다. 이제 서술 이전에 어떤 규명, 포착, 현실적 포착, 때로는 꽤 명증한 포착이 이루어진

2　일차적 주의 혹은 장악은 하나의 대상에 주의를 집중하는 것이고, 이차적 주의 혹은 장악은 일차적으로 주의되는 대상의 주변 대상들이 암묵적이고 변양된 양태로 감지되고 있는 것을 뜻한다.(옮긴이)

다. 작용은 이제 정립적이다. a) 예를 들어 나는 어떤 이론을 판단중지 안에서 고찰한다. 내가 그것을 마치 믿고 있다는 듯이 그것에 천착할 수 있다. 그러나 나는 모든 믿음을 억제했다. 그것은 '마치' 천착함이다. 그리고 이러한 태도에서 내가 이것이 [이 이론의] 전제이고 [이 전제로부터] 이러저러하게 전개된다는 등으로 표현할 때도 마찬가지이다. 따라서 모든 것은 '마치'라는 부호를 지닌다. b)[3] 그러나 나는 내가 믿지 않고 정립하지 않는 (순수 '사고물'로서, 명제[정립물]의 총체이자 구성체로서) 이 이론이 이러저러한 구조를 지닌다고 (현실적 명증 안에서) 규명하고 발언할 수도 있다. 사고물로서 이 이론도 실존하고 내게 명증하게 실존한다. 이는 내가 상상 '내용'으로 끄집어내어 포착하고, 명증한 참으로 서술하는 상상 이미지와 마찬가지이다.

이러한 [a에서 b로의] 변경은 어떠한 종류의 [태도의] 변경인가? 이제 나는 [b의 태도에서는] 상상에 몰두한 자아로서, 그리고 일반적으로 '마치'에 몰두한 자아로서 중립적 작용을 수행하는 것이 아니다. 오히려 태도를 변경하여 이 유사수행을 또 작동중지한다. 특히 다음과 같은 방식으로 그렇게 한다. 상상 지각, 상상 판단, [상상] 평가 등을 수행하는 주체인, [상상에 빠진] 몰아적 자아와 대비하여, 나는 정립적 자아를 확립한다. 이전에는 나는 사실 깨어 있지 않았다. 나는 꿈을 꾸었고 꿈꾸는 자아였다. 이 자아는 유사지각 등의 주체로서 꿈꾸어지는 어떤 자아까지 더불어 꾸며내었으며, 전체적으로 꿈꾸어지는 행동을 하며 '활동'했다. 그러나 이제 나는 내가 정립적 현전의 주체임을 자각한다. 이 주체는 꿈의 정신적 체험을, 그리고 꿈꾸어지는 대상이나 상상되는 대상을 바라본다. 이제 나는 꿈을 꾸는 것

⁝

3   순수 사고물.

을 자각한다. 그러나 나는 내가 지금 실제로 가지는 저 상상하는 체험이나 그 체험의 구조를 반성적으로 고찰하는 것이 아니라 '꿈 이미지'를 반성적으로 고찰할 수도 있다. 이 **꿈 이미지**는 물론 이것〔체험〕의 내용이고 (내가 확신하는 바와 같이) 이것과 분리 불가능하다. 이 꿈 이미지는 내게는 이제 드러나고 어떤 의미로는 경험되며 직접 포착되는 대상이고, 나의 꿈꾸는 현재 삶의 꿈 이미지이다. 물론 이들이 포착되는 것은, 내가 먼저 곧바로 몰아지경이 되어 현전으로부터 멀어져서 꿈을 꾼 다음에 〔여기에서 벗어나〕 몰아적 자아인 나를 나 자신을 반성하는 현전의 자아로 끌어올릴 때뿐이다. 그러면 나는 이렇게 꿈꾸어지는 것으로 시선을 향하면서, 특히 정립적 '지각'을 향하면서, 이 이미지를 대상 혹은 실제로 존재하는 대상으로 가진다. '상상이미지'라는 이 존재범주가 지니는 현실성에 있어서 그러하다. '마치'로부터 취해지는, (무실이 아닌) 대상으로서의 **가상**의 포착이나 대상으로서의 **사고물**의 포착 등도 모두 마찬가지이다.

따라서 여기에는 **두 가지 판단중지** 혹은 중립성이 있다. 1) 한 경우에는 (때로는 능동적 판단중지로 산출되는) 상상으로서의 상상 혹은 중립적 의식으로서의 중립적 의식에 관련되는 판단중지가 있다. 2) 그리고 내가 꿈꾸는 자아로서 유사수행하는 유사작용과 관련하여 또 다른 판단중지가 있다. 이 판단중지는 중립적 자아 위에 어떤 정립적 자아를 확립하는 태도 변경에 관련되고, '이미지'의 포착에 관련된다. 이제 이것은 꿈꾸어지는 대상에 대한 현실적 정립을 억제하는 것이 아니다. 이 대상은 어차피 〔현실적으로 정립되지 않는〕 꿈꾸어지는 대상이기 때문이다. 이제 나는 몰아적으로 꿈꾸면서 이러저러한 지각이나 판단 등을 유사수행하거나, 이 대상이 마치 여기 있고 마치 이러저러하게 변화하게 만들지 않는다. 오히려 나는 여기 참여하지 않는 관찰자로서, 이 '마치'의 삶 안에서 제공되는 것을 그것이 제공되는 그대로 관찰하고 고정해야 한다. 이렇게도 말할 수 있다. 앞서 완전히 몰아적으로 꿈꾸었던 자아, 꿈꾸면서 유사활동하던 자아는 이제 관찰자, 그것도 참여하지 않는 관찰자, 정립적 자아, 꿈꿈과 꿈 자체를 바라보는 자아로 있는 것이다.

이제 이와 대비하여 중립성의 사례가 아닌 정립성의 사례를 취해보자. 특히 나의 정립적 삶의 주체인 자아가 지향적 대상 자체, 그때그때 판단되는 판단, 추론에서 얻어지는 전제와 결론의 추론연관 등을 나의 '내재적' 판단 내용 등으로 드러내는 사례를 취해보자.

나는 단적으로 정립적으로 살고 판단하고 평가하면서, 어떤 의미로는 몰아적이고 '무의식적인' 자아, 대상, 사태연관, 이론적 일반성, 가치, 목적 등에 몰두하는 자아이다. 이때 내가 가지는 것은 바로 단적인 대상 등이다. 그다음에 나는 반성을 수행한다. 나는 두 번째 정립하는 자아를 확립한다. 이 자아는 내가 몰아적으로 정립했던 것과의 관계에 있어서 어떠한 정립도 따라서 하지 않고 여기에서 정립되는 것 자체를 타당하다고 받아들이지 않으면서 이것을 관찰하고 포착한다. 이때 하나의 판단중지만 있으면, 지향적 대상 자체를, 가령 지각이미지나 한갓된 이론적 사고물을 이론화의 순수하고 지향적인 내용으로서 얻을 수 있다.

지금의 반성이라는 정립적 작용은 다시 나름의 '지향적 대상 자체'를 가진다. 이것을 얻기 위해 나는 새로운 반성 자아를 확립하고 새로운 판단중지를 실행해야 한다. 그래서 내가 애초부터 이미 중립적 작용을 가진다면, 이것(중립적 작용)의 지향적 내용을 가지기 위해 두 번째 중립성이 필요하다. 예를 들어보자. 입체적이고 영화적인 가상이 내 앞에 있다. 1) 우선 나는 '마치' 관찰에 몰두한다. 나는 이 사건이 마치 실제로 일어난다는 듯이 관찰한다. 이것은 중립성 의식(상상함)이다. 2) 나는 가상이미지를 현실성으로 정립한다. 이 유사봄에서 '보이는 것'으로 정립한다. 나는 어떤 두 번째 자아를 확립하는데, 이 자아는 유사믿음이나 유사일어남을 따라 실행하지 않고, 그것을 반성적으로 관찰하고 그 안에서 '노에마' 혹은 '이미지'를 관찰한다.

b) 중립성이라는 일반적 개념에 대비되는 상상 개념. 한갓된 표상. 아리스토텔레스, 흄, 브렌타노, 그리고 『논리 연구』와 『이념들』의 참조

나는 『이념들』에서 중립성 변양과 정립성 간의 구분을 전체적으로 보아 올바르게 서술했다고 믿는다. 다만 이 서술을 더 상세하게, 그리고 더 인상적이고 명료하게 만들어야 한다.

'**상상**'은 **아리스토텔레스**에게서 이미 재생 영역과 관련되었다. 현재 이 말을 쓰는 어법은 전적으로 일의적이지는 않다. 어떤 회화작품에서 현시되는 것에 대해서 "이것은 상상의 풍경이다"라고 할 때는 예술가가 어떤 '상상표상'을 형성했고 그다음에 이것을 이미지에 있어서 현실적 색깔 '안에서' 현시했다는 식으로 이해한다. 그렇기는 해도 모사 역시 어떤 **재현**이다. 모든 재현을 여기 포함시킬 수 있고, 심지어 어떤 현전하지 않는 것을 가리키는 모든 표지[4]까지 포함시킬 수 있다. 그러면 '한갓된' 상상이란 '현실적' 작용수행이 일어나지 않았음을 뜻한다. 그러나 '이미지대상'만 해도 벌써 어려워진다. 이미지대상은 몸소 현전하여 현출하므로 '허구'라고는 부

---

4 후설은 『논리 연구』에서 기호(Zeichen)를 표현(Ausdruck)과 표지(Anzeige)로 구별하는데, 표현은 그 자체에 어떤 의미가 담겨 있다면, 표지는 그 자체에는 어떤 의미가 없이 다른 것을 지시하는 것이다. 가령 연기는 불의 표지이다.(옮긴이)

를 수 있지만 더 이상 재현이라고 부를 수는 없다. 그것은 현전화이기 때문이다. 여기에도 '정립'이나 타당성 보유는 '결여'되어 있다. 그러니까 상상과 허구라는 말의 의미는 두 방향이다. 1) 하나의 방향은 **재생**(그리고 **재현 일반**)을 향하는데, 이때는 모든 기억도 상상이라고 불린다(흄에게서 기억이 인상이 아니라 '관념'으로 등장하는 것과 같다). 2) 다른 방향은 **수행방식**을 향하는데, 이 수행방식에 의거하여 지각적 허구라는 표현이 가능하며 다른 한편 기억은 허구나 상상이 아니다. (이런 경향 때문에 흄의 기억 이론에서는 나중에는 기억의 인상이라는 표현이 등장한다.)

후자의 경향은 **브렌타노**의 판단 이론과 작용 일반 이론에서도 관철되는데, 모든 작용이 '표상'이거나 하나의 표상을 토대로 가진다는 강령을 확립하는 데에서 나타난다. 표상(지각표상, 상상표상)은 표상되는 대상성이 믿음 없이(나 같으면 "평가하는 정립이건 의지적 정립이건, 어떠한 정립도 없이"라고 말하겠지만) 의식되는 의식이다. 나는 『논리 연구』에서 이미 다음을 지적하고 연구에 상세하게 포함시켰다. 즉, 아무리 복잡한 작용이라도 작용은 모두 하나의 작용 통일체이다. 그러니까 가령 판단으로서의 작용은 하나의 믿음이며, 이 믿음은 전체로서 하나의 통일적 '대상'을 가진다. 그렇다면 이처럼 토대에 놓인 표상에는 존재와 비존재 간의 차이가 모두 들어 있고, 그것도 단지 긍정과 부정뿐 아니라 〔그 외의〕 모든 양상까지 들어 있어야 한다. 이런 양상은 현실적으로 수행되는 양상으로서, 판단수행 자체에서 〔판단되는〕 사태인 것이다. 정확히 살펴보면, 토대가 되는 작용이라는 이 표상은 지어낸 것(Erfindung)에 불과한데, 〔표상에〕 덧붙여지는 심리적 계기로서 판단을 이룬다고 하는 저 인정과 거부도 지어낸 것에 불과하다. 물론 이러한 '표상'은 믿음을 삼간다는 의미에서 판단억제에 의해서, 언제라도 판단으로부터 얻을 수 있다. 그렇기는 해도 이것〔판단억제〕은 단지 질적이고 심리적인 계기를 제거하는 것이 아니라, 전체 작용이 변양되는 것이다. 이로부터 중립성 변양이 생기는데, 이는 재생적 '상상'과 모든 허구의 특징인 것이다.

물론 [한편으로] 어떤 정립적 체험, 어떤 근원정립적 체험이나 양상화된 체험이 판단중지를 통해서 비로소 중립화되는 것과 [다른 한편] (모든 정립이 자발적으로 형성되는 중립성의 가능성을 허용하는 것과는 달리) 정립 가능성을 전혀 허용하지 않는 중립적 체험이 애초부터 생겨나는 것은 차이가 있다. 중립성에서 임의적으로 '표상되는 것'을 정립함은 우리의 능력을 넘어선다. 시리우스 별에 사람과 같은 존재가 사는가에 대해서 지금 나는 생각[상상] 하면서 말을 하더라도, 이에 대해 '무언가 진술하는 것' 혹은 믿음을 가지는 것은 내 능력을 넘어선다. 나는 긍정도 부정도 할 수 없다.

따라서 나는 이렇게 말한다. 중립성은 여러 가지 동기에 의해 나타날 수 있다. 그것은 '갑작스러운 착상'으로 등장할 수도 있고, 어떤 모사에서 '이미지대상 의식'으로 등장할 수도 있으며, 여러 재생이 서로 섞이면서 서로 정립을 취소하는 자유로운 놀이로 등장할 수도 있지만, 모든 정립의 자발적 억제로 등장할 수도 있다. 상상이라는 말은 오직 후자의 경우에만 적용되는데, 그 이유는 이 말이 통상적 어법에서는 의식되는 세계에 대해 어떤 결정을 내린다는 목적에 복무하지 않는 정신적 행위를, 더 낮게 표현한다면 무관심이라는 성격을 지닌 정신적 행위를 가리키기 때문이다. 이러한 무관심은 (그에 대해 어떤 입장이 취해지고, 이 입장에 의거해 어떤 인지, 이론적 판단, 평가, 의지에 있어서 늘 새로운 정립의 주제가 주어지는) 어떤 주제적 구역에도 관여하지 않는다는 것이다. 하지만 자연스러운 삶에 있어서는 이러한 정립 억제는 언제나 정립 획득에 이바지한다는 의미를 지닌다. 가령 이는 인식에 있어서 의문스러운 방향의 입장 취함이나 믿음이나 정립을 모두

'회수'하는 어떤 중단이자 '숙려'이다. 하지만 이는 오직 새로운 정립, 때로는 더 나은 정립을 실행할 수 있기 위함이다. 〔이에 비해〕 상상은 무목적성의 영역이고 놀이의 영역이다. 여기에 추가로 포함되어야 할 것은 비주제적이고 선주제적인 사건이다. 이것은 놀이와 다른데, 놀이에서는 유사의지 안에서 유사목적이나 유사평가 등이 산출되고, 상상하는 자아인 자아는 나름의 방식으로 능동성을 가지는 것이다. 이와 달리 이런 사건에서는 이미 선주제적으로, 이미 배경에서 '상상이 등장'하고, 애초부터 정립성이 없고 다른 한편 목적 기능도 물론 없는 **갑작스러운 착상**이 형성된다. 이것은 나중에는 실로 미적이거나 철학적이거나 여타 목적을 위한 어떤 주제적 기능도 가질 수 있지만, 그 자체로는 (물론 본래적이지 않은 의미에서) '놀이'이다. 놀이는 주제적이고 '깨어 있는' 의식에서도 수동적으로 경과할 수 있거나(나는 상상에 나를 맡긴다) 가령 미학적 규칙 같은 규칙을 따를 수도 있다. 그러면 이미지 형성은 상상이지만 미적 주제는 상상이 아니라는 것 등등.

따라서 이는 중립성 의식의, 현상학적으로 매우 다양한 형태들을 제공한다. 어떤 중립성을 야기하는 모든 동기화나 모든 심리적 전체상황은 여기에 어떤 성격도 부여한다. 삼감으로서의 정립성 억압도 하나의 성격이고, '자유로운' 상상의 놀이도 마찬가지이다. 그러나 다른 한편 근본적 본질에 있어서 〔이들에 있어서〕 공통적이고 서로를 묶어주는 것이 바로 중립성의 특징을 이룬다.

c) 지향적 체험은 정립적 체험이거나 중립적 체험이다.
혼합적 체험. 『이념들』에서 '직각적 허구물'의 이론

지향적 체험은 정립적 체험이거나 확장된 의미에서 상상 체험, 더 낮게 표현한다면, 중립적 체험이다. 중립적 체험은 현실적 타당성이 전혀 없고 '마치' 타당성만 있다. 정립적 체험이라는 의식체험에서는 자아에게 어떤 것이 타당하고 그 안에 어떤 의향이 포함된다. 중립적 의향, 특히 상상 의향은 현실적 의향이 아니라, 바로 마치 의향하는 듯이 이입사고하는 것이고 이입상상하는 것이다. 의향되는 어떤 것을 스스로 의향하지 않으면서 어떤 식으로든 표상하는 것이다. 체험이 주제적 작용이라는 수행형식 혹은 코기토라는 수행형식을 가지건 가지지 않건 관계없이, 이 점은 유효하다. 현실적 작용에는 그 대응물로서 '마치' 작용이 상응한다. 순수하게 중립적인 작용, 순수하게 표상하는 작용, 순수한 상상은 상상되는 것과 관련하여 모든 정립성에서 벗어나 있다. 이와 마찬가지로 순수한 정립성은 (이런 의미에서의) 모든 상상에서 벗어나 있다. 통상적 의미의 상상은 중립적 재현 혹은 재현하는 '표상'이다.

그러나 혼합된 체험이 있는데, 이것은 매우 통상적이다. 이런 혼합된 체험은 정립적일 수 있는데, 특히 작용으로서 현실적으로 정립을 수행하면서도 상상을 내포할 수 있다. 그리고 혼합된 체험은 상상이면서 정립을 내포할 수도 있다. 모든 상상의식은, 따라서 모든 순수한 상상의식 역시 어떤 정립적 작용으로 변모할 수 있다. 물론 통상적 유형의 순수한 상상의 경우에는 이때 대상적 의미가 변화한다. 그렇지 않다면 상상에 대해 아무것도 진술될 수 없고 상상은 전혀 서술될 수 없다. 내가 말하는 것은 허구물, 이들에서 상상되는 유사대상 자체이다. 특히 지적할 것은, 순수한 상상이라는 의식에는 순수한 가능성이 자체소여로서 포함되며 이 의식으로부터 순수한 가능성이 추출될 수 있다는 점이다. 내가 상상하면서 (마치 일치되어 지각하는 듯이) 일치되어 직관적 상상함이라는 어떤 정합적 작용을 수행한다면, 이와 더불어 나는 근원적으로 유사지각적인 '마치' 자체소여라는 방식으로 '마치' 대상을 구성한다.[5] 그리고 이러한 '마치' 대상은 여기에서 이런 양상으로 근원적으로 주어지고 (변양된 포착이 아니라 현실적 포착인) 자아에서 나오는 포착에서와 다르지 않다. 이것('마치' 대상)은 순수한 가능성이다.[6] 이것은 상상 행위를 '통하여' 정립 가능한 것이다. 나는 상상함의 태도로부터 능동성(정립성)의 태도로 이행해야 한다. 이때 나는 상상되는 것 자체에 대해 어떤 태도 취함을 수행하는데, 이것은 수미일관한 상상의 종합 위에 쌓아 올린 어떤 존재포착이다.

나아가, 모든 직관적이고 수미일관하게 조화로운 상상을 가능성 의식으로 변모시키는 이러한 전환과는 아주 다르게, 정립적으로 주어지는 것을 바꾸어 꾸며내는 경우에는 정립과 유사정립이 연결된다.

그리하여 지각객체도 허구물이 될 수 있다. 경험객체로서 지각객체는 정립적으로 주어지지만, 바뀌어 사고된다. 여기에서 늘 전제되는 것은 바꾸

5 따라서 이것은 '마치' 명증하게 직관된다.

6 나는 명증하게 판단한다. 관찰자로서 나는 "명증하게 판단되는 것 자체는 현실성이다"라고 말한다. 그러나 참여하지 않는 관찰자로서 그러한가? 아니다. 참여하지 않는 관찰자가 아니라 참여하는 관찰자(반성하는 관찰자)로서 나는 현실성을 진술한다.
상상(유사명증) **안에서**. 반성하면서, 그러나 유사공동판단하면서, 나는 이것이 하나의 가능성이라고 말한다. 그러면 나는 명증한 종합에 있어 계속 나아가면서 "이 가능성은 동일한 가능성이다"라고 말하게 되는 어떤 태도를 취하고 있다.
정립적 행위에 대비하여, 나는 반성의 자아로 등장할 수 있고 정립함을 **함께 행하면서** 정립의 대상성에 대해 판단할 수 있다. 혹은 이와 관련해 어떤 다른 방식으로 태도를 취할 수도 있다. 여기에는 반성의 판단함이 속한다. 여기에서 내가 경험하는 것은 현실성이고 명증하게 존재하는 것이다. 상상에서도 마찬가지이다. 반성의 판단함. 여기에서 내가 상상하는 것은 하나의 가능성, 하나의 명증한 가능성, 명증하게 유사존재하는 것이다. 따라서 여기에서 나는 참여하지 않는 것이 아니다. 나는 '마치' 판단함을 함께 행한다.
참여하지 않는 관찰자는 그 하부에 있는 자아의 현실적 소여나 유사소여와 관련하여 어떠한 현실성이나 가능성도 진술할 필요가 없다. 그가 이와 관련하여 진술하는 것은 따옴표 안에 들어 있는 '현실성'과 '가능성'이다.

어 상상함에 의해 '가려지는' 것 외에, 정립의 잉여도 혼합된다는 것이다. 그러면 단적인 정립 혹은 단적인 정립물로부터 어떤 가정립(가설)이 도출되고, 허구(바꿔어 꾸며내는 유사현존)로부터 "이것이 그렇다고 정립됨"이 도출된다. 이때 (그러한 예를 하나 들자면) 지각객체에서는 어떤 형상도 지각적으로 정립될 수 있는데, 이때 바꿔어 꾸며지는 색깔은 바로 한갓된 허구이지만, 보이는 색깔을 '가린다'. 그리고 여기에 이미 기본적으로 가정립이 있다. 그러면 구체적 형성체는 이것의 구성요소가 몸소 주어짐의 성격을 가지더라도, 상상, 허구, '마치' 대상이다.

마지막으로 심지어 어떤 허구물이 (정확히 지각객체의 의미에서) 전적으로 몸소 주어지는 방식으로, 즉 몸소 현출로 나타나더라도, 그래도 허구일 수도 있다. 내가 어떤 가상객체(입체경의 이미지나 어떤 모사의 이미지대상과 같은 직각적 가상)를 해당 객체가 마치 존재한다는 듯이 관찰할 때 그러하다. 경험이 아무리 반박하더라도, 현행적으로 놓인 지각연관이 아무리 반박하더라도, 나는 이것을 존재하는 것으로 꾸며내는 것이다. 그리고 이 말은 내가 가상이미지는 유지하면서, [오히려] 이를 반박하는 것을 더불어 암묵적으로 바꿔어 꾸며낸다는 뜻이다.[7] 바로 이를 통해 이것[가상이미지]은 자신의 비정합적 경험지평 대신에 어떤 일치된 경험지평을 얻는다. 그리고 이제 이것[가상이미지]은 마치 있는 것과 같다. 이제 이것은 상상되지만 다른 한편 바로 지각적으로 현출하는 특성에 있어서 몸소 주어지는 어떤 것이다. 그렇다고 해서 여기에서 타당한 이것이 지각은 아니다. 만일 이것이 자신의 지평과 더불어, 그리고 그 안에서 타당하더라도 이 지평이 허구라면, '본래적으로' 현출하는 것도 허구이다. 이것[지평] 안에도 예기가 들어

7　이전의 지평은 타당성이 박탈되고 '마치'에 있어 부정되고 가려진다.

있는데, 이 모든 것은 〔이런 일을〕 함께 겪으면서 허구적 예기로 함께 변화한다. 따라서 '직각적 허구물'이 있다는 『이념들』의 이론은 올바르다. 그러나 물론 '미결상태로 방치함', 태도 취함의 차단, 삼감의 방식에 의한 것이 아니다. 그것은 현행적 정립에 대한 〔삼감 등과는〕 아주 다른 유형의 억압에 의한 것, 바꾸어 꾸며냄에 의한 것, 상상을 정립 안으로 가정립하고 정립 위에 이입정립함에 의한 것이다.[8]

내가 의심을 하고 내게 어떤 충돌이 주어지며 〔이 중에서〕 어느 한쪽을 지지하고 다른 쪽을 반대하는 것을 내가 외면하고 타당하게 여기지 않는다면 어떠한가? 바꾸어 꾸며낼 때에도 어떤 의미에서는 이렇게 하는 것이다. 즉, 덮음에 있어서 덮이는 것은 어떤 정립적인 것이다. 나는 이것을 타당하게 여기지 않고, 이 타당성을 억제하면서 하나의 층위〔덮는 층위〕만 뒤쫓는데, 이 층위가 마치 있다는 듯이 뒤쫓는 것이다. 내가 이 하나의 '가능성'을, 그리고 이 가능성을 긍정적으로 지지하는 것을 타당하게 여기고 다른 가능성의 타당성은 박탈한다면, 이를 통해 상상이 산출되는 것이 아닌가? 그렇지만 여기에서는 어떤 지속하는 정립성이 있으며 나는 이 가능성을 지지하는 것을 타당하다고 견지한다. 다른 것에 대해서는 나는 단지 어떤 의미에서 맹목이 되고 눈을 감는다. 그러나 어떤 객체를 바꾸어 꾸며내는 경우에는, 〔가령〕 보이는 빨강을 초록으로 바꾸어 꾸며내는 경우에는, 이 초록을 지지하는 것은 없다. 다른 한편, 나는 다른 정립을 포기하거나 도외시하지는 않지만 날조한다. 이것〔다른 정립〕은 (허구적으로 이입정립되는 것에

8 삼감은 어떤 현실적 정립을 전제하는데, 이 정립이 바로 억제되는 것이다. 그러나 상상은 그런 성격이 없다. 그러니까 상상은 작동의 폐기를 통해 다시 '과거 상태'로 돌려지는 것이 아니다. 그러나 그렇다고 해서 '마치'가 양자에 있어 그 핵심에서 동일하지 않다는 것은 아니다. 그리고 이것이 바로 『이념들』의 견해였다.

의해) 억압되는 것에 의존하기 때문이다. 빨강 존재자는 초록 존재자가 되었지만, 진지하게 정립한 것이 아니라 꾸며낸 것이다. 이는 [색깔뿐 아니라] 객체 전체에 해당한다. 물론 나는 '가능성'을, 그리고 이것[가능성]을 지지하는 것을 억제하고 한갓된 '상상' 혹은 어떤 '마치'를 얻을 수도 있다.

d) '마치'의 이입사고함(어떤 가능성 의식의 수행)과 상상함. 정립적 태도에 대비되는 자의적 억제. 모사되는 것으로 주제적으로 향하는 모사작용이나 미적 태도로서의 모사작용. 미적 객체에 있어서 제한적인 종합적 통일체, 단적인 사물의 지평과는 다른 지평

의심에 빠짐 — 미결상태로 방치함. 사태는 의문시된다. 나는 이 사태를 숙려하지만 어떠한 믿음이나 태도 취함도 가지지 않는다. 나는 이 '사태'를, 어떤 지각의 사태, 어떤 기억의 사태, 어떤 이론을 숙려할 때, 판단, 지각, 기억을 '수행'하더라도 '마치'의 방식으로 수행한다. 이것은 본질적으로 상상과 같지 않은가? 다만 (통상적 의미에서 이 말을 받아들일 때) 상상에서는 이처럼 현실적 정립이 **먼저 있고 그다음에** '억제'가 '마치'로의 전환을 이루어내는 것이 아니다.

그러나 자아, 이 지금의 자아는 다만 [수동적으로] 촉발될 뿐 아직 [능동적으로] 참여하지는 않고 있다. 다른 한편, 이 현상은 근원적 설립에서부터 계속 타당함이라는 현상이다. 그리고 어떠한 방해도 등장하지 않는다면, 나의 '과거의 자아'가 참여하고, 나는 여전히 [과거의 자아와] 동일한 자아이다. 무슨 뜻인가? 이것은 한갓된 상상이 아니라 '기억'이다. 이것을 다시 타당하게 활성화하는 것은 외부의 요구가 아니라 처음부터 나의 자아, 수행하는 주체에 대한 요구라는 양상에서 타당한 것이다. 이것은 자기에의 요구이고 자신의 일관성과 습관성에서 나오는 요구이다.

이러한 계속적 타당성에서, 이러한 근원설립에서 유래하는 습관성과 통각에서 불일치가 출현하면 비로소 나의 능동성도 그것을 정립하는 데 방해받는다. 그러면 '기억'도 더 이상 단적으로 기억이 아니게 되고, 그 배경적 양태에 있어 양상화된다. 그러면 기억은 서로 길항하고 이러한 길항으로 인해 양상화되는데, 이러한 기억을 활성화하는 것은 정립에 있어서 변양되는 활성화이다.

그렇다면 이것이 상상인가라는 물음은 어떠한가? 이 길항이 중재되지 않는다면, 〔이 길항에 있어〕 부분은 한갓된 상상이 아니다. 물론 지각이나 기억(통각으로서의 지각 자체가 '기억'의 특수한 유형이다)[9]도 아니지만 말이다. 이것은 감, 가능성, 요구이다. 나는 기억변양을 가지는데, 이것은 정립성격(확실성 양상)이 변양된 것이다. 내가 하나의 가능성으로 스스로를 '옮겨서' 이 가능성을 활성화하면, 나는 실제로 믿는 것이 아니라 마치 믿는 것처럼 행동하는 것이다. 작용 자체는 이에 상응하는 지각작용과 전적으로 같으나, '마치' 지각작용이고 따라서 '이입상상', '마치' '이입사고'이다. 그렇지만 한갓된 상상은 아니다. 이것은 어떤 것으로 이입하여 사고함이고 어떤 것을 고안함이다. 여기에서 사고되는 대로의 이 어떤 것을 지지하고 이것에 동의하며 이것을 실제로 수행하는 방향으로 이끄는 무언가가 있다. 내가 이것을 반박하는 것은 외면하고 변양하여 그것이 더 이상 반박하지 못하

9　여기에서 "통각으로서의 지각"은 단적인 지각, 즉 현출로서의 지각이 아니라 여기에 토대를 둔 의미작용을 통해 이 현출을 어떤 대상으로서 파악하는 지각을 뜻한다. 이러한 지각은 '기억'되는 의미에 의존한다. 다시 말해 현출로서의 지각은 그 현출을 '무언가로서' 통각하기를 동기부여하는데, 이러한 동기부여는 '기억'에 의지한다. 따라서 이를 통해 발생적 관점이 두드러지게 나타나는데, 통각은 인격적 자아의 초월론적 삶에서 발생한다는 역사성을 가지기 때문이다. (옮긴이)

게 한다면, 나는 변경상상하면서 어떤 허구적 추정을 구성하고 나서 그것을 믿을 것이다.

따라서 모든 '마치' 기억에서와 같은 '마치'는 상상(한갓된 상상)의 '마치'와 비슷하면서도 다르다. 이것은 '한갓된' 순수한 상상이 아니다. 때로는 일종의 변경허구가 있는 것인데, 언제라도 할 수 있는 일이지만, 내가 저 '도외시'를 수행한다면 그러한 것이다. 그러나 다른 한편 어떤 가능성의식의 수행은 상상함이 아니고 추정함은 더욱 아니다. 그러나 이것은 어떤 확실성의 '표상'이되, 그 성격이 변양된 것이다. 이것은 높은 단계의 지향성이다. [높은 단계인] 가능함[가능하게 존재함]에는 [낮은 단계인] 존재함이 들어 있고, 가능한 것은 어떤 존재의 가능성이다. 그렇지만 확실성 억제의 의식을 가로질러, 확실성이나 결정의 추구가 나아간다. 이것은 단적인 타당성을 생산하거나, 존재를 다시 타당하게 하거나, 타당성을 거부하고 삭제하는 것이다. 정립(확실성)이라는 근원적 작용은 모두 그것이 정립한 것 안에서 종결되고, 정립한 것, 즉 단적인 타당성을 영속적으로 취득한다. 모든 양상화된 작용은 결정을 향한 추구, 최종적으로 긍정적이고 양상화되지 않은 정립물을 향한 추구가 가로지르는 통로이다. 이 추구는 더 높은 단계에서는 이성의 추구이자 정초된 진리에서의 종결이며, 경험적으로는 무한한 목적, 즉 이념을 향한 추구이다.

관심이 존재자를 향하지 않는다면 어떠한가? 다음과 같은 현상이 나타난다. 나는 어떤 작용을 수행하는데, 이 작용의 성격은 확실성 경향 억제, 미심쩍다는 의식, (통각이 이를 지지하더라도 다른 타당성에 의해 폐기되는) 무실하다는 의식이다. 내가 수행하는 작용의 성격은 때로는 사실 "나는 작용을 수행하지 않는다. 내가 확실성으로 가는 길은 막혔다"는 등의 의식이다.

이와 아주 다른 것은, 지속적 지식과 인식이나 지속적 미적 평가 등에의 추구를 자발적 삼감이나 관심 차단이라는 형태로 저지하는 것이다. 이것은 (어떤 '가상'을 '가상'으로, 〔가령〕 입체경적 형성체, 이미지대상으로서의 이미지대상 등으로 간주하는 것과 같이) 관심을 다른 방향으로 돌리는 토대이다.

나는 믿음을 수행하지 않고 입장을 취하지 않고 존재에 관심이 없으며, 따라서 추정적이거나 미심쩍거나 개연적이거나 무실하다는 데에도 관심이 없다. 이 점은 엄밀하게 견지해야 한다. 본래적 '작용', 정립적 작용, 관심의 작용을 수행하는 자아이자 주체인 내가 어떤 특정한 관점에서는 관심이 없으며 무관심한 태도를 취한다. 이때 관심의 자발적 억제와 다른 관심 방향으로의 전환은 있을 수도 있고 없을 수도 있다. 단적인 대상에 관심을 가지는 대신에 지향적 대상이 어떻게 나타나는가에 관심을 가질 때 그렇다. 나는 입체경의 흑연색의 '이' 피라미드에 대해, 그것이 여기 있는 대로 관심을 가진다. '지각이미지'로서의 그것에 관심을 가지고, 단적인 피라미드가 아니라 '이것〔지각이미지〕'을 인지하며, 이미지대상인 이 작은 형상 등을 인지한다.[10] 이것은 내가 태도변경과 관련하여 한갓된 가상이고 무실함이라고 말한 것과 같은 것인가? 그러나 이것은 그래도 존재하며 나는 이것을 인지하고 서술한다. 서술은 절대적으로 명증할 수도 있는데, 내가 의향할 때 어떤 의향 혹은 어떤 의향되는 것을 가지면서 이 동일한 것을 서술할 때는 늘 그렇다. 모든 의향에는 자체소여되는 것이 있으며, 나는 무매개적 시선을 그것으로 향하는데, 의향되는 것이 바로 그것이다. 나는 그것을 지각하지만, 단적으로 의향되는 것을 일반적으로 지각하는 것은 아

∴

10 이 지각객체는 한갓된 '이미지'이다. 꼭 어떤 주관적인 '어떠함'에서는 아니더라도 '이미지'이다. 이와 마찬가지로 이 판단은 한갓된 사고물이고 이 이론은 한갓된 형성체이다. 그러나 때로는 명료함과 명증 등의 '어떠함'에 있어서의 그것이다. 이런 모든 것에 있어서 나는 정립을 수행하거나 '실제로' 믿거나 판단하는 일 등은 하지 않는다.

니다. 그리고 지각, [특히] '외부' 지각의 경우에도, 사물은 지각 안에 있는 것이 아니다. 그리고 그럴 필요도 없다.

'지각이미지', 기억이미지, 지향적 객체 자체가 가상인 것이 아니라, 단적으로 지각되는 것이나 기억되는 것 등이 가상이다. 이것은 동일 사물에 대한 사물지각이나 기억이 진행될 때 바로 그 동일한 것으로 정립되는 것이며, 그것도 변양되지 않는 방식으로 정립되는 것이다. 내가 이미지,[11] 지각되는 것으로서의 지각되는 것, 기억되는 것으로서의 기억되는 것, 사고되는 것으로서의 사고되는 것으로 관심을 돌리면, 동일자 정립을 '억제'하는 것이다. 즉, 나는 이러한 주제적 작용을 수행하는 것이 아니라, 어떤 주관적인 것, 어떤 노에마를 주제적으로 정립한다. 다만 나는 다음을 통찰할 수 있다. 내가 이 사물, 지나간 이 사건, 이 이론을 향하여 어떤 작용을 정립적으로 수행할 때는 언제나 바로 '반성'을 수행할 수 있다. 그러면 나는 작용 안에 노에마가 '놓여 있음'을 볼 수 있다. 아니, 노에마가 시선 안에 놓여 있으나 포착하는 시선으로서의 시선은 노에마를 향하는 것이 아니라 종합되는 동일자인 사물을 향한다는 것을 볼 수 있다. 더 정확하게 말해야 한다. 상상 변양을 하면 정립할 수 있고 서술할 수 있는 상상대상성을 얻는 것과 마찬가지로, 일반적으로 삼감이라는 변양을 하면 관찰자가 정립할 수 있는 어떤 것, 지향적 객체 자체, 의향되는 객체 자체를 얻는다. 내가 정립적 태도를 취하여 가능한 경험이 진행됨에 따라 이 사물이 어떻게 보일지, 그리고 이 사물에 무엇이 덧붙여질지를 숙고한다면, 이것은 실재적 가능성의 가정립이고, 가능한 경험 일반에서 동일자인 이 객체에 있어서 현실적 가능성의 가정립이다. 삼감과 관찰에 의해 관심을 전환하면, 가

··
11 관찰자를 잊지 말 것!

능함의 방식으로 존재하는 사물 자체를 무한한 경험의 종합에 있어 노에 마로서 발견한다. 모든 국부적 경험과 종합마다 어떤 특수한 노에마가 있는 것처럼, 일반적 사고함에도 그렇다. 노에마를 포착하는 것은 어떤 변양된 방식으로, 즉 삼감의 방식으로 대상과 대상 규정의 열린 지평을 의식하는 것이고, 보통은 주제적 수행의 형태를 취할 수 있는 것을 주제적 수행의 바깥에 두는 것이다.

나는 정립적 작용의 수행을 자발적으로 폐기함으로써 주제적 방향을 변경할 수 있다. 그리고 주제적 방향을 변경한다는 것은 이전의 〔주제적〕 방향에 대해서는 주제적(정립적) 수행을 억제하는 것이다. 그렇다면 어떤 이미지대상을 보유하는 것, 때로는 그것을 관찰하는 것은 직각적 상상인가? 아니다. 내가 관찰자가 되면 하나의 '지각'이, 그것도 어떤 '지각이미지'의 지각이 생긴다. 그러나 모사되는 객체는 언제나 재현되는 객체이되 이미지 안에서 (모든 특징에 있어서나 특정 특징에 있어서) '현시되는' 것이다. 이제 모사되는 것으로 향하는 모사하는 작용이 주제적 작용일 수도 있고, 아니면 내가 미학적 태도를 취할 수도 있다. 그리고 〔이러한 미학적 태도에서〕 나는 이 모사되는 것이 존재한다고 계속 확신할 수도 있고, 이것이 경우에 따라 다른 경로로 내게 기지인 이러저러한 특성을 가진다고 계속 확신할 수도 있지만, 그래도 주제적이고 정립적인 수행의 바깥에 있는 미학적 태도에서 그렇게 하는 것이다. 이러한 주제가 어떤 사람이고, 이 사람이 무매개적으로 현시되는 신체적 특성뿐 아니라 또 다른 정신적 성격상의 특징을 일깨울 수도 있다. 그리고 이 인물의 전체 역사가 어떠한지, 그리고 그가 '장래에' 무엇을 할 능력이 있고 무엇을 하는 데 적임인지가 열린 지평으로서 이 미학적 내용에 속한다. 따라서 이때 종합적 동일화가 일깨워지고 때로는 '수행'된다. 그렇지만 여기에서는 정립의 변경이 있다. 미학적 태도에서 나는 현실에 관심이 없으며 현실에 초점을 맞추지 않는다. 나는 비스마르크의 이미지를 관찰하고 그로부터 그의 성격에 대해 많은 것을 알 수 있다. 하지만 이것은 미학적 관찰이 아니다. 물론 이 이미지가 비스마르크라는 것이 미학적으로 유의미할 수도 있는데, 그것이 내게 (예술가가 계산에 넣었을 수도 있는) 어떤 인물지평도 함께 일깨운다면 그렇다. 그러나 이처럼 존재에 초점을 맞추는 태도의 일부가 〔미학적으로〕 함께 이바지하더라도, 이것은 다른 경우와 동일한 태도가 아니다. 주제적 변경이 일어났기 때문이다. 이렇게 기여하는 것은 아무튼 특정 계기와 지평을 일반적으로 일깨우는 역할만 할 뿐이다. 그 밖의 모든 것은 모조리 주제적 지평으로부터 완전히 차단된다. 그리고 그것이 〔가령 지각과〕 내용은 똑같지만 한갓된 상상이고 따라서 모사되는 것이 결코 존재하는 것으로 주어지지 않는다면, 미학적 태도에 있어 아무것도 변경되지 않는다. 그러나 주제적 변경은 상상에도 마찬가지로 일어난다. 왜냐하면 내가 어떤 이미지를 애초부터 어떤 현실성의 모사로 간주하지 않는다면, 가령 나의 상상에서 드러나는 켄타우로스가 있는 풍경을 (이 풍경이 마치 존재한다는 듯이 견지하면서) 계속해서 거닌다면, 그리고 (이 풍경을 마치 인식한다는 듯이, 그리고 인식할 수밖에 없다는 듯이) 스스로 이 풍경을 일치하는 것으로 계속 꾸며낸다면, 이것은 미학적 태도가 아니라 허구의 태도이자 인식의 허구이기 때문이다. 미학적 관심은 현시되는 대상의 실존 자체와 유사실존에는 무관심한 채, 이것이 '어떻게' 현시되는가라는 관점에서 이것을 향하는 것이다. 내가 아름다운 풍경을 실제로 보는 경우에는 〔미학적 관심은〕 여기에서 현시되는 풍경, 〔가령〕이 골짜기 입구에서 현시되는 풍경 자체로 향한다.

이제 이것〔현시되는 대상〕은 어떻게 의식되든 간에 어쨌든 현출한다. 그리고 관찰하는 나는 현출방식이 변동함에도 불구하고 이것을 동일화한다.

이때 나는 어떤 통일체도 가지게 되지만, 다만 (존재하는 사물을 겨냥할 때처럼, 모사의 경우에는 모사되는 사물을 겨냥할 때처럼) 가능한 경험이 무한하게 진행될 때에도 이 통일체를 동일한 통일체로 의향하지는 않는다. 나는 이것이 예술적 허구임을 알고 여기 이것이 전혀 존재하지 않음을 알면서도 전혀 개의치 않는다. 〔이것이〕 현실의 세계에서 나의 자연스러운 존재구역과 어떤 연관을 맺는지는 전혀 나의 관심사가 아니다. 또한 내가 여기에서 보는 것이 가능한 경험의 보편적 종합에 어느 정도까지 종합적이고 일치되어 부합하는지, 해당 경험의 진행에서 이러한 동일화 혹은 연속적 존재정립이 어느 정도까지 계속될 수 있는지, 종합적인 것의 정립이 이제 어느 정도까지 계속 타당하고 입증될지는 나의 관심사가 아니다. 나의 관심사는 오직 이러한 현시 안에서 일치된 통일성을 이루는 '현출하는 것으로서의 현출하는 것'뿐이다.

이렇게 말해야 하지 않을까? 내가 (이 '이미지'를 넘어서지 않은 채) 이런 동일화를 어디까지 계속 끌고 나가야 할지는 〔나의〕 입지와 미학적 태도에 의해서 밑그림 그려진다. 다시 말해, 미학적 대상에 대한 통각은 나름의 예기하는 믿음도 가지고 어떤 믿음 통일체이기도 하지만, 이 지평과 다양체는 단적인 사물의 지평 및 다양체와는 다르다.[12] 이런 〔단적인〕 사물에 있어서 내게는 미리 주어진 세계가 있다. 이 세계 안에서 나는 몸을 지닌 채 여기 있으면서 이 세계의 한 조각인 〔나의〕 주변세계를 지각에 의해 보유하며 이 것을 넘어서 가능한 경험의 지평을 가진다. 이 모든 것은 타당하고 믿음을

12 그러나 이런 서술은 좋은 점도 있지만 오도하는 것이다. 첫 번째는 이렇다. 나는 어떤 정립적 모사의 **변양**이나 정립적이고 자유로운 상상의 **변양**을 (표현으로 객관화된 형태로) 가진다. 나는 정립과 유사정립을 수행하지 않는다. 그러나 판단중지 이후에는 이제 정립 가능한 지향적인 것〔지향적 대상〕을 새롭게 정립한다.

규정한다. 나의 사물에 대한 믿음, 단적인 대상의 정립은 무조건적 정립이다. 이것은 통각이 함께 끌고 오는 전체 지평을 정립한다. 그러나 〔이와 달리〕 내가 미학적 믿음, 미학적 대상의 믿음을 가질 때는, (내가 여기에서, 이 골짜기 입구에서 얻는) 시각적 현출 계열과 이 안에서 (동일화될 수 있고 인식될 수 있는 어떤 것으로) 시각적으로 구성되는 통일체에 스스로를 제한한다. 이를 넘어가는 무한한 지평, 내게 무매개적으로나 매개적으로 접근 가능한 (내가 산출할 수 있는) 종합이 속하는 무한한 지평은 내가 지금 수행하는 주제적 타당성의 지평이 아니라면 잘려 나간다. 이러한 제한된 종합적 통일체는 여기에서 직관되는 그 방식에 있어서 나의 미학적 객체이다.[13] 그리고 이러한 '어떠함'과 관련된 것으로서, 이 통일체는 저 무한한 지평을 함께 끌고 올 수도 있다(이것은 바로 풍경이다). 이 지평은 모호한 본질의 밑그림이 차지하는 규명되지 않은 어떤 지평이고, 이러한 모호함에 있어서 나의 마음을 움직이는 어떤 지평이다. 그러나 나는 이것을 인식의 주제적 지평으로 삼을 필요는 없다. 다시 말해, 이러한 미지의 것은 내가 지금 주제적으로 포착하는 것, 존재한다고 인지하는 것에 함께 속하지 않는다. 이러한 것에 속하는 것은 단지 이것이 이러한 현출의 통일체라는 것, 그리고 이러한 통일체로서 미지의 것으로 이루어진 어떤 포괄적이고 통일적인 지평에 관계한다는 것뿐이다. '어떻게' 주어지는가(직관적으로 주어짐, 그리고 미지의 지평을 가로지르는 미지의 주어짐)에 있어서의 이 통일체가 나의 주제이다.

모사의 경우 '어떻게' 모사되는가에 있어서 모사되는 것은 현출하는 것 자체의 한계, 여기에서는 '어떻게' 현시되는가에 있어서 모사적으로 현시되는 것의 한계를 규정한다. 어떤 이야기나 소설과 같은 것에서도 마찬가지

13 그러나 판단중지의 변양 안에서 '노에마'로서 정립 가능해졌다.

이다. 내가 〔이 한계를 넘어서〕 이야기 너머로 나아갈 수 있는 것은 내가 여기에 더욱 침잠하여 이야기되는 것으로서의 이야기되는 것, 〔가령〕 풍경이나 사람 등을 보다 가까이 가져올 때이다. 그러나 이러한 (당연히 밑그림과의 일치라는 양식 안에서) 계속 형성함에 있어서 나의 상상은 자유로운 것이 아니라 제약을 받는다. 현시되는 현출로서의 현출의 통일성은 계속해서 이야기되는 이야기이어야지 다른 것일 수 없다. 그렇지 않으면 나는 예술가의 창작 안에 머무는 것이 아니라, 스스로 추가로 창작하는 것이다.

e) 자아작용 — 수동적으로 경과하는 체험.
정립적 작용과 중립적 작용으로서의 자아작용.
모든 체험에는 이념적으로 하나의 상상(재현)이 대응함

I. 자아작용,[14] 극(極)으로서의 자아(자아중심)로부터 지향적 대상성으로 향하는 의식활동 — 수동적으로 경과하는 지향적 체험, 즉 자아활동으로서 자아중심으로부터 나오는 것이 아닌 지향적 체험과 대비함. 이들은 특정한 극화를 내포한다. 이는 이들이, 혹은 달리 말해 이들의 수동적 '의향', 정립물, 더 자세히는 이들의 기체가 대상극으로서, 여타 활동 속에 있는 자아극에 '촉발'을 행사한다는 것이다.

따라서 이것이 전체 의식삶을 관통하는 최초의 근본적 변양유형이다. 하나의 작용은 이에 상응하는 하나의 수동성으로 이행할 수 있고, 역도 마찬가지이다. 작용 속에서 나와 마주하는 어떤 대상은 자아에 낯선 배경대상이 될 수 있다. 나에게 이 배경대상은 소여되는 것이 아니라 선소여되는

..
14 주제적 작용.

것이다. 나아가 이 중간에 있는 양상이 있는데, 작용의 시작점, 자아시선이 대상과 마주침, 계속 포착하며 보유함 등이 그것이다.

II. 주제적 자아작용은 관심의 작용, 주제적 작용과 비주제적 작용, 정립적 작용과 비정립적 작용, 중립적 작용, 무관심적 작용[15]으로 구분된다. 일반적으로 말해, 지향적 체험은 정립적 작용이거나 중립적 작용이다.[16] 엄밀한 의미의 중립적인 것은 무관심을 의욕함(관심을 능동적으로 억제함)이다. 자아작용의 특성은 다음과 같다. 자아는 타당한 것, 그 자체로 존재하는 것, 가치 있는 것, 의무인 것을 근원적으로 취득했음을 통해, 정립을 수행하고 타당하게 하고 타당함을 수행한다. 〔이에 비해〕 중립적 작용에서 자아는 자신에게 타당한 것이 아니라, 그 타당성에 있어서 '미결인 것'을 가진다. 따라서 그것의 행위는 미결로 방치함이다. 미결인 채 보유함, '태도 취하지 않고 있음'은 정립적 작용의 어떤 변양이다. 의지적으로 행해지면 이것은 통상적 의미에서의 삼감이다. 모든 정립적 작용은 작용삼감 및 중립적 작용으로 자의적으로 변화할 수 있다.

III. 이념적으로 말하자면, 모든 체험은 자신의 맞은편에 자신에 대응하는 상상(재현)을 가진다. 각 정립에는 어떤 상상-정립, 어떤 '마치' 정립이 대응하고, 각 억제 및 각 '괄호 쳐진' 정립에는 어떤 상응하는 상상이, 즉 '마치' 억제가 대응한다. 그래서 상상은 보통은 재현에 관련된다.

억제는 태도 취함의 탈락이 아니라 변이이다.[17] 이미지대상과 (착각 같은 것으로 보이지는 않아도 어쨌든 보이는) 수많은 가상(무지개나 파란 하늘 등)

⁚

15 능동적으로 관심이 없음.
16 정립적 — 중립적.
17 상상-재현과 마찬가지이다.

의 해석. 이미지의식을 가질 때는, 혹은 미학적 이미지를 감상할 때에는 존재와 비존재에는 관심이 없다. 이미지대상은 ('주변'과 길항하더라도) 배경에 있으면서 어떤 무실한 것으로 유사주제적으로 의식되는 것이 아니다. 이와 마찬가지로, 내가 그것을 응시할 때, 그것은 착각으로 보이는 것이 아니라 사견의 어떠한 '태도 취함'도 '없이' 보인다. 이러한 동기화 전체에 있어서는, 나는 '삼감'을 수행하고, 판단이 아니라 한갓된 '사고'를 보유하며, 어떤 존재나 비존재, 단적인 비가시적인 것, 단적인 사물이나 사물가상을 보유하는 것이 아니라 하나의 '시각적 이미지', '마치'의 보임 등을 보유한다. 더불어 판단하면서 그 판단 의미를 유사수행하고 그다음에 그것을 정립적으로 파악하지 않을 때, **한갓된 사고**이라고 부른다. 판단되는 현실적 사태연관이 아니라 사고로서의 판단은 새로운 태도에서 초점을 맞추는 주제이다. 이미지주제, 그려진 것 자체, 명명된 것 자체에서도 우리가 그 존재와 비존재에 무관심하다면, 이와 마찬가지이다.

이 한갓된 이미지, 한갓된 사고(또한 이 사고를 재차 숙고하기 위해 억제하는 어떤 결정)는 재생적 상상변양이 아니라 바로 '삼감'이되, 이들〔재생적 상상변양과 삼감〕은 본질상 친연적이다. 이들은 관심의 작용을 〔다른〕 억제되는 관심을 그것 대신 작동시키는 작용으로 변용한다. 그러나 이때 어떤 다른 방향의 관심이 어떤 동기일 수 있고, 따라서 무관심이 다른 관심의 매개일 수 있다. 결정 전에 어떤 사고를 명료하게 하고 분명하게 만드는 일 등=중립적임. 중립적인 것은 사고이며 이는 판단의 변양태이다.

부록 64

상상에 대해 '중립성 변양'이라고 표현하는 데 대한 회의

(1921년 혹은 1924년 집필 추정)

'중립성 변양'이라는 표현은 주제적 변경에는 적당하지만 상상에는 적당하지 않다. 상상은 직각적 상상과 재생적 상상으로 확장되어야 한다. 일반적으로 모든 체험은 각각 자신의 '마치' 변양을 가진다. 그리고 모든 주제에는 그것의 '마치' 주제가 대응한다.

이것은 삶의 주제적 형상으로서의 작용(인상과 이념)에만 해당하는 것이 아니다. 다른 한편, 삶에서, 그리고 사견적이고 평가하고 실천적인 삶의 수동성(수동적 통각, 수동적 감정상태, 추구, 실현)과 관련해서, 자아로부터 수동적 종합의 통일체로 향함, 판단함, 판단양상을 수행함, 평가하고 실천적인 태도 취함을 수행함이 등장할 수 있다. 그리고 이런 작용에는 '마치' 작용, '상상'의 변양태가 대응한다. 작용, '관심'의 현상에는 수행의 특수한 변양이 관계하는데, 여기에는 습관적 타당성의 현상, 그중에서도 삼감의 현상, 타당성 작동중단의 현상, 최종적으로 주제적 '장' 전체의 작동중단의 현상, 계속적 타당성으로 이루어진 주제적 우주 전체의 작동중단의 현상이 속한다.

어떤 풍경이나 어떤 이론을 미학적으로 고찰함, 어떤 사고된 것에 대해 태도를 취하지 않고 오로지 그것의 미적 특징을 평가하기 위해 이 사고된 것을 고찰함. 여기에서는 두 가지가 서로에게 이행한다. 미학적 고찰은 이론적 관심의 차단을 요청하고 이론적 태도는 미학적 태도에 자리를 내어주어야 한다. 나는 미학적 태도로 돌아올 수 있다. 나는 현실성을 마치 어떤 '이미지'인 것처럼 고찰할 수 있다.[18] 혹은 '마치' 현실성의 태도로 들어갈 수 있다. 이는 여기에서부터 다시 ('마치' 존재 정립의 태도를 취하는 대신) 존재 태도의 삼감으로 이행하기 위함이고 소여방식으로 시선을 향하도록 이행하기 위함이다. 그러니까 미학적 태도에 있어서 본질적인 것은 상상이 아니라, 미학적으로 관심을 끄는 것, '어떠함'에서의 대상성에 초점을 맞추는 태도이다.

1) 정립적 작용과 가상작용, 상상작용, 유사정립적 작용. 현실적 삶과 상상–삶. 모든 상상작용은 재현하는 것인가?

2) 자아의 태도 취함, 혹은 자아의 '객관화' 수행인 작용의 주제적 변이. 이를 통해 자아는 객체 영역과 세계를 창출하고 자신의 추가적 수행을 위해 늘 새로운 영역을 창출한다. 객관화함은 가장 진전된 의미에서 대상화함이다. 대상은 자아에 대해 있고 타당하고 자아가 계속 전유하는 모든 것이다. 유감스럽게도 우리는 자아가 스스로 고유–특성을 창출한다고 할 수 없다.

나는 명백히 존재하지 않는 가상대상을 붙들고 그것이 마치 존재한다는 듯이 허구적으로 생각할 수 있지 않은가? 그러면 나는 현출하는 것을 단순히 현출하는 것으로서, 지금 주어지고 삭제될 수 없는 노에마로서 고찰하는 것이 아니라, 바로 그것이 마치 있다는 듯이 고찰하는 것이다. 나의 경험이 반박하더라도, 나는 이처럼 반박하는 것을 바로 바꾸어 꾸며내고 그렇게 일치성을 꾸며낸다. 그러면 직각적으로 주어지는 것이 이 일치성에 종합적으로 배속된다. 그러면 나는 바로 직각적 상상을 하는데, 이 상상은 순수한 재현이 아니다. 나는 상상되는 대상을 그것의 몸소 있음의 양상에

---

18 따라서 나는 내게 현실성을 바꾸어 꾸며낸다. 나는 '이 현실성'이 현시되는 어떤 이미지를 꾸며낸다.

서 가지되, 상상되는 것으로 가진다. 이것은 허구이다. 이것은 내가 보았던 특징을 바꾸어 꾸며내는 경험대상의 경우와는 다르다. 이 경우에 대상은 단적으로 몸소 현출하는 것이 아니라 바로 허구이다. 이것이 빨간데 내가 초록이라고 바꾸어 꾸며낸다면, 바로 이것에 속하는 이 초록은 몸소 있지 않기 때문이다. 물론 이것의 형상이나 여기에서 현출하는 여타의 것은 몸소 있는 것으로서 이것에 속한다.

부록 65

상상과 재현

(1920년대 중반 집필 추정)

지각의 빈 지평과 가능한 지각.

어떤 모사되는 것의 주제표상.

가상이지만 무실함이 아니라 상상인 이미지 허구물.

이미지 허구물과 모사되는 것(때로는 허구물)의 합치.

어떤 길항하는 현출이 작동중지(그리고 의도적 판단중지)를 통해 이 길항에서 배제되고, 이 현출을 폐기하는 지각이 작동중지되고 수행중지된다. 그러나 이를 통해 가상은 현실이 되는 것이 아니라 유사현실이 된다. 이런 일은 어떻게 일어나는가? 작동중지는 완전히 소멸시키는 것이거나 본래적 판단중지가 아니다. 작동중지는 바로 내가 직관적으로 주어지는 것을 고수하면서 이것만 고수하고자 할 때 일어난다. 이것은 삭제되더라도 현출한다. 그러나 이는 무슨 뜻인가? 이는 이것이 마치 존재하듯이 있다는 것이다. 현출은 믿음이 있을 때에만 존재의 현출이고 정립적이다. 이 현출이 삭제되면, 이 현출에 대한 존재믿음이 삭제되면, 이것은 어떤 '마치'를 품는다. 이는 바로 모든 믿음 동기를 작동중지하고 어떠한 정립적 관심도 가지지 않을 때 순수하게 등장한다. 그러나 이것은 '무언가의 현출'이고, 자신의 동기연관을 요청하며 자신의 지평 등을 가진다. 그러나 이제 이 지평은 순전히 '마치' 지평이다. 어떤 의미에서는 나는 모든 사물을 '이미지'로 볼 수 있다. 나는 모든 현실적 믿음을 억제하고 현실성에 무관심하며, 이것을 이미지로 받아들인다. 이것을 [가령] '산'으로 받아들이되 나에게 그렇게 가치가 있는 현출방식에 있어서 받아들인다.

어떤 재생적 상상을 상상하는 주체인 자아. 여기에서도 충돌이 일어난다. 나는 현실성을 차단한다. 혼합된 상상에서는 모든 것이 '마치'가 되는 것이 아니지만, '마치'의 성격은 실제로 주어지는 것을 전염시킨다. 왜냐하면 이것이 어느 정도는 존재하기 때문이고 (비록 어떤 현전하는 가상은 아니지만) 어느 정도는 한낱 재생적으로 이입작용되는 가상이기 때문이다.

모든 상상에서, 따라서 순수한 상상에서도, 충돌이 있지 않은가? 지각, 기억, 예기와 충돌함. 나는 모든 세계정립을 억제한다. 하지만 모든 상상은 어떤 위치를, 그것을 부정하는 어떤 것을 가지지 않는가?

옮긴이의 말

이 책 『상상, 이미지의식, 기억』은 에두아르트 마르바흐(E. Marbach)에 의해 편집되어 후설 전집(Husserliana) 23권으로 출간된 *Phantasie, Bildbewusstsein, Erinnerung: Zur Phänomenologie der anschaulichen Vergegenwärtigungen*(1980)을 번역한 것이다.[1] 후설의 이 책은 재현(Vergegenwärtigung)에 대한 가장 중요한 연구인 1904/05년 강의록을 포함하여, 1898년에서 1925년 사이의 재현에 대한 후설의 방대한 연구 원고들을 대부분 담고 있다.

이 책에 실린 연구 원고들의 주요 목표는 개념적 표상 혹은 의미 지향과

---

[1] *Phantasie, Bildbewusstsein, Erinnerung: Zur Phänomenologie der anschaulichen Vergegenwärtigungen, Texte aus dem Nachlass (1898–1925)*, hrsg. E. Marbach, Den Haag: Martinus Nijhoff, 1980.

대립되는 직관적인 지향, 그중에서도 지각과 구별되는 상상, 기억, 이미지 의식 등이 갖는 고유한 지향적 성격을 규명하는 것이다. 후설에서 개념적인 표상은 대상을 단지 의미적으로 의향하는 것인 반면에, 직관은 대상을 그것 자체에서 현출하게 한다는 근본 특징을 가진다. 이러한 직관에 대한 현상학적 분석의 주요 과제 가운데 하나는 직관의 근본 형식인 지각으로부터 상상, 기억, 이미지의식 등과 같은 여타의 직관적인 재현을 구별하고 이 직관적인 재현의 고유한 성격을 밝히는 것이다.

후설의 직관에 대한 연구는 1900/01년에 출간된 『논리 연구』를 준비하던 시기로 거슬러 올라간다. 『논리 연구』에서 후설은 범주적 직관의 낮은 단계를 이루는 감성적 직관이 현상학적 인식이론의 토대가 됨을 보였다. 『논리 연구』 이후 직관에 대한 연구는 계속되었는데, 1904/05의 강의록인 『현상학과 인식론의 주요 부분』은 직관에 대한 가장 체계적인 초기 연구로 남아 있다. 이 강의록에서 후설은 직관, 즉 지각, 상상(재현),[2] 시간의식에 대한 분석을 과제로 삼았으며, 이를 판단 및 인식에 관한 이론의 정초 토대로 삼고자 했다. 이 강의록 가운데 상상(재현)에 해당하는 부분이 이 책의 유고 1인 「상상과 이미지의식」이다. 이후 직관에 대한 연구를 하나의 체계적 저작으로 완성해내고자 하는 후설의 노력은 1900년대 초부터 『이념들 1』(1913)까지의 시기에 집중적으로 직관적 재현에 대한 여러 연구 원고들을 생산하게 한 동인이 되었다.

∴

2 이 책에서 상상(Phantasie)이라는 용어는 기억, 예상, 좁은 의미의 상상을 포괄하는 명칭으로 넓게 사용되기도 하고, 때로는 좁은 의미의 상상, 즉 기억이나 예상과 달리 비정립적인 재현이면서, 이미지의식과 달리 지각적인 현전 토대를 갖지 않는 재현을 위한 명칭으로 사용되기도 한다. 후자의 상상을 순수한 상상, 한갓된 상상이라고도 부른다. 이 글에서는 넓은 의미로 사용될 때는 상상(재현)으로, 좁은 의미로 사용될 때는 상상으로 구별해서 적었다.

이러한 사실들을 통해 우리가 알 수 있는 것은 후설에서 직관적 재현에 대한 연구는 판단 및 인식 이론에 대한 현상학적 탐구의 주요 구성 부분으로 기획되었다는 것이다. 직관적 재현은 지각 및 시간과 더불어 술어적인 판단과 인식의 정초 토대를 이루기 때문에 후설이 당시 도달하고자 했던 판단과 인식에 대한 현상학적 체계학, 즉 이성 비판의 현상학적 체계학은 지각 및 시간의식뿐만 아니라 기억, 상상, 이미지의식 등에 대한 연구를 통해 비로소 완전하게 정초될 수 있었다. 이러한 의미에서 직관적 재현에 대한 연구를 이끌어가고 있는 근본 동기는 후설 후기의『경험과 판단』,『형식논리학과 초월논리학』에서 이루어진 논리학에 대한 발생적 현상학적 탐구로까지 이어진다고 할 수 있다.

『상상, 이미지의식, 기억』은 체계적으로 구성된 작품이 아니라, 다양한 시기에 작성된 후설의 강의록과 연구 원고들의 연대기적 묶음이다. 이 저술이 포함하고 있는 풍부하면서도 복잡하게 얽혀 있는 현상학적 분석들을 정리 요약한다는 것은 옮긴이의 능력으로는 불가능할 뿐만 아니라, 원문의 생생한 사유의 흐름을 독자들이 음미하는 데에 오히려 방해가 될 수 있을 것이다. 여기서는 이 책이 포함하고 있는 큰 틀의 주제들만 간단히 언급하는 것으로 그치고자 한다.

1. 이 책의 여러 내용 가운데 가장 중요하면서도 흥미를 끄는 부분은 지각과 구별되는 상상(재현)의 작용성격(Aktcharakter)에 대한 후설의 사유 과정이다.

처음에 후설은 지각과 구별되는 상상(재현)의 고유한 특징이 지각이 대상을 직접 표상하는 데 반해, 상상(재현)은 이미지의식과 유사하게 소위 '정신적 이미지'를 매개로 대상을 표상한다는 사실에서 기인한다고 보았다. 하지만 후설은 1904/05년 강의에서 이러한 소위 이미지 이론 (Bildtheorie)의 관점에서 상상(재현)의 지향적 고유 성격을 이해하는 것을 포기하기에 이른다. 그는 이미지의식과 상상(재현) 사이의 차이를 드러내면서, 지각과 상상(재현)의 차이가 현전화(Gegenwärtigung)와 재현이라는 각각의 고유한 작용 성격에 있다고 보았다. 이후 후설은 지각과 상상(재현)의 차이를 내적 시간의식의 관점에서 이해하고자 했다. 후설은 지각을 현행적인 지금의 체험, 즉 인상으로 본 반면에 상상(재현)을 이러한 지각 체험의 재생(Reproduktion)으로 보았다. 이를 통해 후설은 상상(재현)을 인상적인 (원본적인) 의식의 '변양(Modifikation)'으로 이해할 수 있었다. 또한 이러한 과정에서 초기에 상상(재현)에 대한 이해를 이끌었던 파악작용—파악자료 도식을 거부하게 된다.

2. 우리가 앞에서 소개한 것은 지각 및 상상(재현)의 '작용성격', 즉 현전화 및 재현과 연관된 것이었다면, 지각과 상상(재현)의 '믿음성격 (Glaubenscharakter)', 상상(재현)에서의 '믿음변양' 또한 이 책이 다루고 있는 중요한 주제 가운데 하나이다.

3. 상상은 지각 및 기억과 달리 비정립적 작용으로 규정되는데, 상상의 비정립성, 혹은 중립성 변양과 일반적인 의미의 중립성 변양과의 관계, 상상과 가능성 개념의 관계 등에 대한 논의 역시 이 책의 중요한 주제이다.

4. 이미지의식, 상징의식, 기호의식 등 소위 이차적이고 비본래적인 재현에 대한 풍부한 현상학적 분석을 이 책에서 만날 수 있다.

5. 상상은 이미지의식과 함께 영상적 의식(imaginative Bewußtsein)을 형성하는데, 영상적 의식과 환상이나 착각의 차이에 대한 논의 역시 이 책의 빼놓을 수 없는 중요한 부분이다.

6. 영상적 의식과 연관해서 후설의 예술 철학이라고 불릴 수 있는 미적,

예술적 의식에 관한 흥미롭고 매력적인 통찰들이 제시되고 있다.

이 책에 실린 연구 원고들은 후설의 완성된 사유의 결과물이 아니라, 실험적인 사유 과정을 여과 없이 포함하고 있다. 여러 원고들 안에서도 사유의 변화가 있으며, 시기별로 동일한 주제에 관한 관점의 변화들이 있다. 경우에 따라 후설의 입장이 여전히 유동적인 것들도 있다. 따라서 무엇보다도 독자들은 후설의 사유 과정에 함께 침잠하면서 선입견 없이 후설의 사유 자체를 있는 그대로 따라가는 인내를 갖는 것이 필요할 것이다.

이 책은 후설의 구체적인 현상학적 분석을 가장 생생하게 보여주는 작품 가운데 하나이다. 그만큼 이 책을 번역하는 데에는 많은 어려움이 있었고, 많은 시간이 소요되었다. 번역에 많은 노력과 정성을 기울였지만 부족한 부분이 많을 것이다. 하지만 현상학에 관심이 있는 사람들에게 후설의 현상학적 분석의 실제 현장을 체험할 수 있는 귀중한 자료를 제공할 수 있다는 바람을 갖고 감히 용기를 내어 세상에 내놓는다. 이 책이 국내의 현상학 연구에 조금이나마 보탬이 되기를 희망하면서 글을 마친다.

2024년 여름

옮긴이 씀

찾아보기

지은이
:: 에드문트 후설 Edmund Husserl

후설은 옛 오스트리아제국의 작은 도시인 프로스니츠(현재 체코의 프로스테요프)의 유대인 가정에서 태어났다. 1883년, 빈대학에서 수학의 변이 이론으로 박사 학위를 받았으나, 프란츠 브렌타노를 사사하면서 철학으로 전향했다. 1887년에 교수 자격을 취득한 뒤 할레대학, 괴팅겐대학에서 교편을 잡았으며, 1916년에 하인리히 리케르트의 후임으로 프라이부르크대학의 철학과 정교수로 취임했다. 유대인이었기에 말년에는 나치로부터 박해를 받았다.

초기 저작인 『산술 철학』(1891)에서는 수학적 대상을 심리적 작용으로 환원하는 심리학주의에 경도되었으나, 『논리 연구 1, 2』(1900, 1901)에서 심리학주의를 비판하면서 의식의 지향성에 대한 순수 기술적 방법인 현상학을 창시했다. 이후 후설은 의식에 대한 순수 기술로서의 현상학을 초월론적 환원에 기초한 초월론적 현상학으로 발전시켰는데, 이것을 체계적으로 정리한 것이 『순수현상학과 현상학적 철학의 이념들 1』(1913)이다. 이후 그는 현상학을 발생적 현상학으로 확장했는데, 『형식논리학과 초월론적 논리학』(1928)과 사후에 출간된 『경험과 판단』(1939) 등은 그 탐구의 빼어난 성과다. 또한 『데카르트적 성찰』(1931), 『유럽 학문의 위기와 초월론적 현상학』(1936) 등은 초월론적 현상학을 철저히 정초하려는, 필생에 걸친 노력의 마지막 결실이다. 생전에 출간한 이러한 저서들 외에도 후설은 총 4만 5000여 장에 달하는 방대한 연구 원고를 남겼는데, 이 연구 원고들은 아직도 후설 전집으로 출간 중이다.

후설은 현상학의 엄밀한 방법을 통해 학문의 토대를 철저히 정초함으로써 실증주의에 의해 생겨난 현대 학문과 문화의 위기를 극복하고자 평생 분투했다. 그가 개척한 현상학은 20세기 주요 철학 사조의 하나가 되었으며, 철학에서뿐만 아니라 인문학, 사회과학, 예술 등 여러 분야에서 광범위한 영향을 미치고 있다.

옮긴이
:: 김태희

서울대학교 철학과를 졸업하고 독일 본대학교 철학과에서 석사 학위를, 서울대학교 철학과에서 박사 학위를 받았다. 현재 건국대학교 모빌리티인문학 연구원 부교수로 재직 중이다. 지은 책으로 『시간에 대한 현상학적 성찰』, 『모빌리티 에토스 공통문화』(공저), 『모빌리티 존재에서 가치로』(공저), 『비판적 사고와 토론』(공저) 등이 있고, 옮긴 책으로 『사물과 공간』, 『에드문트 후설의 내적 시간의식의 현상학』(공역), 『소외와 가속』, 『모빌리티와 인문학』(공역) 등이 있다.

:: 김기복

서울대학교 철학과에서 「에드문트 후설의 초월론적 습성 개념에 관한 연구」로 박사 학위를 받았으며, 현재 가천대학교 가천리버럴아츠칼리지 부교수로 재직 중이다. 지은 책으로 『현상학, 현대철학을 열다』(공저)가 있으며, 옮긴 책으로 『에드문트 후설의 데카르트적 성찰』, 『에드문트 후설의 현상학의 근본 문제』, 『니체, 그의 삶과 철학』(공역) 등이 있다. 이 밖에 후설, 리쾨르, 아렌트 등에 관한 논문들이 있다.

한국연구재단총서 학술명저번역 **658**

상상, 이미지의식, 기억
직관적 재현의 현상학

1판 1쇄 찍음 | 2024년 8월 12일
1판 1쇄 펴냄 | 2024년 8월 30일

지은이 | 에드문트 후설
옮긴이 | 김태희 · 김기복
펴낸이 | 김정호

책임편집 | 임정우 · 박수용
디자인 | 이대응

펴낸곳 | 아카넷
출판등록 | 2000년 1월 24일(제406-2000-000012호)
주소 | 10881 경기도 파주시 회동길 445-3
전화 | 031-955-9511(편집) · 031-955-9514(주문)
팩시밀리 | 031-955-9519
www.acanet.co.kr

Printed in Paju, Korea.

ISBN 978-89-5733-939-8 94160
ISBN 978-89-5733-214-6 (세트)

이 번역서는 2020년 대한민국 교육부와 한국연구재단의 지원을 받아 수행된 연구임.
(NRF-2017S1A5A7020268)
This work was supported by the Ministry of Education of the Republic of Korea
and the National Research Foundation of Korea. (NRF-2017S1A5A7020268)